吴江艺文志

上册

董振声　潘丽敏　主编

国家图书馆出版社

图书在版编目（CIP）数据

吴江艺文志 / 董振声，潘丽敏主编 .—北京：国家图书馆出版社，2011.12
ISBN 978-7-5013-4658-5

Ⅰ.①吴…　Ⅱ.①董…②潘…　Ⅲ.①艺文志-吴江市-古代～民国
Ⅳ.① Z812.253.3

中国版本图书馆 CIP 数据核字（2011）第 174108 号

责任编辑：邓咏秋
装帧设计：邢　毅

书　名	吴江艺文志（全二册）
著　者	董振声　潘丽敏　主编
出　版	国家图书馆出版社（100034 北京市西城区文津街7号）
发　行	(010) 66139745，66175620，66126153
	66174391（传真），66126156（门市部）
E-mail	btsfxb@nlc.gov.cn（邮购）
Website	www.nlcpress.com →投稿中心
经　销	新华书店
印　刷	河北三河弘翰印务有限公司
开　本	787×1092 毫米　1/16
字　数	900 千字
印　张	60
版　次	2011 年 12 月第 1 版　2011 年 12 月第 1 次印刷
书　号	ISBN 978 7 5013 4658 5
定　价	980.00 元

编写组

主　　编：董振声　潘丽敏

参编人员：沈继英　李红梅　王德朋　叶　健

　　　　　郭力勤　沈　斌

目　录

前　言

在全面推进文化建设、构筑乐居吴江的新形势下，《吴江艺文志》完稿了，谨将此书献给关心吴江、热爱吴江、热衷吴江地域文化研究的广大读者与学者。

一

吴江历代学者众多，著作汗牛充栋。文学方面，诗歌创作极为繁盛，戏曲创作自成一派。文学之外，许多学术著作也为一时所重，如徐大椿的医学、王锡阐的天文、计成的《园冶》、孙云球的《镜史》，这些著作在各自领域都产生了重大影响。吴江先辈的著述是留给吴江这块土地的弥足珍贵的精神遗产。

吴江素有研究本土学者及其著作的传统。现在所见明代以来各种地方志中，记述学者传略是一项重要内容。明末潘柽章编辑《松陵文献》，分为两集，《文集》收文字作品，《献集》收人物传略。清代研究者更众。汇编文章的有朱鹤龄的《松陵文征》、顾有孝的《松陵文起》、周廷谔的《吴江文粹》和凌淦的《松陵文录》；汇编诗词的有周安的《吴江诗乘》、顾有孝的《吴江诗略》、周羲的《吴江诗粹》、张世炜的《吴江诗约》，袁景辂则有集大成的《国朝松陵诗征》。以后又有殷增、陆日爱的前编、续编。还有不少乡镇和家族的诗文集。地方志中编列学者书目，是从清代开始的。彼时，不仅出现了记载学者生平的各种传记、碑铭，还有专著问世，如赵兰佩的《江震人物备考》、王树人的《松陵人物汇编》便是其中的佼佼者。

民国期间，对吴江学者及其著作的研究又起高潮。清初潘柽章含冤被杀，其

《松陵文献》只留下了《献集》，而尚未完成的《文集》从此失传。陈去病编成《松陵文集》65卷，使《松陵文献》重成完璧。柳亚子、薛凤昌等组织"吴江文献保存会"，以"文献流传，后生之责，维桑与梓"十二字为收藏代码。《诗经·小弁》有句："维桑与梓，必恭敬止"，意谓桑梓父母所植，后代必加恭敬。这体现出柳亚子等人对家乡前辈留下的文献的敬意。"吴江文献保存会"成员们同心合力于保存吴江文献，一发现新的资料便互通声气，共享信息，一碰到疑难问题便相互切磋，各呈所能，从柳亚子、薛凤昌留下的大量抄本题记中，可见一斑。

吴江地处苏浙交界，凡有大的战乱必受波及，这使历代留存的吴江文献屡遭重创。新中国成立后，不断的政治运动，直至十年"文化大革命"，这些图籍的生存受到严重威胁。但在政府部门和有识之士努力之下，吴江的相当一部分古旧书籍还是被保护下来。从1976年至今的三十多年间，吴江图书馆对古旧图书作了大量的整理登记和修补保护工作，其专设的古籍部门还被国务院列为"全国古籍重点保护单位"，保存的数部古籍入选《国家珍贵古籍名录》。

2008年开始编纂的这部《吴江艺文志》，是吴江图书馆研究地方文献的又一成果。经过三年多努力，终于告成。全书收录1949年以前吴江学者2983名，对每位学者作了简介，列出其书目，并交代了每一种书的存世情况。

二

保存的目的是为了更好地利用，20世纪末，吴江图书馆对旧时地方文献的研究也被提上了日程。2006年将24部县、镇（乡）志进行数字化处理，汇编成《纵览吴江》，可看作是这一研究利用工作的开端。

在研究分析中，我们感觉到，吴江前人在地方文献研究方面下力颇多，但并未形成完整的"艺文志"。1996年苏州图书馆编纂出版《江苏艺文志（苏州卷）》，2005年编纂出版《苏州民国艺文志》，两部志书（以下简称"两志"）都包含吴江的内容。但"两志"中的吴江部分均存在不尽如人意之处。有差错是一个问题，最大的问题是没有将吴江前辈的研究成果充分反映出来。例如，民国期间柳亚子等人编辑的《吴江文献保存会书目》，收录的著作者便有130多人未在"两志"中出现。这是促使我们编《吴江艺文志》的起因，但"两志"毕竟列举了许多吴江学者，因此"两志"又是我们工作的起点。

三年多来，我们充分利用吴江先人的研究成果，包括各种书目、各种著作集及碑传资料，对"两志"所列资料进行全面核对和补充，对一些重要的发现和值得讨论的问题，用"编者注"的形式在相关地方列出。

　　在核对和补充过程中，我们充分利用网络检索手段，扩大了搜索的视野。这些是我们的前人所不具备的条件，因此我们相信也有责任做到，我们对于地方文献的研究要超越前人，达到一个新的高度。

三

　　整理地方文献是一个历史过程，编纂本志我们自信已经做了努力，但实际只是达到了自身能力所能达到的程度而已，许多地方还有待于我们的后人继续努力。此次编纂工作中，我们融入了自己的一些想法，有必要作些交代，以得到读者以及后继者的理解。

　　1. 人物收录的标准，主要考虑了时限、地域、著作成书问题。

　　时间问题，不设上限，下限截至1949年。本志原则上只收录民国间出过著作集的人，其1949年以后的著作以附录列出。而生活在民国年间，1949年以后才有著作发表的，一般暂不收入。只有个别人虽然著作集是在1949年以后出版的，但其研究写作的主要时期在民国年间，估计著作实际上是在民国年间形成的，亦予以收录，但只是个案。

　　地域问题。吴江历史上有过分合，县域范围也有过变化，本志限于现吴江市域范围。根据这个原则，过去周庄的，现在属于昆山；过去东山的，现在属于吴县；过去秀水的，现在属于嘉兴，本志都不再收录。明末潘柽章曾撰文论证南宋四大家之一范成大为吴江人，理由是范成大居于石湖吴江一侧。而今石湖全在吴县境内，故本志也只能割舍。但是由于编者缺少对古地名的研究，有些老地名实在难判其当今位置，就只能因循旧时记载录入。

　　一般情况下，判定谁谁是不是"吴江人"，主要看出生、安家、学籍、祖籍等。前辈们在标准掌握上还是比较宽泛的，在他们编写的方志和诗文集中，所记录的"吴江人"，有的出生于吴江，却长期生活在外；有的并不出生在吴江，但长期生活在此，"遂家焉"，称"寓贤"；更有的只是学籍、祖籍在此。在前人眼里，嫁出去的吴江姑娘仍算是"吴江人"，而娶进来的吴江媳妇却认为已脱离原籍进入吴江了。而更有甚者，嘉善才女魏于云还未嫁进吴江，只是私订终身于吴江某生，也被认为是吴江人了。有鉴于此，本志一因前人做法，在籍贯的认定上采取宽泛的标准，并不拘泥于出生地一条。

关于著作成书问题。按惯例，有著作集的学者才能入志。但有的学者曾有著作集，却已亡佚，实际上一点作品也没有留下来；而有的学者虽没有留下来著作集，但一些集子里还留有诗文。再说，没有著作集的学者不一定没有研究价值。金松岑的老师顾言，生前有过许多诗作。金松岑评其诗作"陵跨乡先正而成一家"，而后代不肖，诗作遗失，因此顾老先生的著作没有结集，只留下只语片言。我们认为，一个培养出国学大师的老先生，在艺文志中应该有一席之地。何况那些只留下一二篇诗文的人，并不代表他们只写过一二篇作品，今后或许还有发现其他作品甚至著作集的可能。基于此，我们增录了一批虽然没有著作集记载，但在多种（或一种比较有影响的）集子中有过诗文，并且生平可考证的人。类似这样的人，本志收录了600多名。这里既有前辈所谓"以诗留人"的意思，更是希望给我们的后代留有继续发掘的空间。

2．人物的排列。本志正文中，人物以时代为序，同时代人物依出生先后排列。但有两个问题，一是在时代交替之际，人物时代归属难以界定；二是一大部分学者出生年份失载，排列位置更难以确定。

前一个问题，我们依据人物主要活动的时代来判断，综合各种因素来界定。甲先于乙出生，因为甲寿长，其活动高峰期在后时代，因而虽早生却被划入后时代；乙早夭，生命停留在了前时，因而虽后生却划入前时代。

至于第二个问题，我们尽量搜寻每个人的生平信息，力图从他们亲友的记载中获得线索，我们还参考了方志和地方诗文集中人物的排序，希望本志人物的排列能比较接近出生年份的序列。

除了生卒年明确的，我们将夫妻、兄弟姐妹和同年入庠的人放到了一起，尽管这样可能与出生先后的排列顺序不尽相符合，但与其乱放，不如这样处理，有利人物的研究。有十多位学者在民国时期的《吴江文献保存会书目》中出现过，但我们最终没有找到有关他们的任何生平资料，为他们找排列位置完全没有依据，因而只得将他们单独列于书末，希望以后的研究者能有新的发现。

3．人物生平简介。本志收录人物的生平简介，均根据方志、旧籍、传记、碑铭的记载摘编而成，着眼点重在人物的经历及特点。人物的出生地点力争专指某镇某乡，无依据落到乡镇的，则笼统称某县。原文字大多出自传主的亲友，多溢美之词，摘录这些赞颂文句只是提供当时的一种评价，并不代表编者的观点。为了尽量保留古文献记载的原貌，在古代人物的简介中保留了常见的文言句式，而近现代人物的文字则力求简洁，使前后文字风格尽量接近。

4．作品著录。历代吴江学者不论其立场观念如何，其著作都是后人研究吴江历史的宝贵资料。因此我们一律全盘收录，不作优劣评判或某种标准的筛选。

本志收录著作只注重作品本身，不注重版本。为了简洁明了地将每位学者的著作全貌反映出来，我们规避了不同版本的重复罗列。附录于著作集后的零星诗文见载处，只是编者工作中的随手记录，远达不到全面搜寻、不漏不遗的地步，但留下来可能有用。本志对著录的每种著作或注明出处，或注明现存地点。著作收藏揭示就近不就远，一般不作多方揭示。考虑到吴江图书馆读者的需要，著作收藏地点以吴江为中心然后才是苏州、南京、上海、北京。

希望我们的工作能够有助于对于吴江学者的深入研究乃至对吴江文化史、社会史的探讨。尽管有了好的愿望，但是限于我们的水平，加之时间仓促，很多疏漏和差错在所难免，恳请有识之士批评指正。

潘丽敏　董振声
2011 年 6 月于吴江图书馆

凡　例

1. 本书著录古代至民国间吴江学者著作,涉及学者近三千名。

2. 本书所指"吴江"参照现吴江市域范围。其中部分区域在清雍正四年至清末间称震泽县,本书仍视之为吴江组成部分。关于地域的其他问题请参阅"前言"第三部分。

3. 本书所称"艺文"系指一切著作方式的书面作品。著作方式包括自著(含书、画)、编集、评注等,对内容类别不予限定。主要著录单独成集的著作,单篇诗文一般不予详细著录,但标注了一部分学者单篇诗文的收载处。

4. 本志编排以年系人,以人系书。条目总体上先按时代划分,再以学者出生先后排序。每个条目分为学者简介、作品著录两部分,而作品著录部分一般包含"著作集"和"零星诗文"两项。每种著作集尽可能揭示其收藏处,未见收藏者则注明记载处,而零星诗文仅指出其登载处。部分条目有需要特别说明的问题,则增列了"编者注"一项。有少量学者未查明其生活年代,编者将他们置于书末。

5. 为方便查找,本志设《姓名索引》与《别名、字号索引》,均按汉语拼音字顺排列。

人 名 表

何升 / 40　　　曹镤 / 49　　　朱智 / 58

汤涤 / 41　　　陈天祥 / 49　　　汝世忠 / 58

黄著 / 41　　　沈愚 / 50　　　庞澈 / 58

蔡升 / 41　　　吴山 / 50　　　崔颢 / 59

莫旦 / 41　　　叶升 / 50　　　曹应仙 / 59

汝讷 / 42　　　陆鳌 / 50　　　陈策 / 59

史鉴 / 43　　　史臣 / 50　　　毛衢 / 59

吴珵 / 43　　　周用 / 51　　　汝颐 / 59

袁祥 / 44　　　吴岩 / 51　　　周相 / 60

曹孚 / 44　　　王云 / 52　　　陈鸿 / 60

姚明 / 44　　　陈理 / 52　　　钮仲玉 / 60

徐源 / 45　　　钱卿 / 52　　　赵祚 / 60

李经 / 45　　　周之道 / 53　　　陈椿 / 61

鲁昂 / 45　　　崔深 / 53　　　沈峇 / 61

叶绅 / 45　　　陈九章 / 53　　　姜元 / 62

汝泰 / 45　　　陆鲤 / 53　　　李炫 / 62

吴洪 / 46　　　徐珩 / 53　　　沈察 / 62

吴鋆 / 46　　　申惠 / 54　　　史鹏生 / 62

沈奎 / 46　　　史永龄 / 54　　　赵禧 / 62

王哲 / 46　　　沈素瑛 / 54　　　赵禬 / 63

赵宽 / 47　　　吴涵 / 54　　　赵福 / 63

赵宏 / 47　　　顾琛 / 54　　　沈嘉谟 / 63

顾宽 / 47　　　顾昺 / 54　　　沈嘉谋 / 63

李瓒 / 47　　　陆金 / 55　　　张基 / 63

崔澄 / 48　　　沈登 / 55　　　李济 / 64

许浩 / 48　　　袁仁 / 55　　　申思夔 / 64

吴亿 / 48　　　张禄 / 56　　　叶薇 / 64

宋文昌 / 48　　　张源 / 57　　　钱用商 / 64

宋恩 / 48　　　沈汉 / 57　　　朱沾 / 64

汝文璧 / 48　　　王銮 / 57　　　沈应元 / 65

汝砺 / 49　　　任中权 / 57　　　皇甫涣 / 65

静可 / 49　　　张铨 / 57　　　吴禄 / 65

陈位坤 / 300	陈文星 / 310	王樏 / 321
任德成 / 300	沈鹤立 / 310	蔡希灏 / 321
计灿 / 300	陈沂咏 / 311	徐兆奎 / 321
王尚文 / 301	沈凤举 / 311	陈自焕 / 321
李发 / 301	杨浚 / 311	梅芬 / 321
倪师孟 / 301	许硕辅 / 311	沈炯 / 322
丁廷彦 / 301	顾鸣柱 / 311	程询 / 322
潘学博 / 302	朱志广 / 312	金梅 / 322
顾佑行 / 302	陈揆 / 312	秦时昌 / 322
陆霖 / 302	赵均 / 312	郁大成 / 323
苏弘遇 / 303	周孝学 / 312	陆朴 / 323
王杯存 / 303	沈裕云 / 313	郁杨勋 / 323
徐源 / 303	吴其琰 / 313	赵王佐 / 323
周日藻 / 303	孙元 / 313	仲贻煐 / 324
沈守义 / 304	费一鸣 / 314	仲廷铨 / 324
沈彤 / 304	费周仁 / 314	范君义 / 324
程国栋 / 305	钱以煌 / 314	秦彬 / 324
吴元伟 / 306	钱言 / 314	周士选 / 325
吴重光 / 306	王士松 / 314	张栋 / 325
顾我锜 / 306	吴蕙 / 315	沈凤鸣 / 325
潘其灿 / 307	力成 / 315	沈凤翔 / 325
沈栩 / 307	沈廷光 / 315	沈曰霖 / 326
马存惕 / 308	王锡 / 315	袁栋 / 326
沈岐 / 308	王棣 / 315	潘昶 / 327
袁宁邦 / 308	汝佑霖 / 316	实安 / 328
袁定海 / 308	宋贵 / 316	李德仪 / 328
顾时行 / 308	陆瓒 / 316	张秀芝 / 328
沈宗湘 / 309	徐大椿 / 316	迮尚志 / 328
周汝舟 / 309	吴然 / 320	陈士载 / 329
周汝砺 / 309	卜元 / 320	吴洙 / 329
袁宝秋 / 309	张毓华 / 320	周轶群 / 329
迮云龙 / 310	王藻 / 320	沈芳 / 329

叶树枚 / 489

叶承柏 / 490

郑筴 / 490

徐达源 / 490

吴琼仙 / 492

徐筠 / 492

悟宗 / 492

张孝嗣 / 492

天寥 / 493

吕晋昭 / 493

陆廷槐 / 493

朱容照 / 494

陈琪 / 494

全士潮 / 494

王家榛 / 494

孙懋勋 / 494

达曾 / 495

吴音 / 495

钱养浩 / 495

沈翱 / 495

汤锟 / 496

顾苏 / 496

沈钦霖 / 496

费兰墀 / 496

严湘帆 / 497

钱墀 / 497

庄兆洙 / 497

姚敬清 / 498

张建谟 / 498

周仙根 / 498

黄初 / 498

黄新 / 498

陈咸亨 / 499

宋承谳 / 499

宋贞琇 / 499

宋贞佩 / 499

宋贞球 / 499

宋贞琬 / 499

王锡瑞 / 500

丁绶 / 500

程钦 / 500

邱孙锦 / 500

真辉 / 501

史善襄 / 501

张大观 / 501

袁腾涛 / 501

朱景熙 / 501

潘眉 / 501

吴绳祖 / 502

郁承泰 / 502

吴宗谟 / 502

吴言 / 503

陈阶琛 / 503

柳嗣锋 / 503

秦秉仁 / 503

秦秉义 / 503

沈金渠 / 504

王致聪 / 504

王锡泰 / 504

叶树伟 / 504

仲宗泗 / 505

姚慰祖 / 505

郭凤 / 505

郭骥 / 505

金仁 / 505

许铨 / 506

吴鸣镛 / 506

仲升吉 / 506

俞兰台 / 506

叶蓁 / 507

仲承恩 / 507

周绍爔 / 507

周尔宾 / 507

陈懋 / 507

黄石书 / 508

陆大均 / 508

沈宝树 / 508

顾宗海 / 508

顾宗濂 / 508

迮鹤寿 / 509

谢宗素 / 509

周嘉福 / 510

王昌谷 / 510

仲宗濂 / 510

赵兰佩 / 510

邱孙梧 / 511

丁筠 / 511

殷大埙 / 511

王致纲 / 511

王致绶 / 512

吴载 / 512

张作梅 / 512

赵云球 / 512

朱学熙 / 512

秦清锡 / 513

仲宗澔 / 513

徐蕴珠 / 586　　张宝钟 / 593　　庄庆椿 / 599

金锡龄 / 586　　蒯金镕 / 593　　殷寿臻 / 600

王宝珠 / 587　　潘纬 / 593　　周璋 / 600

张桐 / 587　　夏宝全 / 594　　张与龄 / 600

赵钟杰 / 587　　史致充 / 594　　陈昌镎 / 601

梅观潮 / 587　　杨炳春 / 594　　黄潮 / 601

张佩兰 / 587　　顾友桂 / 594　　赵志鹤 / 602

张家麟 / 587　　黄增禄 / 594　　英昭 / 602

徐庆清 / 588　　李王熊 / 595　　迮爱莲 / 602

秉远 / 588　　李王猷 / 595　　李湘 / 602

明几 / 588　　李王伟 / 595　　李晋贤 / 602

秦钟瑞 / 588　　凌雪柏 / 595　　金文渊 / 602

金春渠 / 588　　叶光灏 / 595　　于晓霞 / 603

王致俊 / 588　　俞树滋 / 596　　钱裕 / 603

周宝琪 / 589　　赵坎吉 / 596　　陈钟英 / 603

徐堂 / 589　　钟鼎 / 596　　郑培 / 604

洪文福 / 589　　秦源 / 596　　徐士颖 / 604

仲枚 / 589　　丁学棠 / 597　　徐学涛 / 604

金钟秀 / 590　　顾兆芝 / 597　　吴星灿 / 604

赵绳祖 / 590　　顾至豫 / 597　　蔡禹松 / 605

宋千彰 / 590　　赵若苏 / 597　　蒯光焕 / 605

王丕烈 / 590　　郑顼 / 597　　程豹蔚 / 605

蔡鸿 / 590　　顾榆 / 598　　蔡浚 / 605

陆迺普 / 591　　沈彬 / 598　　秦守惇 / 605

徐锡第 / 591　　孙楷 / 598　　陆日章 / 606

朱泰增 / 591　　袁廷琥 / 598　　费公彦 / 606

朱萼增 / 591　　盛坤吉 / 598　　陆亘辉 / 606

朱龄增 / 592　　夏墉 / 598　　殷立杏 / 606

朱瑞增 / 592　　周金镛 / 598　　郑寿南 / 606

徐应嬗 / 592　　叶兰生 / 599　　黄兆槐 / 607

范来凤 / 592　　姚仪庄 / 599　　张钟 / 607

沈焯 / 592　　朱隽增 / 599　　朱美增 / 607

周兆桂 / 629	袁希谢 / 637	任本泉 / 644
周兆勋 / 630	陈宗恕 / 637	费卿荣 / 644
陶馥 / 630	韩森宝 / 638	黄维翰 / 644
李达康 / 630	黄桂苞 / 638	沈莹生 / 644
蔡召棠 / 630	汝鸣球 / 638	王树年 / 644
简斯锷 / 631	袁汝英 / 638	顾含春 / 645
黄鉴 / 631	袁龙 / 639	费吟芝 / 645
刘德熙 / 631	袁汝夔 / 639	杨庆麟 / 645
柳乃椿 / 631	周桂 / 639	吴丽珍 / 645
吴治诰 / 631	陈应享 / 639	严照 / 645
吴治谟 / 632	周鼎金 / 640	徐宝浣 / 645
陆亘鸿 / 632	朱谦吉 / 640	俞树湘 / 646
杨廷栋 / 632	吴步云 / 640	张文璇 / 646
许镠 / 632	许延禧 / 640	朱金相 / 646
叶淦成 / 632	孙云锦 / 640	庄元植 / 646
张蓉镜 / 632	顾希谢 / 640	任厘瓒 / 647
赵凌云 / 633	黄宝书 / 641	叶乃溱 / 647
叶锦组 / 633	张漳 / 641	费乾宸 / 648
沈桂芬 / 633	秦廷宝 / 641	陆寿民 / 648
李道悠 / 634	宋恭敬 / 641	钱家骏 / 648
陈文罴 / 634	汝锡畴 / 641	朱钟骥 / 648
费元标 / 634	张特桂 / 642	吴文通 / 648
金华 / 634	史丙奎 / 642	周善旅 / 648
陆宝麟 / 635	施仁政 / 642	蔡芸 / 648
沈茞生 / 635	盛惟镛 / 642	吴薇仙 / 649
张文泰 / 635	王阶升 / 642	徐树勋 / 649
凌浚 / 635	任廷昶 / 642	费寿康 / 649
郑庆筠 / 635	程汝松 / 643	余高熿 / 649
吴淑巽 / 636	吴云纪 / 643	金科 / 649
吴淑随 / 636	张乃藻 / 643	沈文烈 / 649
吴淑升 / 636	陆亘昭 / 643	沈宝芬 / 650
柳兆薰 / 636	陆亘秬 / 644	徐尧寿 / 650

五、未查明时代者

一、汉朝至元朝

庄忌（约前 188—前 105）西汉吴人，因避东汉明帝讳，史书改姓为严。潘柽章《松陵文献》记载：汉兴，诸侯王皆自治民，庄忌与邹阳、枚乘等俱仕吴，皆以文辞著名，而忌尤尊重，号曰庄夫子。后吴王濞阴有邪谋，邹阳奏书讽之不纳，于是忌等皆去之梁。梁孝王好词赋，得忌等大喜，皆善遇之。忌尝从入朝，司马相如见而悦焉。庄忌墓在吴江西南严墓村。

◎著作集

庄夫子赋二十四篇

见《汉书·艺文志》，未见收藏。

◎零星诗文 《楚辞》附其《哀时命》一首。

庄助（？—前 122）庄忌之子，或言为庄忌族子。汉武帝建元元年（前 140）举贤良方正，深受武帝赏识，擢为中大夫。后在平定东瓯、南越事端中展其才，出为会稽太守。数年后又侍于内廷，有奇异事则使为文作赋。元狩元年（前 122），淮南王刘安、衡山王刘衡谋反案发，庄助株连被杀。

◎著作集

相儿经一卷

国家图书馆存清顺治委山堂刻本。

庄助四篇

严助赋三十五篇

以上两种见《汉书·艺文志》，未见收藏。

张温（193—230）字惠恕，三国吴人。少修节操，容貌奇伟。孙权闻之，征而延见，拜议郎，选曹尚书（曹尚书为古时分科办事官署之长官——编者注），徙太子太傅，甚见信重时。年三十二以辅义中郎将使蜀，蜀甚贵其才，而名声太盛为孙权所忌。归国未久，暨艳事起，张温受累得罪。数年后病卒。

◎著作集

尚书十四卷

见《吴县志·艺文考》，未见收藏。

三史略二十九卷

张温集六卷

> 以上两种见《隋书·经籍志》，未见收藏。

◎零星诗文 《松陵文集初编》有文。

【编者注】暨艳，字子休，吴郡人。张温引荐，官至尚书。性狷介，好为清议。因弹劾百僚，怨愤声积，竟言其专用私情爱憎，不由公理，坐自杀。张温因荐受累。

张俨（？—266）字子节，三国吴人。张勃、张翰之父。弱冠知名，以博闻多识拜大鸿胪。孙皓宝鼎元年（266）使于晋，车骑将军贾充、尚书令裴秀、侍中荀勖等欲傲以所不知而不能屈。尚书仆射羊祜、尚书何桢并结缟带之好。还道病死。

◎著作集

默记一卷

> 上海图书馆存清同治十年（1871）补刻重印本。

张俨集一卷

> 存于清严可均辑《全上古三代秦汉三国六朝文》，国家图书馆存清光绪刻本。

誓论三十卷

> 见《旧唐书·经籍志》，未见收藏。

太古蚕马祀一卷

> 国家图书馆存明末刻本。

◎零星诗文 《松陵文集初编》有文。《吴江诗录初编》有诗。

张勃（生卒年不详）晋吴人，张俨长子。晋武帝时为太子仆射，曾表荐"敦煌五龙"之一书法家索靖，称其"才艺绝人，宜在台阁，不宜远出边塞"，武帝纳之。

◎著作集

吴录二十卷

> 苏州图书馆存民国十六年（1927）上海商务印书馆印本。

吴地理志

> 存于清王谟辑《汉唐地理书钞》，国家图书馆收藏。

土地记

> 存于清王谟辑《汉唐地理书钞》，国家图书馆收藏。

【编者注】张国淦在《中国古方志考》中称：《土地记》作者各家书目著录不一，有"张氏"、"张晏"、"张敖"、"张勃"等，宋罗苹《路史国名记注》记为张勃撰。编者查国家图书馆书目，作者项著录为"张氏"。

张翰（约258—319）字季鹰。晋吴人，张俨次子。有清才，善属文，纵任不拘，时人号为"江东步兵"。齐王冏辟为大司马东曹掾。见晋室骨肉相残，知乱将作，乃因

秋风起，思吴中鲈脍莼羹，遂命驾而归，作《首邱赋》以见志，终不复出，年五十七卒。宋乾道三年（1167）吴江知县赵伯虚祀张翰与范蠡、陆龟蒙于淞江之上，题曰"三高"。

◎著作集

张翰集二卷录一卷

　　见《隋书·经籍志》，未见收藏。

张季鹰集

　　见康熙《吴江县志》卷二十二，未见收藏。

◎零星诗文　有诗文辑入《先秦汉魏晋诗》及《全上古三代秦汉三国六朝文》。《松陵文集初编》有文。《吴江诗录初编》有诗。《松陵诗征前编》卷一有诗。

【编者注】《江苏艺文志》将张翰列入吴县。张翰与吴江密切相连，一曲《秋风歌》在吴江传唱一千几百年，吴江因之别名为鲈乡。吴江将张翰入祀"三高祠"也已近千年。故据明朝潘柽章《松陵文献》将其录入吴江。

陆云公（511—547）字子龙。南朝梁人。五岁诵《论语》、《毛诗》，九岁读《汉书》。既长，举秀才，历宣惠武陵王平西、湘东王行参军，入为尚书仪曹郎，知著作郎事，累迁中书黄门郎兼掌著作。好学有才思，善奕。

◎著作集

嘉瑞记一卷

棋品一卷

　　以上两种见《南史》本传。未见收藏。

陆云公集十卷

　　见《隋书·经籍志》。未见收藏。

◎零星诗文　《吴江诗录初编》有诗。

【编者注】《江苏艺文志》列陆云公为吴县人。考吴江方志，清康熙《吴江县志续编》已据《松陵文献》将其父子补录入吴江。

顾野王（519—581）字希冯，原名体伦。南朝陈人。幼有奇才，既长而精记默识，天文、地理、蓍龟、占侯、虫篆奇字无所不通，又善丹青。官至黄门侍郎、光禄卿，知五礼事，卒赠秘书监右卫将军。

◎著作集

玉篇

　　见《四库全书》。

　　吴江图书馆存清道光三十年（1850）刻本《大广益会玉篇》三十卷。

　　南京图书馆存明天启三年（1623）刻本《玉篇直音》二卷。

　　南京图书馆存清光绪十年（1884）刻本《影旧钞卷子原本》五篇。

顾野王集十九卷

见《南史》，未见收藏。

舆地志三十卷

国家图书馆存清王谟辑一卷。

符瑞图十卷

苏州图书馆存清顺治三年（1646）宛委山堂刻本一卷。

顾氏谱传十卷

分野枢要一卷

续洞冥记一卷

玄象表一卷

建安地记二篇

通史要略一百卷（未就）

国史纪传二百卷（未就）

以上七种均见《南史》，未见收藏。

尔雅音注一卷

苏州图书馆存清同治十三年（1874）番禺李氏刻本。

陈书三卷

见《旧唐书·经籍志》，未见收藏。

古今地谱二卷

见《通志》，未见收藏。

十国都城记十卷

见《新唐书·艺文志》，未见收藏。

◎零星诗文　《吴江诗录初编》有诗。《松陵诗征前编》卷一有诗。

【编者注】《江苏艺文志》列顾野王为苏州吴县人。然吴江方志自明朝起就载其事迹，松陵北门外至今留有其旧宅遗址。又，南京图书馆藏民国六年（1917）影印宋淳祐本《四书》，著录著者为顾野王，未知其因。

陆琼（537—586）字伯玉，陆云公子。南朝陈人。自幼勤苦读书，遂博学，善属文，仕陈后领大著作，撰国史。至德中官吏部尚书。禄俸皆散之宗族，家无余财。暮年避权，常谢疾，详练谱牒，雅有识鉴。

◎著作集

陈书四十二卷

见《隋书·经籍志》。未见收藏。

嘉瑞记三卷

《南史·本传》云："初，琼父云公奉梁武帝敕撰《嘉瑞记》，琼述其旨而续焉，自永定讫于至德，勒成一家之言。"该书未见收藏。

陆琼集二十卷

　　　见《南史·本传》，未见收藏。

◎**零星诗文**　《吴江诗录初编》有诗。《松陵文集初编》有文。《松陵诗征前编》卷一有诗。

陆琰（540—573）一作陆炎。字温玉。南朝陈人，陆令公子，陆琼从弟。幼孤，好学有志操，陈文帝以其博学善占诵，引置左右。太建初为武陵王功曹史，兼东宫管记。丁母忧去官，旋卒，年三十四。至德二年（584）追赠司农卿。其所制文笔多不存本，后主求其遗稿，辑成二卷。

◎**著作集**

陆琰集二卷

　　　见《隋书·经籍志》。未见收藏。

【编者注】《江苏艺文志》载陆琰为"云公子，琼弟"，本志据《松陵人物汇编》改。

陆瑜（541—574？）字干玉。南朝陈人，陆琰弟。少笃学，美词藻，尝受《庄》、《老》于汝南周弘正，学《成实论》于僧滔法师。天嘉年间为州举秀才，仕于陈，与兄陆琰并以才学娱侍陈文帝左右。官至太子洗马、中舍人。皇太子好学，欲博览群书，以子集繁多，命陆瑜抄撰，未就而卒。太子为之流涕，亲制祭文。至德二年（584），追赠光禄卿。卒后侄陆从典集其文并撰序。

◎**著作集**

陆瑜集十卷

　　　见《陈书·本传》，未见收藏。

◎**零星诗文**　《吴江诗录初编》有诗。

陆从典（561—617）字由仪。隋吴人。幼敏，年八岁读沈约回文《研铭》，援笔拟之，便有佳致。年十二作《柳赋》，其词尤美。从父陆瑜临终将家中坟籍皆付从典。从典十五岁举秀才，仕陈为太子舍人，入隋为东宫学士，著作佐郎，续司马迁史记迄于隋，未就而卒。

◎**著作集**

后史

　　　见《南史》，未见收藏。

陆龟蒙（？—约879）字鲁望，自号天随子、江湖散人、甫里先生。吴江潘柽章考其为唐松陵人。少高放，通六经大义，尤明《春秋》。举进士不中，曾往从湖州刺史张搏游。后退居松江甫里，多所论撰。家有藏书，乐为传借。田圩低洼，逢雨成灾则苦饥困仓，乃躬负畚锸，率耕夫以为田作。嗜品茶，喜舟游，工歌诗。高僧、逸人时致之以助其好。不喜与俗人交，客虽诣门不得见也。

◎著作集

古今小名录二卷

　　吴江图书馆存民国锦章图书局石印本。

　　见《四库全书》。

笠泽丛书四卷补遗一卷续补遗一卷

　　吴江图书馆存民国元年石印本。

　　见《四库全书》。

甫里集二十卷

　　南京图书馆存明万历三十一年（1603）刻本。

　　见《四库全书》。

松陵集十卷

　　吴江图书馆存影宋刻本。

　　见《四库全书》。

耒耜经一卷

　　吴江图书馆存民国锦章图书局石印本。

　　见《四库全书》。

吴兴实录四十卷

名贤姓字相同录一卷

三教编一卷

诗编十卷赋六卷

　　以上四种见道光《震泽镇志》卷十一，未见收藏。

渔具泳一卷

　　国家图书馆存清刻《说郛》本。

记锦裾一卷

　　国家图书馆存清顺治年间刻本。

零陵总记一卷

　　国家图书馆存清顺治年间刻本。

三异人传一卷

　　国家图书馆存明刻本。

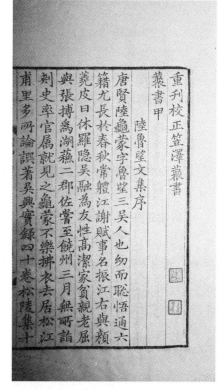

▲《笠泽丛书》书影

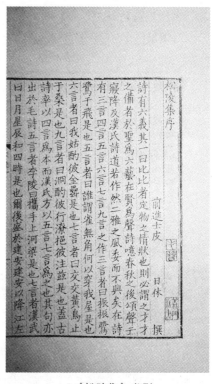

▲《松陵集》书影

陆鲁望文集八卷

　　国家图书馆存明抄本。

陆鲁望文抄一卷

　　镇江市博物馆存明末刻本。

陆补阙诗集二卷补遗一卷

　　北京大学图书馆存明刻本。

天随子

　　国家图书馆存明天启六年（1626）立达堂刻本。

◎零星诗文　《吴江诗录初编》有诗。

【编者注】陆龟蒙卒年各家著录不同。《江苏艺文志》考为约879年，其理由如下：《新唐书》本传云："李蔚、卢携素与善，及当国，召拜左拾遗。诏方下，龟蒙卒。"考《旧唐书·僖宗本纪》，知卢携于乾符元年（874）五月为宰相，六年（879）五月罢为太子宾客，分司东都。李蔚于乾符三年（876）三月同平章事，乾符六年十月以太原节度使卒。李蔚、卢携"及当国"，应在乾符三年三月至六年五月之间，故龟蒙当卒于此期间。

谢涛（960—1034）字济之。宋吴江人，原籍富阳。幼奇敏，年十四讲左氏春秋。淳化三年（992）进士，为官梓州、益州、寿州、曹州，所至必有能称。明道元年（1032）拜太子宾客，卒后赠礼部尚书。卒年七十五。

　　著作集待考

◎零星诗文　《吴江诗录二编》有诗。《松陵诗征前编》卷一有诗。

谢炎（962？—995？）字化南。宋吴江人，原籍富阳，谢涛弟。慕韩柳为文，与杭州卢积齐名，时称卢谢。端拱二年（989）举进士，调补昭应主簿，徙伊阙，知华容、公安二县。卒年三十四。

◎著作集

谢化南文集二十卷

　　见乾隆《震泽县志》卷三十一，未见收藏。

谢绛（994—1039）字希深。宋吴江人，谢涛之子。年十五起家，试秘书省校书郎。举祥符八年（1015）进士甲科，知汝阴县。累迁太常丞、兵部员外郎等官。宝元年间知邓州卒，赠礼部尚书。为人修洁酝籍，善议论，以文学知名，措辞道雅，有元白风，欧阳修尤所称许。

◎著作集

谢希深文集五十卷

　　见乾隆《震泽县志》卷三十一，未见收藏。

注韩非子二十卷

注公孙龙子三卷

以上两种存于明《正统道藏》，国家图书馆存清光绪二十二年（1896）刻佚汉斋丛书本。

见《四库全书》。

◎零星诗文 《吴江诗录二编》有诗。《松陵诗征前编》卷一有诗。《松陵文集二编》有文。《笠泽词征》卷一有词。

谢景初（1020—1084）字师厚，号今是翁。宋吴江人，谢绛之子。庆历六年（1046）进士，知余姚县，有政绩，迁至司封郎中，历通判秀、汾、唐、海等州，迁湖北运判，历成都府提刑，以屯田郎致仕。博学能文，尤长于诗，每为欧阳修、梅尧臣所推重。择黄庭坚为婿，黄庭坚诗得其句法。谢景初创深红、粉白、杏红、明黄、深青、浅青、深绿、浅绿、铜绿、浅云十色笺，名为"谢公笺"。

◎著作集

宛陵集（辑）

见《松陵诗征前编》卷一。国家图书馆存宋梅尧臣《宛陵集》六十卷。据《四库全书总目》称，该集初为谢景初所辑，仅十卷。

◎零星诗文 《吴江诗录二编》有诗。《松陵诗征前编》卷一有诗。

【编者注】民国柳氏抄本《震泽县志续·书目》还录《读书传说数十篇》，疑为谢景平所作《诗书传说数十篇》之误录。

谢景温（1021—1097）字师直，小名锦衣奴。宋吴江人，谢绛之子。皇祐元年（1049）进士，官至权刑部尚书，历官仁宗、英宗、神宗、哲宗四朝，时人以为"吏师"。

著作集待考

◎零星诗文 《吴江诗录二编》有诗。《松陵诗征前编》卷一有诗。

【编者注】《吴江县志》记载谢绛有三子：景初、景平、景回。而《宋诗纪事》称谢景温为谢绛次子，《松陵诗征前编》据此推测谢绛有四子。民国《垂虹识小录》与《震泽县志续》均录而存疑。

谢景平（1032—1064）字师同（一作师宰）。宋吴江人，谢绛之子。以荫授校书郎，第进士。为金书崇信军节度判官厅公事，监楚州西河，转般仓，终秘书丞。好学工诗。

◎著作集

诗书传说数十篇

见乾隆《震泽县志》卷十九，未见收藏。

谢悖（生卒年不详）宋吴江人，谢涛之后。元丰中，任颍州司户参军前尚书，兵部勾当公事。

著作集待考

◎**零星诗文** 《吴江诗录二编》有诗。

【编者注】勾当公事,元代官名。宋叶绍翁《四朝闻见录》云:"旧制诸路监司属官,日勾当公事。"

谢忱(生卒年不详)宋吴江人,谢涛之后。

著作集待考

◎**零星诗文** 《吴江诗录二编》有诗。

谢恺(生卒年不详)宋吴江人,谢涛之后。元丰中官太庙斋郎。

著作集待考

◎**零星诗文** 《吴江诗录二编》有诗。

李师德(生卒年不详)宋吴江人。元祐初官朝请郎,勾当东京排岸司轻车都尉,赐绯鱼袋。

著作集待考

◎**零星诗文** 《吴江诗录二编》有诗。《松陵文集二编》有文。

魏宪(生卒年不详)字令则。宋吴江人。哲宗绍圣四年(1097)进士,累迁国子司业,以学行见推。寻兼太子舍人,迁中书舍人、给事中。宣和二年(1120)以直龙图阁知常州,三年(1121)除太常少卿,历显谟阁直学士知明州。建炎二年(1128)为吏部侍郎,以直学士左太中大夫提举江州。致仕归,名所居曰"止庵",学者称止庵先生。年七十三卒。

著作集待考

◎**零星诗文** 《松陵文集二编》有文。

王伯起(1042?—1134?)字圣时。宋福清人,迁居吴江震泽。少时入京师受经于王安石,受文于曾巩,游曾公亮父子间。为人有高识,举进士不第,遂归隐,名所居曰"酉室",司谏江望为之记,称其未尝安干人。后闻程颐在涪陵,命嗣子王莘往从之游,遂为程门高弟。年九十三卒,赠左宣教郎。

◎**著作集**

唱道野集(杨邦弼序)

见弘治《吴江志·典籍》,未见收藏。

【编者注】《江苏艺文志》载王伯起生卒年为(1057?—1150?),推测卒年为1150,

未知其依据。乾隆《震泽县志》记载：王伯起"年九十三卒，赠右宣教郎。"道光《震泽镇志》记载："绍兴四年王伯起以子莘赠左宣教郎。"尽管左右有出入，但获"赠"是一致的，时间为绍兴四年，即1134年。封建时代推恩臣下，将官爵授予其父母，父母存者为封，死者称赠。可见1134年王伯起已去世，因此卒年不可能为1150年。

王莘（1082—1153）字信伯，号震泽。宋震泽人，伯起嗣子。原籍福清，父仲举始徙震泽。高宗绍兴四年（1134）以郡守孙佑荐，赐右迪功郎，为赵鼎所重，旋赐进士出身，除秘书省正字兼国史馆校勘，后迁著作佐郎。为秦桧所恶，因从子文连坐夺官。久之，复畀祠禄，引年致仕，官至左朝奉郎，卒年七十二。王莘传伊洛之学，为程门高弟。卒葬长兴茅栗山，门人章宪铭其墓。嘉熙元年（1237）知府王遂祠之学宫。宝祐初里人沈义甫立像震泽乡校，以门人陈长方、杨邦弼配，号"三贤"。

◎著作集

麟角集（王棨撰，王莘辑录）

> 苏州图书馆存民国上海商务印书馆排印本。
>
> 见《四库全书》。

王信伯集四卷

> 见嘉靖《吴江县志》卷十四，未见收藏。

论语集解

古今语说

> 以上两种见弘治《吴江志·典籍》，未见收藏。

王著作集八卷

> 见《四库全书》。

周易传一卷

宋宫教所录

> 以上两种见同治《苏州府志》卷一百三十八，未见收藏。

◎零星诗文 《松陵文集二编》有文。

陈长方（1108—1148）字齐之。宋震泽人，其先闽人，父陈侁娶吴中林旦女生长方。少孤，奉母依外母以居。因从王莘游，家震泽镇。举高宗绍兴八年（1138）进士，授江阴教授。寻归居吴中步里，终日闭户，研究经史。学者称唯室先生，与弟少方号称"二陈"。其学以程氏为宗，朱熹盛推之。

◎著作集

唯室集四卷附录一卷

> 国家图书馆存民国二十三到二十四年（1934—1935）上海商务印书馆影印本。
>
> 见《四库全书》。

步里客谈二卷

　　南京图书馆存清光绪三十一年（1905）铅印本。

　　见《四库全书》。

汉唐论二卷

　　见弘治《吴江志·典籍》，未见收藏。

尚书传

礼记传

春秋传

　　以上三种见嘉靖《吴江县志》卷十四，未见收藏。

两汉论十卷

辨道论一卷

　　以上两种见道光《震泽镇志》卷十一，未见收藏。

◎**零星诗文**　《吴江诗录二编》有诗。《松陵文集二编》有文。《松陵诗征前编》卷
一有诗。

周宪（生卒年不详）字可则。宋信州人，迁居吴江。初从吕本中游，后受学于王
苹。秀才朴茂，自蒙与进，晚乃追录师训若干条曰《震泽纪善录》。朱熹颇不以是录为
然，王守仁则极称之。

　　◎**著作集**

震泽纪善录一卷

　　见道光《震泽镇志》卷十一，未见收藏。

王谊（生卒年不详）字正中，一字汉臣，自号拙乡居士。宋吴江人，王苹从子。
师事杨邦弼，以学鸣于时。时秦桧秉政，天下共愤其误国。王谊时年十四，于书塾拈
纸作御批曰："可斩秦桧，以谢天下"，为仆所告闻于朝，逮赴廷尉，狱具当诛。秦桧
阅其牍，以为年尚幼，言于上，偏置象州，十年乃归。遂不复求仕，以著述自娱。

　　◎**著作集**

春秋类书

拙乡居士集五十卷

　　以上两种见弘治《吴江志·典籍》，未见收藏。

王份（生卒年不详）字文儒。宋吴江人。少力学，工诗文，隆兴中以特恩补大冶
令。律身清谨，政尚宽恕，修学校，置田养士。县产铁，有铁务病民，王份奏减其额，
民德之，绘像祀焉。在县七年，一日登西塞山，诵张志和《渔父》词，慨然叹息，即
日致仕归。作室于雪滩之上，枕江水为圃，自号瞿庵居士。

◎**著作集**

臞庵集十卷

　　见乾隆《吴江县志》卷四十六，未见收藏。

【编者注】张志和，唐山阴人，字子同，号玄真子，又号烟波钓徒。名山胜水多所游览，传说在吴江平望升仙而去。其《渔父》词曰："西塞山前白鹭飞，桃花流水鳜鱼肥。青箬笠，绿蓑衣，斜风细雨不须归。"

黄由（1150—1225）又名世保，字子由，又字居正，号寅斋，自号盘野居士。宋长洲人，后定居吴江黄溪。淳熙八年（1181）辛丑科状元，仕至刑部尚书。先置别业于吴江学宫之左，扁曰"盘野"。尝游穆和溪之尾，爱其清旷，遂构墅、贮妾、树业而长子孙焉。后因以其姓名溪。

◎**著作集**

盘野诗集

　　见乾隆《吴江县志》卷四十六，未见收藏。

◎**零星诗文**　《吴江诗录二编》有诗。《松陵文集二编》有文。

胡与可（生卒年不详）号惠斋居士。尚书黄由妻，原平江人，随夫入吴江。善笔札诗文，琴奕、写竹等艺尤精，时人比之李清照。

◎**著作集**

惠斋居士集

　　见乾隆《江南通志》，未见收藏。

◎**零星诗文**　《笠泽词征》卷二十一有词。

法升（生卒年不详）宋吴江平望人，殊胜寺僧。殊胜寺，宋治平四年（1067）僧如信开山，建炎三年（1129）毁。如信徒法升闭关十五年，诵金光明经日三百部，积五十万部，乃得再建。

著作集待考

◎**零星诗文**　《松陵诗征前编》卷十一有诗。

王楙（1151—1213）字勉夫。宋吴江震泽人，王苹之孙。少孤力学，母殁后，蔬食布衣，绝意进取，题所居曰"定分斋"。宋郭绍彭志其墓，称王楙居笠泽，"先大夫日夕相与优游晏处，定为文士交"。

◎**著作集**

野客丛书三十卷附野老记闻一卷

　　国家图书馆存民国进步书局石印本。

见《四库全书》。

巢睫稿笔五十卷

　　见康熙《吴江县志》卷二十二，未见收藏。

◎零星诗文　《松陵文集二编》有文。

赵磻老（生卒年不详）字渭师。宋东平人，迁居吴江黎里。孝宗朝以书状官随范成大奉使金国，擢正言。乾道八年（1172）以右通直郎知楚州，俄入为大理寺丞。淳熙三年（1176）由两浙转运副使知临安府，四年（1177）除秘阁修撰，五年（1178）权工部侍郎，坐事谪饶州。

◎著作集

拙庵词一卷

　　南京图书馆存清初毛氏汲古阁抄本。

拙庵杂著三十卷外集四卷

　　见嘉靖《吴江县志》卷十四，未见收藏。

◎零星诗文　《松陵文集二编》有文。《笠泽词征》卷二有词。

【编者注】《松陵见闻录》载：赵磻老"磻老其字，渭其名也。""乾道八年知临安府。"录而备考。

盛章（1162—?）字如晦，又字俊卿。宋临安人，迁居吴江。淳熙十四年（1187）进士，官至吏部尚书，敷文馆学士，封吴江县开国伯，食邑八百户，赠银青光禄大夫。

著作集待考

◎零星诗文　《松陵文集二编》有文。

陆云龙（生卒年不详）字伯贤。宋吴江人。庆元二年（1196）进士，官国子学正。其父陆汝楫官汾湖通判，后代定居吴江。

◎著作集

十六家小品

　　国家图书馆存明崇祯年间刻本。

陆唐英（生卒年不详）字文宗，改名俊。宋吴江人，陆云龙子。国学生，景定中以理学征授迪功郎，忤时相，弃官归。

◎著作集

乐安遗稿

　　见《吴郡陆氏支谱·窦巷支》，未见收藏。

王德文（1190—1246）字周卿。宋吴江人，王楙子。克承家学，尝刻父所著《野客丛书》，成后焚于父之墓前，见者无不感涕。与魏了翁、真德秀游。以筑边城功补承信郎，调宁国酒税，摄华亭尉，兼造船场市舶。转承信郎，授南桥酒官。磨勘当转官，谢归。

◎著作集

注鹤山先生渠阳诗一卷

南京图书馆存清光绪二十八年（1902）刻本。

【编者注】《松陵人物汇编》载，王德文官至承德郎、承节郎，录以备考。

沈义甫（生卒年不详）甫又作父。字伯时。宋吴江震泽人。嘉定十六年（1223）领乡荐，为南康军白鹿洞书院山长。以文鸣于时。宋亡隐居不仕，归震泽建义塾，讲学以淑后进，又建明教堂以祀三贤，隐然自承后传之意。长于词曲，学者称时斋先生。卒年七十八。

◎著作集

乐府指迷一卷

南京图书馆存清咸丰七年（1857）刻本。

见《四库全书》。

时斋集

见弘治《吴江志·典籍》，未见收藏。

遗世颂

见乾隆《震泽县志》卷三十一，未见收藏。

◎零星诗文 《松陵文集二编》有文。

杨娃（生卒年不详）娃一作珪。宋会稽人。世居吴江平望里，后流徙临安。杨懿女，宁宗恭圣皇后妹，故人称杨妹子。以艺文供奉内廷，工诗，善书画。尝画赵清献琴鹤图，又有菊花图颇精。书法极似宁宗，故宁宗所题画多由其代笔。有题马远《松院鸣琴图》，波撇秀颖有韵。

◎著作集

题画诗一卷

见道光《平望志》卷十，未见收藏。

盛文韶（生卒年不详）字景声，一字景成。宋吴江人。理宗绍定二年（1229）进士，官上饶县知县。

著作集待考

◎零星诗文 《吴江诗录二编》有诗。《松陵诗征前编》卷一有诗。

魏汝贤（生卒年不详）宋吴江同里人，魏宪弟魏志四世孙。淳祐四年（1244）特奏状元。

著作集待考

◎**零星诗文** 《吴江诗录二编》有诗。《松陵诗征前编》卷一有诗。

钱舜选（生卒年不详）号春塘。宋景定间吴江人。

著作集待考

◎**零星诗文** 《吴江诗录二编》有诗。《松陵诗征前编》卷一有诗。

赵师鲁（生卒年不详）宋吴江人。咸淳四年（1268）进士。

著作集待考

◎**零星诗文** 《吴江诗录二编》有诗。《松陵诗征前编》卷一有诗。

盛明远（生卒年不详）宋吴江人。咸淳六年（1270）贡生。官广州录事判官。宋亡，隐居不仕。元世祖闻其贤，召判惠州，盛明远自以世受宋恩，义不忍背，遂辞不就。诏书责迫，乃变姓名从老氏以终。

著作集待考

◎**零星诗文** 《吴江诗录二编》有诗。《松陵诗征前编》卷一有诗。

孙锐（1198—1276）字颖叔，号耕闲居士。宋吴江人。咸淳七年（1271）举于乡，咸淳十年（1274）登进士。金判庐州，将行而元兵南下，谢命归里，隐居吴江平望桑盘村。被征不起。卒于洞庭，葬桑盘祖茔旁。

◎**著作集**

耕闲先生集

　　见《宋诗纪事》卷七十五，未见收藏。

◎**零星诗文** 《吴江诗录二编》有诗。《松陵文集二编》有文。《松陵诗征前编》卷一有诗。

叶茵（1200—?）字景文。宋吴江同里人。家富藏书，有水竹别墅。尝于宝祐五年（1257）刻陆龟蒙撰《甫田集》及自编《附录》。嘉善名士曹六圃曰：景文萧闲自放，不慕荣利，所居草堂三楹，榜曰："顺适"，取少陵诗"洗然顺所适"之句。诗云"顺时不作荣枯想，适意元无胜负心。"又云"儿童问我新官职，顺适堂中老住持。"

◎**著作集**

顺适堂吟稿甲乙丙丁四集各一卷

　　国家图书馆存清刻本。

甫里集二十卷（陆龟蒙撰，叶茵编）

南京图书馆存明万历三十一年（1603）刻本。

◎**零星诗文** 《吴江诗录二编》有诗。《松陵诗征前编》卷一有诗。《吴江叶氏诗录》卷九有诗。

赵时远（生卒年不详）字无近，一作无逸，号渐磐野老。宋吴江人。隐居平望桑盘村，工诗兼善小画，与孙锐为莫逆交。

◎**著作集**

赵时远诗

见《宋诗纪事补遗》卷九十三，未见收藏。

◎**零星诗文** 《松陵文集二编》有文。《松陵诗征前编》卷一有诗。

宁玉（1236—1302）字廷玺。元吴江人。原籍河阳，至元中以庆元路万户镇守吴江长桥，号镇江水军万户府，累官镇国上将军，浙西道都元帅，卒赠太尉，追封魏国公，谥武宣，葬吴江同里。子孙世守其冢，遂占籍焉。

著作集待考

◎**零星诗文** 《吴江诗录二编》有诗。

原妙（1238—1295）号高峰。宋吴江徐氏子，出家崇德密印寺。咸淳十年（1274）入西天目师子岩参道，榜其室曰"死关"。潘柽章曰：师行履孤高，机锋险峻，屹为宗门砥柱，其语录盛于世。

◎**著作集**

高峰妙禅师语录

国家图书馆存1993年台北新文丰出版股份有限公司印本。

高峰和尚禅要

甘肃省图书馆藏元刻本，国家图书馆有缩微品。

◎**零星诗文** 《吴江诗录二编》有诗。

王敉（生卒年不详）字行父。宋吴江震泽人，王楙之孙，王德文之子。终日清坐，不闻謦欬，童竖入见，亦敛容而起。

◎**著作集**

云峤类要

见乾隆《震泽县志》卷三十一，未见收藏。

富恕（生卒年不详）字子微，号林屋山人。元吴江人，宋丞相弼裔孙，南渡入吴，幼习举子业，值元季兵乱，遂弃家为吴江昭灵观道士。然为学不倦，善歌诗，有名缙绅间。尝别筑室雪滩之滨，题曰"挂蓑亭"。

◎**著作集**

仙山访隐图一卷

见康熙《吴江县志续编》卷七，未见收藏。

◎**零星诗文** 《吴江诗录二编》有诗。《松陵诗征前编》卷十一有诗。

庞朴（生卒年不详）字夷简。元吴江人。其先单州人，高祖庞谦孺官太常博士，宋南渡游寓湖州，移居松陵。庞朴少负才名，贾似道聘为西席，不赴，锢不得试。元兴，诏征为翰林院修撰，奉敕修宋辽金三史。同官多北人，欲统金附宋，庞朴力主元继宋统，近接汉唐，远追三代。脱脱不从，遂解组归。

著作集待考

◎**零星诗文** 《吴江诗录二编》有诗。

丁敏（生卒年不详）字巽学（一作逊学），号朦生。元吴江人。周廷谔曰："朦生博学好古，元季隐居吴山之麓，不乐仕进，绕舍皆植梅，笑傲其下。"

◎**著作集**

朦庵集

见弘治《吴江志·典籍》，未见收藏。

◎**零星诗文** 《吴江诗录二编》有诗。

余泽（生卒年不详）字天泉。元吴江僧人，邑中陆氏子。大德十一年（1307）出世永定，迁北禅，历主名刹，后游京师，与翰林诸老往来唱和。

著作集待考

◎**零星诗文** 《松陵诗征前编》卷十一有诗。

张渊（1264—?）字清夫，号心远，又号用拙道人。元吴江人。皇庆中以荐为东省提举。博学好古有诗名，尤工书法，曾学书于赵孟頫。

◎**著作集**

心远堂集（一作张清夫诗集，又作素心堂诗集）

见嘉靖《吴江县志》卷十四及乾隆《震泽县志》卷三十一，未见收藏。

◎**零星诗文** 《吴江诗录二编》有诗。《松陵文集二编》有文。《松陵诗征前编》卷一有诗。

萧国宝（生卒年不详）字君玉，号辉山。元吴江人，原籍山阴，以乡举官吴江，遂家焉。

◎**著作集**

辉山存稿

南京图书馆存清抄本。

见《四库全书总目》。

◎**零星诗文** 《吴江诗录二编》有诗。

陆行直（1275—?）字季道，又字德恭、辅之，号壶天居士（一作湖天居士）、壶中天。元吴江人。善诗文，兼事书画，为时所称。元中叶以人才荐授翰林典籍，未几致仕归。筑别业于分湖东，一时名士如杨维桢、倪瓒皆与之游。常泛轻舟携笔床茶具往来烟波间，人称陆隐君。

◎**著作集**

词旨二卷

乐府指迷二卷（上卷张炎撰，下卷陆行直撰）

以上两种吴江图书馆存民国二年（1913）铅印本。

◎**零星诗文** 《吴江诗录二编》有诗。《松陵文集二编》有文。《松陵诗征前编》卷二有诗。《笠泽词征》卷二有词。《分湖诗钞》卷一有诗。

【编者注】陆行直荐授翰林典籍的年份方志记载不一，明弘治《吴江县志》记为"洪武中"，康熙《吴江县志》则指明为洪武二十一年，而道光《分湖小识》记为"元中叶"。本志记录取《分湖小识》说法。

陆祖允（生卒年不详）元吴江人，陆行直长子。

著作集待考

◎**零星诗文** 《笠泽词征》卷二有词。

陆祖宣（生卒年不详）字复之（一作浚之）。元吴江人，陆行直第三子。官平江路儒学正。

著作集待考

◎**零星诗文** 《分湖诗钞》卷一有诗。

陆祖广（生卒年不详）字季弘（一作季衡），自号天游生。元吴江人，陆行直第九子。官吴江州学训导。工画。

著作集待考

◎**零星诗文** 《吴江诗录二编》有诗。《松陵文集二编》有文。《分湖诗钞》卷一有诗。

陆祖凯（生卒年不详）元吴江人。陈去病考为陆行直从子。

著作集待考

◎零星诗文　《吴江诗录二编》有诗。

陆桂（生卒年不详）元吴江人。

著作集待考

◎零星诗文　《吴江诗录二编》有诗。

钟虞（生卒年不详）字安期。元吴江人。

著作集待考

◎零星诗文　《吴江诗录二编》有诗。《松陵诗征前编》卷一有诗。

顾逊（生卒年不详）元吴江北顾邨人。

著作集待考

◎零星诗文　《吴江诗录二编》有诗。《松陵诗征前编》卷一有诗。

王朝臣（生卒年不详）字熊翁。元吴江盛泽人。泰定元年（1324）进士，官太子司经。少从金吉夫游，天文、地理、阴阳历算诸书悉得其指授。为声律赋，刻烛而成。时士大夫尚词曲，竞为浮艳柔曼之音，王朝臣宗姜白石，以清真隽雅为主。吴江州判官张显祖咨以太湖水利，无不切中事宜。邑建垂虹桥，聘董其事，捐铁掬一百九十六条以勤厥工。登第后益究心经世之学。居官严正，立朝丞相脱脱器之。

◎著作集

或默轩诗文集

　　见同治《盛湖志》卷十二，未见收藏。

◎零星诗文　《吴江诗录二编》有诗。《松陵诗征前编》卷一有诗。

祖英（？—1343）名一作瑛，号石室。元吴江僧人，邑中陈氏子。出家秋泽村普向寺，与赵松雪诸公结方外交。晚年得痿痹疾，造一龛曰木㯟，日坐其中。

著作集待考

◎零星诗文　《吴江诗录二编》有诗。《松陵诗征前编》卷十一有诗。

智宽（生卒年不详）字裕之，号云海。元吴江僧人。元至元五年（1339）由吴江圣寿禅院主持嘉禾三塔景德寺。

◎著作集

云海倡和诗

见《松陵诗征前编》卷十一，未见收藏。

◎零星诗文 《松陵诗征前编》卷十一有诗。

王原杰（生卒年不详）名又作元杰，字子英。元吴江人。至正四年（1344）举于乡，值兵乱不仕，隐居教授。深于性理之学，为诗文雅健高古，学者称为贞白先生。卒葬吴江陈思村柳字圩。

◎**著作集**

春秋谳义十二卷

南京图书馆存清抄本。

《四库全书》录九卷。

贞白英华集

水云清啸集

以上两种见弘治《吴江志·典籍》，未见收藏。

◎零星诗文 《吴江诗录二编》有诗。《松陵诗征前编》卷一有诗。

周德（生卒年不详）字俊德，号寿一。元吴江烂溪人，周用先辈。殷增云："隐君先世山阴人，元季婿于烂溪张氏，因家焉。五传至恭肃公用，以进士起家，遂为松陵望族。"

著作集待考

◎零星诗文 《吴江诗录二编》有诗。《松陵诗征前编》卷一有诗。

朱斌（生卒年不详）字文质，号存吾。元吴江人。至正十三年（1353）举人。

著作集待考

◎零星诗文 《松陵诗征前编》卷一有诗。

章德刚（生卒年不详）字伯纯。元吴江柳胥村人。至正中以荐为昆山学正，明经饬行，有诗名。

著作集待考

◎零星诗文 《吴江诗录二编》有诗。《松陵诗征前编》卷一有诗。

盛舆（生卒年不详）字敬之。元吴江人。初为震泽镇教谕，升锦州学正。至正间兵兴，参谋浙省军政，擢崇德州判官。尝受《易》于郡人龚子敬，好古博识，医卜地理之书无不通究。

◎**著作集**

滴露斋稿

宗式（生卒年不详）字用中。元、明间吴江人，殊胜寺僧。元至顺末驻锡殊胜寺，明正统中寺圮，宗式出瓶钵资重修之。成化中寺前望仙亭圮，复募缘建之。弘治中圆寂，年一百四十七岁。

著作集待考

◎零星诗文 《松陵诗征前编》卷十一有诗。

邹奕（生卒年不详）字宏道。元明间吴江同里人。元至正八年（1348）进士，官饶州录事。明洪武初为御史，十七年（1384）出知赣州府。后坐事谪甘肃二十余年。永乐元年（1403）以蹇义荐召还。

◎著作集

吴樵稿

见嘉靖《吴江县志》卷十四，未见收藏。

◎零星诗文 《松陵诗征前编》卷二有诗。

陆继善（生卒年不详）字继之，一号甫里道人。元吴江人。

著作集待考

◎零星诗文 《吴江诗录二编》有诗。

萧规（生卒年不详）字元则。其先辈为湘潭人，明初徙居吴江之分湖。初从释氏，后乃去而为儒。好读书，不求禄仕，以贩鬻自给。其学长于春秋毛氏诗，为文郁勃有体裁，人称竹园先生。

◎著作集

湘山樵寓集

　　见弘治《吴江志·典籍》，未见收藏。

崔天德（生卒年不详）字君谊。明吴江七都人。有才干，博涉书史。仕于元朝，为金玉局副使。明初隐居泽溪，种竹自娱。左丞周伯温题其轩曰"友竹"，一时名士咸赋咏焉。

著作集待考

◎零星诗文　《松陵文集三编》有文。

顾谅（生卒年不详）字季友，自号痴叟。明吴江后陆巷人。早岁多从故老游，见闻殊广，博通经史。性夷易，与人融洽。值元末兵乱，隐居吴山之麓四十年，结庐曰"怡斋"。

◎著作集

仪礼注

　　见嘉靖《吴江县志》卷十四，未见收藏。

西村省己录二卷

　　书目见国家图书馆藏《浙江采集遗书总录》己集，著作未见收藏。

宏道（1315—1392）字存菊，号竹隐（一作竺隐）。明吴江人，俗姓沈。十三岁出家青墩密印寺。从鲁山文法师游，淹通教典。拜谒我庵和尚于天竺，深得教观权实之旨。洪武初筑室澄源溪上，将终老焉。寻奉旨注楞伽诸经，颁行天下，以为典式。洪武十五年（1382）出任僧录司左善世。二十四年（1391）退居长干寺，次年圆寂。

◎著作集

楞伽经注解

　　见同治《盛湖志》卷十二，未见收藏。

◎**零星诗文** 《松陵诗征前编》卷十一有诗。

凌昌（生卒年不详）字正卿。明吴江同里人。家世业儒，性聪慧强记，尤邃于书，微词奥义多所发明。从元儒潘如珪游，至正间举于乡，会道阻遂不复就试。以图史自娱，为文章汪洋而明洁，放言极论，一归于理。洪武十二年（1379）举明经，授县学训导，迁太平教授，卒于官。

◎**著作集**

仪古集

> 见弘治《吴江志·典籍》，未见收藏。

顾麒（生卒年不详）明吴江人。

◎**著作集**

家范

> 见嘉庆《同里志》卷二十二，未见收藏。

任伯通（生卒年不详）字公启。本宜兴人，明初至吴江，卜筑庞山湖居焉。性好道学，参究道德参同微旨。恬淡无为，不慕声利。同里翊灵道院岁久倾圮，独鼎新之。又建道经堂，所储不下道藏之半焉。

◎**著作集**

参同契章句

易外别传订正

> 以上两种见嘉庆《同里志》卷二十二，未见收藏。

盛逮（生卒年不详）初名棣，字景华。明吴江一都人。洪武初以贤良征，廷对称旨，赐冠带，命议事兵部，视能授官。盛逮处断刚正，为尚书（一说中书参政）陈宁所忌，辞疾归。弟盛彰坐盐法被捕甚急，盛逮代弟就捕，后谪戍宁夏，历二十余年，归卒于家，年九十三。

◎**著作集**

原道集

> 见弘治《吴江志·典籍》，未见收藏。

沈韶（生卒年不详）字凤仪。明吴江人。年弱冠，美姿容，曾和萨天锡之韵题吴中二首，为时辈所称。洪武初避征辟，泛舟游襄汉。

著作集待考

◎**零星诗文** 《笠泽词征》卷三有词。

沈清友（生卒年不详）明初吴江女子。

著作集待考

◎零星诗文　《松陵诗征前编》卷十二有诗。

王智（生卒年不详）字炳耳。明吴江人，王朝臣之子。操行高洁，张士诚据吴，屡召不就。隐居教授，年七十九卒，门人私谥廉静先生。

◎著作集

存诚录八卷

淮清堂文集

　　以上两种见同治《盛湖志》卷十二，未见收藏。

吴简（生卒年不详）字仲廉，号月潭居士。明吴江姚墩人。元至正中就乡试不利，遂杜门力学。吏尝召之役，被儒服执经往，同役者皆目笑之。以荐授郡学训导，迁绍兴路学录。明洪武四年（1371）召至京，吏部试富民论，吴简请疏渠以通溉，课粟多者第其功赏。上甚善之，授昆山主簿，以疾辞归，优游林泉，卒年八十二。

◎著作集

守约集

史学提纲

论语提要

　　以上三种见弘治《吴江志·典籍》，未见收藏。

诗义

　　见嘉靖《吴江县志》卷十四，未见收藏。

月潭诗集

　　见同治《苏州府志》卷一百三十八，未见收藏。

◎零星诗文　《松陵诗征前编》卷二有诗。

窦德远（生卒年不详）明吴江四都充浦人。洪武四年（1371）以明经征授礼部主客郎中，擢本部侍郎致仕。有文名。

◎著作集

（洪武）松陵志

　　见崇祯《吴江县志》卷首，未见收藏。

◎零星诗文　《松陵文集三编》有文。

沈黻（生卒年不详）字有庄。明吴江双杨人。家世治《尚书》，洪武四年（1371）以明经征赐光禄酒馔，寻放还。尝应辟署县学西斋事。

◎**著作集**

西斋集

　　国家图书馆存民国抄本。

朱应辰（生卒年不详）字文奎，号寄翁。明吴江人。少治《礼》，元末屡试不利乃弃之，从会稽杨维桢学古文。明洪武四年（1371）以明经荐授本府训导，后改江阴。为文繁而不猥，诗工长短句，篆籀法古。

◎**著作集**

潄芳集（一作《寄翁集》）三卷

　　见康熙《吴江县志》卷二十二，未见收藏。

漫抄十卷

　　见《吴县志·艺文考一》，未见收藏。

◎**零星诗文**　《松陵诗征前编》卷二有诗。

薛穆（生卒年不详）字公远，号澹园，又号北涧生。明吴江人。博学，攻诗文，善楷书，尤精墨竹。洪武四年（1371）以人才授柳州州判。卒于官。

◎**著作集**

北涧生稿

　　国家图书馆存清光绪十四年（1888）南沙席氏重修本。

◎**零星诗文**　《松陵诗征前编》卷二有诗。

任仲真（生卒年不详）字直生。明吴江同里人。世居吴淞青龙江。幼赋白鹤诗，见赏于杨维桢。比长，喜读经世之略。洪武六年（1373）举人才，官南康郡丞，引疾归。访旧于吴江，爱其风土淳朴，遂卜筑庞山湖滨。游方孝孺之门，方孝孺尝有画竹贻其父，因名其居曰"有竹"。

◎**著作集**

莼香小集

有竹居诗稿

　　以上两种见嘉庆《同里志》卷二十二，未见收藏。

曹谨（生卒年不详）字勉之，一字仲和，号溪南。明吴江人（一作平望人）。洪武七年（1374）以明经授本学训导，以学行称。家有水竹居，高士倪瓒尝作水竹居图。

著作集待考

◎**零星诗文**　《松陵诗征前编》卷二有诗。

徐衍（生卒年不详）字仲易。明吴江人。洪武十二年（1379）以人才荐授工部主事。二十六年（1393）受蓝党事株连被诛。

◎**著作集**

仲易诗集

  见嘉靖《吴江县志》卷十四，未见收藏。

◎**零星诗文**　《松陵诗征前编》卷二有诗。

沈原（生卒年不详）明吴江双杨人。明洪武十三年（1380）尝作《昭灵侯庙记》。
著作集待考

◎**零星诗文**　《松陵文集三编》有文。

莫辕（生卒年不详）字逊仲（一作巽仲），号顺庵。明吴江人。少从张适、易恒学，长于学问，为诗文有理趣。洪武中父系诏狱当刑，莫辕年十一，诣理官请代父死。又育其兄遗子屡冒法禁几死。闻见甚博，尤好读史，能纵论古今事。虽老，见格言古训犹手自抄录。平生起居悉有笔记。卒年七十七，门人私谥"贞孝先生"。

  著作集待考

◎**零星诗文**　《松陵诗征前编》卷二有诗。

谢常（1340？—1422？）字彦铭。明吴江人。少与陶振同师事杨维桢，学识该博，著作酿丽，尤长于四六。洪武十五年（1382）举秀才，召见试《丹凤朝阳赋》称旨，欲官之，以母年百有六岁请归终养，许之，遂隐震泽之东溪，教授生徒。至永乐初犹存，年八十三卒。

◎**著作集**

桂轩诗集一卷

  国家图书馆存清初叶氏小有堂抄本。

东溪集

  见嘉靖《吴江县志》卷十四，未见收藏。

◎**零星诗文**　《松陵文集三编》有文。《松陵诗征前编》卷二有诗。

曾烜（1345—1407）名一作爟，字日章。明吴江人。少聪敏，受春秋于严陵鲁渊，充郡学生，训导朱应辰授以经义，学大进。洪武十七年（1384）以岁贡授黄陂知县，政声大著，秩满解印归钓。三十五年（疑为建文四年即1402年）词臣交荐，擢翰林院侍读。永乐元年（1403）与修永乐大典。未几奉诏出使，平交趾黎氏。永乐五年（1407）以疾卒于军中。

  著作集待考

◎**零星诗文** 《松陵诗征前编》卷二有诗。

张涛（生卒年不详）字季连，自号南林居士。明吴江人。世居越溪，以赀雄于乡，而张涛独轻财好学，构素心堂，日吟咏其中，三吴名士多从之游。二兄皆以人才为显官，张涛毁形闭门自守而已，州县征辟皆不就，后竟坐党祸籍其家。
◎**著作集**
陶庵集八卷
　　见嘉靖《吴江县志》卷十四，未见收藏。
◎**零星诗文** 《松陵文集三编》有文。

陈沐（生卒年不详）明吴江人。
◎**著作集**
遁甲全书
奇门纂要
七元禽演
　　以上三种见嘉靖《吴江县志》卷十四，未见收藏。

盛缌（生卒年不详）字文勉。明吴江人。
◎**著作集**
盟鸥集
　　见嘉靖《吴江县志》卷十四，未见收藏。

陈序（生卒年不详）号桂轩居士。明吴江同里人。博极群书，工古文辞，尤长于诗。治家井井有矩度，内外肃然。筑墙周屋外，时称墙里陈家。课徒自给，年二十余食饩为诸生祭酒。
◎**著作集**
日涉园诗史
　　见嘉庆《同里志》卷二十二，未见收藏。

史仲彬（1366—1427）字文质。明吴江黄溪人。幼跌宕不羁，喜赴人之急，尝与诸少年缚豪黠魁首献阙下处死，一县称快。其父忧为非福，史仲彬乃更折节为恭俭，以力田起家，甲其乡。乡人推为税长。史仲彬约束里胥，不惧祸害，慨然为民争利，故人多德之，而小人不之喜，然至死不悔也。卒年六十七。
◎**著作集**
致身录（一作《奇忠志》）

苏州图书馆存清顺治三年（1646）宛委三堂刻本。

上海图书馆存清抄本，书名作《奇忠志》，并附史兆斗撰《建文从亡诸臣考》一卷。

◎零星诗文 《松陵文集三编》有文。

【编者注】常熟钱谦益、吴江潘柽章等认为《致身录》系后人伪托。而吴江朱鹤龄、史炜等辨其为真。

何源（1368—1453）初名德源，字幼澄，自号东吴遗老。明吴江同里人。洪武二十九年（1396）举人，授山东德州学正，升本州岛知州。为政廉明，州人号曰"赛包"。母丧归，起为梧州知州，寻以请误谪交趾镇守，举署交州府学事，召除考功员外郎，出为郑府右长史，改吏部文选郎中。正统初擢江西右布政使，三年后致仕归。

◎著作集

澄庵集

见弘治《吴江志·典籍》，未见收藏。

◎零星诗文 《松陵文集三编》有文。

黄本（生卒年不详）字本中。明吴江人。先世江夏人，元末黄本避地吴江同里，授徒资养，遂留家焉。洪武中举明经，为武夷训导，历会昌教谕。于经史百家之书，研极理趣。文章丰腴雅驯，诗词藻丽。

◎著作集

白庵遗稿

见嘉庆《同里志》卷二十二，未见收藏。

◎零星诗文 《松陵诗征前编》卷二有诗。

梁时（生卒年不详）字用行。明吴江同里人。博学工文章。洪武二十一年（1388）以善书荐授岷府纪善，永乐初迁翰林典籍，修永乐大典，充副总裁，终于官。

◎著作集

噫余集

见嘉靖《吴江县志》卷十四，未见收藏。

凌德修（生卒年不详）字子成，明吴江同里人，凌昌之子。洪武二十一年（1388）举明经。初为嘉定训导，迁宁县、广昌教谕。吴骥称其文章皆本义理，如布菽粟之实用。寿终于家。

◎著作集

盱江集

见乾隆《吴江县志》卷四十六，未见收藏。

吴复（生卒年不详）字孟修。明吴江桃墩人，吴简之子。博学工诗文，元季不仕。明洪武二十一年（1388）以人才荐授湖广佥事。有文名。

◎著作集

雪区稿

霞外集

甲子循环图

盛唐诗选

以上四种见乾隆《震泽县志》卷三十一，未见收藏。

◎零星诗文 《松陵文集三编》有文。《松陵诗征前编》卷二有诗。

【编者注】《江苏艺文志》载吴复洪武"十四年再被举，旋以事系狱死"。但方志记载其于洪武二十一年荐授湖广佥事，且未记载"系狱死"。两处记录有矛盾，录以备考。

吴颐（生卒年不详）字希程。明吴江人，吴简次子。幼继外家冒史姓。洪武二十一年（1388）以明经荐授县学训导。有文名。

◎著作集

桃溪集

见嘉靖《吴江县志》卷十四，未见收藏。

◎零星诗文 《松陵诗征前编》卷二有诗。

陈谟（生卒年不详）字昌言。明吴江同里人。初为童子师，于经史正句读、通训诂而已。及沉潜岁久，学进理明，才思焕发，凡唐宋以来大家之文皆含咀其英华，规抚其步骤，故词章精敏过人，而诗律有涵蓄，学者宗之。

◎著作集

陈昌言文集

见嘉庆《同里志》卷二十二，未见收藏。

陶振（生卒年不详）字子昌，自号钓鳌客。明代人。其先华亭人，赘于庞山谢氏，遂为吴江人。少与谢常学于杨维桢，兼治诗书春秋三经。洪武二十三年（1390）举明经，授县学训导，迁安化教谕卒。天才超逸，诗词豪俊，负重名于时。

◎著作集

钓鳌集

见弘治《吴江志·典籍》，未见收藏。

云间清啸集一卷

南京图书馆存清抄本。

陶振赋一卷

见乾隆《吴江县志》卷四十六，未见收藏。

◎零星诗文　《松陵文集三编》有文。《松陵诗征前编》卷二有诗。

崔远（生卒年不详）字永年。明吴江人。洪武间以人才官安福县丞。

著作集待考

◎零星诗文　《松陵诗征前编》卷二有诗。

盛寅（1374—1441）字启东，以字行。明吴江人，盛逮之子。郡人王宾得医术于金华戴原礼，王宾无子，以医术授盛寅。盛寅复讨究诸方书，遂大有名。永乐初为医学正科，坐累被系，输作天寿山。监工者奇之，令其主书算，后又将盛寅通医术之事言于成祖，盛寅得以被召见。因进药有效，授御医，赏赐甚厚。仁宗立，求出为南京太医院，宣德中召还。

◎著作集

盛御医集（一作《流光集》）

见弘治《吴江志·典籍》，未见收藏。

医经秘旨二卷

南京图书馆存1984年江苏科学技术出版社印本。

脉药玄微

上海中医学院图书馆存稿本。

◎零星诗文　《松陵诗征前编》卷三有诗。

吴藻（生卒年不详）字文伯。明吴江人，居双杨溪。性聪敏，永乐初以明经举，辞以亲老不就，遂教授于乡，以淑后进。

◎著作集

质庵集

见乾隆《震泽县志》卷三十一，未见收藏。

袁顺（生卒年不详）字巽之，号筠庄，别号杞山。原陶庄人，明永乐初以黄子澄党狱亡命吴江北门，作绝命词自即投于水，赖吴贵三（一说吴昂）援起之，得不死，寄籍焉。

著作集待考

◎零星诗文　《松陵文集三编》有文。

吴节（生卒年不详）字伯度，一字维则，自号松陵生。明吴江人。永乐五年（1407）举秀才，授中军都督府教授。

著作集待考

◎**零星诗文** 《松陵文集三编》有文。

史晟（生卒年不详）字原弼，号溪隐，自号觉非叟。明吴江人，史仲彬子。

著作集待考

◎**零星诗文** 《松陵文集三编》有文。

吴骥（生卒年不详）字材良，号蒙庵。明吴江同里人。家贫力学，恬于势利。洪熙元年（1425）举明经，授浚县训导，正统元年（1436）改寿昌，迁清丰教谕致仕卒。吴骥博学强记，教人严而有法，时称名师。山西、河南、陕西诸省乡试凡五聘为考官，所取皆名士。卒年八十三。

◎**著作集**

蒙庵集

归田稿

> 以上两种见弘治《吴江志·典籍》，未见收藏。

同里先哲志四卷

> 吴江图书馆存抄本。

◎**零星诗文** 《松陵文集三编》有文。

陈克礼（生卒年不详）失其名，字克礼，号雪轩。明吴江人。硕德清修，下帷教授，从游者翕然。云间陶育、桂林屠允时造其庐相唱和。

◎**著作集**

莺湖八景志（芦瑛、陶育序）

> 见道光《平望志》卷八，未见收藏。

陈宣（生卒年不详）字子昭。明吴江盛泽人。宣德四年（1429）举人，官玉山教授，升国子监学录。工诗善画，以盛湖八景得名。

◎**著作集**

鹤麓绪言

> 见《松陵人物汇编》卷二，未见收藏。

◎**零星诗文** 《松陵文集三编》有文。

袁颢（？—1494）一作袁灏。字孟常，号菊泉。原籍嘉善，明宣德六年（1431）

入赘芦墟徐氏，遂为吴江人。得书万余卷，发箧伏读至忘寝食。自象纬、舆地以及三式九流之属靡所不窥。谓医贱业可以藏身，可以晦名，可以济人，可以养亲，遂寓意于医。每托太素脉悬断祸福，劝人积德祈天。

◎著作集

主德篇

　　见乾隆《吴江县志》卷四十六，未见收藏。

针经一卷

　　见袁仁《记先祖菊泉遗事》，未见收藏。

脉经一卷

春秋传三十卷

周易奥义八卷

　　以上三种见乾隆《分湖志》卷四，未见收藏。

袁氏家训二卷

　　见袁黄辑《袁氏丛书》，国家图书馆存《续修四库全书》本。

袁氏痘疹全书三卷

　　国家图书馆存明刻本。

袁氏痘疹丛书五卷

　　国家图书馆存明书林双峰堂刻本。

◎零星诗文　《松陵文集三编》有文。

沈士静（生卒年不详）字玄修。明宣德年间吴江屯村人。工文好古，精程朱之学，聚徒讲论，终身无仕进之志。

◎著作集

易说宗要

悟心微论

　　以上两种见顺治《屯村志·隐逸》，未见收藏。

夏庆（生卒年不详）明吴江人。

◎著作集

菊轩集四卷

　　见乾隆《吴江县志》卷四十六，未见收藏。

梅衡（生卒年不详）号藏密道人。明吴江人。世居尚湖，器宇宏达，身材高大，行事果断，工于诗。

◎著作集

瓢溪集六卷

见乾隆《吴江县志》卷四十六，未见收藏。

吴镇（生卒年不详）字扬稽，一作阳稽。明吴江同里人。荐举儒士，充纂修书籍总裁，能诗。
◎**著作集**
湖海耆英集
　　见乾隆《吴江县志》卷四十六，未见收藏。
◎**零星诗文**　《松陵文集三编》有文。《明诗综》卷二十二收其诗。

吴本（生卒年不详）字云岗。明吴江人。尝定"韭溪八咏"。
◎**著作集**
（正统）增辑松陵志
　　见乾隆《吴江县志》卷四十六，未见收藏。
◎**零星诗文**　《松陵文集三编》有文。

梅鼐（生卒年不详）字致中，明吴江人。梅衡之子。乐善好礼，工吟咏，所居瞿庵，有林泉之趣，以寿终。
◎**著作集**
瞿庵稿十五卷
　　见嘉靖《吴江县志》卷十四，未见收藏。

莫震（1409—1489）字廷威。明吴江人，莫旦之父。正统四年（1439）进士。五年（1440）知嘉鱼县。景泰二年（1451）入觐奉勅运粮于边，以父丧归，服除改知海盐县，迁建宁通判，署邵武府事，赐敕旌异，迁延平府同知，致仕归。卒年八十一。
◎**著作集**
由庵录十九卷
家礼节要一卷
莫震诗文集二十二卷
　　以上三种见嘉靖《吴江县志》卷十四，未见收藏。
石湖志四卷
　　国家图书馆存明刻本六卷，含莫旦增补两卷。
霆威日记六卷
　　见乾隆《吴江县志》卷四十六，未见收藏。
嘉鱼县志三卷
　　南京图书馆存明正统十四年（1449）刻本。

◎**零星诗文** 《松陵文集三编》有文。《松陵诗征前编》卷二有诗。

史珩（1414—1467）字廷用，一字廷贵，号友桂，一号桂轩。明吴江人。富家子，弱冠即被乡人推为税长。年少不学，后痛自刻励，日取诸书课读，闲从名师友相质问。稔于《资治通鉴》，论上下数千年治乱贤不肖，如指诸掌。永乐十五年（1417）由贡生历事秋官，选桂阳县。遭奸党之乱，免为庶人。晚居宜晚楼中，以琴书娱老焉。

◎**著作集**

宜晚楼集

　　　见乾隆《吴江县志》卷四十六，未见收藏。

◎**零星诗文** 《松陵诗征前编》卷二有诗。

任敏（1421—1508）原名孜，字懋善。明吴江同里人，任仲真之孙。正统十二年（1447）举人，十三年（1448）进士。刑部观政授湖广主事，历员外郎。持法明允，多所平反，擢广东琼州知府。发奸摘伏，豪猾敛迹，盗不敢犯其境。值岁荒，仿赵抃治越、富弼治青法，全活甚众。丁母艰归，尝修辑家乘。善弹琴、制吴江曲。

◎**著作集**

琴理一卷

经笥堂类稿四卷

　　　以上两种见嘉庆《同里志》卷二十二，未见收藏。

吴江曲十调

山塘竹枝词

　　　以上两种见《虎阜志》卷七，未见收藏。

梅伦（1424—1494）字彦常。明吴江尚湖人，梅鼐之子。正统十三年（1448）进士，十四年（1449）九月授刑部主事，历员外郎。天顺八年（1464）乞养归，居瓢溪。时论贤之，交章荐达，成化初复起南刑部。持法宽仁，多所全活，擢湖广右参议，提调武当山，兼理军务。数引方士治道术者与修导引法，遂无意仕进，引年致仕。

◎**著作集**

归田集三卷

余庵集十二卷

　　　以上两种见乾隆《吴江县志》卷四十六，未见收藏。

◎**零星诗文** 《松陵文集三编》有文。

梅俊（生卒年不详）字彦英。明吴江人。

◎著作集

雪轩诗稿八卷

　　见乾隆《吴江县志》卷四十六，未见收藏。

尹宽（1426—1483）字孟容，号易斋，又号江南布衣。明吴江黎里人。隐居不仕，诗酒自喜，又善鼓琴，能六书，与同邑史鉴、曹孚、练塘凌震有"四大布衣"之名。晚年境愈困，至无屋以居，殁后几不能殓。

◎著作集

易斋稿

　　见嘉靖《吴江县志》卷十四，未见收藏。

◎零星诗文　《松陵文集三编》有文。《松陵诗征前编》卷二有诗。

吕志坚（生卒年不详）明吴江人，汝文玑妻。聪慧好施，文玑每有义举，辄怂恿成之。文玑殁，施与常不吝，曰："此吾夫志也。"少时好读《少微鉴》及《列女传》，晚岁取其事之切于日用者，立家范数十条，刊示子孙。年八十五卒。莆田彭韶为铭墓。

◎著作集

家范一卷

　　见嘉庆《黎里志》卷十一，未见收藏。

汝旻（生卒年不详）字思元。明吴江黎里人。父文玑多才干好施与，汝旻承父教，正统二年（1437）岁荒，首先输粟赈济，诏赐七品冠带。以孝闻，喜为诗。

◎著作集

桂轩集

　　见嘉庆《黎里志》卷六，未见收藏。

陆琦（生卒年不详）字文璧。明吴江七都人。善古文，兼通医卜星命之学。为人沉敏谨厚，人共推服。正统九年（1444）领乡荐，未仕卒。

著作集待考

◎零星诗文　《松陵文集三编》有文。

盛昶（生卒年不详）字允高。明吴江一都人。景泰二年（1451）进士，授监察御史，清山东马政，以灾伤上疏乞蠲民赋。从之。四年（1453）迁罗江知县，平寇乱，兴水利，擢知叙州府。盛昶襟度洒落，诗文高古，然颇以简傲召毁。

◎**著作集**

休休翁集

见嘉靖《吴江县志》卷十四，未见收藏。

陈旻（生卒年不详）字用文。明吴江人。工诗善书。景泰五年（1454）曾书《重建殊胜寺碑记》。

著作集待考

◎**零星诗文**　《松陵诗征前编》卷二有诗。

沈昌言（生卒年不详）字宗禹。明吴江双杨人，沈黻曾孙。天顺六年（1462）岁贡生，授安仁训导，仕至河南新郑教谕。

著作集待考

◎**零星诗文**　《松陵文集三编》有文。

王贵（生卒年不详）字玉川。明吴江人，王朝臣曾孙。天顺七年（1463）由人才荐举通经，官左春坊司谏。性端直凝重，不为权贵所右，九载不迁。归田后杜门息影，益肆力濂洛关闽（濂洛关闽是宋代理学四个主要学派——编者注）之学。诗文多关涉世教。

◎**著作集**

玉川书塾问答二十卷

见同治《盛湖志》卷十二，未见收藏。

黄乔（生卒年不详）字迁乔。明震泽人。县学生。天顺中，三贤祠废，黄乔为疏告沈嘉猷，乃重建于普济寺东侧。

◎**著作集**

茶谷集

见嘉靖《吴江县志》卷十四，未见收藏。

吴璩（生卒年不详）字廷晖，号铁峰。明吴江人，吴鎏之父。

著作集待考

◎**零星诗文**　《松陵诗征前编》卷二有诗。

何升（生卒年不详）字寅宾。明吴江同里人，何源之孙。成化二年（1466）以贡授曲阳训导。能诗文，虽贫未尝干谒。年六十六卒。

◎**著作集**

归闲稿

> 见弘治《吴江志·典籍》，未见收藏。

汤涤（生卒年不详）字新之。明吴江人。性刚介，诗文高古。成化二年（1466）进士，授清江尹。常耻干谒，欲归田园。时观察使某闻其名，邀至署，命赋诗，有"如有如无梦里官"之句，观察疑其隐讽，汤涤谢曰："此涤自轻其官将去耳。"遂解绶于案。归乃灌园治产，粗衣淡食，泊如也。

◎**著作集**

思庵杂稿

> 见乾隆《分湖志》卷四，未见收藏。

◎**零星诗文** 《松陵文集三编》有文。

黄著（生卒年不详）字诚夫。明吴江震泽人。少以气节自高。成化五年（1469）举进士，授新昌令。官至监察御史，巡按山西，再按广东，以母忧归卒。

著作集待考

蔡升（生卒年不详）字景东。明吴江人。博极群书，工诗赋，为人规言矩行，以名教自任。成化中以子蒙贵，封中宪大夫。

◎**著作集**

震泽编八卷（蔡升辑，王鏊重修）

> 苏州图书馆存明刻本。

> 见黄山书社《全四库系列·四库存目书》，吴江图书馆有藏。

太湖志

西岩集

具区百咏

> 以上三种见江澄波《古刻名抄经眼录》，未见收藏。

【编者注】江澄波《古刻名抄经眼录》载：《震泽编》八卷题"西洞庭蔡升辑，东洞庭王鏊修。"而《钦定四库全书总目》卷七十六载："《震泽编》八卷，明蔡升撰，王鏊重修。升，字景东，吴江人。"

莫旦（1429—?）字景周，号鲈乡，明吴江同里人，莫震之子。成化元年（1465）举人。博学工诗文，卒业太学作《一统》、《贤关》二赋，名动京师。授新昌训导。九年（1473）迁国子监学正，乞归，年八十余卒。莫旦始为诸生，即考论掌故，搜采旧闻，积三十年始成《吴江县志》，典雅可观。

◎**著作集**

鲈乡集

贞孝录

> 以上两种见嘉靖《吴江县志》卷十四，未见收藏。

（天顺）松陵志十卷

学业须知四卷

> 以上两种见乾隆《吴江县志》卷四十六，未见收藏。

大明一统赋补四卷

> 上海图书馆存明万历四十一年（1613）刻本。

> 黄山书社《全四库系列·四库奏毁书》存《大明一统赋》三卷。

（弘治）吴江志二十二卷

> 国家图书馆存明弘治元年（1488）刻本缩微品。

> 上海图书馆存清抄本。

> 吴江图书馆存台北成文出版社《中国方志丛书》影印本。

（正德）吴江续志三卷

> 见嘉庆《同里志》卷二十二，未见收藏。

石湖志六卷（莫震撰，莫旦增补）

> 国家图书馆存明刻本。

（成化）新昌县志十六卷

> 上海图书馆存明正德十六年（1521）刻本。

◎**零星诗文** 《松陵文集三编》有文。

汝讷（1433—1493）字行敏，号周庵。明吴江黎里人，景泰四年（1453）举人。成化三年（1467）以善书选为中书舍人。十四年（1478）迁南京武选员外郎，进郎中。时王恕为尚书，汝讷与同郡李应祯等并以文学为王恕宾客，从容谈论，相得甚欢。二十三年（1487）汝讷出为汀州知府，以忧归。弘治三年（1490）改知南安府。汝讷至，南安势家惴惴奉法无敢旁挠，寻报罢，人皆惜之。汝讷居官有清操，为诗格调平畅，书法得晋人体，而小楷尤道美。

◎**著作集**

学鸣集十五卷

> 见嘉靖《吴江县志》卷十四，未见收藏。

北游稿二卷

> 见嘉庆《黎里志》卷六，未见收藏。

◎**零星诗文** 《松陵文集三编》有文。

史鉴（1434—1496）字明古，号西村。明吴江人，史珩之子。博学洽闻，年十二三为四六体，语即惊人。既长，肆力为诗文。诗不屑为近体，冥搜苦索直欲追魏晋而及之。长于史论，并深究钱谷水利之事。居穆溪之西，有园亭竹木之胜，四方士归焉。吴宽、李应祯、沈周、尹宽、曹孚诸人其至近而最著者，集则流连觞咏，浃旬弥月。治家严如官府，动遵古礼。患里人以巫觋惑众，上书于县，欲尽除之。巡抚王恕闻其名，延见与论政务，深器其才。

◎著作集

礼疑

礼纂

西村杂言

小雅日抄

　　以上四种见嘉靖《吴江县志》卷十四，未见收藏。

西村集八卷附录一卷

　　苏州图书馆存清乾隆十二年（1747）刻本。

　　见《四库全书》。

西村十记一卷零星诗文一卷

　　南京图书馆存清光绪八年（1882）正修堂丁氏刻本。

西村先生集二十八卷零星诗文一卷

　　国家图书馆存清抄本。

　　南京图书馆存清抄本，无零星诗文。

　　上海图书馆存清抄本二十二卷。

　　苏州博物馆存清抄本二十一卷附一卷。

西村文钞五卷附西村集钞一卷

　　上海图书馆存清诒经堂抄本。

史山人集一卷

　　上海图书馆存明嘉靖隆庆间刻本。

大明文约

　　见《史氏家乘》卷十九，未见收藏。

◎零星诗文　《松陵文集三编》有文。《笠泽词征》卷三、卷二十八有词。

吴珵（1436—1487）字元玉，号石居，晚号青龙上人。明吴江人。少从父成京师，宗族不相知者数年。父死后归访吴江。成化五年（1469）举进士，拜南京工部主事，历员外郎，迁太仆少卿。性好学，工古诗文。善画山水，师法戴进。卒年五十二。

石居遗稿

　　见乾隆《震泽县志》卷三十一，未见收藏。

◎**零星诗文** 《松陵诗征前编》卷三有诗。

袁祥（1437—1504）字文瑞，号怡杏。明吴江芦墟人，袁颢之子，袁仁之父。六岁鞠（鞠：养育，抚养——编者注）于殳氏，延师授之书，上自五经，下至左国史汉、老庄列杨、韩非吕览之属，皆通册诵记。丁亥年（1467）由父袁颢呼回，授以家传学术，由是天文地理、历律书数、兵法水利之属靡不熟谙。后就学殳氏，闭门学医。

◎**著作集**

建文私记一卷

春秋或问八卷

新旧唐书折衷二十四卷

天官纪事六卷

慧星占验一卷

六壬大全三十六卷

  以上六种见乾隆《分湖志》卷四，未见收藏。

乐律通考八卷

建文遗事

革除编年

忠臣录

  以上四种见袁仁《一螺集·怡杏府君行状》，未见收藏。

曹孚（生卒年不详）字颙若，自号枫江布衣。明吴江平望人，曹谨六世孙。工诗古文，兼善丹青。隐居不仕，有劝以改图者弗听，颜其楼曰"声佳"。与同邑史鉴、尹宽，练塘凌震号"四大布衣"。

枫江集

平望镇志

  以上两种见嘉靖《吴江县志》卷十四，未见收藏。

◎**零星诗文** 《松陵文集三编》有文。《松陵诗征前编》卷二有诗。

姚明（生卒年不详）字景昭，一字视卿。明吴江人，家长桥之南，号月桥居士。工古今诗文，兼善书法。成化十三年（1477）举人，后两试南宫，皆以疾不终试。弘治十二年（1499）授贵溪知县，后调南靖，在任四年，母丧归，会子坐事论死，走京师讼之，以疾卒于逆旅。

◎**著作集**

月桥遗稿

  见嘉靖《吴江县志》卷十四，未见收藏。

客溪诗集四卷

见《振绮堂书录》，未见收藏。

◎**零星诗文** 《松陵诗征前编》卷三有诗。

徐源（生卒年不详）字清卿。明吴江人。成化十六年（1480）举人，授晋江县丞。

著作集待考

◎**零星诗文** 《松陵诗征前编》卷三有诗。

李经（生卒年不详）字引之。明吴江四都人。成化十九年（1483）举人，浙江于潜县知县。

著作集待考

◎**零星诗文** 《松陵文集三编》有文。

鲁昂（生卒年不详）字廷瞻。明吴江人。成化二十三年（1487）进士，历官户科给事中，谪蒲圻县知县。

著作集待考

◎**零星诗文** 《松陵诗征前编》卷三有诗。

叶绅（1440—1505）字廷缙，号毅斋。明吴江分湖叶家埭人。其先居洞庭东山。成化二十三年（1487）进士。弘治元年（1488）以老成选为户科给事中，以母丧归。三年（1490）补吏科。八年（1495）迁礼科右给事，尝斥太监李广八大罪。十一年（1498）迁尚宝司少卿。

◎**著作集**

黄门奏疏十卷

毅斋文集四十卷

以上两种见《松陵文集三编》，未见收藏。

◎**零星诗文** 《松陵文集三编》有文。《松陵诗征前编》卷三有诗。《吴江叶氏诗录》卷一有诗。

汝泰（1440—?）字元吉，一字其通，号来斋。明吴江黎里人，汝赞之子，汝讷从子。年五十始举于乡，弘治九年（1496）成进士，授南京考功主事，擢永州知府，卒于官。未第时，与同郡李应祯、吴宽，同邑姚明、史鉴并以文学著名，所撰文章传播远近。

◎**著作集**

来斋集

见嘉靖《吴江县志》卷十四，未见收藏。

性理补注

　　见光绪《黎里续志》卷四，未见收藏。

◎**零星诗文**　《松陵文集三编》有文。《松陵诗征前编》卷三有诗。

吴洪（1448—1525）字禹畴，号立斋，明吴江人。成化十一年（1475）进士，授南京刑部主事，后出贵州、广东、福建等地为官，官至南京刑部尚书。尝与礼部尚书长洲吴宽、礼部侍郎常熟李杰、都御史长洲陈璚、吏部侍郎吴县王鏊诗酒唱和，立"五同会"，五同者，同时、同乡、同朝、同志、同道。

著作集待考

◎**零星诗文**　《松陵文集三编》有文。《松陵诗征前编》卷三有诗。《笠泽词征》卷三有词。

吴鋆（1452—1499）字汝砺。明吴江人，吴璩之子。少逸越不羁，务苦吟，格律高古，与赵宽齐名，书法遒美。成化十三年（1477）举于乡，巡抚王恕器重之。二十三年（1487）成进士，授兵部主事。历员外郎，又进武库司郎中。以病乞归，未至家卒，年四十八。

◎**著作集**

懒溪集六卷

　　见嘉靖《吴江县志》卷十四，未见收藏。

◎**零星诗文**　《松陵诗征前编》卷三有诗。

沈奎（1455—1511）字天祥，号半闲。明吴江人，沈汉之父。少而知学，性孝好施，不能事产业，家用中衰，旁人以此对其规劝，沈奎谢曰："使吾后者贤于吾，虽无所遗可也；如其不贤，遗之何益？"

◎**著作集**

沈氏诗集录十二卷

　　见乾隆《吴江县志》卷四十六，未见收藏。

◎**零星诗文**　《松陵诗征前编》卷三有诗。

王哲（1457—1513）字思德。明吴江人。年十二为诸生。弘治三年（1490）登进士，授监察御史。十年（1497）巡按广东。遭父丧去官。十五年（1502）再按江西，惩治豪强，善断疑狱，众皆服。十六年（1503）迁山东按察使副使。正德三年（1508）进广东按察使，明年擢南京右佥都御史，寻改巡抚，以病乞归。王哲善读书，尤熟于史，尝言"说好话，行好事，作好人"，题所居曰"好斋"。

◎著作集

好斋集十卷

见嘉靖《吴江县志》卷十四，未见收藏。

赵宽（1457—1505）字栗夫，号半江。明吴江一都人。成化十三年（1477）举于乡，成化十七年（1481）会试，置第一。时同郡吴宽主试，众议私其乡里。赵宽即席作《玉延亭赋》，文义灿然，众始叹服。历任刑部主事、郎中，在部十四年以明允称。升浙江提学副使，迁广东按察使卒。为人平易闲雅，人乐与交。

◎著作集

半江集十五卷

明嘉靖，清康熙、乾隆《吴江县志》记录为十二卷。

上海图书馆存明正德十四年（1519）年刻本，十二卷。

国家图书馆存明嘉靖四十年（1561）赵橘刻本，十五卷附一卷。

《四库全书》录十五卷。

◎**零星诗文**　《松陵文集三编》有文。《松陵诗征前编》卷三有诗。《笠泽词征》卷四有词。

赵宏（生卒年不详）字充夫，号笠泽。明吴江人，赵宽弟。不屑应举，隐居淞江笠泽之间，年逾七十不废吟咏。为诗有唐人风。卒年七十三。

◎著作集

渔庵集一卷

南京图书馆存明刻本。

◎**零星诗文**　《松陵诗征前编》卷三有诗。《吴江赵氏诗存》卷二有诗。

顾宽（生卒年不详）字惟仁。明吴江同里人。孝友好义，成化中尝建同里庆荣桥，弘治中建普安桥，正德初建大通桥。弘治初建同里社学，顾宽董其役。

◎著作集

感梅诗集

见嘉庆《同里志》卷二十二，未见收藏。

李瓒（生卒年不详）明吴江同里人。县学生。与顾宽兄弟善。嘉靖末邑中役派各项多混入正赋征收，名曰"平米"。总书作奸，多于赋中阴窜诸役。李瓒著《赋役论》，极辩书册多有伪本，后巡抚林某有清厘赋役之请，实自瓒发之。

◎著作集

同里志

见嘉靖《吴江县志》卷十四，未见收藏。

崔澄（生卒年不详）字渊父。明吴江人。国学生。少为诸生，已厌科举场屋之习。及例入太学，遂绝意进取，出所藏经史典籍，闭门诵读，穷日夜不休。三年学成，从其师曹孚，谒同郡吴宽、沈周诸名公，质疑订惑，必探其底蕴而后已。吴宽尤重之，呼为崔小先生。能诗工书，其诗气象风格力追唐人，真草隶篆为人所宝。卒年仅二十九。

◎著作集

传响集十二卷

　　见嘉靖《吴江县志》卷十四，未见收藏。

◎零星诗文　《松陵诗征前编》卷三有诗。

许浩（生卒年不详）字子远，号南里。明吴江人。

著作集待考

◎零星诗文　《松陵诗征前编》卷三有诗。

吴亿（生卒年不详）字永年。明吴江人。

◎著作集

默庵集

管窥集

　　以上两种见嘉靖《吴江县志》卷十四，未见收藏。

◎零星诗文　《松陵诗征前编》卷三有诗。

宋文昌（生卒年不详）明吴江人。

◎著作集

居易稿六卷

　　见嘉靖《吴江县志》卷十四，未见收藏。

宋恩（生卒年不详）明吴江人，宋文昌之子。

◎著作集

仰高集

　　见嘉靖《吴江县志》卷十四，未见收藏。

汝文璧（生卒年不详）明吴江黎里人。

◎**著作集**

假年集

见光绪《黎里续志》卷四，未见收藏。

汝砺（1464—1540）字启商，号石斋。明吴江黎里人，汝讷之子。幼而朗秀，嗜学工文，屡困棘闱，以岁贡选授孝感县教谕，升四川庆符县知县。六载秩满，拟工考，以年老告归。性宽和，虽遭横逆不与较。为文以意胜，耻事钩章棘句，诗萧散有致。

◎**著作集**

西归集

见乾隆《吴江县志》卷四十六，未见收藏。

尚书世业录

叙州府志

三峡诗稿

以上三种见光绪《黎里续志》卷四，未见收藏。

静可（生卒年不详）字笑庵。明弘治中主教席于车溪观音精舍，尚书周用尝师之。

◎**著作集**

笑庵集

见嘉靖《吴江县志》卷十四，未见收藏。

◎**零星诗文** 《松陵诗征前编》卷十一有诗。《盛湖诗萃》卷十一有诗。

曹镆（生卒年不详）本姓吴，字良金，号桐邱。明吴江六都人。弘治六年（1493）进士，选庶吉士，改刑部主事，恤刑四川，多所平反，进员外郎，左迁东昌府通判，迁兴化同知。性鲠介，都司刘全，为权宦刘瑾族人，恃势不法。曹镆按其罪，降千户。后擢湖广佥事，方去，刘全即借助刘瑾恢复旧职，曹镆感愤而乞休。归田后，与顾应祥、文征明诸人游，娱情绘事，兴到题诗。于所居屋后积土为山，植桐其上，名曰"桐邱"。卒年九十三。

◎**著作集**

林归集（一作《桐邱集》，内诗十卷古文二卷）

见康熙《吴江县志续编·撰述》及《儒林六都志》，未见收藏。

◎**零星诗文** 《松陵文集三编》有文。《松陵诗征前编》卷三有诗。

陈天祥（生卒年不详）字元吉。明吴江同里人。弘治九年（1496）进士，授青州府推官，入为监察御史，迁西安府知府，历山东按察使副使，进左佥都御史，巡抚贵州，进左副都御史，改督陕西三边，寻奉命理闽浙盐道，过吴江卒于家。

著作集待考

◎**零星诗文** 《松陵文集三编》有文。

沈愚（生卒年不详）字希颜。明吴江人。弘治五年（1492）岁贡生。官安福知县。

◎**著作集**

古直稿

> 见嘉靖《吴江县志》卷十四，未见收藏。

吴山（1470—1542）字静之，号讱庵。明吴江人，吴洪长子。正德三年（1508）进士，授刑部主事，历赣豫川三省巡抚，所至以廉静长厚称。嘉靖十九年（1540）为刑部尚书，以论翊国公郭勋触帝怒，免官归，道卒。谥忠襄。工词。

◎**著作集**

吴尚书疏议

> 见嘉靖《吴江县志》卷十四，未见收藏。

治河通考十卷

> 上海图书馆存明崇祯十一年（1638）吴士频刻本。

> 见黄山书社《全四库系列·四库存目书》，吴江图书馆有藏。

◎**零星诗文** 《松陵诗征前编》卷四有诗。《笠泽词征》卷四有词。

叶升（1469—1553）字世瞻，号云斋。明吴江人，叶薇之父。弘治八年（1495）浙江经魁，嘉靖十一年（1532）进士。授福建莆田县知县，崇祀名宦祠。历任湖广参政。

◎**著作集**

南湖诗稿

云斋集

> 以上两种见《吴中叶氏族谱》卷五十七，未见收藏。

陆鳌（1473—1536）字镇卿，一字腾霄，自号钓雪散人。明吴江人。少从父役于京师，弘治十五年（1502）进士，授荆州府推官，升工部都水司主事，改福建道监察御史，又按山海关、河南，改知温州府。官至浙江布政司右参政。

著作集待考

◎**零星诗文** 《松陵诗征前编》卷四有诗。

史臣（1474—1556）原名曾同，字邦直，号南湖。明吴江人，史鉴孙。嘉靖二年（1523）进士，由工部主事，历刑部郎，出为山东佥事，升云南布政司参议，未任解官。

◎**著作集**

四书讲义

　　见《松陵文集三编》卷二十三，未见收藏。

◎**零星诗文**　《松陵文集三编》有文。

　　周用（1476—1548）字行之，号伯川（一作白川）。明吴江平望人。弘治十五年（1502）进士，正德初擢南京兵部给事中，累至吏部尚书。卒赠太子太保，谥恭肃。周用博综群书，尤深于易礼，能古诗文，词旨典雅而有则度。兼善书画，得沈周指授。

◎**著作集**

读易日记一卷

　　见康熙《吴江县志》卷二十二，未见收藏。

周恭肃公集十六卷

　　苏州图书馆存明嘉靖周国南川上草堂刻本。

　　见黄山书社《全四库系列·四库存目书》，吴江图书馆有藏。

楚辞注略一卷

　　上海图书馆存清顺治九年（1652年）刻本。

周恭肃公奏议二卷

　　见柳亚子等《吴江文献保存会书目》。上海图书馆所存清嘉庆十四年（1809）刻本《重订周忠毅公奏议》中存周用撰奏议。

周恭肃公家训

　　见柳亚子等《吴江文献保存会书目》，未见收藏。

禹贡纂注一卷

　　上海图书馆存清抄本。又存清道光二十五年（1845）补读楼刻本《书经禹贡节注》。

周白川泼墨山水

　　上海图书馆存民国十八年（1929年）上海神州国光社影印本。

周恭肃公词一卷

　　存《惜阴堂丛书》本，南京图书馆藏。

◎**零星诗文**　《松陵文集三编》有文。《松陵诗征前编》卷四有诗。《笠泽词征》卷四有词。

　　吴岩（1476—1524）字瞻之，号维石。明吴江人，吴洪次子，吴山之弟。正德三年（1508）进士，授行人。六年（1511）升工科给事中。十二年（1517）迁户科右给事中，凡两月，复升刑科左阶。十五年（1520）擢掌工科。十六年（1521）迁四川布政司右参政，专理粮储。嘉靖三年（1524）奉表入贺，便道归家，道卒。

◎著作集

世恩录一卷

　　国家图书馆存明正德十六年（1521）刻本。

维石奏议二卷

　　见嘉靖《吴江县志》卷十四，未见收藏。

◎零星诗文　《松陵文集三编》有文。《松陵诗征前编》卷四有诗。

王云（生卒年不详）字时望，号葵南。明吴江人，王份之后，诸生。好古力学，早岁与沈周、周用为友。自言性耽吟咏，遇物适情，即为品题，不下千百余篇。尝贻诗周用，诮之"备位大臣"，无所献替。屡举不第，晚年再次被推为乡饮大宾，学者称其为葵南先生。嘉靖中卒，年七十有六。

◎著作集

葵南先生集（吴炎序）

　　见道光《震泽镇志》卷十一，未见收藏。

◎零星诗文　《松陵诗征前编》卷四有诗。

陈理（1478—1538）字君明。明吴江同里人。少为诸生，器岸轩特，文亦雄健。其才华迸发，乡先辈多折节与交，吴中士大夫家记传铭序诸作多出其手。三与乡试不利，晚年肢体得病，荏苒数年而卒。

◎著作集

同川集

宋元遗事二卷

四礼规

　　以上三种见嘉靖《吴江县志》卷十四，未见收藏。

陈氏族谱

　　见周用《同川陈君明墓志铭》，未见收藏。

吴江志稿

　　见《松陵文集三编》卷十九，未见收藏。

◎零星诗文　《松陵文集三编》有文。

钱卿（1478—1531）字廷佐，自号后溪居士。明吴江平望后溪人。生未胜冠即善缀文，千言立就有奇语。学史以岁考得其文，警曰："是当为江之南北第一。"然为诸生二十年，正德十四年（1519）方中乡试，人咸惜其遇之晚。家无赢货而轻予好施，士大夫之道出平望者，投刺一见，设餐授馆无倦色焉。

◎**著作集**

石溪集

> 见乾隆《震泽县志》卷三十一，未见收藏。

◎**零星诗文** 《松陵诗征前编》卷四有诗。

周之道（生卒年不详）字明卿。明吴江人。县学生。有别业在杨圩。

◎**著作集**

赘生诗草

> 见嘉庆《同里志》卷二十二，未见收藏。

崔深（生卒年不详）字静伯。明吴江人。工书画，弘治十七年（1504）以荐中书舍人。官鸿胪寺序班。

著作集待考

◎**零星诗文** 《松陵诗征前编》卷三有诗。

陈九章（生卒年不详）字从一。明吴江四都人。志操清远，以文学称于时。弘治十八年（1505）进士，授青田知县，调云和县知县。后罢职归里，授徒终身。家酷贫，以致卒后无以为殓。

著作集待考

◎**零星诗文** 《松陵诗征前编》卷四有诗。

陆鲤（生卒年不详）字时化，号野塘。明吴江同里人。赋资颖异，善诗，模仿汉魏六朝唐人。同名流宴集唱和，飘飘遗世邈若神仙。尝作松陵八景诗。

◎**著作集**

钓滩集十八卷

> 见乾隆《吴江县志》卷四十六，未见收藏。

伤寒论略

> 见嘉庆《同里志》卷二十二，未见收藏。

◎**零星诗文** 《松陵诗征前编》卷五有诗。

徐珩（生卒年不详）字廷节。明吴江人。正德元年（1506）岁贡生，仕终知县。

著作集待考

◎**零星诗文** 《松陵文集三编》有文。

【编者注】《钦定四库全书总目》记载："《璧水群英待问会元选要》八十二卷，宋建安刘达可编，元华亭沈子淮选，宁州查仲孺、吴江徐衍批点，俱不知何许人。"批点者"吴江徐衍",查吴江方志,不见其他徐衍,疑即此人。

申惠（生卒年不详）字天益,号石河。明吴江人。正德三年（1508）进士,官广西按察佥事。

著作集待考

◎**零星诗文** 《松陵文集三编》有文。《松陵诗征前编》卷四有诗。

史永龄（生卒年不详）字德征,号松邱。明吴江人,史鉴子。正德三年（1508）贡士,翰林院待诏。

◎**著作集**

梅谱

浮笈集

以上两种见《松陵文集三编》,未见收藏。

◎**零星诗文** 《松陵诗征前编》卷三有诗。

沈素瑛（生卒年不详）明吴江人,长洲沈周女,吴江史永龄妻。

◎**著作集**

香奁集

见《松陵诗征前编》卷十二,未见收藏。

◎**零星诗文** 《松陵诗征前编》卷十二有诗。

吴涵（生卒年不详）字德容,号丹园逸史。明吴江韭溪人。正德八年（1513）举人,官工部郎中。

著作集待考

◎**零星诗文** 《松陵文集三编》有文。《松陵诗征前编》卷四有诗。

顾琛（生卒年不详）字英玉。明吴江人。正德九年（1514）进士,历官河南按察副使。

◎**著作集**

寒松斋存稿

见《松陵人物汇编》卷三,未见收藏。

◎**零星诗文** 《松陵诗征前编》卷四有诗。

顾昺（生卒年不详）字仲光,号平野。明吴江人。旧居北芦墟,后移家北塘,宅后为谐赏园,池馆林泉之胜为松陵第一。正德十二年（1517）进士,授将乐知县,民为立碑表德。后官至汝宁知府。与同邑孙赉、陈策时称"江南三才子"。

◎**著作集**

孝经忠经传注

  见乾隆《吴江县志》卷四十六，未见收藏。

天山集

  见《分湖小识》卷五，未见收藏。

◎**零星诗文** 《松陵诗征前编》卷四有诗。

  陆金（生卒年不详）字德如。明吴江石里人。正德十二年（1517）进士，授工部主事，历员外郎中。嘉靖七年（1528）任漳州知府，去漳日，行李萧然，漳人立石颂之。嘉靖十三年（1534）迁江西按察使副使。历官二十年卒。

◎**著作集**

石里诗集

  见康熙《吴江县志续编》卷二，未见收藏。

◎**零星诗文** 《松陵文集三编》有文。《松陵诗征前编》卷四有诗。《云洞题刻录》载其七绝。

  沈登（生卒年不详）字时庸。明吴江盛泽人。正德十六年（1521）岁贡生，官思南府推官。

著作集待考

◎**零星诗文** 《盛湖诗萃》卷一有诗。

  袁仁（1479—1546）字良贵，号参坡（一作蓬坡）。明吴江人，袁祥之子，袁黄之父。精于经学，兼工书法，著作颇丰。嘉靖十九年（1540）与人合作讽时文《竹林乡试录》，为地方官吏所疑，惧而焚所著书稿。

◎**著作集**

大易心法

三礼六法十八卷

  以上两种见乾隆《分湖志》卷四，未见收藏。

毛诗或问二卷

  苏州图书馆等存民国九年（1920）影印本，上海商务印书馆据清六安晁氏木活字本影印。

  黄山书社《全四库系列·四库存目书》录一卷。

纪年类编四卷

  国家图书馆存明刻本。

尚书砭蔡编（一作《尚书蔡注考误》）一卷

  国家图书馆存清道光三十年（1850）金山钱氏潄石轩刻本。

  见《四库全书》。

春秋胡传考误（一作《针胡篇》）一卷

  苏州图书馆存民国九年（1920）影印本，上海商务印书馆据清六安晁氏木活字本影印。

  见《四库全书》。

一螺集八卷

  上海图书馆存民国吴江柳氏抄本。

韵府群玉补遗四十卷

  见同治《苏州府志》卷一百三十八，未见收藏。

◎零星诗文　《松陵文集三编》有文。《松陵诗征前编》卷五有诗。

【编者注】袁仁著作的记载可推敲处颇多。乾隆《吴江县志》、乾隆《分湖志》、光绪《吴江县续志》、同治《苏州府志》均作记载，而其中《分湖志》著录书目七种，相对比较齐全。然光绪续志记载有《春秋胡传考误》一卷，《分湖志》中却无此书名。该书收入《四库全书》，《分湖志》不应漏录，其著录的《针胡篇》一卷应即此书。据《江苏艺文志》载，《艺海珠尘》、《学海类编》等书收袁仁所撰《春秋蔡注考误》一卷，但《分湖志》中不见此书名，相应有《尚书砭蔡编》一卷，应即此书。乾隆县志著录袁仁《纪年类编》四卷，《分湖志》中亦不见书名，而有《历代纪元汇编》二卷，"纪年类编"与"纪元汇编"高度接近，疑为一种书。另外，县志记录有《三礼穴法》，《江苏艺文志》据同治《苏州府志》记录为《三体穴法》，书名颇怪，查《分湖志》，应为《三礼六法》，县志、省志均有误。

张禄（1479 ?—?）字天爵，自号友竹山人，蒲东山人。明吴江人。好古博雅，因不满梨园中人所辑《盛世新声》不择精粗，不考讹舛，将之作增删、订正，更名为《词林摘艳》。

◎著作集

词林摘艳十卷

  国家图书馆存明嘉靖三十年（1551）徽藩刻本。

北八宫八卷

南九宫一卷

  以上两种见乾隆《苏州府志》卷七十五，未见收藏。

南北小令一卷

  苏州图书馆存民国十六年（1927）海宁陈氏慎初堂刻本。

张源（1479—1566）字濂卿（一作连卿）。明吴江人。嘉靖元年（1522）举人，十年（1531）选宁波府通判，署慈溪、奉化二县，并有声，而上官以私憾劾令调用，改判德安。十八年（1539）复调怀庆，考满遂归。以山水文籍自娱者二十余年。

◎**著作集**

浮浮集

赋溪文集

　　以上两种见嘉靖《吴江县志》卷十四，未见收藏。

◎**零星诗文**　《松陵诗征前编》卷四有诗。

沈汉（1480—1547）字宗海，号水西。明吴江人。家贫力学，为人倜傥有志略。正德十六年（1521）成进士，起家刑科给事中。嘉靖二年（1523）以疾告归。五年（1526）补原官，转右给事中。六年（1527）迁户科左给事中。隆庆初赠太常寺少卿。沈汉天性亢直，为给谏时奋然以谏诤自任，前后弹章凡十余上，贵幸侧目，而卒以谏受杖削。居家二十年而卒，年六十八。

◎**著作集**

水西谏疏二卷

　　南京图书馆存清康熙五十六年（1717）刻本。

◎**零星诗文**　《松陵文集三编》有文。《松陵诗征前编》卷四有诗。

王銮（生卒年不详）字汝和。明吴江人。其先人洪武中隶籍锦衣卫。王銮正德中举进士，尝任吏部文选司主事，考功员外郎，验封郎中，与同官张衍瑞等合疏谏南巡，被杖创甚，卧病逾年，卒。

◎**著作集**

原治二篇

　　见《松陵人物汇编》卷三，未见收藏。

任中权（生卒年不详）更名芝。字洪器。明吴江同里人，任秀之之父。国学生。授太常寺典簿，署寺丞。工诗。

◎**著作集**

洪器诗遗

　　见嘉庆《同里志》卷二十二，未见收藏。

张铨（生卒年不详）字秉道。明吴江人。世居越来溪。嘉靖元年（1522）举于乡，选为胶州知州，惩恶蠲赋，民因安集。尤笃意教化，修学官，选诸生俊茂者亲为讲说经义。迁南安府同知，尝摄府事，又摄南康、信丰二县。后入觐，道卒，年五十二。

◎**著作集**

张纯江先生存笥集二卷

国家图书馆存明张世俊素心堂刻本。

朱智（生卒年不详）字若愚。明吴江苏家港人。国学生。柳亚子曰：智裔出婺源，先世居浙江南浔，祖莲始迁吴江八都南庄。父肇基字双桥，嘉靖初以才荐授刑部主事，旋遭倭乱，智侍父辟地至苏家港，炊熟供食毕，适碗坠地，肇基回顾曰："食器落地，此即吾与汝存身处乎。"智因赁宅奉亲以居，是为苏家港朱氏之祖。

著作集待考

◎**零星诗文** 《分湖诗钞》卷七有诗。

汝世忠（生卒年不详）字海之，号一斋。明吴江人，汝泰族子。国学生，授南京左府水军卫经历，督理军需，出入一无所苟。寻乞归。家政肃穆。

著作集待考

◎**零星诗文** 《松陵文集三编》有文。

庞溦（生卒年不详）明吴江人。

◎**著作集**

吴江集六卷附录一卷

明嘉靖刻本见上海国际商品拍卖公司2009年春季艺术品拍卖会，存处不明。

另有陈去病跋三卷《吴江集》民国南社抄本存苏州博物馆。

【编者注】1915年陈去病搜得《吴江集》残书三卷，卷一收宋诗，卷二收元明诗，卷三收清诗。《江苏艺文志》据此确定庞溦为清代人。上海国际商品拍卖有限公司2009年春季艺术品古籍拍卖会上另有《吴江集》现身，为六卷零星诗文一卷，系明嘉靖壬午（1522）刻本。书尾有庞溦跋，言其编辑之旨甚详，其文曰："吴江，即古之松江也。书称三江既入震泽，应定此其一也。震泽太湖水由江以奔海，屡有风涛之险。宋庆历间始筑长堤，界于江湖之间，横截其流，遂为一方形胜，而亭台观宇，在在有之。自昔高人逸士，多乐游寄籍于此。且路当冲要，骚人墨客，往来络绎，宜其品题赞咏较诸他胜处尤多。在宋治平、崇宁间邑侯孙椟、王虚中、石处道前后采掇诸作，镂为《松江集》以传，历元迄我朝又将三百年。于兹矣风景不殊，人文日盛，而未有续三子之志者。敝邑人也，不忍珠玉毁弃，窃敢与其事焉。第恨僻处山林，不能广询博采，而遗逸尚多，此亦山水之不幸也。原本旧作，间有一二不录者，以其涉于赠寄之稿耳。其《松江集》改为《吴江集》者，各循古今沿革之制云。嘉靖纪元壬午七月朔前怀，庞溦谨识。"

崔颙（生卒年不详）字惟孚，号春江，又号左溪居士。明吴江人。

◎**著作集**

春江漫稿

　　见《松陵人物汇编》卷三，未见收藏。

◎**零星诗文** 《松陵诗征前编》卷四有诗。

曹应仙（生卒年不详）字天桢，号后邱。明吴江人，曹镆之子。由诸生例入太学，嘉靖初授山东临清州州判，其后判四川合州，署州事。

◎**著作集**

湖上稿

归吴编

　　以上两种见《儒林六都志·著述》，未见收藏。

◎**零星诗文** 《松陵诗征前编》卷五有诗。

陈策（生卒年不详）字献可，号心蔡，称心蔡子，又号九华山人，明吴江人。嘉靖元年（1522）举人，授曹县教谕，卒于官。陈策博极群书，为诗文冲畅典核，少年时与同邑顾昺、孙赓称"江南三才子"。

◎**著作集**

说铃

九华集

东行集

曹县志

　　以上四种见嘉靖《吴江县志》卷十四，未见收藏。

◎**零星诗文** 《松陵文集三编》有文。《松陵诗征前编》卷四有诗。

毛衢（生卒年不详）字大亨，号六泉，明吴江六都人。少好学，求师不远千里。嘉靖二年（1523）进士，授浙江太平知县，调永康，邑中大治，迁刑部主事，后擢四川佥事，进提学副使。性亢直，所至有威望，留惠政。工文章，操笔立就。卒于官。

◎**著作集**

六泉诗文集二卷

　　见嘉庆《黎里志》卷六，未见收藏。

◎**零星诗文** 《松陵文集三编》有文。《松陵诗征前编》卷四有诗。

汝颐（生卒年不详）字养和。明吴江黎里人，汝讷从子。邑廪生，屡试不售。入国学，将应京兆试时，大学士杨一清以契家子欲招致门下，卒不往。嘉靖八年（1529）

谒选得河东盐运司经历。十七年（1538）擢河南开封府鄢陵知县。十九年（1540）致仕归。好为诗，尝与同郡祝允明、蔡羽、都元敬、文征明为耆英诗酒社。

◎著作集

宦成征献录（文征明序）

> 见嘉庆《黎里志》卷六，未见收藏。

周相（生卒年不详）字君弼。明吴江人。嘉靖八年（1529）进士，仕至河南参议。

◎著作集

陆田遗稿

> 见嘉靖《吴江县志》卷十四，未见收藏。

陈鸿（生卒年不详）字文仪，号东桥。明吴江人。嘉靖七年（1528）举人，官新乡县知县。时见权奸渐起，弃官而归，筑堂于城东。有去官归里诗为人传诵，又善作画。

著作集待考

◎零星诗文　《松陵诗征前编》卷四有诗。

钮仲玉（生卒年不详）字贞父，号凫溪，又号五浮山人。明吴江黎里人。穷困而有节行。博学工诗，与苕中孙一元，同郡黄省曾、王履吉相唱和。

◎著作集

凫溪漫稿

> 见《松陵文集三编》，未见收藏。

五浮山人集

> 清华大学图书馆存清抄本。

五浮山人诗集

> 复旦大学图书馆存清康熙三十八年（1699）钮斯来刻本。

◎零星诗文　《松陵文集三编》有文。《松陵诗征前编》卷五有诗。

赵祚（1488—1538）字敬延，号东川。明吴江人。弱冠游庠，屡踬棘闱，益励志思慰亲心，联句于书斋云："竿头已到还宜进，局面虽迟未是输。"遂于嘉靖十三年（1534）领乡荐。十七年（1538）忽中风疾卒。

◎著作集

东川集

> 见《松陵人物汇编》卷三，未见收藏。

◎零星诗文　《松陵诗征前编》卷四有诗。《吴江赵氏诗存》卷二有诗。

陈椿（生卒年不详）字子年，号同庵。明吴江同里人。嘉靖十四年（1535）进士，历官荆州府知府。居官冰清，告归无以资生，仍为传经师，岁得脯修以为仰事俯育之计，子孙贫乏不振。

著作集待考

◎**零星诗文** 《松陵文集三编》有文。《松陵诗征前编》卷四有诗。

沈㟆（1491—1568）字子由，号江村。明吴江松陵人。由正德中领乡荐，凡七举至嘉靖十七年（1538）始成进士。授南京工部主事，后改刑部，累进郎中，出为绍兴知府，官至湖广副使，坐事罢归。博览群籍，凡阴阳律历五行水利之学，靡不研究。喜为诗。守绍兴时曾重修兰亭。晚年卜居鸡窠岭，筑葆真书院。

◎**著作集**

牧越议略

    见嘉靖《吴江县志》卷十四，未见收藏。

杜律七言注

家居稿

南北稿

越吟稿

楚吟稿

西台净稿

鸡窠岭稿

    以上七种见康熙《吴江县志》卷二十二，未见收藏。

吴江水考五卷

    吴江图书馆存清光绪二十年（1894）刻本。

    见黄山书社《全四库系列·四库存目书》，吴江图书馆有藏。

南船纪四卷

    国家图书馆存清乾隆六年（1741）沈守义刻本。

    见黄山书社《全四库系列·四库存目书》，吴江图书馆有藏。

南厂志

    见乾隆《震泽县志》卷三十一，未见收藏。

（嘉靖）吴江县志二十八卷首一卷（与纂）

    吴江图书馆存明刻本。

晴窗便览

    见崇祯《吴江县志》卷十五，未见收藏。

◎**零星诗文** 《贩书偶记续编》著录清乾隆刻本《江村诗稿》四卷，内含《家居稿》、《南北稿》、《西台净稿》、《楚吟稿》、《鸡窠山人集》、《杜律七言注》六种，今不见收藏。

《松陵文集三编》有文。《松陵诗征前编》卷四有诗。

姜元（生卒年不详）一作姜玄。字元仲（一作玄仲），自号玉华山人。明吴江人。博学嗜酒，不就博士弟子试。居湖滨，足未尝轻诣人。诗务雅淡，极意陶冶，每成一诗辄复捐去。与吴县徐缙（1491—1576）善。

◎**著作集**

玉华山人集

宫词百首

　　见乾隆《震泽县志》卷三十一，未见收藏。

◎**零星诗文** 《松陵诗征前编》卷五有诗。

李炫（生卒年不详）字蒙之，号榆村。明吴江人。西丁家港人。嘉靖十三年（1534）岁贡生，授遂平教谕。

◎**著作集**

榆村稿

　　见嘉靖《吴江县志》卷十四，未见收藏。

沈察（生卒年不详）字体中。明吴江人，沈啓之子。自幼聪慧绝伦，为诸生，试辄第一，更事博综，虽山经、地志、星纬、律历、方伎诸书靡不研究，工古文诗词，自左氏诗骚而下多所拟作。嘉靖十三年（1534）领乡荐，寻以就礼部试卒于京，年仅二十八。

◎**著作集**

少虚山人稿

　　见嘉靖《吴江县志》卷十四，未见收藏。

史鹏生（生卒年不详）字玄晖（一作玄晕），号芜川，又号维佚。明吴江人，史鸿逵次子。嘉靖十九年（1540）武举人，任吴淞水师游击。为乡饮大宾。

著作集待考

◎**零星诗文** 《松陵文集三编》有文。

赵禧（生卒年不详）字敬承，号四近。明吴江人，赵宽长子。县学生，入监，仕云南临安府经历，升四川眉州州判。卒年八十六。

著作集待考

◎**零星诗文** 《松陵诗征前编》卷五有诗。《吴江赵氏诗存》卷二有诗。

赵襘（生卒年不详）字敬孚，号西邻。明吴江人，赵宽次子。嘉靖十八年（1539）贡入太学，知广西岑溪县，进韶州府通判，在韶三年有惠政，以事免归，民感其德，立生祠祀之。卒年七十二。

著作集待考

◎**零星诗文** 《松陵文集三编》有文。

赵福（生卒年不详）字敬锡，号振庵，又号上湖居士。明吴江人，赵宽第三子。隐居遯溪，足迹不入城市，闭门却轨，读书谈道。卒年八十四。

著作集待考

◎**零星诗文** 《松陵诗征前编》卷五有诗。《吴江赵氏诗存》卷二有诗。

沈嘉谟（生卒年不详）字惟承，号祗庵。明吴江人，沈汉次子，沈珣祖父。性仁孝，好读宋儒书，能诗。

著作集待考

◎**零星诗文** 《松陵诗征前编》卷五有诗。

沈嘉谋（1509—1580）字惟询，号守西。明吴江人，沈汉第三子。以国学生选授上林苑嘉蔬署署丞。修髯耸颧深目，瞳子浅碧色，善相面。平生重品性操行。亦能诗。卒年七十二。

著作集待考

◎**零星诗文** 《松陵诗征前编》卷五有诗。

张基（生卒年不详）字德载，因名犯宣宗讳，以字行。明吴江人，张铨之子。嘉靖十九年（1540）举于乡。事母孝。于书无所不窥，而尤邃于经术，多所笺纂。晚年益究心主敬之学。隆庆元年（1567）诏求山林遗逸，官府交荐皆不应。卒年五十九，学者私谥曰靖孝先生。

◎**著作集**

征行录一卷

　　国家图书馆存明张世俊素心堂刻本。

孝经大义一卷

读书疑二卷

独鉴一卷

广颐一卷

定性书注一卷

近思录补正

养生汇一卷

道要一卷

感兴诗注一卷

张基诗文二卷

以上十种见康熙《吴江县志》卷二十二，未见收藏。

李济（生卒年不详）字民望。明吴江麻溪人。以孝闻。嘉靖二十一年（1542）以贡为衡州府学训导。

◎**著作集**

寓衡稿

续衡稿

以上两种见嘉靖《吴江县志》卷十四，未见收藏。

申思夔（生卒年不详）字汝一。明吴江人。嘉靖二十三年（1544）进士，官邯郸知县。

著作集待考

◎**零星诗文**　《松陵诗征前编》卷四有诗。

叶薇（1514—1601）字垣夫，号紫山。明吴江人，叶升子。隆庆四年（1570）顺天乡试举人。历官山东茌平县知县，海宁州知州，内阁制诰舍人。列名臣传。

◎**著作集**

北征日记

紫山集

以上两种见《吴中叶氏族谱》卷五十七，未见收藏。

钱用商（生卒年不详）字若尹，号后江。明吴江八都人。嘉靖二十二年（1543）举人，官至肥城知县。

著作集待考

◎**零星诗文**　《松陵文集三编》有文。

朱沾（生卒年不详）字汉泽。明吴江人。少为诸生，患弱疾恒于床褥间读书。嘉靖二十二年（1543）举人。屡试不第，乃谒选授浙江之瑞安令。瑞安滨海，号难治，又有倭寇，朱沾治理有方，升广东惠州，助理长乐县事。长乐多盗，朱沾昼夜巡警，谕以祸福，盗焰稍敛。因平寇缉盗不已，渐生倦游归乡之意，遂因入觐乞归，家居十余载，卒前自营葬地。

著作集待考

◎**零星诗文** 《松陵诗征前编》卷四有诗。

沈应元（生卒年不详）明吴江人。

◎**著作集**

心学纂言

见嘉靖《吴江县志》卷十四，未见收藏。

皇甫涣（生卒年不详）字时亨。明吴江六都人。嘉靖二十六年（1547）进士，除南昌知县，丁内艰，服阕补固安，皆有能声。转刑部主事，进员外郎。出为广东佥事，备兵岭西。因功晋级，卒坐劾归里。无何起参政，疽发而卒。诗句丰致殊佳，画有元人笔趣。

◎**著作集**

莲塘漫笔一卷

见乾隆《震泽县志》卷三十一，未见收藏。

◎**零星诗文** 《松陵诗征前编》卷四有诗。

吴禄（生卒年不详）字子学，号宾竹。明吴江人。明嘉靖二十四年（1545）贡生。

◎**著作集**

食品集二卷

苏州图书馆存 1981 年北京中国书店影印明刊本。

崔南阳（生卒年不详）字时聘，号青涯。明吴江七都人。嘉靖三十一年（1552）以岁贡中试舞阳知县，仕至蜀府长史。

◎**著作集**

艺宛窥观

见《松陵诗征补编》，未见收藏。

顾节（生卒年不详）明吴江人。

◎**著作集**

顾中父集二卷

见乾隆《吴江县志》卷四十六，未见收藏。

杜伟（生卒年不详）初名嵩，字道升，号静台，一号虹野。明吴江十一都人。少育于沈汉家，从其姓，后归宗。嘉靖三十一年（1552）举人。屡困公车，遂谢归。笃志圣贤之学，与唐顺之、唐枢、许孚远、耿定向游，讲明濂洛旨要，其学以主静为宗，动止皆有法度。江西罗洪先闻其名延之教子弟。万历二十一年（1593）复会试不第，谒选得南阳府推官，署内注重以德化民，暇时则引诸生谈经义。迁工部主事，榷税荆州关，不私一钱。引疾归，年七十一卒。

◎著作集

书经说意十卷

　　见黄山书社《全四库系列·四库存目书》，吴江图书馆有藏。

静坐诀

学聚录八十卷

正学编

尚书笔记

四书笔

　　以上五种见康熙《吴江县志》卷二十二，未见收藏。

顺性录

四书口授三卷

　　以上两种见乾隆《震泽县志》卷三十一，未见收藏。

◎零星诗文　《松陵文集三编》有文。《松陵诗征前编》卷四有诗。

庞远（生卒年不详）字惟明。明吴江人。嘉靖三十二年（1553）进士，官至光禄少卿。

著作集待考

◎零星诗文　《松陵诗征前编》卷四有诗。

屠宽（生卒年不详）字德宏。明吴江人。嘉靖三十二年（1553）进士，官南京兵部主事。

著作集待考

◎零星诗文　《松陵诗征前编》卷四有诗。

王可大（生卒年不详）字元简。明吴江人。嘉靖三十二年（1553）进士，官台州府知府。

◎著作集

悬简集

　　见《松陵人物汇编》卷三，未见收藏。

国宪家猷五十六卷（辑）

　　国家图书馆存明万历十年（1582）刻本。

上海图书馆存 1997 年山东齐鲁书社影印本。

见《四库全书总目》。

◎**零星诗文** 《松陵诗征前编》卷四有诗。

吴邦桢（生卒年不详）字子宁，号仰峰。明吴江人，吴山之子。嘉靖三十二年（1553）进士。授刑部主事，累进郎中。平黄中、蕈苎之乱，当道忌其功，调甘肃，行太仆卿，明升而实左迁也。隆庆初又调陕西，兼按察佥事，遭劾，遂致仕归。

著作集待考

◎**零星诗文** 《松陵文集三编》有文。《笠泽词征》卷四有词。

吴永煮（生卒年不详）字仁甫。明吴江人，吴山孙，吴邦桢侄子。嘉靖三十二年（1553）进士，由寿宁知县累迁考功文选二司郎中，升太常少卿，出为江西按察副使，丁内艰归，起补山东，进左参政，升湖广按察使转广西右布政使，终以考察罢归。

著作集待考

◎**零星诗文** 《松陵文集三编》有文。《松陵诗征前编》卷四有诗。

徐师曾（1517—1580）字伯鲁，号鲁庵。明吴江人。嘉靖二十六年（1547）中礼部试，以父母年高不对策而归。三十二年（1553）始成进士，选庶吉士转兵科给事中，复以母丧归。明年阅补吏科。三十九年（1560）历转左给事中。因权臣用事，隆庆五年（1571）疏请致仕。肆力经籍，有《吴江县志》等数百卷著述行世。

◎**著作集**

周易演义十二卷

国家图书馆存明隆庆二年（1568）刻本。

见黄山书社《全四库系列·四库存目书》，吴江图书馆有藏。

礼记集注三十卷

吴江图书馆存清刻本。

见黄山书社《全四库系列·四库存目书》，吴江图书馆有藏。

世统纪年六卷

国家图书馆存清刻本。

湖上草堂集十四卷

上海图书馆存明万历九年（1581）刻本及民国柳氏抄本等，书名《湖上集》。

正蒙章句八卷

咏物诗编十二卷（辑）

临川文粹四卷（辑）

明文粹（辑）

以上四种见康熙《吴江县志》卷二十二，未见收藏。

经络全书二卷（前编沈子禄撰，后编徐师曾撰）

苏州图书馆存清康熙二十七年（1688）原刻初印本。

文体明辨八十四卷

吴江图书馆存明崇祯十三年（1640）沈氏十经楼刻本。

见黄山书社《全四库系列·四库存目书》，吴江图书馆有藏。

注南宫靖一小学史断四卷

小学史断前编一卷

小学史断续编一卷

上海图书馆存上列三种明嘉靖三十三年（1554）合刻本。

六科仕籍二十六卷

宦学见闻

途中备用方二卷

以上三种见乾隆《吴江县志》卷四十六，未见收藏。

校注病机赋三卷

国家图书馆存明嘉靖四十五年（1566）刻本。

诗体明辨二十六卷

苏州图书馆存明崇祯十三年（1640）刻本。

（嘉靖）吴江县志二十八卷首一卷（与纂）

吴江图书馆存明嘉靖刻本。

◎零星诗文 《松陵文集三编》有文。《松陵诗征前编》卷五有诗。

沈子禄（生卒年不详）字承之。明吴江人，徐师曾友。精医。病死于隆庆间。

◎**著作集**

经络全书二卷（前编沈子禄撰，后编徐师曾撰）

苏州图书馆存清康熙二十七年（1688）原刻初印本。

叶可成（生卒年不详）字懋学，号文湖。明吴江人，叶绅孙。嘉靖三十二年（1553）进士，知山阴，有廉声。巡按胡宗宪办理抗倭之事，知叶可成有才，留之幕府参谋，盛墩之捷，敌楼之筑，叶可成有力焉。以荐擢南京工部虞衡司主事，后谪蒲州同知，寻免归卒。

著作集待考

◎**零星诗文** 《松陵文集三编》有文。

顾曾唯（1518—1566）字一贯，号鲁斋。明吴江同里人。嘉靖三十二年（1553）进士，授金华县知县。丁巳（1557）擢浙江道监察御史，戊午（1558）领查理两广福建之命，复巡按西粤。病归后疾作不起。

◎**著作集**

西台奏议

闽越杂咏

周易详蕴十三卷

> 以上三种见乾隆《吴江县志》卷四十六，未见收藏。

顾氏易解一卷

> 见黄山书社《全四库系列·四库存目书》，吴江图书馆有藏。

吴门啸稿

郊西旅草

清萧稿

即易说

> 以上四种见嘉庆《同里志》卷二十二，未见收藏。

西粤疏草

> 见《松陵文集三编》，未见收藏。

◎**零星诗文** 《松陵诗征前编》卷四有诗。

顾曾贯（生卒年不详）字一之，明吴江同里人，顾曾唯从弟。诸生。幼孤好学，尝取古文手录评选若干卷，尤深于《易》，教授生徒，远近宗之。

◎**著作集**

易经了义

> 见康熙《吴江县志》卷二十二，未见收藏。

恒斋集

> 见嘉庆《同里志》卷二十二，未见收藏。

周大章（生卒年不详）字一夔，又字章之，号禹川，自号禹祈山人。明吴江人。时邑人多好经术，而周大章独明兵法。嘉靖三十一年（1552）举人。明年三月倭寇猝犯青阳港，知县杨芷请为参谋，屡建战功。三十二年（1553）六月，倭自昆山掠阊门南下平望，周大章战又立功。巡抚授官初不受，后官余姚教谕。时瑞安被倭患，吏部遂以周大章知瑞安。修筑城墙，倭不敢犯。周大章工古文词，才笔雄健，诗取适意，不甚雕饰。卒于官，年六十三。

◎**著作集**

禹川集五卷

> 见黄山书社《全四库系列·四库存目书》，吴江图书馆有藏。

子目：

文艺集二卷

上海图书馆存明末刻本。

御倭武略三卷

乾隆《吴江县志》卷四十六载《武略集》二卷。

禹祈山人诗略一卷

见《松陵文集三编》，未见收藏。

（嘉靖）吴江县志二十八卷首一卷

吴江图书馆存明嘉靖刻本。

◎**零星诗文** 《松陵文集三编》有文。《松陵诗征前编》卷四有诗。

任秀之（生卒年不详）字秋山，号湖村真逸。明吴江同里人，任中权之子。赋性高迈，与陈淳、王宠善，构别业于庞山湖东，陈淳书"湖村真逸"赠之。素精韬钤之书，又讲求经世之重。嘉靖中倭寇起，尝偕其弟任之俊、任之重佐参政任环御寇有功。又荐严家兄弟，提兵所向辄取捷。时有"严家五义，任门三杰"之称。未几劳瘁卒。

◎**著作集**

陶集评略

中丞集注

湖村集

以上三种见嘉庆《同里志》卷二十二，未见收藏。

任之重（生卒年不详）字道村。明吴江同里人，任中权子，任孜嗣子。少英特不凡，补吴县学生，贡入太学。嘉靖间，倭寇入犯苏松，之重素精壬遁韬钤之学，遂偕兄秀之、之俊参赞军务，屡获战功，上宪欲题授以官，不就而卒。

◎**著作集**

六壬举要

任之重文集八卷

以上两种见嘉庆《同里志》卷二十二，未见收藏。

陶村集

见《任氏宗谱》，未见收藏。

陈厚（生卒年不详）明吴江同里人。

◎**著作集**

图书解

三礼辨义

以上两种见嘉庆《同里志》卷二十二，未见收藏。

周大韶（生卒年不详）字继之，号斗墟。明吴江人，周大章弟。诸生，贡入太学。尝从周大章参谋幕府，立功海上。嘉靖间倭寇内犯，胜墩之捷，周大韶亦与谋焉，贼平辞赏。精水利之学，万历五年（1577）御史林应训议开东南水利，周大韶所著《水利节略》一书尤见详核。

◎**著作集**

兵家绪言

　　见康熙《吴江县志》卷二十二，未见收藏。

水利节略

　　复旦大学图书馆存清抄本。

竹素山房删剩草

　　见《松陵诗征前编》卷五，未见收藏。

三吴水考十六卷（与张内蕴同撰）

　　国家图书馆存民国间抄本。

　　见《四库全书》。

◎**零星诗文**　《松陵诗征前编》卷五有诗。

周兆南（1519—1609）字仲阳，号两峰。明吴江谢天港人，周用次子。嘉靖三十一年（1552）顺天举人。六上春官不第，谒选得浙江杭州织造通判，擢河南许州知州。生平廉洁自守，在杭五载，官橐如洗。其在许州，户部颁征科册例甚严，周兆南曰："许民贫，我何忍鞭扑为？"遂致仕归。家居构一别墅，临湖面山读书自得，或弄小诗及古文词。年九十一卒。

◎**著作集**

两峰遗草

　　见同治《盛湖志》卷十二，未见收藏。

◎**零星诗文**　《松陵文集三编》有文。《松陵诗征前编》卷四有诗。

史羊生（1521—?）字玄年，号合溪，又号莺湖。明吴江人，史鸿逵子。万历初岁贡。九岁能文，督学者奇之。既长博综群书，靡不窥其奥旨。后迁莩溪，究心岐黄之术。

◎**著作集**

合溪吟略

　　见《松陵诗征前编》卷三，未见收藏。

匪莪集

志学稿

青衿稿

以上三种见《松陵文集三编》卷二十五，未见收藏。

◎**零星诗文** 《松陵诗征前编》卷三有诗。

赵重道（1522—1599）字公载，号文南，又号荆溪外史。明吴江同里人，赵宽孙。少有才名，困于棘闱，十一试不遇。隆庆二年（1568）贡生，任江阴、宜兴两学训导。古文词为当时所推。

◎**著作集**

三余馆集十二卷

吴江图书馆存据明万历四十四年（1616）刻本复印本。

◎**零星诗文** 《松陵文集三编》有文。

周式南（生卒年不详）字仲翰。明吴江人，周用三子。嘉靖三十七年（1558）举人。刚直不阿，以高才负重望，为墨吏易可久所龃龉，赍志以殁。后孙周宗建官御史，疏白祖冤。崇祯元年（1628）周宗建子周廷祚伏阙请全恤，得追赠太仆寺卿。

◎**著作集**

养室诗文集

夷贞集

以上两种见乾隆《震泽县志》卷三十一，未见收藏。

◎**零星诗文** 《松陵诗征前编》卷五有诗。

沈化（1527—1600）号笠川。明吴江人，沈汉孙。博极群书，文名籍甚。尝汇集古今名家文，手披口诵不辍。卒年七十四。

◎**著作集**

儒宗正脉

蒙训编

古文汇抄

以上三种见《吴江沈氏家传》，未见收藏。

陈王道（生卒年不详）字孟甫，号敬所，一号浩庵。明吴江同里人。嘉靖四十四年（1565）进士，授鄞县知县，以内艰归。补山东阳信，出为邵武守，擢南监察御史，有直声。治鄞以严，治阳信以宽，并以才能廉慎著。卒年五十一，卒后两地皆祀之名宦祠。

◎**著作集**

西台谏草

见乾隆《吴江县志》卷四十六，未见收藏。

宏略堂集

> 上海图书馆存抄本

浩庵诗稿

> 见嘉庆《同里志》卷二十二，未见收藏。

宏略奏疏一卷

> 柳亚子等《吴江文献保存会书目》著录抄本，今未见收藏。

◎零星诗文 《松陵文集三编》有文。《松陵诗征前编》卷五有诗。

潘志伊（生卒年不详）字伯衡，一字嘉征，号少东。明吴江人，潘柽章曾祖，嘉靖四十四年（1565）进士，授定州知州。万历二年（1574）起为南京刑部郎中，后出知九江府，降补陈州知州，万历十一年（1583）稍迁知南康府，力复白鹿洞书院。又五年迁按察副使袁州兵备。万历十九年（1591）迁陕西行太仆寺卿。终广西右参政。

◎**著作集**

不遇纪事

山东问刑条议

> 以上两种见乾隆《吴江县志》卷四十六，未见收藏。

◎**零星诗文** 《松陵文集三编》有文。《松陵诗征前编》卷五有诗。

钱锡汝（生卒年不详）字宠伯。明吴江二十五都人。嘉靖四十四年（1565）进士，官刑部员外郎。

著作集待考

◎**零星诗文** 《松陵文集三编》有文。

盛世臣（生卒年不详）字雪桥。明吴江盛泽人。嘉靖四十年（1561）举人，官新昌知县。

著作集待考

◎**零星诗文** 《盛湖诗萃》卷一有诗

沈位（1529—1572）字道立，号虹台，更号柔生主人。明吴江人，沈汉孙。嘉靖四十三年（1564）乡试第一，隆庆二年（1568）进士，选庶吉士，授翰林检讨，与修世宗实录。隆庆五年（1571）为副使，册封肃王，明年还报命，溯河而北，遇漕卒斗变，被殴卒。长古文词。

◎**著作集**

都邑便览

> 见康熙《吴江县志》卷二十二，未见收藏。

尚书笔记

柔生斋稿四卷

> 康熙《吴江县志》卷二十二录《柔生斋集》。

柔生斋历代文选二十卷（辑）

名文品汇（辑）

论文二十六则

> 以上五种见乾隆《吴江县志》卷四十六，未见收藏。

吴江沈氏家谱

> 见吴江图书馆藏无名氏编《序文》。国家图书馆藏同名家谱，是否与修不详。

◎零星诗文　《松陵文集三编》有文。《松陵诗征前编》卷五有诗。

袁衷（生卒年不详）字和卿，号两三。明吴江人，袁仁长子。

◎著作集

庭帏杂录二卷（与袁襄等同录）

> 国家图书馆存清道光十一年（1831）晁氏印本。

沈一泉（生卒年不详）名佚，字行。明吴江人，沈雄祖父。

著作集待考

◎零星诗文　《笠泽词征》卷四有词。

沈侃（1533—1582）字道古，号瀛山。明吴江人，沈汉孙，沈璟父。

著作集待考

◎零星诗文　《松陵诗征前编》卷五有诗。

袁黄（1533—1606）原名表，字坤仪，号学海，别号了凡。明吴江赵田人，袁仁之子。赵田地与嘉善接，因入籍嘉善。家世以医显。少负逸才，万历五年（1577）会试拟第一，然有人以为其文讥讽权幸，因而落第。万历十四年（1586）始成进士，知宝坻县，有善政。二十年（1592）擢兵部职方司郎中。日本侵朝鲜，佐经略宋应昌军往征，多所策划，中察典免归。袁黄博学尚奇，凡河洛象纬律吕水利戎政，旁及勾股堪舆星命之学，莫不究涉。万历二十五年（1597）后居武塘被聘修嘉善邑乘。

◎著作集

群书备考

> 南京图书馆存明崇祯十五年（1642）刻本。

两行斋集十四卷

> 南京图书馆存民国抄本。

皇都水利一卷

南京图书馆存明万历刻本。

见黄山书社《全四库系列·四库存目书》，吴江图书馆有藏。

见国家图书馆藏明万历刻本《了凡杂著十一种》。

宝坻劝农书二卷

上海图书馆存明万历十九年（1591）刻本一卷。

国家图书馆藏明万历刻本《了凡杂著十一种》中有《劝农书》一卷。

历法新书五卷

南京图书馆存明万历刻本。

见国家图书馆藏明万历刻本《了凡杂著十一种》。

游艺塾文规五卷

游艺塾续文规十八卷

以上两种国家图书馆存明刻本。

历代纲鉴补三十九卷

南京图书馆存刻本及铅印本。

黄山书社《全四库系列·四库奏毁书》录四十卷。

袁氏易传十卷（一作《周易补传》四卷）

见乾隆《分湖志》卷四，未见收藏。

河图洛书解

国家图书馆存明万历三十三年（1605）建阳余氏刻本。

国家图书馆藏明万历刻本《了凡杂著十一种》中与《袁生忏法》、《净行别品》合一卷。

诗外别传

南京图书馆存清抄本。

见国家图书馆藏明万历刻本《了凡杂著十一种》，为二卷。

石经大学解补一

中庸疏意二卷

皇极考

以上三种见乾隆《分湖志》卷四，未见收藏。

赋役新书（一作《袁氏政书》）二卷

国家图书馆藏明万历刻本《了凡杂著十一种》含《宝坻政书》四卷，疑包含此作。

静坐要诀

吴江图书馆存民国二十五年（1936）上海佛学书局印本。

见国家图书馆藏明万历刻本《了凡杂著十一种》。

祈嗣真诠一卷

    南京图书馆存明万历刻本。

    见黄山书社《全四库系列·四库存目书》，吴江图书馆有藏。

评注八代文宗八卷

    南京大学图书馆存明作堂叶仪廷刻本。

    见黄山书社《全四库系列·四库存目书》，吴江图书馆有藏。

屯田马政治河考

心鹄

    以上两种见叶绍袁《湖隐外史·著作》，未见收藏。

了凡四训一卷

    国家图书馆存民国石印本。

    吴江图书馆存2007百花文艺出版社印本。

    国家图书馆藏明万历刻本《了凡杂著十一种》含《训儿俗说》一卷。

通纪统宗（袁黄、卜大有等同辑）

    北京师范大学图书馆存明末刻本。

表式表括表讴言

    见《清代禁毁书目》，未见收藏。

旁注史汉芳润五卷（吴了凡、袁黄同注）

    南京博物院、河南师范大学图书馆存明万历三十四年（1606）刻本。

禹贡图说一卷

    上海图书馆存抄本。

资生镜

    山西省图书馆存嘉庆二十五年（1820）嘉定汗筠斋刻本。

摄生三要一卷

    苏州图书馆存民国九年（1920）上海涵芬楼印本。

古今经世文衡二十八卷

    福建省图书馆存明书坊龚尧惠刻本。

袁氏丛书九种（辑）

    存《续修四库四书》子部，国家图书馆藏。

    子目：

        袁颢 袁氏家训二卷

        袁仁 毛诗或问二卷

        袁仁 书经砭蔡编一卷

        袁仁 春秋针胡编一卷

        袁天启 历代纪年一卷

　　　　袁仁　纪年类编四卷

　　　　袁仁　一螺集八卷

　　　　袁袞　袁参坡小传一卷

　　　　袁袞　庭帏杂录一卷

　◎**零星诗文**　《松陵诗征前编》卷六有诗。《笠泽词征》卷四有词。《分湖诗钞》卷三有诗。

　【编者注】袁黄是吴江人还是嘉善人有争议，以编者之见，其人与两地关系均密切，如认定标准稍宽，既可认作吴江人，亦可看作嘉善人。录两条方志记载，以示吴江人看法：《垂虹识小录》曰："袁黄，字了凡，祖籍吴江芦墟人，后由嘉善迁汾湖，复迁赵田，万历丙戌登进士。"《吴江县志》曰："袁黄，字坤仪，赵田人。家世读书，有著述。黄少孤苦学，善属文，其祖赘嘉善殳氏，因补其邑诸生。"袁黄著作记载繁杂，有关"纲鉴补"的既有南京图书馆的《袁了凡纲鉴补三十九卷》、《袁王纲鉴合编三十九卷》，又有安徽大学图书馆的《鼎锲赵田了凡先生编纂古本历史大方纲鉴补三十九卷首一卷》，北京大学图书馆有《袁了凡先生重订凤洲纲鉴世类编三十九卷首一卷》等。南京图书馆的《袁王纲鉴合编》是指袁黄与王世贞合编，而王世贞号凤洲，所以北大图书馆所藏的与南京图书馆所藏的系同一种书。又各书卷数同为三十九卷，故编者认为上列几种书实为同一种。而乾隆《分湖志》录有《历代纲鉴补三十九卷》应即此书，故合并著录。再看《群书备考》一书，康熙《吴江县志》著录书名，未注卷数。而《分湖志》著录《郡书备考二十卷》，"郡"应为"群"之误。然现存《群书备考》各不相同，南京图书馆存明刻四卷本，湖南省图书馆与华东师大图书馆、中科院图书馆存明刻八卷本。苏州图书馆存九卷明刻本，其中续三卷系其子袁俨所撰。

　沈孚闻（1535—1583）初名令闻，字贞儒，号翼亭，更号芷阳。明吴江人，沈启孙。万历五年（1577）进士，官商城知县，有政声。以父丧归，逾年卒。

　◎**著作集**

　周易日抄十一卷

　　　　见乾隆《震泽县志》卷三十一，未见收藏。

　卜梦熊（1536—1601）字仲登，号景川。明吴江盛泽人，卜舜年父。少习文，善辞赋，后改武，登万历元年（1573）乡荐，会试不售，遂游塞外。东游鸭绿，西至宁夏，又遍历兖豫越蜀纵观山水始返。杜门不出，著书吟咏。所居石林西墅，叠石引泉，名花满径，缙绅不一接，而白袷缁衣日盈座也。时驾小艇垂钓，夜宿兰若不归。画理入妙，岩壑飞动。

　◎**著作集**

　晚香亭集十集

见同治《盛湖志》卷十二，未见收藏。

◎零星诗文 《松陵文集三编》有文。

大德（生卒年不详）号湛圆。明吴江僧，受法于震泽浮玉庵真常，尝在浮玉庵建水晶楼。以诗名。

◎著作集

浮玉集

见道光《震泽镇志》卷十一，未见收藏。

王锡命（1537—1606）字天宇，又字予卿，号文泉。明吴江盛泽人。嘉靖四十一年（1562）进士，历官江西右参议，年三十六即乞终养归。平生折节下人，不谈人过。性好吟咏，冬夏一编，杜门不出者三十余年，年七十卒。

◎著作集

葆光阁集

见同治《盛湖志》卷十二，未见收藏。

◎零星诗文 《松陵诗征前编》卷五有诗。

王叔承（1537—1601）初名光允，字叔承，以字行。更字承父，晚更名灵岳，字子幻，自号昆仑山人。明吴江严墓人。少时家贫，出赘于秋泽村钱氏。钱氏以鬻腐为业，每夜五鼓起篝灯磨豆，王叔承则携书就灯下读，翁妇弗善也。王叔承因而慨然出门。后入京师，诗才得展。足迹几半天下，所交亦当世贤杰。诗卷繁富，其莽苍浩浑处直逼盛唐。其诗极为王世贞兄弟所称。尝纵观西苑园内之胜，作汉宫曲数十阕，流传禁中。晚年倦游归严墓。

◎著作集

吴越游编七卷

见乾隆《震泽县志》卷三十一，又见《钦定四库全书总目》录为八卷，未见收藏。

后吴游游编二十一卷

荔子编二卷

以上两种见乾隆《震泽县志》卷三十一，未见收藏。

壮游编二卷

见乾隆《震泽县志》卷三十一，又见《钦定四库全书总目》录为三卷，未见收藏。

芙蓉阁遗稿三卷

见乾隆《震泽县志》卷三十一，未见收藏。

潇湘编二卷

南京图书馆存明万历刻本。

岳色编二卷

蟭螟寄尺牍十卷

蟭螟寄杂录八卷

蟭螟寄别录一卷

　　以上四种见乾隆《震泽县志》卷三十一，未见收藏。

宫词

　　存《借月山房汇抄》本，南京图书馆有藏。

◎**零星诗文**　《松陵文集三编》有文。《松陵诗征前编》卷五有诗。

王忠（生卒年不详）字子良，号坦庵。明吴江平望声字圩人。资敏好学，由县学生入国子监。历任河南磁州通判，升四川成都府经历。母老无人奉养，遂归。尝曰："吾今而莺湖为吾有矣，其材可诗，其水可酒。"乃于舍旁构郊居，内有悬榻斋、挹翠轩诸胜，时与亲知顾道行、沈瓒、王叔承相唱和。

◎**著作集**

抢榆集

梁蜀稿

湖上集

余生草

　　以上四种见乾隆《吴江县志》卷四十六，未见收藏。

沈倬（1540—1570）字道章，号涵台。明吴江人，沈汉孙，沈位弟，沈琦、沈玩、沈珣之父。隆庆元年（1567）入鹭峰社。诗清远秀逸，品格甚高，与七子同时而不染其习。

◎**著作集**

纪志稿三卷

　　见康熙《吴江县志续编》卷二，未见收藏。

◎**零星诗文**　《松陵诗征前编》卷五有诗。

龚洪（生卒年不详）字石溪。明吴江韭溪人。

著作集待考

◎**零星诗文**　《松陵文集三编》有文。

　　史长原名璧，字伯兼，号龙湾。明吴江人，史臣之子。廪例监生。

◎**著作集**

韭溪集

　　见《松陵文集三编》卷二十五，未见收藏。

◎**零星诗文** 《松陵文集三编》有文。

史论（生卒年不详）字仲舆，号龙山，又号存湖。明吴江人，史臣次子。廪例监贡生。

著作集待考

◎**零星诗文** 《松陵文集三编》有文。

史鸿逵（生卒年不详）原名曾逵，号万湖。明吴江人，史永龄之子。

著作集待考

◎**零星诗文** 《松陵文集三编》有文。

翁维则（生卒年不详）字孝思，明吴江人，诸生。

著作集待考

◎**零星诗文** 《松陵诗征前编》卷五有诗。

徐行（生卒年不详）字剑石。明吴江人，诸生。

◎**著作集**

说剑斋集

　　吴江图书馆存清抄本。

◎**零星诗文** 《松陵诗征前编》卷五有诗。

董汉策（生卒年不详）字朝献。明吴江人。勒石名家，自嘉靖四十年（1561）至万历十三年（1585）历时 25 年所刻《二王帖》为时所珍。尝刊嘉靖《吴江县志》，隆庆二年（1568）刻印徐师曾撰《今文周易演义》。

◎**著作集**

诸家篆韵纂要五卷

　　见乾隆《吴江县志》卷四十六，未见收藏。

补计然子一卷

　　上海图书馆存明崇祯十五年（1642 年）刻本。

　　见黄山书社《全四库系列·四库存目书》，吴江图书馆有藏。

二王帖（刻）

　　见《续修四库全书》子部，存于苏州留园廊壁。

孙从龙（生卒年不详）字汝化，号质庵。明吴江六都人。少警敏凝重。隆庆二年（1568）进士，授行人，迁刑部郎中，出知广信府，迁江西副使，引疾归。生平学问多得之于《易》。卒年六十三。

◎**著作集**

武经商骘（一作《经武全编》）

见乾隆《震泽县志》卷三十一。《儒林六都志·著述》录《经武全编》，未见收藏。

易经参疑首编二卷外编十卷内编四卷

见《儒林六都志·著述》。

上海图书馆存明万历五年（1577）杭郡书林翁时化刻本《易意参疑首编二卷外编十卷》

周易参疑十卷

见《儒林六都志·著述》，未见收藏。

◎**零星诗文** 《松陵诗征前编》卷五有诗。

顾大典（1541—1596？）字道行，号衡寓。明吴江人，顾昺孙，少孤，依母家周氏读书。隆庆二年（1568）进士，授绍兴府教授，迁处州府推官。万历二年（1574）擢刑部主事，改南京兵部，转吏部郎。十二年（1584）升山东按察副使，改福建提学副使。因遭人忌，谪禹州知州，自免归。工书善绘事，解音律。家有谐赏园、清音阁在吴江城北，池台清旷，宾从觞咏不辍。

◎**著作集**

清音阁集六卷

张家港图书馆存明万历刻本。

海岱吟

闽游草

园居稿

以上三种见康熙《吴江县志》卷二十二，未见收藏。

青衫记二卷

国家图书馆存清道光二十五年（1845）刻本。

葛衣记二卷

国家图书馆存清乾隆四十七年（1782）金阊学耕堂刻本。

义乳记

风教编

以上两种见《明代传奇全目》卷二，未见收藏。

稽山集二卷

上海图书馆存明刻本。

◎**零星诗文** 《松陵文集三编》有文。《松陵诗征前编》卷五有诗。

毛图南（？—1568）字宇化，号达庵。明吴江六都人，毛衢之子。隆庆二年（1568）进士，未仕卒。

著作集待考

◎零星诗文 《松陵文集三编》有文。

沈与龄（生卒年不详）号竹亭先生。明吴江人。工医学，不为危言高论，而所治十不失二三，远近神之。

◎著作集

医便初集二卷

　　见乾隆《震泽县志》卷三十一，未见收藏。

张凤仪（生卒年不详）明吴江人，居近石湖。工诗。与顾大典相友善。

著作集待考

◎零星诗文 《松陵诗征前编》卷五有诗。

赵世美（1542—1622）字叔彦，号镜吾。明吴江人，赵士谔父。诸生。家中衰，乃变产延师，发愤课子。迨家益落，就僧舍亲课诸子。

◎著作集

镜吾集（一作《就闲斋稿》）

　　见乾隆《吴江县志》卷四十六，未见收藏。

真可（1543—1603）字达观，号紫柏大师。明吴江沈氏子（一说俗姓陆）。年十七出家虎丘寺，后游历名山大刹。与袾宏、德清、智旭并称明四大高僧，主张儒道释三教一致，对佛教各宗并重。以梵夹本《大藏经》阅读不便，乃于万历十七年（1589）在五台山创刻方册《大藏经》，后移刻浙江径山，史称《径山藏》或《嘉兴藏》。因被诬作"妖书"而下狱，三十一年（1603）卒于狱中。

◎著作集

长松茹退二卷

　　国家图书馆存明刻清初重修本。

　　见黄山书社《全四库系列·四库存目书》，吴江图书馆有藏。

紫柏老人集十五卷首一卷

　　国家图书馆存明天启七年刻本。

紫柏老人集二十九卷首一卷

　　上海图书馆存清光绪四年（1878）钱塘许灵虚重刻本。

紫柏语录一卷

见《松陵人物汇编》卷十五。

上海图书馆存清光绪十二年（1886）上林寺刻本《紫柏大师法语节录》。

般若波罗蜜多心经要论一卷

国家图书馆存民国上海商务印书馆影印本。

般若波罗蜜多心经直谈一卷

国家图书馆存民国上海商务印书馆影印本。

心经浅说一卷

心经出指一卷

以上两种见民国《吴县志》卷五十八，未见单行本收藏。

紫柏老人集心经说

上海图书馆存民国四年（1915）金陵刻经处刻本。

紫柏尊者别集四卷零星诗文一卷

上海图书馆存清康熙二十三年（1684年）径山寂照庵刻本。

八识规矩解一卷

般若波罗密多心经注解一卷

释金刚经一卷

以上三种国家图书馆存民国上海商务印书馆影印本。

◎**零星诗文** 《松陵诗征前编》卷十一有诗。

沈俊（1544—1626）字道雅，号养复。明吴江人，沈嘉节之子。

◎**著作集**

养复诗稿一卷

见乾隆《吴江县志》卷四十六，未见收藏。

◎**零星诗文** 《松陵诗征前编》卷五有诗。

周叔宗（生卒年不详）名祖，字叔宗，以字行。明吴江人，周用孙。屡试不中，遂弃去。工书法，初年学祝允明，中岁以米芾为师，晚观晋人墨迹，遂穷其妙。尝语人云："学书以智永千文为渐门，右军禊帖为顿门。"喜临兰亭千文及墓田官奴祭伯文诸帖，又喜书楚辞洛神赋及陶谢诗。其后声价益高，求泥金书者一字一金，膺本亦得善值。深于禅理，风期素高，海内名流多与同游。殁于金沙于氏之梵川。

◎**著作集**

交芦庵稿

见康熙《吴江县志》卷二十二，未见收藏。

◎**零星诗文** 《松陵诗征前编》卷六有诗。

周祯（1547—1623）字伯知，更名之珍。明吴江人，周用孙，周叔宗弟。秀水籍诸生。奇僻而狷，工诗。尝与其弟同舟宿，有偷儿抉窗入，窃其箧。周祯审视不出声。其弟觉而惊呼，偷儿踉跄出逃。周祯徐曰："吾欲静观其如何脱身，奈何使彼狼狈而返。"乡人传以为笑。

◎**著作集**

不夜斋集

　　见康熙《吴江县志》卷二十二，未见收藏。

◎**零星诗文**　《松陵诗征前编》卷六有诗。

周祝（生卒年不详）一名祉，字季华，号旋淳。明吴江人，周用孙，华亭籍诸生，授太常典簿。万历年间尝与陆文组、沈瓒、周叔宗等结为诗社。卒后门人私谥康孝先生。

◎**著作集**

石斋集

广禅喜集

　　以上两种见《松陵文集三编》卷三十四，未见收藏。

◎**零星诗文**　《松陵诗征前编》卷六有诗。

周辑符（生卒年不详）字泰六，一字次公。明吴江人，周用孙，周宗建父，诸生。博古好学，诗宗宋元。其五七言近体，温丽典雅，直可比肩唐人。晚年以子周宗建知仁和，就养官舍。观书多慨，类纂成编。

◎**著作集**

虎林八订

晏如斋集

　　以上两种见乾隆《吴江县志》卷四十六，未见收藏。

◎**零星诗文**　《松陵诗征前编》卷六有诗。

周崇仁（生卒年不详）字元夫，号种庵。明吴江人，周大章之子。国学生，袭苏州卫正千户，累迁指挥佥事。

著作集待考

◎**零星诗文**　《松陵诗征前编》卷五有诗。

张尚友（生卒年不详）字益之。明吴江八坼人，张基之子。诸生。精春秋之学，吴中治春秋者皆宗之。事父纯孝，尤以气节自励。卒年五十八。

◎**著作集**

存笥集六卷

见乾隆《吴江县志》卷四十六，未见收藏。

◎**零星诗文** 《松陵人物汇编》卷四称"有遗文八卷"。

叶天裕（生卒年不详）字顺父，号白石。明吴江人。初为东洞庭人，年三十余娶妻于吴江，遂家焉。万历初，有故人官湖湘，往访之，三年不返，或传初去卒于丹阳。

著作集待考

◎**零星诗文** 《松陵诗征前编》卷五有诗。

吴秀（生卒年不详）字越贤，一字平山。明吴江十都人。隆庆五年（1571）以乌程籍中进士，授刑部主事，历郎中，出知九江府，迁知扬州府，再迁福建按察副使，被劾免。卒祀乌程乡贤祠。

◎**著作集**

林居文稿

　　见道光《震泽镇志》卷十一，未见收藏。

九江府治绩纪略

　　见民国抄本《震泽县志续·书目》，未见收藏。

◎**零星诗文** 《松陵文集三编》有文。

王克谐（生卒年不详）字季和。明吴江人，王忠季子。县学生。工诗。

◎**著作集**

王克谐遗稿一卷

　　见道光《平望志》卷八，未见收藏。

孙世庸（生卒年不详）字凫江，号正卿。明吴江六都人。隆庆三年（1569）贡生。

◎**著作集**

台省宝鉴

　　见《儒林六都志·著述》，未见收藏。

史中经（生卒年不详）字道夫，号星桥。明吴江人，史鹏生之子。诸生。

◎**著作集**

易经囗义

四书囗义

　　以上两种见《松陵文集三编》卷三十三，未见收藏。

◎**零星诗文** 《松陵文集三编》有文。

顾允中（生卒年不详）字道原，号复庵。明吴江人。

著作集待考

◎**零星诗文** 《松陵诗征前编》卷六有诗。

黄尚中（生卒年不详）字心源。明吴江人。诸生。

著作集待考

◎**零星诗文** 《松陵诗征前编》卷六有诗。

陆云庆（生卒年不详）字善卿，又字景卿，号九畹。明吴江人。诸生。性好学，博览群籍，中年笃信惮悦，究心大乘，注金刚经文。年六十六卒。

◎**著作集**

四部类稿六十四卷

　　浙江图书馆存清爱日堂刻本

唐诗类编

　　见嘉庆《同里志》卷十三，未见收藏。

◎**零星诗文** 《松陵诗征前编》卷六有诗。

宁祖武（生卒年不详）字仲先。明吴江人。布衣蔬食，以诗自娱，不乐仕进。

◎**著作集**

迂公诗草

　　见《松陵诗征前编》卷六，未见收藏。

◎**零星诗文** 《松陵诗征前编》卷六有诗。

【编者注】《江苏艺文志》记载宁祖武"以贡生官肇庆通判"系传讹。《垂虹识小录》卷二云："仲先昆弟三人。伯绳武万历癸丑进士，官大理评事；季接武字稚先，万历戊午副榜考授通判；仲先则布衣蔬食，以诗文自娱，不乐仕进。《诗综》以季之官移于仲，谬也。"

秦登（生卒年不详）字七溪。明吴江人，秦道一之叔。国学生。尝在黎里镇建八景亭，并拟定"黎川八景"。

著作集待考

◎**零星诗文** 《松陵诗征前编》卷六有诗。

盛应训（生卒年不详）明吴江人。县学生。

著作集待考

◎**零星诗文** 《松陵文集三编》有文。

马贯（生卒年不详）字道卿。明吴江人。万历二年（1574）进士，授九江府理刑，迁刑部主事，累进郎中。其时御史刘台弹劾张居正，当事者庇护张居正，意欲文致刘台罪名，檄文委于马贯，马贯不为动，曰："吾不敢枉一黔首，乃敢陷一鲠臣？"当事者衔之，遂令马贯出知兴化府。时旁郡有倭患，马贯预修城池为保障计，郡人赖焉。年五十六卒。

◎**著作集**

四书宗旨十五卷

古今类义二十四卷

　　以上两种见乾隆《吴江县志》卷四十六，未见收藏。

◎**零星诗文**　《松陵文集三编》有文。

顾曾瑜（生卒年不详）字伯玉。明吴江同里人。邑廪生。与弟元玉、仲玉俱蜚声庠序。晚以诗酒自娱。

◎**著作集**

息机稿

　　见嘉庆《同里志》卷二十二，未见收藏。

俞安期（1551—?）初名策，字公临，更名后改字羡长。明吴江人。少厌薄举子业，嗜古学，专攻词赋。徙居宜兴，又徙金陵，以布衣游历海内公卿间，又尝周览五岳。抵掌议论，豪气勃发，见者以为非常人；酒酣坐欢，俯仰长啸，听者叹为鸾龙音。诗名与王叔承相埒，所撰明朝铙歌以今题代古曲，为文士所称。时文坛雄伯李维桢、曹学佺皆折节下之。

◎**著作集**

寥寥集四十卷

　　国家图书馆存明万历刻本。

　　见黄山书社《全四库系列·四库存目书》，吴江图书馆有藏。

诗隽类函一百五十卷

　　苏州图书馆存明万历三十七年（1609）刻本。

　　见黄山书社《全四库系列·四库存目书》，吴江图书馆有藏。

诗隽腹腴五十卷

　　上海图书馆存清嘉庆二十三年（1818）湘云轩刻本。

唐类函二百卷目录二卷

　　苏州图书馆存明万历三十一年（1603）刻本。

　　见黄山书社《全四库系列·四库存目书》，吴江图书馆有藏。

启隽类函一百五十卷

　　南京图书馆存明万历刻本。

　　　　黄山书社《全四库系列·四库存目书》录一百九卷，吴江图书馆有藏。

类苑琼英十卷

　　　　见黄山书社《全四库系列·四库存目书》，吴江图书馆有藏。

栖霞编

　　　　见《松陵文集三编》，未见收藏。

雍胜略二十四卷

　　　　甘肃省天水市图书馆存清抄本。

庄骚合刻二种十二卷

　　　　国家图书馆存明万历三十五年（1607）刻本。

◎零星诗文　《松陵诗征前编》卷五有诗。

史谟（1551—1601）字尔陈，号省韦。明吴江人，史鉴五世孙。万历十年（1582）举人。艰辛积劳，数患怔忡之疾，三上公车未博一第。万历二十年（1592）补江右玉山学署。二十三年（1595）选授广东南雄府司李。

　　◎著作集

省韦集

　　　　见《松陵文集三编》，未见收藏。

◎零星诗文　《松陵文集三编》有文。

吴默（1551—1637）字言箴，一字因之。明吴江七都人。万历二十年（1592）会试第一，授兵部主事，以忧去，二十七年（1599）补礼部，累进郎中，三十一年（1603）迁尚宝司丞，又五年进少卿。立朝建议，挺挺不挠，时目为吴铁汉。后谢病归。归后改通政司参议，历左通政，四十三年（1615）又擢太仆寺卿。迁除皆不赴职，时论高之。天启初以病免。尝寓同里，晚徙家吴门，遇民间利病，多所建白上官。

　　◎著作集

庄子解

　　　　见康熙《吴江县志》卷二十二，未见收藏。

周说六卷

　　　　见乾隆《震泽县志》卷三十一，未见收藏。

吴因之易说六卷

　　　　江西省图书馆存明万历三十九年（1611）钱玉刻本。

旁注左国芳润六卷

　　　　华南师范大学图书馆存明万历三十六年（1608）刻本。

吴因之稿一卷

　　　　国家图书馆存明末陈氏石云居刻本。

九会元集九卷（与纂）

国家图书馆存明天启元年（1621）刻本。

锲吴会史记要删评林四卷，西汉要删评林四卷（选辑）

上海图书馆存明万历 21 年（1593）建阳余一贯刻本。

【编者注】《江苏艺文志》载吴默生卒年为 1554—1640，但朱鹤龄《愚庵小集·太仆卿吴公传》称其"崇祯丁丑卒，年八十有七"，卒年不同。因传记对卒年的记载十分明确，故从之。

沈瑾（1552—1604）字忍之，号客庵。明吴江人，沈汉曾孙，沈化之子。归安籍诸生。年三十始入庠。每出其奇，为雄文豪吟，以自表见于当路。当路者亦屡称赏，然终不遇。于诗文长者连辐，短者寥寥数语，咸可诵可思。受业于杜静台、娄江周用斋两先生之门。

◎**著作集**

元览斋稿

借一斋稿

天香馆稿

坎蛙吟稿

以上四种见《吴江沈氏家传》，未见收藏。

◎**零星诗文** 《松陵诗征前编》卷六有诗。

沈璟（1553—1610）字伯英，号宁庵，晚号聃和，别署词隐生。明吴江人，沈汉曾孙，沈侃之子。少颖悟，有神童称。既长顾皙朱颜，眉目如画。万历二年（1574）成进士，授兵部职方司主事，以病免。寻补礼部仪制司，进员外郎，调吏部稽勋司，历验封、考功二司，以父丧归。复补验封。十四年（1586）上疏为王恭妃请封号忤旨，降行人司司正，十六年（1588）还朝，升光禄寺寺丞，以疾乞归。沈璟精六书，喜诵读，工诗文，精研曲律。告归后，屏迹郊居，放情词曲。考订乐府词谱为审音家所宗，成戏曲"吴江派"。

◎**著作集**

增定南九宫曲谱二十一卷附录一卷

国家图书馆存明文治堂刻本。

论词六则

正音编一卷

以上两种见康熙《吴江县志》卷二十二，未见收藏。

古今词谱二十卷

古今南北词林辨体

北词韵选

唱曲当知

属玉堂诗文稿四卷

词隐新词二卷

　　　以上六种见乾隆《吴江县志》卷四十六，未见收藏。

南词韵选十九卷

　　　国家图书馆存民国晒蓝本。

月下纳凉词（辑）

　　　上海图书馆存清刻本及吴江柳氏抄本。

沈璟集（徐朔方辑校）

　　　南京图书馆存1991年上海古籍出版社出版印本。

博笑记二卷

　　　国家图书馆存民国二十一年（1931）传真社刻本。

重校埋剑记二卷

　　　南京图书馆存民国十九（1929）年刻本。

重校十无端巧合红蕖记二卷

　　　国家图书馆存明陈氏继志斋刻本。

情痴呓语一卷

曲海青冰二卷

评点乐府指迷

　　　以上三种见《明代传奇全目》，未见收藏。

一种情传奇二卷

　　　国家图书馆存民国古吴莲勺庐朱丝栏抄本。

义侠记二卷

　　　上海图书馆存明末毛氏汲古阁刻本。

重校双鱼记二卷

　　　国家图书馆存民国长洲吴氏刻本。

桃符记一卷

　　　上海图书馆存清抄本。

合衫记

鸳衾记

分柑记

四异记

凿井记

珠串记

奇节记

结发记

同梦记

新钗记

分钱记

十孝记

以上十二种见《明代传奇全目》，未见收藏。但《群音类选》与《南词新谱》中录有散折曲文及曲文残句。

◎零星诗文　《松陵文集三编》有文。《松陵诗征前编》卷六有诗。

【编者注】《月下纳凉词》辑者有可能为清朝沈璟，详见清沈璟条。

朱鹭（1553—1632）初名家栋，字白民，晚号西空老人。明吴江盛泽人，县学生。少有俊才，尝著论力主为建文帝立本纪复其年号，乃仿纲目作《建文书法拟》。家贫，授经以养父母。父母亡后，独游名山，以画竹自给。其画竹，与龚圣予画马、郑所南画兰齐名画史。少好玄学，解道德参同之旨。晚而学禅，结茅华山寺左、莲华峰下，绳床石灶，供具淡泊。

◎**著作集**

建文书法拟前编一卷正编二卷附编二卷

南京图书馆存明万历刻、明天启元年（1621）重修本。

见黄山书社《全四库系列·四库存目书》，吴江图书馆有藏。

拥絮迂谈一卷

国家图书馆存明末刻本。

青浮子髯籁

见乾隆《吴江县志》卷四十六，未见收藏。

爱日图

国家图书馆存清乾隆间休宁方辅刻本。

名山游草

见邹漪《启祯野乘》卷十四，国家图书馆有藏。

顾曾璘（生卒年不详）字元玉，又字玉甫，号华阳。明吴江同里人。顾曾唯从弟，顾曾瑜弟。万历元年（1573）举人。尝从袁黄游，以致知力行为务，博稽圣籍，著述满家，兼精岐黄，又为乡族置祭田，立义冢，人谓文行并美。

◎**著作集**

缪仲淳本草经疏

见嘉庆《同里志》卷二十二，未见收藏。

曹燇（生卒年不详）字中美。明吴江屯村人。以孝母闻。万历七年（1579）岁饥，出粟三百斛以赈代贫农输税，又捐田建冢以瘗枯骨。

◎**著作集**

（顺治）屯村志一卷

　　　　吴江图书馆存民国二十三年（1934）印本。

【编者注】《江苏艺文志》作"字神锡"。本志所录据《松陵人物汇编》。

邹云鹏（生卒年不详）字翼卿。明吴江人。万历八年（1580）进士，官南京礼部郎中。

著作集待考

◎**零星诗文**　《松陵文集三编》有文。

陈光赞（生卒年不详）字季襄。明吴江十七都人，徙居秀水。万历七年（1579）举人。

◎**著作集**

川流集

　　　　见民国抄《震泽县志续·书目》，未见收藏。

◎**零星诗文**　《松陵文集三编》有文。《松陵诗征前编》卷六有诗。

陈良谟（生卒年不详）字范卿。明吴江人。万历十年（1582）举于乡。授涪州知州，徙巴州，有循良声，转庆王左长史，遂归。既归，自谓获有田园之乐，益涉猎书记，乡里皆贵其名行。

著作集待考

◎**零星诗文**　《松陵文集三编》有文。《松陵诗征前编》卷六有诗。

史季立（生卒年不详）字可权，号笠峰。明吴江人，史羊生之子。贡士。

著作集待考

◎**零星诗文**　《松陵文集三编》有文。

沈有光（生卒年不详）字敦愚。明吴江震泽人。万历十二年（1584）以人才荐授广东潮州通判。

著作集待考

◎**零星诗文**　《松陵文集三编》有文。

周应愿（生卒年不详）字公谨。明吴江谢天港人，周用曾孙。万历十六年（1588

举人。端方简直，言行不苟，博学有史才，尝辑宋史未就。

◎著作集

江左集

> 见乾隆《吴江县志》卷四十六，未见收藏。

印说一卷

> 见稿本《草亭读书余志稿》第十六册，南京图书馆原藏。（据《江苏艺文志》，南京图书馆书目未见。）

◎零星诗文 《松陵诗征前编》卷六有诗。

叶重第（生卒年不详）字道及，号振斋。明吴江人，叶绅曾孙，叶绍袁父。万历十四年（1586）进士，授玉田知县，秩满授工部主事，进员外郎，升贵州提学金事。以母老乞养归，遂卒。

◎著作集

义田记

汾湖汇稿

> 以上两种见《吴中叶氏族谱》卷五十七，未见收藏。

毛寿南（生卒年不详）字字征，号仁山。明吴江六都人，毛衢之子。六岁失怙，刻苦自励。年十七补诸生，七上京兆不中。万历十四年（1586）成进士，授山阴知县，召入拜陕西道监察御史，寻以疾请归，卒葬柳胥村。家风清素，为官不好名，多行实事。

◎著作集

仁山集

> 见《儒林六都志·著述》，未见收藏。

◎零星诗文 《松陵诗征前编》卷六有诗。

庞秉道（生卒年不详）明吴江人，庞远之子。尝祀吴江乡贤祠。

◎著作集

人籁编

> 见乾隆《吴江县志》卷四十六，未见收藏。

沈储（1555—1627）字道用，号冲台。明吴江人，沈嘉祐之子。

◎著作集

谱牒

> 见郝丽霞《吴江沈氏文学世家研究》，未见收藏。

沈瓒（1558—1612）字孝通，一字子勺，号定庵。明吴江人，沈汉曾孙，沈璟弟。万历十四年（1586）进士，授南京刑部主事，进郎中，出为江西按察佥事，居二年乞归。为塾师教其兄子，一门之内一选伎征声，一寻章索句，论者比之顾东桥兄弟。居家十八年，以荐起补广东佥事，甫入境病卒。好作散曲，但多托他人之名行世，故曲名不盛。

◎**著作集**

静晖堂集六卷

定庵尚书大义

节演世范敷言一卷

沈氏义庄条约一卷

　　以上四种见乾隆《吴江县志》卷四十六，未见收藏。

近事丛残四卷

　　吴江图书馆存清乾隆五十九年（1794）刻本。

◎**零星诗文**　《明诗综》卷六十有诗。《松陵诗征前编》卷六有诗。

王孝（生卒年不详）字子顺，号二峰。明吴江人。万历十七年（1589）进士，官礼部祠祭司主事。

著作集待考

◎**零星诗文**　《松陵诗征前编》卷六有诗。

顾而尹（生卒年不详）字任卿，号莘岩。明吴江同里人。万历十九年（1591）举人，文行并重于时。屡上春官不第，谒选授桐乡教谕。任三载，以德行文学切劘诸生，一时有师道立而善人多之誉。

◎**著作集**

易统

　　见乾隆《吴江县志》卷四十六，未见收藏。

四书解

　　见嘉庆《同里志》卷二十二，未见收藏。

沈琦（1558—1606）字仲玉，号韫所。明吴江人，沈汉曾孙，沈倬之子。万历二十三年（1595）进士。初授淄川知县，补高陵，调三原，三十二年（1604）以礼部主事征入。疽发于背而卒。

◎**著作集**

家塾私语一卷

珠树轩稿

　　以上两种见乾隆《吴江县志》卷四十六，未见收藏。

◎零星诗文 《松陵诗征前编》卷六有诗。

曹大义（生卒年不详）字子尚，号敬默。明吴江六都人，曹应仙长子。万历间历任南北两京副指挥，升正指挥。以廉能称。后改判山东兖州府。
◎著作集
卷阿漫咏
　　见《儒林六都志·著述》，未见收藏。

曹大武（生卒年不详）字子文，号凤梧。明吴江人。廪监生。曹大义之弟。
◎著作集
竹坡集
　　见《儒林六都志》上卷，未见收藏。

顾庆延（生卒年不详）字长卿，号碧堂。明吴江人，顾大典之子。诸生。官福建按察司知事。
◎著作集
碧堂诗稿
　　见《分湖诗钞》卷五，未见收藏。
◎零星诗文 《松陵诗征前编》卷六有诗。《分湖诗钞》卷五有诗。

孙履恒（生卒年不详）字仲立，号裒谷。明吴江人，孙从龙之子。万历二十二年（1594）举于乡，屡试不第，四十四年（1616）就浙江义乌教谕。识张国维于诸生中，升广东新宁知县。素好言武略，有知兵名，被调博罗抗农民军，因功升肇庆府同知。与惠州守不协，竟挂冠归。天启三年（1623）张国维已官巡抚南直都御史，遂延孙履恒于幕下。
◎著作集
廿一史选驳一百卷
　　见康熙《吴江县志》卷二十二，未见收藏。
裒谷子商骘武经七书十卷附武略杂言一卷
　　苏州图书馆存明崇祯二年（1629）刻本。

王廷润（生卒年不详）明吴江人。
◎著作集
分湖唱和集
　　见乾隆《分湖志》卷四，未见收藏。

周日宽（生卒年不详）字仲仁。明吴江人，周用曾孙。

◎著作集

瓮天集

  见乾隆《震泽县志》卷三十一，未见收藏。

毛以燧（生卒年不详）字允烺，号芝山。明吴江人，毛寿南次子。万历二十八年（1600）举人。初任直隶和州学正，旋丁母忧，服阕，补山东武定州学正。累迁至云南按察使副使漕储道。见时事日蹙，请告归。后辟云南布政使，不起。卜居六里庄，题其室曰"审雨斋"，角巾野服，徜徉陇畔。年八十四卒。

◎著作集

审雨斋诗稿

  见乾隆《吴江县志》卷四十六，未见收藏。

尚书讲义

感红诗百绝

  以上两种见嘉庆《黎里志》卷六，未见收藏。

松陵毛氏族谱五卷（与毛以燧同修，毛丕烈重修）

  吴江图书馆存抄本三卷。

◎零星诗文　《松陵诗征前编》卷六有诗。

毛以燧（生卒年不详）字允遂，号瑶山。明吴江人，毛以烺弟。国学生，受业于沈琦，九赴棘闱不售，乃放情诗酒，与妻汝氏偕隐。与同邑周宗建、吴焕、孙枝芳等八人号"松陵八骏"。与浙江王骥德友善，王骥德临终以所著《曲律》托付，天启五年（1625）毛以燧将《曲律》刻出。

◎著作集

粲花馆诗集二十卷

  见乾隆《吴江县志》卷四十六，未见收藏。

松陵毛氏族谱五卷（与毛以烺同修，毛丕烈重修）

  吴江图书馆存抄本三卷。

◎零星诗文　《松陵诗征前编》卷六有诗。

周道登（？—1633）字文岸。明吴江人。少有器识，仪观甚伟。万历二十六年（1598）成进士，选庶吉士，授编修。性恬退，留心典故，以独立行意，故十年不迁官，久之始为国子司业少詹事。泰昌初以礼部侍郎摄部事，时连遭大丧，又值熹宗大婚，典礼殷烦，周道登拮据赞襄，皆有条理。天启二年（1622）补日讲官。五年（1625）秋廷推礼部尚书，力推告归。时魏忠贤用事，周道登弗阿谀奉迎，遂削籍为民。崇祯初召为东阁大学士，寻加太子太保进文渊阁。居官廉慎，以不善附和，为党人所嫉，未久即以党护枢臣劾罢。

◎著作集

清生阁集

　　见康熙《吴江县志续编》卷二，未见收藏。

天启大婚礼仪注

　　见《增订晚明史籍考》卷三，未见收藏。

◎零星诗文　《松陵诗征前编》卷六有诗。

　　陈忠爱（生卒年不详）字古遗，号如庵。明吴江人，陈鸿之子。诸生。与赵士谔友善。

著作集待考

◎零星诗文　《松陵诗征前编》卷六有诗。

　　申五常（生卒年不详）字一孺，一字景玉。明吴江人。万历四十一年（1613）岁贡生。博雅负才，与吴默、赵士谔、庄宪臣等最契。识周宗建于童时，课之家塾，而以弟之女女之。晚好游。

著作集待考

◎零星诗文　《松陵诗征前编》卷六有诗。

　　吕纯如（生卒年不详）字孟谐，号益轩。明吴江人。万历二十九年（1601）进士，三十三年（1605）授偃师县知县，调洛阳令，仕至兵部尚书。尝为吴江县学送入书籍千四百余册。后坐魏忠贤党案。

◎著作集

学古适用篇九十一卷

　　国家图书馆存1995年济南齐鲁书社据明崇祯刻本影印本。

　　见黄山书社《全四库系列·四库存目书》，吴江图书馆有藏。

　　周应俣（生卒年不详）字声仲，号起白。明吴江人，周用曾孙。万历二十九年（1601）进士，官宜春县知县。治尚清肃，片言决狱，绅不敢干以私。会入觐，途遭悍仆下毒而死。

◎著作集

撷芳圃集三卷

　　见乾隆《吴江县志》卷四十六，未见收藏。

◎零星诗文　《松陵诗征前编》卷六有诗。

潘锡祚（生卒年不详）字永甫。明吴江人，潘志伊之子。万历三十年（1602）谒选得抚宁卫经历，迁湖广布政司理问。卒于官。好古博识，兼善地理星象之学。

◎**著作集**

南阳问答

　　　见乾隆《吴江县志》卷四十六，未见收藏。

王家彦（1559？—1611？）字季美（一作仲美），号绳河。明吴江麻溪人，寓籍嘉兴。万历三十二年（1604）进士，授韶州府推官，丁内艰归，服阕补庐州府推官，有才干，乃著为令。三十九年（1611）考绩优等上报朝廷，将入都，巡抚委核扬州，因坚拒盐商贿赂，盐商赂奸吏任官舫浮于大江中，时大风雨，惊涛拍天，船几覆。王家彦惊悸得疾，卒于公馆，年五十三。

◎**著作集**

易义独断（一作《易节独断》）

语录汇纂

　　　以上两种见康熙《吴江县志》卷二十二，未见收藏。

独秀轩集八卷

　　　见乾隆《震泽县志》卷三十一，未见收藏。

◎**零星诗文**　《松陵诗征前编》卷六有诗。

庄宪臣（生卒年不详）字昆明。明吴江人。博雅能文，与弟元臣齐名，时称庄氏二杰。神熹间天下多故，以诸生不得用，悲歌慷慨，发为文章，语多指斥边事，绝无忌讳。吴炎称其有经济才。

◎**著作集**

燕超集（吴炎序）

　　　见乾隆《震泽县志》卷三十一，未见收藏。

庄元臣（1560—1609）字忠甫，号方壶，又号鹏池主人。明吴江人。万历三十二年（1604）进士，官中书舍人。好学，喜谈经济，每阅一书必劈肌解族、扼要钩玄。其为古文辞经营极苦，然会意所至，千言立就。

◎**著作集**

叔苴子内篇六卷外篇二卷

　　　上海图书馆存清咸丰二年（1852年）南海伍氏刻本。

金石撰

　　　见康熙《吴江县志》卷二十二，未见收藏。

四书觉参符二十卷（张鼐序）

时务策

以上两种见乾隆《震泽县志》卷三十一，未见收藏。

三才考略十三卷

上海图书馆存明万历四十四年（1616）庄氏森桂堂刻本。

见黄山书社《全四库系列·四库存目书》，吴江图书馆有藏。

凤阁草

见乾隆《震泽县志》卷三十一，未见收藏。

文论十篇（另有曼衍斋文集）

见道光《震泽镇志》卷十一。南京图书馆存清抄本《曼衍斋文集》。

松陵文集

湖上联句集一卷

以上两种见《儒林六都志·著述》，未见收藏。

庄忠甫杂著二十八种七十卷

南京图书馆存清初永言斋抄本。

子目：

昭代事始一卷　朝纲变始一卷　叔苴子十卷

叔苴子内篇十二卷　拾遗一卷　叔苴子外篇十四卷

庄子达言一卷　古诗猎隽一卷　南华雅言一卷

重言一卷　伐山语一卷　唐诗摘句一卷

韩吕弋腴四卷　二术编二卷　庄氏族谱一卷

水程日记一卷　治家条约一卷　家书一卷

搜微录一卷　言解一卷　涉古记事一卷

卮言日出一卷　锦盘奇势一卷　论学须知一卷

行文须知一卷　客谈一卷　文诀一卷

阴符经注解一卷　剪彩二卷　杂录一卷

◎**零星诗文**　《松陵诗征前编》卷六有诗。

赵士谔（1561—1639）字謇卿，号苨庵。明吴江人，赵宽从曾孙，赵世美长子。万历二十九（1601）进士，授会稽知县。入为职方主事，调吏部考功司，改文选，累进郎中，万历四十五年（1617）主京察，迁太仆少卿，擢都察院右佥都御史，巡抚宣府，寻引疾归。卒年七十九。

◎**著作集**

署冏疏稿

抚宣疏稿

謇卿集

以上三种见乾隆《吴江县志》卷四十六，未见收藏。

中丞诗选

见《松陵诗征前编》卷六，未见收藏。

◎**零星诗文** 《松陵诗征前编》卷六有诗。《吴江赵氏诗存》卷四有诗。

吴承光（生卒年不详）明吴江人。
◎**著作集**

古文抄十六卷

《江苏省立国学图书馆现存书目》著录明万历刻本，今未见收藏。

沈琉（1562—1622）字季玉，号懋所。明吴江人，沈汉曾孙，沈倬之子，沈琦弟。万历二十三年（1595）进士。初为凤阳府教授，转南京国子学正，久之始迁南京刑部主事，历郎中，出知东昌府，为政清简，擢山东按察司副使。

著作集待考

◎**零星诗文** 《松陵诗征前编》卷六有诗。

赵葵（1563—1617）字丹府，号栎如。明吴江人。少孤力学，安贫谨厚，力耕养亲，涉猎古今，兼善楷法。卒年五十五。
◎**著作集**

萍游草

见《松陵诗征前编》卷六，未见收藏。

知非稿

见《吴江赵氏诗存》卷首，未见收藏。

◎**零星诗文** 《松陵诗征前编》卷六有诗。《吴江赵氏诗存》卷五有诗。

陈万言（生卒年不详）字居一。明吴江人。万历三十一年（1603）举人，四十七年（1619）进士，官翰林院庶吉士。
◎**著作集**

钤园集

浙江省临海县博物馆存明末刻本。

鼎镌诸方家汇编皇明名公文隽（袁宏道选，陈万言汇评）

上海图书馆存明奎璧堂郑氏刻本。

史叔成（生卒年不详）字仁夫。明吴江人，史鉴玄孙。万历三十一年（1603）嘉兴府岁贡生。官平远教谕。一介不苟，好古文。

周易图说

归田杂咏

> 以上两种见道光《黄溪志》卷六，未见收藏。

南郭蓁谈二卷

> 苏州图书馆存清抄本。

沈瑄（1564—1642）字轶清，号容襟。明吴江人。治《书》，补县学生。
◎**著作集**

阅古笔记

> 见郝丽霞《吴江沈氏文学世家研究》，未见收藏。

沈珂（1565—1630）字巢逸、祥止，号虚室。沈瑄弟。
◎**著作集**

沈巢逸散曲

> 见郝丽霞《吴江沈氏文学世家研究》，未见收藏。

沈珣（1565—1634）字幼玉，号宏所。明吴江人，沈汉曾孙，沈偅之子，沈琦弟。万历三十二年（1604）进士。初授中书，迁御史，累官右副都御史，巡抚山东，议增兵设防及戡刘兴治乱军，具有才略。崇祯四年（1631）解山东职归。善诗文，工分隶，时人以沈珣与其兄沈琦、沈琓称"沈氏三凤"。年七十卒。
◎**著作集**

净华庵诗稿二卷

> 上海图书馆存抄本。

按黔疏稿

按齐疏稿

> 以上两种见乾隆《吴江县志》卷四十六。《千顷堂书目》录《沈侍御疏稿四卷》。均未见收藏。

宏所谏疏一卷

> 浙江图书馆存清康熙六十一年（1722）沈氏家刻本。

人物考一百五十卷

> 见同治《苏州府志》卷一百三十八，未见收藏。

◎**零星诗文** 《松陵诗征前编》卷六有诗。

张世伟（1568—1641）字异度。明吴江人，张基之孙，张尚友之子。少从父游娄江，王世贞及王锡爵许为国器。及长，声名籍甚，海内才士皆与缔交，颇恃才简傲。

万历四十年（1612），年几五十，始举顺天乡试。而忌者构飞语，劾以关节，至对台狱罚三科，天启元年（1621）复试乃得白。屡会试不第，遂筑室名泌园，读书其中。崇祯七年（1634）荐举贤良方正，力辞不就。卒，私谥孝节先生。

◎著作集

泌园集二十六卷

> 见康熙《吴江县志》卷二十二，未见收藏。

自广斋集十六卷附周吏部记事一卷

> 南京图书馆存明崇祯十一年（1638）刻本。

张异度诗一卷

> 国家图书馆存清初刻本。

◎零星诗文 《松陵诗征前编》卷七有诗。

张世俊（生卒年不详）字孟舒。明吴江人。张尚友之子。为人孝友狷洁，东林党人周顺昌逮系在狱，张世俊出入橐馈，无所避人。

◎著作集

家刻世集

> 见《苏州府志》卷七十六，未见收藏。

沈正宗（生卒年不详）字因仲。明吴江人，沈启曾孙。少尚气节。万历三十五年（1607）进士，授工部主事，转员外郎。尝疏救东林党首顾宪成。三十九年（1611）京察以浮躁降级回籍。崇祯初获昭雪，起补南礼部主事，历郎中，升四川佥事，转陕西参议，调山东佥事，转河南大梁道参议，旋致仕归。

◎著作集

盗铸酿乱论

平流贼议一卷

> 以上两种见乾隆《震泽县志》卷三十一，未见收藏。

巡梁稿四卷

> 见《千顷堂书目》卷二十六，未见收藏。

李逢节（生卒年不详）字坚侯。明吴江人。万历三十五年（1607）进士。总督两广兵部侍郎。

◎著作集

静观斋集

> 见乾隆《吴江县志》卷四十六，未见收藏。

陶朗先（生卒年不详）字元晖。明秀水人，尝治第吴江邑城之南。治诗经，万历三十四年（1606）、三十五年（1607）联捷，授南京工部主事。三十九年（1611）榷芜湖关，四十一年（1613）转知登州。后因辽事蒙冤卒，时年四十七。

◎著作集

陶元晖中丞遗集二卷

上海图书馆存清光绪二十四年（1898）兰州书局铅印本。

陶元晖中丞遗集续编

上海图书馆存民国九年（1920）陶氏铅印本。

陆恒（生卒年不详）字贞甫。明吴江同里人。学通五经。万历三十六年（1608）贡入太学，祭酒李廷机拔其文第一，选授贵池县训导，乞归，逾年而卒。

◎著作集

秋浦日笺

自叙篇

以上两种见嘉庆《同里志》卷二十二，未见收藏。

秦道一（生卒年不详）字鹤野。明吴江人。万历三十七年（1609）岁贡生，官上海县训导。

著作集待考

◎零星诗文 《松陵诗征前编》卷六有诗。

陈麐生（生卒年不详）字瑞甫，号太淳，明吴江人，陈鸿曾孙。

著作集待考

◎零星诗文 《松陵诗征前编》卷六有诗。

吴焕（1572—1640）一作吴涣。字文叔，一字闇生，号亦临。明震泽人，吴洪曾孙，吴邦相之子。万历四十四年（1616）进士。授海宁知县，三年调仁和，以忧归。天启二年（1622）补内黄县，考核优等，取入都。会阉党曹钦程诬周宗建罪，因吴焕为周宗建同乡人，又相代为仁和令，疑有奸私事，下所司，按之无迹，降三等。崇祯元年（1628）召为监察御史，寻出按陕西。五年以病归。久之，起为湖广副使，不赴卒。

◎著作集

按秦奏疏四卷

西台奏疏一卷

以上两种见《千顷堂书目》卷三十，未见收藏。

【编者注】乾隆《震泽县志》卷三十一载《奏疏五卷》，康熙《吴江县志》卷二十二载《奏议五卷》。

任世德（1574—1645）原名任士宁，字遂初。明吴江同里人。少负高才，补县学生。天性孝友，中岁丧母，过哀，血泪迸流，而致一目失明。顺治二年（1645）清兵南下被执，绝食而死狱中。

◎著作集

淞江诗文集

　　见嘉庆《同里志》卷二十二，未见收藏。

沈士哲（1575—1645）字若生，一字若宇。明吴江人，沈汉曾孙。万历四十二年（1614）举人，授永嘉教谕，迁南康知县。罢归卒。通古学。

◎著作集

南野公余祥刑小记

百忍堂集

　　以上两种见乾隆《震泽县志》卷三十一，未见收藏。

燕游草

澄翠轩稿

　　见同治《苏州府志》卷一百三十八，未见收藏。

◎零星诗文　《松陵诗征前编》卷七有诗。

史册（1575—1639）字义维，号素心。明吴江人，县学生。家贫力学，留心时事，凡屯盐茶马户口贡赋靡不深究。邑侯熊开元重其才，属以更辑县志，未成而卒。与卜舜年等友善。

◎著作集

（崇祯）吴江县志二十二卷首一卷（史册撰，史在相补）

　　南京图书馆存清初抄本。

隆平纪事一卷

　　国家图书馆存清道光间吴江沈氏世楷堂刻本民国八年（1919）重修本。国家图书馆另存曹森等参注清抄本二卷。

建文世纪

三闰世纪

松陵风雅

黄溪志

　　以上四种见道光《黄溪志》卷四，未见收藏。

沈自昌（1576—1637）字君克。明吴江人，沈琦之子。国学生。万历三十四年（1606）自北京还乡。

◎**著作集**

紫牡丹记传奇

> 见《古典戏曲存目汇考》卷十，未见收藏。

◎**零星诗文** 《松陵诗征前编》卷六有诗。

任士奇（1577—1617）字养初。明吴江同里人，任秀之之孙。少好学，举邑儒士，家居教授，一时贤士皆从之游。每言读书之乐可对古人，为善之乐可对上帝。

◎**著作集**

孟子日抄

左史抄

> 见嘉庆《同里志》卷二十二，未见收藏。

汝可起（1578—1642）字君喜。明吴江黎里人，岁贡生，授常州府训导。资颖学富，留心经济之学，尤工书法。崇祯十五年（1642）死于战乱。

著作集待考

◎**零星诗文** 《松陵诗征前编》卷九有诗。

顾祖奎（1578？—？）字元度。明吴江同里人，顾曾唯孙。天启元年（1621）举人。崇祯十年（1637）选丹阳教授，越三年知连城县。唐王立福州，累迁户部郎，出知南宁府。唐王死，遂祝发为僧，居隆安之林村，后之肇庆，卒于鼎湖山白云庵，时年六十六。

◎**著作集**

五伦箴

> 见乾隆《吴江县志》卷四十六，未见收藏。

乡约讲说

哀贤人草

以上两种见嘉庆《同里志》卷二十二，未见收藏。

顾砆（生卒年不详）初名祖斗，字文度。改名后字雪石。明末吴江同里人，顾祖奎弟。明亡入清后弃诸生，隐居著书，以扶纲植纪导人为善。与兄祖奎绝音问十余年，闻其卒，走万里迎其骸骨，挈其子与母归故里，人高其义。

◎**著作集**

治心广孝书

闰德纪略

　　以上两种见嘉庆《同里志》卷二十二，未见收藏。

朱陞宣（1579 ? —1634 ?）字德升。明吴江同里人，朱燾之子。少立名行，十余岁从父朱燾徙吴县山中。万历四十年（1612）举于乡。性至孝，念父母老，一再上公车，往返不过百日。母卒后绝意进取，朝夕待父寝食。父殁，哀毁成疾卒，年五十六。

◎**著作集**

聚奎堂文稿

　　见嘉庆《同里志》卷二十二，未见收藏。

胡闇（生卒年不详）字中美。明吴江黎里人。四龄失怙，母教力学，弱冠补诸生。

◎**著作集**

三贞集

　　见嘉庆《黎里志》卷六，未见收藏。

周宗建（1582—1626）字季侯，号来玉。明吴江人，周用曾孙，周辑符之子。万历四十一年（1613）进士。除武康知县，兼摄德清，调仁和，有惠政，入为御史。历官福建监察御史，巡按湖广。天启初，魏忠贤乱政，周宗建首疏劾之，明年宦官权势益炽，周宗建复三疏弹劾。魏氏矫旨削其籍，诬以赃罪，终使周宗建下狱死。崇祯初周宗建得以平反，赠太仆寺卿，谥忠毅。周宗建之学沿姚江之末派，颇近于禅。

◎**著作集**

老子解

八识规矩注

　　以上两种见康熙《吴江县志》卷二十二，未见收藏。

周忠毅公奏议（一作《周来玉奏议》）四卷

　　南京图书馆存明崇祯刻本

　　黄山书社《全四库系列·四库奏毁书》录《周来玉奏疏》四卷。

忠毅公诗稿一卷

　　见乾隆《吴江县志》卷四十六，未见收藏。

论语商二卷

　　南京图书馆存明万历刻本。

　　见《四库全书》。

周忠毅公集

　　上海图书馆存周麟书辑《周忠毅公残集》民国九年（1920）吴江柳氏抄本。

新刻注释孔子家语衡二卷首一卷

　　国家图书馆存明刻本。

新刻周季侯评选名文衡八卷

　　中共中央党校图书馆存明刻本。

道德经解

　　上海图书馆存据明天启三年（1623）刻本影抄本。

◎**零星诗文** 《松陵诗征前编》卷七有诗。

周永年（1582—1647）字安期，号木公，别号吾家山人。明吴江人，周用曾孙，周祝之子。诸生。少负才名，制义诗文倚待立就。晚扼腕时事，讲求掌故，思以桑榆自奋。遭乱坎坷，卜居吴中西山，未几卒。所著诗累万首，信笔匠心，不以推敲刻凿为能。与弟永言、永肩齐名，时号"三安"。周永年于邑中文献多所裒辑，知县熊开元尝以续志属之，业有成稿，遭乱散佚。

◎**著作集**

虎丘志

怀响斋集

中吴志余

吴都艺文志

松陵别乘

词规

　　以上六种见康熙《吴江县志》卷二十二，未见收藏。

松陵先哲咏

　　见乾隆《震泽县志》卷三十一，未见收藏。

吴都法乘十二卷

　　国家图书馆存清抄本。

　　见黄山书社《全四库系列·四库存目书》，吴江图书馆有藏。

邓尉圣恩寺志十八卷

　　吴江图书馆存民国十九年（1930）印本。

　　见黄山书社《全四库系列·四库存目书》，吴江图书馆有藏。

借书园书目五卷

　　国家图书馆存清道光六年（1826）刘氏味经书屋抄本及清李氏爱吾鼎斋抄本。

周安期诗一卷

　　见《启祯两朝遗诗》本，国家图书馆有藏。

林汲山房遗文不分卷

　　南京图书馆存清抄本。

◎**零星诗文** 《松陵诗征前编》卷六有诗。

周永言（生卒年不详）字安仁。明吴江人，周祝次子，周永年弟。诸生。明崇祯末以荐授中书舍人。

◎**著作集**

晚香斋诗余

　　见乾隆《震泽县志》卷三十一，未见收藏。

◎**零星诗文**　《松陵诗征前编》卷六有诗。

周永肩（生卒年不详）字安石，号紫岩。明吴江人，周祝第三子，周永言弟。国学生。善画，工诗，古文亦多可观。

◎**著作集**

史谈苑摘录一卷

　　见同治《苏州府志》卷一百三十八，未见收藏。

◎**零星诗文**　《松陵诗征前编》卷六有诗。

顾道喜（生卒年不详）一作顾道善。字静帘。明吴江人，进士顾自植女，诸生许季通妻。

◎**著作集**

松影庵词

　　见《笠泽词征》卷二十一，未见收藏。

◎**零星诗文**　《笠泽词征》卷二十一有词。

赵鸣阳（生卒年不详）一作赵鸣扬。字伯邕，号新盘。明吴江人。少颖异，诗文倚马立就。万历四十四年（1616）会试中第六名，而为同邑沈同和代笔得中会元，寻科场事发，被除名。上怜其才而卒不果用，然才名已震海内。崇祯间赠翰林院修撰。尝遭诬，诏逮下狱，其子玉成伏阙讼冤事得解。

　　著作集待考

◎**零星诗文**　《松陵诗征前编》卷七有诗。

朱陛宣（生卒年不详）字建侯。明吴江同里人。生有至性，年十三念父贫，遂训蒙于乡，稍获脯修奉父，后教授里中。年八十二卒。

◎**著作集**

半酣集

　　见嘉庆《同里志》卷二十二，未见收藏。

崔爵畴（生卒年不详）字孝汇。明吴江人，崔南阳孙。万历四十三年（1615）举人，官广平同知。

著作集待考

◎**零星诗文** 《松陵诗征前编》卷七有诗。

周应仪（生卒年不详）字元度。明吴江人，周用曾孙。官光禄寺署丞。天启三年（1623）校刻宋陆游撰《老学庵笔记》十二卷。其小诗缠绵温丽。

◎**著作集**

南北游草三卷

　　上海图书馆存清刻本。

川上草堂集

　　见乾隆《吴江县志》卷四十六，未见收藏。

◎**零星诗文** 《松陵诗征前编》卷六有诗。

沈同和（生卒年不详）字志学。明吴江人。美丰姿，善词赋，不长于制义。万历四十四年（1616）倩同邑赵鸣扬代笔得中会元，赵中第六，为言者所劾，逮问褫革，有"丙辰会录，断么绝六"之谣。后遇赦归，营别业于邑之张家浜。名妓穆素徽初昵吴门袁篨庵，后从沈同和，袁衔之，作《西楼记传奇》嘲沈，所称池三公子即指沈同和。沈亦作《望湖楼传奇》报之，所称袁麻子者，篨庵面麻故也。

◎**著作集**

望湖亭传奇

　　见民国《垂虹识小录》卷二，未见收藏。

周文（生卒年不详）字绮生。明吴江妓。善小诗。传为松陵除名会元沈同和所负，抑郁而死。

著作集待考

◎**零星诗文** 《松陵诗征前编》卷十二有诗。

朱天麟（？—1652）初冒姓沈，名天英。字游初，一字震青。明吴江韭溪人。十岁随父至黎里，托迹全真道院。老儒华阳聚徒讲授，朱天麟窃从户外听之，辄能记诵如素习者，遂录为弟子。感奋力学，以文行知名于时。万历四十六年（1618）以昆山籍中举，崇祯元年（1628）成进士。授饶州推官，有惠政。十一年（1638）征至京，为吏部所抑，仅补兵部武选司主事。经筵讲官并为称屈，皇上临轩亲试，乃改翰林编修。十七年（1644）奉命抵山东而京师陷。清顺治四年（1647），南明桂王居武冈，召为礼部尚书，拜东阁大学士。七年（1650）王赴梧州，朱天麟奉命经略左右两江土司，以为勤王之助。清兵逼南宁，王出走，朱天麟扶病从之，道卒。

◎著作集

道统录

治统录

天文度辨

六韬纂述

七观斋集

毋自欺编

以上六种见乾隆《震泽县志》卷三十一，未见收藏。

易鼎三然一卷

见黄山书社《全四库系列·四库存目书》，吴江图书馆有藏。

笃亲论

虞驰七观

见《昆新两县续修合志》卷四十九，未见收藏。

雉城诗集

曾子孝诠

一弦草

以上三种见嘉庆《黎里志》卷六，未见收藏。

叶逢春（1582—？）号华山儒士。明吴江人。乡党以孝义闻。

◎著作集

洞庭叶氏家谱

南京图书馆存清抄本。

计成（1582—？）字无否，自号否道人。明吴江人，中年迁居镇江。善绘事，以为豪门势族建造园囿为业。结识钱谦益、阮大铖、郑元勋诸名士，足迹曾历北京、湖广等地。总结毕生造园经验，于崇祯七年（1634）写成《园牧》（后名《园冶》）一书，郑元勋以为可与《考工记》相匹。

◎著作集

园冶三卷

南京图书馆存民国二十五年（1936）印本。

沈自晋（1583—1665）字伯明，一字长康，号西来，晚号鞠通生。明吴江人，沈汉玄孙。弱冠补博士弟子员，明亡弃去，隐居吴山。精通音律，尝随其从伯沈璟为东山之游，海内词家群推服焉。度曲意清神远，名噪词场。自号鞠通，鞠通者，琴中之蛀。

◎**著作集**

广辑词隐先生增定南九宫词谱（一作《南词新谱》）二十六卷（沈璟原撰，沈自晋等重定）

> 南京图书馆存清顺治刻本。

南词谱余杂论

> 见乾隆《吴江县志》卷四十六，未见收藏。

黍离续奏一卷

> 国家图书馆存吴梅抄本。

越溪新咏一卷

> 国家图书馆存吴梅抄本。

翠屏山二卷

> 存《古本戏曲丛刊》二集，国家图书馆有藏。

望湖亭记二卷

> 南京图书馆存清光绪九年（1883）刻本汇印本。

不殊堂近草一卷补遗一卷

> 南京图书馆存民国饮虹簃刻本。
>
> 国家图书馆存民国吴梅抄本。

赌墅余音

续词隐九宫谱

> 以上两种见《广辑词隐先生增定南九宫词谱》后叙，未见收藏。

耆英会

> 存姚燮《今乐考证·明院本》，国家图书馆有藏。

◎**零星诗文**　《松陵诗征前编》卷八有诗。《吴江沈氏诗录》卷五有诗。

沈自铉（1583—1615）字稚声，号南荣。明吴江人，沈璟之子。县学生。有文行，周宗建推重之。

著作集待考

◎**零星诗文**　《松陵诗征前编》卷七有诗。《吴江沈氏诗录》卷五有诗。

陈绍祉（生卒年不详）字孝将，号耐庵。明吴江人，陈鸿孙，沈自晋内弟。诸生。世居城东仙里桥，遭乱后隐于乡，地名方尖。性好种菊。

著作集待考

◎**零星诗文**　《松陵诗征前编》卷八有诗。

沈自铨（1585—1629）字稚衡，号云东。明吴江人，沈璟次子。万历三十四年

（1606）举人。

著作集待考

◎**零星诗文** 《松陵诗征前编》卷七有诗。《吴江沈氏诗录》卷五有诗。

顾文亨（1585—1658）字石父（一作石甫）。明吴江人。弱冠补嘉兴府学诸生，累试不第，意泊如也。家贫嗜学靡倦，耽思至忘寝食，尤深于易象春秋之旨，旁及律历星官，无不综究。著书凡数百卷，皆根极理数，兼括古今。晚年避乱隐于秀水之鄡陵村，作纲目纪事，疾急犹强起删订，属草未半而殁。

◎**著作集**

经世声音臆解

经世总图

春秋类记

订补记事本末

易鉴

洪范畴解

星江杂著

　　以上七种见康熙《吴江县志》卷二十二，未见收藏。

诸史石言

甲乙帐

　　以上两种见《松陵人物汇编》卷五，未见收藏。

皇极经世参

　　见乾隆《震泽县志》卷三十一，未见收藏。

沈自继（1585—1651）字君善，号宝威。明吴江人，沈汉玄孙，沈玩第二子，沈自南兄。平湖籍诸生，旋入太学。善病，年未三十为祝发图以寄志。遍参云栖紫柏诸宗乘后，隐居平邱，持不语戒，终日闭门寂坐。有贵人访之，曲致款洽，乃瞠目直视不交一语。及贵人去，友人周永年、顾有孝及弟沈自南来，辄相与雄辩四出。工诗文，嗜音律，助从兄沈自晋辑《南词新谱》（即《广辑词隐先生增定南九宫词谱》），盛行于时。

◎**著作集**

平邱集四种

　　见康熙《吴江县志》卷二十二，未见收藏。

针史

　　见徐釚《词苑丛谈》卷九，未见收藏。

◎**零星诗文** 《松陵诗征前编》卷七有诗。《笠泽词征》卷二十七有词。

仲绍颜（1585—1608）字尔膺。明吴江人。有俊才，好读书，能诗。中万历三十四年（1606）丙午副榜，不二年病卒。著有《克三男子集》，周宗建作序，卜舜年欲序而传之，会舜年卒，遂散佚。

◎**著作集**

克三男子集四卷

见《松陵人物汇编》卷四，未见收藏。

仲绍光（生卒年不详）字子癹。明吴江盛泽人，仲绍颜弟。嘉兴诸生。尝游陈继儒门，为所引重。年七十九卒。

◎**著作集**

书巢小草六卷

见同治《盛湖志》卷十二，未见收藏。

◎**零星诗文** 《盛湖诗萃》卷三有诗。

张应麟（生卒年不详）字文庵。明吴江人。世居虞山，少补诸生，遇事家破，遂弃诸生，精医工诗，曾为汗漫游，后买田筑室于唐湖之滨。

◎**著作集**

浪游草

见《松陵人物汇编》卷四，未见收藏。

卜舜年（1585—1618）字孟硕，号野水。明吴江盛泽人，卜梦熊子。少孤有异质，喜词赋书画。年十八受知于秀水知县颜欲章，遂补诸生。读书废寺，小楼四顾皆墟墓，又无窗棂，风雨寒暑吟诵不辍。华亭陈继儒见而异之，引为弟子，授以河洛谶纬支干营阵之学。屡试不利，家益贫，乃为奇服惊众。闻吴门张怀仙善音能感怆人，遂从学吴歈，尽得其妙，或自登场按节一转，四座掩泣，颇以此自快。已更学仙，讲飞举之术，恣情自放，竟以瘵死，年仅三十四。

◎**著作集**

绿晓斋自选全集四卷首一卷

吴江图书馆存清道光十年（1830）宝敦斋刻本。

辽宁省图书馆存《绿晓斋集》稿本一卷。

绿晓斋外集一卷杂文一卷

上海图书馆存清抄本。

诗来一卷附录一卷

辽宁省图书馆存明末抄本。

石林西墅遗稿一卷

国家图书馆存清初《人琴集七种》刻本。

◎零星诗文 《松陵诗征前编》卷七有诗。

【编者注】卜舜年的生卒年各处记载不一，《江苏艺文志》记为1587—1620，据此推断，年龄则应为34岁。而《百度百科》记为1613—1644，其称其"明亡佯狂卒，年三十二。"查《卜野水传》，未见有关年龄及生卒记录。又查吴江地方志，康熙、乾隆版《吴江县志》和十四卷本乾隆《盛湖志》以及民国《垂虹识小录》均记录"年三十四"，只有二卷本乾隆《盛湖志》记为"年三十二"。各志均未直接记录卜舜年的生卒年份，但编者在乾隆《盛湖志》中查到了卜舜年妻沈兰英的相关信息。十四卷本《盛湖志》记载："明诸生卜舜年妻，年三十夫亡，守节四十一年，顺治十六年卒。"而二卷本《盛湖志》记载："舜年殁，氏年三十，赤贫无子，拮据营葬。茹素苦志四十余年，殁于顺治己亥，时年七十一。"两处记载一致。沈兰英卒于1659年，已守寡四十一年，那么卜舜年当殁于1618年。取"年三十四"说法，那么其生年应为1585年。

庄汝培（生卒年不详）字端甫。明吴江人。有诗名，诗以沉着胜。与盛泽卜舜年相唱和，两相推重。

◎著作集

抱膝吟一卷

　　附卜舜年《绿晓斋自选全集》后，吴江图书馆存清道光刻本。

◎零星诗文 《松陵诗征前编》卷六有诗。

陆文衡（生卒年不详）字坦持，又字中台。明吴江人。万历四十七年（1619）进士，授工部都水司主事。天启中擢福建福州府知府。崇祯元年（1628）升浙江参政，转四川按察使，升山西右布政。丁内艰，服除补蓟州，调济南，以父老乞养归。明亡入清后杜门不出，后移居苏州娄齐门之间，以著述自娱。

◎著作集

啬庵随笔六卷末一卷

　　南京图书馆存清光绪二十三年（1897）刻本。

方房诗剩一卷

　　见《陆氏传家集》，吴江图书馆存。

啬庵手镜一卷

　　南京图书馆存稿本。

追维往事录二卷（陆泰增，陆同寿跋）

　　苏州图书馆存稿本。

沈媛（生卒年不详）字文淑（一作文姝）。明吴江盛泽人，沈瓒长女，周邦鼎妻，沈宜修从姐。

　　著作集待考

　　◎**零星诗文**　《松陵诗征前编》卷十二有诗。《盛湖诗萃》卷十二有诗。《吴江叶氏诗录外编》卷十有诗。

　　沈大荣（生卒年不详）明吴江人。沈璟长女，太仓举人王士骐妻。工诗善草书，晚年学佛，自号一行道人。

　　著作集待考

　　◎**零星诗文**　《松陵诗征前编》卷十二有诗。《吴江叶氏诗录》卷十二有诗。

　　叶绍袁（1589—1648）字仲韶，号天寥道人。明吴江北厍人，叶重第之子。幼育于袁黄家，故名绍袁。天启五年（1625）进士。七年（1627）选南京武学教授，迁国子监助教，工部虞衡主事。以不耐吏职，又好触忤中贵，悒悒不自得，久之遂乞终养归。与妻女歌咏唱酬，日手一卷，吟哦不辍。明亡，弃家入余杭之径山为僧，释名木拂，自号粟庵。旋至吴，隐于西山。辑一时死节诸臣为书，未就，感怆成疾卒。

　　◎**著作集**

天寥集

桐麈集

纬学辨义四卷

楞严集解（辑）

读史碎金（辑）

　　　　以上五种见康熙《吴江县志》卷二十二，未见收藏。

甲行日注八卷

　　　　吴江图书馆存清《嘉业堂丛书》本。

金刚经注（辑）

参同契注（辑）

风庐记事诗

　　　　以上三种见乾隆《吴江县志》卷四十六，未见收藏。

自撰年谱一卷

　　　　吴江图书馆存清《嘉业堂丛书》本。

年谱续纂一卷

　　　　吴江图书馆存清《嘉业堂丛书》本。

年谱别纪一卷

　　　　吴江图书馆存清《嘉业堂丛书》本。

湖隐外史一卷

苏州图书馆存清宣统元年（1909）
刻本。

叶仲韶诗一卷

南京图书馆存清初刻本。

填词集艳

见《分湖叶氏族谱》，未见收藏。

午梦堂十二种（辑）

南京图书馆存明崇祯刻本。

吴江图书馆存《午梦堂全集》，含十
种（无《鸳鸯梦》、《琼花镜》）。

子目：

沈宜修　鹂吹二卷附一卷　梅花诗
一卷

叶纨纨　愁言一卷附集一卷

叶小鸾　返生香（一作《疏香阁遗
集》）一卷附集一卷

叶小纨　鸳鸯梦一卷

▲《午梦堂全集》封面

叶绍袁　窃闻一卷续一卷

沈宜修　伊人思一卷

叶世偁　百旻遗草一卷附集一卷

叶绍袁　秦斋怨一卷

叶绍袁　屺雁哀一卷

叶绍袁　彤奁续些二卷

叶世俗　灵护集一卷附一卷

叶绍袁　琼花镜一卷

启祯记闻录八卷

南京图书馆存民国十六年（1927）上海商务印书馆铅印本。柳亚子《南明史料
书目提要》考此书为旁人伪托。

◎**零星诗文**　《松陵诗征前编》卷八有诗。《笠泽词征》卷五有词。《吴江叶氏诗录》
卷一有诗。

【编者注】《江苏艺文志》据《千顷堂书目》录入《迁聊集》，《四库全书》中清康熙《御
选明诗》"姓名爵里"一节中也录《迁聊集》，而乾隆《吴江县志》卷四十六在叶绍袁书
目中注明《天寥集》"一作迁聊，误"，故本书不录《迁聊集》。然《天寥集》内容不详，
自撰年谱、年谱别记等几种著述县志未列出，可能即在该集中。

沈宜修（1590—1635）字宛君。明吴江人，沈珫之女，叶绍袁妻。十六来归，琼枝玉树交相映带，吴中人艳称之。其五女八男均有文采。长女叶纨纨、次女叶小纨、三女叶小鸾、五女叶小繁、三儿媳沈宪英均工诗词，并著有诗集。后叶小鸾、叶纨纨相继殁，沈宜修神伤心死，幽忧憔悴，未几而卒。

◎**著作集**

鹂吹二卷（一作午梦堂遗集）

国家图书馆存清乾隆二十三年（1758）叶恒椿刻本。

吴江图书馆存《午梦堂全集》本。

伊人思一卷

吴江图书馆存明崇祯刻本。

梅花诗一卷

国家图书馆存明崇祯《午梦堂集十二种》本。

吴江图书馆存《午梦堂全集》本。

◎**零星诗文** 《松陵诗征前编》卷十二有诗。《笠泽词征》卷二十一有词。

袁俨（？—1627）初名天启，字若思，号素水。明吴江人，袁黄之子。少承家学，万历三十九年（1611）与叶绍袁读书汾湖，博极群书，尤留心经济。天启五年（1625）进士。六年（1626）授广东高要知县。有文名。

◎**著作集**

尚书百家汇解六卷

见乾隆《吴江县志》卷四十六，未见收藏。

抱膝斋集三卷

南京图书馆存明抱膝斋刻本（卷中下配抄本）。

抱膝斋漫笔三卷

南京图书馆存民国抄本。

续群书备考三卷

南京图书馆存明崇祯刻本。

◎**零星诗文** 《松陵诗征前编》卷八有诗。

【编者注】乾隆《吴江县志》著录有《抱膝斋集》三卷，而不见《抱膝斋漫笔》，乾隆《分湖志》则著录有《抱膝斋漫笔》三卷，而不见《抱膝斋集》，故疑《抱膝斋漫笔》即《抱膝斋集》。未及验证。

叶有震（生卒年不详）字仲起。明吴江人，叶绍袁从弟。尝书圆通庵碑铭，书圆劲有晋唐风味。

著作集待考

◎零星诗文　《吴江叶氏诗录》卷一有诗。

沈智瑶（生卒年不详）字少君。明吴江人，沈宜修妹。

著作集待考

◎零星诗文　《国朝松陵诗征》卷二十有诗。《吴江叶氏诗录外编》卷十有诗。《吴江沈氏诗集录》卷十二有诗。

沈宠绥（？—1645）字君征，号适轩主人。明吴江人，沈啓曾孙。少为诸生，后以例入太学。倜傥任侠，所交皆天下名士。性聪颖，于音律之学有神悟。以乡人所撰《南词全谱》辨正宫调声韵虽极精详，但学者知其然，不知其所以然，乃著《度曲须知》，凡南北曲之源流、格调、字母、方音、吐声、收韵诸法，皆辨析其故，指示无遗。又以北曲渐次失传，著《弦索辨讹》，分别开口、张唇、穿牙、缩舌、阴出、阳收口诀及唱法指法，既穷极阃奥，亦皆有涂辙可循，与《南词全谱》相备，而吴江遂为南北曲之宗。

◎著作集

度曲须知二卷

　　吴江图书馆存石印本。

　　见黄山书社《全四库系列·四库存目书》，吴江图书馆有藏。

弦索辨讹三卷

　　国家图书馆存明崇祯十二年（1639）刻本、清顺治六年（1649）沈标重修本。

　　见黄山书社《全四库系列·四库存目书》，吴江图书馆有藏。

沈自征（1591—1641）字君庸。明吴江人，沈汉玄孙，沈珫第三子，沈自继弟。国学生。好言兵。崇祯三年（1630）永平副使张椿闻其名，延致幕府。督师袁崇焕拥兵不朝，大司马募能入袁营者，沈自征出应，独至袁营，晓以理，力劝入朝。居京师十年，为诸大臣筹划兵事，皆中机宜，名声大振。累金数千，归奉佛寺。居吴江之野，茅屋躬耕无悔色。十三年（1640）大司马荐之朝，以贤良方正科辟，辞不就，竟卒。沈自征颖悟绝人，善填词，仿元人为《鞭歌伎》、《霸亭秋》、《簪花髻》三曲，论者咸以为明以来北曲第一。

◎著作集

脍残编

渔阳三弄

　　以上两种见乾隆《吴江县志》卷四十六，未见收藏。

沈君庸先生集一卷

　　复旦大学图书馆存清抄本。

鞭歌妓一卷

　　国家图书馆存明崇祯刻本。

簪花髻一卷

　　国家图书馆存明崇祯刻本。

灞亭秋一卷

　　见《诵芬室丛刊》二编，未见收藏。

冬青树

　　见《吴江沈氏家谱》，未见收藏。

◎零星诗文　《松陵诗征前编》卷八有诗。《笠泽词征》卷四有词。

沈倩君（生卒年不详）以字行。明吴江人，沈璟次女，沈宜修从妹。

著作集待考

◎零星诗文　《国朝松陵诗征》卷十有诗。《吴江叶氏诗录外编》卷十有诗。《吴江沈氏诗录》卷十二有诗。

沈静专（生卒年不详）字曼君。明吴江人，沈璟季女。嘉兴吴昌运妻，早寡。好学佛，自称上慰道人。

◎**著作集**

适适草一卷

　　南京图书馆存明崇祯郁华楼刻本。

　　上海图书馆存抄本。

颂古一卷

郁华楼草

　　以上两种见《然脂集》，未见收藏。

◎**零星诗文**　《国朝松陵诗征》卷二十有诗。《吴江叶氏诗录外编》卷十有诗。《笠泽词征》卷二十一有词。

潘一桂（1592—1636）字无隐，一字木公。明吴江黄溪人。诸生。少有诗名，侨居京口。年二十余归故里，与卜舜年同习楚辞，其结撰益工。卜舜年临终将遗集三卷托潘一桂，潘序其集而梓之。崇祯五年（1632）唐世孙好词赋，延四方宾客，以书币相招再三，辞之。后游襄阳，世孙已立为王，遣使迎候，不得已乃往。授简赋诗，雍容应教，居一月称疾归。

◎**著作集**

中清堂集十七卷

　　南京图书馆存明崇祯间刻本。

古韵通考二十卷

　　见康熙《吴江县志》卷二十二，未见收藏。

枫叶社诗选一卷

　　上海图书馆存清抄本。

尚书衍义

　　见乾隆《镇江府志》，未见收藏。

东游集

　　见康熙《御选明诗·姓名爵里七》，未见收藏。

旨斋诗草一卷（张泽撰，潘一桂选）

　　上海图书馆藏明崇祯池白水刻本《新刻谭友夏合集》中存。

沈自友（1594—1654）字君张。明吴江人，沈珂之子。工诗词，善书。顺治四年（1647）与校《南词新谱》。十年（1653）作《鞠通生小传》，记沈自晋事。

◎**著作集**

绮云斋稿

　　见乾隆《吴江县志》卷四十六，未见收藏。

张倩倩（1594—1627）字无为。明吴江人，沈自征妻。工诗及词，素与沈宜修善，女其女叶小鸾。叶小鸾夙慧，儿时能诵毛诗楚辞，张倩倩教之。

◎**著作集**

寄外词

　　见王鲲《松陵见闻录》卷五，未见收藏。

◎**零星诗文**　《明诗综》卷八十五有诗。《明词综》卷十一有词。

范善缘（生卒年不详）字邻仙，晚号湖滨小隐。明吴县人，范仲淹裔孙。天才奇隽，简傲自寄，筑别业于平望吴溇，额曰"竹溪别墅"。弗与人通，故旧有贵显者招之，不往。常鼓棹遍游洞庭诸山，自以诗有石湖风致。卒于平望。

◎**著作集**

两湖吟集

　　见道光《平望志》卷十一，未见收藏。

金之俊（1594—1670）字彦章，一字岂凡。明吴江人。万历四十七年（1619）进士，官至兵部右侍郎。李自成破京师，被执受刑，自成败乃归。清朝立，授兵部右侍郎，调吏部。顺治五年（1648）晋工部尚书，改兵部。十年（1653）改左都御史，升吏部尚书，授国史院大学士。十五年（1658）以更定官制为中和殿大学士，历加太傅，复改内秘书院大学士。康熙元年（1662）致仕。卒谥文通。

◎**著作集**

息斋集

　　国家图书馆存清顺治康熙年间刻本。

文通公集二十卷（诗集六卷奏疏六卷外集八卷）

　　国家图书馆存清康熙二十五年（1686）重刻本。

　　见黄山书社《全四库系列·四库存目书》，吴江图书馆有藏。

孝献庄和至德宣仁温惠端敬皇后行状一卷附传一卷（附传金之俊撰）

　　南京图书馆存刻本及抄本。

　　上海图书馆存民国五年仁和吴氏双照楼刻本。

冯母范氏墓志铭一卷

　　国家图书馆存清乾隆二十九年（1764）抄本。

珥笔闲吟一卷

　　南京图书馆存清顺治刻本。

金岂凡诗选一卷

　　上海图书馆存清康熙刻本。

游洞庭西山记

　　国家图书馆存清光绪十七年（1891）上海著易堂铅印本。

游南岳记

　　国家图书馆存清光绪十七年（1891）上海著易堂铅印本。

游天目山记

　　国家图书馆存清光绪十七年（1891）上海著易堂铅印本。

子华子（程本撰，金之俊评）

　　上海图书馆存清川南雷鸣寺刻本。

毛莹（1594—?）初名培征，字湛光，一字休文，晚号大休老人。明吴江人，毛以燧之子。早年游庠，工古文辞。穷居自适，屏迹禊湖间，日事吟咏，多与方外交，亲友敦劝应试，卒不赴。

◎**著作集**

晚宜楼集二十四卷

　　见乾隆《吴江县志》卷四十六。

　　吴江图书馆存民国十年（1921）刻本十六卷。

　　北京大学图书馆存抄本《晚宜楼集附诗余杂曲》。

　　上海图书馆存柳氏抄本《晚宜楼文集》。

竹香斋词

见《笠泽词征》卷六，未见收藏。

◎零星诗文 《国朝松陵诗征》卷一有诗。《笠泽词征》卷六有词。

张内蕴（生卒年不详）明吴江生员。有《三吴水考》成书万历年间，系御史林应训嘱编。

◎**著作集**

三吴水考十六卷（与周大韶同撰）

　　见《四库全书》。

孙宗一（生卒年不详）字君贞。明吴江人。万历中嘉兴县廪生。后入复社。

◎**著作集**

学庸臆说

易辨

春秋辨

　　以上三种见《儒林六都志·著述》，未见收藏。

周季华（生卒年不详）明吴江人。国学生。留意民生，万历末尝助吴江知县作履亩册。

◎**著作集**

空一斋诗

　　见乾隆《苏州府志》卷七十六，未见收藏。

赵君邻（？—1626）字禹钦。明吴江五都人。天启二年（1622）进士，授行人。衣粗食淡，不舆不仆，以风节自持。时魏忠贤残害忠良，赵君邻常恨身无言责，扪心欲绝。四年（1624）庆成王府掌行丧礼，五年（1625）册封蜀府，冒暑过滹沱河，驻井陉，猝闻同乡周宗建、周顺昌为魏忠贤所杀，哭之呕血，不数日遂卒。

◎**著作集**

礼记正业

　　见乾隆《震泽县志》卷三十一，未见收藏。

赵圣邻（生卒年不详）字纫俞。明末吴江人，赵君邻弟。博学通经。

◎**著作集**

礼记会通

　　见乾隆《震泽县志》卷三十一，未见收藏。

汤豹处（生卒年不详）初名孙振。字雨七（一作羽诜）。明吴江人，汤三俊从子。好吟咏，善鼓琴，沉思好古，散其素封之业，遍购法书名画，日夕摩玩，所作行草得祝允明笔意，而画尤入神，独创意绘水，灵幻恢奇，殆难名状。其诗淡泊清旷，如其为人。明天启三年（1623）尝据盛泽镇所发宋碑考订镇史。卒年五十二。

◎**著作集**

贮真斋笔尘

  见《松陵人物汇编》卷六，未见收藏。

◎**零星诗文**《国朝松陵诗征》卷二有诗。《笠泽词征》卷六有词。《全清词钞》卷六有词。

顾宗亮（生卒年不详）字无争，号太冲。明吴江同里人。

著作集待考

◎**零星诗文**《吴江叶氏诗录外编》卷一有诗。《分湖诗钞》卷五有诗。

吴大可（生卒年不详）字奇生，一字似凡，号莼江。明吴江黎里人。

著作集待考

◎**零星诗文**《吴江叶氏诗录外编》卷一有诗。《分湖诗钞》散页有诗。

王大可（生卒年不详）明吴江人。

◎**著作集**

三山汇稿八卷

  见《松陵人物汇编》卷十五，未见收藏。

吴坲（生卒年不详）字云生。明吴江黎里人。

著作集待考

◎**零星诗文**《吴江叶氏诗录外编》卷一有诗。《分湖诗钞》卷十四有诗。

沈自籍（1595—1670）字君嗣，号啸阮。明吴江人，沈琦之子。岁贡生。官武进教谕。少负隽才，晚年好为平淡之调。顺治四年（1647）与校《南词新谱》。

◎**著作集**

啸阮集

  见乾隆《吴江县志》卷四十六，未见收藏。

◎**零星诗文**《国朝松陵诗征》卷一有诗。

沈永瑞（1595—1667）字云襄。明吴江人，沈自辉长子。尝参校《南词新谱》。

◎**著作集**

沈云襄散曲

　　见郝丽霞《吴江沈氏文学世家研究》，未见收藏。

潘融（生卒年不详）字君倩。明吴江黎里人。

著作集待考

◎**零星诗文**　《吴江叶氏诗录外编》卷一有诗。《分湖诗钞》卷十八有诗。

史明盛（生卒年不详）明吴江黎里人。

著作集待考

◎**零星诗文**　《吴江叶氏诗录外编》卷一有诗。《分湖诗钞》卷二十有诗。

吴铭训（1596—1645）字绳之。明吴江人。崇祯十五年（1642）副榜贡生。善属文，与于复社，为张溥、张廷枢辈所称。清顺治二年（1645）遇兵被害。

◎**著作集**

经义集说

三史异同考

垂竿集

　　以上三种见乾隆《震泽县志》卷三十一，未见收藏。

吴氏七子诗（与振奇、振远、端宸、宗潜、宗泌、寀同撰）

　　见同治《苏州府志》卷一百三十八，未见收藏。

秦端木（生卒年不详）失名。明吴江黎里人。县学生。

◎**著作集**

舒啸集

　　见嘉庆《黎里志》卷首，未见收藏。

沈永迪（1596—1640）字德振，号南村。明震泽人，沈自昌长子。

◎**著作集**

南村遗稿

　　见乾隆《震泽县志》卷三十一，未见收藏。

李素甫（生卒年不详）字位行。明吴江人。

◎**著作集**

元宵闹传奇二卷

　　国家图书馆存民间古吴莲勺庐抄本。

再生莲

落花风

稻花初

卖愁树

　　以上四种见《传奇汇考标目》卷下，未见收藏。

汝可法（生卒年不详）字华日。明吴江黎里人。年十七补诸生。好善举，友朋族党赖以周旋者甚众。

◎**著作集**

筏喻

佩鉴

大观

　　以上三种见嘉庆《黎里志》卷六，未见收藏。

叶树人（1598—1645）字古为。明吴江同里人。好读书。为举子业不利，弃去，为古文辞。性耿介不随流俗。顺治二年（1645）清兵南下，以抗薙发令被执死。殉难时有绝命词云："难怠结习强吟呻，一首诗成了此身，浩荡游魂天外去，不教碧血化青磷。"门人私谥毅烈先生。

◎**著作集**

春晖堂诗文集二卷

　　吴江图书馆存民国铅印本。

◎**零星诗文**　《吴江叶氏诗录》卷九有诗。

陆绍珩（生卒年不详）字湘客。明吴江人。

◎**著作集**

醉古堂剑扫十二卷

　　苏州图书馆存明天启四年（1624）刻本。

叶绍颙（1598？—1674？）名一作绍永、绍容，又作绍邡。字季若。明吴江人，叶绅玄孙。天启五年（1625）进士。初授行人，擢浙江道御史。崇祯七年（1634）巡按广东，任满命再按山西。十一年（1638）京师戒严，诏廷臣举堪督抚者，叶绍颙承诏荐中书舍人陈龙正，论者称能知人。旋擢太仆寺卿，转大理寺卿。闻母疾急告归。三年而明亡，遂隐居不出垂三十年而卒。

◎**著作集**

按粤疏草二卷

按晋矜疑

以上两种见乾隆《分湖志》卷四，未见收藏。

阳明要书八卷附录五卷（王守仁撰；叶绍颙编）

见黄山书社《全四库系列·四库存目书》，吴江图书馆有藏。

◎零星诗文　《吴江叶氏诗录》卷一有诗。

赵广（生卒年不详）字君益，号怀蓼，又号隐翁山人。明吴江人，赵世美孙，赵康兄。县学生。

◎著作集

饮仙集

见乾隆《吴江县志》卷四十六，未见收藏。

课余杂著一卷

见《吴江赵氏诗存》卷五，未见收藏。

◎零星诗文　《松陵诗征前编》卷六有诗。《吴江赵氏诗存》卷五有诗。

陆云祥（生卒年不详）字嘉卿，号凤期。明吴江同里人。天启七年（1627）举人。淡于荣利，喜阅异书，为古文诗赋不蹈前人蹊径，自成一家言。晚任钟离教谕，升掖县知县，以廉惠著。谢病卒，年七十一。

◎著作集

浮湘指略

筠轩集

鸿撰堂自选稿二卷

以上三种见乾隆《吴江县志》卷四十六，未见收藏。

筠轩纪略

筠轩释略

以上两种见嘉庆《同里志》卷二十二，未见收藏。

甲乙义师始末

存于抄本《明季纪事》，国家图书馆有藏。

赵康（生卒年不详）字君晋，号石如。明吴江人，赵宬玄孙，赵广弟。天启七年（1627）举人，崇祯四年（1631）进士，未仕卒。

◎著作集

燕游遗稿一卷

见乾隆《吴江县志》卷四十六，未见收藏。

◎零星诗文　《吴江赵氏诗存》卷五有诗。

吴有涯（生卒年不详）字茂申。明吴江十一都人。天启七年（1627）举人。为复社眉目。崇祯十三年（1640）署金坛教谕，迁平阳知县。清军破南都，避地乐清，遂入闽中，擢广西道御史，巡按浙东。浙东兵溃，隐邓尉山为僧。久之返故里，不言不出十余年卒。

◎**著作集**

客编奏议四卷

燕游草

　　以上两种见乾隆《震泽县志》卷三十一，未见收藏。

◎**零星诗文**　《松陵诗征前编》卷八有诗。

殷士乔（生卒年不详）字侍桥。明吴江人。歙籍诸生。原籍安徽，天启年间避水至吴，家于吴江澄湖浜，授徒自给。足迹不至城市，喜为诗。

著作集待考

◎**零星诗文**　《松陵诗征前编》卷八有诗。

叶绍泰（生卒年不详）字彦和，号来甫。明吴江人叶重华之子。嘉兴县学生。

◎**著作集**

汉魏别解十六卷（与黄澍同撰）

　　国家图书馆存明崇祯十一年（1638）香谷山房刻本。

　　见黄山书社《全四库系列·四库存目书》，吴江图书馆有藏。

名文宝符

　　上海图书馆存清香谷山房刻本。

梁帝王合集三十八卷（阎光世原编，叶绍泰重编）

　　上海图书馆《中国丛书综录补编》著录明末刻本，今未见。

王顺阳（生卒年不详）字敬怀，号恭斋。明吴江人，王贵曾孙。国学生。性慷慨，生平耽于诗，晚年与二三知己寻山问水携樽唱咏。其稿文震孟为之序而行之。

◎**著作集**

潇洒独吟编（文震孟序）

　　见同治《盛湖志》卷十二，未见收藏。

庄世芳（生卒年不详）字君声。明吴江人，庄元臣之子。县学生，居震泽之阳，处桑麻之地，足迹不入城市。

◎**著作集**

巢雪草（施埁先序）

　　见道光《震泽镇志》卷十一，未见收藏。

吴臬（生卒年不详）字彦康。明吴江北麻村人。少从庄元臣游，博涉经史，为诸生有名，屡试不获售，遂肆力于诗古文。卒年八十四。

◎著作集

山响斋稿

　　见《松陵人物汇编》卷五，未见收藏。

吴应辰（生卒年不详）字武平，号璇卿。明吴江十都人，吴秀之孙。由邑庠入国学。博通古今，靡不淹贯，生平著述甚多。其祖吴秀以春秋经魁于天下，吴应辰承祖学，研习《春秋》。卒年四十四。

◎著作集

春秋麟旨

　　见道光《震泽镇志》卷十一，未见收藏。

沈自明（生卒年不详）字元朗。明吴江人。少攻书史，兼精医术。崇祯间征为太医院御医，以年老请终养。举乡饮大宾。

◎著作集

三友堂稿

伤寒

　　以上两种见民国抄《震泽县志续·书目》，未见收藏。

顾兰佩（生卒年不详）明吴江人，顾大典曾孙女。

著作集待考

◎零星诗文　《笠泽词征》卷二十一有词。

沈永达（1600—1648）字孝振。明震泽人，沈琦孙。浙江秀水诸生。

◎著作集

贵我斋诗集

　　见乾隆《震泽县志》卷三十一，未见收藏。

徐佛（生卒年不详）原名翾，字云翾，小字阿佛。明吴江盛泽人。性敏慧，能琴，工诗，善画兰，柳如是尝师之。居里中归家院，四方名流扁舟过访，无不唱酬。后归烂溪周某，周爱其妖媚，呼为欢喜佛。逾时周卒，遂削发为尼。

著作集待考

◎零星诗文　《盛湖诗萃》卷十二有诗。

沈静筠（生卒年不详）号玉霞内史。明吴江人，沈位曾孙女。浙江石门县吕律妻。乩仙。

◎**著作集**

橙香亭词

> 见《众香词》，未见收藏。

◎**零星诗文**　《松陵诗征前编》卷十二有诗。《笠泽词征》卷二十二有词。

王尚仁（生卒年不详）字桂旸，号山甫。明吴江人，王贵玄孙。少孤，善事母，年弱冠业贾，起家万余金，析其半与弟。性好读书，虽服贾犹手不释卷。诗清新，字宗怀素体。

◎**著作集**

寄闲吟

> 见同治《盛湖志》卷十二，未见收藏。

吴道（生卒年不详）字养谦，一字实儒。明吴江人。诸生。

◎**著作集**

山响斋诗稿

> 见乾隆《震泽县志》卷三十一，未见收藏。

◎**零星诗文**　《松陵诗征前编》卷八有诗。《明诗综》卷七十二有诗。

周尔兴（生卒年不详）字初玉，号机亭。明吴江人，周用五世孙。吴县籍诸生。

著作集待考

◎**零星诗文**　《松陵诗征前编》卷八有诗。

周廷祚（生卒年不详）字长生。明吴江人，周宗建长子。诸生。崇祯初入都为父讼冤。后周延儒以内阁中书招廷祚，谢不往。福王立，阮大铖饵以职方主事，周廷祚力却之，触其怒，几不测。卒后门人私谥孝节先生。

◎**著作集**

周忠毅公行实·神道碑·墓志铭

> 上海图书馆存民国九年（1920）吴江柳氏抄本。

周忠毅公奏议（编）

> 国家图书馆存明崇祯刻本。

◎**零星诗文**　《松陵诗征前编》卷八有诗。

周廷禧（生卒年不详）字长康。明吴江人，周宗建第三子。诸生。

◎**著作集**

蘖潭诗稿

    见《松陵人物汇编》卷五，未见收藏。

◎**零星诗文** 《松陵诗征前编》卷八有诗。

管渊（生卒年不详）字公跃。明吴江人。《分湖小识》云："公跃居分湖之滨，好读书，放怀诗酒，为人疏财仗义。有土豪侵悔孤弱，奋不顾身力为排挤，卒至倾家，既而叹曰：'人生尚气亦虚耳。'遂绝意世务，惟以岐黄活人而已。"

著作集待考

◎**零星诗文** 《分湖诗钞》卷二十有诗。

吕一经（生卒年不详）字子传。明吴江人。崇祯间尝督学中州，好收藏。

◎**著作集**

古今好议论十卷

    国家图书馆存明崇祯刻本。

梦余语二卷非庵杂笔一卷

    见"中国书网"录抄本，存处不详。

【编者注】此人载苏州图书馆所编《苏州藏书史》，但吴江方志无载，录以备考。

张隽（？—1663）一名僧愿。字非仲，又字文通，号西庐。明末清初吴江人。诸生。崇祯二年（1629）入复社。楼居积书甚富，手录者千余卷，而本人著述也多。操行方严，绳趋矩步，学者翕然宗之，有经师人师之目。张隽居湖滨之吴溇，去南浔最近，庄氏刻史罗列诸名士，张隽被置诸简端，遂坐庄氏史案。史案未发，逃于僧舍。后与潘柽章、吴炎诸人同被诛于杭州，年六十余。

◎**著作集**

易序测象一卷

    上海图书馆存稿本。

与斯集六十卷

象历

三蔀纪略

    以上三种见乾隆《震泽县志》卷三十一，未见收藏。

西庐文集

    国家图书馆存清宣统二年（1910）上海国学扶轮社铅印本。

卖菜言

九宫编

　　　　以上两种见《儒林六都志》卷下，未见收藏。

　　西庐诗草四卷

　　　　见同治《苏州府志》卷一百三十八，未见收藏。

　　　　《儒林六都志·著述》记载，《卖菜言》中含《西庐诗集》。

　　东池诗集五卷（与陈忱等同撰）

　　　　国家图书馆存清初抄本。

　　古今经传序略

　　　　哈尔滨师范大学图书馆存明末抄本。

　　象纬

　　　　见江澄波《古刻名抄经眼录》，未见收藏。疑即《象历》。

　　◎零星诗文　《松陵诗征前编》卷八有诗。《松陵文录》卷八有文。

董二酉（? —1660）字诵孙。明吴江吴溇人，张隽表弟。乌程籍诸生。性颖异，过目成诵，年十二即赋采芹，下笔千言立就。胸罗全史，贯串古今。清初尚志不出，家徒四壁，以诗文自娱。与张隽相得，从张隽讲濂洛之学。庄氏史案亦与焉，难作已前卒，竟坐其家。吴江四子（张隽、董二酉、吴炎、潘柽章）之一。

　　◎著作集

　　尚书集解

　　四书集解

　　　　以上两种见《儒林六都志·著述》，未见收藏。

　　吴江诗略十卷

　　　　常熟图书馆、上海图书馆存清康熙刻本。

　　◎零星诗文　《松陵诗征前编》卷八有诗。

徐韫奇（1600—1667）原名允美，字季华。明吴江西蒙港人，后迁小元。徐钎之父。县学生。好古博学，积书至数千卷。明亡，杜门著述以终。

　　◎著作集

　　吴郡志略

　　徐氏日记

　　闲窗集异

　　适志集（一名《西蒙吟稿》）

　　　　以上四种见乾隆《吴江县志》卷四十六，未见收藏。

　　◎零星诗文　《松陵诗征前编》卷八有诗。《明诗综》卷七十九有诗。

汤德新（生卒年不详）字云山，号勉斋。明吴江盛泽人，汤宁曾孙。诸生，礼部儒士。为人正直，有古君子风。博综经史，识古今成败，兼阅历世务，料事多中。晚岁杜门习静，如深山枯衲，与世相忘。年八十余卒。

著作集待考

◎零星诗文 《盛湖诗萃》卷二有诗。

吴晋锡（生卒年不详）字兹受，号燕勒。明吴江人，吴洪五世孙。崇祯二年（1629）入复社，十三年（1640）中进士，授永州推官。尝平抑冯昇之变。张献忠陷长沙后，掌武昌推官事。顺治二年（1645）以长沙推官摄郴桂道事。三年（1646）唐王擢吴晋锡广西布政司加大理寺卿。清兵日迫，郴地益危，吴晋锡誓死守。四年（1647）湘阴长沙兵变，知无可为，乃剃发为僧，入九嶷山，清兵欲招降之不可。遂南归，杜门不出，与弟子讲论经史。

◎著作集

奇门遁甲

六壬纂要

刘伯温玉椟银河集增补

以上三种见康熙《吴江县志》卷二十二，未见收藏。

半生自纪二卷

南京图书馆存清吴燕兰《吴氏囊书囊甲编》本。

上海图书馆存稿本，题《孤臣泣血录》一卷。

◎零星诗文 《松陵诗征前编》卷八有诗。《江苏诗征》卷十一有诗。

沈自炳（1602—1645）字君晦，号闻华。明吴江人，沈玒第五子，沈自征弟。以词翰闻江左，倚声尤擅长，在复社号为眉目。福王立南都，诏求人才，沈自炳献赋阙下，以恩贡授中书舍人。往扬州与弟沈自驷参史可法幕。先是兄沈自征知天下有变，造渔船千艘于湖。沈自炳归，与吴易同起兵。兵败，赴水死。

◎著作集

丹棘堂集

见康熙《吴江县志》卷二十二，未见收藏。

沈君晦诗一卷

见清初刻《启祯两朝遗诗》，国家图书馆有藏。

◎零星诗文 《松陵诗征前编》卷六有诗。《笠泽词征》卷五、卷二十八有词。

赵庚（1603—1651）字焕之，号大庚。明吴江人，幼抚于从伯父赵士谔。崇祯十六年（1643）进士，知瓯宁县。唐藩称制时授礼部仪礼司主事，改文选司主事。入清后为灵岩僧继起嗣法弟子，居天台国清寺。为僧后有铁如意寄家，以示不归之意。

清顺治八年（1651）自浙赴灵岩，过穆和溪遇风舟覆而死。

◎**著作集**

甲申殉节诸臣传

    存于抄本《明季纪事》，国家图书馆有藏。

雅南堂诗稿一卷

    见乾隆《震泽县志》卷三十一，未见收藏。

◎**零星诗文**　《松陵诗征前编》卷九有诗。《吴江赵氏诗存》卷五有诗。

周灿（1604—1673）字光甫，又字闇昭。明吴江盛泽人，周用玄孙。崇祯四年（1631）进士，历知宣化、会稽二县。十六年（1643）擢浙江道御史。巡按江西，闻京师失守，脱身怀印归里。杜门不出，以诗画自娱，惟与同邑高蹈者结惊隐诗社相唱和。以追悼国事恸哭失明卒。

◎**著作集**

西巡政略十卷

    上海图书馆存明崇祯十七年（1644）刻本。

泽畔吟草一卷

    天津南开大学存清蒋炳章抄本。

    吴江图书馆存民国三十年（1941）印本。

乙丙时事

    见《增订晚明史籍考》卷十，未见收藏。

周恭肃公家规

    上海图书馆存民国九年（1920）吴江柳氏抄本。

    吴江图书馆存《吴中文献小丛书》印本。

◎**零星诗文**　《松陵诗征前编》卷八有诗。

计大章（1604—1676）字采臣，号需亭。明末清初吴江烂溪琪字圩人，计东从祖。少勤学，有声诸生中。尝谒黄道周，道周勉之。入清后绝意进取，潜心濂洛之学，惟讲学是务，以体认天理为宗。卒前谓其子曰："处贫在不贪，处贱在自重，孝、友、廉、耻、勤、俭六字乃为人之本，汝其识之。"

◎**著作集**

读易随笔（一作《玩易随笔》）

洗心斋诗文稿六卷

学庸解玩

    以上三种见同治《盛湖志》卷十二，未见收藏。

洗心斋语录

大学解

中庸解

以上三种见《松陵人物汇编》卷五，未见收藏。

通问（1604—1655）字箬庵。明末吴江人，俞安期之子。弱冠颖异能文，偶阅楞严有疑，谒磬山修禅师，矢志参究。将婚脱走武林，落发南涧之理安寺。尝主金山龙游寺。顺治十二年（1655）秋，预知死期，散衣装图书，与檀护诀别，泊舟吴江之应天寺，沐浴更衣而逝。尝遍搜诸宗师语录，举要芟繁，为《续灯存稿》十二卷，禅林服其精当。

◎著作集

续高僧传

见康熙《吴江县志》卷二十二，未见收藏。

续灯存稿十二卷

国家图书馆存民国十二年（1923）到十四年（1925）上海商务印书馆影印本

箬庵和尚语录十卷

上海图书馆存清光绪二十七年（1901）释清镕刻本

俞南史（生卒年不详）字无殊，自号鹿床山人。明末清初吴江人，俞安期次子。县学生。工诗，和雅冲淡，类其为人，为"松陵五才子"之一。明末乱后携家居于玄墓青芝坞，与高僧遗老唱和为乐，不复知世事。

◎著作集

鹿床集

见康熙《吴江县志续编》卷二，未见收藏。

唐诗揽香集

国家图书馆存清初刻本。

唐诗正三十卷

国家图书馆存缩微制品，与汪森同辑。

◎零星诗文 《国朝松陵诗征》卷二有诗。《笠泽词征》卷六有词。

俞南藩（生卒年不详）字无斁。明末清初吴江人，俞安期少子。诸生。袁景辂曰："无斁近体诗工整有余酝酿未足，不如乃兄远甚，五古有真朴近陶者又乃兄所无。"

著作集待考

◎零星诗文 《国朝松陵诗征》卷二有诗。《分湖诗钞》卷二十有诗。

徐寅（生卒年不详）字羲宾。明末清初吴江盛泽人。幼失恃，平生不求仕进，留心经义，议论具有卓识。与计大章、朱明德等至契。

著作集待考

◎**零星诗文** 《盛湖诗萃》卷三有诗。

朱明德（生卒年不详）字不远。明末清初吴江人。少治经义有声，从而学文者户履常满。明亡入清后隐居烂溪之滨，作《广宋遗民录》以见志。生平内介外和，不为矫激崖异之行，故患难不及。晚年潜心学道。

◎**著作集**

广宋遗民录（顾炎武序）

天地间集

　　以上两种见乾隆《震泽县志》卷三十一，未见收藏。

耆旧传

五湖集

　　以上两种见同治《苏州府志》卷一百三十八，未见收藏。

明清纪略目录一卷

　　柳亚子《南明史料书目提要》录饭香抄本，今未见收藏。

◎**零星诗文** 《国朝松陵诗征》卷二有诗。

仲时铉（生卒年不详）字孺璋，号节庵。明末清初吴江人。府学生。明亡后绝意进取，隐居不出，榜其庐曰"可以栖迟"。创祀典，修宗谱，定婚丧二礼。尝与计大章、朱明德辈结吟社。

◎**著作集**

漱石斋诗文稿

二祀定则一卷

　　以上两种见同治《盛湖志》卷十二，未见收藏。

丧礼补注

　　见《松陵人物汇编》卷三，未见收藏。

仲时镕（生卒年不详）字孺范。明末清初吴江人，仲时铉弟。诸生。能诗，与兄同隐，号为三痴，有徜徉肆志之意。

◎**著作集**

盛湖八景诗

　　见同治《盛湖志》卷九，未见收藏。

赵瀚（1605—1680）字砥之，号二持，又号铜谷卧樵。明末吴江人，赵士谔孙，赵淑从兄。诸生。与徐白、俞南史俱工诗文，以学行相砥。入清后弃业耕野。为人清恬如粹，不以气节自高。卒后门人私谥贞孝先生。卒年七十六。

◎著作集

和雪堂诗稿

> 见乾隆《震泽县志》卷三十一，未见收藏。

再生蔓草

> 见《吴江赵氏诗存》卷六，未见收藏。

◎零星诗文　《松陵诗征前编》卷七有诗。《吴江赵氏诗存》卷六有诗。

沈永弼（1605—1638）字中郎，号元方。明吴江人，沈士哲长子。风姿秀朗，文艺优长，未弱冠游庠，既而屡踬省闱。

◎著作集

雄飞馆诗文稿

> 见郝丽霞《吴江沈氏文学世家研究》，未见收藏。

任大任（生卒年不详）字钧衡，号坦斋逸叟。明末吴江人，任士奇之子。诸生。甫六岁，读书能知大义，长洲文震孟见而深器之。比长，经史百家，靡不综贯。与徐枋、包捷、戴笠等相过从。授徒以供菽水，匾其居曰"爱日"。康熙八年（1669）诏征山林隐逸，以葬亲泣辞。康熙二十三年（1684）邑侯郭琇命纂修邑志，任大任搜旧闻，以表扬先哲为己任。卒年八十九，门人私谥孝贞先生。

◎著作集

中庸解一卷

> 见黄山书社《全四库系列·四库存目书》，吴江图书馆有藏。

易学纲领

诗经解

> 以上两种见乾隆《吴江县志》卷四十六，未见收藏。

文选评略

坦斋遗稿

皇极声音

萃古类考

离骚明义

马班文定

三苏文定

> 以上七种见嘉庆《同里志》卷二十二，未见收藏。

潘尔彪（1605—1645）字京慧。明吴江南王港人。少好经史，家无藏书，从所知假读手抄。崇祯九年（1636）举人。尝在吴易、孙兆奎军中。孙兆奎被执时，潘尔彪卧病王锡阐家，及闻变，从床上跃起，若将赴斗者。门闭不得出，乃绕室疾走，至夜半以手击案而绝。

◎**著作集**

虞性草

　　见乾隆《震泽县志》卷三十一，未见收藏。

沈自然（1605—1642）字君服。明吴江人，沈琉第七子。诸生。沈氏世有文采，沈自然独工歌诗。诗学李商隐，入其堂奥。家贫，虽蔬食不给，闭门讽咏不辍。居母丧，神伤骨立数月而卒，年未四十，竟死不能殓。门人私谥孝介先生。诗与潘一桂、史玄、徐白、俞南史齐名，号"松陵五才子"。

◎**著作集**

来思集

闲情集

　　以上两种见乾隆《吴江县志》卷四十六，未见收藏。

◎**零星诗文**　《松陵诗征前编》卷七有诗。

沈自驹（1606—1645）字君牧。明吴江人，沈琉第八子，沈自炳弟。诸生。貌枯赢，性跌宕，好任侠，所交皆奇杰士。尚参史可法幕，谓非戡乱才，去而归里。明亡后从吴易起兵，以吴易日置酒高会，数谏不听，仰天号恸。吴易兵溃，沈自驹赴水死。

◎**著作集**

亡友五君传

　　复旦大学图书馆存清杨秋室抄本。

◎**零星诗文**　《松陵诗征前编》卷九有诗。

沈永隆（1606—1667）字治佐，号洌泉。明吴江人，沈自晋之子。县学生。承父学以词名，尝续《范香令传奇》，识者谓可与《望河亭》并传。晚隐吴山，以吟咏自娱。娄水陆寄斋称其诗"格调直逼盛唐，幽深高洁处令人作烟霞物外想。"父遗产三百亩，自取瘠者三十，余尽让庶弟，宗族称之。

◎**著作集**

不珠集

　　见《国朝松陵诗征》卷一，未见收藏。

杨秋（1606—1684）字硕父，自号二痴，又号不了道人。明末清初吴江平望人。通天人之学与医家言。性落拓不羁。明末常熟瞿式耜巡抚粤西，携以往，定靖江王郝永忠之变，皆赖之计画，以功授祠部员外郎。庚寅（1650）瞿式耜遇难，杨秋麻衣徒跣哭四日，欲继以死，方得允棺敛以葬。搜瞿公遗稿还其家。晚年杜门谢客，或以事问之，笑而不答。卒年七十九。

◎著作集

雪湖诗集

　　见道光《平望志》卷七，未见收藏。

潘凯（1606—1651）字仲和，一字岂凡。明末吴江人，潘锡祚之子，潘耒父。敦内行，工诗文，究心经世之略。为诸生连试第一。德清章日炌见其文击赏之，以女归潘凯。既而章日炌知吴江县事，潘凯深自退匿，未尝干以私。惟于清赋额、疏水道事关民利害，则建白行之。尝入复社。明亡，弃诸生不出以终。朱彝尊为撰墓志。

◎著作集

平望志四卷

本草类方

贻令集

　　见乾隆《吴江县志》卷四十六，未见收藏。

复社或问一卷

　　见《增订晚明史籍考》卷五，未见收藏。

朱鹤龄（1606—1683）字长孺，号愚庵。明末吴江人。诸生。少不喜帖括艺，弱冠勉试童子，督学御史拔置第一。甲申后遂弃举子业，专意读书。长于笺疏之学，甚有功于经传，晚年尤究心经学。生平殚精书册，遗落世事，晨夕一编，行不识途路，坐不知寒暑，人或谓之愚，遂自号愚庵，所著诗文亦名愚庵集。时论与鳌峰李中孚、余姚黄太冲、昆山顾宁人并称"海内四大布衣"。

◎著作集

毛诗通义（一作《诗经通义》）二十卷首一卷附录一卷

　　上海图书馆存稿本。

　　《四库全书》录十二卷。

杜工部诗集二十卷集外诗一卷补注一卷文集二卷

　　上海图书馆存明刻本及清康熙叶永茹万卷楼刻本。

李义山诗注三卷补注一卷

　　吴江图书馆存清顺治十六年（1659）刻本。

　　见《四库全书》。

尚书埤传十五卷补二卷首一卷尚书考异补一卷书经考异一卷

　　北京图书馆存清康熙濠上草堂刻本。

《四库全书》录《尚书埤传十七卷》。

读左日抄十二卷补二卷

上海图书馆存清乾隆六年（1741）刻本。

见《四库全书》。

左氏春秋集说二十二卷

见康熙《吴江县志》卷二十二。

上海图书馆存清道光二十七年（1849）强恕堂刻本十卷。

易广义略四卷

见康熙《吴江县志》卷二十二，未见收藏。

愚庵小集十五卷附录一卷

南京图书馆存清康熙刻本。

见《四库全书》。

禹贡长笺十二卷

国家图书馆存清抄本。

见《四库全书》。

松陵文征二十八卷（辑）

南京图书馆存清抄本。

寒山集（辑）

见乾隆《吴江县志》卷四十六，未见收藏。

群贤梅苑十卷

见黄山书社《全四库系列·四库存目书》，吴江图书馆有藏。

愚庵杂著一卷

国家图书馆存清道光吴江沈氏世楷堂刻本民国八年（1919）重修本。

乐府笺题二十四卷（与顾有孝同辑）

见《明清江苏文人年表》，未见收藏。

◎**零星诗文** 《国朝松陵诗征》卷一有诗。《松陵文录》卷一、卷七等有文。

周琼（生卒年不详）字羽步，又字飞卿。后入佛门，佛名性道人。明吴江人。曾为某大老侧室，继又适士人。士人为缙绅所恶，陷囹圄，自度不能脱，乃命周琼往江北如皋避其锋。周琼栖一大姓者家，虽穷迫无怨言。工诗词，诗才清俊，尤长七言绝句。郡中大士有以诗寄赠者，即依韵和答。诗俱慷慨英俊，无闺帏脂粉态。喜纵观古史书，爱吹弹，时作数弄以遣兴。

◎**著作集**

借红亭词

比玉新声（与吴琪同撰）

以上两种见《众香词》、《然脂集》，未见收藏。

◎零星诗文 《笠泽词征》卷二十二有词。《全清词钞》卷三十有词。《江苏诗征》卷一百七十一有诗。《东皋诗存》卷三十九卷有诗。

胡梅（生卒年不详）字白叔，晚号清塈道人。明吴江平望人。幼警敏。白皙美丰姿，曾隶梨园，以狐旦登场，四座叫绝。钱谦益纳柳如是，梅作《催妆诗》，谦益击节，于是诗名籍甚。晚贫目瞖而无子，卖药于吴门，自号瞥医。以余资买石建二幢于天池、华山。尝游闽中，寓曹学佺石仓园。又客南京。

◎著作集

清塈道人诗集

　　见康熙《吴江县志》卷二十二，未见收藏。

玉台后咏

　　见乾隆《吴江县志》卷四十六，未见收藏。

闽游草

元岳草

以上两种见《松陵诗征前编》卷九，未见收藏。

◎零星诗文 《松陵诗征前编》卷九有诗。《明诗综》卷九十七有诗。

【编者注】《江苏艺文志》列此人入吴县，可能未见吴江前人所作考证。《松陵诗征前编》引钱舞丹语曰："苏州府志艺文中有两胡梅，其一有元岳草，闽游草，注云字白叔，吴县人；其一有玉台后咏、清塈道人集，不著字与籍贯。及观张雪窗《松陵诗约》，周笠川《吴江诗粹》，俱云梅字白叔，邑之平望人，晚号清塈道人。《列朝诗集》及《明诗综》亦俱云字白叔，其踪迹出处诸书所载又同，吴江县志书目中亦有玉台、清塈二种，则白叔之为邑人无疑。府志或以尝卖药吴门遂不考实而误移其字于他人与。"

赵涣（1607—1645）字少文。明吴江人，赵广长子。学行醇谨，与吴易、史玄以古文词相切磋，号为"东湖三子"。后吴易登朝，而赵涣与史玄俱落魄不偶。赵涣诗雄深雅健。先吴易卒。

◎著作集

春草堂诗稿一卷

　　见乾隆《吴江县志》卷四十六，未见收藏。

唱酬余响一卷（与史玄同撰）

　　存《国粹丛书》，国家图书馆有藏。

东湖唱和集（与史玄、吴易同撰）

　　见《吴江赵氏诗存》卷六，未见收藏。

◎零星诗文 《国朝松陵诗征前编》卷九有诗。《吴江赵氏诗存》卷六有诗。

周慧贞（1607—1631）字抱芳。明吴江烂溪人，周用之裔，秀水黄凤藻妻。与沈宜修家仅距三舍，聪颖倩丽，善画，工诗词。

◎**著作集**

周抱芬诗集二卷

　　见乾隆《吴江县志》卷四十六，未见收藏。

霞光集（一作《剩玉篇》）

　　见《众香词》《撷芳集》，未见收藏。

◎**零星诗文**　《国朝松陵诗征》卷二十有诗。《笠泽词征》卷二十一有词。

沈肇开（1609—1658）字令贻。明吴江人，沈瓒之子。父沈瓒创义田赈族，父殁后沈肇开继掌其事，克谨守成法，至清顺治中不废。

◎**著作集**

语石斋稿

　　见乾隆《吴江县志》卷四十六，未见收藏。

沈自晓（1609—1673）字君初，号天脁。明吴江人，沈汉玄孙，沈玩第九子。诸生。

◎**著作集**

吴江竹枝词

　　见《松陵人物汇编》卷五，未见收藏。

◎**零星诗文**　《松陵诗征前编》卷九有诗。

吴翩（1610—1655）字扶九，号静庵。明吴江人。居荻塘，藉祖父之资会文结客。与孙淳最厚，倡为复社，举凡应社、匡社、几社、闻社、南社、则社、席社尽合于复社。当其时乌程温相国有子求入社，吴翩坚持不可，复社自此罹祸。明亡入清后绝意进取，杜门著述，论断历代史，分为存信存疑二部，又聚明人集三千七百家，欲辑典故成一家言，皆未果。卒后门人私谥孝靖先生。

◎**著作集**

复社姓氏录一卷

　　国家图书馆存清道光十一年（1831）吴氏南陔堂刻本。

升恒堂集十卷

　　见康熙《吴江县志》卷二十二，未见收藏。

读史存信存疑二帙

　　见乾隆《震泽县志》卷三十一，未见收藏。

◎**零星诗文**　《松陵诗征前编》卷七有诗。

吴翱（生卒年不详）字振六。明吴江人。吴翻弟。嘉兴籍诸生。少负才名。

◎著作集

陆石子诗集四卷

　　见康熙《吴江县志》卷二十二，未见收藏。

荻水遗诗

　　见同治《苏州府志》卷一百三十八，未见收藏。

◎零星诗文　《松陵诗征前编》卷八有诗。

吴允夏（生卒年不详）字去盈。明吴江十都人，吴秀曾孙。国学生。博雅好古，虽医药卜筮之术，无不究心，尤邃于理学。家多藏书，篝灯讨论，每至达曙。入太学累试不第，杜门著述，文词雅健。性严肃，治家如公府。崇祯末岁饥米贵，发粟赈济，全活甚众。尝与孙淳、吴翻同举复社。

◎著作集

震泽镇志

　　见道光《震泽镇志》卷症，未见收藏。

◎零星诗文　《松陵诗征前编》卷八有诗。

孙淳（生卒年不详）字孟朴，一字长源。明吴江人，孙从龙孙，孙履恒从子。嘉兴诸生。少负诗名，家有藏书数万卷。天启七年（1627）秋与吴翻、吴允夏等同举复社。复社先后大会者三，名动朝野，孙淳劳居多，而敛怨亦深，遭陷，祸几不测。

◎著作集

梅绾居存草二卷

　　上海图书馆存民国吴江柳氏抄本《梅绾居诗选》一卷。

国表初集二集三卷

　　见《儒林六都志·著述》，未见收藏。

◎零星诗文　《松陵诗征前编》卷七有诗。

孙杰（生卒年不详）明末清初吴江六都人。

◎著作集

痘疹歌诀二卷

　　见《儒林六都志·著述》，未见收藏。

徐天俊（生卒年不详）字俊人。明吴江人，吴翻友。以文学为知县熊开元所极赏。年四十即绝意进取，潜心理学。

◎著作集

四书解

易经本义解

> 以上两种见乾隆《震泽县志》卷三十一，未见收藏。

吴振鲲（生卒年不详）字鹏先。明吴江六都人，曹镆孙。崇祯三年（1630）举人。尝入复社。

◎**著作集**

聊复言稿

> 见《儒林六都志·著述》，未见收藏。

吕云孚（1610—1645）字石香。明吴江人。崇祯三年（1630）与同邑孙淳、吴翻等同创复社。后入吴易军抗清，顺治二年（1645）被杀。

◎**著作集**

古林集

> 见《明清江苏文人年表·顺治二年》，未见收藏。

沈应瑞（生卒年不详）字圣符。明吴江人。县学生。少负才，以诗文名。与孙淳等同举复社。入清后绝意进取。当事举贤良方正，力辞不就。生平笃于友谊，周人之急无倦色。明朝吴江知县熊开元入清后被遣戍定海，沈应瑞迎其家属居于别墅，解橐以济，为人所难。卒年八十五。

◎**著作集**

明乐志二卷

介轩遗稿

> 以上两种见乾隆《震泽县志》卷三十一，未见收藏。

顾伯宿（生卒年不详）字仲星，一字钟生，自号天全子。明吴江人，顾延庆从子。诸生。复社名士。

◎**著作集**

广喻林三十卷

> 辽宁省图书馆存清初抄本。

天全子传

再生记

> 以上两种见康熙《吴江县志》卷二十二，未见收藏。

◎**零星诗文** 《松陵诗征前编》卷六有诗。《分湖诗钞》卷五有诗。

孙昱（生卒年不详）字尔琇，号鲁庵。明末清初吴江人。湖郡庠生。曾入复社。年九十六卒。

◎著作集

正气编

奇男子集

读史揽要

　　以上三种见《儒林六都志·著述》，未见收藏。

叶襄（？—1655）字圣野。明吴江人。长洲籍诸生。崇祯二年（1629）入复社。十一年（1638）列名"留都防乱公揭"。其诗严持科律，一以唐人为师。与山东诗人姜垓往还酬和。姜垓序其吟稿。

◎著作集

吟稿

红药堂诗

　　以上两种见《千顷堂书目》卷二十八，未见收藏。

◎零星诗文　《松陵诗征前编》卷七有诗。

沈皇玉（生卒年不详）字玉汝。明吴江人。少英敏，读书目数行下。性孝友任侠，尝歼巨盗以雪父耻。与人交伉直无所隐。早岁补诸生，尝入复社。不喜为标榜之习，尝避迹南浔，与同邑张隽、乌程闵声善。下笔为文章直抒所得，不从时俗，晚更旁及佛经，著《金刚心经二解》虽当代讲师耆宿自谓弗及也。

◎著作集

鲈乡诗文集

浔溪稿

　　以上两种见道光《震泽镇志》卷十一，未见收藏。

王上寿（？—1645）字公劭，号调之。明吴江盛泽人，王贵玄孙。县学生。性慷慨，尚气节，初与吴昌时、杨维斗共入匡社，既而匡社合于复社，自结淳社于里中，执牛耳为主盟。清顺治二年（1645）死于清兵。

著作集待考

◎零星诗文　《盛湖诗萃》卷二有诗。

陆山斗（生卒年不详）字圣谋。明吴江人。诸生，杨廷枢门人，杨死后力于其后事。

◎著作集

芦中吟

见乾隆《分湖志》卷四，未见收藏。

吴芳（生卒年不详）字若英。明吴江人。秀水徐然妻。

著作集待考

◎**零星诗文** 《笠泽词征》卷二十二有词。

宁若生（生卒年不详）字璀如。明吴江人。大理寺评事宁绳武孙女，嘉定侯玄汸妻。宁若生（字璀如）、夏淑吉（字荆隐）、章有渭（字玉潢）同为嘉定侯门三媳，三人均工于诗，时以诗词相赠答，或讨论经史，其中当推璀如最博。侯家破家后，宁若生与夏淑吉一同出家为尼。

◎**著作集**

春晖堂诗草

见《松陵诗征前编》卷十二，未见收藏。

◎**零星诗文** 《松陵诗征前编》卷十二有诗。

李陛（生卒年不详）字心梅。明吴江茂材港人。平生精小楷大篆，工诗歌及骈体文。崇祯四年（1631）礼部清吏司考选给冠带供职。

◎**著作集**

自怡斋集

见《松陵人物汇编》卷五，未见收藏。

汤三俊（生卒年不详）字俊民，号伯衡，又号觉宇。明吴江盛泽人。诸生。少有才气，通世务，知武略。貌丰伟，目光如电，腰大至十围。崇祯六年（1633）受同邑钱可荐，唐藩王聘其为子师。崇祯七年（1634）入总督三边兵部右侍郎陈奇瑜幕，未几卒于三原道中。其子求父柩以烽火四塞，亦死旅次。柩终未归，旅葬渭南城西。

◎**著作集**

贮真斋遗集四卷

见乾隆《吴江县志》卷四十六，未见收藏。

◎**零星诗文** 《松陵诗征前编》卷七有诗。

钱可（生卒年不详）字无可。明吴江人。诸生。尝馆于唐藩，以试事入都，遂与汤三俊友善。终归乡家居以老。

著作集待考

◎**零星诗文** 《松陵诗征前编》卷七有诗。

张泽（生卒年不详）字草臣。明吴江人。诸生。

◎**著作集**

旨斋诗草一卷

    南京图书馆存明崇祯六年（1633）张泽刻本。

◎**零星诗文** 《松陵诗征前编》卷七有诗。

杨士修（生卒年不详）字长倩。明吴江人。

著作集待考

◎**零星诗文** 《松陵诗征前编》卷七有诗。

薛大训（生卒年不详）本姓任，字六诂。明吴江同里人，任世德之子，后迁居吴县。幼为道士，年十四弃去，习举子业，从外家薛姓，补青浦县学生。崇祯九年（1636）中乡试副榜，家居著述。会朝廷开贤良方正科，投策称旨，授成都通判，擢衡州府同知。南都初建，擢知湖州府，中途知湖州已纳款，从间道归。知父被执不食毙狱，朝夕悲恸，着道士服，剪发作头陀状，号紫光居士。疾亟，尽焚平日所著。卒年四十六。

◎**著作集**

列仙通记六十卷

    见黄山书社《全四库系列·四库存目书》，吴江图书馆有藏。

    国家图书馆存清刻本。

贤良对策

紫光遗稿

    以上两种见嘉庆《同里志》卷二十二，未见收藏。

赵玉成（生卒年不详）字彦琢，号介存。明吴江五都人，赵鸣阳之子。崇祯十年（1637）进士，授长沙知县，有善政，调惠安，擢吏部文选司主事，累进郎中。明亡后隐居不出，卒于家。

著作集待考

◎**零星诗文** 《松陵诗征前编》卷八有诗。

沈德舆（生卒年不详）字敬舆。明吴江人，沈崆六世孙。崇祯十二年（1639）举人，官镇江学教授。

著作集待考

◎**零星诗文** 《松陵诗征前编》卷八有诗。

吴溢（生卒年不详）字千顷，一字汪度。明吴江人，吴洪六世孙。崇祯十五年（1642）举人。顺治十四年（1657）授太和学教谕。

◎**著作集**

（顺治）太和县志八卷

上海图书馆存 1959 年传抄本。

双遇蕉

见《明代传奇全目》，未见收藏。

◎**零星诗文** 《松陵诗征前编》卷八有诗。

沈振朝（生卒年不详）字声远。明吴江人。崇祯十五年（1642）举人。

著作集待考

◎**零星诗文** 《松陵诗征前编》卷八有诗。

叶纨纨（1610—1632）字昭齐。明吴江人，叶绍袁长女，适赵田袁氏。体度端妍，三岁能朗诵《长恨歌》，十三岁能诗，兼工书，遒劲有晋人风。崇祯五年（1632）妹叶小鸾将嫁，作催妆诗甫就而妹亡讣至，哭妹过哀，发病而卒。

◎**著作集**

愁言（一作《芳雪轩遗集》）一卷

国家图书馆存清咸丰六年（1856）大兴王氏砚缘庵刻本。

吴江图书馆存《午梦堂全集》本。

◎**零星诗文** 《松陵诗征前编》卷十二有诗。《吴江叶氏诗录》卷八有诗。《笠泽词征》卷二十二有词。

叶世佺（生卒年不详）字云期。明吴江人，叶绍袁长子，府学生。叶燮云：兄慷慨好义，虽极困，友人有以告急者，竭力以周，不问偿也。为文宁隐怪不为雷同。有诗文数卷，散失不传。

著作集待考

◎**零星诗文** 《吴江叶氏诗录》卷二有诗。《分湖诗钞》卷六有诗。

包捷（1610—1652）字惊几，号磴庵。明吴江人。崇祯十五年（1642）举人。明亡后避地穹窿山，灌园自给。以文章气节自任，与友交情真挚，尝哭孙兆奎于内桥，收吴易遗体于湖上。

◎**著作集**

西山集

见乾隆《震泽县志》卷三十一。国家图书馆存《启祯两朝遗诗》本，题《包惊几诗一卷》。

◎**零星诗文** 《松陵诗征前编》卷八有诗。

包振（生卒年不详）字朗威。明吴江人，包捷弟。明崇祯十五年（1642）举人。不慕世荣，筑草堂于砚山，啸歌自得，诗亦跌宕自喜。

◎**著作集**

砚石山房诗草

　　　　见乾隆《震泽县志》卷三十一，未见收藏。

◎**零星诗文** 《松陵诗征前编》卷八有诗。

包抃（生卒年不详）字鹤青。明末清初吴江人，包捷从弟。县学生。

著作集待考

◎**零星诗文** 《国朝松陵诗征》卷四有诗。

【编者注】《游庠录》有包桢，字鹤青，康熙二十四年取入江庠。录以备考。

顾宗玮（生卒年不详）字连叔，一说字廷敬。明吴江人，顾文亨之子。少颖异，覃思著述，凡图纬声音之学文亨所未悟者，宗玮辄有先悟。先文亨卒。

◎**著作集**

春秋左传事类年表一卷

　　　　上海图书馆存稿本。

　　　　见黄山书社《全四库系列·四库存目书》，吴江图书馆有藏。

春秋通例一卷

春秋稽疑一卷

春秋参同一卷

春秋提要发明一卷

　　　　以上四种见乾隆《震泽县志》卷三十一，未见收藏。

三传异同一卷

春秋图谱一卷

春秋笺释一卷

春秋余论一卷

　　　　以上四种见《皇朝文献通考·春秋左传事类年表》注，未见收藏。

【编者注】乾隆《震泽县志》载顾宗玮有著作名为"春秋通例稽疑参同提要发明"，长达十二字，中间无空格，不知该如何点断。查康熙《吴江县志》，载为"春秋通判"、"稽疑参同"、"提要发明"三书。《江苏艺文志》则录为"春秋通例稽疑"、"参同提要发明"两部书。总嫌书名怪怪，查《皇朝文献通考·春秋左传事类年表》注，见载顾宗玮有"春秋通例一卷、春秋稽疑一卷、春秋参同一卷、春秋提要发明一卷"，方知十二字实为四部书名。

王国佐（生卒年不详）号纯斋。明吴江人。明崇祯十五年（1642）岁贡生。
◎著作集
论孟精义三十四卷
　　见同治《盛湖志》卷十二，未见收藏。

徐白（生卒年不详）字介白。明末吴江人。本嘉兴人，年十八以家难避居吴江之梅里。潘一桂见其诗，辄嗟赏，由是知名。与潘一桂、沈自然、史玄、俞南史并称"松陵五才子"。性狷介，不苟取予。入清后隐居灵岩之上沙，有园数亩，种蔬艺果，暇则坐小楼作画吟诗，三十年不出山。
◎著作集
竹笑庵集
　　见康熙《吴江县志续编》卷七，未见收藏。
思逝集
　　见乾隆《震泽县志》卷三十一，未见收藏。

翁逊（生卒年不详）字仲谦，一字研石，号元明。明吴江人，居城西门外。性高洁，独行一意，不喜见流俗人，为诗淡远多苦思，兼及绘事。至交如顾茂伦、徐介白辈招之，必观某诗某画始一往。岁俭不能糊口，终日啜水而已，或招之食，谢不赴。惟介白、茂伦饷之方受。后病卒，茂伦卖古琴殓之。所居湖浦草堂近江枫庵，与诗僧指月善。殁后指月藏其遗稿。
◎著作集
翁仲谦诗集
　　见康熙《吴江县志》卷二十二，未见收藏。
◎零星诗文　《国朝松陵诗征》卷一有诗。

周耀始（生卒年不详）字思桥，号紫岩。明吴江人。诸生。明亡后从吴易会众长白荡。事溃，避居充浦，哭泣累月不食卒。清乾隆四十年（1775）恩赐入忠义祠崇祀。
◎著作集
紫岩樵唱
　　见乾隆《吴江县志》卷四十六，未见收藏。
◎零星诗文　《松陵诗征前编》卷九有诗。

赵清（生卒年不详）字幼澄，号鹤田。又更名昊，字日明。明吴江人，赵涣二弟。兄弟三人均与吴易友善，往来其军。卒年六十。

◎**著作集**

鹤田子集

> 见《松陵人物汇编》卷五，未见收藏。

◎**零星诗文** 《松陵诗征前编》卷九有诗。《吴江赵氏诗存》卷八有诗。

史玄（？—1648）一作史元。字灵籁，号弱翁。明吴江人，自幼居柳胥村。学有根柢，与吴易、赵涣以古文词相切劘，号为"东湖三子"。留心经济，尝从水道至京师，著书论盐筴河漕之要。数游公卿间，以策干时无所遇，困顿以死。诗宗杜甫，老健无敌，古体尤工。

◎**著作集**

河行注一卷

> 见康熙《吴江县志》卷二十二，未见收藏。

旧京遗事三卷

> 复旦大学图书馆存清抄本一卷。

松陵耆旧传四卷

> 见乾隆《吴江县志》卷四十六。上海图书馆存清抄本《吴江耆旧传》三卷。

盐法志四卷

梅西杂志二卷

弱翁诗集十卷

弱翁文集八卷

> 以上四种见乾隆《吴江县志》卷四十六，未见收藏。

东湖唱和集（与赵涣、吴易同撰）

> 见《松陵诗征前编》卷七，未见收藏。

汉武帝集一卷

> 南京图书馆存明天启刻本。

唱酬余响一卷（与赵涣同撰）

> 存《国粹丛书》，国家图书馆在藏。

玉花记传奇

> 见《曲海总目提要》，未见收藏。

支道林外集一卷（释支遁撰，史玄辑）

> 南京图书馆存明末吴家骊刻本。

◎**零星诗文** 《松陵诗征前编》卷七有诗。

吴易（1612—1646）字日生，号惕斋。明吴江松陵人，吴山曾孙，吴邦桢孙。少有才名，负气矜奇，兼好兵法，崇祯十六年（1643）成进士。福王时谒史可法于扬州，史可法异其才，荐授职方主事。募兵屯长白荡。唐王授其兵部侍郎，进尚书。鲁王监国，封长兴伯。与清军战，兵败被执死。

◎**著作集**

富强要略十三篇

见康熙《吴江县志》卷二十二，未见单行本收藏。

北征小咏一卷

见乾隆《吴江县志》卷四十六，未见收藏。

东湖集八卷

见康熙《吴江县志》卷二十二。《持静斋书目》著录清道光刻本《吴节愍遗集》二卷，今未见收藏。

客问一卷

上海图书馆存清抄本。

吴长兴伯集五卷

吴江图书馆存清光绪三十三年（1907）国粹丛书本复印本。

惕斋遗书四卷

国家图书馆存清抄本。

东湖唱和集（与史玄、赵涣同撰）

见《松陵诗征前编》卷九，未见收藏。

梦蟾诗存一卷

上海图书馆存抄本。

◎**零星诗文**　《松陵诗征前编》卷九有诗。《笠泽词征》卷五等有词。

孙兆奎（1612—1646）字君昌，号犹文。明吴江人，孙履恒孙。孙履恒习兵家言，孙兆奎能世其业。崇祯九年（1636）举人，与同邑吴易为同年友。尝入复社，好谈经济。清兵克南京，吴易以兵部主事归里，孙兆奎与之教习水师。后兵败被执，劝降不从被杀。

◎**著作集**

经志斋稿

见《儒林六都志·著述》，未见收藏。

◎**零星诗文**　《松陵诗征前编》卷八有诗。

沈自南（1612—1666，一说1667）字留侯，号恒斋，明末清初吴江人，沈玧第十子，沈自驷弟。明崇祯九年（1636）举于乡，明末隐居同里湖滨，绝迹尘市。顺治九年（1652）中进士，又三年殿试，复告归。闭户著述十余年，始诣选授蓬莱知县。为人风流潇洒，词令韶秀，有晋人风。于古人诗最爱陶公。性简放，不矜门阀，以著述为事。与自继、自征、自炳、自然、自驹兄弟六人皆以文学有盛名，乡里以为美谈。

◎著作集

艺林汇考二百卷（辑）

　　康熙《吴江县志》载二百卷，乾隆县志载一百七十一卷。

　　南京图书馆存清康熙刻本四十卷。《四库全书》存二十四卷。

　　台湾学生书局《杂著秘籍丛刊》存"称号篇"十二卷。

历代纪事考异四十卷

乐府笺题二十四卷（与顾有考同撰）

妇人名字考四卷

恒斋诗稿四卷

吴江竹枝词一卷（与蒋自远同撰）

　　以上五种见乾隆《吴江县志》卷四十六，未见收藏。

明五朝纪事本末十八卷

　　见乾隆《吴江县志》卷四十六。国家图书馆存清抄本《皇明五朝国史纪事本末》不分卷。

酬赠草一卷沈子律陶一卷

　　吴江图书馆存清抄本。

◎零星诗文　《国朝松陵诗征》卷二有诗。《笠泽词征》卷二十七有词。

沈自东（生卒年不详）字君山。明末清初吴江人，沈琬第十一子，沈自南弟。县学生。年四十后即杜门却扫，不与世事。为人醇谨端恪，人有犯之者绝不与校。若子弟有过，则令罚跪自责，门内肃然。诗文与诸兄齐名。年七十一卒。

◎著作集

小斋杂制十一种

　　见乾隆《吴江县志》卷四十六，未见收藏。

子目：

　　丹宸箴　撰美篇（一名《千姓类编》）七晋（一名《贞志赋》）文赋　墨绣赞　孤山竹阁集　湖滨步月集　戊巳新篇　群书备问　群书辨讹　医学博议

◎零星诗文　《国朝松陵诗征》卷二有诗。

【编者注】有研究者记录沈自东生卒年为1612—1688，然与吴江地方志记载其存世"年七十一"不符，又与其兄沈自南的出生年份有矛盾，故录以备考。

范邦宿（1612—1645）字象明。明末吴江人。清顺治二年（1645）抗薙发令受戮。

◎**著作集**

观感诗

> 见同治《苏州府志》卷一百三十八，未见收藏。

吴旦（？—1645）字海曙。明吴江人，吴有涯从子。县学生。从吴易举兵，众溃，吴旦与大兵搏战相持不释，同溺死。其诗工整中有骨气。

约斋诗一卷

> 见同治《苏州府志》卷一百三十八，未见收藏。

◎**零星诗文** 《国朝松陵诗征》卷一有诗。《江苏诗征》卷十二有诗。

徐矿（生卒年不详）字掌文，号我西。明吴江人，徐钎从兄。少负才名，弱冠补诸生。通武略。痛叔与弟遭害，感时愤事，顺治二年（1645）夏，会同邑吴易起义，遂与孙兆奎、沈自炳合兵长白荡，未几兵败，走宁波，欲自海道入闽，道阻复还。明年与吴易潜约再起兵，吴易被执，徐矿走匿武康山中，聚徒授经，遂终老焉。

◎**著作集**

临溪杂咏

我西集

难事诗三十首

> 以上三种见嘉庆《黎里志》卷六，未见收藏。

◎**零星诗文** 《松陵诗征前编》卷九有诗。

沈蕙端（1613—？）字幽馨（一作幽芳）。明末清初吴江人。沈璟从孙女，沈自晋侄女，适嘉兴府学生顾必泰。少工诗词，尤精曲律，崇祯五年（1632）尝作小令挽叶小鸾，为时人所传。所作散曲收入《南词新谱》。

◎**著作集**

幽芳遗稿一卷

> 见乾隆《吴江县志》卷四十六，未见收藏。

晞发集

> 见同治《苏州府志》卷一百三十八，未见收藏。

◎**零星诗文** 《国朝松陵诗征》卷二十有诗。《吴江沈氏诗集录》卷十二有诗。

顾必泰（生卒年不详）字来屏。明末清初吴江人。嘉兴诸生。顺治四年（1647）助沈自晋纂《南词新谱》，娶沈自晋侄女沈蕙端。

◎**著作集**

耕烟集

见清姚燮《今乐考证》，未见收藏。

◎**零星诗文** 《国朝松陵诗征》卷一有诗。《笠泽词征》卷七有词。《国朝诗别裁集》卷一有诗。《全清散曲》收其小令。

戴笠（1614—1682）字耘野。初名沈鼎立，字则之。明末清初吴江同里人。诸生。孤贫力学，文行炳著。浑厚笃诚，与人居温温终日，而志节凛然，非其义一芥不苟。入清后入秀峰山为僧，后返居同里。采朝报杂史，参以见闻，著述不倦，炊烟时绝。

◎**著作集**

寇事编年（一名《流寇志》）十八卷

　　见康熙《吴江县志续编》卷二及柳兆薰《松陵文录姓氏考》。

　　南京图书馆存清初钱氏述古堂抄本《怀陵流寇始终录》十八卷附录二卷。北京图书馆存清抄本《流寇长编》二十卷《始终录》一卷补遗一卷。

殉国汇编（一名《则堂纪事》）三十卷

骨香集

耆旧集

　　以上三种见乾隆《吴江县志》卷四十六，未见收藏。

发潜录

圣安书法

文思纪略

鲁春秋

　　以上四种见乾隆《吴江县志》卷三十二，未见收藏。

行在阳秋

　　国家图书馆存清光绪铅印本。

永陵传信录六卷

　　见黄山书社《全四库系列·四库存目书》，吴江图书馆有藏。

五行志

　　见嘉庆《同里志》卷二十二，未见收藏。

甲申剩事一卷

　　国家图书馆存民国三十六年（1947）中央图书馆影印本。

将亡妖孽一卷

　　国家图书馆存民国三十六年（1947）中央图书馆影印本。

◎**零星诗文** 《松陵诗征前编》卷八有诗。《松陵文录》卷十七有文。

顾樵（1614—？）字樵水，号若耶居士。明末清初吴江人。工画，山水有名于时，兼善书法，工诗，有诗、书、画三绝之誉。曾入惊隐社，与顾有孝、徐崧并称高人。

尝以画寄王渔洋，王渔洋题以诗，有"诗中有画画中诗"句。康熙三十六年（1697）尚在世。年八十余卒。

◎**著作集**

吴郡名胜志八卷

十七代诗选

> 以上两种见乾隆《吴江县志》卷四十六，未见收藏。

◎**零星诗文** 《笠泽词征》卷六有词。《明诗综》卷八十有诗。

钮明儒（生卒年不详）字晦复，一字靖斋。明末清初吴江盛泽人。尝入惊隐社。著作集待考

◎**零星诗文** 《国朝松陵诗征》卷二有诗。《盛湖诗萃》卷三有诗。

吴宗汉（1614—1654）初名振兰，字九畹，一字子仪，又字广平，号南邨。明末吴江人，吴振奇弟。归安籍诸生。外和而内介，乙酉（1645）明南都陷，与兄振远、宗潜，弟宗泌约束丁壮保乡里。清兵围其家，避僧舍得免，弃家远行。久之归。好濂洛之学，充养纯粹，诗体高迈。卒后门人私谥贞孝先生。

◎**著作集**

南邨遗稿

> 见康熙《吴江县志续编》卷二，未见收藏。

岁寒集

吴氏七子诗选

> 以上两种见乾隆《震泽县志》卷三十一，未见收藏。

◎**零星诗文** 《松陵诗征前编》卷八有诗。

吴宗泌（生卒年不详）初名枚卜。字京邻，又字邺仙，号西山。明末吴江人，吴振奇弟。归安诸生。博学工文辞，强毅耐苦辛，为诗思致深沉，音节遒美，得中唐人风格。卒后门人私谥贞确先生。

◎**著作集**

西山集

吴氏七子诗选

> 以上两种见乾隆《震泽县志》卷三十一，未见收藏。

◎**零星诗文** 《松陵诗征前编》卷八有诗。

吴宗（生卒年不详）原名士驯，字京藩，号北窗。明末吴江人。吴振奇从弟。归安诸生。卒后门人私谥醇节先生。

◎著作集

吴氏七子诗选

> 见《松陵人物汇编》卷六，未见收藏。

叶继武（1615—1673）字恒奏。明末清初吴江人。少博学能文，年十九补归安弟子员。为人慷慨有大节，轻财好施，笃于友谊。世居分湖，入清后弃举子业迁隐唐湖北渚，所居古风庄有烟水竹木之胜。与吴宗潜、潘柽章等举惊隐诗社，四方宾至无虚日。叶继武倾资结纳，人皆以孟尝君称之。已而同社中有罹横祸者，叶继武每为抚膺流涕，于是杜门谢客，自号懒道人。卒后同人私谥为高蹈先生。

◎著作集

南山草堂遗集四卷

> 见乾隆《吴江县志》卷四十六，未见收藏。

壬子懒余草

> 见戴笠《高蹈先生传》，未见收藏。

带五散人诗集

> 见道光《平望志》卷八，未见收藏。

乙丙日记

> 存于抄本《明季纪事》，国家图书馆有藏。

◎零星诗文 《吴江叶氏诗录》卷三有诗。《江苏诗征》卷一百六十有诗。

吴珂（生卒年不详）字匡庐。明末清初吴江人。吴珂论诗谓"趋今便俗，拟古便拘，必从我性情中出方不愧作者。"潘耒评曰："耿介有节概，诗思深刻，结撰务出人意表，同人服其奇隽。"与同邑吴宗潜、叶继武等结惊隐诗社，士之高蹈能文者相集之。

◎著作集

匡庐集

> 见同治《苏州府志》卷一百三十八，未见收藏。

◎零星诗文 《国朝松陵诗征》卷二有诗。《江苏诗征》卷十二有诗。

赵泽（生卒年不详）字惠三。明末吴江人。诸生。

著作集待考

◎零星诗文 《松陵诗征前编》卷九有诗。

张拱乾（1615—1688）字九临，号愧庵（一作魏庵），又号独倚楼先生、浮休居士、枯木道人。明末吴江人。少沉潜好学，为诸生文名吴下。尝入复社被逮。入清后以不薙发被禁，寻得释。晚好学禅，焚香呗诵，习以为常。工书法。卒年七十四，乡人私谥贞毅先生。

◎著作集

独倚楼遗稿

鲈乡汇咏（与顾有孝同撰）

　　见乾隆《吴江县志》卷四十六，未见收藏。

吴江诗略十卷（与董二酉、顾有孝同辑）

　　上海图书馆存清康熙刻本

◎零星诗文　《松陵诗征前编》卷八有诗。

储大任（生卒年不详）字思重。明末吴江同里人。诸生。善狂草，得张旭法，而性狷介不妄应人，故流传者少。尝为邑庙、同里忏院、仁济道院题额。诗长七律。

◎著作集

亦籁一卷

　　见乾隆《吴江县志》卷四十六，未见收藏。

汤尹娴（1616—1640）字洽君。明末吴江盛泽人，汤三俊女，计东嫂。善鼓琴洞箫、诗歌填词、画花卉翎毛，也善天文历律。夫亡后绝粒死。

著作集待考

◎零星诗文　《国朝松陵诗征》卷二十有诗。《盛湖诗萃》卷十二有诗。

叶小鸾（1616—1632）字琼章，一字瑶期。明末吴江人，叶绍袁第三女，叶小纨妹。工骈体文，兼摹画谱，夙慧天成。年十七字昆山张氏，将嫁而卒。

◎著作集

返生香（一作疏香阁遗集）一卷

　　国家图书馆存清光绪二十二年刻本。

　　吴江图书馆存清咸丰四年（1854）刻本。

艳体联珠一卷

　　国家图书馆存清刻本。

　　吴江图书馆存《香艳丛书》本复制品。

◎零星诗文　《松陵诗征前编》卷十二有诗。《笠泽词征》卷二十二有词。《吴江叶氏诗录》卷八有诗。

李玉照（1617—1679）明末吴江人。原籍会稽，嫁吴江沈自征为继室。年二十五夫亡，抚孤守节三十八年。

◎著作集

无垢吟

见郝丽霞《吴江沈氏文学世家研究》，未见收藏。

◎零星诗文 《国朝松陵诗征》卷二十有诗。《笠泽词征》卷二十一有词。《吴江沈氏诗录》卷十一有诗。

徐崧（1617—1690）字嵩芝（一作松之），号臞庵，一作臞庵居士。明末清初吴江人。好远游，时以一瓢两屐行数百里，每遇名山大川，徘徊眺望，即至一邱一壑亦必穷搜幽妙。爱广交，所契半方外。

◎著作集

百城烟水九卷（与张大纯同辑）

国家图书馆存清康熙二十九年（1690）影翠轩刻本。

见黄山书社《全四库系列·四库存目书》，吴江图书馆有藏。

臞庵集

东南舆地记

以上两种见乾隆《吴江县志》卷四十六，未见收藏。

缟纻集

见《国朝松陵诗征》卷四，未见收藏。

缬林集

见《松陵人物汇编》卷六，未见收藏。

云山酬唱集

上海图书馆存清刻本

诗南十二卷（与陈济生同辑）

南京图书馆存清顺治刻本。

诗风初集十八卷（与汪文桢、汪森同辑）

上海图书馆存清康熙十二年（1673）刻本。

徐岳赡遗稿一卷

上海图书馆存清乾隆三十七年（1772）浦翔春胡蕴明刻本。

柳是（1618—1664）本姓杨，名爱。后改姓柳，名隐，又名是。字如是，一字靡芜，自号河东君，又号我闻居士。明末吴江人。原为吴江盛泽归家院名妓徐佛弟子。能诗文，工书画。尝昌言"吾非才学如钱牧斋者不嫁。"崇祯十二年（1639）冬，钱学士筑"我闻室"以迎之。钱有绛云楼，藏书最富，柳披校时得慧解。后十载楼灾，移居红豆村庄，良辰佳节必放舟湖山佳处，留连唱和。钱谦益死后，柳是因族难以死殉之。

◎著作集

蘼芜集（赵棻序）

　　　见同治《盛湖志》卷十二，未见收藏。

题画诗一卷

　　　见《常熟瞿氏铁琴铜剑楼书目》，未见收藏。

我闻室梅花集句三卷红梅集句一卷

　　　常熟图书馆存稿本、抄本。

河东君诗词尺牍

　　　国家图书馆存 1930 年抄本。

河东君诗文辑补二卷

　　　常熟图书馆存民国抄本。

柳如是诗一卷

　　　上海图书馆存清康熙刻本。

柳如是家信稿

　　　见赵宗建《旧山楼书目》，未见收藏。

香园史一卷

　　　存顾湘《小石山房坠简拾遗》，天津图书馆有藏。

红豆庄杂录

　　　上海图书馆存清乾隆抄本。

戊寅草不分卷

　　　浙江图书馆存明崇祯刻本。

河东小集一卷

　　　南京图书馆存清抄本。

河东君尺牍一卷湖上草一卷我闻室剩稿二卷附录二卷

　　　上海图书馆存清抄本。

东山酬和集二卷

　　　国家图书馆存中国美术学院出版社胶印本。

我闻堂鸳鸯楼词

　　　《众香词》收其词六首，未见单行本。

古今名媛诗词选（辑）

　　　有民国中华书局印本，今未见收藏。

绛云楼历代女子词选（辑）

　　　有民国上海大通图书社印本，今未见收藏。

◎**零星诗文** 《笠泽词征》卷二十二有词。

沈自铤（生卒年不详）字公捍，一字闻将，号南庄。明末清初吴江人，沈璨第三子，沈自炳族弟，与徐崧同学。少敏有才略，思为世用，遭乱未展其志。鲁王时官行人司行人。鲁王败，归隐吴家港，种松莳秫结诗社以终。

◎著作集

南庄杂咏

钓闲集

　　见乾隆《吴江县志》卷四十六，未见收藏。

江东闰位记

　　见《晚明史籍考》，未见收藏。

◎零星诗文　《国朝松陵诗征》卷三有诗。《吴江沈氏诗录》卷七有诗。

孙阳顾（生卒年不详）字奏豳，号南庐。明末清初吴江人。崇祯九年（1636）湖州籍增广生。

◎著作集

圣学提纲二卷

　　见乾隆《震泽县志》卷三十一，未见收藏。

枕流轩诗集六卷

问心集一卷

枕流轩杂著四卷

四书管窥五卷

易经广注十四卷

尚书礼记周礼三经纂要

杜诗五律约解四卷

唐诗七律约解二十卷

地舆考略

姓氏考略

　　以上十种见《儒林六都志·著述》，未见收藏。

儒林六都志二卷（孙阳顾纂，曹吴霞续）

　　1990年江苏古籍出版社据民国抄本影印，上海图书馆等有藏。

◎零星诗文　《松陵诗征续编》卷三有诗。

张孝起（生卒年不详）原名起，字将子。明末吴江人。崇祯十三年（1640）特赐进士，授廉州推官。永明称制时，用为兵科给事中，转吏科，后擢右金都御史，巡按高、雷、廉、琼四府。清兵至，走避龙门岛，岛破被执，不食七日亡。

◎著作集

闻见录二卷

　　上海图书馆存清初抄本。

◎零星诗文 《松陵诗征前编》卷八有诗。

费时美（生卒年不详）字翊明，号翼民。明末清初吴江人。性敏好学，才大精算，每遇钱谷一握了然。邑宰熊开元、叶翼云皆倚重之。尤敦孝行，好义急公，为合邑倡。中岁奉佛，至老益虔，刊经布施，自奉甚俭。寿至八旬视听不衰，犹及见孙登甲第焉。

◎著作集

历朝金刚经持验记一卷

　　见《垂虹识小录·松陵费氏诗集》卷一，未见收藏。

叶儵（生卒年不详）原名世任，字圣旈。明末吴江人，叶绍颙长子。贡生。

著作集待考

◎零星诗文 《吴江叶氏诗录》卷二有诗。《分湖诗钞》卷六有诗。

叶绍衡（生卒年不详）字幼舆，号美绳。明末吴江人，叶绅玄孙。郡庠生。崇祯十二年（1639）以人才荐举任兵马司副指挥。

著作集待考

◎零星诗文 《吴江叶氏诗录》卷一有诗。《分湖诗钞》卷六有诗。

叶世偊（1618—1635）字声期。明末吴江人，叶绍袁次子。

◎著作集

百旻遗诗一卷附一卷

　　国家图书馆存明崇祯刻《午梦堂集十二种》本。

　　吴江图书馆存《午梦堂全集》本。

◎零星诗文 《吴江叶氏诗录》卷二有诗。

叶世傛（1619—1640）字威期。明末吴江人，叶绍袁第三子。庠生。

◎著作集

灵护集一卷附一卷

　　国家图书馆存民国十一年（1922）刻本。

　　吴江图书馆存《午梦堂全集》本。

◎零星诗文 《吴江叶氏诗录》卷二有诗。

叶世俭（生卒年不详）字懋仲，一字慈仲。明末吴江人，叶绍衡子。

著作集待考

◎**零星诗文**　《吴江叶氏诗录》卷二有诗。《分湖诗钞》卷六有诗。

叶世侗（生卒年不详）字开期。明末吴江人。叶绍袁第四子。诸生。尝入惊隐社。叶燮云："四兄为人沉默寡言，喜愠不形。为文深思入奥，初读之似不知其旨趣，细寻绎而见其思苦力索也。兵燹后衣食不给，发愤思进步救贫，与弟弓期至杭州皋亭山，栖山顶佛舍为咕哧，无昼夜息。与弟弓期误食毒茵而卒，年三十七。兄有诗若干甚富，散失不存。"

著作集待考

◎**零星诗文**　《吴江叶氏诗录》卷二有诗。《分湖诗钞》卷六有诗。

叶孚（生卒年不详）原名世倕，字弓期。明末吴江人，叶绍袁第七子。诸生。叶燮云："七弟性忼直不可时宜，其临财廉，见义必力，人咸以戆目之。幼即刻意为诗，常为恨诗，以续江文通《恨赋》数首中有'青冢窟边胡地草，马嵬坡下苑中枝'，诸长老叹异之，时年仅十三也。与四兄开期往住皋亭山佛舍，食毒菌而卒，年二十七。诗篇俱散失不传。"

著作集待考

◎**零星诗文**　《吴江叶氏诗录》卷二有诗。《分湖诗钞》卷六有诗。

大惺（生卒年不详）字梦父（一作梦夫）。明末吴江僧。本楚人，为庐山僧。初寓圆通庵，后住泗洲寺。

著作集待考

◎**零星诗文**　《松陵诗征前编》卷十一有诗。《分湖诗钞》卷二十二有诗。

陈绍文（1619—?）字西美。明末吴江同里人。陈王道曾孙。崇祯十二年（1639）举人。博涉书史。为诗文敏捷，如不注思。尝言士生今日先明出处，不能为谢东山则为申屠蟠耳。明亡遂绝意进取，闭门课子。遂于濂洛之学。年六十余卒。

◎**著作集**

宋元明诸儒心学指要

后沙语录

　　以上两种见乾隆《吴江县志》卷四十六，未见收藏。

愔斋集

　　见嘉庆《同里志》卷二十二，未见收藏。

◎**零星诗文**　《松陵诗征前编》卷八有诗。

颜绣琴（生卒年不详）字清音。明末吴县人，嫁吴江分湖叶氏。

著作集待考

◎**零星诗文** 《笠泽词征》卷二十二有词。

易睐娘（生卒年不详）字画奴。明末吴江人，汤豹处之女。父所蓄古名画甚多，各以金牌记之，并令其女掌镂金牌，故名画奴。工花鸟小幅，兼善吟咏。姿体绝丽，星眸山黛，复嫣然善睐，故其母氏更画奴名为睐娘。崇祯十四年（1641）从父母避乱至姑家。乱后嫁于言氏，以所适非偶，抑郁以死，年二十四。卒前取诗词稿及幼时所作画悉焚之。

◎**著作集**

愁盐诗词一卷

　　见同治《盛湖志》卷十二，未见收藏。

◎**零星诗文** 《松陵诗征前编》卷十二有诗。

孙志儒（生卒年不详）字茂叔，号大若。明末吴江人。崇祯十六年（1643）进士，官莆田县知县。入清后坚卧不起，当地以民爱之故反复攀留，使为刺史。旋归故里，路遭兵燹，家徒四壁，闭门授徒，不出见有司，以布衣蔬食终其身。

著作集待考

◎**零星诗文** 《松陵诗征前编》卷九有诗。

董如兰（生卒年不详）字畹仙。明末吴江人。原籍华亭，嫁吴江孙志儒为继室。工吟咏，其词悲壮有侠气。晚居山塘，与其子以制眼镜为业。

◎**著作集**

安素斋稿

　　见《松陵诗征前编》卷十二，未见收藏。

秋园词钞

　　见《众香词》，未见收藏。

◎**零星诗文** 《松陵诗征前编》卷十二有诗。《笠泽词征》卷二十一有词。

计名（生卒年不详）字青鳞。明末吴江盛泽人，计东父。县学生。崇祯末与于复社，积学有识，治经义有声一时，游其门者多所造就。

著作集待考

◎**零星诗文** 《盛湖诗萃》卷三有诗。

潘尔夔（生卒年不详）字友龙。明末吴江人。诸生。崇祯十七年（1644）寓居乌程南浔镇。

许士焕（生卒年不详）字元扬。明末清初吴江同里人。郡诸生。屡试不售，无愤闷之意。年登九秩。

　　◎著作集

　　鲈乡集（一作《弄世德堂诗》）

　　　　见乾隆《吴江县志》卷四十六，未见收藏。

沈君谟（生卒年不详）字苏门，号莱泾居士，署鹤苍子。明末吴江人，与曲家沈自晋同宗。顺治四年（1647）与校《南词新谱》。

　　◎著作集

　　一合相

　　　　1986年上海古籍出版社据抄本影印，国家图书馆等有藏。

　　风流配

　　　　《古曲戏曲存目汇考》卷九著录有抄本存中国戏曲学院。

　　绣凤鸳

　　丹晶坠（一作丹棘坠）

　　玉交梨

　　　　以上三种见《明代传奇全目》，未见收藏。

　　青楼怨

　　　　见郝丽霞《吴江沈氏文学世家研究》，未见收藏。

沈承休（生卒年不详）字白卿。明末吴江盛泽人。诸生。博学好古，诗文皆出人意表。入清后绝意进取，与其友王九苞辈隐居乐道，诗酒赓和。

　　◎著作集

　　眺楼新咏

　　　　见同治《盛湖志》卷十二，未见收藏。

沈淑女（生卒年不详）字少君。明末吴江人。沈自友女，沈永祂姐。幼即工诗，未嫁而夭。

　　绣香阁集

　　　　见乾隆《震泽县志》卷三十一，未见收藏。

　　◎零星诗文　《笠泽词征》卷二十二有词。

徐周遇（生卒年不详）字隆生。明末吴江人。进士徐忱裔孙。县学生。家贫以训蒙为业，与同里潘凯友善。喜作诗。

◎著作集

古稽斋集（叶继武、潘耒等序）

　　　见道光《平望志》卷十一，未见收藏。

杜熙揆（生卒年不详）字子亮，号端丞。明末吴江人，杜伟之孙。诸生。以高才雅望推重一时，乱后隐居泽溪。

著作集待考

◎**零星诗文** 《松陵诗征前编》卷七有诗。

杨桢（生卒年不详）字贞木，号湘云。明末吴江人。博学，工古文词。常言平望一隅之地，川原风物皆堪记载，前辈如陈克礼、曹孚相继辑志，惜乎不传。于是奋志纂辑，设局于悟珠庵。综核故实则潘凯任之，采访则史册、赵秉彝，订补则沈潜，校书则李云。取裁姑苏志、莫徐二邑志，以至图经、子史、断碣残碑靡不孜孜搜剔，凡再阅寒暑而成，识者称善焉。

◎著作集

（崇祯）平望志

　　　见《松陵人物汇编》卷四，未见收藏。

徐铮（生卒年不详）字颒烟，号东坞居士。明末吴江盛泽人。邑名诸生。入清后弃举子业，韬晦以终。

著作集待考

◎**零星诗文** 《盛湖诗萃》卷二有诗。

唐尧天（生卒年不详）字盛斯。明末吴江黎里人。少负俊才，矜重尚气节。明亡后杜门匿迹，布衣茹素终其身。

◎著作集

落花诗三十首

　　　见嘉庆《黎里志》卷六，未见收藏。

◎**零星诗文** 《松陵诗征前编》卷八有诗。

施世杰（生卒年不详）字汉三，一字宾王。明末吴江五都人。诸生。博学工文。著《丹桂楼杂制》二十六种，中有《酉戌杂记》，盖记乙酉丙戌间事。时以史案之祸，书禁森严，其家后裔悉以付火，惟《孙烈士兆奎传》一篇，尚有缮写者。

◎著作集

丹桂楼杂制二十六种

见乾隆《震泽县志》卷三十一，未见收藏。

要目：古史录

经济要略

英雄经世录

武略类聚

识时务必熟舆地图论

汉唐元明龙飞百战录

唐宋中兴经略

马文升兴复哈密国王记论

靖历两大恨事说

万历三大征论

流寇论

辨亡论

孙烈士传一卷

酉戌杂记

脉诀辨疑

星理精言

大持（生卒年不详）初名持衡。字圆印，号蒼卜。明末吴江僧，俗姓沈。初住桐乡华严庵，次依竹寮住密印寺，后居郡之无碍寺。工诗，尝与实印、妙严、际瞻、源际等吴江少年僧结诗社，以清新之句相尚。

◎**著作集**

佛华院录

负钵草问答语

无碍庵稿

以上三种见《檇李诗系》，未见收藏。

◎**零星诗文** 《松陵诗征前编》卷十一有诗。

但月（生卒年不详）原明末天台山僧，晚住吴江圆通庵。

著作集待考

◎**零星诗文** 《松陵诗征前编》卷十一有诗。《分湖诗钞》卷二十二有诗。

汝钦揆（生卒年不详）字子懋。明末清初吴江黎里人，汝可起之子。顺治五年（1648）秀水籍岁贡生，授沙县训导，旋升诏安教谕，历署县事。

◎**著作集**

论语解

松风馆集

> 以上两种见光绪《黎里续志》卷四，未见收藏。

汝钦采（生卒年不详）明末吴江黎里人。

◎**著作集**

方谣诗草

> 见光绪《黎里续志》卷四，未见收藏。

顾复（生卒年不详）字孟明。明末吴江人。诸生。言谨行洁，有义行。

◎**著作集**

自怡集一卷

> 柳亚子等《吴江文献保存会书目》著录抄本，今未见收藏。

叶文（生卒年不详）字素南。明末吴江人。善写兰竹，工诗词。初适严某，困于贫，落魄吴门。偶识云间许太史，往来甚久。后归武陵张绣虎，出游塞外而殁。

著作集待考

◎**零星诗文** 《笠泽词征》卷二十二有词。

邹洁（生卒年不详）字去好。明末清初吴江人。嘉兴诸生。明亡后隐居白龙桥畔，弹琴赋诗以终。

◎**著作集**

蕙庵诗稿

> 上海图书馆存清抄本。

园居诗

> 见乾隆《吴江县志》卷四十六，未见收藏。

吴与湛（生卒年不详）字子渊，一字樵云，号一庵。明末吴江人，吴洪裔孙。明末遭乱后隐居湖浦之荆园，闭户读书，不闻世事。与徐白、俞南史、赵瀚、赵沄、顾有孝、顾樵、陈启源、朱鹤龄、吴锵、吴兆宽、吴之纪、吴兆宫、吴兆骞等结诗社于江枫庵。

◎**著作集**

史概十二卷

殉节忠臣赞一卷

灾祥考十二卷

怀友诗一卷

万峰杂咏二卷

　　以上五种见乾隆《震泽县志》卷三十一，未见收藏。

荆园诗钞

　　见民国抄本《震泽县志续·书目》，未见收藏。

◎零星诗文　《国朝松陵诗征》卷二有诗。

潘陆（生卒年不详）字江如。明末清初吴江人，潘一桂之子，世居松陵穆溪，诸生。其学一禀庭训，而尤长于诗，气体悲壮，音节高亮，羽声宫调，兼而有之，虽侨居润州，时往来于故土，与俞南史、朱鹤龄、顾樵辈唱和。

◎著作集

穆溪集

　　见康熙《吴江县志》卷二十二，未见收藏。

◎零星诗文　《国朝松陵诗征》卷二有诗。

屈运隆（生卒年不详）字骏声。明末清初吴江人。县学生。以孝友称于家。明崇祯十四年（1641）尝募建八坼桥。

◎著作集

（康熙）吴江县志十七卷

　　上海图书馆存清康熙二十四年（1685）清醒堂刻本。

庞承颖（生卒年不详）字英胄。明末清初吴江人。明泰昌中以贡授望江训导。值三藩之封道，经安庆役夫万人皆濒于死，庞承颖具言其状于王，竟得免，邑人为立"全活万人碑"。历知黔阳、余干两县，有循卓声。终瑞州府同知。

◎著作集

易经解六卷

　　见康熙《吴江县志》卷二十二，未见收藏。

行演（生卒年不详）字隐峰。明末清初吴江僧，俗姓王，吕家栅人，出家七都水月庵。二十岁参报恩玉林琇三载，昼夜坐禅废寝食。后参古南牧云门，住二十年，呈今日热似昨日偈，遂印可得法。住黎里罗汉讲寺，示疾卒。赋性诚朴，粗衣粝食，勤苦恒为众先。敏于诗，登台说法悉成妙偈，虽老师宿儒无不惊服。

◎著作集

隐峰集

　　见嘉庆《黎里志》卷六，未见收藏。

叶世偁（1624—1643）字书期，一字遐期。明末吴江人，叶绍袁第五子。诸生。叶绍袁云："五子世偁少有神童之誉，九岁时辨列子曰远近，人咸谓后来可入理学之奥。年二十未婚而卒。"

◎**著作集**

詹言

　　见《分湖诗钞》卷六，未见收藏。

时艺十首

　　刻于《宝生庵社义》，未见收藏。

◎**零星诗文**　《吴江叶氏诗录》卷二有诗。《分湖诗钞》卷六有诗。

三、清朝

照影（生卒年不详）字指月。清吴江人，住梅里江枫庵。庵原名净土，指月始改江枫庵。与翁逊、徐白、顾有孝、朱鹤龄诸先生游。诸先生皆名动当世，而四方名流过吴江者，假江枫以居，故指月诗名亦遍江浙。

◎**著作集**

镜斋集

　　见乾隆《震泽县志》卷三十一，未见收藏。

◎**零星诗文**　《国朝松陵诗征》卷十九有诗。

沈虬（生卒年不详）字次雪，一字双庭，号茧村。清吴江北麻人。岁贡生。初知钱塘县，后调嘉善，罢归。工诗善书，簿书之暇不废吟咏，每过名山古刹，往往留题。其书初宗文征明，既学董其昌，皆能乱真。诗不烦绳削，自然合度。

◎**著作集**

双庭诗稿

　　见乾隆《震泽县志》卷三十一，未见收藏。

◎**零星诗文**　《国朝松陵诗征》卷一有诗。

曹邺（生卒年不详）字莲峰。清吴江人。布衣。

◎**著作集**

屯村志一卷（曹焞纂，曹邺增纂）

　　苏州博物馆存传抄曹氏原稿本。

　　吴江图书馆存甲戌丛编本。

黄光升（生卒年不详）字羲轮，一字元圃。清初吴江麻溪人。冲淡和易，不设城府。性嗜书画，遇前人名迹必倾囊购之，以是家产日削。明亡后所蓄图书尽毁于火，寄居郡城，授徒坎壈而卒。书法擅场结构，入晋唐人阃奥，尤上章草，一笔不苟下。有以笺素求者无不应。诗格以自然为宗。

◎**著作集**

闲笑集

　　见康熙《吴江县志续编》卷二，未见收藏。

闲谷集（一名《破瓮集》）

　　　　见乾隆《震泽县志》卷三十一，未见收藏。

◎**零星诗文** 《松陵诗征前编》卷八有诗。

马倬（生卒年不详）清吴江六都人。

◎**著作集**

巢居集

巢居唱和集

　　　　以上两种见《儒林六都志·著述》，未见收藏。

费成烈（生卒年不详）字显谟，号西屏。清吴江人。例监生。夙抱奇才，晚益清厉，所作诗篇甚多。

◎**著作集**

九华诗钞

映月楼诗钞

闲吟摘句

　　　　以上三种见《垂虹识小录·松陵费氏诗集》卷一，未见收藏。

顾世伯（生卒年不详）清吴江人。

◎**著作集**

嵒山稿

　　　　见嘉庆《同里志》卷二十二，未见收藏。

杨旭（生卒年不详）字令若。清吴江人。父本青浦人，有诗名，以周氏婿家于吴江邑之西郊，而杨旭仍补青浦诸生。父殁后，绝意进取。精许氏《说文》之学，篆书绝类赵凡夫。

◎**著作集**

诗经字说通

四书字说通

　　　　以上两种见乾隆《震泽县志》卷三十一，未见收藏。

顾伟（生卒年不详）字彤伯，一字英白。清吴江人，顾曾唯族曾孙。少嗜学。顺治二年（1645）后绝意进取。读书务为有用之学，自天文地理、历法算数、水利农田以至经脉药石、卜筮占候之术，莫不探其原委。袁景辂曰："吾里顾氏代有闻人，而学问之博，撰述之富，无出格轩先生右者。"有遗书校注十五种，选订八种，编辑二十二种，稿俱散失。为人内和外介，非义不取，虽饥寒不妄就人，竟穷约以死。

◎**著作集**

格轩遗书四十五种

　　　见乾隆《吴江县志》卷四十六，未见收藏。

唐诗汇选（辑）

古文粹选（辑）

　　　以上两种见《垂虹虹识小录》卷七，未见收藏。

明诗选（辑）

　　　见嘉庆《同里志》卷二十二，未见收藏。

◎**零星诗文**　《国朝松陵诗征》卷二有诗。《松陵文录》卷七有文。《国朝文汇》甲前集卷八有文。《江苏诗征》卷一百三十有诗。

周岗（生卒年不详）字子山。清吴江人，周大章六世孙，周廷谔世父。国学生，考授县丞。

◎**著作集**

偶吟稿

　　　见乾隆《吴江县志》卷四十六，未见收藏。

◎**零星诗文**　《松陵诗征前编》卷九有诗。

顾御（生卒年不详）字履吉。清吴江人，顾昺曾孙。清顺治二年（1645）举人，官至工部员外郎。性恬退，当官多年后归里，产不逾中人家。后卜居阳羡，以山水自娱，留心堪舆家学，产日益削。

◎**著作集**

去非楼诗

地理三才典要

　　　见乾隆《震泽县志》卷三十一，未见收藏。

◎**零星诗文**　《国朝松陵诗征》卷一有诗。《江苏诗征》卷一百二十九有诗。

顾栋南（生卒年不详）字季任，又字未余。清吴江人，顾曾贯之子。县学生。幼禀庭训，不读无用书。于濂洛关闽诸儒有心契，一时高士名流咸器重之。为人敦至行，与人交好直言规谏。

◎**著作集**

易图考

先庙先贤儒赞

续修同里志

恒斋稿

以上四种见嘉庆《同里志》卷二十二，未见收藏。

顾氏族谱

见嘉庆《同里志》卷十四，未见收藏。

大儒粹语二十八卷（辑）

见黄山书社《全四库系列·四库存目书》，吴江图书馆有藏。

◎零星诗文 《国朝松陵诗征》卷一有诗。《江苏诗征》卷一百三十有诗。

周兰秀（生卒年不详）字淑英，一字弱英。清吴江人，平湖孙愚公妻。其母沈媛著声香奁，淑英秉其家学，雅善吟咏。

◎**著作集**

粲花遗稿

见《全清词钞》卷三十一，未见收藏。

◎**零星诗文** 《国朝松陵诗征》卷二十有诗。《笠泽词征》卷二十一有词。

陈进（生卒年不详）字黄山。清初吴江人。精篆书。隐居阳山。尝取宋洪遵《钱谱》增辑上下二卷。老依僧舍，或鬻书自给。

◎**著作集**

钱谱二卷

见同治《苏州府志》卷一百三十八，未见收藏。

庄观（生卒年不详）字大令。清震泽人。诸生。初攻举子业，后弃去专力于诗古文词，凡吴中名胜题咏殆遍。人有未见书必假归手录之，积之数十种，虽严冬酷暑未尝暂辍。

◎**著作集**

砚斋集

见道光《震泽镇志》卷十一，未见收藏。

计侨（生卒年不详）字通客。清吴江人。诸生。寄寓丹徒。明亡后寄居圌峰下之吴沙。善丹青，足迹遍天下，诗得江山之助，与顾有孝、孙枝蔚等相酬和。康熙元年（1662）撰有《重摹玉烟堂瘗鹤铭记》。

◎**著作集**

抱瓮集

见《京江耆旧集》卷二，未见收藏。

◎**零星诗文** 《松陵诗征前编》卷九有诗。

陆坤（生卒年不详）字白华。清吴江人。

著作集待考

◎**零星诗文** 《松陵诗征前编》卷九有诗。

顾有翼（生卒年不详）字佐明。清吴江人。

著作集待考

◎**零星诗文** 《松陵诗征前编》卷九有诗。

费愈兴（生卒年不详）字宏季，号许闻。清吴江人，诸生。

著作集待考

◎**零星诗文** 《松陵诗征前编》卷九有诗。

吕元和（生卒年不详）字完音，号籁三。清吴江人。

著作集待考

◎**零星诗文** 《松陵诗征前编》卷九有诗。

叶倓（生卒年不详）字素旆，清初吴江人，叶绍颙次子。顺治十一年（1654）岁贡生。能诗。

著作集待考

◎**零星诗文** 《松陵诗征前编》卷九有诗。《吴江叶氏诗录》卷二有诗。《分湖诗钞》卷六有诗。

史兆基（生卒年不详）字建中，号一亭。清吴江人。业小儿医，退迩著声。年逾七秩，须发苍古，耽吟咏，清俊可诵。

◎**著作集**

红杏山房诗草

　　见同治《盛湖志》卷十二，未见收藏。

费誓（生卒年不详）字所中，号仲雪。清吴江人。诸生。博学工文，好谈经济及孙吴家言，久游不遇，遂弃儒冠，隐居野服。

◎**著作集**

寒松亭稿

国朝诗选（辑）

　　以上两种见《松陵人物汇编》卷九，未见收藏。

董尔基（生卒年不详）字宥密。清吴江人。翰林院检讨。

◎**著作集**

（顺治）续吴江县志（与陈季衍同纂）

　　　　国家图书馆存清康熙刻本。

　　　　吴江图书馆存抄本。

吴江县儒学志七卷

　　　　见乾隆《吴江县志》卷四十六，未见收藏。

章梦易（生卒年不详）字宗立，一字两生，号颐斋，又号勉斋。清吴江同里人。府学生。幼工举子业，名闻江浙，复社诸先达争欲牧为弟子。下笔不起草，数千言立就。遭乱后家居教授不复出。潜心经术，于《易》《诗》两经皆有会心。晚更喜佛典。年八十余卒。

◎**著作集**

易筌

诗源

楚辞补注

左氏兵法

昌谷集注五卷

同里闺德志一卷

勉斋全集二十卷

　　　　以上七种见乾隆《吴江县志》卷四十六，未见收藏。

同归管见

　　　　见嘉庆《同里志》卷二十二，未见收藏。

续同里先哲志十卷

　　　　国家图书馆存清抄本。

毛诗鸡跖集

　　　　见《松陵人物汇编》卷六，未见收藏。

宋四先生易学合纂

诗经说略

　　　　以上两种见《国朝松陵诗征》卷一，未见收藏。

◎**零星诗文**　《国朝松陵诗征》卷一有诗。

庄颐由（生卒年不详）字禹师。清吴江人，庄观族弟。性倜傥任侠。工诗词，卓荦有奇致，论者谓在苏黄皮陆间。

◎著作集

觉庵集五卷

　　见道光《震泽镇志》卷十一，未见收藏。

◎零星诗文　《江苏诗征》卷三十二有诗。

毕宿（生卒年不详）字象辉，号南村，清吴江人。

◎著作集

自娱草

　　见同治《盛湖志》卷十二，未见收藏。

殳丹生（生卒年不详）字山夫，号贯斋。原名京，字彤宝。清吴江人。世居嘉善，年四十余移居吴江震泽，又居盛泽、屯村、同里诸镇。诗古文并工，与朱鹤龄、顾有孝辈游。家庭之内与其配两鬟道人陆观莲、子殳讷、女殳默更唱迭和，人方为午梦堂云。尝走二千里访明诗人何景明不得，求其后人又不得，独栖一野庵四十余日而返。时年已六十三，又七年卒于寒山寺，葬支硎山麓。

◎著作集

贯斋遗集三十卷

　　见乾隆《吴江县志》卷四十六，未见收藏。

陆观莲（？—1667）字少君，号两鬟道人。清吴江人，诸生殳丹生妻，殳默母。尝居震泽西村，与殳丹生唱和，比舍常闻欢笑声。后移盛泽三年，继避水患隐嘉善蒋湖之西园三年，将携家入九峰，忽病而逝。

◎著作集

蒋湖寓园草

　　见同治《盛湖志》卷十二，未见收藏。

殳氏闺隐遗集

　　见《盛湖诗萃》卷十二，未见收藏。

◎零星诗文　《国朝松陵诗征》卷一有诗。《盛湖诗萃》卷十二有诗。

王章（生卒年不详）字孔彰。清吴江人。县学生。

著作集待考

◎零星诗文　《国朝松陵诗征》卷一有诗。

沈亮（生卒年不详）字元功。清吴江人。顺治二年（1645）取入江庠。时学诗风尚渐趋宋元，沈亮与钱旭威选宋元诗，音不合唐不采，格不入唐不收，欲引学宋元者仍以唐为归宿。

◎**著作集**

宋元诗选七卷（辑）

见《国朝松陵诗征》卷一，未见收藏。

◎**零星诗文** 《国朝松陵诗征》卷一有诗。

钱士铉（生卒年不详）字贡南，号匏庵。清吴江人，钱用商五世孙。顺治二年（1645）取入江庠。康熙二十一年（1682）进士，知昌化县，擢武定知州。居官多惠政，而律己甚严，归里橐无余资。中年丧偶，布衣蔬食，鳏居以终。

著作集待考

◎**零星诗文** 《国朝松陵诗征》卷七有诗。

沈礽晋（生卒年不详）字方平。清吴江人，沈峌裔孙。县学生。

著作集待考

◎**零星诗文** 《国朝松陵诗征》卷二有诗。

沈逸（生卒年不详）字简栖。清吴江人。居简村，天爵自尊，不求闻达。兴至辄吟，取适我意，不刻意求工。

著作集待考

◎**零星诗文** 《国朝松陵诗征》卷二有诗。

蒋士远（生卒年不详）名一作自远。字开士。清吴江人。少负俊才，曾结枫叶诗社，一时名士多与焉。

◎**著作集**

吴江竹枝词一卷（与沈自南同撰）

见乾隆《吴江县志》卷四十六，未见收藏。

◎**零星诗文** 《松陵诗征前编》卷九有诗。

【编者注】乾隆《吴江县志》卷四十六载：蒋自远与沈自南同撰《吴江竹枝词》一卷。蒋自远生平不详，方志无记载。查《松陵诗征前编》卷九录有蒋士远，字开士，其名下收诗正是"吴江竹枝词"。吴江人发音"自"、"士"同音，县志所载蒋自远应即蒋士远。

黄始（生卒年不详）字静御。清吴江人。顺治五年（1648）入邑庠。工诗善骈体。

著作集待考

◎**零星诗文** 《笠泽词征》卷二十七有词。

董尔璋（生卒年不详）字南珍，号纳庵。清吴江六都人。

◎著作集

纳庵诗集四卷

    见《儒林六都志·著述》，未见收藏。

沈震（生卒年不详）字惊远，号胜之。清初吴江人。县学生。

◎著作集

周易讲义

    见《儒林六都志·著述》，未见收藏。

吴元玉（生卒年不详）字佩鸣，号五湖遗客。清吴江人，居湖滨。秀水诸生。

◎著作集

遁庵遗稿

    见乾隆《震泽县志》卷三十一，未见收藏。

◎零星诗文 《松陵诗征前编》卷八有诗。

【编者注】《江苏艺文志》据同治《苏州府志》载"吴元《玉遁庵遗稿》"，然吴江方志无此人此书记录，而乾隆《震泽县志》卷三十一记录有"吴元玉《遁庵遗稿》"，《松陵诗征前编》卷八亦载吴元玉《遁庵遗稿》，"吴元《玉遁庵遗稿》"系误将人名中一字植入了书名。

徐涛（生卒年不详）字澜成，号耕心。清吴江莘塔人，徐师曾玄孙。其先自江城移居莘塔，以读书世其业。

◎著作集

耕心诗草

    见《分湖诗钞》卷四，未见收藏。

◎零星诗文 《分湖诗钞》卷四有诗。

黄翰（生卒年不详）清吴江人。

◎著作集

楚游草

园居草

    以上两种见《儒林六都志·著述》，未见收藏。

陈启潜（生卒年不详）字济五。清吴江人。顺治间尝知滑县，县有大兵以牧马役民，民因重困。陈启潜调剂得宜，复捐奉以补民值，困乃得纾。后卒于官。

◎**著作集**

四书心镜（魏禧序）

> 见康熙《吴江县志》卷二十二，未见收藏。

吴瓈（生卒年不详）字羽三，一字松岩。清初吴江人，吴翿弟。明诸生。少与兄并在复社有名，既长，有志略，喜谈兵。顺治十二年（1655）进士，知广东澄迈县。性鲠直，负经济才，屡有军功，受抑不得上。后历知丰城、汉川二县。长于诗，涖官所至，必与士大夫相唱和。

◎**著作集**

松岩诗集十三卷（一作《梅花草堂诗集》）

> 见乾隆《震泽县志》卷三十一，未见收藏。

◎**零星诗文**　《国朝松陵诗征》卷二有诗。《江苏诗征》卷十一有诗。

李更（生卒年不详）字晋裴，一字非吴。清吴江六都人。乌程庠生。幼颖悟，能文章，垂髫应试，文宗即称赏，许以采芹。所作小题无不穷工极巧。诗古文词与四六骈体皆洋洋洒洒千言立就。府县试时冠一军，而卒不遇，年至五十始博一衿。家贫郁郁以卒。

◎**著作集**

四书问

诗经衍义

范陆诗奥

鹤寄偶存

> 以上四种见《儒林六都志·著述》，未见收藏。

李黄（生卒年不详）字经渊。清吴江人。顺治五年（1648）拔贡生。博学工诗文，善书。康熙六年（1667）官兖州通判，丁内艰归。年七十九卒。

◎**著作集**

类略三十六卷

仕优草

焚余集

读五堂集

> 以上四种见乾隆《吴江县志》卷四十六，未见收藏。

◎**零星诗文**　《国朝松陵诗征》卷一有诗。

潘耒（生卒年不详）字御云，一字娱云。清平望人。少颖异，读书善寻间发疑问难，必造精微，咸以神童目之。比长，弃举子业，肆力于诗古文词，根柢左史，旁及韩欧诸大家，以此不为俗目所赏。尝入都，见重于仁和卢琦。旋游辽左，所历山川名胜辄见于诗。年五十八卒。

◎**著作集**

渔山草堂集

　　见乾隆《吴江县志》卷四十六，未见收藏。

燕台偶草

辽左吟

东山小草

读鉴随笔

唐诗正

　　以上五种见道光《平望志》卷八，未见收藏。

钱威（生卒年不详）字德雄。清吴江人。顺治十四年（1657）举人。与吴兆骞同以科场事戍辽阳，乙巳（1665）夏尝与吴兆骞等集"七子诗会"，吴兆骞称其诗"议论雄肆，诗格苍老"。

著作集待考

◎**零星诗文** 《国朝松陵诗征》卷二有诗。

赵漪（1619—1682）字若千，号激圆。清吴江人，赵庚长子，赵沄兄。袁景辂评其诗"秀雅如名花奇石可供清玩"。

◎**著作集**

尔室吟

　　见乾隆《震泽县志》卷三十一，未见收藏。

◎**零星诗文** 《国朝松陵诗征》卷一有诗。

顾有孝（1619—1689）字茂伦，自号雪滩钓叟。清吴江松陵人。县学生。少负才任侠，善谈论，喜交游，忧人之忧，急人之急，既尽其产，复濒于难，不悔也。曾游陈子龙门，陈子龙死国难，顾有孝隐居钓雪滩，与徐白、潘陆、俞南史、周安、顾樵辈交。尝选刻《唐诗英华》、《五朝诗英华》、《明文英华》，远近争购。康熙中诏举博学鸿词，公卿争欲荐引之，以病辞乃止。

◎**著作集**

唐诗英华二十二卷（辑）

　　苏州图书馆存清初刻本。

明文英华十卷（辑）

国家图书馆存清康熙刻本。

见黄山书社《全四库系列·四库奏毁书》。

丽则集

镇江市博物馆存清初刻本。

吴江诗略十卷（与董二酉、张拱乾同辑）

上海图书馆清康熙刻本。

闲情集六卷（顾有孝辑，陆世楷增辑）

首都图书馆存清康熙九年（1670）刻本。

骊珠集十二卷

上海图书馆存清康熙九年（1670）刻本。

纪事诗钞十卷

风骚嗣响二十卷

松陵文起（辑）

雪滩钓叟集

鲈乡汇咏（与张拱乾同撰）

以上五种见乾隆《吴江县志》卷四十六，未见收藏。

五朝名家诗选

见乾隆《吴江县志》卷四十六。

上海图书馆存清康熙二十六年（1687）刻本《五朝名家七律英华》。

群史文略（与王载同撰）

见乾隆《苏州府志》卷七十六，未见收藏。

通鉴博闻

经武文函

以上两种见同治《苏州府志》卷一百三十八卷，未见收藏。

西樵诗选一卷（辑）

乐府新编（辑）

全唐名家诗式（与陆世楷同辑）

全唐近体诗钞（辑）

以上四种见同治《苏州府志》卷一百三十六卷，未见收藏。

乐府英华十卷（辑）

上海图书馆存清许闲堂刻本。

见黄山书社《全四库系列·四库存目书》，吴江图书馆有藏。

百名家英华集（辑）

见《松陵人物汇编》卷七，未见收藏。

鲈汇咏雪（辑）

见柳兆薰《松陵文录姓氏考》，未见收藏。

赋苑英华选（辑）

乐府笺题二十四卷（与朱鹤龄同辑）

以上两种见《明清江苏文人年表·康熙间》，未见收藏。

名家绝句抄六卷（与吴兆骞等同纂）

见《贩书偶记续编》，未见收藏。

友约

国家图书馆存清康熙间檀几丛书本。

江左三大家诗钞九卷（与赵沄同辑）

吴江图书馆存清康熙六年（1667）刻本。

见黄山书社《全四库系列·四库奏毁书》。

◎零星诗文 《国朝松陵诗征》卷二有诗。《松陵文录》卷十有文。

沈世楙（1619—1684）字旃美，一字初授，号默斋。清初吴江人，沈琦曾孙。少孤力学，工于诗。明亡后绝意进取，与顾有孝、周安等结诗社，偕隐唱酬。卒后友人私谥贞孝先生。

◎著作集

听研斋集

见乾隆《震泽县志》卷三十一，未见收藏。

◎零星诗文 《国朝松陵诗征》卷八有诗。

沈关关（生卒年不详）字宫音。清吴江人，沈自继之女。其母杨卯君工于绣山水人物，以发代线。沈关关传其技，刺绣尤出新意，得画家气韵。尝为顾有孝刺雪滩濯足图。

著作集待考

◎零星诗文 《国朝松陵诗征》卷二十有诗。《笠泽词征》卷二十三有词。《吴江沈氏诗录》卷十二有诗。

王载（生卒年不详）初名建，字咸平，自号湖樵。清吴江人。县学生。博学通经能古文，为诸生领袖。入清后隐居吴江梅里，灌园蔬以养母。郭琇令吴江时，闻其名聘修邑志，坚辞不获，惟撰隐逸及贞烈诸传。顾有孝有撰述引为同事，则尽心力为之，不求人知。

◎著作集

明八大家文抄四十卷（辑）

见康熙《吴江县志》卷二十二，未见收藏。

湖浦草堂集

　　见乾隆《震泽县志》卷三十一，未见收藏。

群史文略（与顾有孝同撰）

　　见乾隆《苏州府志》卷七十六，未见收藏。

◎零星诗文　《国朝松陵诗征》卷二有诗。

【编者注】《江苏艺文志》列"王载"、"王载明"两人，名下有相同书目，应为同一人。而"王载明"吴江方志无载，系误录。

叶贵松（生卒年不详）字梅友，号淳庵。清吴江人。吴友篁云："淳庵貌古而朴，诗必自作，格调不趋时尚。"

◎著作集

金陵大梁纪游集

七十二峰诗

怀山草

淳庵草

　　以上四种见《吴江叶氏诗录》卷十，未见收藏。

◎零星诗文　《吴江叶氏诗录》卷十有诗。

叶贵英（生卒年不详）字允毅，号菊存。清吴江人，叶贵松弟。吴友篁云："菊存学诗于兄，攻苦久之，几与兄敌。"

◎著作集

秋吟草

　　见《吴江叶氏诗录》卷十，未见收藏。

◎零星诗文　《吴江叶氏诗录》卷十有诗。

吴兆宽（生卒年不详）字宏人。清吴江人，吴晋锡长子，吴树臣父。明诸生。工文，更善古文。顺治六年（1649）与吴中宋既庭、弟吴兆宫、吴兆骞创举慎交社，大会于虎丘。文采风流为江浙坛坫之冠，一时名公巨卿道吴门争以望见颜色为快。及吴兆骞被放，乃绝意进取，沉酣典籍，客湘楚，走燕赵，以诗自娱。

◎著作集

古香堂文集

　　见康熙《吴江县志》卷二十二，未见收藏。

爱吾庐诗稿（吴兆宽撰，吴树臣校辑）

　　国家图书馆存清刻本。

◎零星诗文　《国朝松陵诗征》卷二有诗。

董梧栖（生卒年不详）清吴江六都人。

◎**著作集**

疗饥集

> 见《儒林六都志·著述》，未见收藏。

吴之纪（生卒年不详）字天章，一字小修，号慊庵。清吴江同里人。明诸生。顺治六年（1649）进士，授工部主事，迁湖广按察司金事。后遭投劾归，杜门不事生产。有时曳杖独行，与田夫牧竖为伍。喜法书，摹米帖酷似。其为诗秀婉，古文拟欧阳修。康熙十二年（1673）与其子吴楫重举慎交社，于传清堂宴集四方名流，帆樯灯火二三千不绝，一时称为盛事。同邑与斯会者有张尚瑗、计默、陈锐等。

◎**著作集**

好我斋集

适吟诗草

> 以上两种见康熙《吴江县志》卷二十二，未见收藏。

◎**零星诗文** 《国朝松陵诗征》卷一有诗。《江苏诗征》卷十一有诗。

皇甫沆（生卒年不详）字紫洄。清吴江六都人，皇甫涣五世族侄。乌程籍诸生。能文善诗。康熙中父客死夔州，遇吴三桂叛，皇甫沆在夔十一年乃得扶柩归。后至京师卒。

◎**著作集**

蜀中记事日录

> 见《儒林六都志·著述》，未见收藏。

钮繁（生卒年不详）名一作棨。字苏如，号易庵，晚号溪干野老。清吴江东汲港人，钮琇族兄。县学生。负隽才，遭乱后隐居盛湖之滨，筑贞白楼，绕以修竹，中庭无杂树，惟菊数枝，时与高人逸士吟咏其中。与潘柽章、吴炎善，留心明史，幸以高隐不为时人所知，未与史难。年八十二卒。

◎**著作集**

贞白楼诗

独醒编

> 以上两种见乾隆《震泽县志》卷三十一，未见收藏。

◎**零星诗文** 《国朝松陵诗征》卷三有诗。《江苏诗征》卷一百一十六有诗。

金廷煐（生卒年不详）字扉奏，号墨庄。清吴江人。湖州府学生。袁景辂云：墨庄居曹溪之阳，构载澜轩，聚书数千卷，披校吟咏足不逾户。诗尚纵横排宕，常不起草。

◎著作集

墨庄诗集

　　见《松陵人物汇编》卷六，未见收藏。

◎零星诗文 《国朝松陵诗征》卷三有诗。《江苏诗征》卷八十八有诗。

朱日旦（生卒年不详）清震泽人。

◎著作集

自怡集

　　见乾隆《震泽县志》卷三十一，未见收藏。

净范（生卒年不详）清吴江僧人。

◎著作集

蔗庵范禅师语录三十卷

　　《贩书偶记》卷十二著录康熙八年刻本，今未见收藏。

性炳（生卒年不详）字焕若。清吴江僧人，住殊胜寺潮音房。学法于读彻，学诗于毛莹，与潘禹瞻、周叔伦、陆崖诸人为诗文友。康熙八年（1669）修平望殊胜教寺。

◎著作集

观西楼诗集（黄容序）

　　见道光《平望志》卷十一，未见收藏。

沈绣裳（1620—1665）字长文，一字素先。清初吴江人，沈自铨长子。治《书》，补县学生。尝参校《南词新谱》。

◎著作集

沈长文散曲

　　见郝丽霞《吴江沈氏文学世家研究》，未见收藏。

陆钥（1620—1687）字子开，号荻存。清吴江人，陆文衡第四子。诗学王维，工骈文。

◎著作集

荻存小咏史一卷

　　吴江图书馆存《陆氏传家集》本。

读史小识二卷

　　国家图书馆存清同治十一年（1872）义经堂刻本。

　　吴江图书馆存《陆氏传家集》本。

却扫编

慎言录

荻存诗稿

    以上三种见陆遒普《陆氏先德录》，未见收藏。

【编者注】《江苏艺文志》录"陆钥"、"陆铃"两人，同有著作《小咏史》和《读史小识》，疑为同一人。查吴江方志，不见"陆铃"记载。再查"陆钥"有关原始文献，发现繁写的"钥"与"铃"形状相近，判定"陆铃"系"陆钥"之误写。

赵鸿（1620—1701）字仪云。清吴江同里人。

◎著作集

潭溪渔隐集六卷

    见嘉庆《同里志》卷二十二，未见收藏。

陆旭光（生卒年不详）字永曦（一作冰曦）。清吴江人。顺治五年（1648）副榜贡生。年三十一卒。

◎著作集

凝翠楼诗稿

    见乾隆《吴江县志》卷四十六，未见收藏。

陈启源（?—1689）字长发，自号见桃居士。清吴江人，县学生。读书嗜而不倦。顾有孝评其诗"古体悲壮，近体沉郁"。晚岁研精经学，尤精研毛诗。平日颇以实学自负，好谈论经史及古今兴败。

◎著作集

毛诗稽古编三十卷

    南京图书馆存清嘉庆八年（1803）刻本。

    见《四库全书》。

尚书辨略二卷

读书偶笔二卷

存耕堂诗稿四卷

无事公诗余

    以上四种见乾隆《震泽县志》卷三十一，未见收藏。

司空见闻录一卷司空历朝诗刻录遗一卷

    国家图书馆存康熙刻本。

◎零星诗文 《国朝松陵诗征》卷五有诗。

秦凤苞（生卒年不详）字轶皋，一作轶群，号孟村。清吴江人。湖州府诸生。少以读书修行自勖。补诸生后屡荐不售。丁父忧三载，服阕，有招以就京兆试，以老母在未就。与长洲汪遹喜交，称为畏友。朱彝尊序其诗文集。康熙二十四年（1685）大水，石塘素倾圮，费巨资平易之。

◎**著作集**

闲窗杂录

四书讲录编

　　　　以上两种见道光《平望志》卷八，未见收藏。

孟村诗集四卷

　　　　见光绪《平望续志》卷十一，未见收藏。

戚勋（生卒年不详）字元功，号勒斋。清吴江平望后溪人。县学生。入清后杜门教授，不复应试。弟子著录者以百数。晚居桑盘村，益韬晦，以吟咏自娱，清真闲淡得陶杜之趣。

◎**著作集**

町庐集

　　　　见乾隆《震泽县志》卷三十一，未见收藏。

挈苣词

平望志

　　　　以上两种见道光《平望志》卷八，未见收藏。

沈瑞玉（生卒年不详）字希光。清吴县洞庭山人，吴江顾铭继室。母张阆仙有诗名，沈瑞玉幼承庭训，即能诗。

◎**著作集**

绣余吟稿一卷

　　　　见乾隆《吴江县志》卷四十六，未见收藏。

◎**零星诗文**　《国朝松陵诗征》卷二十有诗。

颜佩芳（生卒年不详）字芳在，一字柔仙。清浙江桐乡人，吴江诸生周二酉妻。善清谈，诗清超拔俗，一扫肥腻纤巧之习。卒后潘耒悼之以诗，有"清言良可味，佳句少人知"之句。

◎**著作集**

偶叶草

　　　　见乾隆《震泽县志》卷三十一，未见收藏。

◎**零星诗文**　《国朝松陵诗征》卷二十有诗。

马天闲（生卒年不详）字犹龙，号菊窗。清吴江平望人。读书过目成诵，善医工诗。

◎**著作集**

菊窗集纪略一卷

> 见道光《平望志》卷八，未见收藏。

邹淑芳（生卒年不详）字蕙祺。清吴江人，常熟严炜妾。能诗，从炜入楚，转苍梧，年二十四卒。

◎**著作集**

三生石草

> 见乾隆《苏州府志》卷七十六，未见收藏。

沈雄（约1653年前后在世）字焕一，号偶僧。清吴江人。县学生。从虞山钱谦益游，诗词俱有宗法。所辑词话分词话、词品、词辨三门，可为词学指南。其自著绮语亦超迈不群。

◎**著作集**

古今词话八卷

> 清华大学图书馆存清康熙二十八年（1689）澄辉堂刻本。
>
> 黄山书社《全四库系列·四库存目书》录六卷，吴江图书馆有藏。

柳塘词

> 国家图书馆存清康熙绿荫堂刻本。

◎**零星诗文** 《国朝松陵诗征》卷四有诗。《笠泽词征》卷八等有词。

秦邦彦（生卒年不详）清平望人。

◎**著作集**

候虫吟五卷

> 见光绪《平望续志》卷十一，未见收藏。

黄元瑶（生卒年不详）字玉舟。清吴江人。善书法，家贫，客游卖字以糊其口。诗警切无浮响。

◎**著作集**

珠溪集

> 见乾隆《震泽县志》卷三十一，未见收藏。

◎**零星诗文** 《国朝松陵诗征》卷四有诗。《江苏诗征》卷六十五有诗。

沈永启（1621—1699）字方思，号旋轮。清吴江人，沈自继之子。性颖敏，诗文皆立就。师事金圣叹，圣叹以事株累系江宁狱，他弟子皆避匿，独沈永启往询候。圣叹被刑，敛其遗骸，复奉棺置所居吴家港家庵中。沈永启貌古朴，喜禅理，即之若恛惝者，与之谈诗文，则如悬河倾注不竭。与子沈时栋、女沈友琴、沈御月皆工词藻，暇则分题唱和。人称吴江"前有午梦堂，后有逊友斋"。

◎**著作集**

逊友斋集二卷

　　　见《松陵人物汇编》卷六，未见收藏。乾隆《震泽县志》卷三十一作《选友斋集》

◎**零星诗文**　《国朝松陵诗征》卷三有诗。《江苏诗征》卷一百一十七有诗。《笠泽词征》卷六等有词。《全清散曲》有小令。

沈昌（1621—1683）字子言，号保昌、圣勷。清吴江人，沈汉五世孙。顺治五年（1648）副贡生，官广东保昌县丞。其诗文词曲与族兄沈永令齐名。

◎**著作集**

史书辨论三卷

闲余阁诗稿

　　　以上两种见乾隆《吴江县志》卷四十六，未见收藏。

◎**零星诗文**　《国朝松陵诗征》卷一有诗。《江苏诗征》卷一百一十七有诗。《南词新谱》有散曲。

沈宪英（1622—1685）字惠思，一字兰支。清吴江人，沈自炳长女，叶世俗妻。年十九守寡，茕茕贫苦四十五年，存年六十四。

◎**著作集**

惠思遗稿一卷

　　　见乾隆《吴江县志》卷四十六，未见收藏。

◎**零星诗文**　《国朝松陵诗征》卷二十有诗。《吴江沈氏诗录》卷十二有诗。《分湖诗钞》卷二十一有诗。《明诗综》卷八十五有诗。《明词综》卷十一有词。

【编者注】康熙《吴江县志》卷四十记载："沈氏名宪英，……适叶工部绍袁三子，绪生世俗字咸期，……年十七而嫁，十九而俗卒，……茕茕贫苦四十五年，存年六十三。"这里似有差错，十九岁守寡后，再过四十五年，应是六十四岁。查乾隆《吴江县志》，卷三十五有相同记录，而"存年六十三"一句已删去。故今改作"存年六十四"。

赵沄（1623—1677）字山子，号玉沙。清吴江人，赵庚次子。顺治八年（1651）举人，官江阴教谕。少负才，尚意气，与海内贤豪相交结，尝入慎交社。善属文，尤工古今体诗。其诗屡为当时诗坛领袖吴梅村、龚芝麓称道。尝与顾有孝选钱牧斋、吴梅村、龚芝麓诗为江左三大家，远近称无异辞。为人外通而中介，遇大利害敢于任事。尝与邑令张恪论增税力持不可，令怒欲中以危法，久之知其论不可夺乃已。

◎**著作集**

雅言堂诗集

    见康熙《吴江县志续编》卷二，未见收藏。

哀燕赋

客嘤诗草

    以上两种见乾隆《震泽县志》卷三十一，未见收藏。

邱樊集

台阁集

    以上两种见同治《苏州府志》卷一百三十八，未见收藏。

江左三大家诗钞九卷（与顾有孝同编）

    吴江图书馆存清康熙六年（1667）刻本。

    见黄山书社《全四库系列·四库奏毁书》。

◎**零星诗文** 《国朝松陵诗征》卷二有诗。《吴江赵氏诗存》卷七等有诗。《国朝诗别裁集》卷六有诗。

吴炎（1624—1663）原名锡珩，字显庚。一名如晦，字赤溟，一字愧庵。清吴江人，吴宗潜、吴宗汉之从子。归安籍诸生。明亡后弃诸生，隐居教授，改号赤民。初以诗文自豪，所拟古赋及今乐府皆传诵于时。后专治史学，与潘柽章共撰《明史记》，书未成，遭南浔庄氏史案，竟及于难。

◎**著作集**

今乐府二卷（上卷吴炎撰，下卷潘柽章撰）

    辽宁省图书馆存清抄本。

    湖北省图书馆存清抄本《明乐府二卷》。

    见黄山书社《全四库系列·四库奏毁书》。

古乐府解题三卷

    见同治《苏州府志》卷一百三十八，未见收藏。

舞鹤赋

别恨赋

鹡鸰赋

古乐府百篇

    以上四种见民国抄《震泽县志续·书目》，未见收藏。

浩然堂集

汉铙歌解

癸巳文谱

以上三种见《明清江苏文人年表·顺治、康熙间》，未见收藏。

吴赤溟文集一卷

国家图书馆存清抄本及光绪三十二年（1906）印本。

国史考异六卷（潘柽章撰，吴炎订）

吴江图书馆存清刻本。

明史记（与潘柽章同撰）

见吴炎《今乐府序》，未见收藏。

◎**零星诗文** 《松陵诗征前编》卷九有诗。《松陵文录》卷七有文。

吴贞闺（1624—1684）字缀良。清吴江人。曹村诸生金玦妻。工诗善书尤精琴理。
著作集待考
◎**零星诗文** 《笠泽词征》卷二十三有词。《吴江叶氏诗录外编》卷十有诗。

吴静闺（生卒年不详）字佩典。清吴江人，吴贞闺妹。
著作集待考
◎**零星诗文** 《国朝松陵诗征》卷二十有诗。《笠泽词征》卷二十三有词。

周安（？—1680）字安节，一字梅坡。清初吴江梅里人。性冲淡，入清后绝意进
取，有田数十亩遭乱失之，授徒自给，安贫自得，所居郭外一椽寒梅绕户，尝属郡人
文点作"梅坡小隐图"。潘未评其诗：旨清远，不激不靡，外淡中腴，萧然绝俗。
◎**著作集**
草阁诗集六卷

上海图书馆存清康熙二十一年（1682）刻本《草阁集》六卷。

湖山吟稿
周安文集三卷
松陵诗乘
梅里集

以上四种见乾隆《震泽县志》卷三十一，未见收藏。

◎**零星诗文** 《国朝松陵诗征》卷三有诗。《江苏诗征》卷八十一有诗。

赵申祈（生卒年不详）字元康，一字谷坛。清吴江人，赵玉成子。顺治十二年（1655）
例监生，考授中书舍人。袁景辂评其诗：如春山鸣鸟，不必尽谐律吕，能使听者移情。
◎**著作集**
谷坛诗存

见乾隆《震泽县志》卷三十一,未见收藏。

◎**零星诗文** 《国朝松陵诗征》卷三有诗。《江苏诗征》卷一百零七有诗。

丁彪（生卒年不详）字绣夫。清初吴江人。县学生。顾有孝称其资性英敏,才情烂漫,垂髫时对客挥毫,滚滚不休。袁景辂称其年未弱冠已名动江右词坛。在慎交社中,与吴兆骞称金石交,二人诗如干将莫邪从一炉中出。丁彪年未三十卒。

◎**著作集**

延露堂诗集

　　　见《松陵人物汇编》卷六,未见收藏。

丁绣夫诗集

　　　见乾隆《吴江县志》卷四十六,未见收藏。

◎**零星诗文** 《国朝松陵诗征》卷三有诗。《江苏诗征》卷七十七有诗。

吴在瑜（生卒年不详）字曜庚。清吴江人。

著作集待考

◎**零星诗文** 《国朝松陵诗征》卷三有诗。

史宗伦（生卒年不详）字文言,号南野。清吴江人,史鉴裔孙。

◎**著作集**

淡香诗稿

　　　见《松陵人物汇编》卷六,未见收藏。

◎**零星诗文** 《国朝松陵诗征》卷三有诗。《江苏诗征》卷九十七有诗。

吴钦明（生卒年不详）字公安,号天平佣。清初吴江人。孤贫力学,入清后携家入天平山,徒佣自给,饔飧不继,吟咏自若,卒于山中,时人哀之。

著作集待考

◎**零星诗文** 《国朝松陵诗征》卷三有诗。

陈式（生卒年不详）字质先。清吴江人,陈良谟之子。县学生。

著作集待考

◎**零星诗文** 《国朝松陵诗征》卷三有诗。

陈寅清（生卒年不详）名一作寅青。字霁山。清吴江人。世居乌程,弱冠后迁吴江北麻,后寓城东。家贫,性耿介,与顾有孝等交,为诗摇笔立就,皆清新可诵。康熙中八十余卒。

◎**著作集**

江村集六卷

焰余草

竹轩存草一卷

秋霞集六卷

怡云编六卷

啸庐文稿

榴龛随笔二十卷

以上七种见乾隆《吴江县志》卷四十六，未见收藏。

◎**零星诗文** 《国朝松陵诗征》卷三有诗。

浦龙渊（生卒年不详）字孟跃，号潜夫。清吴江梅堰人。顺治初以人才为洪承畴荐官城步令，旋罢归。工诗，善解经，于周易有神悟。与尤本钦、平章善，才亦相埒，时号"浦尤平"。

◎**著作集**

周易通十卷

南京图书馆存 1997 年印本（据清康熙十年敬日堂刻本影印）。

见黄山书社《全四库系列·四库存目书》，吴江图书馆有藏。

周易辨二十四卷

南京图书馆存 1997 年印本（据清康熙刻本影印）。

见黄山书社《全四库系列·四库存目书》，吴江图书馆有藏。

尤本钦（生卒年不详）字上官，一字伯谐。清吴江人。少游周宗建门，诗才清丽，尤长于词曲。善草书，得祝允明笔意。与浦龙渊、平章同居吴江梅堰之清风明月桥，三人皆有才略，时人称为"浦尤平"。入清后隐居韭溪。与徐枋、徐白以诗简相往来。

◎**著作集**

琼花馆传奇

见《全清散曲》，未见收藏。

◎**零星诗文** 《国朝松陵诗征》卷三有诗。《江苏诗征》卷八十五有诗。

平章（生卒年不详）字闇如，一字尧史。清吴江梅堰人。诸生。与尤本钦、浦龙渊善，时人称为"浦尤平"。

著作集待考

◎**零星诗文** 《松陵诗征前编》卷九有诗。

吴兆宫（生卒年不详）字闻夏。清吴江人，吴晋锡次子，吴兆宽弟。明崇祯十五年（1642）副榜贡生。工文，与吴兆宽、吴兆骞同创"慎交社"，时称"三凤"。诗初尚秀雅，晚归坚炼。

◎**著作集**

椒亭诗稿

见康熙《吴江县志续编》卷二，未见收藏。

◎**零星诗文** 《松陵诗征前编》卷九有诗。《江苏诗征》卷十一有诗。

邹枢（生卒年不详）字贯衡，别署酒城渔叟。清吴江人。生于明天启间，卒于清康熙二十年（1681）后。一生放浪自得，置功名于度外。

◎**著作集**

十美词纪一卷

国家图书馆存清古红梅阁丛抄本。

吴江图书馆存《昭代丛书》本。

◎**零星诗文** 《笠泽词征》卷六有词。

归士起（生卒年不详）字股臣，一字集一。清吴江盛泽人。县学生。性慷慨仗义，盛泽南大街石路自东至西独出资命工铺之，其费千金。

著作集待考

◎**零星诗文** 《盛湖诗萃》卷三有诗。

孙登（1625—?）字于岸。清吴江人。明崇祯十五年（1642）湖郡增广生。

◎**著作集**

医方证绳纂释

见《儒林六都志·著述》，未见收藏。

计东（1625—1676）字甫草，一字改亭。清吴江盛泽人。自幼跳荡不常，先辈吴翻独器之，妻以女。年十五补诸生，文誉日起，尝著《筹南五论》上史可法，可法奇之。顺治十四年（1657）举京兆第七人，御试第二名，名动长安。三上春官不第，旋遭奏销案被黜。浪游四方，所至结交贤士大夫，对客议论风发，时或愤激怒骂，人目为狂。其古文名于时。曾结十郡文社，传为文坛盛事。计东重交谊，吴兆骞流徙出关，周恤其家，以爱女字其弱子。计东故世二十余年后，生前赏识之人宋荦上任江苏巡抚，为其遗作写序，遂使《改亭集》行世。

◎**著作集**

改亭文集十六卷诗集六卷（计东撰，计默编）

南京图书馆存清康熙二十七年刻本。

见黄山书社《全四库系列·四库存目书》，吴江图书馆有藏。

甫里集六卷

国家图书馆存清康熙刻本。

汝颍集

竹林集

中州集

读庄日记

广说铃一卷

名家英华

以上六种见同治《苏州府志》卷一百三十八，未见收藏。

天尺楼纪年一卷

见《松陵人物汇编》卷六，未见收藏。

不共书四卷

南京图书馆存抄本

改亭文抄一卷

国家图书馆存清乾隆六十年（1795）刻本。

改亭文录三卷

国家图书馆存清同治七年（1868）刻本。

计甫草诗一卷

存《皇清百名家诗》，今未见收藏。

◎零星诗文　《国朝松陵诗征》卷四有诗。《松陵文录》卷二等有文。

【编者注】《改亭文集》计璸重刊跋称，计东之文"旧分四集，曰'甫里'，曰'汝颍'，曰'竹林'，曰'中州'；其诗则总名'狂山吟'，亦分数集焉。迨长洲汪先生删'甫里'以下诸文都为改亭集，而哲嗣葰村老人因遂悉编'狂山'诸吟别为改亭诗集。"由此可知，上列《汝颍集》《竹林集》《中州集》实际上已被编入《改亭文集》。而《改亭诗集》的前身《狂山吟》及其分集方志未曾记载。

赵淑（1625—1717）字叔子，号诚斋。清吴江人，赵涣三弟。明诸生。有志操，尝往来吴易军及浙东鲁王所。顺治三年（1646）归里，年二十二遂弃诸生，隐西郊授徒以养其身，不入城市，历七十余年卒。

◎**著作集**

诚斋剩稿

见乾隆《震泽县志》卷三十一，未见收藏。

◎**零星诗文**　《松陵诗征前编》卷九有诗。《吴江赵氏诗存》卷九有诗。

王奂（生卒年不详）字维章，号可庵，又号晦夫。清吴江盛泽人。博学能文，康熙十八年（1679）荐博学鸿词，丁内艰不果。性喜吟咏，与朱明德、殳丹生、潘耒、计东诸公相唱和。

◎著作集

倚树堂诗集（毛奇龄序）

　　见同治《盛湖志》卷十二。上海图书馆存清康熙四十二年（1703）刻本诗选一卷。

可庵诗钞一卷

　　见同治《盛湖志》卷十二，存顾有孝《百名家英华集》，未见收藏。

汝钦授（生卒年不详）字子受。清吴江黎里人，汝可法之子。少聪颖能文，明末遭乱后，以书史自娱。手辑家谱十卷，广搜博访十余年始卒业。卒年八十三。

四体千字文

汝氏世谱十卷

　　以上两种见嘉庆《黎里志》卷六，未见收藏。

黄凤苞（生卒年不详）字远候，一字长翎。清吴江人，黄光升之子。县学生。后移居郡城。工诗文，吴下士争师事之。

◎著作集

悦可堂诗存

　　见乾隆《震泽县志》卷三十一，未见收藏。

◎零星诗文　《国朝松陵诗征》卷三有诗。《江苏诗征》卷六十五有诗。

金石麟（生卒年不详）（生卒年不详）初名嗣麟，字囿黄，号容斋。清吴江人。世居鄞县，其祖金洪明弘治中为吴江令，遂占籍焉。清顺治八年（1651）以嘉兴籍中举人。少年作诗专尚藻彩，中年自悔，诗非汉魏不学，遂有清刚之气。

◎著作集

酿春堂诗稿一卷

交翠堂稿

　　以上两种见乾隆《吴江县志》卷四十六，未见收藏。

◎零星诗文　《国朝松陵诗征》卷三有诗。《江苏诗征》卷八十八有诗。

观树（？—1685）字声海，号半壑。清吴江人。俗姓李，于凤鸣寺剃度，后入浙江桐乡惠云寺，以上定为师。康熙十四年（1675）举僧牧。五辞不果，历职十年卒。工画，擅铁笔，作山水枯木竹石皆臻神妙。诗格古淡安雅，清高凄警。

◎著作集

诗存合抄三卷（与上定、悟拈同撰，黄容选）

上海图书馆存清康熙刻本。

周邦彬（生卒年不详）字雅生。清吴江人。明诸生。顺治八年（1651）恩贡生。康熙中为台州同知，每事为民请命，民感其德。

◎著作集

（康熙）大名府志三十二卷

国家图书馆存清康熙刻本。

漪丽堂集

见乾隆《吴江县志》卷四十六，未见收藏。

叶小鸾（1626—?）字千璎，一字香期。明末清初吴江人，叶绍袁第五女。长洲王复烈妻。

著作集待考

◎零星诗文 《吴江叶氏诗录》卷八有诗。《分湖诗钞》卷二十一有诗。

沈宪梾（1626—1693）原名宪。字禄天，号西豹。清吴江人，沈永达长子。治《书》，补吴县庠生。

◎著作集

沈西豹散曲

见郝丽霞《吴江沈氏文学世家研究》，未见收藏。

潘柽章（1626—1663）字圣木，一字力田，又字更生。清吴江平望人，潘志伊曾孙，潘凯之子。少有异禀，年十五补桐乡弟子员。入清后隐居韭溪，肆力于学。综贯百家天文地理皇极太乙之书，无不通晓。已乃专精史事，欲仿《史记》作明史记，与吴炎等同事之。其书既成十之六七，会南浔庄廷钺史狱起，因罹祸，康熙二年（1663）死于杭，年三十八。

◎著作集

松陵文献十五卷

南京图书馆存清康熙三十二年（1693）刻本。

见黄山书社《全四库系列·四库奏毁书》。

今乐府二卷（上卷吴炎撰，下卷潘柽章撰）

苏州图书馆存民国元年（1912）印本。

国史考异六卷

　　吴江图书馆存清刻本。

　　见黄山书社《全四库系列·四库奏毁书》。

星名考

杜诗博议

壬林

韭溪集

　　以上四种见乾隆《吴江县志》卷四十六,未见收藏。

观复草庐剩稿(一作《潘力田遗诗》)六卷

　　吴江图书馆存民国元年(1912)印本。

　　南京图书馆存民国抄本《观物草庐焚余稿》。

经世声音臆解

经世参

　　以上两种见《松陵文献》卷八,未见收藏。

明史记(与吴炎同撰)

　　见吴炎《今乐府序》,未见收藏。

◎**零星诗文**　《松陵诗征前编》卷九有诗。《松陵文录》卷一等有文。

孙盛赟(生卒年不详)清吴江人。

◎**著作集**

击碎唾公瓦集二十四卷

　　见《儒林六都志·著述》,未见收藏。

孙侯(生卒年不详)字商声。清吴江溇东人,张隽高弟。诗古文简洁有法度。性孤冷,不喜谐俗。张隽遭史祸后,尝谓斯文既丧,世无可交者。每就砚席,辄怒其馆主不合而去。郡城承天寺僧慕其名,厚聘学诗。初见其密室多酒,心已愤之。阅三月,有贵人携妓来宴,僧隅坐酣饮,孙侯窥视大怒,亟辞之又不能即出,遂奋投书斋前池水而死。

◎**著作集**

八家文近(辑)

古文近(辑)

　　以上两种见《儒林六都志·著述》,未见收藏。

苏文近(辑)

自适草一卷

海棠缘传奇

　　以上三种见《明清江苏文人年表·顺治十六年》,未见收藏。

商声诗选

　　上海图书馆存民国十三年（1924）抄本。

董衡（生卒年不详）清吴江人。顺治十一年（1654）举人。

著作集待考

◎**零星诗文** 《笠泽词征》卷七有词。

叶燮（1627—1703）原名世倌。字星期，一字己畦，号独岩，晚号横山。清吴江分湖叶家埭人，叶绍袁第六子。明诸生。康熙九年（1670）进士，十四年（1675）授宝应知县。以伉直忤巡抚慕天颜被劾归。晚居吴县横山，筑小圃，颜曰“独立苍茫处”，又颜其草堂曰“二弃”，著述其中。人称横山先生。工文，喜吟咏，王士禛称其诗古文“熔铸古昔，能自成一家之言”。沈德潜评其论诗“一曰生，二曰新，三曰深，凡一切庸俗陈旧浮浅语须扫而空之”。尝就知县郭琇聘，纂修邑志，三月而就。

◎**著作集**

己畦文集二十二卷

　　吴江图书馆存清乾隆癸未（1763）刻本复印件。

　　见黄山书社《全四库系列·四库存目书》，吴江图书馆有藏。

己畦诗集十卷附残余一卷

　　吴江图书馆存清乾隆刻本复印件。

原诗四卷

　　吴江图书馆存清道光十三年（1833）刻本。

　　见黄山书社《全四库系列·四库存目书》，吴江图书馆有藏。

江南星野辨一卷

　　吴江图书馆存清道光十三年（1833）刻本。

　　见黄山书社《全四库系列·四库存目书》，吴江图书馆有藏。

己畦琐语

　　吴江图书馆存清道光十三年（1833）刻本。

汪文摘谬一卷

　　吴江图书馆存民国四年（1915）刻本。

经文摘谬一卷

　　南京图书馆存无锡丁氏铅印本。

（康熙）吴江县志四十六卷

　　吴江图书馆存清康熙二十三年（1684）刻本。

白田倡和集一卷（与纂）

　　南京图书馆存清刻本。

宝应县志（与纂）

陈留县志（与纂）

仪封县志（与纂）

　　以上三种见沈德潜《叶先生传》，收藏不详。

午梦堂诗钞四卷（辑）

　　南京图书馆存清康熙刻本。

子目：

沈宜修　绣垂绾稿（旧名《鹂吹集》）一卷

叶纨纨　芳雪轩遗稿（旧名《愁言集》）一卷

叶小鸾　疏香阁遗稿（旧名《返生香》）一卷

叶小纨　存余草一卷

◎**零星诗文**　《国朝松陵诗征》卷四有诗。《松陵文录》卷三有文。《笠泽词征》卷七有词。《吴江叶氏诗录》卷二有诗。《分湖诗钞》卷六有诗。

王锡阐（1628—1682）字寅旭，号晓庵，一号天同一生，又号余不。明末清初吴江人。生而颖异，多深湛之思。甲申之变，发愤欲死者再，投河会有救者不死；绝粒七日又不死，父母强持之，不得已乃复食。遂弃制举业，专力于学。博极群书，尤精历象之学，兼中西之长，自立新法，用以候日月食颇密。其学与梅文鼎并称精确。为人耿介拔俗，诗文峭劲有奇气。

◎**著作集**

三辰晷志

　　见康熙《吴江县志续编》卷二，未见收藏。

历说五篇

圜解二卷

日月左右旋问答

　　以上三种见乾隆《震泽县志》卷二十，未见收藏。

晓庵新法六卷

　　国家图书馆存清道光二十四年（1844）刻本。

　　见《四库全书》。

五星行度解一卷

　　国家图书馆存清道光二十四年（1844）刻本。

丁未历稿

测日小记

推步交朔一卷

汉书日食辨

南北两极图浑天歌

筹算一卷

字母原始

续唐书本纪四卷

困亨斋集二卷（改题《晓庵先生集》）

以上九种见道光《震泽镇志》卷十一，未见收藏。

大统历法启蒙五卷（张鉴序）

见道光《震泽镇志》卷十一。康熙《吴江县志续编》载《大统历西历启蒙》。

北京大学图书馆藏清抄本《大统历法启蒙》一卷补遗一卷。

明史十表稿

见王济《王晓庵先生墓志》，未见收藏。

晓庵先生文集三卷诗集二卷

吴江图书馆存文集三卷清道光元年（1821）刻本。

晓庵遗书四种十五卷

吴江图书馆存清刻本。

子目：

历法六卷

历表三卷

大统历法启蒙五卷

杂著一卷

历法二十四种二十四卷

北京大学图书馆藏清抄本。

子目：

太阳盈缩立成一卷

太阳迟疾立成一卷

黄赤道率附月离一卷

冬夏二至太阳行度一卷

月离转定度立成一卷

月离转积度立成一卷

月离轩闰日转积度立成一卷

五星立成一卷

五星段目立成一卷

五星伏见差度立成一卷

五星细行捷法一卷

七政捷法立成一卷

四余交宫一卷

四余立成一卷

四余捷法立成一卷

赤道积度缩次钤一卷

赤道交宿度分一卷

赤道十二宫次宿度钤一卷

黄道积度宿次钤一卷

黄道各宿度分一卷

算黄道十二宫、次、宿、度、钤一卷

定日钤一卷

定时刻钤一卷

日食南北星差立成一卷

天同一生传

> 国家图书馆存民国四年（1915）铅印本。

◎**零星诗文** 《松陵诗征前编》卷八有诗。《松陵文录》卷一等有文。

【编者注】道光《震泽镇志》中沈栋的《浩然堂集》和沈以介的《职方表》、《读史贯索》三书紧随王晓庵著作后，同治《苏州府志》将三书误入王晓庵著作。《江苏艺文志》因袭其误。

王锡蕙（生卒年不详）字树百。清震泽人，王锡阐妹，王济妻。自少得兄指授，通历算勾股法。

◎**著作集**

唱随集五卷

> 见道光《震泽镇志》卷十一，未见收藏。

树百算学

> 见《乌程县志》，未见收藏。

◎**零星诗文** 《国朝松陵诗征》卷二十有诗。

王济（生卒年不详）字日鳞。清吴江烂溪人。本姓庄。年十三为诸生，聘王锡阐之妹王锡蕙，未婚以家祸戍沈阳。及归，隐洞庭翠峰寺，后赘王锡阐家，遂从其姓。旋徙烂溪，潜心正学，于身心性命颇有所得。卒年五十二。

◎**著作集**

半砚斋集

> 见乾隆《吴江县志》卷四十六，未见收藏。

◎**零星诗文** 《松陵文录》卷十六有文。

姚汝鼐（生卒年不详）字九铉。清震泽人。原籍桐乡，来震泽受业于王锡阐，遂家焉。少工诗，既见王锡阐以为作诗无益于身心性命，乃弃去，而致力于经史，尝手录吴炎、潘柽章明史稿藏之筲篋。王锡阐卒，遗稿散佚，姚汝鼐为收集之。康熙中卒。

◎著作集

黾勉园稿（王锡阐题卷首）

　　见道光《震泽镇志》卷十一，未见收藏。

沈蕙玉（生卒年不详）字畹亭，一字绿庄。清震泽人，举人倪学涵妻。工诗，凄婉幽咽，多感伤之词。年三十六卒。

◎著作集

聊一轩遗稿一卷（倪师孟序）

　　见道光《震泽镇志》卷十一。

　　国家图书馆存清道光二十四年（1844）年刻本《聊一轩诗稿》。

◎零星诗文　《国朝松陵诗征》卷二十有诗。

沈永乔（1629—1680）字树人，一字友声，号冷庵。清吴江人，沈自晋侄。入清不仕。顺治四年（1647）与校《南词新谱》。

◎著作集

丽鸟媒

　　见姚燮《今乐考证》，并见《南词新谱》，未见收藏。

玉带城

　　见《古典戏曲存目汇考》卷十，未见收藏。

沈世潢（1629—1691）字茂宏，一字耕道。清吴江人，沈璨孙。县学生。顺治十八年（1661）以逋粮案被革学籍。嗜好殊俗，遇希见之书与法书名画，不惜重价购之，又嗜茶，日以琴书茗碗自娱。年四十后筑室湖滨，有飘然尘外之想。

◎著作集

钓梭集一卷

静绿轩诗草一卷

枫沤峦影词（一名《东轩稿》）一卷

　　以上三种见乾隆《吴江县志》卷四十六，未见收藏。

◎零星诗文　《国朝松陵诗征》卷五有诗。《笠泽词征》卷六有词。

晓青（1629—1690）字僧鉴，号碻庵。清吴江人，朱氏子，祝发郡之休休庵。参灵岩弘储，受戒具为弟子。弘储游广西，命晓青继其席。康熙二十八年（1689）圣祖南巡，见行在，赐御书与上方物。年六十二卒，建塔莲花峰下。

◎**著作集**

心经句义诠

　　见民国《吴县志》卷五十八，未见收藏。

高云堂诗集十六卷恭和御制诗应制诗一卷

　　国家图书馆存清康熙刻本。

高云堂文集十六卷

　　国家图书馆存清康熙刻本。

僧鉴禅师语录三十二卷

　　国家图书馆存清刻本。

李培（生卒年不详）字上材，自号休翁。清吴江人。居邑城东门，心慕阳明之学，以致良知为务。所居穷巷，教授生徒，浩然自得。

◎**著作集**

知非叙略一卷

寻乐斋稿

　　以上两种见乾隆《吴江县志》卷四十六，未见收藏。

◎**零星诗文**　《国朝松陵诗征》卷四有诗。《江苏诗征》卷九十三有诗。

周稼（生卒年不详）字无逸。清吴江人。

著作集待考

◎**零星诗文**　《国朝松陵诗征》卷四有诗。

朱虹（生卒年不详）字宣初，一字天饮。清吴江人。少有才誉，喜交游。顺治二年（1645）取入江庠。康熙二年（1663）举人。二十年（1681）任扬州府学教授，官翰林院典籍。

◎**著作集**

清远堂诗钞

　　见《松陵人物汇编》卷六，未见收藏。

◎**零星诗文**　《国朝松陵诗征》卷四有诗。《江苏诗征》卷十六有诗。

周爱访（1629—1697）字求卓，号裕哉。清吴江同里人。顺治二年（1645）取入江庠。康熙三年（1664）进士。历任宁晋、荥阳知县，擢昆阳知州，复调南安，擢礼部仪制司员外，未任丁内艰，服阕补祠祭司，进郎中。出典山东乡试，旋督学江西。卒于任。天性俭约，缊袍蔬食率以为常。

◎**著作集**

有容堂真稿

学使条约

南昌府志

裕哉诗稿

> 以上四种见嘉庆《同里志》卷二十二，未见收藏。

周氏族谱

> 见《松陵人物汇编》卷，未见收藏。

◎**零星诗文** 《国朝松陵诗征》卷四有诗。《江苏诗征》卷八十二有诗。

吴南杓（生卒年不详）字融司，号讷庵。原名焱，字佑申。清吴江人，吴炎弟。少日随父及诸兄后，以文词相角逐，声名著江浙间，会兄罹祸，杜门著述不妄见一人，其品益醇，其诗亦进而日工，五律清老，七言雄健，可与乃兄称竞。

◎**著作集**

知希草

在涧草

豫章草

辽游草

> 以上四种见乾隆《震泽县志》卷三十一，未见收藏。

◎**零星诗文** 《国朝松陵诗征》卷四有诗。《江苏诗征》卷十二有诗。

唐大陶（1630—1704）字铸万，别号圃亭。后更名唐甄。父本四川达州人，崇祯中为吴江县知县，后以礼部郎致仕，挈唐大陶寓居吴江，赍志以殁。唐大陶以顺治十四年（1657）举人知长子县，旋罢归，侨寓郡城之枫桥，往来吴江。好古博学，著文笔意酣畅，为宁都魏禧深赏。家酷贫，年七十余卒。

◎**著作集**

潜书（初名《衡书》潘耒序）

> 吴江图书馆存清刻本。

圃亭集

> 见民国《垂虹识小录》卷八。未见收藏。

孙蓼（1630—?）字寿岂。清吴江人。平居好读书，遇关涉伦纪者辄记之。

◎**著作集**

读书鉴

> 见乾隆《吴江县志》卷三十七，未见收藏。

孙云球（1630—1662，一说1628—1664）字泗滨，号文玉。清吴江六都人，迁居长洲虎丘。孙志儒季子。幼禀夙慧，母董如兰亲授经史，年十三入武康庠。两入棘闱不遇，遂淡于功名。父殁，卖药供母。精于测量，凡有所制造，一时服其奇巧。曾精心制作自然晷，定昼夜，晷刻不违分秒。深研光学，用水晶制作眼镜等。其术乃亲炙武林诸日如、桐溪俞天枢、西泠高逸上，私淑于钱塘陈天衢。远袭西洋利玛窦、汤若望、以及钱复古诸先生。所撰《镜史》为中国首部光学著作。

◎著作集

镜史

上海图书馆存康熙十九年（1680）刻本。

吴江图书馆存部分文字复制品。

【编者注】《镜史》一书学术界原以为已佚，但近年有人在上海图书馆发现，被称为清代科技史料的重大发现。《江苏艺文志》孙云球条下有按语："《镜史》虽佚，然其母之序犹存片断，曰：'夫人有苦心，每不敢求人知，甚至有不欲为人所知者。故无恒产者而有恒心者，唯士为能。今吾子不得已托一技以给薪水，岂吾子之初心哉。'"但阅上海图书馆所藏《镜史》，未见董如兰之序，故疑其不完整。

本圆（生卒年不详）字湘溪，号蛤庵。清吴江僧人，明楚宗祁阳王之子。国破，王被害，本圆尚幼，其母携之避地江西为僧于兜率寺，旋至浙，为木陈高足弟子。母亦祝发，号霜溥老人。本圆性峻洁，不好交游，惟与毛奇龄、吕师濂友善。曾主罗汉讲寺，后至京师，圆寂于洪福寺。

◎著作集

湘溪集

见乾隆《吴江县志》卷四十六，未见收藏。

皇甫钦（生卒年不详）字尧臣，一字密安，号罗浮山人。清吴江盛泽人。补归安诸生。好诗兼工书法，人竞购之。

◎著作集

罗浮存稿

见乾隆《吴江县志》卷四十六，未见收藏。

◎零星诗文 《国朝松陵诗征》卷二有诗。

缪昭质（生卒年不详）字素涵。清吴江人。

◎著作集

素涵诗稿

见乾隆《吴江县志》卷四十六，未见收藏。

沈以介（生卒年不详）一名华植，字芝房。清吴江八都人。性颖敏好古，绝意进取。其学尤长于地理。潘柽章、吴炎分撰明史，年表、历法属诸王锡阐，流寇志属诸戴笠，而地理志未有任之者，沈以介乃博考郡县之沿革及疆域、山川、道路、户口、贡赋撰为《职方表》四卷。为人谦谨廉直，不事标榜，世亦遂无知之者。康熙中卒，年仅三十四。

◎著作集

明职方考四卷

读史贯索十六卷

以上两种见乾隆《震泽县志》卷三十一，未见收藏。

沈华鬘（生卒年不详）字端容，一字兰余。清吴江人，沈自炳次女，沈宪英妹。幼工诗词，兼晓绘事，适诸生丁彤，治家有法。

◎著作集

端容遗稿一卷

见乾隆《吴江县志》卷四十六，未见收藏。

◎零星诗文 《国朝松陵诗征》卷二十有诗。《江苏诗征》卷一百七十三有诗。《吴江沈氏诗录》卷十二有诗。《吴江叶氏诗录外编》卷十有诗。《众香词》有词。

严敬孚（生卒年不详）字来彝。清吴江同里人。处世恬退，诗书自娱，淳心质行有古风，勇于为善。康熙九年（1670）大水，贷殷家桥乡人米二百斛，不责其偿，人感其义，呼为严佛子。

◎著作集

易经解

见嘉庆《同里志》卷十三，未见收藏。

沈昌宗（生卒年不详）字裕昆，号拙斋。清平望人。幼通诸经，邃于易经及谶纬星命之学。尤好金石文字，藏碑帖数百种。工书法，为山阴杨宾极推崇。年八十四卒。

◎著作集

松陵遗诗四卷

见道光《平望志》卷八，未见收藏。

陆瑶（生卒年不详）字斗光，号雪崖。清吴江人，陆云庆从子。明诸生，清康熙十年（1671）岁贡生。为诸生二十年，试辄高等，数奇不遇，韦布以终。身后声光，籍籍人口。

◎著作集

东江集

漱玉轩集

国朝文讨源

以上三种见嘉庆《同里志》卷十二，未见收藏。

◎零星诗文 《国朝松陵诗征》卷三有诗。《江苏诗征》卷一百五十二有诗。

陆璇（生卒年不详）字殷六，一字楚分。清吴江人，陆云庆之子，陆瑶弟。顺治七年（1650）取入江庠。

◎著作集

关中集

见嘉庆《同里志》卷二十二，未见收藏。

◎零星诗文 《国朝松陵诗征》卷三有诗。

顾在王（生卒年不详）字宾臣，清吴江人，顾大典从孙。县学生。自少至老未尝一日废学，诗不酷意求工，亦中绳尺。

著作集待考

◎零星诗文 《国朝松陵诗征》卷四有诗。

赵植（1630—1701）字大生，一字仔上，号天游。清吴江人，赵涣之子。顺治八年（1651）取入江庠。喜为诗，兼工行楷，书颇为士林所推。

◎著作集

芳树园稿

见乾隆《吴江县志》卷四十六，未见收藏。

◎零星诗文 《国朝松陵诗征》卷四有诗。《江苏诗征》卷一百零八有诗。

吴祖命（生卒年不详）字邺衣（一作业依）。清吴江人，吴麟之子。顺治八年（1651）取入江庠。袁景略称其学博词雄，著述甚富，其诗意主独造，不屑一字雷同，在诸吴中能拔戟自成一队。

◎著作集

一缣庵诗草四十七卷

见乾隆《震泽县志》卷三十一，未见收藏。

◎零星诗文 《国朝松陵诗征》卷四有诗。《江苏诗征》卷十二有诗。

王巘（生卒年不详）字补云。清吴江盛泽人。顺治八年（1651）取入江庠。好读书，工韵语，画宗董源、巨然，写山水秀色可餐。画有余资，恒以赒贫乏者。有论者讥其画笔墨俗恶。

著作集待考

◎**零星诗文** 《盛湖诗萃》卷六有诗。

【编者注】《百度百科》称王嵼为清乾隆时人，而编者在康熙《吴江县志续编》卷七找到如下记载："王嵼，字补云，写山水秀色可餐。"乾隆时代的人，显然不可能出现在康熙时代的地方志中。在吴江的《游庠录》中，编者又查到王嵼于顺治八年（1651）取入江庠，故用此说。

吴之彝（生卒年不详）字绣石。清吴江人。从外舅任大任学。父馆于外，则奉母惟谨。兄丧偶，遗一女，抚如己女。淡于名利，以礼义自守。晚以诗文自娱。卒年七十五。

◎**著作集**

吴氏家训

素庵集

以上两种见嘉庆《同里志》卷二十二，未见收藏。

顾开（生卒年不详）清吴江同里人。

◎**著作集**

柳村诗稿

见嘉庆《同里志》卷二十二，未见收藏。

沈辛柈（1631—1695）字龙媒，号镜湖。清吴江人，沈永弼次子。补嘉兴府庠生。尝参校《南词新谱》。

◎**著作集**

沈龙媒散曲

见郝丽霞《吴江沈氏文学世家研究》，未见收藏。

吴兆骞（1631—1684）字汉槎，号季子。清吴江人，吴晋锡第四子。顺治十一年（1654）取入江庠。顺治十四年（1657）举人。少有俊才，发未燥即声誉鹊起。与吴兆宽、吴兆宫两兄入慎交社，名流老宿莫不望风低首。科场事发，被累戍宁古塔，虽遭放废，其嗜好如故，出关时以牛车载书万卷。在塞外二十三年，日与羁臣逐客饮酒赋诗，曾结七子诗会，分题角韵，月凡三集。后得徐乾学等乞援赎归，逾年卒。

◎**著作集**

秋笳集八卷

吴江图书馆存清雍正四年（1726）刻本。

见黄山书社《全四库系列·四库存目书》，吴江图书馆有藏。

子目：

秋笳集三卷　秋笳前集一卷　秋笳后集一卷　西曹杂诗一卷　杂体诗一卷　秋笳杂著一卷

归来草堂尺牍一卷

吴江图书馆存民国三十四年（1945）印本。

吴汉槎集六卷

南京图书馆存清道光十一年（1831）刻本。

吴汉槎诗集不分卷

国家图书馆存清抄本。

名家绝句抄六卷（与顾有孝等同纂）

见《贩书偶记续编》，未见收藏。

秋笳词二卷

见《全清词钞》，未见收藏。

▲《秋笳集》书影

◎**零星诗文**　《国朝松陵诗征》卷三有诗。《松陵文录》卷十等有文。《笠泽词征》卷七有词。《全清词钞》卷二有词。

吴文柔（生卒年不详）字昭质。清吴江人，吴兆骞妹，杨焯妻。

◎**著作集**

桐听词

见《众香词》，未见收藏。

◎**零星诗文**　《笠泽词征》卷二十三有词。《众香词》御集有词。

金祖慎（生卒年不详）清吴江人。

圄史一卷

《江苏省立国学图书馆现存书目》卷六著录抄本，今未见收藏。

金麟（生卒年不详）字星若，号西郊。清吴江人。顺治十一年（1654）取入江庠。雍正十年（1732）保举任河南汝州鲁山县知县。

◎**著作集**

西郊吟草

　　柳亚子等《吴江文献保存会书目》著录抄本，今未见收藏。

◎**零星诗文** 《金氏诗集》有诗。

吴元方（生卒年不详）字友陈。清吴江人。顺治十一年（1654）取入江庠。

◎**著作集**

太湖赋

万斋草集四卷

湖畔竹枝词

　　以上三种见《儒林六都志·著述》，未见收藏。

沈士升（生卒年不详）字起霞，清吴江人。顺治十一年（1654）取入江庠。

◎**著作集**

砚农集十二卷

　　见乾隆《震泽县志》卷三十一，未见收藏。

潘婉顺（生卒年不详）清震泽人。凌谦受妻。

◎**著作集**

兰窗咏

　　见道光《震泽镇志》卷十一，未见收藏。

沈永馨（1632—1680）字建芳，一字天选，号篆水，别号豚庵。清吴江人。沈瓒之孙，沈世璜弟。诸生。年十三遭明亡，遂志于隐居，筑别墅于麻溪之上，啸歌自得。二三知交外，车骑访之不见。诗格朴老，无粉饰炫耀之习。

◎**著作集**

通晖楼诗稿一卷

采芝堂诗稿（一名《新结草堂诗稿》）四卷

　　见乾隆《吴江县志》卷四十六，未见收藏。

辍耕堂诗稿

　　见乾隆《吴江县志》卷三十三，未见收藏。

◎**零星诗文** 《国朝松陵诗征》卷五有诗。《全清散曲》收其小令。

章复（生卒年不详）字中行，号石桥。清吴江人，章梦易之子。诸生。善诗文。与赵沆友善。

◎著作集

焚余诗稿文稿

同川风雅集

见嘉庆《同里志》卷二十二，未见收藏。

◎零星诗文 《国朝松陵诗征》卷十一有诗。《江苏诗征》卷六十一有诗。

陆崖（1632—?）清吴江人。与殊胜寺僧性炳为诗文友。

◎著作集

自娱集

见乾隆《震泽县志》卷三十一，未见收藏。

孔兴份（生卒年不详）一作孙兴份。清震泽人。

◎著作集

易义旁通

震泽见闻录

以上两种见乾隆《震泽县志》卷三十一，未见收藏。

【编者注】乾隆《震泽县志》在卷三十一书目中著录孙兴份有《易义旁通》、《震泽见闻录》，而在卷七和卷十八中提及《震泽见闻录》又标注作者为孔兴份，故一并记录。

吴学沂（生卒年不详）清吴江六都人。

◎著作集

碎金集

见《儒林六都志·著述》，未见收藏。

王毓（1633—1659）字晋刘。清初吴江北麻人。明诸生。幼工诗文，年十八领乡荐，顺治九年（1652）嘉兴籍进士。官河南提学道佥事。卒于官，年仅二十七。

◎著作集

分霞亭集

见乾隆《震泽县志》卷三十一，未见收藏。

◎零星诗文 《国朝松陵诗征》卷二有诗。

叶舒颖（1633—?）颖一作胤。字学山。清吴江人，叶绍袁孙，叶燮侄。顺治十四年（1657）副榜贡生。性洒脱，呻哦不事生产，中年后家渐落，淡如也。其诗工于言情，色遒丽而不艳，意沉着而不浮。

◎著作集

叶学山先生诗稿十卷

　　湖南图书馆存嘉庆十七年（1812）抄本。

◎零星诗文　《国朝松陵诗征》卷四有诗。《笠泽词征》卷七等有词。《吴江叶氏诗录》卷三有诗。

沈树荣（生卒年不详）字素嘉。清吴江人，叶小纨之女，叶舒颖妻。承母教，工诗词。尝与庞蕙缵比邻而居，二人多赠答唱和之作，为时所称。

◎著作集

月波词

　　见《众香词》乐集，未见收藏。

希谢词

　　见乾隆《震泽县志》卷三十一，未见收藏。

◎零星诗文　《国朝松陵诗征》卷二十有诗。《笠泽词征》卷二十三有词。《吴江学氏诗录》卷十二有诗。《众香词》乐集有词。

吴锵（生卒年不详）字闻玮，一字玉川。清吴江人，吴洪五世孙。县学生。为人风流豪爽，求友如不及。工诗，与妻庞蕙缵相唱酬，名播远近。凡名流至吴江，必登复复堂。堂前百年紫藤虬根匝地，绿阴满架，与诸同人饮酒赋诗其下。顺治四年（1647）列名为《南词新谱》参阅人。康熙二十八年（1689）客如皋冒氏，卒于此，年六十二。

◎著作集

复复堂稿

　　见乾隆《吴江县志》卷四十六，未见收藏。

三藩遗事

　　存于抄本《明季纪事》，国家图书馆有藏。

西湖唱和诗一卷

　　见同治《苏州府志》卷一百三十八，未见收藏。

◎零星诗文　《国朝松陵诗征》卷七有诗。《笠泽词征》卷六有词。

庞蕙缵（生卒年不详）字纫芳，原名婉，号小婉。清吴江人，吴锵妻。性颖敏，读书一二遍，终身不忘。遍习五经，尤长于诗词书法，诗书擅绝当时，片纸只字莫不珍惜。

◎著作集

唾香阁诗词集

唱随集

见乾隆《吴江县志》卷四十六，未见收藏。

香奁杂咏

见《众香词》御集，未见收藏。

◎**零星诗文** 《国朝松陵诗征》卷二十有诗。《笠泽词征》卷二十二有词。《众香词》御集有词。

吴源起（生卒年不详）字准庵。清吴江平望人。吴铸（鼎吾）之子。顺治十八年（1661）进士。为洛阳令，擢工部主事、礼科给事中。性喜游览，尝游岱、华、嵩、衡，作《四岳游记》，后登恒山，又有《北岳游记》。归老于家，年近九十。

◎**著作集**

砚山吟稿

见道光《平望志》卷七，未见收藏。

四岳游记

见道光《平望志》卷七，未见收藏。

北岳游记

见柳兆薰《松陵文录姓氏考》，未见收藏。

吴鼎吾行实一卷

国家图书馆存清康熙刻本。

◎**零星诗文** 《松陵文录》卷八有文。《国朝文汇》卷三十二有文。

张嘉璪（生卒年不详）字文须，号揩葵。清吴江人。明诸生，清顺治十八年（1661）进士。从桐乡张履祥游，工制义并工诗，有名吴楚间。

著作集待考

◎**零星诗文** 《国朝松陵诗征》卷四有诗。

张美章（生卒年不详）清震泽人。

◎**著作集**

禹贡图说

见乾隆《震泽县志》卷三十一，未见收藏。

陈严（生卒年不详）清吴江人。

◎**著作集**

清漪阁诗集

见乾隆《吴江县志》卷四十六，未见收藏。

沈栋（生卒年不详）初名嘉楠，字石城，一字晋隐。清初吴江人。博学能文，尤工书，与王锡阐游。入清无意仕进，以山水自娱。

◎**著作集**

浩然堂集

　　见乾隆《震泽县志》卷三十一，未见收藏。

◎**零星诗文**　《松陵诗征前编》卷九有诗。

姚沺（1635—1668）字宗娥。清吴江人，潘柽之妻。其父姚紫书为张履祥高弟，遂于理学，姚沺窃听其绪论，于理学了如指掌。暇涉诗歌，得唐贤三昧。后潘柽馆吴县东山，遂家焉。

◎**著作集**

香奁遗稿二卷

　　见道光《平望志》卷十，未见收藏。

◎**零星诗文**　《笠泽词征》卷二十三有词。《江苏诗征》卷一百六十六有诗。

叶敷夏（生卒年不详）字苍霖，一字康哉，自号唐湖渔隐。清吴江人，叶继武之子。工诗，笔力矫健胜其父。其父爱交游，与诸同志结惊隐社。叶敷夏杜门嗜古，不妄交一人。父子间绝不相肖。

◎**著作集**

南阳草庐诗稿

　　见乾隆《吴江县志》卷四十六，未见收藏。

◎**零星诗文**　《国朝松陵诗征》卷四有诗。《江苏诗征》卷一百六十有诗。《吴江叶氏诗录》卷三有诗。

叶敷荣（生卒年不详）字兰操。清吴江人，叶敷夏之弟。诗以工整胜。

◎**著作集**

环碧堂稿

　　见道光《平望志》卷八，未见收藏。

◎**零星诗文**　《吴江叶氏诗录》卷三有诗。

李受恒（生卒年不详）字北山。清吴江人。尝入惊隐诗社。

◎**著作集**

猴岭新声

　　见乾隆《震泽县志》卷三十一，未见收藏。

词苑丛谈十二卷

    吴江图书馆存民国铅印本。

    见《四库全书》。

南州草堂词话三卷

    吴江图书馆存清道光十三年（1833）刻本。

枫江渔父小像题咏

    南京图书馆存清康熙刻本。

游鼓山记

    国家图书馆存清光绪17年（1891）铅印本。

啸虹笔记

    见《疑年录汇编》卷九，未见收藏。

田间秘录（未成稿）

    见康熙《吴江县志续编》卷六，未见收藏。

◎零星诗文 《国朝松陵诗征》卷六有诗。《笠泽词征》卷九有词。《松陵文录》卷十七有文。

吴兆宜（1637—1709）字显令。清吴江人，吴晋锡幼子，吴兆骞弟。与兄吴兆宽、吴兆宫、吴兆骞并以才藻流誉远近。三兄务广交，吴兆宜独闭户著书，笺注徐孝穆、庾子山、李义山、韩致尧诸集，征事训释，日夜不倦，人服其博洽。

◎著作集

茹古斋诗文集

    见同治《苏州府志》卷一百三十八，未见收藏。

徐孝穆集笺六卷

    吴江图书馆存清光绪二年（1876）印本。

    见《四库全书》。

李义山集笺六卷

    上海图书馆存稿本并有2008年影印本。

韩致尧集笺

    见乾隆《震泽县志》卷三十一，未见收藏。

玉台新咏笺注十卷

    吴江图书馆存民国二十四年（1935）印本。

    见黄山书社《全四库系列·四库存目书》，吴江图书馆有藏。

庚开府集笺注十卷

    苏州图书馆存清刻本。

    见《四库全书》。

才调集笺注十卷

　　上海图书馆存清抄本。

◎零星诗文　《国朝松陵诗征》卷七有诗。《江苏诗征》卷十二有诗。

　　沈永裎（1637—1677）字克将，一字醒公，号渔庄。清吴江人，沈珣孙，沈自友之子。顺治十一年（1654）取入江庠。少工举子业，有声场屋。以数奇不售，遂淡于进取。所居在邑之南郊，向称柳堂别业，中有绮云斋、翠娱堂、藤花阁、天缋楼、梅圃、荷池、小山诸胜。沈永裎读书吟咏其中。袁景辂云：渔庄风度流洒，情致缠绵，与之相接者如对灵和殿前柳。诗尚韵致而性情因之以出。词家推为吴郡词人冠。

◎著作集

选梦亭诗稿

聆缶词（一作《渔庄词》）一卷

　　以上两种见乾隆《吴江县志》卷四十六，未见收藏。

◎零星诗文　《国朝松陵诗征》卷四有诗。《笠泽词征》卷六等有词。《全清词钞》卷四有词。

　　广至（生卒年不详）字需轮，号进斋。吴江西云庵僧（一说庆寿庵僧）。工诗好客，与潘耒、徐釚、汪文柏诸名流相唱和。

著作集待考

◎零星诗文　《盛湖诗萃》卷十一有诗。

　　朱穆（生卒年不详）字汉直。清吴江人，先世自南浔迁同里。少负才藻，顺治十八年（1661）取入江庠。驰骋文坛，尝与董阆同选《三苏体要》，精古文者咸推服之。屡试不中，乃肆力于诗。游京师、走粤东几二十年，终无遇合。

◎著作集

四书论准

易经析疑

燕台集

罗浮集

楚游草

三苏体要

　　以上六种见嘉庆《同里志》卷二十二，未见收藏。

◎零星诗文　《国朝松陵诗征》卷七有诗。《江苏诗征》卷十六有诗。

　　顾静（生卒年不详）字友山。清吴江人。尝师从陈锷。顺治十八年（1661）取入

张天麟（1638—1715）字东侯，号笏山。清吴江人。顺治十二年（1655）取入江庠。天才英异，读书等身，工行草书，有声于时。生平杂著不少，韵语清和圆美。

◎著作集

笏山斋诗钞

见同治《盛湖志》卷十二，未见收藏。

吴祖修（1638—1694）字慎思，一字柳塘。清吴江人，吴瓛之子。康熙六年（1667）取入江庠。才高学博，困于诸生无愠色。性尤不喜见权贵人，尝游长安，卒不为势利所动。惟惓惓造就后学为务，游其门者多以能诗文知名于时，陈芃、周龙藻其最著者。同邑张尚瑗、周振业辈皆重其品，以老友事之。

◎著作集

柳塘诗集十二卷

苏州图书馆存清康熙三十八年（1699）刻本。

见黄山书社《全四库系列·四库存目书》，吴江图书馆有藏。

梅花草堂诗集不分卷

中国社科院文学研究所存稿本。

中州集十卷首一卷（元好问辑，吴祖修批校并跋）

苏州图书馆存清康熙三十八年（1699）刻本。

◎零星诗文 《国朝松陵诗征》卷七有诗。

叶舒崇（1638—1678）字元礼，号宗山。清吴江人，叶世侗之子。少体美丰姿，及长，与叶燮并擅文誉。明诸生，康熙十五年（1676）进士，官中书舍人。举博学鸿词，不及试卒于京邸。

◎著作集

宗山集

谢斋词

以上两种见康熙《吴江县志》卷二十二，未见收藏。

哀江南赋注（未成）

见乾隆《吴江县志》卷四十六，未见收藏。

◎零星诗文 《国朝松陵诗征》卷五有诗。《松陵文录》卷八有文。《笠泽词征》卷七等有词。《吴江叶氏诗录》卷三有诗。

叶舒玥（生卒年不详）字康贻，号雨岑。清吴江人，叶儆长子。廪贡生。青浦县教谕。尝入慎交社。

◎**著作集**

雨岑诗稿

  见《吴江叶氏诗录》卷三，未见收藏。

◎**零星诗文**　《吴江叶氏诗录》卷三有诗。《分湖诗钞》卷六有诗。《垂虹诗剩》卷九有诗。

叶舒芑（生卒年不详）字玄丰。清吴江人，叶绍衡族孙。

著作集待考

◎**零星诗文**　《吴江叶氏诗录》卷三有诗。《分湖诗钞》卷六有诗。

秦士颖（生卒年不详）字锐师。清韭溪人。喜读书。时吴之纪重举慎交社，随伯兄士隆往，文章气谊咸以非常目之。家道始平后啬，尝求馆谷于外，又以严亲齿衰侍奉不可久弛，每力辞。年七十余卒。

◎**著作集**

古韵备考

左国经史八家

静观楼诗稿

  以上三种见光绪《平望续志》卷十一，未见收藏。

顾施桢（生卒年不详）桢一作祯。字林奇，号适园。清吴江人，由平望东乙圩迁黎里。弱冠补诸生。工诗，与族叔顾有孝唱和。尝应京兆试不得，由太学授浙江昌化知县，未赴任卒于京。

◎**著作集**

我真集

岁邮集

歠醨集

  以上三种见嘉庆《黎里志》卷六，未见收藏。

杜律疏解汇注

  见嘉庆《黎里志》卷六

  南京图书馆存清康熙二十五年（1686）刻本《杜工部诗疏解二卷》及清雍正五年（1727）刻本《杜工部七言律诗疏解二卷》等。

文选汇注疏解十九卷

  南京图书馆存清康熙刻本。

古文兹程

  见道光《平望志》卷八，未见收藏。

沈永义弟，顾有孝甥。县学生。以能诗见许舅氏。所居草堂外栽花种柳，客至瀹茗清谈，有东晋人风致。

◎著作集

柳庵诗稿一卷（附词）

　　见乾隆《吴江县志》卷四十六，未见收藏。

柳庵集

　　见嘉庆《同里志》卷二十二，未见收藏。

◎零星诗文　《国朝松陵诗征》卷五有诗。《江苏诗征》卷一百一十八有诗。

周篆（1642—1706）字籀书，号草亭。清吴江人。世居青浦，迁吴江严墓。少颖敏好学，能为诗古文。弱冠后问道于顾炎武，顾炎武以务本语之，遂博究经史，已而遍游九州，参文武幕府。于所在河渠、兵农、钱谷之事并加谙练，乃悉以其所得发为词章。年六十五归里遂卒。

◎著作集

草亭文集二卷诗集四卷补遗一卷

　　苏州图书馆存清嘉庆刻本。

草亭诗说一卷

蜀汉书八十一卷

杜诗集说二十二卷

　　以上三种见乾隆《震泽县志》卷三十一，未见收藏。

杜工部诗集集解四十卷年谱一卷附录一卷

　　国家图书馆存清抄本。

百六集一百零六卷

　　见周廉《草亭先生年谱》，未见收藏。

◎零星诗文　《国朝松陵诗征》卷七有诗。

周铭（生卒年不详）字勒山。清吴江人。工诗，尤善填词。生平踪迹几半天下。康熙三十年（1691）至三十三年（1694）年，尝往日本。在日本撰竹枝词数十首，其国即播之管弦。还至鄞县，鄞县高士极重之。

◎著作集

林下词选十四卷

　　南京图书馆存清康熙十年（1671）刻本。

　　见黄山书社《全四库系列·四库存目书》，吴江图书馆有藏。

华胥词

　　见乾隆《吴江县志》卷四十六。

存《华胥语业》，附于《松陵绝妙词选》之后。

松陵绝妙词选四卷（辑）

　　吴江图书馆存民国十五年（1926）铅印本。

　　上海图书馆存清康熙十一年（1672）宁静堂刻本。

女子绝妙好词选十四卷（辑）

　　上海图书馆存民国四年（1915）石印本。

华胥放言（一作《华胥诗》）三卷

　　日本内阁文库藏清刻本。

日本竹枝词

　　见《明清江苏文人年表·康熙三十二年》，未见收藏。

◎零星诗文　《国朝松陵诗征》卷四有诗。《笠泽词征》卷八等有词。

喻撚（生卒年不详）字惟绮。清吴江人。原籍吉水，侯鼎臣之妻。其兄非指隐居吴江梅里，为西郊高士之一。

◎著作集

惠芳集

　　见《笠泽词征》卷二十三，未见收藏。

◎零星诗文　《笠泽词征》卷二十三有词。

吴森札（生卒年不详）字文照，号潇湘居士。清吴江人，吴溢之女，周某妻。

◎著作集

潇湘集

　　见《笠泽词征》卷二十三，未见收藏。

◎零星诗文　《笠泽词征》卷二十三有词。

董阆（生卒年不详）字方南，号如斋。清吴江人。康熙十二年（1673）进士，选庶吉士，以御试第一授检讨。在翰林十余年，纂修会典，注礼经，尽职不懈。迁国子监司业，校文拔士悉除宿弊，声誉大著。丁外艰归，以哀毁卒。

◎著作集

清慎堂集二十卷

　　见乾隆《震泽县志》卷三十一，未见收藏。

◎零星诗文　《国朝松陵诗征》卷五有诗。《松陵文录》卷八有文。

沈攀（生卒年不详）字步云，一字香山。清吴江人。康熙十二年（1673）进士，官灵台知县。潘耒谓其诗辞意深厚，有元次山舂陵行、杜子美病柏枯棕遗意。

◎著作集

密游草

见乾隆《震泽县志》卷三十一，未见收藏。

◎零星诗文 《国朝松陵诗征》卷五有诗。《江苏诗征》卷一百一十九有诗。《全清词钞》卷四有词。

赵沆（1643—1705）字子升。清吴江人，赵沄族弟，赵宽后裔。少时具勇力，弓马刀鞘无不娴习，及长折节读书，略观大意即弃去，而往古治乱兴衰莫不昭灼于中。喜为诗，为前辈顾有孝、朱鹤龄诸先生所称赏。与族兄赵沄、赵瀚相唱和。年五十精医术，晚探佛教。卒年六十三。

◎著作集

惕若斋遗诗二卷

见乾隆《吴江县志》卷四十六，未见收藏。

◎零星诗文 《国朝松陵诗征》卷五有诗。《江苏诗征》卷一百零七有诗。《吴江赵氏诗存》卷九有诗。

沈永信（1643—1699）字五玉。清吴江人，沈自南第五子。诗擅五古，气清词达，不摹仿前人。

著作集待考

◎零星诗文 《国朝松陵诗征》卷五有诗。

沈范纫（生卒年不详）字蕙贞。清吴江人，沈永令次女，吴梅之妻。年十二三即工吟咏。夫早卒，守寡四十年。临殁尚吟诗二句"病多未得专医肺，瘦尽何须独论腰"。

著作集待考

◎零星诗文 《国朝松陵诗征》卷二十有诗。《笠泽词征》卷二十三有词。

吴南龄（生卒年不详）字山年，一字梅洲。清吴江人，吴翩之子。康熙六年（1667）取入江庠。康熙十七年（1678）、三十二年（1693）副榜贡生。官灵璧教谕。少承父兄教，后又得妇翁朱彝尊指授，其学皆有本源。

◎著作集

梅洲诗草

见《国朝松陵诗征》卷五，未见收藏。

◎零星诗文 《国朝松陵诗征》卷五有诗。《江苏诗征》卷十三有诗。

仲子长（生卒年不详）失名，以字行。清吴江盛泽人，仲浚族子。工篆刻，得汉魏宋元诸家体势。

◎著作集

印谱二卷（潘耒序）

　　见同治《盛湖志》卷十二，未见收藏。

周能察（生卒年不详）字以绍，号谨斋。清吴江谢天港人，周朱耒父。早卒。

◎著作集

世经堂遗稿

　　见乾隆《吴江县志》卷四十六，未见收藏。

钮琇（1644—1704）原名泌，字书城（一作书臣），一字玉樵。清吴江北麻人。初从吴宗汉游，康熙六年（1667）取入江庠，康熙十一年（1672）拔贡，入国子监从昆山徐元文学。历知河南项城县、陕西白水县，兼摄沈邱、蒲城事，颇多治绩。后为广东高明县令，卒于官。博雅工诗文，簿书之间，不废笔墨。凡所莅必访其地之名人长者相唱和讨论，喜撷拾遗文逸事笔录之。

◎著作集

觚剩八卷续编四卷

　　吴江图书馆存清康熙四十一年（1702）刻本。

　　见黄山书社《全四库系列·四库存目书》，吴江图书馆有藏。

临野堂文集十卷诗集十三卷附诗余二卷尺牍四卷

　　南京图书馆存清康熙刻本。

　　黄山书社《全四库系列·四库存目书》录文集十卷。

白水县志十四卷

　　见乾隆《震泽县志》卷三十一，收藏不详。

金石小笺

　　见同治《苏州府志》卷一百三十八，未见收藏。

揖云斋集不分卷

　　山东省图书馆存稿本。

杂言一卷

竹连珠一卷

亳州牡丹述一卷

　　以上三种吴江图书馆存清道光十三年（1833）刻《昭代丛书》本。

广东月令一卷

　　国家图书馆存清刻檀几丛书本。

记吴六奇将军事

> 国家图书馆存清咸丰元年（1851）刻本。

海天行记

> 国家图书馆存清康熙刻本。

张丽人传

> 国家图书馆存清嘉庆七年（1802）刻本。

◎零星诗文 《国朝松陵诗征》卷五有诗。《松陵文录》卷八等有文。《笠泽词征》卷八有词。

【编者注】钮琇生年据《文学遗产》2006年陆林、戴春花文《〈觚剩〉作者钮琇生年考略》。《儒林六都志》录钮玉樵著作三种：《序海棠缘传奇》、《矫庵文集》、《矫庵诗集》，此钮玉樵疑即钮琇，故录而备考。

赵嘉稷（1644—1708）字书年。清吴江人。赵沄长子。诸生。承累世清芬，读书好古，为名诸生。尝客游齐鲁三晋，莫不纪之以诗。与同邑吴祖修、周龙藻、陈沂震辈称莫逆交，多唱和之作。

◎著作集

艳雪楼诗

> 见乾隆《震泽县志》卷三十一，未见收藏。

◎零星诗文 《国朝松陵诗征》卷八有诗。《江苏诗征》卷一百零八有诗。

黄元冕（生卒年不详）生平不详，推测为黄容前辈或兄长。

◎著作集

藕花居近咏一卷

> 见柳亚子等《吴江文献保存会书目》。南京图书馆存康熙刻本《藕花庄近咏》，附于黄容《东华绝句》后。

黄容（生卒年不详）字叙九，一字圭庵。清平望人，王维翰表兄。少好学能诗，多从长者游，为吴炎高弟，有名于时。生平喜谈忠孝节义事，凡所闻见必纂述之。博学多闻，著述甚富，尝寓昆山徐氏澹园，徐乾学著书必与之商订然后付梓。

◎著作集

卓行录四卷

> 上海图书馆存清康熙三十九年（1700）刻本。
>
> 见黄山书社《全四库系列·四库存目书》，吴江图书馆有藏。

忠烈编二卷

圭庵集十六卷

以上两种见乾隆《震泽县志》卷三十一，未见收藏。

东华绝句十卷（与王维翰合选）

　　南京图书馆存清康熙十八年（1679）刻本。

绮雪斋近咏一卷

　　南京图书馆存清康熙十八年（1679）刻本。

尺牍兰言（与王维翰合选）

　　国家图书馆存民国六年（1917）铅印本。

诗存合抄三卷（辑）

　　上海图书馆存清康熙四十一年（1702）吴江黄氏刻本。

明遗民录四卷

　　日本东洋文库藏清抄本。

◎零星诗文　《国朝松陵诗征》卷四有诗。

蒯逢尧（生卒年不详）清吴江黎里人。

◎著作集

仙槎旅馆吟稿四卷

　　见光绪《黎里续志》卷四，未见收藏。

姚佩（生卒年不详）清震泽人。

◎著作集

雪香亭稿

　　见乾隆《震泽县志》卷三十一，未见收藏。

王维翰（生卒年不详）字缵文，号约庵。清平望人，黄容表弟。年十四补青浦县学生，文名日起。康熙二十一年（1682）以例贡入京廷试第一。二十四年（1685）授舒城县训导。三十二年（1693）丁嗣母艰。三十五年（1696）补望江县教谕，捐修文庙学舍，巡抚高承爵特举卓异，而王维翰竟卒。

◎著作集

东华绝句十卷（与黄容合选）

　　南京图书馆存清康熙十八年（1679）刻本。

独倚楼近咏一卷

　　南京图书馆存清康熙十八年（1679）刻本。

学圃剩稿

　　见乾隆《震泽县志》卷三十一，未见收藏。

尺牍兰言（与黄容合选）

上海图书馆存民国六年（1917）铅印本。

◎零星诗文 《国朝松陵诗征》卷四有诗。《江苏诗征》卷四十九有诗。

汝周录（生卒年不详）字其修，清吴江黎里人，汝可起孙。明诸生，岁贡生。少有才誉，从朱鹤龄等游。累举不遇，康熙二十一年（1683）以岁贡入成均，卒于京邸。

◎**著作集**

殉节编

　　　　见光绪《黎里续志》卷四，未见收藏。

◎零星诗文 《国朝松陵诗征》卷七有诗。

陈殷（生卒年不详）字亦史，号无怀。清吴江人。终年下帷，惟耽书史，酒酣长吟，悉合前贤矩度，人谓其好古如好色。

◎**著作集**

素琴堂遗稿（一作《偶然小草》）

　　　　见乾隆《吴江县志》卷四十六，未见收藏。

◎零星诗文 《国朝松陵诗征》卷七有诗。《江苏诗征》卷二十七有诗。

陈世锡（生卒年不详）字功伟。清吴江人。县学生。有竹癖，于所居种竹万竿，结茅其下，终日读书自得。有访之者，则相与谈笑竹里。

◎**著作集**

竹里吟

　　　　见《江苏诗征》卷七，未见收藏。

◎零星诗文 《国朝松陵诗征》卷七有诗。《江苏诗征》卷二十七有诗。

陈锐（生卒年不详）字颖长，号轶庭。清吴江人，陈绍文长子。康熙二十七年（1688）进士。与弟陈锷力纠清初制义怪诡不经之习，务实学，敦士行，世称"二陈先生"。久困场屋，肆力于诗古文辞，五十后始获一第，出尚书徐健庵之门，尚书尊其为老宿，不敢以辈行定交。

◎**著作集**

泰阿焚余稿

公车新艺

诫子随笔

　　　　以上三种见嘉庆《同里志》卷二十二，未见收藏。

◎**零星诗文** 《国朝松陵诗征》卷七有诗。《江苏诗征》卷二十五有诗。

陈锷（生卒年不详）字霜赤，号廉泉，私谥孝质先生。清吴江人，陈绍文次子，陈锐弟。岁贡生。补诸生后试辄高等，与兄陈锐并以文章负海内宿望，吴中争延致为师。以振兴文教为任，其于门下士殷勤奖励，必成就其才而后止。尝集邑中能文者如沈永裡、包咸、钱士铉、朱穆、吴楫、顾静为会，其后会中诸君大半成名去。

◎著作集

课花斋诗钞

廉泉集

> 以上两种见嘉庆《同里志》卷二十二，未见收藏。

◎零星诗文 《国朝松陵诗征》卷七有诗。《江苏诗征》卷二十六有诗。

毕纬前（生卒年不详）一名映辰。字宿宫，一字西临。清吴江人，潘柽章甥，县学生。喜为诗，与顾有孝交善。顾有孝选其诗，署曰《西临诗钞》。

◎著作集

西临诗钞

> 见乾隆《震泽县志》卷三十一，未见收藏。

◎零星诗文 《国朝松陵诗征》卷七有诗。《江苏诗征》卷一百五十五有诗。

金清琬（生卒年不详）字亮井，清吴江人，金石麟之子。袁景辂谓金石麟诗以才华胜，金清琬诗以议论胜。

◎著作集

小涛诗余

> 见乾隆《吴江县志》卷四十六，未见收藏。

◎零星诗文 《国朝松陵诗征》卷七有诗。《江苏诗征》卷一百零八有诗。

潘镠（生卒年不详）字双南，一字饮人。清初吴江人，潘陆之子。潘耒云："吾家自无隐以词赋妙天下，江如继以诗显，至双南而三世矣。双南负才使气，不肯与世浮沉。"

◎著作集

饮人集

> 见王树人《松陵人物汇编》卷七，未见收藏。

丹徒集

> 见张学仁、王豫《京江耆旧集》，未见收藏。

◎零星诗文 《国朝松陵诗征》卷七有诗。

【编者注】《江苏艺文志》列潘镠入镇江。潘镠祖居吴江黄溪，曾祖因商侨居镇江，祖父潘一桂成年后归故里，而父亲潘陆又侨居镇江润州，镇江已成潘镠第二故乡，列为镇江人未尝不可，但潘镠与吴江仍然联系密切，《震泽县志续》载其与顾有孝交往诗作，王树人也将其列为"松陵人物"，潘耒又称其"吾家"弟子，吴江前辈一直视其为故家子、吴江人。苏州顾嗣协筑依园、结诗社，辑《依园七子诗选》，中有潘镠《石帆吟》一卷，国家图书馆存清康熙十九年（1680）刻本，该潘镠疑即双南潘镠，录以待考。

钮景琦（生卒年不详）字云奏，号玉海，清吴江东汲港人。康熙二十年（1681）举人。

◎**著作集**

尘余杂志八卷

　　见乾隆《震泽县志》卷三十一，未见收藏。

◎**零星诗文**　《国朝松陵诗征》卷七有诗。

吴梅（生卒年不详）字克迈。清吴江人，吴之纪从子。

◎**著作集**

春雨轩诗草

　　见《松陵人物汇编》卷七，未见收藏。

◎**零星诗文**　《国朝松陵诗征》卷七有诗。《江苏诗征》卷十二有诗。

汝昌言（生卒年不详）字云九。清吴江黎里人。康熙二十二年（1683）崇明籍府学岁贡生。

◎**著作集**

易经注解

礼记注解

药性歌

　　以上三种见光绪《黎里续志》卷四，未见收藏。

吴祖彬（生卒年不详）字谦六。清吴江人。康熙二十三年（1684）举人。十上公车不第，而中人之产尽矣。

著作集待考

◎**零星诗文**　《国朝松陵诗征》卷七有诗。

张参鲁（生卒年不详）字唯一，号后村。清吴江人，张尚瑗父。家多藏书，平日肆力稽古，二十一史点阅至再，书法得晋唐人笔意。

著作集待考

◎**零星诗文**　《国朝松陵诗征》卷七有诗。

毕世圻（生卒年不详）字云皋。清吴江人。受业于顾伟，奉其遗教，以隐居终。顾伟有《格轩遗书》数十种，世罕知之，毕世圻百计搜访得三十余帙，属潘耒为之序，而格轩之学乃著。

著作集待考

◎**零星诗文** 《国朝松陵诗征》卷七有诗。

董与沂（生卒年不详）字濯万。清吴江人。

◎**著作集**

边词

见《松陵人物汇编》卷七，未见收藏。

◎**零星诗文** 《国朝松陵诗征》卷七有诗。

殳讷（生卒年不详）字安世，一字木斋。清吴江人，殳丹生之子。居世嘉善，遭乱时随父移居吴江盛泽镇。工诗及书，交游争誉之。性戆直，不谐于俗，晚年尝客游为人记室，卒于京口。

著作集待考

◎**零星诗文** 《国朝松陵诗征》卷七有诗。

陈金篆（生卒年不详）字青书。清吴江人。博学工诗，其诗骨格清超，丰神绮丽，与同邑顾樵、徐崧、黄容辈相唱和。

◎**著作集**

环翠斋诗稿

见乾隆《吴江县志》卷四十六，未见收藏。

◎**零星诗文** 《国朝松陵诗征》卷七有诗。

沈三楸（1644—？）字天安，改名金镕，又改名楞。清吴江人，沈自炳孙。补浙江嘉兴学生。后客游奉天，补海城学生，充岁贡生。教习满洲，才名大著。

◎**著作集**

青溪堂诗稿

见同治《苏州府志》卷一百三十八，未见收藏。

周爱诏（生卒年不详）字凤纶。清吴江同里人，周爱访从弟。博学工文，曾从周爱访校士江左，归修家谱。

◎**著作集**

六宜楼诗集

见《松陵人物汇编》卷七，未见收藏。

◎**零星诗文** 《国朝松陵诗征》卷七有诗。《江苏诗征》卷八十三有诗。

赵宗濂（1646—?）字子静，号淡庵。明末清初吴江人，赵宽后裔。

◎**著作集**

淡庵诗稿

见《吴江赵氏诗存》卷九，未见收藏。

◎**零星诗文** 《吴江赵氏诗存》卷九有诗。

潘耒（1646—1708）字次耕，又字稼堂，晚号止止居士。早年尝变姓名为吴琦，字开奇。清平望人，潘柽章弟。以顾炎武、徐枋、王锡阐、吴炎诸君为师友，淹贯群书。康熙十七年（1678）以博学鸿词征，试授翰林院检讨，与修《明史》，撰食货志兼订纪传。康熙十九年（1680）更定殿廷乐章，充日讲官知起居注，兼修《世祖实录》。潘耒出身布衣，遭资格自高者忌，二十三年（1684）坐浮躁降调归。四十二年（1703）复原官，力辞而止。家居凡二十余年，多论学之作，于音韵之学颇有成就。

◎**著作集**

类音八卷

南京图书馆存清康熙五十一年（1712）刻本。

见黄山书社《全四库系列·四库存目书》，吴江图书馆有藏。

遂初堂诗集十六卷文集二十卷别集四卷

吴江图书馆存清雍正刻本。

见黄山书社《全四库系列·四库存目书》，吴江图书馆有藏。

明五朝史稿

稼堂杂抄

以上两种见乾隆《吴江县志》卷四十六，未见收藏。

救狂砭语二卷

见乾隆《吴江县志》卷四十六。国家图书馆存1981年影印本《救狂砭语一卷救狂后语一卷》，据清康熙三十八年（1699）刻本影印。

遂初堂集外稿

吴江图书馆存民国二十四年（1935）印本。

遂初堂易论

存于国家图书馆、藏台北。另有1976年影印本《无求备斋易经集成》，国家图书馆有藏。

唐诗选评八卷

见《垂虹识小录》卷七，未见收藏。

金石文字记六卷（顾炎武撰，潘耒补遗）

    吴江图书馆存清刻本。

    见《四库全书》。

稼堂文抄一卷

    国家图书馆存清道光十年（1830）刻本。

鸿爪集一卷

    国家图书馆存清康熙三十年（1691）刻本。

鸿爪集补

    国家图书馆存清抄本。

砚铭一卷

    国家图书馆存清抄本。

居易堂集二十卷（徐枋撰，潘耒编）

    国家图书馆存民国八年（1919）铅印本。

雁山百咏

    山东省图书馆存清抄本。

七家批钱注杜诗二十卷（潘耒等批）

    见《杜集书录》内编卷九，收藏不详。

游庐山记一卷

游西洞庭记一卷

游雁荡山记一卷

游仙岩记一卷

游仙居诸山记一卷

游天台山记一卷

游南雁荡记一卷

游玉甑峰记一卷

游鼓山记一卷

游林虑山记一卷

游中岳记一卷

游金牛山记一卷

游南岳记一卷

游永州三岩记一卷

    以上十四种国家图书馆存清光绪十七年（1891）铅印本。

游罗浮记一卷

    国家图书馆存清道光十一年（1831）晃氏活字印本。

江岭游草一卷楚粤游草二卷

国家图书馆存清嘉庆七年（1802）刻本。

戴南枝传

国家图书馆存清康熙刻本。

潘畹芳（生卒年不详）清吴江盛泽人，潘耒妹。秀水陈铉之妻。

著作集待考

◎**零星诗文** 《国朝松陵诗征》卷二十有诗。《盛湖诗萃》卷十二有诗。

沈安（1647—1707）字又安，号静园。清吴江人，陈毓升甥。国学生。父亡后沦落不偶，为人记室，尝游豫章、南粤间，多登临凭吊、羁旅无聊之作，诗律工整雄秀，克绍其家学。

◎**著作集**

静园诗钞

见《国朝松陵诗征》卷八，未见收藏。

◎**零星诗文** 《国朝松陵诗征》卷八有诗。《江苏诗征》卷一百一十九有诗。

大涵（1647—?）字雁黄。清吴江人，潘氏子。九岁为僧，既长，参灵岩僧弘储，从游南岳。归爱台歙山水之胜，遂卓锡焉。据称在黄山躬耕，闻岭半伐木声，忽有悟，语透宗旨，自是作诗有名。后主海宁安国寺席，复出游罗浮，归至肇庆示微疾，说偈而逝。

◎**著作集**

桂罗壮游集三卷

见乾隆《吴江县志》卷四十六，未见收藏。

黄山游草十二卷

国家图书馆存清康熙刻本。

陈陆虬（生卒年不详）字汝翼。清吴江人。少依于外祖陆氏。康熙二十一年（1682）进士，除浙江新昌知县。多惠政，擢部曹，旋升温州知府。年七十致仕归西濠旧宅，键户著书。

◎**著作集**

讷庵小草

凝和堂诗文

以上两种见《松陵人物汇编》卷二，未见收藏。

计准（1648—1663）字念祖。清吴江盛泽人，计东长子。幼聪颖，顺治十八年

（1661）取入江庠。年十六而夭。父计东戚戚于怀，构亭于所居之旁，颜曰"思子"，汪琬为作记。

著作集待考

◎零星诗文 《国朝松陵诗征》卷七有诗。《盛湖诗萃》卷四有诗。

沈澍（1648—1725）字泂闻，号浣桐。清吴江人，沈永令之子，国学生。少工诗，屡不得志于有司，遍游南北，所至名山巨川、荒祠古迹，莫不以诗纪之。诗法唐人，不染流易纤巧诸派。

◎著作集

浣桐汇稿二卷

　　　　见《垂虹识小录》卷七，未见收藏。

浣桐诗稿

　　　　见民国抄《震泽县志续·书目》，未见收藏。

◎零星诗文 《国朝松陵诗征》卷十有诗。

赵南极（1649—1706）字寿者，号木公。清吴江人，孙士谔曾孙。康熙二十一年（1682）取入江庠。工诗古文词。

◎著作集

学吟编

　　　　见《吴江赵氏诗存》卷十，未见收藏。

沈永宥（1649—1718后）清康熙间吴江人。沈汉六世孙。

◎著作集

吴江沈氏传略（与沈始树、沈松、沈彤等合辑）

　　　　南京图书馆存清刻本，与沈汉《水西谏疏》合一册。

冯时叙（生卒年不详）字惟九。清吴江黎里人，冯寿朋父。性诚朴，有古人风。年四十余无子，妻萧氏为置一妾，一月后始言其故。时叙不允，认为义女，并备衣具嫁于近村。越岁萧氏生一子，至十三岁，冯时叙卒。后子姓繁衍，为里中巨姓。

◎著作集

旧雨阁诗钞

　　　　见嘉庆《黎里志》卷六，未见收藏。

赵申祚（生卒年不详）字元九。清吴江人。初居太湖之滨，尝以落花诗三十首谒中丞某公，中丞极赏之，客诸幕。晚家黎里，里中学诗者咸师事之。

◎零星诗文 《国朝松陵诗征》卷七有诗。

唐永龄（生卒年不详）字敬承，号舜年。清吴江黎里人，唐尧天之子。幼嗜学，与汝周录、吴一鸣辈相切劘。康熙三十八年（1699）举人，官淳安教谕。袁景辂云："舜年官淳安时，承县檄征儒户粮，遇贫不能输者，出己俸贷之，以是官十年归，几无以办其装。"

◎著作集

鸣候稿二卷

　　见乾隆《吴江县志》卷四十六，未见收藏。

集古类略

东园文抄

　　以上两种见嘉庆《黎里志》卷六，未见收藏

◎零星诗文 《国朝松陵诗征》卷八有诗。《江苏诗征》卷六十八有诗。

徐元灏（生卒年不详）字武恭，一字蓼庵。清吴江人。康熙九年（1670）取入江庠。康熙三十年（1691）进士，官澄城知县。袁景辂云："蓼庵辑《吴门杂咏》一书，纲罗略备，可继朱长文之《图经》、钱叔宝之《续文粹》。性廉洁，在澄城时不名一钱。"

◎著作集

吴门杂咏十二卷

　　南京图书馆存清康熙刻本。

◎零星诗文 《国朝松陵诗征》卷八有诗。《江苏诗征》卷六有诗。

陆琇（生卒年不详）字淇侯，一字惕庵。清吴江人，陆云庆之子。博学善吟诗，所著《钓滩集》有松陵八景诗，善画者因诗补图，装成巨册，远近名流题跋和诗不下数百家。

◎著作集

客窗吟

绿窗吟

钓滩集

　　以上三种见《国朝松陵诗征》卷八，未见收藏。

◎零星诗文 《国朝松陵诗征》卷八有诗。《江苏诗征》卷一百五十二有诗。

徐凤集（生卒年不详）字鸿文，号梧冈。清震泽人。

存雅堂集

　　见《国朝松陵诗征》卷八，未见收藏。

◎零星诗文 《国朝松陵诗征》卷八有诗。

陈铉（生卒年不详）字宁薇，一字省庵，晚自号存存子。清吴江人，陈绍文季子，陈锷弟。国学生。为人谦冲和易，皆以古君子重之。喜为诗，常与侄陈沂震相唱和。工书法，楷法极精。

◎**著作集**

省庵诗稿

　　见嘉庆《同里志》卷二十二，未见收藏。

◎**零星诗文**　《国朝松陵诗征》卷八有诗。《江苏诗征》卷二十六有诗。

吴榷（生卒年不详）字超士，一字习隐。清吴江人，吴洪六世孙，吴焕之孙。康熙三十五年（1696）贡生。颖敏，工诗古文。诗为宿老所推服。

◎**著作集**

玉岩仙馆杂著

吴市偶存草

复始堂稿三十卷

　　以上三种见乾隆《震泽县志》卷三十一，未见收藏。

观成堂诗稿

　　见《国朝松陵诗征》卷八，未见收藏。

冰壶词

　　见《全清词钞》卷四，未见收藏。

◎**零星诗文**　《国朝松陵诗征》卷八有诗。《笠泽词征》卷八有词。《江苏诗征》卷十二有诗。《全清词钞》有词。

陆士铉（生卒年不详）字元珍。清震泽人。以孝闻。康熙间卒。

◎**著作集**

旌孝录一卷

　　见《垂虹识小录》卷七，未见收藏。

李寅（生卒年不详）字露桢（一作露贞），号东崖。清吴江人，李重华父。康熙三十八年（1699）岁贡生。少颖悟，博览图籍。能诗古文。平居规言矩步，乡里推为矜式。教授生徒，每讲论经史，虽盛暑必肃衣冠，曰："今人有宾客必衣冠见之，岂有对古圣昔贤而可以脱帽露顶者乎？"晚年粹于性理之学，所著《学庸要旨》，张伯行为序称许之。年七十一卒，门人私谥文孝先生。

◎**著作集**

学庸要旨

　　国家图书馆存清抄本。

淇园诗文集

　　　　见乾隆《吴江县志》卷四十六，未见收藏。

易说要旨一卷

　　　　国家图书馆存清康熙刻本。

　　　　黄山书社《全四库系列·四库存目书》录为二卷。

◎零星诗文　《国朝松陵诗征》卷八有诗。

包咸（生卒年不详）字自根，号南川。清吴江人，包捷子。康熙二十七年（1688）任泰州学正。康熙三十九年（1700）进士，官房山知县。少禀家学，工诗古文词。尝佐叶燮修邑志，多所纂辑。致仕后，凡邑有公事，无不踊跃争先。康熙五十九年（1720）重建垂虹桥，包咸董其役，不避风雨寒暑，凡八阅月而桥成。年九十卒。

◎著作集

（康熙）吴江县志续编十卷（与钱沾同纂）

　　　　吴江图书馆存清康熙五十九年（1720）刻本。

南川诗集

　　　　见乾隆《震泽县志》卷三十一，未见收藏。

七子言志编

　　　　见《泰县著述考》卷二，未见收藏。

◎零星诗文　《国朝松陵诗征》卷八有诗。《江苏诗征》卷三十九有诗。

严密（生卒年不详）字带湖。清吴江人。

◎著作集

独吟稿

　　　　见《松陵人物汇编》卷七，未见收藏。

◎零星诗文　《国朝松陵诗征》卷八有诗。《江苏诗征》卷九十有诗。

陈苌（生卒年不详）字玉文，号雪川。清吴江横扇人。康熙三十六年（1697）进士。选知桐庐县。在官六年，政声闻远近。会丁外艰归。年五十卒。少工制义，既学诗游学于吴祖修之门，得其指授。与同邑周振业、周龙藻、陈沂震、许运昌俱以诗名，又五人排行皆第一，邑中谈诗者称为"五大"。其在桐庐当政务之暇，尝登临山水，啸咏自适。为诗清真淡远，论者谓其得江山之助。

◎著作集

雪川诗稿十卷

　　　　吴江图书馆存清康熙刻本。

　　　　乾隆《震泽县志》卷三十一录《雪川诗集》四卷，康熙《吴江县志续编》卷二录《雪浪斋诗集》。

红药斋诗一卷

　　见柳亚子等《吴江文献保存会书目》，未见收藏。

◎零星诗文　《国朝松陵诗征》卷八有诗。

叶丹桂（生卒年不详）原名大鼎，字丹宫，号香茗。清吴江人。康熙十二年（1673）取入江庠。性英敏，七岁能文，成年后淹通经籍。工行楷书，得文、董笔法。康熙四十六年（1707）圣驾南巡，缮诗进呈。张伯行抚吴，设纂书馆于紫阳书院，延多士讲说大义，叶丹桂与焉。卒后私谥贞敏。其父叶章自秀水迁同里，崇祯十六年（1643）副榜出陈子龙门，与杨廷枢善。

◎**著作集**

四书大全

续编书解

　　以上两种见嘉庆《同里志》卷二十二，而光绪《吴江县续志》录为《四书大全续编》、《书解》，均未见收藏。

渔樵散人集

　　见嘉庆《同里志》卷二十二，未见收藏。

◎零星诗文　《吴江叶氏诗录》卷十有诗。

计默（生卒年不详）字希深，号菉村。清吴江人，计东次子。康熙十二年（1673）取入江庠。附贡生。少年意气颇盛，然蹇连不得志，乃以卖文作活。然其诗文卓绝，论者以为穷而后工。

◎**著作集**

菉村文集六卷诗集六卷

　　吴江图书馆存清咸丰八年（1858）刻本。

菉村遗稿二十卷（翁广平序）

　　见光绪《吴江县续志》卷三十六，未见收藏。

改亭文集十六卷诗集六卷（计东撰，计默编）

　　国家图书馆存清康熙四十七年（1708）刻本。

◎零星诗文　《国朝松陵诗征》卷九有诗。《松陵文录》卷八等有文。

许运昌（生卒年不详）字三英，一字鹤俦，号甘泉。清吴江人，康熙十二年（1673）取入江庠。恩贡生。为吴门朱姓赘婿。读书友朋，喜为诗歌，作诗千言立就，一时咸推服之。康熙中与二周（周振业、周龙藻）、二陈（陈芪、陈沂震）五人均有诗名，且五人皆行第一，邑中谈诗者称为"五大"。

◎著作集

梅间书屋诗草

> 见《松陵人物汇编》卷七，未见收藏。

◎零星诗文 《国朝松陵诗征》卷十有诗。《江苏诗征》卷一百有诗。

吴在湄（生卒年不详）字湘友，号兰谷。清吴江人。善诗文，倜傥自负。少时曾器重于汪尧峰、潘稼堂两先生。后与王石谷、计蒙村辈一见如平生欢。忽遭家难，潦倒寒江，僦居吴门。

◎著作集

补瓢居诗草

> 见同治《盛湖志》卷十二，未见收藏。

许源（生卒年不详）字宗远，号鹤汀。清吴江人。好读书，喜吟咏，尝与吴在湄诗酒往还。

◎著作集

挂瓢吟

> 见同治《盛湖志》卷十二，未见收藏。

向（生卒年不详）字明如。清吴江僧，关帝庙梦麟之徒。康熙四十一年（1702）郡绅请主苏州东禅寺。

◎著作集

明如语录二卷（向述，行濂编）

> 见同治《盛湖志》卷十二，未见收藏。

沈友琴（生卒年不详）字参荇。清吴江人，沈永启长女，周钰妻。与妹沈御月俱工词赋，时称联璧。

◎著作集

静闲居稿一卷

> 见乾隆《震泽县志》卷三十一，未见收藏。

◎零星诗文 《国朝松陵诗征》卷二十有诗。《笠泽词征》卷二十三等有词。

徐铣（1652—1727）字公卫，号半江。清吴江北厍人，徐钧二弟。康熙二十年（1681）取入江庠。潘耒评其《落花诗》云："予向有落花十首，久亡其稿，今公卫多至三十首，意不复，词不泛，运思新而比类切，远胜予昔年所作。"

◎著作集

落花诗一卷

见柳亚子等《吴江文献保存会书目》，未见收藏。

◎**零星诗文**　《国朝松陵诗征》卷九有诗。

陈沂震（生卒年不详）字起雷，号狷亭。清吴江同里人，陈锷之子。康熙三十九年（1700）进士。初授四川庆符县，后取为营缮司主事，历官礼科给事中。五十五年（1716）督学山东，五十九年（1720）竣事，转刑科掌印给事中。旋以衰老乞休，卒于家。陈沂震颖敏好学，弱冠负盛名，与其父陈锷并推慎交社眉目。后与周振业、周龙藻、许运昌等以诗相切磋。性好山水，所至莫不登临凭吊，一写其胸中抱负。袁景辂评其诗"古诗笔刀如霜锋出匣，议论如万壑争流，他人不能言与不敢言者，入黄门手乃无境不豁，无义不彰。至近体之深情远韵，又所谓一唱三叹有遗音者欤。"

◎**著作集**

狷亭集二十四卷

　　见乾隆《吴江县志》卷二十二。康熙《吴江县志续编》载《狷亭诗集》，不录卷数。

　　上海图书馆存稿本《狷亭诗稿》一卷。

海岱联吟（与高孝本、周龙藻、顾我锜同撰）

　　见乾隆《吴江县志》卷四十六，未见收藏。

微尘集二卷

　　见柳亚子《吴江文献保存会书目》。又载嘉庆《同里志》，不录卷数。

　　苏州图书馆存清咸丰元年抄本《微尘敝帚二集九卷》

敝帚集

　　见嘉庆《同里志》卷二十二。

　　苏州图书馆存清咸丰元年抄本《微尘敝帚二集九卷》。

奏疏稿

宝砚斋文集

　　以上两种见嘉庆《同里志》卷二十二，未见收藏。

◎**零星诗文**　《国朝松陵诗征》卷九有诗。

沈淑兰（生卒年不详）字清蕙，自号吴兴内史。清吴江人，沈祖惠祖姑，吴方敉妻。归吴未二载夫亡，时年仅二十。至七十余卒，守节四十余年。其诗情挚而词严，音悲而节壮。

◎**著作集**

黛吟草一卷

　　上海图书馆存清康熙五十五年（1716）刻本。

◎**零星诗文**　《国朝松陵诗征》卷二十有诗。

殳默（1652—1667）字季斋，小字默姑。清吴江人，殳丹生、陆观莲之女。生而奇慧，九岁能诗。父好游，独与母居，刺绣刀尺无不入妙。年十六未字，母死甫三日亦卒。

◎**著作集**

季斋诗草

　　见同治《盛湖志》卷十二，未见收藏。

◎**零星诗文**　《国朝松陵诗征》卷二十有诗。《盛湖诗萃》卷十二有诗。

吴隽（生卒年不详）字天蜇，一字淡人。清吴江人，吴元玉之子。性旷荡，工诗。少游顾有孝门，多所指授。家贫，授徒自给，不求闻于世。

◎**著作集**

绿野堂诗存

　　见乾隆《震泽县志》卷三十一，未见收藏。

◎**零星诗文**　《国朝松陵诗征》卷九有诗。《江苏诗征》卷十二有诗。

沈畹（生卒年不详）字振兰。清桐乡人，吴江吴隽之妻。

◎**著作集**

余香草

　　见乾隆《震泽县志》卷三十一，未见收藏。

◎**零星诗文**　《国朝松陵诗征》卷二十有诗。《江苏诗征》卷一百七十四有诗。

吴兆宣（生卒年不详）字贡君。清吴江人，吴晋锡从子，吴兆骞从弟。为人英爽，有拔俗之态。

著作集待考

◎**零星诗文**　《国朝松陵诗征》卷九有诗。

顾正阳（生卒年不详）字启东。清吴江人，顾樵之子。其父诗、画、字称"三绝"。顾正阳守其家学，亦能诗能画，然顾樵画以淡远胜，顾正阳画以妖媚胜。

著作集待考

◎**零星诗文**　《国朝松陵诗征》卷九有诗。

吴时森（生卒年不详）字青霞。清吴江人。吴洪裔孙。

著作集待考

◎**零星诗文**　《国朝松陵诗征》卷九有诗。

俞翼（生卒年不详）字孙谋。清吴江人，俞南史孙。

著作集待考

◎**零星诗文** 《国朝松陵诗征》卷九有诗。

钱沾（生卒年不详）字上沐（一作上林），号东畦，清吴江人。康熙三十九年（1700）岁贡生。从计改亭先生学，得其指授。好博览典籍、网罗旧闻。为人恂恂厚重，有儒者气象。为诸生三十年无日不以著述为事，诸名士以老宿推之。

◎**著作集**

广类函一百三十卷

氏族统志八卷

四书大全合参

　　　以上三种见康熙《吴江县志续编》卷二，未见收藏。

皇舆统志十五卷

　　　浙江图书馆存稿本十四卷。

（康熙）吴江县志续编十卷（与包咸同纂）

　　　吴江图书馆存清康熙五十九年（1720）刻本。

淮南客笔

　　　见《松陵人物汇编》卷七，未见收藏。

◎**零星诗文** 《国朝松陵诗征》卷九有诗。《江苏诗征》卷三十五有诗。

钱云（生卒年不详）字宛朱，一字庵渚。清吴江人，钱沾之弟。本南塘人，客授盛泽最久。性好古，工诗及骈体文，为钮琇所称许。性豪放，负才自矜，不肯下人。钮琇任广东高明知县时，座客常满，钱云雄谈狂论旁若无人。所衣布袍涕唾狼籍，常数月不浣濯，主人赠以新衣亦不受，人由是以狂目之，遂自号狂山人。

◎**著作集**

南塘狂山人集二十三卷

　　　见乾隆《震泽县志》卷三十一，未见收藏。

江震人物志

　　　见乾隆《震泽县志》卷三十一。南京博物院存清抄本《吴江人物志》。

盛湖诗乘一卷（潘昶序）

　　　见同治《盛湖志》卷十二，未见收藏。

广绀珠

　　　见《国朝松陵诗征》卷十，未见收藏。

◎**零星诗文** 《松陵文录》卷十七有文。《江苏诗征》卷三十五有诗。

唐人真赏集

辑注读素问抄

  以上四种见道光《平望志》卷八，未见收藏。

松陵诗约

  上海图书馆存清抄本。

唐七律隽一卷

  南京图书馆存稿本。

临安杂诗一卷

  见《明清江苏文人年表·康熙二十一年》，未见收藏。

雪窗文抄

  见《垂虹识小录》卷三，未见收藏。

伤寒汇参四卷

  国家图书馆存清抄本。

◎零星诗文　《国朝松陵诗征》卷十有诗。《松陵文录》卷十七有文。《江苏诗征》卷五十五有诗。

【编者注】张世炜《读杜管窥自序》云："……迩年以来，老病无憀，汇录两家之书（指钱谦益《杜诗钱注》、朱鹤龄《杜工部集辑注》——编者注）及诸家之注而折衷之，名曰《杜诗正义》，平两家之偏息异同之论，附以一得之愚，求少陵之心于千载之上，非敢谓二先生之功臣，当局则难为功，旁观则易为力也。粗有成稿，不虞痼疾日深，未能缮写，兼之贫难付梓，于是偶取百一，名曰《读杜管窥》，以俟天下后世注杜诗者不以鄙言为河汉也。"由此知《读杜管窥》实为《杜诗正义》的缩编本，但本志还是将两书一同著录。

陈自振（生卒年不详）原名镴，字翼祺，号虚舟。清吴江人，陈绍文从子。县学生。为人孝友醇谨，戚友间奉为典型。其外舅潘未尝称之曰"笃实君子"。家贫力学，冀成名以慰亲志，省试艰资斧，芒鞋徒步，重趼伤足，不顾也。入棘闱者十七次，终不遇以老，士林惜之。

  ◎著作集

虚舟诗草

  见《国朝松陵诗征》卷十，未见收藏。

◎零星诗文　《国朝松陵诗征》卷十有诗。《江苏诗征》卷二十六有诗。

徐时夏（生卒年不详）字丙文，一字常于。清吴江人。能诗文，兼工书。尝游京师，寥落无所就。康熙二十五年（1686）旅泰州，孔尚任治下河，聘徐时夏为记室。二十六年（1687）与孔尚任、吴绮、龚贤等在扬州共会春江社。二十七年（1688）因与孔尚任不合，解馆去。晚年以诗一册置怀中，徒步里门踽踽无所纳。一夕暴卒于殊胜寺僧舍。

◎**著作集**

湖上吟一卷

见《国朝松陵诗征》卷十，未见收藏。

◎**零星诗文** 《国朝松陵诗征》卷十有诗。

周之方（生卒年不详）字在卿，自号希砼子。清吴江人，周振业族兄。家贫，业织缣，好读书，且识且读，所读书日必盈寸，尤好宋六子书。

◎**著作集**

希砼斋集六卷

存清雍正刻本，收藏不详。南京图书馆存 1998 年影印《四库未收书辑刊》本。

◎**零星诗文** 《国朝松陵诗征》卷十有诗。《江苏诗征》卷八十一有诗。

汝承汪（生卒年不详）字鸿书。清吴江黎里人。少孤，以将家子入武学，然好为诗，学诗于妇翁叶燮。叶燮以杜集授之，半岁得其气体，其词悲凉郁勃，叶燮盛称之。晚岁徙居莘塔，以医糊口，未几卒。

◎**著作集**

蓼斋诗草一卷

见乾隆《吴江县志》卷四十六，未见收藏。

◎**零星诗文** 《国朝松陵诗征》卷十有诗。《江苏诗征》卷一百零一有诗。

仲治（生卒年不详）字涤久，又字岷山，号洁厓。清吴江人，仲绍光之子。秀水县学生，缪天自弟子。补诸生后一入棘闱即绝意进取，尽变其少时之习，锐意经史，凡前人未剖之疑，两歧之解，必剔骨见髓，以补先儒所未及。徐乾学重其文，留馆于家，且于康熙十八年（1679）荐举博学鸿词，因丁艰未试而归。与同邑钮琇友善，钮琇深服其言行。年六十一卒。

◎**著作集**

宝日堂集

见乾隆《吴江县志》卷四十六，未见收藏。

◎**零星诗文** 《国朝松陵诗征》卷十有诗。《江苏诗征》卷一百零五有诗。

陈王谟（生卒年不详）字虞佐，号东溪。清吴江计家港人，潘柽章甥。潘柽章以史事株连，二子发遣塞外。康熙三十五年（1696）开赎例，陈王谟谋于母舅潘耒为捐赎，以档案参错未即释。归乃呈请当事，历三部、一总河、两督、两抚、三将军，文移往来，日久沮抑，百端尽力不懈，卒使潘柽章二子归籍。四十四年（1705）康熙南巡，陈王谟献诗赋得召试名列一等，充四朝诗馆纂修，中顺天举人。五十一年（1712）

钦赐进士，选翰林院庶吉士，后官刑部广东司主事。乾隆间卒于家。

◎著作集

容膝斋集

> 见乾隆《吴江县志》卷四十六，未见收藏。

东溪集

> 见《国朝松陵诗征》卷十，未见收藏。

射诀集益一卷

> 存于逊敏堂丛书，国家图书馆有藏。

◎零星诗文 《国朝松陵诗征》卷十有诗。《江苏诗征》卷二十六有诗。

吴挺（生卒年不详）字题仙。清吴江人，吴洪八世孙。吴县县学生。少有才誉，学诗于尤侗。客游齐秦三晋间，久而不遇，卒于涿州。

◎著作集

娱予草

旅游草

临风草

> 以上三种见乾隆《吴江县志》卷四十六，未见收藏。

山中草

> 见《国朝松陵诗征》卷十，未见收藏。

◎零星诗文 《国朝松陵诗征》卷十有诗。《江苏诗征》卷十三有诗。

孙炌（生卒年不详）字奎章，号立夫。清吴江芦墟人。家有华黍庄，名人多赋诗纪之。少好学，与同邑费洪学、周廷谔为文字友。游汪琬之门，为文得其指授。后侨居武塘，为康熙四十九年（1710）嘉善县岁贡生。深探理窟，多发于文字。诗不多作，学韩愈、苏轼之作惟肖惟妙。

◎著作集

华黍庄诗稿

> 见乾隆《吴江县志》卷四十六，未见收藏。

秋水集

柳州诗

> 见道光《分湖小识》卷三，未见收藏。

◎零星诗文 《国朝松陵诗征》卷十有诗。

朱永（生卒年不详）字威如，号息轩。清吴江人。县学生。

著作集待考

◎零星诗文 《国朝松陵诗征》卷十有诗。

沈御月（生卒年不详）字纤阿。清吴江人，沈永启女，沈友琴妹，沈时栋次姐。

◎**著作集**

空翠轩稿一卷

　　见乾隆《震泽县志》卷三十一，未见收藏。

撷芳轩词

　　见《众香词》乐集，未见收藏。

◎**零星诗文**　《国朝松陵诗征》卷二十有诗。《笠泽词征》卷二十三等有词。《众香词》乐集有词。

吴尔潢（生卒年不详）潢一作璜。字殿维（一作殿组）。清吴江人，吴家骐父。康熙十八年（1679）由浙江推归江庠。康熙四十三年（1704）岁贡生。

◎**著作集**

湑叶堂诗稿

　　见《国朝松陵诗征》卷七，未见收藏。

◎**零星诗文**　《国朝松陵诗征》卷七有诗。

钱守中（生卒年不详）字书坤，号远亭。清吴江人，钱士铉之子，康熙十八年（1679）取入江庠。附贡生。初任锡山司训，后迁上海教谕。年老致仕后悠游林下，日与徐釚、张参鲁等欢会唱和。

◎**著作集**

西畴草堂集

　　见《国朝松陵诗征》卷八，未见收藏。

◎**零星诗文**　《国朝松陵诗征》卷八有诗。《江苏诗征》卷三十六有诗。

张宗日（生卒年不详）字宸臣。清吴江盛泽人。康熙十八年（1679）取入江庠。附监生，官凤阳通判。

著作集待考

◎**零星诗文**　《盛湖诗萃》卷三有诗。

张倬（生卒年不详）字飞畴。清长洲人，吴江籍，张璐次子，与兄张登继承家学，俱以医名。康熙十八年（1679）取入江庠。

◎**著作集**

伤寒兼证析义一卷

　　南京图书馆存清光绪二十年（1894）铅印本。

　　见《四库全书》。

石顽老人诊宗三昧一卷（与编）

    南京图书馆存清光绪二十年（1894）铅印本。

伤寒缵论二卷（参订）

    国家图书馆存清光绪二十五年（1899）刻本。

周嵚（生卒年不详）字瞻奇，号一峰。清吴江人，周廷谔兄。康熙十八年（1679）取入江庠。好读书，著述甚富，年止三十九。

◎**著作集**

吴江文粹二十四卷（与周廷谔同辑）

琼瑶集四卷

    以上两种见乾隆《吴江县志》卷四十六，未见收藏。

宋元尺牍抄十卷

    见《明清江苏文人年表·康熙三十五年》，未见收藏。

周珂（生卒年不详）字有声，一字鸣庵。清吴江人，周廷谔仲兄。生而赢，淡于名利，居栽竹数竿，莳花数种，纸窗棐几，取古今图史杂陈左右，或借他人书有可意者，必手自缮写，装潢成帙。喜作诗，务绝雕饰，直抒性灵。年二十五病卒。

◎**著作集**

鸣庵遗稿

    见乾隆《吴江县志》卷四十六，未见收藏。

◎**零星诗文** 《国朝松陵诗征》卷十有诗。

周廷谔（生卒年不详）字美斯，号笠川。清吴江人，周大章七世孙，周嵚之弟。县学生。少从长洲宋实颖游，宋爱其才，以外孙女妻之。学诗有警句，为顾有孝称赏，益自奋，肆力于唐宋诸大家。老而弥笃，尝以邑人之诗自明迄清分见于诗乘诗略者不下数百家，乃合选之，复广搜补缺，仿《列朝诗集》例，人为小传，考其源流派别，论断有据，名曰《吴江诗粹》。又续成兄周嵚所辑《吴江文粹》，凡四方与邑人所作有关吴江典故者皆收录。

◎**著作集**

笠泽近稿

吴江文粹二十四卷

贯斋遗集三十卷（殳丹生撰，周廷谔编）

笠泽文抄四十四卷

    以上四种见乾隆《吴江县志》卷四十六，未见收藏。

吴江诗粹三十卷

    南京图书馆存清抄本。

笠泽诗钞三十二卷附莼香词三卷

    南京图书馆存清抄本。

林屋纪游一卷

    见《明清文人年表·康熙三十四年》，未见收藏。

笠川文稿

    吴江图书馆存清抄本。

笠川志林一卷

    上海图书馆存民国抄本。

笠川自撰年谱一卷

    上海图书馆存民国薛凤昌抄本。

笠川诗集不分卷

    上海图书馆存民国薛凤昌抄本。

浮玉山人集九卷

    国家图书馆存清抄本。

◎**零星诗文** 《国朝松陵诗征》卷十有诗。《笠泽词征》卷七有词。

徐湄（生卒年不详）字方思。清吴江黎里人，徐钒从子。康熙十八年（1679）取入江庠。少承异资，偶傥自喜，所为诗文皆放言极论，有天马行空之致。

◎**著作集**

玉峰唱和词一卷（与叶舒璐往复之作）

    见嘉庆《黎里志》卷六，未见收藏。

◎**零星诗文** 《笠泽词征》卷九有词。

陈矿（生卒年不详）字广东，号云门。清吴江芦墟人。少孤力学，康熙十八年（1679）取入江庠，试则高等。康熙四十七年（1708）岁贡生。选授滁州全椒学教谕。秉铎数年，以老病谢事归。卒年七十九。

◎**著作集**

惕若斋文稿八卷

    见道光《分湖小识》卷二，未见收藏。

倪宗基（生卒年不详）字景刘。清震泽镇人。少承家学，后益刻励，务淹贯经史。康熙十八年（1679）取入江庠，为诸生有名。尝受知于巡抚汤斌。课子极整肃，与人交谦下而不失所守。晚年以子倪师孟贵受封，益键户韬晦，惟以著述为事。年八十七卒。

◎**著作集**

五经要旨

望古轩诗稿

寒芳草堂文集

　　以上三种见乾隆《震泽县志》卷三十一，未见收藏。

任梦乾（1655—1727）一作顾梦乾。字易始。清吴江人。任大任之子。生而淳笃，年十五即以"存忠孝心，行仁义事"八字揭之座右。由邑庠入太学，肄业考授州同知，例授儒林郎。生平布衣蔬食，能甘淡泊。私谥廉醇。

◎著作集

孝经释义一卷

杜律含英二卷

　　以上两种见嘉庆《同里志》卷二十二，未见收藏。

爱日居小集

　　见《任氏宗谱》，未见收藏。

◎零星诗文　《江苏诗征》卷八十九有诗。

【编者注】《江苏艺文志》另录有任启乾，同为任大任子，又同字易始，且同有著作《孝经衍义》；该志又著录顾梦乾，字易初，又与任梦乾同有《杜律含英》，颇生疑。查《任氏宗谱》，任大任子唯有任梦乾，并无任启乾，方志也无"任启乾"记录，任启乾应即任梦乾。而嘉庆《同里志》卷十三记载："顾梦乾，字易始，诸生大任子。"可见顾梦乾也即任梦乾。《江苏艺文志》同时收录任梦乾、任启乾与顾梦乾，系一人三录重而又重了。

姚湘云（生卒年不详）清吴江妓。本楚人，少随母至平望，遂家焉。既长，色艺俱妙，兼能为有韵之言，名日起。徐钒、沈虬等迭兴诗社，每宴会座无湘云不足以娱客。士大夫道出平望者，咸愿一登其楼。

著作集待考

◎零星诗文　《松陵诗征前编》卷十二有诗。

沈时栋（1656—1722）字成厦（一作城霞），号焦音，别号瘦吟主人（一作瘦吟词客）。清吴江人，沈永启之子。少承先业，诗赋词曲骈体文皆能为之，而尤工于词。其"美人十声"诸咏尤被推重，同人有"前有张三影，后有沈十声"之誉。

◎著作集

古今词选十二卷

　　吴江图书馆存民国十九年（1930）石印本。

瘦吟楼词

　　吴江图书馆存民国十八年（1929）铅印《鞠通乐府》本。

词谱一卷

见乾隆《震泽县志》卷三十一，未见收藏。

◎**零星诗文** 《国朝松陵诗征》卷十一有诗。《笠泽词征》卷九等有词。

姚瑚（1656—1711）字攻玉，号蛰庵。清吴江人。敦尚行义，游张履祥门。

◎**著作集**

困学编

见乾隆《震泽县志》卷三十一，未见收藏。

姚琏（生卒年不详）字肆夏。清吴江人，姚瑚之弟。学问渊博，善说经。游张履祥门。张履祥世所称杨园先生。

◎**著作集**

小学辑义

近思录辑义

以上两种见乾隆《震泽县志》卷三十一，未见收藏。

杨园先生全集五十四卷（辑）

国家图书馆存清同治十年（1871）刻本。

杨园先生备忘四卷

南京图书馆存清刻本。

姚夏（生卒年不详）亦名四夏。清吴江人，姚瑚庶弟。张履祥弟子。

◎**著作集**

杨园张先生年谱一卷

国家图书馆存清乾隆十八年（1753）宁化雷铉刻本。

张尚瑗（1656—1731）字宏蘧，号损持。清吴江松陵人，张参鲁之子。康熙九年（1670）取入江庠。康熙二十七年（1688）进士。四十二年（1703）入京补试散馆，名列二等，出为赣州府兴国知县，丁内艰归。去官后，江右当营事聘其主豫章讲席。生平以书卷为行厨，出入与俱，学博识强，一时鲜匹。初工诗及骈体文，晚年究心《春秋》三传及《国语》、《国策》，于前人注解多所补正，著作为诸名宿所叹服。

◎**著作集**

春秋三传折诸四十卷首四卷

南京图书馆存清抄本。

见《四库全书》。

（康熙）赣州府志七十八卷首一卷

上海图书馆存清康熙五十二年（1713）刻本。

潋水志林二十六卷

> 国家图书馆存清康熙刻本。

诗经辨度

史论

二语折诸十八卷

石里文集十六卷

合组集二卷

> 以上五种见乾隆《震泽县志》卷三十一，未见收藏。

石里诗集十种

> 见乾隆《震泽县志》卷三十一。南京图书馆存清康熙刻本《石里泽家集》二卷。

子目：

> 卯浦集二卷　眉黄集一卷　桐脒集一卷　劳薪集一卷续集一卷　泽家集二卷
> 南辕集一卷　覆笋集二卷　游赠集一卷　客星集一卷　片石集一卷

读战国策随笔一卷

> 吴江图书馆存清道光十三年（1833）刻本（昭代丛书戊集）。

石里杂识一卷

> 吴江图书馆存清道光十三年（1833）刻本（昭代丛书丁集）。

偶题三十首一卷

> 上海图书馆存清乾隆刻本。

和十九秋诗一卷

> 上海图书馆存清乾隆刻本。

◎零星诗文　《国朝松陵诗征》卷八有诗。《松陵文录》卷四等有文。

汝先标（生卒年不详）字冠云。清吴江黎里人。少习骑射，康熙三十六年（1697）武进士，未仕卒。

◎著作集

燕山集

> 见光绪《黎里续志》卷四，未见收藏。

史炜（1657—1730）字闇章。清吴江人。不喜举子业，究心子史，常以搜罗遗佚为务，诗古文皆善。康熙三十五年（1696）作《致身录十无辨》，坚称明史仲彬从亡事为实，追驳钱谦益。三十九年（1700）又与潘耒辩驳此事。

◎著作集

风雅丛谈

竹圃诗文抄

以上两种见道光《黄溪志》卷六，未见收藏。

【编者注】《江苏艺文志》据吴江史氏抄本《史氏家乘》另录有《日录》、《黄溪志》二书，然道光《黄溪志》不载。南京图书馆有稿本《如橡汇编》六卷署名史炜，疑为其作。

沈始树（1658—1737）字景冯，别号雨壑。清吴江人。沈自南之孙。博学强识，文辞高古，朱彝尊推重之，以为能继自南之业，其为人耿介绝俗亦有祖风。

◎著作集

真崖古今杂录

雨壑遗稿一卷

　　以上两种见乾隆《吴江县志》卷四十六，未见收藏。

吴江沈氏家传

　　上海图书馆存民国抄本。

元昂（生卒年不详）字晓轮。清吴江僧。性好游，所至之处必纪以诗。

◎著作集

雪斋诗集（钱汝砺序）

　　见道光《平望志》卷十一，未见收藏。

因满（生卒年不详）字翔胜。清吴江胡氏子，出家吴县感德庵。

◎著作集

自哂集

　　见《松陵人物汇编》卷十一，未见收藏。

智潮（生卒年不详）字香水。清吴江北麻永乐寺僧。蠡泽村杨氏子，年十七剃发永乐寺。平生瓢笠无定踪，晚归永乐初地。性孤介，能诗善画，俱不染俗。

◎著作集

归来堂诗稿

　　见乾隆《震泽县志》卷三十一，未见收藏。

◎零星诗文　《国朝松陵诗征》卷十九有诗。《江苏诗征》卷一百八十一有诗。

广缘（生卒年不详）字竹忘，清吴江华严寺僧，受衣憨山大师，工诗。

◎著作集

声社集

　　见《松陵人物汇编》卷七，未见收藏。

见乾隆《震泽县志》卷三十一，未见收藏。

且存稿一卷

见道光《震泽镇志》卷十一，未见收藏。

◎零星诗文 《国朝松陵诗征》卷十有诗。《江苏诗征》卷三十三有诗。

沈天宝（生卒年不详）字竹西。清吴江北麻人，沈虹之子。与父并以诗名，又并工书法，其诗清婉玮丽，为同邑潘耒、钮琇辈推许。家贫，授徒京邸三十年，为贵公子师，而无一干请，时论高之。既老，中康熙四十四年（1705）顺天乡试。

◎著作集

竹庄漫稿十二卷续稿四卷

见康熙《吴江县志续编》卷二。上海图书馆存清刻本五卷。

◎零星诗文 《国朝松陵诗征》卷十有诗。《江苏诗征》卷一百二十有诗。

沈克棥（1660—1723）字缵文。清吴江人，沈自晓孙。康熙十七年（1678）取入江庠。恂恂自好，闭户读书，虽亲友亦罕见其面。

◎著作集

娱情集

见《松陵人物汇编》卷七，未见收藏。

◎零星诗文 《国朝松陵诗征》卷十三有诗。

沈士楷（1660—1738）字御膺（一作御英）。清吴江人，沈永智次子。

◎著作集

诗稿一卷

见郝丽霞《吴江沈氏文学世家研究》，未见收藏。

◎零星诗文 《吴江沈氏诗集录》卷十有诗。

仲楑（生卒年不详）字瑶光，号萃翁。清吴江盛泽人，仲周需父，国学生。少师事计大章、汪琬，工古文，为众推服，知文者称"盛泽前有卜孟硕，后有仲瑶光"。性仗义疏财，喜奖拔后进。乾隆二十六年（1761）诏赠文林郎。

◎著作集

易经衍义四卷

见乾隆《盛湖志》卷下，未见收藏。

◎零星诗文 《盛湖诗萃》卷四有诗。

仲枢（生卒年不详）字拱辰，号亦山。清吴江人，仲沈洙孙。为长洲汪琬高足。

康熙二十年（1681）入府学。康熙五十二年（1713）恩科举人。少秉异资，后深心汲古，精通易理诗文，并受重名。游屐所至，凡前哲翰墨，虽荒郊败壁、高崖断石，不惮搜访纂录，以故博闻多识。

◎著作集

盛湖志二卷（仲沈洙纂，仲枢增纂）

　　上海图书馆存清乾隆三十五年（1770）续补刻本。

亦山诗文稿

　　见同治《盛湖志》卷十二，未见收藏。

◎零星诗文　《国朝松陵诗征》卷十有诗。《江苏诗征》卷一百二十四有诗。

仲楷（生卒年不详）字方裴，号豫庵。清吴江人，仲棠、仲枢弟。工诗，为汪琬入室弟子。幼年失怙恃，年甫三十五而殁，殁而无嗣，以长兄仲棠之次子周需为其子。

◎著作集

池塘遗草

　　见同治《盛湖志》卷十二，未见收藏。

德亮（生卒年不详）字霁堂，号雪床。清吴江僧，甫里陈氏子。年十二即能为诗，祝发于天津弥勒院，为行脚，遍行五台、峨嵋、天台、雁宕、匡庐，所至皆有诗纪之。复归故里，闻玉峰雪崖禅师道行精严，乃往受衣钵。雪崖逝后住莘塔之长馨庵，终焉。沈德潜尝造访，谓其诗有韦孟之风，选入《国朝别裁集》。柳树芳复访其稿，刻之曰《雪床遗诗》。

◎著作集

雪床诗钞（翁广平序）

　　见光绪《吴江县续志》卷三十七，未见收藏。

雪床遗诗一卷续刻一卷

　　苏州图书馆存清嘉庆二十三年（1818）刻本。

云舫庵诗稿

　　见乾隆《分湖志》卷四，未见收藏。

◎零星诗文　《分湖诗钞》卷二十二有诗。《国朝诗别裁集》卷三十二有诗。

周振业（1661—1731）字右序，号意庭。清吴江人，周宗建曾孙，周龙藻从兄。家贫力学，从朱彝尊游，知近世王学之谬，遂专事宋五子之说以治四书，沉潜研极，洞彻闺奥，有就质者常百难而其答不穷，然未尝以讲学为名。尝之粤东、山左及陕，又数入都门。母氏春秋高，家贫窭无以慰悦其心，故年五十余又试棘闱，数年后中雍正元年（1723）乙榜，时年已六十余。雍正九年（1731）往郡城遇故人子于途，见其寒，解衣衣之，忍冻而归，遂病卒。

◎著作集

周右序先生四书节解十四卷

> 上海图书馆存清乾隆十二年（1747）刻本。

意庭先生遗集六卷（周振业撰，汪栋编）

> 上海图书馆存清雍正十二年（1734）刻本二卷。

> 见乾隆《吴江县志》卷四十六。

南汇县志

> 见清沈德潜《归愚文抄·贡士周右序传》，未见收藏。

◎零星诗文 《松陵文录》卷十四有文。

【编者注】《江苏艺文志》记录周振业生卒年为 1660—1730。查乾隆《吴江县志》，周振业小传有明确记载：病卒"时雍正九年，年七十一"。即卒年应为 1731 年。

秦篁（生卒年不详）字在六，一字潜箓。清震泽韭溪人。幼随舅氏嘉兴李姓至广西，寄籍太平府，贡入成均，后遍游大江南北诸名山，诗有豪迈气。精于医，得云间何嗣宗正传，所治多奇效。年七十余卒。

◎著作集

一字千金一卷（沈德潜序）

粤游草

燕市歌

淮扬杂咏

卷帆集

> 以上五种见道光《平望志》卷八，未见收藏。

孙纶（生卒年不详）清吴江人。

◎著作集

定例成案合镌三十卷附逃人一卷续增一卷

> 南京图书馆存清康熙刻本。

王濂（生卒年不详）字学周，号鹤洲。清吴江盛泽人。王顺阳曾孙。少游朱不远、王孙谋之门，与毛大可、朱竹垞成至契。康熙四十一年（1702）由国学生应吏部试，名列一等，授职州同知。生平多义举。康熙四十一年大饥且疫，出米数百石设局济贫，于宅旁构草厂数十间收治患病者。

◎著作集

畹香小草

见同治《盛湖志》卷十二，未见收藏。

周龙藻（生卒年不详）字汉荀，号恒斋。清吴江谢天港人，周宗建曾孙。康熙二十年（1681）取入江庠。岁贡生。沉潜好学，髫年患痘尚未脱痂，已篝灯读书帷中。比长于书无不览，而尤肆力于诗。熟于史，凡国计民生、古今利弊莫不洞悉原委，故见之于诗，皆其言有物者。为人识高气英，论人是非辨事黑白，断断不稍假借，自守甚严。与从兄周振业并名著大江南北间。年六十五卒。

◎**著作集**

恒斋诗集四十卷文集八卷

南京图书馆存清刻本。

上海图书馆存清乾隆三十年（1765）刻本《恒斋诗集》十六卷。

海岱联吟（与陈沂震、顾我锜、高孝本同撰）

见乾隆《吴江县志》卷四十六，未见收藏。

◎**零星诗文** 《国朝松陵诗征》卷十一有诗。

沈兴谷（生卒年不详）字仲伦，号竹亭。清平望人。业贾而好奕，邑中无敌手。入都，名籍甚，公卿延至邸第。每论清初善奕如林符卿、顾百龄辈尚已，然较之范西屏、施湘夏尚逊一二子。尝采诸人之谱，参以自选之局，为《竹亭奕谱》。

◎**著作集**

竹亭奕谱

见光绪《吴江县续志》卷三十六，未见收藏。

孙之屏（生卒年不详）庠姓董。字元翰，号砚庵。清吴江吴溇人。明县学生。康熙二十七年（1688）廪贡生。生平笃志好学，于书无所不窥，作文始尚高古，终归平淡。年九十三卒。

◎**著作集**

易经集解

诗经评注

诸子纂要

菊人居文集

五经纂要

家训蒙训

以上六种见《儒林六都志·著述》，未见收藏。

周威亮（生卒年不详）字幼良，一字耡原。清吴江人，周安之子。康熙二十一年（1682）取入江庠。工诗，年十三以咏史二十章见赏于徐枋。逾弱冠补增广生员，累举不第。晚年病足蹇，聚徒教授，竟日长吟，侘傺以死。

◎著作集

谦恕堂诗稿

　　见乾隆《震泽县志》卷三十一，未见收藏。

◎零星诗文　《国朝松陵诗征》卷十有诗。

吴世标（生卒年不详）字赤霞。清吴江人。康熙二十一年（1682）入府学。康熙四十四年（1705）、四十七年（1708）副榜贡生。弱冠即以诗文噪吴下，一时宿老皆敛手推服，然屡试南北闱绌于遇。好游，足迹几半天下。

◎著作集

燕台诗钞

　　见《松陵人物汇编》卷七，未见收藏。

◎零星诗文　《国朝松陵诗征》卷十有诗。《江苏诗征》卷十三有诗。

赵楧（生卒年不详）字北山，号梓园。清吴江人。康熙二十一年（1682）取入江庠。卒年六十四。

◎著作集

梅庄集

　　见《吴江赵氏诗存》卷十，未见收藏。

◎零星诗文　《吴江赵氏诗存》卷十有诗。

周景毗（生卒年不详）字鲁祈。清吴江人，周灿孙。康熙二十二年（1683）取入江庠。康熙三十六年（1697）进士。

◎著作集

一经堂诗稿

　　见周汝翼《松陵诗所见录》卷九，未见收藏。

陆方涛（生卒年不详）字谓谋，号即山。清吴江人，陆钥次子。康熙二十二年（1683）取入江庠。康熙四十四年（1705）举人。肆力经史制义，兼工古今体诗。卒年六十七。

◎著作集

味莼鲈轩诗钞一卷

戊庚随笔一卷

味莼鲈轩遗文一卷

以上三种见《陆氏传家集》，吴江图书馆存清刻本。

沈国琇（生卒年不详）本姓凌。字吕璜。清吴江黎里人。以国学生两应京兆试不遇。归得膈症，闭户穷居。恐日久世系不明，作家谱考略一卷。工隶书，晚年日摹汉隶以自娱。以授徒终。

◎**著作集**

西村诗钞

家谱考略

　　以上两种见嘉庆《黎里志》卷六，未见收藏。

周来英（生卒年不详）字骏发。清吴江人，周用裔孙。湖州府学生。游凉州归，渡河舟覆死，年五十八。

著作集待考

◎**零星诗文**　《国朝松陵诗征》卷十有诗。

悟持（生卒年不详）字允修，清吴江僧，住持无碍寺。严墓吴氏子。吴氏代有诗人，允修克绍家学，亦能诗。袁景辂评其诗"无一字一句涉内典者，而静细中复饶秀色，如夏日行万杆竹中，清阴帀地，令人尘烦尽涤"。

◎**著作集**

竹窗诗钞

　　见《国朝松陵诗征》卷十九，未见收藏。

◎**零星诗文**　《国朝松陵诗征》卷十九有诗。《江苏诗征》卷一百七十九有诗。

周玉田（生卒年不详）庠姓赵。字天储（一作天柱）。清吴江人，周灿孙。康熙二十四年（1685）取入江庠。官萧县训导。

著作集待考

◎**零星诗文**　《盛湖诗萃》卷五有诗。

顾世昌（生卒年不详）字威宁。清吴江人，顾有孝之子。康熙二十五年（1686）取入江庠。

著作集待考

◎**零星诗文**　《国朝松陵诗征》卷九有诗。

陆凯（生卒年不详）字舜扬。清吴江东濠人，后居同里。康熙二十五年（1686）取入江庠。雍正二年（1724）副贡生。精于制义，乡居教授，从游者多掇科名。里中王锡、王时彦、顾我锜、周慎皆其高弟。选授海门教谕，未任卒。

◎**著作集**

四书制艺

> 见嘉庆《同里志》卷十二，未见收藏。

陈沂配（生卒年不详）字艾山，号息存。清吴江人，陈锐之子。县学生。少随其父陈锐授经于徐乾学家，时徐乾学纂修《一统志》，开局于洞庭西山，四方名士俱集，陈沂配得与诸前辈相接洽，广见闻，故所作诗文皆有宗法，为先辈叹赏。

◎**著作集**

息存遗稿一卷

> 见嘉庆《同里志》卷二十二，未见收藏。

◎**零星诗文** 《国朝松陵诗征》卷十一有诗。《江苏诗征》卷二十七有诗。

马云襄（生卒年不详）字轶超，号舒亭。清吴江人。康熙二十七年（1688）取入江庠。与庞景芳、陈沂配友善，诗亦相似。

◎**著作集**

舒亭诗钞

> 见嘉庆《同里志》卷二十二，未见收藏。

◎**零星诗文** 《国朝松陵诗征》卷十一有诗。

顾鼎隆（生卒年不详）字尔调。清吴江人。县学生。家贫，严寒积雪，卧无衾席，以稻草两束籍地，夫妇和衣而眠，明日天雨炊无薪，以所籍供灶，至夜端坐达旦。亲友周之不轻受。终身不识县门。

◎**著作集**

周易传义

> 见嘉庆《同里志》卷二十二，未见收藏。

钮蕙卜（生卒年不详）蕙一作惠。清震泽人。康熙二十七年（1688）取入江庠。

◎**著作集**

粤游日记一卷

> 国家图书馆存清康熙刻本。

沈丹梽（生卒年不详）字凤岐（一作凤奇），号勉亭，一号井同。清吴江人。康熙三十一年（1692）取入江庠。

著作集待考

◎零星诗文 《笠泽词征》卷八有词。

【编者注】号"勉亭"见《游庠录》。号"井同"见专著《吴江沈氏文学世家研究》。

沈廷扬（1661—1718）字天将，一字柯亭，号对圃。清吴江人，沈汉裔孙。幼即嗜学，年未弱冠即以文章冠群。后迁郡城，与郡中诸名士往来唱和，击钵豪吟。《沈氏诗录》称其"诗多警拔，填词更工。"

◎**著作集**

沈天将诗稿

　　见乾隆《震泽县志》卷三十一，未见收藏。

◎零星诗文 《国朝松陵诗征》卷十一有诗。《笠泽词征》卷二十七有词。

叶舒璐（1663—?）字景鸿（一作景宏，又作镜泓），号分干。清吴江人，叶吴楫长子，沈淑兰甥。康熙二十八年（1689）取入江庠。工诗。沈德潜称其诗为"已畦先生群从"能诗之"尤表著者"。康熙六十一年（1722）入皖，周历大江南北。雍正元年（1723）贡生。

◎**著作集**

分干诗钞四卷

　　苏州图书馆存民国七年（1918）刻本。

月佩词

　　见乾隆《震泽县志》卷三十一，未见收藏。

◎零星诗文 《国朝松陵诗征》卷十二有诗。《吴江叶氏诗录》卷三有诗。

吴雯华（生卒年不详）字昙素。清吴江人，叶舒璐妻。工诗，其诗清稳雅秀。《采秀阁诗草》一卷附沈淑兰诗集《黛吟草》之后，缘其夫叶舒璐乃沈淑兰之甥。

◎**著作集**

采秀阁诗草一卷

　　上海图书馆存民国吴江柳氏抄本。

◎零星诗文 《国朝松陵诗征》卷二十有诗。

费锡璜（1664—?）字滋衡。清吴江人。其父费密自成都避乱家于江南。

◎**著作集**

汉诗说十卷总说一卷（与沈用济同编）

　　南京图书馆存清康熙刻本。

　　吴江图书馆存清道光十三年（1833）刻（昭代丛书）本《汉诗总说》。

　　见黄山书社《全四库系列·四库存目书》，吴江图书馆有藏。

掣鲸堂诗集十三卷

　　国家图书馆存清康熙刻本。

阶庭偕咏

　　南京图书馆存清康熙刻本。

费中文（费密）先生家传

　　南京图书馆存清刻本。

贯道堂文集四卷

　　国家图书馆存清康熙刻本。

　　【编者注】一说费锡璜为四川新繁人，寓居江苏江都。然《钦定四库全书总目》曰："锡璜字滋衡，吴江人。自署曰成都，盖其父费密自成都避乱家于江南，锡璜犹署其故里也。"光绪《吴江县续志》卷三十二载费锡璜书目，但《汉诗说》错载为《汉书说》。吴江方志未载费锡璜生平。

潘学诗（生卒年不详）字雅宜。清吴江人。康熙三十年（1691）取入江庠。

◎著作集

不外堂课余草四卷

　　见乾隆《吴江县志》卷四十六，未见收藏。

沈霆（生卒年不详）字威音，清吴江人。康熙三十年（1691）取入江庠。

著作集待考

◎零星诗文　《笠泽词征》卷二十七有词。

周松（生卒年不详）字鹤翔，号就庵。清吴江人，周大章后裔。康熙三十年（1691）取入江庠。康熙三十五年（1696）举人。官容城知县。

◎著作集

就庵诗草

　　见周汝翼《松陵所见诗录》卷九，未见收藏。

◎零星诗文　《国朝松陵诗征》卷八有诗。

潘其炳（生卒年不详）字文虎，一字著公。清吴江人，潘耒之子。少颖悟，勤学工诗文，从周龙藻游，得其指授。潘耒出游，家政悉委潘其炳。康熙三十一年（1692）取入江庠，以恩贡生终，年七十二。潘耒之著作皆潘其炳所刊。自著有《地理志》《赋役考》，据称乾隆初修邑志人物传多本潘其炳稿。

◎著作集

地理志

赋役考

　　以上两种见《松陵人物汇编》卷七，未见收藏。

地学正书

　　见道光《平望志》卷七，未见收藏。

吴庸熙（生卒年不详）字公亮，号西柳，清吴江同里人，吴之纪之孙。国学生。少时幕游中州，因而家于祥符垂三十年。弟宰新宁时，曾在署五年，赋诗饮酒外，一不与事。生平与人交接，宁人负我，无我负人。卒之日，亲朋邻里莫不为之叹惜。

◎**著作集**

楚游草

　　见嘉庆《同里志》卷二十二，未见收藏。

◎**零星诗文**　《国朝松陵诗征》卷十一有诗。《江苏诗征》卷十三有诗。

周杭（生卒年不详）字祖望，号文潜，一号湖干。清吴江同里人，周爱访从子。生有异质，五六岁塾师出对，能应声而对。书过目不忘。弱冠侍从父周爱访居于南昌官舍，后归补嘉善诸生。少为文喜徐庾体，后专为古今体。诗宗李杜。与顾我锜善，顾我锜诗学实周杭为之倡。乾隆间卒，年六十五。

◎**著作集**

湖干集诗八卷

　　见乾隆《吴江县志》卷四十六，未见收藏。

◎**零星诗文**　《国朝松陵诗征》卷十一有诗。《江苏诗征》卷八十三有诗。

程世泽（生卒年不详）字跂宗，号定夫。少跛一足，故自号跛翁。清震泽人。先世由新安徙居震泽镇。少承家学，以书名，初法褚遂良，晚学王羲之。康熙四十四年（1705）圣祖南巡，御试楷书，取十三人，定程世泽名列第七，命入内廷办事，以终养未赴。年六十八卒。

◎**著作集**

爱吾庐诗集七卷

　　见《松陵人物汇编》卷七，道光《震泽镇志》卷十一录《爱吾庐剩稿》，未见收藏。

◎**零星诗文**　《国朝松陵诗征》卷十一有诗。

周文（生卒年不详）字子卜，一字炳如。清吴江人，周邦彬孙。仁和县学生。清嬴善病，嗜酒及诗，晚年病益剧，常闭户寂坐。年四十五卒。

◎著作集

药渡诗草

　　见《松陵人物汇编》卷七，未见收藏。

◎零星诗文　《国朝松陵诗征》卷十一有诗。

一斑（生卒年不详）字定宣。清吴江僧人，主席古南石佛等刹，退居一螺山房。

◎著作集

耕烟室诗草

　　见《松陵人物汇编》卷七，未见收藏。

◎零星诗文　《国朝松陵诗征》卷十九有诗。

吴惠（生卒年不详）字悦鲜，号月轩。清吴江人，吴山裔孙。国学生。

著作集待考

◎零星诗文　《国朝松陵诗征》卷十一有诗。

吴辑圭（生卒年不详）字颁瑞。清吴江人。人品俊逸，诗近唐中晚间风格，内阁学士吴家骐极赏之。

著作集待考

◎零星诗文　《国朝松陵诗征》卷十一有诗。

吴琨（生卒年不详）字景程，号非庵。清吴江人。

著作集待考

◎零星诗文　《国朝松陵诗征》卷十一有诗。

徐桂芳（生卒年不详）字幼张。清吴江人，徐汝璞孙。诸生。为郡城宋既庭弟子。诚谨朴厚。

◎著作集

晚香寓言二集

　　见《松陵人物汇编》卷八，未见收藏。

王梦兰（生卒年不详）字素芬。清吴江人，王维翰之女，太仓吴德怡妻，吴伟业孙妇。工诗，清丽绵远，有宋元人风。

◎著作集

绣余集

　　见《松陵人物汇编》卷八，未见收藏。

三十六鸳鸯吟舫存稿二卷

　　南京图书馆存清光绪二十一年（1895）刻本。

沈默林（生卒年不详）佚名（《小黛轩论诗诗》作"沈咏梅"），默林其字。清吴江人，沈澍之女，钱楷妻。袁景辂云："默林，杏村之配，数峰之母也。杏村俊爽，读书外无他嗜好，默林有同志，每荧荧一灯，相对披诵，虽寒暑不辍也。性爱梅，当花时辄与杏村联吟，一名各得诗三十余首，时传为佳话。"

◎著作集

学吟稿

　　见《松陵人物汇编》卷七，未见收藏。

◎零星诗文　《江苏诗征》卷一百七十四有诗。

庞景芳（生卒年不详）字钦文，一字介轩。清吴江同里人。康熙三十三年（1694）取入江庠。康熙六十一年（1722）贡生。官池州训导。年十二受业叶丹桂，工制举业，工行草书，每岁科试必冠其曹。与陈沂配、王植、马云襄等七人结"七子会课"，一时以祭酒推之。诗得陈沂震指授，时出新意。在官六年，告归后十年卒。

◎著作集

介轩诗钞

　　见《国朝松陵诗征》卷十一，未见收藏。

蓄德编十卷

　　见乾隆《吴江县志》卷四十六，未见收藏。

◎零星诗文　《国朝松陵诗征》卷十一有诗。《江苏诗征》卷四有诗。

周士泰（生卒年不详）字起贞（一作起曾）。清吴江人，周用七世孙。康熙三十三年（1694）取入江庠。尝学诗于吴祖修，祖修亟称之。晚年游京师，岁余得诗四百首，皆刻意锤练，词丽而则，比物托兴，咸出于至性。竟以苦吟致疾死。

◎著作集

西溪诗集五卷

　　见乾隆《吴江县志》卷四十六，未见收藏。

王嘉谟（生卒年不详）号上明。清吴江人。康熙三十三年（1694）取入江庠。

◎著作集

待问五十策一卷

　　见柳亚子等《吴江文献保存会书目》，未见收藏。

顾景昌（生卒年不详）字渭占，号松岩。清吴江人。康熙三十四年（1695）取入江庠。与庞景芳交好。

◎**著作集**

偶吟草

　　见《国朝松陵诗征》卷十一，未见收藏。

栖碧堂诗稿

　　见嘉庆《同里志》卷二十二，未见收藏。

◎**零星诗文**　《国朝松陵诗征》卷十一有诗。《江苏诗征》卷一百三十二有诗。

周天藻（生卒年不详）字揆之。清吴江人，周宗建曾孙。县学生。少与从兄周振业、周龙藻相互质证。诗文为当时诸名人称赏。年三十二卒。

◎**著作集**

东谷诗集七卷

　　见乾隆《吴江县志》卷四十六，未见收藏。

◎**零星诗文**　《国朝松陵诗征》卷十二有诗。

毛锡繁（生卒年不详）字繁弱。清吴江人。国学生。

著作集待考

◎**零星诗文**　《国朝松陵诗征》卷十二有诗。

陈鉴（生卒年不详）字其言，号甫衣。清吴江人。雍正二年（1724）秀水籍举人。恬淡寡营，不求仕进，晚年闭门却扫。喜作诗，随意吟咏不事雕饰。年八十二卒。

著作集待考

◎**零星诗文**　《国朝松陵诗征》卷十二有诗。

吴台征（生卒年不详）字配中。清吴江柳塘人。康熙三十四年（1695）取入江庠。乾隆元年（1736）贡生。

◎**著作集**

周礼注疏融节

　　见乾隆《震泽县志》卷三十一，未见收藏。

汪庆元（生卒年不详）字云士，号霭亭。清吴江盛泽人。康熙三十六年（1697）取入江庠。

著作集待考

◎**零星诗文**　《盛湖诗萃》卷四有诗。

王政（生卒年不详）字甸宇，号觉夫。清吴江人。康熙三十六年（1697）取入江庠。康熙五十二年（1713）恩科举人。官全椒教谕。

著作集待考

◎零星诗文 《国朝松陵诗征》卷十一有诗。

吴桭臣（1664—？）字南荣，又字苏还。清吴江人，吴兆骞之子。父遣戍宁古塔，生于戍所。后遇赦，从入关，终身不仕。

◎**著作集**

宁古塔纪略一卷

　　吴江图书馆存清道光十三年（1833）刻本（昭代丛书庚集）。

闽游偶记一卷

　　国家图书馆存清光绪二十年（1894）铅印本。

秋笳集八卷补遗一卷（吴兆骞撰，吴桭臣编）

　　国家图书馆存清雍正刻本。

孟彬（生卒年不详）字赋鱼。清吴江新杭里人。

◎**著作集**

闻湖诗钞十卷

　　南京图书馆存清嘉庆五年（1800）刻本。

十国宫词

　　吴江图书馆存清道光十三年（1833）刻本（昭代丛书壬集）。

【编者注】孟彬自署秀水人。柳亚子《吴江文献保存会书目》收其《闻湖诗钞》，故遵循录入。

费洪学（1665—1713）字巽来，号文江。清吴江人，费锡章之子。自幼工举子业，年十三补诸生，试辄冠其曹，所刻行稿百余篇，书林为之三易板，揣摩其文而取第者不可胜计。康熙三十九年（1700）进士，官博野知县，历三载，政声卓著，卒于官。

◎**著作集**

东濠诗集四卷文集六卷

　　见《国朝松陵诗征》卷九，未见收藏。

周易解八卷

　　见乾隆《吴江县志》卷四十六，未见收藏。

◎零星诗文 《国朝松陵诗征》卷九有诗。《江苏诗征》卷一百二十八有诗。

沈始熙（1666—1707）字复生，号虚船。清吴江人，沈自籍曾孙。自幼喜吟咏，尝师事徐崧、顾有孝，得其指授。髫年与沈廷梒唱和，人目为两神童。康熙三十九年（1700）取入江庠。奋志读书，抱病而卒，自制挽章，因示旷达，宗党交游惜之。

◎**著作集**

虚船诗草

　　　　见乾隆《震泽县志》卷三十一，未见收藏。

◎**零星诗文**　《国朝松陵诗征》卷十一有诗。

赵文然（1666—1743）字长文，号双桥。清吴江人，赵嘉稷长子。休宁县学生。嗜古不倦，自历代正史以及稗官野乘无不穷搜博览，故于前代典实了如指掌。诗篇秀雅无傲志之音。在岁寒社中亦推眉目。

◎**著作集**

通鉴纲目异同条辨

通鉴考异正伪

古今纪要考证

双桥诗稿

　　　　以上四种见乾隆《震泽县志》卷三十一，未见收藏。

◎**零星诗文**　《国朝松陵诗征》卷十五有诗。

沈良友（1667—1749）字笠岑，号畏叟。清吴江人。雍正七年（1729）推归江庠。好读书，工篆隶，笔法遒劲，诗则和平温厚。

著作集待考

◎**零星诗文**　《国朝松陵诗征》卷十三有诗。

宋国显（生卒年不详）字调元，号东庄。清吴江盛泽人。由盛泽迁居泾东，因号东庄。安贫乐道，赋诗自得，晚举乡饮大宾，不赴。

◎**著作集**

东庄农隐集

　　　　见同治《盛湖志》卷十二，未见收藏。

◎**零星诗文**　《盛湖诗萃》卷四有诗。

杨樗（生卒年不详）字襄七。清吴江人。杨淮从子，李璜婿。工诗古文词。性落拓不谐于俗，随岳父李璜至东粤，不与俗务，日游诸名山，以诗文纪之。晚年归里，闭户吟咏，不问外事。金学诗、周允中及从子杨复吉皆推重之。

◎**著作集**

疏步斋诗稿四卷

古文存雅十六卷

古今文绘补十二卷

画宛丛谈八卷

虞初余志二卷

以上五种见《松陵人物汇编》卷二，未见收藏。

【编者注】上海图书馆存抄本《国朝乐府选》署名杨樗，疑为其作。

陆易言（生卒年不详）清吴江人。

◎著作集

月圃诗存一卷

见同治《苏州府志》卷一百三十八，未见收藏。

陆亦隽（生卒年不详）字蟾光，一字横秋。清吴江同里人，后迁平望。县学生。工诗，乐府五古直追汉魏。曾游中州，鄂尔泰观风得其卷，延入署，旋为周南、召南两书院山长。少子卒遂归。家居三四年，囊尽复欲之中州，令长子随行。及至，鄂尔泰已入都，前文酒燕会诸人皆风流云散，惟洛阳令某与其有旧，陆亦隽投之，留数月，卒于署，年七十九。长子不能扶柩归，遂草草葬于洛阳。

◎著作集

中州集二十卷

见道光《平望志》卷八，未见收藏。

沈廷梣（1671—1689）字冬呈。清吴江人，沈永宥长子。

◎著作集

醉花集

见乾隆《吴江县志》卷四十六，未见收藏。

徐葆光（1671—1740）榜姓潘，字谅直（一作亮直），号澄斋，别号二友老人。清长洲人，吴江籍。康熙三十一年（1692）取入江庠。康熙四十四年（1705）南巡，以诸生献诗赋，被取至京。四十七（1708）年举顺天乡试，五十一年（1712）以第三人及进士第，授编修。五十七年（1718）奉旨充册封琉球副使，赐正一品服。五十九年（1720）还国。雍正初以御史记名。诗文雅赡，兼工书法，名满一时。乾隆三年（1738）解京职还里。五年（1740）病卒。

◎著作集

奉使琉球诗三卷附词一卷文一卷

苏州图书馆存清雍正十一年刻本。

中山传信录六卷

　　苏州图书馆存清康熙六十年刻本。

　　见黄山书社《全四库系列·四库存目书》，吴江图书馆有藏。

游山南记一卷

　　国家图书馆存清光绪二十三年（1897）印小方壶斋舆地丛钞本。

水经注抄二卷

淳化阁帖考十卷

二友斋文集十二卷诗集二十卷词一卷

　　以上三种见乾隆《苏州府志》卷七十六，未见收藏。

海舶三集三卷

　　见刘大魁《海峰文集》所录该书序，未见收藏。

赠言一卷

　　见王登瀛等辑《中山诗文集十八种》，复旦大学图书馆存康熙六十年（1721）刻本。

中山赠送诗文一卷二友斋诗稿一卷

　　上海图书馆存清康熙六十年（1721）刻本。

富建道中诗一卷舶中集一卷游泰山诗一卷

　　上海图书馆存清康熙六十年（1721）刻本。

◎**零星诗文**　《江苏诗征》卷七有诗。

　　周岱（生卒年不详）字鲁伯，号荜衫。清平望人。初习剞劂业，既长学史籀书，兼工篆刻，闲为小诗。

◎**著作集**

青琼阁遗稿二卷

　　见道光《平望志》卷八，未见收藏。

　　汝学智（生卒年不详）字敏功（一作敏公）。清吴江黎里人。康熙四十一年（1702）秀水籍副贡生。

◎**著作集**

札奏汇编

梯云居判集

以上两种见光绪《黎里续志》卷四，未见收藏。

　　吴景果（1673—1727）字旭初，号半淞。清吴江人，吴邦桢五世孙。康熙三十一年（1692）取入江庠。康熙四十四年（1705）南巡，吴景果以诸生献诗赋，召试中选，遂入都分纂《历代诗余》及《子史精华》诸书。书成，议授怀柔知县。捐俸新学宫，复建温阳书院，并聘为书院长，以经籍导其邑人，而怀柔文风自是丕振。凤负雅才，为潘耒、徐釚所推许。服官后犹勤著述。

◎**著作集**

赐书堂集十卷

> 见乾隆《震泽县志》卷三十一，未见收藏。

（康熙）怀柔县志八卷

> 南京图书馆存清雍正刻本。

半淞诗存二卷

> 南京图书馆存稿本。

◎**零星诗文** 《国朝松陵诗征》卷九有诗。《笠泽词征》卷九等有词。

陆桂馨（1673—1754）字元鬘，号馥园。清吴江人，陆方涛长子。所学一本庭训，制义为时所推。鄂尔泰为藩使时，以古学试通省士，得五十三人，陆桂馨与同邑顾我锜、周日藻与焉。学政张廷璐荐举博学鸿词，试未入等。雍正十二年（1734）贡生，官丹阳训导。告归卒，私谥渊孝先生。

◎**著作集**

冷毡漫稿二卷

读未见书斋文抄一卷

> 以上两种见《陆氏传家集》，吴江图书馆存清刻本。

◎**零星诗文** 《国朝松陵诗征》卷十三有诗。

费绍霆（1673—1712）初名洪谟，字轩文。清吴江人，费洪学从弟。海盐县学生。诗每脱稿，朋辈即相传以熟，清词丽句往往惊倒老宿。朱彝尊、潘耒、徐釚交口推重之。后师张尚瑗，学益进。

◎**著作集**

潇碧斋诗稿二卷

> 见乾隆《吴江县志》卷四十六，未见收藏。

◎**零星诗文** 《国朝松陵诗征》卷九有诗。《江苏诗征》卷一百二十八有诗。

沈庄怀（1673—？）失其名。清吴江人。学有原委，于前明掌故最悉。喜作诗，不谈格律，达意而止，多超然自得语。尝寓吴淞江滨，沈德潜闻其名，扁舟访之，叩其学，颇有本源。后数年过吴江，遇沈庄怀于佛寺，状甚颓然，不似往日，问之，藜藿不继，与弥勒同龛三五年矣。沈德潜为之慨然。

◎**著作集**

荒江倡和集

庄怀诗钞

以上两种见《松陵人物汇编》卷九，未见收藏。

顾英（生卒年不详）字丹九（一作旦九）。清吴江南传村人。康熙四十年（1701）取入江庠。与同邑连云龙同笔砚，互相切劘。既长，复游尤侗之门，得其指授，所作诗文皆有宗法。

◎**著作集**

撰玉堂诗钞

见柳树芳《分湖遗诗》，未见收藏。

◎**零星诗文** 《分湖遗诗》有诗。

费洪畴（生卒年不详）字书原，号谷亭。清吴江人，费洪学之弟，县学生。自幼至长，以兄为师。研究性理之学，亦能诗，诗笔隽永，中年遽卒。

著作集待考

◎**零星诗文** 《国朝松陵诗征》卷十二有诗。

李世雄（生卒年不详）字酣云，号仙客。清吴江人。县学生。客吴门，与尤珍等相唱和。诗取适性怡情，应酬之作十之八九。

◎**著作集**

惜分斋诗稿

见《国朝松陵诗征》卷十二，未见收藏。

◎**零星诗文** 《国朝松陵诗征》卷十二有诗。《江苏诗征》卷九十三有诗。

陈士醇（生卒年不详）字子大，号蓼庄。清吴江同里人，陈沂震从子。雍正元年（1723）恩科举人。为人气度冲和，遇物无疾言遽色，然当是非可否之介，侃侃无婩婴态。其举于乡也，出徐正峰之门，徐正峰调令吴江，擢守苏郡，陈士醇不往于求。而座主北平黄叔琳罢职居吴门，则时往谒，修弟子礼不懈。

◎**著作集**

南溪草堂诗稿

见嘉庆《同里志》卷二十二，未见收藏。

◎**零星诗文** 《国朝松陵诗征》卷十二有诗。《江苏诗征》卷二十七有诗。

陈士任（生卒年不详）字彦仲，号琴川。清吴江同里人，陈沂震长子。雍正元年（1723）恩科举人。读书论古不肯蓄疑，为学根柢着实。所著诗文无一字不典确，沈德潜评其诗谓可以风雅名世。所修家谱去取繁简具有史裁，谓去妄所以存真，辩虚所以核实，否则必因虚妄而并疑真实矣。

◎著作集

四书集注笺疏

耕云草堂集

蒙求诗注

未学草

南□草

> 以上五种见嘉庆《同里志》卷二十二，未见收藏。

◎零星诗文　《国朝松陵诗征》卷十二有诗。《江苏诗征》卷二十七有诗。

陈士宁（生卒年不详）字安叔。陈士任之弟。康熙五十九年（1720）副贡生。

◎著作集

芜城燕齐江汉游草一卷

> 柳亚子等《吴江文献保存会书目》著录抄本，未见收藏。

顾寿开（生卒年不详）字熊庆，一字玉洲。清吴江人，顾伯宿曾孙。生时适其尊人六十诞辰，邑令熊开元往祝至其家，因名寿开，而以熊庆为字。顾寿开绍其家风，尤长于诗，与李重华并为风雅主盟，称"吴江两玉洲"。老布衣旅食一生，闲吟万首。袁景辂评其诗"吾邑百年来恐少其匹。"

◎著作集

玉洲诗集

江汉棹歌

> 以上两种见《松陵人物汇编》卷八，未见收藏。

◎零星诗文　《国朝松陵诗征》卷十二有诗。

马鳌（生卒年不详）字驾六。清吴江芦墟人。康熙三十八年（1699）入府学。淡于仕进，闭户著书，尤好宋元以来理学诸书，凡格言名论，手辑成编。雍正十三年（1735）岁贡，乾隆元年（1736）保举孝廉方正，未及奏闻而卒。

◎著作集

先儒粹言二卷

> 南京图书馆存清乾隆刻本。

钱汝砺（？—1729）字竹斐，号似崐。清吴江人。康熙三十九年（1700）取入江庠。中年后久不应试，己酉科年已六十余，一夕梦神告曰："子今科必售，不信则往看天榜。"俄至榜所，果有己名。既至金陵，未终场病殁。

◎著作集

桃花园诗集八卷

　　见乾隆《震泽县志》卷三十一，柳亚子等《吴江文献保存会书目》著录《桃花园集》五卷，均未见收藏。

吴越史

列代忠臣传

　　以上两种见民国抄《震泽县志续·书目》，未见收藏。

周立（生卒年不详）字半山。清吴江人。家素贫，穷饿委顿，而意泊如也。与顾寿开为生平知己。

◎著作集

钦香堂集

　　见《松陵人物汇编》卷八，未见收藏。

◎零星诗文　《国朝松陵诗征》卷十二有诗。

金去疾（1674—1728）字士吉，号药畦。其先世从嘉兴迁居严墓市，遂为吴江人。清雍正二年（1724）举人。博学工诗古文，张尚瑗尝称赏之。性傲岸，任事果敢。居乡遭遇冤案，士林悲之。

◎著作集

春风堂诗文集

　　见乾隆《震泽县志》卷三十一，未见收藏。

◎零星诗文　《国朝松陵诗征》卷十二有诗。

周廉（生卒年不详）字来叔。清吴江人，周篆之子。有俊才，善诗。

◎著作集

庄子内篇解

匏园集

　　以上两种见乾隆《震泽县志》卷三十一，未见收藏。

草亭先生年谱一卷（与周勉同编）

　　国家图书馆存清嘉庆二十五年（1820）刻本。

周朱耒（1675—1727）字象益，号潜叔。清吴江人，周用裔孙，周能察之子。秀水县学生。幼孤，外祖父朱彝尊食而教之，补秀水诸生，后入都馆大学士陈廷敬家。以能诗文工笺注知名。翰林编修万经督学贵州，延往入幕。时知府白潢乞万经撰其母墓志，万经转属周朱耒，白潢甚重之。及巡抚江西，遂委以章奏文檄，并与修通志。

雍正三年（1725）两江总督查弼纳荐周朱耒品端才练，时周朱耒已援例授知州衔。五年（1727）引见，命往云南试用，道遘病卒，年五十三。

◎**著作集**

童初堂诗钞

童初堂文抄

福王谥法考一卷

> 以上三种见乾隆《吴江县志》卷四十六，未见收藏。

骖鸾集

> 见同治《苏州府志》卷一百三十八，未见收藏。

◎**零星诗文**　《国朝松陵诗征》卷十一有诗。

王本（1675—1747）字自求，一字岱云。清吴江人。幼颖异，有文誉，以试不利，遂专事古学。家贫，授生徒自给。好为诗，虽三旬九食，吟咏不废。与周杭为唱和友。方病危时，里中新建泰来桥落成，其族孙某往问疾，犹与之商榷题柱对语作推敲势而卒。

◎**著作集**

雕虫集

蛩吟草

> 以上两种见嘉庆《同里志》卷二十二，未见收藏。

◎**零星诗文**　《国朝松陵诗征》卷十二有诗。

【编者注】苏州图书馆稿本《银台社诗存》一卷，南京图书馆存稿本《皇舆约编》，均署名王本，疑为其作。

张汝济（1675—1763）字济泓，一字济远，又字晋渊，号印川。清吴江同里人。少工举业，锐意进取。康熙四十年（1701）取入江庠。中年无所遇，乃以吟咏自娱。乾隆十七年（1752）、二十二年（1757）、二十七年（1762），皇帝南巡，张汝济进呈诗草，获赐荷包、银牌、粟帛。年八十九卒。尝取二三十年所作诗汰存二卷，名《养素堂诗》，同邑顾我钧为序。

◎**著作集**

印川诗草

> 见《松陵三先生诗集》，吴江图书馆存抄本。

养素堂诗二卷

> 见《印川诗草》所存顾我锜《养素堂诗序》，未见收藏。

陆娟（生卒年不详）清吴江人。

◎著作集

绣余吟草

> 见乾隆《吴江县志》卷四十六，未见收藏。

顾倬（生卒年不详）字熙良（一作希良），号南千。清吴江同里人。工诗亦工古文。康熙四十二年（1703）取入江庠。尝与李重华同学诗于长洲张大受，一时才名相并。中年后迁居灵岩山麓，与沈德潜日就讲论，学更大进。为人负才尚气，有古侠士风。

◎著作集

万玉清秋轩集十六卷

> 泰州市图书馆存清抄本。

◎**零星诗文** 《国朝松陵诗征》卷十三有诗。

吴为奭（生卒年不详）字西尹，号憩室。清吴江人，吴宗汉嗣孙，吴南构次子。康熙四十年（1701）取入江庠。补诸生后即弃举子业，专力于诗，最擅七古。

◎著作集

憩堂诗钞

> 见《国朝松陵诗征》卷十一，未见收藏。

古今韵通

> 见乾隆《震泽县志》卷三十一，未见收藏。

◎**零星诗文** 《国朝松陵诗征》卷十一有诗。《江苏诗征》卷十三有诗。

周师灏（生卒年不详）字在刘。清吴江盛泽人，周灿孙。康熙四十二年（1703）取入江庠。

著作集待考

◎**零星诗文** 《盛湖诗萃》卷五有诗。

陆永传（生卒年不详）字徕逸。清吴江同里人，陆瑶之子。康熙四十三年（1704）取入江庠。授徒讲学，能续家业。为人忠厚，年老无子，年八十四贫困以卒。

◎著作集

漱玉轩偶吟

> 见嘉庆《同里志》卷二十二，未见收藏。

◎**零星诗文** 《国朝松陵诗征》卷十三有诗。《江苏诗征》卷一百五十二有诗。

吴濂（生卒年不详）字淳发，号臞庵。清吴江人，吴洙兄。康熙四十三年（1704）取入江庠。乾隆十五年（1750）贡生。通经学古，弟子甚众，周元理兄弟其尤也。姚世荣督学江西，聘佐文幕，掌教豫章书院，造就来学，士风丕变。所选《制义是程》诸集海内风行。卒年七十六。

◎著作集

膻庵集

> 见嘉庆《同里志》卷二十二，未见收藏。

吴允中（生卒年不详）清吴江人。

◎著作集

四书困学编

> 见民国抄《震泽县志续·书目》，未见收藏。

吴雷发（生卒年不详）字起蛟，号夜钟，又号寒塘。清吴江人。康熙四十三年（1704）取入江庠。以人才自命，负气凌厉，几于目无一世。性幽僻，好游荒村野寺，见古冢残碣摩挲徙倚，长啸其间不忍去。为诗文清矫拔俗，其佳者有水镜空明不染尘滓之妙。中年后潜心理学。

◎著作集

香天谈薮一卷

> 吴江图书馆存清道光十三年（1833）刻本（昭代丛书丁集）。

琴余集

夜钟诗话（一作《寒塘诗话》）

> 以上两种见民国抄《震泽县志续·书目》，未见收藏。

寒塘诗录二卷

> 见《垂虹识小录》卷七，未见收藏。

说诗管蒯一卷

> 吴江图书馆存清道光十三年（1833）刻本（昭代丛书丁集）。

晨钟录

> 见《松陵人物汇编》卷八，未见收藏。

◎**零星诗文** 《国朝松陵诗征》卷十三有诗。

吴球发（生卒年不详）字夔山，号柳门。清吴江人，吴雷发从弟。淡于名利，雅好吟咏。

半山诗集

> 见《松陵人物汇编》卷八，未见收藏。

◎**零星诗文** 《国朝松陵诗征》卷十三有诗。

吴觐文（生卒年不详）字觐伯，号竹轩。清吴江人，吴景果从子。康熙四十三年（1704）取入江庠。工制义，每试辄压其曹。诗古文词并有名于时。尝入聘王艮夫幕府。雍正三年（1725）诏州县保举诸生之孝友端方者，吴江知县徐永佑以其名上，吴觐文以疾坚辞，遂终老于家。

◎**著作集**

竹轩诗文集

　　见乾隆《震泽县志》卷三十一，未见收藏。

◎**零星诗文**　《国朝松陵诗征》卷十三有诗。《江苏诗征》卷十四有诗。

吴家骐（生卒年不详）字骏起（又作隽启、晋绮），号晚枫。清震泽人，吴尔潢之子。康熙四十四年（1705）举人。康熙五十七年（1718）进士。选庶吉士，授编修。雍正元年（1723）充康熙皇帝实录纂修官。明年督学湖广，后九年（1731）迁左赞善，充三朝国史纂修官。十二年（1734）迁右庶子，奉命校对三朝实录，明年迁内阁学士。乾隆即位，充皇帝实录副总裁官。乾隆元年（1736）授礼部右侍郎，明年副孙嘉淦主顺天乡试，又二年被劾免。年七十四卒。

◎**著作集**

双砚堂集十卷

　　见乾隆《震泽县志》卷三十一，未见收藏。

◎**零星诗文**　《国朝松陵诗征》卷十二有诗。《江苏诗征》卷十三有诗。

沈永震（1679—1743）字惊徐（一作敬齐），号雷渊。清吴江人，沈良友弟。康熙三十七年（1698）取入江庠。乾隆七年（1742）岁贡生。性诚朴，敦内行，教授生徒，朔望必率以谒圣庙。

◎**著作集**

雷渊遗稿

　　见乾隆《吴江县志》卷四十六，未见收藏。

◎**零星诗文**　《国朝松陵诗征》卷十三有诗。《江苏诗征》卷一百一十九有诗。

【编者注】《江苏艺文志》载沈永震字"敬斋"，而《国朝松陵诗征》记录为"敬齐"。查《游庠录》，其字为"惊徐"，与"敬齐"同音。

范璨（1679—1765）字电文（一作电闻），号约轩，晚号松岩居士。清吴江九曲港人。雍正二年（1724）秀水籍进士，选庶吉士，改授大兴知县，以诖罢职。起为河南邓州知府，十年（1732）授山东莱州知府。乾隆二年（1737）升河南布政使。五年（1740）迁湖北巡抚。八年（1743）调安徽巡抚。十年（1745）补授工部侍郎，旋以老告归。寄居南浔，优游林下。乾隆二十六年（1761）赐列京师"九老会"。乾隆南巡，复赐"耆英介景"、"松岩乐志"诸额。卒年八十七。

◎**著作集**

乐志堂集

> 见《松陵人物汇编》卷八，未见收藏。

◎**零星诗文** 《国朝松陵诗征》卷十三有诗。《江苏诗征》卷一百二十四有诗。

徐椿（生卒年不详）字宝龄。清吴江盛泽人，徐溶之子。国学生。承父训，工画山水，清和圆朗得虞山笔意。性恬淡，古貌古心，足不逾户，卖画自给。年八十余卒。

著作集待考

◎**零星诗文** 《盛湖诗萃》卷六有诗。

张锦（生卒年不详）字禹文。清吴江人，张栋父。好吟咏。

◎**著作集**

南村诗集

> 见道光《平望志》卷八，未见收藏。

◎**零星诗文** 《国朝松陵诗征》卷十三有诗。《江苏诗征》卷五十八有诗。

吴长庚（生卒年不详）字继白。清吴江人，吴祖修少子。家贫力学，为制义必宗先正，年逾四十以布衣终。所作诗绍承家学，每一篇出，辄为邑中前辈所称许。

著作集待考

◎**零星诗文** 《国朝松陵诗征》卷十三有诗。

计元坊（生卒年不详）字维严。清吴江人，计东孙，计默之子。嘉兴县学生。濡染家学，博览多闻，其诗得力于韩白苏陆而自成一家言。读书务有用之学，不屑屑于一名一物。

◎**著作集**

春山小草

> 见《国朝松陵诗征》卷十三，未见收藏。

◎**零星诗文** 《国朝松陵诗征》卷十三有诗。《清诗别裁集》卷二十六有诗。

沈元鉴（生卒年不详）字元照，号韬庵。清吴江人。国学生。性颖敏，耽吟咏，诗风神秀丽。工书法，直入欧阳询之室。壮年游幕四方，行縢所至，广交朋友，浪迹江湖者有年。后江南河道总督高斌聘为记室，名益重。

◎**著作集**

锄经堂诗稿

> 见同治《盛湖志》卷十二，未见收藏。

费元衡（生卒年不详）字思任，号洁斋。清吴江人。受业于张伯行。康熙五十二年（1713）举于乡。雍正五年（1727）以同乡举人王政等六人保举，往山东试莘县知县，革除弊政，为政有干略，遂兼摄冠县及聊城县事，既而调繁莱阳。乾隆初以病乞休，家居数年卒，年六十九。

◎著作集

聊莘水利详说一卷

为学日记三卷

洁斋杂著四卷

课余吟二卷

半园诗稿二卷

　　以上五种见乾隆《震泽县志》卷三十一，未见收藏。

谳语公移示稿条陈八卷

半园诗余一卷

制义存稿百余篇

周礼节注（辑）

左国史汉八家文（辑）

时艺正宗大家名家（辑）

　　以上六种见《垂虹识小录·松陵费氏诗集》卷一，未见收藏。

◎零星诗文　《笠泽词征》卷二十七有词。

费鸿（生卒年不详）字羽吉，号可斋，一说字云鸿，号羽吉。清吴江松陵人，费元衡弟。震泽籍苏州府学附生。

著作集待考

◎零星诗文　《笠泽词征》卷二十七有词。《垂虹诗剩》卷九有诗。

叶永建（生卒年不详）字玉纯。清吴江人，叶绅八世孙。

◎著作集

莱村草

　　见《松陵人物汇编》卷八，未见收藏。

◎零星诗文　《国朝松陵诗征》卷十三有诗。《吴江叶氏诗录》卷四有诗。

费士璟（生卒年不详）字儒正，号儒珍。清吴江人，费元衡从弟。性说直，果敢有为，练达世务，尤留心邑中利弊。雍正二年（1724）分吴江县为吴江、震泽两县，尝助建县治。安贫好学，以著述为事，所撰《桂森斋杂著》多读书有得之言。《咏古诗》一卷乃女婿任纯仁所编，经沈德潜删定。

◎**著作集**

攸好斋咏古诗一卷

见同治《苏州府志》卷一百三十八，未见收藏。

好古斋集（沈德潜序）

桂森斋杂著

以上两种见《国朝松陵诗征》卷十三，未见收藏。

◎**零星诗文** 《国朝松陵诗征》卷十三有诗。《江苏诗征》卷一百二十八有诗。

计濂（生卒年不详）字莱周。清吴江人，计朱培弟。诸生。

◎**著作集**

病歈草

见同治《盛湖志》卷十二，未见收藏。

◎**零星诗文** 《国朝松陵诗征》卷十三有诗。《江苏诗征》卷一百三十七有诗。

沈国正（生卒年不详）字沧孺。清吴江八都人。康熙五十六年（1717）归安籍岁贡生。官宁海县学训导。

◎**著作集**

察好集

见道光《震泽镇志》卷十一，未见收藏。

孙缙（生卒年不详）清震泽人。

◎**著作集**

四勿斋日记

见乾隆《震泽县志》卷三十一，未见收藏。

周勉（生卒年不详）一名南。字今图。清吴江人，周篆次子，周廉弟。县学生。家贫力学，清苦自励，好为古文，动辄千言。沈德潜极称之。性简质，不事文饰，意所不可必达之，故人多嫉之，有馆之者，往往不合去，或粮尽绝爨，吟诵自如。其师金去疾以友道遇之。后金去疾为人所诬，死于狱中，周勉遂漠然无所向。晚年以穷困终。

◎**著作集**

草亭先生年谱一卷（与周廉同编）

国家图书馆存清嘉庆二十五年（1820）刻本。

注草亭诗

见《松陵人物汇编》卷七，未见收藏。

潘谦（1681—?）字敬亭。清吴江人。

◎著作集

纬萧词

见《笠泽词征》卷二十七，未见收藏。

◎零星诗文 《笠泽词征》卷二十七有词。

金筠（生卒年不详）字静宜。清吴江曹村人。康熙六十年（1721）岁贡生。

◎著作集

楚游草

玉兰书屋诗稿

以上两种见《国朝松陵诗征》卷十三，未见收藏。

◎零星诗文 《国朝松陵诗征》卷十三有诗。

金镠（生卒年不详）字士价，号兰畹。清吴江人。家贫嗜学，一椽风雨，日吟哦其中。

◎著作集

耕余草

见《国朝松陵诗征》卷十三，未见收藏。

◎零星诗文 《国朝松陵诗征》卷十三有诗。

赵扬（生卒年不详）榜姓沈。字二陶，号鸿轩。清吴江娄字圩人。雍正元年（1723）浙籍武举人。习韬略，善骑射，其枪棍得少林真传。又与新城朱光复讲论，故击刺妙一时。喜作诗词，曾问诗法于潘耒，其七言歌行颇有豪气。兼工小楷书。乾隆间尝与修平望镇义学。

◎著作集

枪棍源流

弃余草（沈祖惠序）

以上两种见道光《平望志》卷十，未见收藏。

沈培福（1682—1738）字元景。清吴江人，沈世栻孙。七岁能属文，弱冠师事戴名世。慷慨好义，康熙五十二年（1713）在京为戴名世棺敛。尝辑先代诗文稿若干卷，将编集，以客游未果。卒于蜀。所作诗多清稳可靠。

◎著作集

东溪诗稿

见乾隆《震泽县志》卷三十一，未见收藏。

◎**零星诗文** 《国朝松陵诗征》卷十五有诗。《吴江沈氏诗录》卷十有诗。

沈祖禹（1682—1751）字所揆，号怡亭。清吴江人，沈永隆之子，沈彤从兄。

◎**著作集**

吴江沈氏诗录十二卷（与沈彤合编）

  苏州图书馆存清乾隆五年（1740）刻本。

  吴江图书馆存清乾隆刻本残本八卷。

吴江沈氏闺秀诗录一卷（编）

  见柳亚子等《吴江文献保存会书目》，未见收藏。

怡亭诗集

  见郝丽霞《吴江沈氏文学世家研究》，未见收藏。

李重华（1682—1755）字实君，号玉洲。清吴江人，李寅之子。少从长洲张大受游，复学于朱彝尊。康熙四十年（1701）取入江庠。张伯行抚吴，创紫阳书院，李重华与诸生讲学其中。郡中诗社兴，李重华与沈文悫主持，名流毕集。雍正二年（1724）进士，改翰林院庶吉士，散馆授编修。十年（1732）充四川乡试副考官，旋以保举案落职。僦居京师。未几陕抚陈宏谋聘主讲关中书院。乾隆八年（1743）修《大清一统志》，分纂江西。性好游，入巴蜀，客山左，留秦关，经三楚，诗得江山之助。

◎**著作集**

三经附义六卷

  存清乾隆二十八年（1763）万叶堂刻本，收藏不详。

  南京图书馆存1997年影印，《四库全书存目丛书》本。

  见黄山书社《全四库系列·四库存目书》，吴江图书馆有藏。

玉洲诗话一卷

  见光绪《吴江县续志》卷三十六，未见收藏。

蜀道集

  见《松陵人物汇编》卷七，未见收藏。

贞一斋集十卷

  国家图书馆存清乾隆刻本。

  吴江图书馆存清乾隆十一年（1746）刻本四卷。

贞一斋诗说一卷

  国家图书馆存清乾隆刻本。

  吴江图书馆存清刻本。

贞一斋续集

笔致萧疏，语意恬淡，自饶天趣。

◎著作集

江上怡云集八卷

　　南京图书馆存清乾隆刻本。

【编者注】柳亚子《吴江文献保存会书目》载丁建彦有《怡云诗集》。查方志未获丁建彦记载。查《游庠录》，不见丁建彦，但有丁廷彦。而《国朝松陵诗征》及《松陵人物汇编》均记录丁廷彦有《江上怡云集》。应是《吴江文献保存会书目》错录了丁廷彦之名。

潘学博（生卒年不详）字若愚，号耐庵（一作耐庵）。清吴江东乙圩人。康熙四十七年（1708）取入江庠。乾隆三年（1738）岁贡生。喜读史，凡古今成败、人物臧否俱了了于胸中。偶有所见，辄以韵语写之。其读史杂著，多能发前人之所未发。

◎著作集

读左管见二卷

　　见乾隆《吴江县志》卷四十六，未见收藏。

读史杂著

耐庵集

　　以上两种见同治《苏州府志》卷一百三十八，未见收藏。

焚余集

　　见《松陵人物汇编》卷八，未见收藏。

◎零星诗文　《国朝松陵诗征》卷十四有诗。

顾佑行（生卒年不详）字受祺（一作受基）。清吴江同里人。康熙四十七年（1708）取入江庠。博览群书，精于考证，于六书音韵之学尤多心得。何焯称赏之。李馥、沈德潜皆延致家塾相与讨论。

◎著作集

西津集

　　见嘉庆《同里志》卷二十二，未见收藏。

毛诗音训

周礼注

　　以上两种见光绪《吴江县续志》卷三十三，未见收藏。

陆霖（生卒年不详）字元蕃，号时圃。清吴江人，陆方涛次子。康熙四十八年（1709）取入江庠。

◎著作集

因树楼集

　　见《松陵人物汇编》卷八，未见收藏。

◎**零星诗文** 《国朝松陵诗征》卷十五有诗。《江苏诗征》卷一百五十二有诗。

苏弘遇（生卒年不详）后改姓叶。字纶青。清吴江人。康熙五十年（1711）取入江庠。乾隆元年（1736）进士。授山东泗水知县。治理有方，一县肃然。尤善折狱，人以为神。丁祖母忧归卒。

◎**著作集**

雪渠遗集

　　见乾隆《吴江县志》卷四十六，未见收藏。

王杯存（生卒年不详）字屺望，号定中。清吴江人。康熙五十年（1711）取入江庠。自幼熟精文选，工举子业。生平谦抑谨约，无疾言遽色。王曾翼为其高弟。

◎**著作集**

定中诗钞

　　见嘉庆《同里志》卷二十二，未见收藏。

◎**零星诗文** 《国朝松陵诗征》卷十四有诗。《江苏诗征》卷四十七有诗。

徐源（生卒年不详）字永涵。清吴江石里人，徐师曾六世孙。生有至性，七岁能小诗，号称神童。康熙五十年（1711）取入江庠。领雍正四年（1726）乡荐。以哭其次弟徐溥致疾。

◎**著作集**

诗稿一卷

　　见《松陵人物汇编》卷七，未见收藏。

周日藻（1686—1766）一名清华。字旭之，号澹宁。清吴江人，周宗建曾孙。康熙五十年（1711）取入江庠。乾隆十年（1745）进士。少从从兄周振业、周龙藻游。纯品硕学，以选拔入都，名重公卿间。年六十始成进士，生平以教学为事。鄂尔泰延教诸子先后七年。后为六安书院山长，成就后学甚众。

◎**著作集**

宁斋诗集二十四卷

　　见光绪《吴江县续志》卷三十六，未见收藏。

编辑意庭四书节解四卷

　　见同治《苏州府志》卷一百三十八，未见收藏。

制艺清华集

　　见《松陵人物汇编》卷八，未见收藏。

◎**零星诗文** 《国朝松陵诗征》卷十六有诗。《松陵文录》卷二十三有文。

沈守义（生卒年不详）字敬持，号听松。清震泽人，沈启八世孙。端重有学，同邑潘其炳、沈彤、徐大椿皆推重之。乾隆九年（1744）邑令丁守正延修邑志，赠诗云："规时论切倾兰座，入世心雄挢虎须。"三贤寺废于兵火，沈守义邀叶绅、吴岩后辈请而复之。垂虹锁太湖西来诸水，易淤塞，首倡开浚。尤精岐黄，遗贫以药。重梓沈启《吴江水考》、《南船记》行世。

◎著作集

（乾隆）吴江县志（沈守义与修）

　　吴江图书馆存乾隆十二年（1747）刻本。

沈彤（1688—1752）字冠云（一作贯云），号果堂。清吴江人，沈自南曾孙，沈始树之子。少游何焯之门，后入张伯行、杨名时门下。康熙四十八年（1709）取入江庠。究心宋五子书，博究典籍，精于考据。雅好山水，尝游齐鲁诸地，多所考证。乾隆元年（1736）内阁学士吴家骐荐举博学鸿词，不遇，复荐修《一统志》、《三礼书》，书成，授九品官，不就归。以周官分田制禄之法向多疑滞，因为列法疏以明之，成《禄田考》三卷，二千年聚讼一朝而决。是时江震新分。应邑侯之聘修《吴江县志》、《震泽县志》，三年成书。卒无子，门人私谥文孝先生。

◎著作集

果堂全集六种

　　国家图书馆存清乾隆沈氏家刻本二十九卷。上海图书馆著录为二十卷。南京图书馆著录为十九卷。

子目：

尚书小疏一卷

　　吴江图书馆存清光绪十九年（1893）刻《皇清经解》本。

　　见《四库全书》。

春秋左传小疏一卷

　　吴江图书馆存清光绪十九年（1893）刻《皇清经解》本。

　　见《四库全书》。

仪礼小疏八卷

　　吴江图书馆存清光绪十九年（1893）刻《皇清经解》本。依经分八卷。

　　《四库全书》收录七卷。

周官禄田考三卷

　　吴江图书馆存清乾隆十六年（1751）刻本。

　　见《四库全书》。

果堂集十二卷

　　苏州图书馆存清乾隆刻本。

吴江图书馆存清光绪十九年（1893）刻本（皇清经解）（一卷）。

见《四库全书》。

仪礼郑注监本刊误一卷

上海图书馆存清乾隆刻本。

释骨一卷

吴江图书馆存清道光十三年（1833）刻本（昭代丛书己集）。

见黄山书社《全四库系列·四库存目书》，吴江图书馆有藏。

（乾隆）吴江县志五十八卷首一卷（与倪师孟合纂）

吴江图书馆存乾隆十二年（1747）刻本。

（乾隆）震泽县志三十八卷首一卷（与倪师孟合纂）

吴江图书馆存清光绪十九年（1893）刻本。

气穴考

内经本论

以上两种见光绪《吴江县续志》卷三十五，未见收藏。

吴江沈氏诗录十二卷（与沈祖禹合编）

苏州图书馆存清同治六年（1867）刻本。

果堂杂著

见《松陵人物汇编》卷八，未见收藏。

果堂文录一卷

国家图书馆存清同治七年（1868）刻本。

毛诗要义三十卷

上海图书馆存清抄本。

寻淮源记

国家图书馆存清光绪十七年（1891）铅印本。

登泰山记

游包山记

游丰山记

以上三种国家图书馆存清光绪十七年（1891）铅印本。

◎零星诗文 《松陵文录》卷四有文。《笠泽词征》卷二十七有词。

程国栋（生卒年不详）字玉亭。清吴江平望人。康熙五十二年（1713）浙籍举人。历嘉定、盐城、沛县知县，后补山东滕县，罢归。

◎著作集

（乾隆）嘉定县志十二卷首一卷

南京图书馆存清乾隆七年（1742）刻本。

（乾隆）盐城县志十六卷（程国栋原本，黄垣续修）

　　见光绪《吴江县续志》卷三十四。国家图书馆存乾隆十二年（1747）刻本。

诗文集

　　见《松陵人物汇编》卷七，未见收藏。

吴元伟（生卒年不详）榜姓徐。字雍来，号惺堂。清吴江人。康熙五十二年（1713）平湖籍举人。高才勤学，诗文并负盛名。有文集梓行，而诗稿贫不能镌。

　　◎著作集

吴元伟文集

　　见同治《苏州府志》卷一百三十八，未见收藏。

吴重光（生卒年不详）字子裕。清震泽人，吴舒帷祖。尝参与乾隆《震泽县志》采访。

　　◎著作集

游西洞庭记

湖浦志

银藤诗草

吴江县志

　　以上四种见民国抄《震泽县志续·书目》，未见收藏。

顾我锜（1688—1733）字湘南，号帆川。清吴江同里人。县学生。康熙四十七年（1708）取入江庠。少至壮，晨夕编摹，笔不停辍。博学强识，为诗古文提笔疾书，千言不竭。从陈沂震游，诗学日进。及陈沂震督学山东，招与俱往。与陈沂震等唱和成《海岱联吟》四卷。雍正元年（1723）大学士鄂尔泰官江苏布政时，遴选人才五十余，顾我锜为居首者，大江南北无弗知之。雍正九年（1731）与修《江南通志》，分任艺文，参及人物、江防、职官诸类。以修志积劳遂发疾卒。

　　◎著作集

通鉴纲目志疑二卷

邑乘备考四卷

三余笔记六卷

堪著斋杂志十卷

浣松轩集二十二卷（诗集六卷文集六卷外集十卷）

海岱联吟（与高孝本、陈沂震、周龙藻同撰）

　　以上六种见乾隆《吴江县志》卷四十六，未见收藏。

浣松轩赋稿一卷诗集（编年）六卷诗集（分体）五卷

吴江图书馆存清嘉庆八年（1803）务本堂刻本。

古诗编略十五卷（辑）

南京图书馆存稿本。

唐音汇抄二百卷（辑）

宋诗选十卷（辑）

毛诗选四卷（辑）

青邱集选四卷（辑）

以上四种见《松陵人物汇编》卷八，未见收藏。

游洞庭诗一卷

南京图书馆存稿本。

读本诗六卷

吴江图书馆存稿本。

虞江哀诔文二卷

见柳亚子等《吴江文献保存会书目》，未见收藏。

◎**零星诗文** 《国朝松陵诗征》卷十四有诗。《松陵文录》卷二十三有文。

潘其灿（1690—1725）字景瞻，号朗君。清吴江人，潘耒季子。康熙四十七年（1708）取入江庠。康熙五十六年（1717）举人。幼禀庭训，即以通经学古为务，诗古文并得家法。赴礼闱时会世宗举临雍之礼，献诗十二章，钦取第一，公卿无不拭目。生平外和内介，不肯稍事干谒，居都下四载，未尝一为贵人门下士。雍正二年（1724）南归，家居一载卒，年仅三十六。

◎**著作集**

学吟编三卷

见乾隆《吴江县志》卷四十六，未见收藏。

◎**零星诗文** 《国朝松陵诗征》卷十一有诗。《江苏诗征》卷三十三有诗。

沈栩（生卒年不详）字冬星。清吴江人。

◎**著作集**

醉花词

见《全清词钞》卷九，未见收藏。

◎**零星诗文** 《笠泽词征》卷九有词。《全清词钞》卷九有词。

【编者注】吴江地方志及游庠录均未载"沈栩"其人。考沈廷楸有《醉花集》，与《醉花词》集名雷同，其字"冬呈"，又与"冬星"相近，怀疑"沈栩"即"沈廷楸"，然未获证据，故录而存疑。

马存惕（生卒年不详）字乾三。清吴溇人。雍正十三年（1735），一作乾隆元年（1736）岁贡生。卒年六十。

◎著作集

水利书

地理纂要

以上两种见《儒林六都志·著述》，未见收藏。

【编者注】马存惕表字与入贡年份记载有不同。《江苏艺文志》称其字"乾之"，而吴江地方志均记作"乾三"。乾隆《震泽县志》、《儒林六都志》及《江苏艺文志》都记载马存惕于雍正十三年（1735）入贡，但据《游庠录》记载，马存惕是乾隆元年（1736）贡生。

沈岐（生卒年不详）字元凤，号支山。清吴江人。婴痼疾，终身不娶。诗似晚唐人，李重华极称赏之。

◎著作集

支山吟稿

见道光《平望志》卷八，未见收藏。

◎零星诗文 《国朝松陵诗征》卷十四有诗。

袁宁邦（生卒年不详）字惟民，号适斋。清吴江同里人，袁定海兄。康熙五十一年（1712）取入江庠。襟怀潇洒，谈笑生风，每出一言，四座解颐。诗如其人，时露天趣。长子早年摧折，自是无意进取，抑郁以终。

◎著作集

适斋诗钞

见嘉庆《同里志》卷二十二，未见收藏。

◎零星诗文 《国朝松陵诗征》卷十三有诗。《江苏诗征》卷二十九有诗。

袁定海（生卒年不详）字静洲，号澹闿。清吴江同里人，袁宁邦弟。国学生。幼多疾，弃举子业。性好为诗。妻顾氏为顾我锜、顾我钧姊，闺房之内时相唱和。晚年家日落，移居虎丘山塘，当山水佳胜处，芒鞋竹杖，意有所得辄寄于诗。

◎著作集

澹闿诗钞

见嘉庆《同里志》卷十四，未见收藏。

◎零星诗文 《国朝松陵诗征》卷十四有诗。

顾时行（生卒年不详）字尊夏。清吴江同里人。顾佑行族兄。康熙五十一年（1712）取入江庠。教授生徒，言坊行表。

◎**著作集**

毛诗音训

书经旁解

周礼删注

　　以上三种见嘉庆《同里志》卷二十二，未见收藏。

沈宗湘（生卒年不详）字六如，号莼村。清吴江人。康熙五十一年（1712）取入江庠。乾隆元年（1736）进士。授江西新淦知县。淦漕四万余石，漕船皆泊省城，由县仓运至省仓以达漕船，所费不赀，必浮收始可偿费。宗湘力持不可，谓浮收使民之被累不胜言者，宁为吾一身累耳。在任三年，亏数千金，至鬻产以偿，淦人德之。后以刑名事忤上官，谢病归。归里后主讲笠泽书院，讲学论文娓娓不倦，暇与邑中诸宿结岁寒诗会。年八十二卒。

◎**著作集**

越游草一卷

莼村诗稿

　　以上两种见《松陵人物汇编》卷八，未见收藏。

周汝舟（生卒年不详）字道夫，号月汀。清吴江人，周龙藻长子。禀承家学，具有根柢。康熙五十一年（1712）取入府庠。又入太学。阁学吴家骐荐举博学鸿词，试未入等。后游山左，陕甘总督庆福招修《陕西通志》。归里卒，年七十九。

◎**著作集**

悦汀诗稿

　　见《松陵人物汇编》卷八，未见收藏。

◎**零星诗文**　《国朝松陵诗征》卷十四有诗。

周汝砺（生卒年不详）清吴江人。

◎**著作集**

兰轩诗稿

　　见光绪《吴江县续志》卷三十六，未见收藏。

风雅绪余

　　见光绪《吴江县续志》卷三十五，未见收藏。

袁宝秋（生卒年不详）字粒我，号稻香。清吴江人，袁黄七世孙。嘉善庠生。为芦墟郭学洪婿，遂授徒于翁家。醇谨自饬，和易可亲，凡从游者类多成就。三十年后始返赵田故居。生平尤好为诗。

◎著作集

牧笛吟草一卷

> 见道光《分湖小识》卷五。张明观《柳亚子史料札记》称上海图书馆存柳氏抄本《牧笛吟》。

迮云龙（1691—1760）字庚若，又字耕石，号三江渔父。清吴江莘塔人，迮灏弟。幼颖敏，师事何焯，旋游京师。雍正十年（1732）顺天副榜第一。乾隆元年（1736）荐举鸿博，试未入等。试罢游滇南总督幕，六年后以母老辞归。为诗文千言立就，才高数奇，常郁郁不得志。归家筑室种树著书自娱，所居曰"池上草堂"，藏书甚多。

◎著作集

池上草堂集

> 见道光《分湖小识》卷三，未见收藏。

汗漫吟

> 上海图书馆存清刻本。

迮三江遗诗二卷

水竹庄诗草一卷

> 以上两种见柳亚子等《吴江文献保存会书目》，未见收藏。

◎零星诗文 《国朝松陵诗征》卷十四有诗。《江苏诗征》卷一百五十七有诗。

陈文星（生卒年不详）字嶒亭，号不村。清吴江芦墟人。县学生。论诗主"诗言志"一语，其所作萧疏淡远，极天然之致。

◎著作集

随意草

> 见《松陵人物汇编》卷八，未见收藏。

◎零星诗文 《国朝松陵诗征》卷十四有诗。

沈鹤立（生卒年不详）字闻皋。清震泽人，沈凤举兄。好读书著述，工于诗，以布衣终。

◎著作集

读史日抄

李翰蒙求注

徐察蒙求注

青音阁吟稿

> 以上四种见乾隆《震泽县志》卷三十一，未见收藏。

陈沂咏（生卒年不详）字鸣盛，号菉村。清吴江人，陈自振之子。性恬淡寡营，学有心得。居常规步绳趋，进退有度，与人交接外和而内介。

◎**著作集**

菉村吟稿

> 见嘉庆《同里志》卷二十二，未见收藏。

◎**零星诗文** 《国朝松陵诗征》卷十四有诗。

沈凤举（生卒年不详）字德传，号餐琅。清吴江人，沈�裔孙，沈鹤立弟。少游桐庐令陈苌幕。性好吟咏，客游五十年，所历山川古迹皆以韵语纪之，然闲云野鹤，身无定踪，所作诗懒于存稿，往往随手散失。尝与马鳌、顾寿开诸人结岁寒诗社。

◎**著作集**

餐琅诗钞

闽游草

> 以上两种见《松陵人物汇编》卷八，未见收藏。

◎**零星诗文** 《国朝松陵诗征》卷十四有诗。

杨浚（生卒年不详）字景伊，号一斋。清吴江人，杨淮从兄。雍正五年（1727）进士，官广西兴业知县。才颖而捷，为诗文不起草，常书于墙壁，既满命污人垩之，阅日复满四壁。及为知县，以文雅饰吏治，召邑中名士饮酒赋诗，每案牍充积，吏抱文书摘纸尾请判，后升堂面审，杨浚从容断案，决无少偏枉。

◎**著作集**

一斋偶存草

> 见《松陵人物汇编》卷八，未见收藏。

◎**零星诗文** 《国朝松陵诗征》卷十四有诗。

许硕辅（生卒年不详）字嘉谋，号恬斋。清吴江人。县学生。生平澹泊寡营。晚年与沈凤举、顾寿开、孙元等联岁寒吟社，人称"十逸"。

著作集待考

◎**零星诗文** 《国朝松陵诗征》卷十四有诗。

顾鸣柱（生卒年不详）名亦写作鸣杼、鸣杵。字舒声，一字纬持。清吴江人，顾曾唯裔孙。吴县学生。务实学，闭户著书，不干名誉，日事吟咏而人无知其能诗者。

◎**著作集**

吴门啸稿

郊西旅草

以上两种见嘉庆《同里志》卷二十二，未见收藏。

清萧稿

　　见《松陵人物汇编》卷八，未见收藏。

◎**零星诗文**　《国朝松陵诗征》卷十四有诗。《江苏诗征》卷一百三十一有诗。

朱志广（生卒年不详）字约成（一作药芩），又字剪淞，晚号卧谷老人。清吴江人。康熙五十三年（1714）取入江庠。附贡生。自少与名公巨儒交，皆重其才品。游张大受门，张大受视学黔中，招致文幕者六载。后常作客四方，大率在文幕居多。年八十四卒。

◎**著作集**

翦菘草堂诗钞

　　见同治《苏州府志》卷一百三十八，未见收藏。

滇黔游草

　　见《松陵人物汇编》卷八，未见收藏。

◎**零星诗文**　《江苏诗征》卷十八有诗。

陈揆（生卒年不详）字圣符。清梅堰人。康熙五十三年（1714）取入江庠。殚心于古，自天文地理以及声音卜筮、算数之学，靡不究其精微。居恒惟以著述为事。

◎**著作集**

广史断

明史记事详注

事类骈珠

韵征

聊存稿

　　以上五种见《松陵人物汇编》卷九，未见收藏。

陈揆诗钞一卷

　　见《垂虹识小录》卷七，未见收藏。

赵均（生卒年不详）字近三，号莲舟。清吴江人。康熙五十四年（1715）取入江庠。

著作集待考

◎**零星诗文**　《吴江赵氏诗存》卷十一有诗。

周孝学（生卒年不详）字孺仍，号勉斋（一作勉庐）。清吴江人。康熙五十四年（1715）取入江庠。尝与同邑李重华、吴翽文、沈永等联吟社，多唱和之作。于古诗家独心赏韦柳，诗风光细腻，感时吊古诸作深得讽喻之体。

◎**著作集**

勉庐诗钞四卷试草一卷

    上海图书馆存清康熙五十七年（1718）刻本。

◎**零星诗文** 《国朝松陵诗征》卷十五有诗。

沈裕云（生卒年不详）字我瞻，又字东里，号若谷。清七都人。康熙五十九年（1720）举人，乾隆二年（1737）进士。官四川温县知县。

◎**著作集**

东里草

西川草

    以上两种见《松陵人物汇编》卷十一，未见收藏。

沈我瞻诗稿

    见《松陵三先生诗集》，吴江图书馆存抄本。

◎**零星诗文** 《松陵诗征续编》卷七有诗。

吴其琰（生卒年不详）字恒远，一作恒叔，号学圃。清吴江人，吴树臣之子。少为其外舅徐钒及长洲何焯指授，而笔底风骨峻嶒，不拘成法。李重华称其诗"绚烂极而归平淡"。康熙五十七年（1718）取入江庠。雍正七年（1729）拔贡。官陕西清涧知县。

◎**著作集**

兴除二十四条衍义

    见民国抄《震泽县志续·书目》，未见收藏。

（乾隆）清涧县续志八卷

    北京故宫博物馆存清乾隆十七年（1752）刻本，另有 2000 年影印故宫珍本丛刊本。

酌古轩诗集三十卷

    见《松陵人物汇编》卷八，未见收藏。

◎**零星诗文** 《国朝松陵诗征》卷十四有诗。

孙元（生卒年不详）字曾如，自号也山老人。清吴江人。县学生。尝与沈凤举、顾寿开等结岁寒诗会，一时传为盛事。诗宗黄庭坚，以生新为主，人亦简傲不随流俗，其自作传云："欲富恶蝇营，欲贵羞狗苟。"尝辑友朋诗为《遗珠集》。

◎**著作集**

也山遗稿

遗珠集（辑）

    以上两种见《松陵人物汇编》卷八，未见收藏。

◎**零星诗文** 《国朝松陵诗征》卷十五有诗。

【编者注】乾隆《震泽县志》、乾隆《盛湖志》十四卷本及《江苏艺文志》都记载吴其琰字"恒叔",但吴江《游庠录》记载其字为"恒远"。编者猜测,其字本为"恒远",成年后人尊其为"恒叔"了。猜测而已,一并录入备考。

费一鸣（1691—1766）字声佩,号鹤亭。清吴江人,费洪学长子。雍正三年（1725）由浙江推归吴江县庠。好读书,工诗,尝因省亲之山左,涉黄河、登泰岱,登临凭吊,悉纪之以诗。

◎**著作集**

贮云轩集

　　见《松陵人物汇编》卷七,未见收藏。

◎**零星诗文** 《国朝松陵诗征》卷十六有诗。《江苏诗征》卷一百二十八有诗。

费周仁（生卒年不详）字开歧。清吴江人,费洪学之子。雍正七年（1729）推归震庠。岁贡生。家居授徒,从游极盛,造就甚多。邑令聘主笠泽书院,士论咸服。年七十五卒。

◎**著作集**

读史提要

东村诗稿

　　以上两种见《松陵人物汇编》卷九,未见收藏。

国朝松陵诗征二十卷（袁景辂编;费周仁,周汝雨辑）

　　国家图书馆存清乾隆三十二年（1767）刻本

钱以煌（生卒年不详）初名棣。字萼千,号杏田。清吴江人,钱云之子。雍正七年（1729）推归震庠。

著作集待考

◎**零星诗文** 《国朝松陵诗征》卷十三有诗。

钱言（生卒年不详）字绍公,号讷夫。清吴江人。雍正七年（1729）推归震庠。中年尝游楚南,登眺多诗。老于教授。

著作集待考

◎**零星诗文** 《国朝松陵诗征》卷十三有诗。

王士松（生卒年不详）字揆之,号仰亭。清吴江人。雍正七年（1729）推归震庠。

◎**著作集**

逊志斋诗钞

见同治《盛湖志》卷十二，未见收藏。

吴蕙（生卒年不详）字兰质。清吴江人，吴兆骞孙女。承家学，幼即能诗。吟咏外更善琴理古谱，有舛讹处辄能意为订正。年未三十卒。

◎**著作集**

庾楼吟

见《国朝松陵诗征》卷二十，未见收藏。

◎**零星诗文** 《国朝松陵诗征》卷二十有诗。

力成（1692—1757）清吴江僧。盛泽朱姓子，以屠为业，年二十九祝发于西云庵，其师为僧德载。后退居柏子庵。

著作集待考

◎**零星诗文** 《盛湖诗萃》卷十一有诗。

沈廷光（1692—1760）字兼立（一作坚立），号恬斋。清震泽人。尝入紫阳书院，后秉铎归安。乾隆元年（1736）恩科进士，官仁化知县。年未五十以亲老告归。

◎**著作集**

恬斋遗稿

见《松陵人物汇编》卷八，未见收藏。

◎**零星诗文** 《国朝松陵诗征》卷十五有诗。

王锡（1693—1762）字觐扬，号半溪。清吴江同里人。康熙五十六年（1717）海盐籍举人。授江宁知县，廉洁自守，寻调任丰县，以罣误归里。居家力行善事，辑家谱、葺墓域、建宗祠，恢祭田，以及平道路、埋骼胔、恤孤寡。

◎**著作集**

栖碧堂诗集

见《松陵人物汇编》卷八，未见收藏。

吴江王氏新谱五卷（王锡修，王曾培续修）

南京图书馆存清乾隆刻本。

◎**零星诗文** 《国朝松陵诗征》卷十二有诗。《江苏诗征》卷四十九有诗。

王棣（生卒年不详）榜姓陈。字伟岳。清吴江同里人，王曾翼祖父。少孤，奋志向学。康熙五十六年（1717）浙榜举人。年七十六卒。

◎**著作集**

伟岳文集

见嘉庆《同里志》卷二十二，未见收藏。

汝佑霖（生卒年不详）字霈三。清吴江黎里人。

◎著作集

雨林诗草

    见光绪《黎里续志》卷四，未见收藏。

宋贵（生卒年不详）字慎诸（一作慎之），号镜楼。清吴江人。乾隆三十年（1765）拔贡生，官宁海教谕。

◎著作集

镜楼诗存

    见同治《盛湖志》卷十二，未见收藏。

陆瓒（1693—1756）名一作廷瓒。初名无咎，字虔实（一作虔石），又字乾日。清吴江芦墟人，陆燿父。师从何焯。习举子业不售，遂弃去，专攻古学。家贫不能自给，走京师。乾隆元年（1736）会修三礼，以国学生充誊录官。在三礼馆与方苞、李绂最契合。以三礼馆誊录授保德州吏目，署曲沃巡检。在职八年，以老疾告归。年六十三卒。生平笃嗜汉隶，临华山碑至三百余本。作书快意时狂叫起舞不能自禁。出游遇山石可砻者必大书深刻，题名其下。其子陆燿尝以其手书徐幹《中论篇》、《治学篇》刻石于济宁州学。

◎著作集

茶仙遗稿

    见《松陵人物汇编》卷八，未见收藏。

◎零星诗文 《国朝松陵诗征》卷十四有诗。《江苏诗征》卷一百五十二有诗。

徐大椿（1693—1771）原名大业，改名大椿，字灵胎，晚号洄溪老人。以钦召称字，遂以字行。清吴江人，祖籍北厍，徐釚孙。少慷慨负气，工举业，补秀水诸生。雍正七年（1729）推归江厍。游厍后厌薄时艺，岁试题诗卷后云："徐郎不只池中物，肯共凡鳞逐队游。"因是见黜。遂绝意仕进，专务穷经。深于易，心契道德、阴符二经。广求天文、水利、农田、乐律、武备一切经世之学，尤精于医。时修邑志，水利、桥梁、疆域皆徐大椿查勘手定。治病有神效，远近皆来。乾隆二十六年（1761）召至京，诊大学士蒋溥病，密奏过立夏七日当逝，至期果薨。上欲授以官，力辞放归。三十六年（1771）复召抵京，以疾殁于寓。

◎著作集

医学源流论二卷

    吴江图书馆存民国十二年（1923）石印《徐灵胎先生医书》本。

    见《四库全书》。

兰台轨范八卷

　　　吴江图书馆存民国十二年（1923）石印《徐灵胎先生医书》本。

　　　见《四库全书》。

神农本草经百种录一卷

　　　吴江图书馆存民国十二年（1923）石印《徐灵胎先生医书》本。

　　　见《四库全书》。

伤寒论类方一卷

　　　吴江图书馆存民国十二年（1923）石印《徐灵胎先生医书》本。

　　　《四库全书》录二卷（卷上、卷下）。

　　　吴江图书馆另存清光绪九年（1883）刻本《增辑伤寒类方》三卷。

　　　上海图书馆存民国间抄本《伤寒论类方增注》一卷。

道德经注二卷阴符经注一卷

　　　吴江图书馆存民国十二年（1923）石印《徐灵胎先生医书》本。

　　　见《四库全书》。

水利策稿

　　　见光绪《吴江县续志》卷三十四，未见收藏。

慎疾刍言一卷

　　　吴江图书馆存民国十二年（1923）石印《徐灵胎先生医书》本。

洄溪医案一卷

　　　吴江图书馆存民国十二年（1923）石印《徐灵胎先生医书》本。

述恩纪略

　　　见光绪《吴江县续志》卷三十五，未见收藏。

待问编

　　　见光绪《吴江县续志》卷三十五，未见收藏。

洄溪道情一卷

　　　吴江图书馆存民国十二年（1923）石印《徐灵胎先生医书》本。

乐府传声一卷

　　　吴江图书馆存民国十二年（1923）石印《徐灵胎先生医书》本。

画眉楼杂咏

　　　见光绪《吴江县续志》卷三十三，未见收藏。

难经经释二卷

　　　吴江图书馆存民国十二年（1923）石印《徐灵胎先生医书》本。

　　　见黄山书社《全四库系列·四库存目书》，吴江图书馆有藏。

医贯砭二卷

　　　吴江图书馆存民国十二年（1923）石印《徐灵胎先生医书》本。

　　　见黄山书社《全四库系列·四库存目书》，吴江图书馆有藏。

洄溪经义

见光绪《吴江县续志》卷三十五，未见收藏。

灵胎杂著五卷

南京图书馆存清光绪二十二年（1896）石印本《徐氏医书八种十八卷附外科正宗十二卷杂著五卷》。

内经诠释一卷

吴江图书馆存民国十二年（1923）石印《徐灵胎先生医书》本。

六经病解一卷

吴江图书馆存民国十二年（1923）石印《徐灵胎先生医书》本。

杂病源一卷

吴江图书馆存民国十二年（1923）石印《徐灵胎先生医书》本。

女科医案一卷

吴江图书馆存民国十二年（1923）石印《徐灵胎先生医书》本。

洄溪脉学一卷

吴江图书馆存民国十二年（1923）石印《徐灵胎先生医书》本。

舌鉴总论一卷

吴江图书馆存民国十二年（1923）石印《徐灵胎先生医书》本。

脉诀启悟二卷附经络诊视图

吴江图书馆存民国十二年（1923）石印《徐灵胎先生医书》本。

药性切用六卷

吴江图书馆存民国十二年（1923）石印《徐灵胎先生医书》本。

伤寒约编八卷附舌鉴图

吴江图书馆存民国十二年（1923）石印《徐灵胎先生医书》本六卷。

杂病证治九卷

南京图书馆存清光绪二十九年（1903）铅印本（徐灵胎医略六书）。

吴江图书馆存民国石印《徐灵胎医书三十二种》本《证治指南》八卷。

女科指要六卷附女科治验

南京图书馆存清光绪二十九年（1903）铅印本（徐灵胎医略六书）。

种子要方

吴江图书馆存民国十二年（1923）石印《徐灵胎先生医书》本。

中风大法

吴江图书馆存民国十二年（1923）石印《徐灵胎先生医书》本。

药性诗解

吴江图书馆存民国十二年（1923）石印《徐灵胎先生医书》本。

汤引总义

吴江图书馆存民国十二年（1923）石印《徐灵胎先生医书》本。

难经经释补正二卷附总论

  吴江图书馆存清同治十二年（1873）刻本

（增注）古方新解八卷

  中国中医研究所藏民国间上海世界书局石印本。

  吴江图书馆存民国石印《徐灵胎医书三十二种》本《古方集解》一卷。

洄溪老人二十六秘方附牛痘要法推拿述略

  复旦大学上海医学院图书馆存清光绪间刻本。

  中国中医研究院图书馆存清光绪五年（1879）刻本《洄溪秘方》。

徐氏医灵二卷

  西安医学院图书馆存徐灵胎抄本。

外科秘本附良方集录图经仁寿堂咽喉杂症秘方

  苏州中医学院图书馆存抄本。

疡科集案类编二卷

  南京中医学院图书馆存抄本。

外科正宗十二卷

  南京图书馆存清光绪十九年（1893）印本。

医论

  吴江图书馆存清同治十二年（1873）刻本。

管见集

  上海图书馆存稿本。

征士洄溪府君自序

  中国中医研究院存清刻本。

疡科选粹八卷（陈文治辑，徐大椿批）

  吴江图书馆存民国四年（1915）石印本。

徐批叶天士晚年方案真本一卷（叶桂撰，徐大椿批）

  上海图书馆存清光绪十五年（1889）刻本。

  吴江图书馆存民国石印《徐灵胎医书三十二种》本《叶案批缪》一卷。

徐氏族谱八卷

  南京图书馆存清光绪十七年（1891）活字印本。

涉猎医书误伤人论一卷

  国家图书馆存清刻本。

病家论一卷

  国家图书馆存清刻本。

◎零星诗文 《国朝松陵文录》卷八有文。

吴然（生卒年不详）字益明，号遽庄。清吴江人，吴晋锡曾孙，吴至慎父。岁寒会中人。

◎著作集

诵芬书屋诗钞

见《松陵人物汇编》卷八，未见收藏。

◎零星诗文 《国朝松陵诗征》卷十五有诗。

卜元（生卒年不详）字重贞，号易亭。清吴江人。雍正十三年（1735）拔贡生。博览典籍，更精数学。张伯行巡抚江苏，肇兴紫阳书院，与诸生讲性理之学，卜元特受器重。后里居教授，门下多知名士。诗宗唐人，不轻下笔。

著作集待考

◎零星诗文 《国朝松陵诗征》卷十五有诗。

张毓华（生卒年不详）字嵩右，号莲峰，又号木斋。清吴江人。雍正十三年（1735）举人，官金县知县。罢官后为兰山书院山长。

◎著作集

二思堂诗草

见《松陵人物汇编》卷八，未见收藏。

◎零星诗文 《国朝松陵诗征》卷十五有诗。

王藻（1693—？）字载扬，号梅泾。清吴江平望人。国学生。少时家贫，以贩米为业。好蓄宋版书、青田石印章，至于恶衣粝食，人笑之不悔，人以为颠迂。好读名人集，而于带经堂、曝书亭二种尤能澜翻背诵，不遗一字。吴兴沈树本阻风莺脰湖，见王藻叹为异才，招之主其家，由是学益进而名日起。雍正元年（1723）游京师，时吴士玉领一统志书局总裁官，闻王藻名，以宾礼延致之，七年志成。乾隆元年（1736）膺鸿博之荐，试未入等，南归家居。以诗学倡导后进，与里中潘昶等共辑《平望志》，与王樑并称"平川二王"。晚客维扬，维扬人奉为坛坫。沈德潜称其诗"字必典、语必稳、偶俪必工，舒徐容与，步骤有节，可谓雅音。"

◎著作集

莺脰湖庄诗集十五卷

南京图书馆存清乾隆刻本。

（雍正）平望镇志四卷首一卷（与王樑、潘昶、张栋合纂）

上海图书馆存清西郊草堂抄本一卷首一卷。

◎零星诗文 《国朝松陵诗征》卷十五有诗。

【编者注】南京图书馆存清乾隆刻本《广陵倡和录三咏》，署名王藻，且地涉扬州，疑为其作。

王樑（生卒年不详）字绍曾，号茁庭（一作绂庭），晚号稻香亭长。清吴江人，王维翰之子。国学生。少时豪迈不羁，及壮后始折节读书，性颖敏，又痛自砥厉，遂以诗名于时，与王藻称"平川二王"。生平喜画，淡泊无他。尝于先墓侧筑月湖丙舍，凡文人至月湖者，必诗酒流连，夜以继日。其友张栋曰："绂庭没，吾里风雅绝矣。"

◎**著作集**

读画录一卷

　　吴江图书馆存清道光十三年（1833）刻《昭代丛书壬集》本。

　　见黄山书社《全四库系列·四库存目书》，吴江图书馆有藏。

月湖剩稿四卷

　　见光绪《吴江县续志》卷三十二。黄山书社《全四库系列·四库存目书》录一卷。

绂庭诗稿

　　见《国朝松陵诗征》卷十五，未见收藏。

（雍正）平望镇志四卷首一卷（与王藻、潘昶、张栋合纂）

　　上海图书馆存清西郊草堂抄本一卷首一卷。

◎**零星诗文**　《国朝松陵诗征》卷十五有诗。

蔡希灏（生卒年不详）清吴江黎里人。早卒。卒时其妻吴氏年仅二十三。

◎**著作集**

医学卮言一卷

　　见光绪《黎里续志》卷四，未见收藏。

徐兆奎（生卒年不详）清吴江黎里人。

◎**著作集**

晴轩诗钞一卷

　　见光绪《黎里续志》卷四，未见收藏。

陈自焕（生卒年不详）字家修。清吴江人，陈沂配之子。湖州府诸生，试辄高等，十赴省试不售，以明经终。

◎**著作集**

周易便读

　　见嘉庆《同里志》卷二十二，未见收藏。

梅芬（生卒年不详）字素娟，号雪香。清吴江人，陈自焕妻。诗不尚靡曼而一轨于正，以"绿筠轩"名集。袁景辂曰："读绿筠轩痛逝伤今诸作，令人增骨肉之感。此闺阁中白太傅也。"

◎著作集

绿筠轩诗草一卷

　　上海图书馆存清乾隆三十一年（1766）皆醇书屋刻本。

　　存于民国抄本《清溪诗稿》，吴江图书馆收藏。

◎零星诗文　《国朝松陵诗征》卷二十有诗。

沈炯（1694—1749）字逊扬。清吴江人，沈璐玄孙，沈彤从弟。康熙五十七年（1718）取入江庠。为人沉静寡言笑，读书精于考辨。辑《禹贡纂注》，与《水经注》互相发明，从兄沈彤极称之。

◎著作集

禹贡纂注

南游草

　　以上两种见《松陵人物汇编》卷八，未见收藏。

◎零星诗文　《国朝松陵诗征》卷十五有诗。《江苏诗征》卷一百十九有诗。

程询（生卒年不详）字于岳，自号坚忍道人。清吴江同里人。国学生。少工举子业，寻以弱疾弃去。中年颇究心岐黄家言，得导引术。又工诗，而于古学特深。

◎著作集

璨琚居诗集

　　见嘉庆《同里志》卷二十二，未见收藏。

◎零星诗文　《国朝松陵诗征》卷十五有诗。《江苏诗征》卷七十五有诗。

金梅（生卒年不详）字次调。清吴江人，世居曹溪，金廷煐次子。乌程县学生。家贫，笃于古学，督学颜光敩称其文似陈同甫。尤长于诗，宗唐人而自具风骨，讽诵之如见其人。年四十二卒。

◎著作集

梦草集

丙子诗草

击辕集

　　以上三种见乾隆《震泽县志》卷三十一，未见收藏。

◎零星诗文　《国朝松陵诗征》卷十五有诗。《江苏诗征》卷八十八有诗。

秦时昌（生卒年不详）字枚谔，号雪龛。清震泽韭溪人。居太湖之滨，葆其天真，不撄世纲。尝置一舫，笔床茶灶，日往来于烟波浩渺中。性好吟咏，不尚绮藻，尝语人曰："我以调摄心志，非求工于语言也。"

◎**著作集**

韭溪渔唱集

> 见乾隆《震泽县志》卷三十一，未见收藏。

咏梅诗集

> 见道光《平望志》卷八，未见收藏。

◎**零星诗文** 《国朝松陵诗征》卷十五有诗。

郁大成（生卒年不详）字留仙。清吴江人。

◎**著作集**

竹余书屋诗钞

> 见《国朝松陵诗征》卷十五，未见收藏。

◎**零星诗文** 《国朝松陵诗征》卷十五有诗。《江苏诗征》卷一百五十四有诗。

陆朴（生卒年不详）字天诚，号双桥。清吴江人。县学生。工制举业，后以不利场屋，遂专力于诗。其论以生新为主，虽极熟题不肯作一雷同语。后赴广东、浙江，凡一山一水莫不以诗纪之。

◎**著作集**

双桥诗草

> 见《国朝松陵诗征》卷十五，未见收藏。

◎**零星诗文** 《国朝松陵诗征》卷十五有诗。《江苏诗征》卷一百五十二有诗。

郁杨勋（生卒年不详）字钦谐。清吴江芦墟人，居汾湖之滨。县学生。少习举子业，年五十余始为诗。诗尚真率，不事琢磨。《娱老吟》二卷计默序而行之。

◎**著作集**

娱老吟二卷

> 见乾隆《吴江县志》卷四十六，未见收藏。

◎**零星诗文** 《国朝松陵诗征》卷十五有诗。

赵王佐（生卒年不详）字书文（一作舒文），号素琴。清吴江人，赵士谔玄孙。学诗于柳塘，笃守其教，至老不改。其集名瓣香，示不忘其师。卒年七十四。

◎**著作集**

瓣香诗稿二卷

> 见乾隆《震泽县志》卷三十一，未见收藏。

◎**零星诗文** 《国朝松陵诗征》卷十五有诗。《清诗纪事》乾隆卷有诗。

仲贻焕（生卒年不详）字汇英，号尘夫。清吴江盛泽人，仲一飞族兄。为诗耻言摹仿，词浅意深，外淡中腴，缠绵古质，如其为人。长洲沈德潜深契之，为序其诗。晚年训蒙石湖间，临殁时以诗稿付门人史载揆为之梓以传。

◎著作集

尘夫诗钞

> 见《松陵人物汇编》卷八，未见收藏。

◎零星诗文　《国朝松陵诗征》卷十五有诗。《江苏诗征》卷一百二十五有诗。

仲廷铨（生卒年不详）字黼璜，号翊堂。清吴江人，仲贻瑛族弟。少游同邑庞端明门，其诗文尝见许于庞端明，叹曰："文固英俊不凡，而诗尤磊落多奇，他日名士风流振骚坛于吴下，非子而谁？"其后仲廷铨游洞庭东山，果为诗坛主盟。

◎著作集

双桂轩诗草二卷

> 上海图书馆存清嘉庆七年（1802）刻本。

范君义（生卒年不详）字元孚，号耨斋。清吴江人，范璨族侄。癖于吟咏，尝游楚中，历潇湘岳麓之胜，莫不纪之以诗。与沈祖惠之父最契，多唱和之作。殁后沈祖惠序其遗稿。

◎著作集

耨斋遗稿

> 见《国朝松陵诗征》卷十六，未见收藏。

◎零星诗文　《国朝松陵诗征》卷十六有诗。

秦彬（生卒年不详）字衷皇（一用仲皇），号筠亭。清吴江震泽韭溪人。康熙五十七年（1718）入府学。乾隆二十一年（1756）府学贡生。为人端方正直，不轻言人过，造就学者甚众。工诗文，精草书，得怀素遗意，纵横夭矫，罕有其匹。

◎著作集

草书备考四卷

> 南京图书馆存清刻本。

别名汇纂三十二卷

巴人诗集六卷

> 以上两种见民国抄《震泽县志续·书目》，未见收藏。

诗经纂注

八行录

> 以上两种见道光《平望志》卷八，未见收藏。

周士选（生卒年不详）字道允，号稻香。清吴江人，周之方之子。康熙五十七年（1718）取入江庠。承家学，少即能诗。年三十两目失明，犹咿唔不辍。喜与人唱和，每一韵辄叠至数十首。

◎**著作集**

稻香集

　　见《国朝松陵诗征》卷十六，未见收藏。

◎**零星诗文**　《国朝松陵诗征》卷十六有诗。《江苏诗征》卷八十三有诗。

张栋（1695—1778）字鸿勋，号玉川，又号看云山人。清平望人，张锦之子，家莺脰湖之滨。诸生。少好学，游京师，以国学生累试北闱不售，遂弃去，专肆力于诗画。诗仿中唐，不事雕饰，自饶风趣。画远宗大痴黄公望，近法麓台王原祁，气韵萧疏，墨痕秀润。尝游山左，客关中，所至与名人唱和。乾隆十六年（1751）浙江永中丞聘纂《南巡盛典》，所撰述同事咸推服。后寓维扬，人重其笔墨，争出资购之。晚年归里，以诗学倡导后进。卒年八十四。

◎**著作集**

看云吟稿（又名《古今论画诗》）二十卷

　　国家图书馆存清刻本。

（雍正）平望镇志四卷首一卷（与王樑、王藻、潘昶合纂）

　　上海图书馆存清西郊草堂抄本一卷首一卷。

◎**零星诗文**　《笠泽词征》卷十有词。

沈凤鸣（1695—1767）字翰飞，号迂父。清吴江同里人，沈自南曾孙，沈彤从弟。乾隆三年（1738）取入江庠。好博览。尝游秦中。晚岁杜门习静。

◎**著作集**

迂父偶存草

　　见嘉庆《同里志》卷二十二，未见收藏。

◎**零星诗文**　《国朝松陵诗征》卷十六有诗。

沈凤翔（1696—1751）字翼飞（一作亦辈）。清吴江同里人，沈凤鸣弟。尝幕游楚中。客粤有《南行纪程》及《诗草》若干卷。于山川胜迹、古今同异之辨考据甚详，堪资志乘。

◎**著作集**

南游诗草

　　见嘉庆《同里志》卷二十二，未见收藏。

南行纪程

见《国朝松陵诗征》卷十六，未见收藏。

◎**零星诗文** 《国朝松陵诗征》卷十六有诗。

沈日霖（1696—1762）字骥展，号纫芳。清吴江人，沈永之子。乾隆三年（1738）入府学。乾隆十七年（1752）应乡试受挫。工愁善病。长于骈体，惊才绝艳，无语不新。尝以客授远游桂林。

◎**著作集**

晋人尘一卷

　　国家图书馆存清光绪间上海申报馆印本。

粤西琐记一卷

　　吴江图书馆存清道光十三年（1833）刻本（昭代丛书丁集）。

小潇湘诗钞

小潇湘四六

　　以上两种见《松陵人物汇编》卷八，未见收藏。

纫芳词

粤游词

　　以上两种见《全清词钞》卷九，未见收藏。

◎**零星诗文** 《国朝松陵诗征》卷十七有诗。《江苏诗征》卷一百二十一有诗。《全清词钞》有词。《全清散曲》有小令。

袁栋（1697—1761）字国柱，号漫恬（一作漫田），别号玉田仙史。清吴江同里人，袁益之之父。国学生。专心读古，务有用之学，自唐宋以来经世大典靡不窥寻。"锄经"、"书隐"二楼中贮书万卷，风雨晦明晨夕一编，自少壮而老如一日。擅吟咏，其诗高远闲放，自露天真。又善填词，善隶书。尤长于考据辨论，著作等身。性恬淡，不乐奔走。童子试二十有一，省试十有一，未尝一有遇合，同侪为之扼腕抱恨，而袁栋怡然自得，尝谓"读书自有其乐，进取声利非吾所急也。"

◎**著作集**

漫恬诗钞四卷诗余一卷

　　吴江图书馆存清乾隆刻本。

书隐丛说十九卷

　　南京图书馆存清乾隆刻本。

　　见黄山书社《全四库系列·四库存目书》，吴江图书馆有藏。

礼记类谋三十六卷

漫恬时艺

漫恬外集

以上三种见嘉庆《同里志》卷二十二，未见收藏。

四书补音四卷

上海图书馆存清乾隆二十一年（1756）刻本。

玉田乐府八种八卷

南京图书馆存清乾隆刻本。

子目：

陶朱公一卷　郑虎臣一卷　姚平仲一卷　江采苹一卷

赚兰亭一卷　鹅笼书生一卷　白玉楼一卷　桃花源一卷

漫恬文存一卷

上海图书馆存抄本。

桃笙吟稿一卷

张明观《柳亚子史料札记》称上海图书馆存柳氏抄本。

大学改本考

天津市图书馆存清管庭芳抄本。

唐音拔萃六卷

上海图书馆存稿本。

书隐曲说一卷

国家图书馆存民国二十九年（1940）铅印本。

◎**零星诗文**　《国朝松陵诗征》卷十五有诗。《松陵文录》卷八有文。《笠泽词征》卷十有词。

潘昶（生卒年不详）字景创，号涤订。清吴江人。少颖敏，读书通大义。康熙五十八年（1719）取入江庠。攻举业不肯随俗。学诗于计默、钱云。又工为古文词，与沈彤、沈闰相商榷。中年后读张履祥书，有志于圣贤之学。乾隆九年（1744）邑令聘修邑志，所撰名宦、文学、艺能、列女诸传，风俗、御寇诸志悉有体要。卒年五十五。

◎**著作集**

四书质疑

见光绪《吴江县续志》卷三十三，未见收藏。

志学编

家礼居行编

以上两种见光绪《吴江县续志》卷三十五，未见收藏。

杜诗笺注

见光绪《吴江县续志》卷三十六，未见收藏。

求生录

潘昶诗文集

历朝宫词一千首

　　　　以上三种见《松陵人物汇编》卷八，未见收藏。

（雍正）平望镇志四卷首一卷（与王樑、王藻、张栋合纂）

　　　　上海图书馆存清西郊草堂抄本一卷首一卷。

（乾隆）吴江县志（潘昶与纂）

　　　　吴江图书馆存乾隆十二年（1747）刻本。

实安（生卒年不详）字鹤峰，号云泉。清乾隆间吴江僧。朱氏子，出家龙兴寺，主小云栖。

　　◎著作集

云泉杂稿

　　　　见《松陵人物汇编》卷十一，未见收藏。

净明闲咏

　　　　见顾宗泰《停云集》方外一，未见收藏。

李德仪（生卒年不详）清吴江黎里人。

　　◎著作集

粤西游草

　　　　见光绪《黎里续志》卷四，未见收藏。

张秀芝（生卒年不详）清吴江黎里人。

　　◎著作集

紫田诗草

　　　　见光绪《黎里续志》卷四，未见收藏。

迮尚志（1698—1751）字倍功。清吴江莘塔人，迮云龙从弟。初与迮云龙相师友，后迮云龙以博学鸿词征，而迮尚志一亩之居蓬蒿翳如，独与陆璨为淡水交，陆璨以子陆燿师事之。后陆燿位至中丞，以文章经济名于时，得迮尚志培植之功居多。所居室外杂植竹木桑榆，颜其居室曰"静念"。后十余年究心濂洛诸儒之书，谓禅术之非静念，易写"静学"二字。偶为小诗，与诗僧德亮唱酬。蓄书不甚多，皆精整完洁，手自丹黄。于天文星象三礼之图用功尤深。殁后贫不能葬，陆燿为之经纪其事。

　　◎**著作集**

静学斋诗钞

　　　　见《国朝松陵诗征》卷十四，又见道光《分湖小识》卷二。

　　　　上海图书馆存抄本《静念斋诗稿》一卷

　　◎**零星诗文**　《江苏诗征》卷一百五十七有诗。

陈士载（？—1743）字勖张，号梅轩。清吴江人，陈沂配之子。县学生。性刚直，人有过必正言相规，朋辈敬惮之如严师。常啸歌自适。不治生产，中年家益落。所居后圃有老梅数株，花时邀同好觞咏其下，不自觉遇之穷也。后悼家人身故抑郁憔悴成瘵疾卒。

◎**著作集**

梅轩诗钞一卷

见嘉庆《同里志》卷二十二，未见收藏。

◎**零星诗文**　《国朝松陵诗征》卷十六有诗。《江苏诗征》卷二十七有诗。

吴洙（生卒年不详）字泗传。清吴江人，吴濂之弟。康熙六十年（1721）取入江庠。

◎**著作集**

增辑同里先哲志

吴叔子集

以上两种见嘉庆《同里志》卷二十二，未见收藏。

周轶群（生卒年不详）字亦群，号茂堂（一作茂望）。清吴江谢天港人，周灿从孙。康熙六十年（1721）取入江庠。从从父周振业游，讲程朱之学。诗以自适为主，不事苦吟。

◎**著作集**

茂堂诗稿

见同治《盛湖志》卷十二，未见收藏。

◎**零星诗文**　《国朝松陵诗征》卷十六有诗。《江苏诗征》卷八十三有诗。

沈芳（生卒年不详）字纫佩，号水村。清吴江芦墟人，沈刚中父，县学生。游长洲何焯之门，其制义典雅有法，为时所称。工小篆及隶书。时王虚舟以篆书雄视海内，见沈芳书，叹为可继李斯、李冰。尝谓隶有折无转，篆有转无折，人以为知言。乾隆十二年（1747）聘修江震县志。

◎**著作集**

水村诗稿

见《国朝松陵诗征》卷十六，未见收藏。

◎**零星诗文**　《国朝松陵诗征》卷十六有诗。《江苏诗征》卷一百一十九有诗。

秦昂（生卒年不详）字若千。清吴江人。工制义，康熙六十年（1721）取入江庠。屡困场屋，以授徒终老，年七十三卒。

◎**著作集**

秦昂遗诗

见《松陵人物汇编》卷十，未见收藏。

陶锦绶（生卒年不详）字绅佩。清吴江盛泽人。康熙六十年（1721）取入江庠。
著作集待考
◎**零星诗文** 《盛湖诗萃》卷五有诗。

周慎（生卒年不详）字诚哉，号云毫，又号待庵。清吴江同里人，周杭之子。康熙六十年（1721）取入江庠。八颠省闱不售，遂绝意进取，足迹不出里巷，闭户著书四十余年，教授生徒，及门多通籍者。晚年目盲，造门受业益众。卒年八十四。
◎**著作集**
续左传类对赋（徐晋卿撰；周慎续）
　　国家图书馆存清刻本。
春秋说疑
绿香书屋集
订正徐秘书原赋
云毫遗文
中庸贯旨
　　以上五种见嘉庆《同里志》卷二十二，未见收藏。
赋类韵初稿
　　见《松陵诗征续编》卷一，未见收藏。
◎**零星诗文** 《松陵诗征续编》卷一有诗。
【编者注】《江苏艺文志》周慎名下有《左传类对赋》、《春秋说疑续》两书。而嘉庆同里志卷二十二书目为《续左传类对赋》、《春秋说疑》，书名不相连，有空格，应无疑问。省志所录书名有误，一书少"续"字，另一书多"续"字。《同里志》卷十四将两书名连书，可能因此错断。

钮肇顶（生卒年不详）字冠南，号蓼劢。清吴江人。康熙六十一年（1722）入府学。
◎**著作集**
耕乐轩诗草
　　见《松陵人物汇编》卷八，未见收藏。
◎**零星诗文** 《国朝松陵诗征》卷十七有诗。《江苏诗征》卷一百十六有诗。

吴文俊（生卒年不详）字心有。清吴江八角亭人。县学生。
◎**著作集**
天文地舆图二册

见《儒林六都志·著述》，未见收藏。

黄元昌（生卒年不详）字甸六。清吴江人，黄容族弟。官东昌守备。
◎**著作集**
深柳堂诗草
> 见乾隆《震泽县志》卷三十一，未见收藏。

周本（生卒年不详）字心涵。清吴江诸生。
著作集待考
◎**零星诗文** 《笠泽词征》卷十有词。

项萼（生卒年不详）字肺春。清震泽人。
著作集待考
◎**零星诗文** 《笠泽词征》卷十有词。

程维屏（生卒年不详）字宪侯，号障室。清吴江人。
◎**著作集**
礼记纂注
历朝诗选（辑）
> 以上两种见《松陵人物汇编》卷八，未见收藏。

蒯元龙（生卒年不详）字乘云。清吴江黎里人。敦本慕义，性简易不近名，缊袍蔬食终其身。好吟咏。
◎**著作集**
自怡集
> 见嘉庆《黎里志》卷六，未见收藏。

圣宣（生卒年不详）清吴江僧。建拈花庵，精戒律。
◎**著作集**
禅余集
> 见《松陵人物汇编》卷八，未见收藏。

郑溥（生卒年不详）字博也。清吴江人盛泽人。雍正二年（1724）取入江庠。
著作集待考
◎**零星诗文** 《盛湖诗萃》卷五有诗。

庞汝砺（生卒年不详）字成孚。清吴江人。雍正三年（1725）取入江庠。雍正七年（1729）举人。嗜学工文并娴诗律。中年弃世。

著作集待考

◎**零星诗文** 《国朝松陵诗征》卷十四有诗。

周志任（生卒年不详）字薪传（一作莘传），号梅梁寄客。清吴江人，周廷谔之子。雍正三年（1725）取入江庠。为人沉静，寡言笑，择交游，不轻然诺。初受知督学谢公履，既补诸生，为李重华、吴雷发所知，吟坛酬唱有声。

◎**著作集**

梅梁寄客草

　　见《松陵人物汇编》卷八，未见收藏。

吴起元（生卒年不详）字复一，自号草草居士。清吴江同里人，吴之纪曾孙。厌弃俗学，精研六经，所辑《诗传叶音考》一书，辨析微妙，独有会心。其书房"草草居"乃陋室两间，故论者称其"草草于其居者，殆不草草于学者也。"

◎**著作集**

草草居士集

　　见嘉庆《同里志》卷二十二，未见收藏。

诗传叶音考六卷

　　见光绪《吴江县续志》卷三十二。黄山书社《全四库系列·四库存目书》录三卷。

◎**零星诗文** 《国朝松陵诗征》卷十六有诗。

李泰运（生卒年不详）字开地，号虹桥。清吴江人，李重华次子。国学生。天才豪健，绍承家学，以咏歌擅场，至京师一时侪辈皆为倾倒。沈德潜尝评其诗"飘然有不群之思"。

◎**著作集**

绛雪堂诗草

　　见《国朝松陵诗征》卷十六，未见收藏。

◎**零星诗文** 《国朝松陵诗征》卷十六有诗。

蒋士谔（生卒年不详）字陈谟，号吾庐。清震泽人。雍正七年（1729）推归江庠。笃学敦品，绳趋矩步，识与不识咸指为前辈典型。教授生徒履满户外。晚好吟咏，得陶公悠然之趣。

◎**著作集**

吾庐诗文稿

　　见道光《震泽镇志》卷十一，未见收藏。

◎**零星诗文** 《国朝松陵诗征》卷十六有诗。

钱之青（生卒年不详）字恭李（一作公理），号数峰。清吴江人。少岁孤露，苦心力学。雍正三年（1725）取入江庠。乾隆元年（1736）举人。授山西宁武知县，调榆次知县，迁保德知州。为官勤政恤民，不媚上官。归里后杜门谨守，惟以诗文自娱。

◎**著作集**

数峰诗钞六卷

　　上海图书馆存清刻本。

五峰行役诗

　　见《松陵人物汇编》卷八，未见收藏。

（乾隆）榆次县志十四卷首一卷

　　南京图书馆存清乾隆十五年（1750）刻本。

◎**零星诗文** 《国朝松陵诗征》卷十六有诗。《江苏诗征》卷三十六有诗。

顾桂林（生卒年不详）字芬来。清吴江同里人，顾时行子。雍正三年（1725）取入江庠。雍正十年（1732）膺荐不售。

◎**著作集**

唐宋元明诗的

南村制艺

　　见嘉庆《同里志》卷十四，未见收藏。

南村诗存

国朝诗选（辑）

　　见嘉庆《同里志》卷二十二，未见收藏。

【**编者注**】《江苏艺文志》载顾桂林"乾隆五十七年（1792）膺荐不售"。从入庠至膺荐跨越了六十七年，跨度太大了吧？疑膺荐年份有误。查方志，记载为"壬子膺荐不售"，问题就在"壬子"上，《江苏艺文志》错将"雍正壬子"当成了"乾隆壬子"。

周元熙（生卒年不详）字缉堂，号抱静。清吴江谢天港人。雍正三年（1725）入府学。少承家学，工诗文。又谙经世之务，尝以时务策六篇上河帅周学健，周深器之。乾隆九年（1744）邑令聘修邑志。

◎**著作集**

童初室续集

见同治《盛湖志》卷十二，未见收藏。

抱静遗稿

见《垂虹识小录》卷六，未见收藏。

吴鸿振（生卒年不详）字禹门。清吴江人，吴家麒之子。乾隆元年（1736）举人。

◎**著作集**

宝书堂集

见《松陵人物汇编》卷八，未见收藏。

◎**零星诗文**　《国朝松陵诗征》卷十六有诗。

李谋（生卒年不详）字翼夫。清吴江人，李澄孙。

◎**著作集**

谷田偶吟

北游草

以上两种见《松陵人物汇编》卷八，未见收藏。

智津（生卒年不详）号元芳。清吴江僧，住圆明庵。初不知书，后忽大悟，凡内典无不通晓，年八十余犹为人讲说经义。

◎**著作集**

楞严经疏十卷

金刚经点缀

以上两种见道光《震泽镇志》卷十一，未见收藏。

包日锦（生卒年不详）字咸章，号愚亭。清吴江人，县学生。草书学怀素，晚年颇能神似，兼工诗。

◎**著作集**

拙村偶草

见《国朝松陵诗征》卷十六，未见收藏。

◎**零星诗文**　《国朝松陵诗征》卷十六有诗。

唐维申（生卒年不详）字翰思，号莼村。清吴江黎里人，唐永龄长子。嘉兴县学生，雍正七年（1729）推归江庠。少禀家训，惟以读书稽古为事。十七补诸生后随父至京师，考入武英殿纂修，二载余弃归。时唐永龄秉铎淳安，唐维申随之居于官舍，益肆力于诗古。生平所著尤长骈体。

◎**著作集**

磨闲诗文集

　　　　见嘉庆《黎里志》卷六，未见收藏。

◎**零星诗文** 《国朝松陵诗征》卷十六有诗。《江苏诗征》卷六十三有诗。

唐桐封（生卒年不详）字心源。清吴江黎里人，唐永龄之子，唐维申弟。读书敦古谊，性好饮，醉后辄作诗自娱。年七十一卒。

◎**著作集**

愚峰小草一卷

　　　　见嘉庆《黎里志》卷六，未见收藏。

马贻良（生卒年不详）字长白，号古愚。清吴江同里人，马云襄之子。早岁工于文而不汲汲于名，年三十即弃举子业。所居老屋数椽，纸窗木榻随意布置，小庭叠石种梅，散植野菊，常啸歌偃仰其中。或逍遥良辰，出与朋旧谈宴，则乐而忘归。人有抑郁愤懑者遇之，则怡然以解。授徒以终。

◎**著作集**

素心斋诗草

　　　　见嘉庆《同里志》卷二十二，未见收藏。

◎**零星诗文** 《国朝松陵诗征》卷十六有诗。《江苏诗征》卷一百十一有诗。

王鳌（生卒年不详）字龙章，号莼江。清吴江人。

◎**著作集**

自怡草

　　　　见《松陵人物汇编》卷八，未见收藏。

◎**零星诗文** 《国朝松陵诗征》卷十六有诗。

汪栋（生卒年不详）字峻堂。清吴江平望人，汪琥父。祖籍休宁，从其父迁邑之平望，遂占籍焉。幼工举子业，年十四补海盐县学生。从周振业学，得其指授，能诗古文词。善山水篆刻，书法尤工。后以乡试赴杭卒于寓，年二十九。

◎**著作集**

澹虑堂遗稿四卷

　　　　上海图书馆存清乾隆十二年（1747）刻本。

意庭先生遗集六卷（周振业撰，汪栋编）

　　　　上海图书馆存清雍正十二年（1734）刻本二卷。

◎**零星诗文** 《国朝松陵诗征》卷十六有诗。《松陵文录》卷二十一有文。

姚岱（生卒年不详）字鲁望。清吴江同里人。家极贫，以训蒙糊其口。古貌古心，不与世事，惟诗为性所癖好，破窗朽几，歌啸自得，当兴酣时，家人以无米告不顾也。其诗镂肝刻肾，字字必从己出。

◎**著作集**

瘦吟集

  见嘉庆《同里志》卷二十二，未见收藏。

◎**零星诗文** 《国朝松陵诗征》卷十六有诗。《江苏诗征》卷三十九有诗。

仲培发（生卒年不详）字亦甫，号绿葭。清吴江人。

◎**著作集**

懒吟草

  见《国朝松陵诗征》卷十六，未见收藏。

◎**零星诗文** 《国朝松陵诗征》卷十六有诗。

孙阳选（生卒年不详）字敏修，号西亭。清吴江人，孙之屏孙。乌程县学生。

著作集待考

◎**零星诗文** 《国朝松陵诗征》卷十六有诗。

仲周霈（生卒年不详）字思则，号资万，别号前村。清吴江盛泽人，仲楝之子。雍正二年（1724）举人。选泰州学正，升直隶深泽知县。工诗，尤邃于易。致仕归，年八十五卒。

◎**著作集**

盛湖志二卷（增纂）

  上海图书馆存清乾隆三十五年（1770）续补刻本。

前村吟稿

  见同治《盛湖志》卷十二，未见收藏。

杨大伦（生卒年不详）字心易，自号集虚道人。清吴江火神庙道人。乾隆四年（1739）为该庙增建文昌阁。工书，得欧阳询笔意。高宗南巡时尝献字。作小诗出语微妙，自脱埃垢。

著作集待考

◎**零星诗文** 《国朝松陵诗征》卷十九有诗。

赵楠（生卒年不详）字端木，号石崖。清吴江人。康熙六十年（1721）取入江庠。书无不读，先中雍正七年（1729）副贡生，馆淮南。后游京师，所交尽当世名人，为文得韩欧神髓。乾隆十七年（1752）举京兆，两下春闱俱荐不售。授丹徒县教谕，甫弥月遽卒。

◎**著作集**

易经诗经注存

淮南程氏春秋列国考

> 以上两种见《松陵人物汇编》卷九，未见收藏。

宝啬堂吟草

> 见民国《垂虹识小录·本传》，未见收藏。

【编者注】《江苏艺文志》载其"乾隆五十四年（1789）副贡"，"嘉庆十七年（1812）中举人"，是误将年代后移了一个甲子。上海图书馆存稿本《周易玩辞》，署名赵楠，疑为其作。

程铿（生卒年不详）字元音，号霁川。清吴江盛泽人。程鉴兄。县学生。

著作集待考

◎**零星诗文** 《盛湖诗萃》卷九有诗。

程鉴（生卒年不详）字星函，号镜湖。清吴江人。以例监候选按照磨。性颖敏，好风雅，罗书万卷，坐拥书城。诗喜袁枚、蒋士铨、赵翼三家，风格虽薄，意甚新警。

◎**著作集**

当山山房诗草

> 见同治《盛湖志》卷十二，未见收藏。

◎**零星诗文** 《盛湖诗萃》卷九有诗。

沈祖惠（1700—1767）庠姓李。字屺望，号虹舟。清吴江平望人。雍正七年（1729）拔贡，廷试第一，未得用，游陕西前后八年，所作《西征赋》赅洽宏深，交河王兰生称为"千年巨制"。乾隆十七年（1752）年五十三始举于乡，名第一，其秋礼部会试名第二。殿试置第三甲，不得预馆选，归班需次，士论惜之。待选年间主讲姚江书院，从游甚众，著述益富。二十二年（1757）授江西高安知县，治狱多平反。后以罣误降调以教职用。自京还乡，即中风疾，卧床二年卒。

◎**著作集**

四书讲义十六卷（沈德潜序）

> 见光绪《吴江县续志》卷三十二，并称入四库附存。黄山书社《全四库系列·四库存目书》录《虹舟讲义》二十卷。

虹舟集

见民国《垂虹识小录》卷八。光绪《吴江县续志》卷三十六载《虹舟吟稿》。均未见收藏。

子目：

　　三秦游草（一作《西秦游草》）四卷

　　洞庭游草一卷

　　拾存草二卷

　　经进草一卷

西征赋一卷

　　见清道光间刻《昭代丛书》，吴江图书馆有藏。

雍肃堂集（曹森序）

　　见光绪《吴江县续志》卷三十六，未见收藏。

余姚县志

　　见柳兆薰《松陵文录姓氏考》，收藏不详。

近稿拾存一卷

　　上海图书馆存抄本。

◎**零星诗文** 《国朝松陵诗征》卷十七有诗。《松陵文录》卷二十二有文。

王奕组（1700—1771）字九锡，号忍庵。清吴江人。国学生。

◎**著作集**

震泽王氏家谱二十卷首一卷末一卷

　　南京图书馆存清乾隆三十六年（1771）刻本。

孙鹭（生卒年不详）字羽白，号西群。清震泽人，孙灵琳父。国学生。唐寿萼为作家传，盛称其豪迈尚气谊，能急人之急。

◎**著作集**

西群诗存二卷

　　见同治《苏州府志》卷一百三十八，未见收藏。

◎**零星诗文** 《松陵诗征续编》卷九有诗。

上晋（生卒年不详）清吴江僧人。

◎**著作集**

次栯堂山居诗一卷

天揆杂咏一卷

　　以上两种见乾隆《吴江县志》卷四十六，未见收藏。

丁阮芝（生卒年不详）以字行。清吴江人，国学生计嘉贻妻。性耽吟咏。
◎著作集
白燕诗
　　见同治《盛湖志》卷十四，未见收藏。

黄思睿（生卒年不详）号哲甫。清震泽南库人。曾授徒平望，诗甚工丽，长于近体。
◎著作集
修月山房存稿
　　见《垂虹识小录》卷七。柳亚子等《吴江文献保存会书目》著录《修月山房诗》二卷。今未见收藏。

严代言（生卒年不详）字有觉。清吴江同里人。邑廪生。生平力学，以孝闻。
◎著作集
四书解
尚书合纂
三传合纂
　　以上三种见嘉庆《同里志》卷二十二，未见收藏。

孙慧（生卒年不详）字昆发。清吴江平望人，后迁黎里。固穷力学，工书喜为诗，唐维申每叹赏之。晚益困，所居墙壁无完好者，遇风雨床被皆湿，处之晏如。年七十三卒。
◎著作集
孙慧诗一卷
　　见嘉庆《黎里志》卷九，未见收藏。

徐梅（生卒年不详）字调元，号晓村。清吴江盛泽人。工画，一变家法，入逸品。
◎著作集
晓村诗稿
百花咏
　　以上两种见同治《盛湖志》卷十二，未见收藏。

范章铭（生卒年不详）字又新，号涤躬。清吴江人。工书法，为管世昌入室弟子。中年幕游山左，遍历名胜。晚归里门，吟咏自娱，年逾七十。

◎著作集
东游草
见同治《盛湖志》卷十二，未见收藏。

费岳（生卒年不详）字岳钟，号髯翁。清吴江松陵人。例监生。曾入浙江平湖县学武。善画工诗。同邑李重华、沈彤辈亟称之。
著作集待考
◎零星诗文　《垂虹诗剩》卷九有诗。

费谦宜（生卒年不详）字又谦，号虚谷。清吴江松陵人，费元衡之子。雍正十年（1732）举人。善书。
著作集待考
◎零星诗文　《垂虹诗剩》卷九有诗。

沈曰枚（1702—1764）字青箱，号安庵。清吴江人，沈良友之子。县学生。
◎著作集
焚余草
见郝丽霞《吴江沈氏文学世家研究》，未见收藏。
◎零星诗文　《国朝松陵诗征》卷十六有诗。

任志尹（1702—1769）字若衡，号傛庐。清吴江人。府庠生。乾隆元年（1736）举人。三十三年（1768）授广东翁源县知县。
◎著作集
傛庐自适草
尚书补传
以上两种见《任氏宗谱》，未见收藏。
◎零星诗文　《江苏诗征》卷八十九有诗。

杜逸轩（生卒年不详）字汉阶，号紫仙，又号瀛槎。清吴江人。诸生。
◎著作集
逸轩诗草
见《江苏诗征》卷一百零三，未见收藏。
◎零星诗文　《江苏诗征》卷一百零三有诗。

叶兆封（1702—1760）字天恒，号质夫。清吴江人，叶舒玥孙。雍正七年（1729）

推归苏州府学。乾隆十五年（1750）岁贡生。选授泰兴县训导。为人敦笃，交友不设城府。年逾五十未及秉铎而卒。

◎**著作集**

缓寻草

> 见《国朝松陵诗征》卷十六，未见收藏。

秋树书塾课艺

> 见《吴中叶氏族谱》卷五十七，未见收藏。

◎**零星诗文** 《国朝松陵诗征》卷十六有诗。《吴江叶氏诗录》卷四有诗。《分湖诗钞》卷六有诗。

周至健（生卒年不详）字易乾。清吴江盛泽人，周景毗从子。雍正五年（1727）取入江庠。

著作集待考

◎**零星诗文** 《盛湖诗萃》卷六有诗。

周汝雨（生卒年不详）字纯夫，号六浮散人。清吴江人，周龙藻幼子，周汝舟弟。少警敏，雍正五年（1727）取入江庠。肄业紫阳书院。工诗，为陕甘总督庆福延入幕府，因随阅边，白草黄沙悉供吟咏。乾隆元年（1736）府县保举孝廉方正。

◎**著作集**

六浮吟稿四卷（王元文序）

> 见光绪《吴江县续志》卷三十六，未见收藏。

国朝松陵诗征二十卷（袁景辂编次；费周仁，周汝雨同辑）

> 国家图书馆存清乾隆三十二年（1767）刻本。

吴梦熊（生卒年不详）字象占，号鲈乡。清吴江人，吴南龄孙。雍正五年（1727）取入江庠。费周仁云："柳塘吴氏代有诗人，前则羽三、振六、扶九，后则柳塘、山年、邺衣，一门风雅，称极盛焉。今象占又继诸先生而起，出入唐宋，无时下浮靡习气，良弓良冶，固自有家法哉。"

◎**著作集**

凝翠堂诗钞

> 见《松陵人物汇编》卷九，未见收藏。

◎**零星诗文** 《国朝松陵诗征》卷十六有诗。《江苏诗征》卷十四有诗。

黄汝德（生卒年不详）字心一，号直斋。清吴江人。雍正五年（1727）取入江庠。乾隆六年（1741）拔贡，乾隆九年（1744）举人。任直隶高苑知县，后补浙江乐清知县。

王楠（生卒年不详）字任堂，号勺山，又号松尘老人。清吴江人，王濂之子。幼师张庚，嗣从何焯游。纵览群籍，博学嗜古，富收藏，搜集前代金石文字至千余种。

◎著作集

话雨楼碑帖目录四卷（王楠藏，王鲲编）

南京图书馆存民国十三年（1924）铅印本。

金石辨证（一作《金石考》）

见同治《盛湖志》卷十二，未见单行本收藏。

话雨楼诗钞

见同治《盛湖志》卷十二，未见收藏。

【编者注】光绪《吴江县续志》卷三十五于王楠名下录有《话雨楼金石目录》四卷，而现存道光刻本有署名王楠的《话雨楼碑帖目录》四卷。《江苏艺文志》作不同种书分别收录。查《吴江县续志》，《话雨楼金石目录》条下附许梿序。再查乾隆《盛湖志》卷十四，著录有《话雨楼碑帖目录》，且条目下也附许梿序，文字与前书之序相同。由此判断两书实为同一种。许梿序曰："旭楼（指王楠之子王鲲——编者注）先生善继先志，既老，虑群从之析者散而不可复征也，先人之学识湮而未彰也，则取遗目次第之，而辨证附焉，有所见则亦条系之焉。"可见《话雨楼碑帖目录》系王楠之子王鲲所编，而王楠所撰的《金石辨证》附在其中。故国家图书馆著录该书为"王楠藏，王鲲编"，现参照录入。

王楹（生卒年不详）字有宁，号宁斋。清吴江人，王楠弟。家贫，游历西江闽浙间，遇山水胜景辄多吟咏。倦怠归乃授徒自给。晚年丧子，依门生京兆氏以终。

◎著作集

蒙彝集

见同治《盛湖志》卷十二，未见收藏。

沈清涵（生卒年不详）以字行。清长洲人，沈德潜女。吴江国学生计嘉谷妻。孀居后屏弃繁华，茶苦自安。平生寡言笑，诗不苟作。

◎著作集

沈氏遗诗

见同治《苏州府志》卷一百三十八，未见收藏。

钮素（生卒年不详）字雪卿。清吴江盛泽人，陈尊源母。幼好读书，遂通韵学，诗多巧思。孀居后持家课子颇劳心力，间有吟咏，亦深自韬晦。

著作集待考

◎零星诗文 《盛湖诗萃》卷十二有诗。

周元理（1706—1782）字秉中（一作丙衷），号燮堂。清吴江黎里人。父昂杭州人，娶吴江陈氏，遂家焉。乾隆三年（1738）举人。授直隶清苑知县，擢知易州又擢知宣化府，丁母忧归，服阕补广平府，调天津，补保定府，历升清河道直隶藩臬二司。三十六年（1771）授山东巡抚，未半年擢直隶总督。因平白莲教王伦有功，加太子少保，四十五年（1780）进工部尚书。以老乞休。

◎**著作集**

周氏家乘摘录

　　吴江图书馆存清抄本。

青照楼天崇名文选（与周元瑛同编）

　　国家图书馆存清乾隆四十二年（1777）刻本。

李韫斋墓志铭

　　吴江图书馆存拓本。

周元理奏疏

　　南京图书馆存清抄本。

陆得楩（生卒年不详）一姓秦。字禹川，号畏庭。清平望人。雍正六年（1728）取入震庠。工诗古文，善医。乾隆间尝倡平望义学。后家贫多故，几不能糊口，终身布衣蔬食。

◎**著作集**

痘学钩元

　　见道光《平望志》卷八，未见收藏。

洪燮宪（生卒年不详）字惟人。清吴江盛泽人。雍正八年（1730）取入江庠。

著作集待考

◎**零星诗文**　《盛湖诗萃》卷六有诗。

潘廷埙（生卒年不详）字雅奏，号讱斋，一号珠溪。清吴江人，潘耒孙，潘其炳之子。雍正八年（1730）取入江庠。渊源有自，学术湛深。纵笔所如，千言立就。工词赋。书法宗欧颜，尤善怀素体。朋辈有过必直言相规。屡困棘闱，以诗酒自娱。应楚中黄观察某之聘修志乘，卒于客馆，年未及艾。

◎**著作集**

讱斋诗稿

　　见道光《平望志》卷八，未见收藏。

◎**零星诗文**　《国朝松陵诗征》卷十五有诗。

周玉电（生卒年不详）字雷彰（一作雷章），号蕙畝。清吴江盛泽人。雍正八年

（1730）取入江庠。

　　著作集待考

　　◎零星诗文　《盛湖诗萃》卷七有诗。

　　任思谦（1707—1783）字体仁（一作纯仁），一字复生，号可亭。清吴江同里人，任德成长子，任兆麟父。学于张云章，得陆清献之传。雍正八年（1730）取入震庠。以贡入太学，时年四十余，即不应举，唯恐以近名为累。乾隆十四年（1749）诏举经学，有欲以任思谦应者，任思谦以侍养力辞。尝聘为广平书院山长，晚年教授吴门，造成甚众。所居设义塾，名同川书院。得微疾卒，门人私谥文纯先生。

　　◎**著作集**

　　易要

　　诗谱

　　西窗论文

　　中星考

　　击壤吟

　　经笥堂文集

　　经笥堂四书文

　　朱子近思录

　　薛胡语要

　　星极经世铨解

　　　　以上十种见嘉庆《同里志》卷二十二，未见收藏。

　　◎零星诗文　《松陵诗征续编》卷一有诗。

　　【编者注】清光绪《吴江县续志》，嘉庆《同里志》与《江苏艺文志》记载任思谦字"纯仁"，而查吴江《游庠录》，其字为"体仁"，今一并著录。

　　曹吴霞（生卒年不详）字象雷，号翠亭（一作翠庭）。清震泽六都人。乾隆二十七年（1762）副榜贡生。先后馆黄溪十余年。学问根柢经籍，尤熟于南北史。尝客山左，又馆高平之米山。游其门者皆成知名士。性坦率，无城府，人有过，面折之，咸惮其方严。年七十一卒。

　　◎**著作集**

　　翠亭诗钞四卷

　　五代史节抄

　　晋游集

　　　　以上三种见《松陵人物汇编》卷九，未见收藏。

　　儒林六都志（孙阳顾纂，曹吴霞续）

　　　　吴江图书馆存 2010 年广陵书社印本。

◎**零星诗文** 《松陵诗征续编》卷二有诗。《笠泽词征》卷十有词。

吴山秀（生卒年不详）字宸求，一字人虬，号晚青。清震泽人，寓乌程。雍正十年（1732）取入震庠。乾隆二十七年（1762）恩贡生。敦内行，尚潜修，工诗文，又善山水写生。生负盛名，诗稿甚富，身后其长孙携入粤中，久无音耗，遂致散佚。

◎**著作集**

小梅花庵诗集

　　见《儒林六都志·著述》，未见收藏。

晚青诗钞

　　见民国抄《震泽县志续·书目》，未见收藏。

拟王之臣与其友绝交书一卷

　　国家图书馆存清宣统至民国间铅印本。

颐神斋题画诗

　　见吴国良《吴江书画印人辑录》，未见收藏。

◎**零星诗文** 《松陵诗征续编》卷二有诗。

【编者注】《晚青诗钞》有可能即《小梅花庵诗集》，一题字号，一题斋名，然无法证实，故一并录入。

周汝翼（生卒年不详）字佑民（一作右民）。清吴江人，周日藻之子。雍正十年（1732）取入江庠。敦行穷经，克绍家学。

◎**著作集**

松陵所见录

　　南京图书馆存抄本。

兰轩诗稿

　　见光绪《吴江县续志》卷三十六，未见收藏。

宋金元诗钞（辑）

　　见同治《苏州府志》卷一百三十八，未见收藏。

风雅绪余

　　见《松陵人物汇编》卷八，未见收藏。

周锦（生卒年不详）字御李，号杜洲。清吴江人，周用裔孙。雍正十年（1732）取入江庠。以经义名于时。

◎**著作集**

类林续纂

　　见道光《平望志》卷八，未见收藏。

任应鹏（生卒年不详）号载扬。清吴江同里人。雍正十一年（1733）取入江庠。

◎著作集

澹园诗集

　　见嘉庆《同里志》卷二十二，未见收藏。

◎零星诗文　《江苏诗征》卷八十九有诗。

史栋（生卒年不详）字高拱。清吴江盛泽人。雍正十一年（1733）取入江庠。有文誉。

著作集待考

◎零星诗文　《盛湖诗萃》卷六有诗。

沈椿龄（生卒年不详）字松友（一作崧友）。清震泽人。雍正十一年（1733）取入江庠。乾隆三年（1738）举人。官浙江钱塘县知县、诸暨知县。

◎著作集

（乾隆）诸暨县志四十四卷首末各一卷（修）

　　南京图书馆存清乾隆三十八年刻本。

吴梦鳌（生卒年不详）字章含，号耐轩。清吴江人，吴梦熊弟。雍正十一年（1733）取入江庠。诗蔼如春云，穆如秋风，冲融尔雅不求工而自工。

◎著作集

课余漫吟二卷

　　吴江图书馆存清乾隆三十五年（1770）刻本。

凝翠堂集

　　见《松陵诗征续编》卷一，未见收藏。

◎零星诗文　《松陵诗征续编》卷一有诗。

赵宗堡（1707—1780）字威远，更字拙存，号峄桐。清吴江人，赵淑曾孙。雍正十一年（1733）取入震庠。乾隆元年（1736）举人。授安徽庐江县知县。卒年七十四。

◎著作集

赵氏族谱八卷（与赵宗坛同辑）

　　吴江图书馆存清抄本。

◎零星诗文　《吴江赵氏诗存》卷十一有诗。

庄基永（生卒年不详）字奕传，又字鸿阶。清吴江十都人。雍正十一年（1733）取入震庠。附贡生。少勤学，工制义，沈德潜、蔡寅斗深赏之。累试南北闱不售，以例授广西桂林通判，罢归。性谦恭和易，里居不妄交接，博览群书，手不释卷。年七十九卒。

◎**著作集**

却老编十卷续编一卷附编一卷

　　见柳亚子等《吴江文献保存会书目》。道光《震泽镇志》卷十一著录该书而未标卷数及续编、附编。该书未见收藏。

徐履端（生卒年不详）字端操，号楷亭。清吴江松陵人。雍正十三年（1735）取入震庠。王大本云："楷亭丈古心厚貌，以德胜，不以才胜。精于理学，制举义极有绳尺，下榻延致者恐后。"

著作集待考

◎**零星诗文**　《垂虹诗剩》卷八有诗。

吴至慎（1707—1757）字永修，号林塘。清吴江人，吴兆宜曾孙，吴然之子。雍正十三年（1735）取入震庠。乾隆元年（1736）举人。工诗。官福建霞浦知县，调闽县，在任四年所平反疑狱不胜计。尝品闽产寿山石、素心兰、荔枝为"三妙"，绘图题咏，一时诗人韵士皆和之。以事忤制府被劾去官。逾年陈宏谋为申理补官粤之灵山，不一年调潮州揭阳，未及赴任卒。年五十一。

◎**著作集**

林塘诗稿一卷

　　存于叶乃溱《严天堂剩墨》，上海图书馆藏民国抄本。

◎**零星诗文**　《国朝松陵诗征》卷十五有诗。《江苏诗征》卷十六有诗。

周元瑛（1708—1768）字玉存，号昆冈。清吴江黎里人，周元理弟。雍正十三年（1735）取入江庠。屡踬场屋，遂肆力于诗。往来南北，所遇名胜多吟咏。

◎**著作集**

昆冈诗草一卷

　　见嘉庆《黎里志》卷六，未见收藏。

青照楼诗集

　　见《松陵人物汇编》卷八，未见收藏。

青照楼天崇名文选（与周元理同编）

　　国家图书馆存清乾隆四十二年（1777）刻本

黄阿麟（生卒年不详）字麟双，号石云。清吴江黎里人。由太学候选从九品。七岁遭父丧，事母至孝，三十余年如一日。

◎**著作集**

卷石山房诗稿

> 见光绪《黎里续志》卷四，未见收藏。

◎**零星诗文** 《吴江叶氏诗录外编》卷六有诗。

陆廷聘（生卒年不详）字三之，号莘夫。清吴江同里人。国学生。工画梅竹，多为题咏，兼工篆刻。乾隆二十四年（1759）尝募资重修同里得春桥。

◎**著作集**

红蕉山房印存

> 见吴国良《吴江书画印人辑录》，未见收藏。

曹岩（生卒年不详）本姓吴。字怀峰，号桐村。清震泽六都人，曹镤九世孙。乾隆六年（1741）举人，乾隆二十二年（1757）乌程籍进士。官刑部主事，晋郎中。三十年（1765）贵州典试副考官，兼翰林院编修，督学山西。为诗挥毫立就，不事苦吟，而所作必工。画仿倪瓒，秀色天成。终养告归卒。

◎**著作集**

灌园近稿

> 见《儒林六都志·著述》，未见收藏。

◎**零星诗文** 《松陵诗征续编》卷二有诗。

顾我钧（1709—1759）字陶元，号发千。清吴江人，顾我锜弟。受业于兄，邃于经义，吴下文坛罕有其匹。雍正三年（1725）取入江庠。乾隆九年（1744）举人。入都，时秦蕙田奉命修《五礼通考》，顾我钧与参校焉。三试礼部未第归。教授乡里，从游极盛。

◎**著作集**

律赋汇抄

> 上海图书馆存清乾隆二十三年（1758）刻本。

松陵耆旧集

同里传信录

为人后考

春秋去凿

发千近稿

发千订课

陶元文稿

> 以上七种见嘉庆《同里志》卷二十二，未见收藏。

勤补堂文稿

> 见嘉庆《同里志》卷十二，未见收藏。

昏礼集传一百卷

三传溪毛

> 以上两种见光绪《吴江县续志》卷三十三，未见收藏。

发千杂著二卷

> 上海图书馆存清抄本。

◎零星诗文 《国朝松陵诗征》卷十六有诗。《松陵文录》卷四等有文。

钱汝楠（生卒年不详）字晋裴，号南乔。清吴江人。乾隆十五年（1750）举人。官平顺知县。作令山右，不名一钱。卒于官，贫无以殓，同僚醵金助之，遗榇得归，时称廉吏。

◎**著作集**

南乔诗草

> 见《国朝松陵诗征》卷十六，未见收藏。

◎**零星诗文** 《国朝松陵诗征》卷十六有诗。

吴大勋（生卒年不详）字蓼洲。清吴江人，吴兆骞孙。自少从费周仁游，举业之暇肆力诗古。乾隆十五年（1750）举人。荐教习咸安宫，未及筮仕而卒，年仅三十。

◎**著作集**

遗安书屋诗草

> 见《松陵人物汇编》卷八，未见收藏。

◎**零星诗文** 《国朝松陵诗征》卷十六有诗。《江苏诗征》卷十五有诗。

徐夔（生卒年不详）字大成，号达斋。清吴江平望人。国学生。以货殖起家，性豪杰，喜游览，年五十始学诗，为诗达意而止，不尚藻缋，与沈祖惠、王藻、张栋唱和。

◎**著作集**

凌秀轩诗钞三卷

> 上海图书馆存清咸丰七年（1857）重刻本。

【编者注】民国《吴江文献保存会书目》载徐夔《凌秀轩诗钞》三卷，初不知徐夔为何时人。《江苏艺文志》录有徐夔，长洲人，有书目《凌雪轩诗稿》，疑为此人。后在《松陵人物汇编》卷九见到记载：徐夔，平望人，有《凌秀轩诗钞》。又循此查平望方志，在道光《平望志》"徐夔"条，记有诗稿四卷。又在光绪《平望续志》查得书目"清秀轩诗稿二卷　徐夔撰"。书名有一字之差，卷数前后不一致。现据《吴江文献保存会书目》录入。

俞希哲（生卒年不详）字天木，一字子与，号秋心。清吴江人。先世本休宁人，康熙末迁吴江之同里。县学生。少孤，性恬淡，与俗人群常终日无一言。每当深思常闭户，家人罕见其面。老屋颓败，僦居庞湖之干，浩然有终焉之志。所著《毛诗私笺》、《文选补注》、《杜诗臆说》俱未成。

◎著作集

豆亭诗稿

　　见乾隆《吴江县志》卷四十七，未见收藏。

古诗疏解

子与遗稿

　　以上两种见《国朝松陵诗征》卷十七，未见收藏。

◎零星诗文　《国朝松陵诗征》卷十七有诗。《江苏诗征》卷二十一有诗。

沈懿如（生卒年不详）字介眉。清吴江人，沈克枞从子。雍正十三年（1735）取入江庠。居斜川，课耕陇亩间，岁时伏腊斗酒自劳，间为诗歌，取适情不求闻于人。

著作集待考

◎零星诗文　《国朝松陵诗征》卷十七有诗。

丁日涵（生卒年不详）字海容。清吴江人。府学生。

著作集待考

◎零星诗文　《国朝松陵诗征》卷十七有诗。

丁日洪（生卒年不详）字曙华。清吴江人。县学生。

◎著作集

秀野楼诗稿

　　见《松陵人物汇编》卷九，未见收藏。

◎零星诗文　《国朝松陵诗征》卷十七有诗。

陈之韵（生卒年不详）字载赓。清吴江黎里人。

◎著作集

辍耕编

　　见《国朝松陵诗征》卷十七，未见收藏。

◎零星诗文　《国朝松陵诗征》卷十七有诗。

陈金品（生卒年不详）字长黄，号睕居。清吴江计家港人，陈王谟孙。国学生。磊落负奇气，有斗酒百篇之概。

◎**著作集**

畹居诗钞

见《松陵人物汇编》卷九，未见收藏。

◎**零星诗文** 《国朝松陵诗征》卷十七有诗。

杨兆麟（生卒年不详）字瑞如，号友梅。清吴江人。工诗，怀才早逝。

◎**著作集**

友梅书屋诗草

见道光《黄溪志》卷六，未见收藏。

◎**零星诗文** 《国朝松陵诗征》卷十七有诗。《江苏诗征》卷六十二有诗。

潘士鉴（生卒年不详）字子明。清吴江梅墩人。尝从费周仁游，警敏嗜学，喜吟诗，兼精篆刻。

◎**著作集**

五经印则

见《松陵人物汇编》卷九，未见收藏。

◎**零星诗文** 《国朝松陵诗征》卷十七有诗。

范志治（生卒年不详）字经陶，号研农。清吴江盛泽人，范璨族侄。国学生。

著作集待考

◎**零星诗文** 《国朝松陵诗征》卷十七有诗。《盛湖诗萃》卷六有诗。

李沛然（生卒年不详）榜姓朱。字邻哉，号偶圃。清吴江西丁家港人，寄籍嘉兴。乾隆元年（1736）进士。任江西瑞州府高安县。

◎**著作集**

偶圃杂咏

见《儒林六都志·著述》，未见收藏。

陈士伸（生卒年不详）字公度，号澄溪。清吴江人，陈自振孙。

◎**著作集**

澄溪吟草

见嘉庆《同里志》卷二十二，未见收藏。

◎**零星诗文** 《国朝松陵诗征》卷十七有诗。

梅士型（生卒年不详）字叔醇，号石川。清吴江人。诸生。性介如石，闭户寡交，惟以诗古自娱。

◎**著作集**

石川杂咏

> 见《松陵人物汇编》卷九，未见收藏。

◎**零星诗文** 《国朝松陵诗征》卷十七有诗。《江苏诗征》卷二十二有诗。

许良弼（生卒年不详）字邻哉，号敏亭。清吴江人，国学生。

◎**著作集**

敏亭遗草

> 见《松陵人物汇编》卷九，未见收藏。

◎**零星诗文** 《国朝松陵诗征》卷十七有诗。《江苏诗征》卷一百有诗。

吴照（生卒年不详）字景纯，号宛琴。清吴江人，吴山孙。髫岁即工诗，性喜栖寄禅寺，啸歌永日，与晨钟午磬声相应答。年甫壮遽尔谢世。以嗣子吴士坚仕，乾隆五十年（1785）赠江阴县训导。

◎**著作集**

宛琴诗草

> 见《松陵人物汇编》卷九，未见收藏。

◎**零星诗文** 《国朝松陵诗征》卷十七有诗。

郑念荣（生卒年不详）字静常。清吴江人。乾隆十五年（1750）举人。

◎**著作集**

双砚堂诗集十卷

> 见柳亚子等《吴江文献保存会书目》，未见收藏。

费寿曾（生卒年不详）字建辰，号麋生。清吴江松陵人。例监生。幕游大江南北，名噪公卿间。善书，尤工汉隶，间作诗，不落窠臼。

著作集待考

◎**零星诗文** 《垂虹诗剩》卷九有诗。

【编者注】南京图书馆存抄本《秋镫课读图题稿》，署名费寿曾，疑为其作。

李治运（1710—1771）字宁人，号漪亭。清吴江人，李重华之子。雍正八年（1730）进士。授刑部主事，迁员外郎，进礼部郎中。乾隆十年（1745）视学山左，授陕西榆林知府，转湖北粮道，擢安徽按察使。丁父忧，服阕授浙江按察使。任浙江臬台八年，巡抚劾其迟缓沽名，遂以养母乞归。工诗、画，写兰得赵孟頫法。

◎著作集

漪亭诗集六卷

> 见光绪《吴江县续志》卷三十六，未见收藏。

【编者注】国家图书馆存清乾隆刻本《成案续编二刻》八卷，署名李治运，疑为其作。

元定（生卒年不详）字云舟。清吴江僧，八都姚氏子。于双林寺南院披剃。少读时艺，观星象，谙奇门，后究心经史，凡诸子百家无不博览。

◎著作集

半淞集

樵止言

> 以上两种见乾隆《吴江县志》卷四十六，未见收藏。

啸月集

南雅诗观

骊珠集

> 以上三种见《儒林六都志·著述》，未见收藏。

沈光熙（1711—1787）字明高，号松亭。清吴江人，沈永智孙。治《书》，补震泽邑庠廪膳生。

◎著作集

吴江沈氏家谱

> 国家图书馆存民国二十年（1931）抄本。

秦景昌（生卒年不详）字曦芬，号阆史。清震泽韭溪人。博学，乾隆初聘修邑志，采访详慎，乡僻幽隐多所阐发。

◎著作集

禹贡考略一卷

杂文二卷

> 以上两种见道光《平望志》卷八，未见收藏。

程勋（生卒年不详）字懋哉。清平望人，程国栋之子。少颖敏，早补诸生。诗文学柳宗元，简峭有法。藏书数千卷，多元宋旧本。尤喜金石碑刻，购至二千余卷。

◎著作集

懋斋未定稿

> 见《松陵人物汇编》卷九，未见收藏。

政和圣济总录二百卷首一卷（校订）

> 吴江图书馆存清乾隆五十年（1785）刻本

金廷烈（1712—1767）字竹书，号庸斋。清吴江同里人。少负远志，寻例入太学。授泉州经历，未仕，丁外艰，服阕补柳州，值义宁苗民起事，上委往侦之，正色谕以祸福，宁遂平。未几平粤苗楚苗之乱得军功。丁内艰，服阕补韶州经历，署广宁县篆，历摄永安、连平、东莞，俱以能吏称，擢知澄海县。定海渔大洋之桁位，平河水之冲决，擒劫商之巨盗，升南澳同知。乾隆三十二年（1767）委办京差，卒于南昌邸舍。

◎著作集

居官必览

洗冤录

     以上两种见嘉庆《同里志》卷二十二，未见收藏。

（乾隆）澄海县志二十九卷首一卷

     国家图书馆存清乾隆二十九年（1764）刻本。

     南京图书馆存1959年油印本。

家谱摘录

     吴江图书馆存民国油印本。

金廷炳（生卒年不详）字酉书，号惕斋。清吴江同里人，金廷烈弟，金兰原祖父。国学生。少孤，以事母孝闻。工举业，久困童子试，例入成均。既得气喘疾，乃绝意进取，独喜为诗。善治生，好行善事。

◎著作集

衔远楼诗稿二卷

     吴江图书馆存清乾隆三十九年（1774）刻本。

惕斋诗稿四卷

     吴江图书馆存抄本。

◎零星诗文 《松陵诗征续编》卷一有诗。

席绍芬（1712—?）字含贞。清震泽人。席祜贤三女，金涛妻。

◎著作集

玉映集二卷

     见《历代妇女著作考》卷十三引《昆山胡氏书目》，未见收藏。

    【编者注】席绍芬及席祜贤、金涛，吴江方志均无记载，现据《江苏艺文志》录入。《江苏艺文志》有注，席绍芬诗原有三集，《玉映集》为第一集，收十二至二十九岁诗。《哀吟集》为第二集，收三十岁守寡至四十三岁诗。另一集收四十四岁后诗。今录而备考。

张方湛（1712—?）字玉川，号分涯。清吴江芦墟人。雍正五年（1727）取入震庠，年方十六。岁科试屡拔前茅，然傲气凌人，曾逆某学使意，置之三等，而文名未尝稍抑。

屡荐不售。晚年研究经史之学。

◎**著作集**

稽古日抄八卷（与王逸虬等同辑）

　　吴江图书馆存清乾隆二十九年（1764）刻本。

忠文靖节编一卷

　　吴江图书馆存清道光十三年（1833）刻《昭代丛书辛集》本。

万维翰（生卒年不详）字枫江。清吴江章练塘人。少有诗名，游张鹏翀之门，后习刑法家言，大吏宾礼之。乾隆八年（1743）为杜刺史补堂幕僚。

◎**著作集**

三订律例图说辨讹十卷

　　南京图书馆存清乾隆二十八年（1763）刻本。

荒政琐言

　　苏州图书馆存清乾隆十七年刻本。

幕学举要一卷

　　国家图书馆存清光绪十年（1884）刻本。

行简录一卷

　　国家图书馆存清乾隆三十九年（1774）刻本。

刑钱指南三卷

　　上海图书馆存清乾隆三十八年（1773）刻本。

成规拾遗三卷

　　国家图书馆存清乾隆三十九年（1774）刻本。

大清律集注

见法律史学术网载张小也文《儒者之刑名》，未见收藏。

沈刚中（生卒年不详）字需尊，自号北溪居士。清吴江芦墟人，沈芳之子。幼弃举业，肆力于诗古文词。家多藏书秘册，强记博辨，与同邑王元文齐名，时称两北溪。中岁尝渡钱塘、入豫章、抵南粤，浮海至惠州，还客赣江，足迹所至，一发于文。以布衣终老，独行不改。

◎**著作集**

赣州府志

　　见光绪《吴江县续志》卷三十四，未见收藏。

北溪文集（陆燿序）

　　见光绪《吴江县续志》卷三十六，未见收藏。

北溪草堂诗集七卷

母以云年长，将字同邑他姓。云情急，复致书于华，并附《绝命》七歌，誓以身殉。华始情动，求媒于云父之密友。华有异母兄某者，性最残刻，闻其事，潜往魏门辱詈，意欲挟此以居奇。于是云父母竟许他姓所求。不日而纳聘焉，至是而云死志遂决，乃焚其平日所作。中夜，醉其婢，复修数束，多诀别之语，遂投缳而逝。晨起父母见之，血渍手书宛然。哀而不忍违其志，乃招华付以遗词，闻者皆为流涕。后袁华亦不知其所终。"南京图书馆存清吴燕兰稿本《吴氏囊书囊》收录《于云残册》一卷，署名于云女史，疑为其作。

吴中才（生卒年不详）字迪澜，清震泽六都人。归安增广生。

◎**著作集**

不违心集

见《儒林六都志·著述》，未见收藏。

沈新图（生卒年不详）字擎之，号晓冈。清吴江盛泽人，沈应元之子。国学生。官云南顺宁府知事。

著作集待考

◎**零星诗文** 《盛湖诗萃》卷七有诗。

陈标（生卒年不详）字次绥，号馥庵。清吴江盛泽人。国学生。陈位坤之子。

著作集待考

◎**零星诗文** 《盛湖诗萃》卷八有诗。

王曾垂（1715—1745）字光模，号秋野。清吴江人，王锡之子。国学生。初攻举子业，继而专心于医术，起人沉疴甚多。后耽于禅学，间为吟咏以自适。

◎**著作集**

栖碧堂诗草

见嘉庆《同里志》卷十四，未见收藏。

◎**零星诗文** 《松陵诗征续编》卷二有诗。

沈培成（生卒年不详）字夔九，号慕莲。清吴江松陵人，沈汉裔孙。少攻举业，乾隆三十二年（1767）取入江庠。工画，雪竹尤称于时。为人潇洒爽朗，不以得失为戚戚。须发如雪，一灯荧荧吟诵不辍。

◎**著作集**

吟余书屋诗草

见《垂虹诗剩》卷八，未见收藏。

【编者注】《垂虹诗剩》记载沈培成有子沈桂生，然《游庠录》记载沈桂生于乾隆三十一年（1766）入庠，而沈培成反而晚一年入庠，因此颇疑记载有误。细读《垂虹诗剩》中沈大本所撰沈培成简历，始释疑问。沈大本云："慕莲少攻举业，名噪童子场，出入五十余年始青其衿，文人之阨莫甚于此。"看来沈培成确是遭遇厄运，入庠特别晚的。

顾思虞（生卒年不详）字孚中，晚年自号竹友老人。清吴江南传村人。乾隆三年（1738）取入江庠。两荐于乡不售，遂肆力于诗。

◎**著作集**

集古诗钞四卷（迮朗序）

上海图书馆存清乾隆五十四年（1789）刻本。

梅花诗一卷

上海图书馆存清乾隆三十四年（1769）刻本《梅花次和诗》一卷。

唾余集

自娱草

咏物诗

以上三种见道光《分湖小识》卷三，未见收藏。

凝香集

见《清诗纪事》康熙朝卷，未见收藏。

倪若霈（生卒年不详）字润寰。清震泽人。乾隆三年（1738）取入震庠。

◎**著作集**

抟风阁稿

见道光《震泽镇志》卷十一，未见收藏。

周鹏飞（生卒年不详）字元圃。清吴江人。国学生。

著作集待考

◎**零星诗文** 《松陵诗征续编》卷一有诗。

赵丕省（生卒年不详）字周藩，号西林。清吴江人。赵丕承从兄。国学生。工画，所写人物花卉俱有法，山水仿董赵两家，冲澹秀润，时共推之。年四十余卒。

著作集待考

◎**零星诗文** 《松陵诗征续编》卷一有诗。

赵丕承（生卒年不详）字职方，号晚亭。清震泽平望人。国学生。工书，学赵松雪，晚乃出入董其昌、查士标间。尤善墨梅，冷隽入骨。诗喜为短句，韵淡而蓄。乾隆三十九年（1774）捐设平望义冢。嘉庆初尝移建平望水瓶庵殿宇。年六十五卒。

著作集待考

◎**零星诗文** 《松陵诗征续编》卷一有诗。

张萼（生卒年不详）字杞山。清震泽人，王锡阐外曾孙。布衣，无他嗜好，惟喜为诗，所作有石湖风味。

◎**著作集**

吟雪轩诗稿

> 吴江图书馆存清稿本。

南轩吟稿

> 吴江图书馆存清稿本。

◎**零星诗文** 《松陵诗征续编》卷一有诗。

汪琥（生卒年不详）字玉符，号友苓（一作右苓）。清平望人，汪栋之子。以例授福建漳州同知。沈德潜称其为官有循声，公暇吟诗，善道风俗，旁参国政。

◎**著作集**

耕砚斋遗稿三卷

> 吴江图书馆存清乾隆三十四年（1769）刻本。

◎**零星诗文** 《松陵诗征续编》卷一有诗。

马如谔（生卒年不详）字萃群，号笠村。清震泽人。诸生。

笠村诗草

> 见《松陵人物汇编》卷九，未见收藏。

◎**零星诗文** 《松陵诗征续编》卷一有诗。

黄子真（生卒年不详）字源父，号仙渔。清震泽人。好《易》、《老》养生家言，性不适俗，因慕武陵渔人黄道真人桃花源事，自号渔仙。自谓诗作词旨诞谩，故名之"诗长"。

◎**著作集**

诗长四卷

> 见《松陵人物汇编》卷九，未见收藏。

仙渔诗草

> 见道光《震泽镇志》卷十一，未见收藏。

◎**零星诗文** 《松陵诗征续编》卷一有诗。

费宾贤（生卒年不详）字绍古。清震泽人。诸生。

著作集待考

◎零星诗文 《松陵诗征续编》卷一有诗。

程兰言（生卒年不详）字明之，号铭芝。清平望人，程国栋之子。诸生。以文行称于时。工经义，尚深刻，诗出入唐宋间。

◎**著作集**

尺牍纪事

蠹音余录

以上两种见道光《震泽镇志》卷十一，未见收藏。

铭芝诗存

见同治《苏州府志》卷一百三十八，未见收藏。

◎零星诗文 《松陵诗征续编》卷一有诗。

程道源（生卒年不详）字溯川，号素园。清震泽人。诸生。嗜学工书，经史子集皆有手抄读本，精楷不苟。

◎**著作集**

素园诗稿

见《松陵人物汇编》卷九，未见收藏。

◎零星诗文 《松陵诗征续编》卷一有诗。

施天柱（生卒年不详）字一峰，号斗牛。清震泽人。乾隆三年（1738）取入震庠。乾隆十八年（1753）副贡生。

◎**著作集**

海陆游草

淮游漫草

以上两种见《儒林六都志·著述》，未见收藏。

◎零星诗文 《松陵诗征续编》卷一有诗。

沈梦祥（生卒年不详）后改姓司马。一名司马空。字南耘（一作南英），号朴堂。清吴江盛泽人。少读书中峰山，沉潜刻苦。乾隆三年（1738）取入江庠。乾隆二十一年（1756）举人。选安徽灵璧县训导。先是主讲直隶南皮书院，悉心训迪，遂多有登科甲者。诗清真雅淡，不染纤缛。

◎**著作集**

朴堂诗文存稿

见同治《盛湖志》卷十二，未见收藏。

◎零星诗文 《松陵诗征续编》卷二有诗。

周清霄（生卒年不详）字冠千，号漱霞。清震泽人。乾隆三年（1738）取入震庠。倜傥豪迈，有才干，惜英年早逝。

◎著作集

漱霞诗草

> 见周汝翼《松陵所见诗录》卷十一，未见收藏。

◎零星诗文 《国朝松陵诗征》卷十七有诗。

朱钟秀（生卒年不详）字鸿声（一作宏升），号雪圃。清吴江人。乾隆三年（1738）取入府庠。四十四年（1779）岁贡生。工诗文，豪于饮，谈谐倾座。和蔼迎人，有事与谋，热肠不辞劳瘁，人咸重之。九踏省门不售，以贡入成均。应方澄园之招，至桂林，久之，又至武昌，倦游归。诗酒自娱，课其子及孙。年逾八十而终。

◎著作集

雪圃吟草

> 见民国《垂虹识小录·本传》，未见收藏。

徐观光（生卒年不详）字素民，号仙里。清吴江人。

◎著作集

适兴吟

> 见《江苏诗征》卷六，未见收藏。

陆厥成（生卒年不详）字轶亭，号绰庵。清吴江人。生而颖异，年十七应县试，吴江令赵轩临拔置首位。院试见遗，旋寄籍归安，受知于文宗师念祖，补弟子员，累试优等。乾隆六年（1741）、二十一年（1756）、三十三年（1768）数荐皆不售，乃绝意科场，以授徒讲学为事，及门多名士。平生锐志于学，于书无不窥，诗古文清超拔俗。

◎著作集

绰庵遗稿

> 见道光《平望志》卷八，未见收藏。

王曾培（1718—1761）字骥驯，一字寄亭。清吴江同里人，王锡从子。乾隆三年（1738）取入江庠。

◎著作集

水心集文稿

> 见嘉庆《同里志》卷二十二，未见收藏。

吴江王氏新谱五卷

南京图书馆存清乾隆刻本。

陈时敏（生卒年不详）字学先，号晚菘。清吴江黎里人。国学生。恬澹好学，多贫士交，与秀水张日华、同里潘烺辈唱和。

◎著作集

据梧吟草一卷

见《国朝松陵诗征》卷十六，未见收藏。

◎零星诗文 《国朝松陵诗征》卷十六有诗。

潘烺（生卒年不详）字日临，号晴虹。清吴江黎里人。性鲁钝，刻苦自好，工举子业，作文惨淡经营，必呕出心肝乃止。乾隆四年（1739）取入江庠。乾隆十八年（1753）拔贡生。官当涂训导。

◎著作集

晴虹吟稿一卷

见嘉庆《黎里志》卷六，未见收藏。

◎零星诗文 《国朝松陵诗征》卷十七有诗。

倪若沾（生卒年不详）字祈年。清震泽人。乾隆四年（1739）取入震庠。少颖敏，自经史左国以及百家传记无不淹贯，尤究心于通鉴纲目。所著甚富，后人搜得其书，谓里中自王高士后笃学之士无若沾者。

◎著作集

读史管窥（一作《读史蒙求》）

订补陈检讨集注

古诗选

国朝诗选

史事联珠（一作《演联珠》）

以上五种见道光《震泽镇志》卷十一，未见收藏。

倪若沾骈体文

倪若沾咏史诗

以上两种见《松陵人物汇编》卷九，未见收藏。

吴元（？—1765）字钟斗，号蔼村。清吴江人，乾隆四年（1739）入府学。性冲和谦抑，诗音和律细。

◎**著作集**

心知集

　　见《国朝松陵诗征》卷十六，未见收藏。

◎**零星诗文**　《国朝松陵诗征》卷十六有诗。

严镠（生卒年不详）镠一作璆。字卫求，号柳村。清吴江同里人，严代言之子。乾隆四年（1739）取入江庠。四荐乡闱不售。工诗古文，善颜柳书。授徒自给，门生多有入仕者。性亢直，能为人排难解纷，人皆服之。

◎**著作集**

柳村诗草

　　见嘉庆《同里志》卷十四，未见收藏。

周诰（生卒年不详）字书贞（一作书征，又作书珍）。清吴江黎里人。乾隆四年（1739）取入江庠。乾隆十八年（1753）副贡生。锐志读书，务求实学，尤熟两汉魏晋诸史。教人诚恳，及门多知名士。年八十余卒。

◎**著作集**

细柳闲吟草

　　见嘉庆《黎里志》卷六，未见收藏。

史贯

　　见《松陵人物汇编》卷八，未见收藏。

任球（1718—1801）字夔鸣。清吴江人。少治举业，从吴濂游。既入太学，不慕仕进，好寻佳山水，凡江浙名胜之区，靡不遍历，即记以诗。年八十四无疾而卒。

◎**著作集**

纪游山水录

　　上海图书馆存清乾隆五十七年（1792）刻本《山水录》一卷。

夔鸣文集

　　见嘉庆《同里志》卷二十二，未见收藏。

陈汝树（生卒年不详）字庭嘉，号兰崖。清吴江人，陈矿从孙。震泽县学生。柳树芳《分湖遗诗》称："兰崖先生为我乡名宿，文行兼修，从游者履满户外。"

著作集待考

◎**零星诗文**　《分湖诗钞》卷二十有诗。《分湖遗诗》有诗。

曹磊（生卒年不详）字峻岳，号晋鹤。清震泽六都人，曹镤裔孙。乾隆六年（1741）

震泽增广生。

◎**著作集**

环翠园诗稿

　　见《儒林六都志·著述》，未见收藏。

◎**零星诗文**　《松陵诗征续编》卷一有诗。

曹森（生卒年不详）本姓吴。字卓亭，号竹汀。清震泽六都人，曹磊弟，曹吴霞从子。乾隆十六年（1751）举人。工古文词兼善行楷及隶。授经黄溪二十多年，后任南陵教谕。年六十七卒。

◎**著作集**

栖翠堂稿

　　见《儒林六都志·著述》，未见收藏。

竹汀诗文集

　　见《松陵人物汇编》卷九，未见收藏。

隆平纪事二卷（史册撰，曹森等参订）

　　国家图书馆存清抄本。

◎**零星诗文**　《松陵诗征续编》卷一有诗。《松陵文录》卷八有文。

【编者注】《儒林六都志》曹森名下还有《五代史节抄》，然查道光《黄溪志》，该书在曹吴霞名下，而曹森名下不录。

张夆之（生卒年不详）字午山，一字研邻。清震泽六都人。乾隆六年（1741）湖郡廪膳生。十一年（1746）举人。宣平教谕。

◎**著作集**

砚邻韵语

北居杂著

　　以上两种见《儒林六都志·著述》，未见收藏。

◎**零星诗文**　《松陵文录》卷十六有文。

管嵩（生卒年不详）字可高，号少庾。清吴江盛泽人。乾隆六年（1741）取入江庠。乾隆十七年（1752）举人。选安徽无为州学正。丁艰服阕，再补靖江教谕。以清俭著，嗣以卓异荐升浙江淳安知县。学力宏深，兼饶才略。

◎**著作集**

西江旅笈钟陵草

　　见同治《盛湖志》卷十二，未见收藏。

兰臭吟

见同治《苏州府志》卷一百三十八，未见收藏。

沈翰（1718—1788）字周屏，号立斋。清震泽人，沈啓八世孙。性重迟而果毅，初就塾，塾师以为不敏，更从他师，学昼夜不辍。乾隆六年（1741）取入震庠。乾隆二十七年（1762）举于乡，二十八年（1763）成进士。四十年（1775）知保定县。在任十二年，境内益治。修学宫，建仓廪，皆出己财，不以累民。五十一年（1786）以疾乞归江南。尝主讲笠泽书院。

◎著作集

立斋诗钞

见《松陵诗征续编》卷二，未见收藏。

保定县志

见光绪《吴江县续志》卷三十四，未见收藏。

◎零星诗文 《松陵诗征续编》卷二有诗。

陈大谟（生卒年不详）字汉广，又字玉蟾，号亦园。清吴江长田漾人。诸生。娴武事，善医，以针灸闻。又好游，喜为诗。家有田宅桑麻竹树之饶，近邑时氂冈不交纳。尝于竹西草堂招集远近名流联吟社，击钵分题称雅会。

◎著作集

寄旷庐诗集八卷

吴江图书馆存清嘉庆十四年（1809）刻本。

洞庭游草四卷

国家图书馆存清刻本。

亦园吟草

上海图书馆存抄本。

【编者注】《江苏艺文志》第2532页有陈阶琪，第2571页有陈大谟，似陈大谟生于陈阶琪之后。而《黎里志》有这样的记载："陈阶琪，字毓青，大谟长子。"陈大谟应是陈阶琪之父。

陆云高（生卒年不详）自号竹海道人。清吴江人。精于天文推步之学，兼精地理。

◎著作集

望斗仙经注释三卷

见《松陵人物汇编》卷九，未见收藏。

王晋谷（生卒年不详）字燮公，号理亭。清吴江人，王玖皞之子。早岁游庠，屡荐不售。性嗜酒，工书及诗。晚丧冢子，因逃于禅，日诵金经以养性。年五十余卒。

◎著作集

瓣香楼诗钞

  见同治《盛湖志》卷十二，未见收藏。

王汉荣（生卒年不详）字桓如，号力斋，又号旸谷村蛮。清吴江人。国学生。

◎著作集

疑我集

  见同治《盛湖志》卷十二，未见收藏。

周道隆（生卒年不详）字学濂，号药帘。清吴江谢天港人。以国学生考授州同。少攻举业，长弃去，参大吏幕事，遨游各省。周览山川，足迹半天下，发为诗歌，名动公卿。

◎著作集

哲初堂诗集

  见同治《盛湖志》卷十二，未见收藏。

竹堂诗钞

  见同治《苏州府志》卷一百三十八，未见收藏。

庞墅（生卒年不详）字自升。清吴江同里人。乾隆六年（1741）取入江庠。尝学诗于张尚瑗。

◎著作集

叶泽诗草

  见嘉庆《同里志》卷二十二，未见收藏。

◎零星诗文 《国朝松陵诗征》卷十六有诗。

徐作梅（生卒年不详）字用和，号渔材，又号逊堂、劲香，一说号鲈乡。清震泽人。乾隆六年（1741）取入震庠。乾隆二十一年（1756）顺天举人。授陕西洋县知县。丁忧服阕补周至县。时值用兵，常参幕府，驰驱云栈，护送军行。后以病告归卒。工书法。厘定西安诸碑，校正唐石经并为之考，有临《定武兰亭序》等石刻，艺林珍之。

◎著作集

劲香窝诗钞四卷

  上海图书馆存清嘉庆十二年（1807）刻本。

仙游潭分韵诗一卷追和东坡原韵一卷

  上海图书馆存清刻本。

平定金川凯歌一卷厘定西安府学碑洞记一卷西安府学碑洞唐石经考一卷

上海图书馆存清乾隆四十二年（1777）刻本。

苏公祠记一卷

见柳亚子等《吴江文献保存会书目》，未见收藏。

徐作梅诗集

中国科学院图书馆存抄本。

秦萱（生卒年不详）字屺望。清平望人。乾隆七年（1742）入府学。

◎著作集

雨帆吟稿六卷

见光绪《平望续志》卷十一，未见收藏。

郑德勋（生卒年不详）字书祈，号节斋。清吴江人。美资好学，为周慎入室弟子。乾隆七年（1742）取入江庠，试辄高等。闭门养静，读书外无他嗜好。诗宗盛唐，文追八家。晚岁明于医理，以术济人。

◎著作集

郑德勋诗文集

见《松陵人物汇编》卷九，未见收藏。

沈栾（生卒年不详）字馥佩，号醒庵。清吴江松陵人，沈大本之父。县学生。少而孤，家中落，惟残编数卷聊以娱情，间作小诗，动谐声律。

◎著作集

杏照楼诗草

见《垂虹诗剩》卷八，未见收藏。

沈埕（1720—1784）字庚伯，号寄庐。清吴江人，沈文灿长子。治《书》，补县学生。乾隆十五年（1750）举人。福建南平县丞。

◎著作集

合卤页语八卷

见郝丽霞《吴江沈氏文学世家研究》，未见收藏。

沈绮（生卒年不详）字素君。清吴江人，沈奎裔孙女。江阴诸生殷埒之妻。少孤，凤慧，诗文外兼通星纬夕桀（夕桀，古代一种测量术。——编者注）之学。年二十六卒。

◎著作集

环碧轩集四卷

国家图书馆存清道光二十四年（1844）刻本。

四六二卷

唾花词一卷

管窥一得十二卷

徐庾补注四卷

　　以上四种见郝丽霞《吴江沈氏文学世家研究》，未见收藏。

◎**零星诗文**　《松陵女子诗征》卷七有诗。

陈权（生卒年不详）字圣谋，号东湖。清吴江人。豪迈有才略，年二十余即弃举子业，奔走燕赵，后从军甘肃，以例官贵州南笼府通判。忧归，旋补滇之鹤庆。受命经营新辟苗疆维西，陈权相地利、体民情、冒风雪、历险峻，不三年而极边悉如内地。制府上其功，擢知阿迷州。诗为一生癖好。

◎**著作集**

维西杂记

　　见乾隆《震泽县志》卷三十一，未见收藏。

滇游集四卷

　　见《松陵人物汇编》卷七，未见收藏。

◎**零星诗文**　《国朝松陵诗征》卷十有诗。

周元楷（生卒年不详）字景脣。清吴江盛泽人，周元熙从弟。

著作集待考

◎**零星诗文**　《盛湖诗萃》卷六有诗。

殷宜镇（生卒年不详）字以静，号友花。清吴江盛泽人。国学生。所居之旁别筑一室，曰"碧树山房"，日以吟诗作画自娱。

著作集待考

◎**零星诗文**　《盛湖诗萃》卷六有诗。

归臣谕（生卒年不详）字茂良，号芝轩。清吴江盛泽人。国学生。官中牟县县丞。

著作集待考

◎**零星诗文**　《盛湖诗萃》卷八有诗。

周世清（？—1764）字敬夫，号茶屿。清吴江人。乾隆七年（1742）取入震庠。清癯善病，而意气极豪。乾隆二十九年（1764）偕陈毓咸兄弟客澄江，时相唱和，归未浃旬即卒。

◎**著作集**

种石楼诗稿

  见《松陵人物汇编》卷九，未见收藏。

◎**零星诗文**　《国朝松陵诗征》卷十七有诗。《江苏诗征》卷八十三有诗。

朱仁熙（生卒年不详）字万元，一字育亭，自号云鹤散人。清吴江人。乾隆七年（1742）取入江庠。家贫，性耿介，终其身未尝入富贵之门。与同邑马贻良称莫逆交，两人性情笔墨同以萧散胜。

◎**著作集**

西堂草

  见《国朝松陵诗征》卷十六，未见收藏。

◎**零星诗文**　《国朝松陵诗征》卷十六有诗。

沈槎（生卒年不详）字鬻泉，一字学潜，号柳溪。清吴江盛泽人。乾隆七年（1742）取入江庠。

著作集待考

◎**零星诗文**　《盛湖诗萃》卷六有诗。

郭星榆（生卒年不详）字东枌，一字南阶，号春岩，又号桂岩。清吴江芦墟人，郭学洪之子。工书。

◎**著作集**

广六书通考四卷

  见道光《分湖小识》卷二，未见收藏。

◎**零星诗文**　《分湖诗钞》卷十三有诗。

王世燨（生卒年不详）字每忠（一作美中），号枫村，又号暄之。清吴江盛泽人，王鲲族兄。喜吟咏，尝搜访里中故闻，撰盛湖棹歌一百首，散佚不存。

著作集待考

◎**零星诗文**　《盛湖诗萃》卷六有诗。

费振烈（1721—1763）字扬武，号梅隐。清吴江人，费洪学从孙。诸生。长身鹤立，秀出尘表。工制义，兼好诗古文辞。尝寓六合，以诗文请业者奉为坛坫。刘墉岁试奇其文，拔冠一军，以方士目之。食饩未久，以弱病卒。

◎**著作集**

香吟集

见《松陵人物汇编》卷九，未见收藏。

◎**零星诗文** 《国朝松陵诗征》卷十七有诗。《江苏诗征》卷一百二十八有诗。

石峨（生卒年不详）字润缜。清吴江黎里人，冯树栋妻。家贫，以针黹所入奉舅姑，暇则与冯树栋论诗。年三十卒。

◎**著作集**

永思集一卷

见嘉庆《黎里志》卷六，未见收藏。

◎**零星诗文** 《江苏诗征》卷一百七十七有诗。

冯树栋（生卒年不详）字钦亮。清吴江黎里人。家贫，课读自给。晚年以医术行。

◎**著作集**

春谷学吟草

见嘉庆《黎里志》卷十二，未见收藏。

严尔泰（生卒年不详）名一作而泰。字丽双，号春伯。清吴江盛泽人。

◎**著作集**

富春草堂吟稿

见同治《盛湖志》卷十二，未见收藏。

周元烈（生卒年不详）字承之。清吴江盛泽人，周元熙从弟。

著作集待考

◎**零星诗文** 《盛湖诗萃》卷六有诗。

孙立纲（生卒年不详）字立三。清吴江人，孙元之子。乾隆九年（1744）取入江庠。学问精思，明于字母反切及音韵诸书。古文词峭拔不群，诗尤俊迈。学画师从倪瓒。性耿介，家贫，取与不苟。中年游皖城。

◎**著作集**

太瘦生稿

见《松陵人物汇编》卷九，未见收藏。

周穆（生卒年不详）字次岳，号亚峰。清吴江盛泽人。乾隆九年（1744）取入震庠。

著作集待考

◎**零星诗文** 《盛湖诗萃》卷六有诗。

吴锦驰（生卒年不详）字凌槎（一作临槎，又作林垞），号蠖村，晚号淞江渔父。清吴江人，吴球发之子。乾隆九年（1744）取入江庠。先世居歙县之溪南，世有清才邃学。吴锦驰工古文，喜为诗，晚年游幕于浙与楚，皆不得志。归而迁居平望殷家荡村，贫病以终。

◎**著作集**

淞江渔父草

南枝集

杏圃丛书

春余掌记

　　以上四种见《松陵人物汇编》卷九，未见收藏。

袁睦庵（1721—1806）失名，号睦庵。清吴江同里人，范时勉妻。

◎**著作集**

睦庵诗草

　　见《同里古吴郡范氏家乘》，未见收藏。

范时勉（1722—1793）字宝传，号怀溪。清吴江同里人。候选布政司理问，授儒林郎晋赠奉上大夫。工诗文，藏书二万余册，经史之外，凡历算、星律、地理、医卜诸学亦无不习，而于韵学尤精。好施与，乾隆二十八年（1763）尝募资开同里市河。

◎**著作集**

韵学类编

垂裕楼诗文稿

帝王世系

歌谱集成遗珠

唐诗汇编

雨窗漫录

　　以上六种见《同里古吴郡范氏家乘》，未见收藏。

哭孙诗草一卷唁殇集一卷

　　上海图书馆存清刻本。

徐继稚（生卒年不详）字惠南，号南村。清吴江盛泽人。国学生。少为贾，中年折节读书，性喜吟咏，工回文集古诸体。尝集唐宋元明句为迎銮词一百首，每首有一寿字，蒙奖花样新鲜，恩赉绣物而归，遂自号集寿老民。

　　◎**著作集**

南村诗稿

集寿斋体孝一卷续二十四孝一卷医方集验一卷（钱大培序）

望舒吟一卷（与龚升同撰）

　　以上三种见同治《盛湖志》卷十二，未见收藏。

璇玑分锦图一卷

　　见民国《垂虹识小录》卷七，未见收藏。

龚升（生卒年不详）字行惠。清吴江人。祖籍南昌，久居盛泽，少习举业，父客京师，因省父入太学，试京兆，旋归侍祖母，授徒以养。喜为诗，意主独造。年八十卒。

◎**著作集**

上枝楼诗稿二卷（沈德潜序）

　　见同治《盛湖志》卷十二。柳亚子等《吴江文献保存会书目》著录一卷。未见收藏。

望舒吟一卷（与徐继稚同撰）

　　国家图书馆存清乾隆二十五年（1760）刻本。

陈大烈（生卒年不详）字扬之，号声庵。清吴江人，陈铉曾孙，陈毓升兄。自少工韵语，弱冠后以疾弃举子业，益耽于诗。当严寒，雪入破窗，几案尽白，耸肩索句，夜不就寐。年未及长即卒。

◎**著作集**

深竹轩诗集

　　见嘉庆《同里志》卷二十二，未见收藏。

◎**零星诗文**　《国朝松陵诗征》卷十七有诗。《江苏诗征》卷二十八有诗。

周羲（生卒年不详）字跂之（一作企朱），号墨庄。清吴江同里人，周爱访曾孙。力学工文章，寻以病弃文，专事吟咏，常与里中陈毓升、顾汝敬等往来唱和。晚年工隶书。

◎**著作集**

墨庄诗钞四卷

　　上海图书馆存清乾隆四十九年（1784）刻本。

墨庄诗钞补余七卷

　　吴江图书馆存民国十五年（1926）抄本。

意中山房集

续同川风雅集

采录同里先哲志（一作《采录同里志稿》）

松陵唱和抄八卷（与周允中、金学诗合撰）

同川竹枝词

以上五种见嘉庆《同里志》卷二十二，未见收藏。

百花词

见嘉庆《同里志》卷十四，未见收藏。

◎**零星诗文** 《松陵诗征续编》卷三有诗。

沈叔度（1723—1783）字履中，号云洲。清吴江人，沈汉裔孙，乾隆九年（1744）取入江庠。性淡定，不与世务。工行楷并善墨梅。

◎**著作集**

学庸显秘

云洲诗集

以上两种见《松陵人物汇编》卷九，未见收藏。

陈毓升（1723—1781）初名毓乾。字行之，号易门。清吴江人，陈沂震孙，陈士任之子。府学生。初受业于顾我钧，继从业于沈德潜。工诗古文词，诗清雅高卓。性静默，与人接，仪容蔼然。袁景辂辑《国朝松陵诗征》，延其至家共与商榷，袁景略未卒业而殁，陈毓升刻意搜罗，阅三载书始成。以郡廪生当膺岁贡，未及试卒，年五十九。因祖父尝拜赐砚，故其诗文集名"砚陶"。

◎**著作集**

砚陶诗钞二卷补遗一卷

吴江图书馆存民国八年（1919）抄本。

砚陶小屋诗钞六卷

吴江图书馆存民国十年（1921）抄本。

砚陶存稿

吴江图书馆存民国八年（1919）抄本。

砚陶诗文集

见同治《苏州府志》卷一百三十八，除上列诗集未见单行本收藏。

古文杂著

时文

以上两种见王元文《陈易门传》，未见收藏。

◎**零星诗文** 《松陵诗征续

▲ 陈毓升著作三种

编》卷二有诗。

【编者注】吴江市图书馆收藏陈毓升诗集的三个抄本，其中《砚陶小屋诗钞》六卷为陈毓升手定本，嘉庆庚申弟子宋金庭欲梓以行而未果。《砚陶诗钞》二卷系陈毓升、袁棠所校录，原藏同里费善庆家。《砚陶存稿》原为同里金国宝家收藏之陈毓升手稿。据薛凤昌校核，《砚陶存稿》中有多首诗未收入《砚陶诗钞》，而《砚陶诗钞》中也有几十首诗未收入《砚陶小屋诗钞》，故今同时著录三种抄本。

陈毓良（生卒年不详）字傅野，号晴岩。清吴江人，陈士载之子。县学生。幼承庭训，所读经史诸书悉能背诵不遗一字，为诗文极敏捷。中年客授济南，卒于寓舍。

◎**著作集**

桃源草一卷

　　见柳亚子等《吴江文献保存会书目》著录抄本，今未见收藏。

◎**零星诗文**　《国朝松陵诗征》卷十七有诗。

陈毓德（生卒年不详）字习庵。清吴江同里人，陈自焕长子。国学生。早卒。

◎**著作集**

春草池塘遗文（与陈毓贤同撰）

见嘉庆《同里志》卷二十二，未见收藏。

陈毓贤（生卒年不详）字种迈。清吴江同里人。陈自焕次子。有文名。

◎**著作集**

春草池塘遗文（与陈毓德同撰）

　　见嘉庆《同里志》卷二十二，未见收藏。

陈毓咸（生卒年不详）字受之，号芝房。清吴江同里人，陈沂震孙，陈士宁之子。性偶傥，议论踔厉风发，长于史学，尤熟于前明掌故及清初文献。为诗藻耀高翔，才气雄杰，复有缠绵往复之致。嘉庆元年（1796）进士，授国子监学正。以老归里。卒七十五，无子，朱春生辑其遗诗。

◎**著作集**

红树庄诗钞（朱春生序）

　　见嘉庆《同里志》卷二十二，未见收藏。

◎**零星诗文**　《松陵诗征续编》卷七有诗。《江苏诗征》卷二十八有诗。

袁松贞（生卒年不详）字湘佩。清吴江人，袁定海女，陈毓咸妻，袁棠族姑。幼禀母训，素娴声律。嫁陈毓咸后，鸡鸣唱和，其诗词格律日益进，共钦为女学士。

陈光昌（生卒年不详）字凤占。清吴江黎里人。诸生。工楷书，精欧阳体。又业医，精女科。尝馆吴门万年桥某氏。

◎著作集

梧村吟稿

　　见光绪《黎里续志》卷四，未见收藏。

钱金禾（生卒年不详）初名与点，字芸俦。清吴江人。以例监生授绛州吏目。缘事罢职，复补平鲁典史，卒于官。工书能文，兼通岐黄家言，而尤长于诗。

◎著作集

秦豫游草

　　见《松陵人物汇编》卷九，未见收藏。

姚瀛（生卒年不详）字文澜，号槎客。清吴江人。国学生。工吟咏，精鉴赏。

◎著作集

香祖居诗稿

　　见民国《垂虹识小录》卷六，未见收藏。

张成（生卒年不详）字素涵，号秀谷。清吴江娄字圩人。书法学董其昌，颇秀逸。工诗，时有佳句。年未四十卒。

◎著作集

秀谷吟草一卷

　　见柳亚子等《吴江文献保存会书目》，未见收藏。

半渔集

　　见苏州馆藏《续松陵诗未刻稿》，未见收藏。

陈宿文（生卒年不详）字景垣，一字怡云，号海士。清吴江黎里人，陈时敏从子。国学生。修长者行，子弟辈咸严惮之。两游燕豫，一之汉南，又因采铜至日本长崎岛，居年余归。

◎著作集

西江游草

　　见嘉庆《黎里志》卷六，未见收藏。

东游日抄

　　见《江苏诗征》卷二十七。《松陵人物汇编》卷九著录《日本日记》。均未见收藏。

怡云草堂诗存

　　见《松陵人物汇编》卷九，未见收藏。

◎零星诗文　《松陵诗征续编》卷一有诗。《江苏诗征》卷二十七有诗。

张锡圭（生卒年不详）字禹怀（一作雨槐），号雨亭，自号逊雪。清吴江人。乾隆十年（1745）取入震庠。工书能诗。精研篆学，刻印师顾岭、陈炳。曾客苏州停云馆，得尽观文氏先世印章，艺益大进，沈德潜极称之。

◎**著作集**

印体便览

雨亭谬篆

以上两种见《中国美术家人名辞典》，未见收藏。

徐楠（生卒年不详）字邦良，号整斋。清吴江黎里人。乾隆十年（1745）入府学。乾隆十五年（1750）举人。两上春官被放，遂不复与试。心力亦稍瘁，年三十七卒。

◎**著作集**

扣舷集二卷

吴江图书馆存清光绪二十二年（1896）刻本。

◎**零星诗文** 《国朝松陵诗征》卷十六有诗。

徐璇（生卒年不详）字星标，号静庵。清吴江黎里人，徐楠弟。父祖翼以善奕名。星标少慧好奕，见父与客奕，辄旁立微笑，名后与父埒。为人整饬端重，寡言笑，自幼得羸疾，不妄交接，不与外事，晚更厌尘嚣，每经月不出门，暇则居谈月楼，端坐弄棋，黑白出一手，客至惟闻子声丁丁而已。

◎**著作集**

病中吟一卷

见嘉庆《黎里志》卷六，未见收藏。

◎**零星诗文** 《江苏诗征》卷七有诗。

徐蟾（生卒年不详）字霁堂。清吴江黎里人，徐楠弟。通经义，尤长诗古。闽中雷铉督学江南时，徐蟾应童子试以《香雪海赋》受知于雷铉，极受奖赏。及入试，以病不获终卷而出。

◎**著作集**

梅仙集

江楼独醒集

以上两种见嘉庆《黎里志》卷六，未见收藏。

◎**零星诗文** 《国朝松陵诗征》卷十七有诗。《江苏诗征》卷八有诗。

赵含章（生卒年不详）字夏九，号杞亭。清吴江人，赵士谔裔孙。深沉嗜学，诗古文章卓荦有奇致。乾隆十年（1745）取入江庠，以首选受知崔学使，屡列前茅，声誉鹊起，下榻延致者远近翕然。性真挚，教授弟子尽心指授，有寒士无力师从者，招与同学。客皖江时从游甚从。年六十一卒。

◎著作集

敝篼偶存稿

朝阳随录

寒灯浸录

　　以上三种见《松陵人物汇编》卷九，未见收藏。

◎零星诗文　《吴江赵氏诗存》卷十一有诗。

周玉霖（生卒年不详）字沛苍，号澍堂。清吴江人。乾隆十年（1745）取入江庠。健于为文，文章汪洋恣肆，极为瑰丽。盛年早卒。

◎著作集

澍堂诗钞

　　见同治《盛湖志》卷十二，未见收藏。

周瑞（生卒年不详）字念丰，号濂泉。清吴江盛泽人。乾隆十年（1745）取入江庠。

◎著作集

竹简小草

　　见同治《盛湖志》卷十二，未见收藏。

【编者注】《江苏艺文志》载"瑞聚众长白荡，迎易入其营。事泄，死之。"是张冠李戴了。同治《盛湖志》卷十二记载，《竹简小草》作者周瑞"字念丰，号濂泉，诸生。"查《游庠录》，该人于乾隆十年入庠，生活于乾隆时期。而与明末吴易同举义事的周瑞则另有其人，道光《分湖小识》卷二载："周瑞，字曼青，孙吴之后，复聚众长白荡……"

朱剡光（生卒年不详）字敬明（一作锦明）。清吴江人。乾隆十年（1745）取入江庠。

著作集待考

◎零星诗文　《笠泽词征》卷十有词。

施一潢（生卒年不详）字亘天。清吴江人。端重寡言，博通经史。有大度，人或犯之不与接。客京师，为童子师，主人贫，则不计修脯，谆谆教授无倦容。

◎著作集

广陵集

　　见《松陵人物汇编》卷九，未见收藏。

◎零星诗文　《江苏诗征》卷五有诗。

袁益之（生卒年不详）字扶九，号竹轩。清吴江同里人，袁栋之子。乾隆十五年（1750）取入江庠。乾隆四十七年（1782）贡生。家藏书万卷，披寻略遍。作为文章，熔经铸史，人莫窥其底。与族弟袁景辂等举竹溪七子诗社，袁益之为首，沈德潜极称之。卒年七十九。

◎**著作集**

竹轩诗钞

　　见嘉庆《同里志》卷二十二，未见收藏。

◎**零星诗文** 《松陵诗征续编》卷一有诗。

【编者注】上海图书馆存稿本《袁益之诗稿》，疑为其作。

沈英（1724—1787）初名培本。字海谷，号惜甫。沈凤鸣次子。乾隆三十年（1765）取入江庠。工诗善写山水，用篆隶笔，为之深得古法。

◎**著作集**

诵芬楼集

　　见同治《苏州府志》卷一百三十八，未见收藏。

慈心宝鉴四卷

　　见郝丽霞《吴江沈氏文学世家研究》，未见收藏。

【编者注】生卒年据专著《吴江沈氏文学世家研究》记录，然与入庠年份似有矛盾，存疑。

顾时尊（1724—1760）字媚一。清吴江同里人。家极贫，三旬九食其常也。幼为举子业，未就，去而学医，不行于世。年三十七未娶而卒。为骈体文及诗。隶事颇工。卒后同邑王元文为撰悼亡诗。

鹃猿小草

　　见《松陵人物汇编》卷九，未见收藏。

◎**零星诗文** 《国朝松陵诗征》卷十七有诗。《江苏诗征》卷一百三十一有诗。

沈君平（1724—1756）字民安，号茗庵。清吴江松陵人，沈汉后裔。乾隆十八年（1753）取入震庠。沈大本云："茗庵师性静默，以读书立品为事，岁科屡立前茅，省试荐而不售，退而课徒训子，勤勤不倦。"

◎**著作集**

卧月楼诗草

　　见《垂虹诗剩》卷八，未见收藏。

◎**零星诗文** 《垂虹诗剩》卷八有诗。

袁景辂（1724—1767）初名元辂，更名景曹，后于二名各取一字，定名景辂。

字质中，号朴村。清吴江同里人，袁棠之父。乾隆十一年（1746）取入震庠。附贡生。尝与里中陈毓升、陈毓咸、顾汝敬、袁益之、王元文、顾我鲁等六人为"竹溪诗社"，互相切劘，每集请沈德潜评点。念乡先辈多诗人而不尽传于世，乃搜访百年来诗家遗稿，轮次编纂成《国朝松陵诗征》二十卷。

◎著作集

国朝松陵诗征二十卷（袁景辂编；费周仁，周汝雨辑）

　　吴江图书馆存清乾隆三十二年（1767）刻本。

小桐庐诗草十卷

　　吴江图书馆存清乾隆三十二年（1767）刻本。

朴村文抄

读书间

质中时文

竹溪会课

　　以上四种见嘉庆《同里志》卷二十二，未见收藏。

朴村诗文集

　　见民国抄《震泽县志续·书目》，未见收藏。

续松陵诗不分卷

　　苏州图书馆藏稿本。

◎零星诗文　《松陵诗征续编》卷二有诗。

正感（生卒年不详）一名逸云，字念庭。清吴江王氏子，出家中峰。诗清雅有远韵。与王鸣盛等相唱和。

◎著作集

啸云山房诗集

　　见《松陵人物汇编》卷十一，未见收藏。

◎零星诗文　清顾宗泰等编《停云集》、《湖海诗传》收其诗。

吴锦章（生卒年不详）字惠中。清震泽人。乾隆十八年（1753）乌程籍例贡生。西安县学训导，终海盐县学教谕。

◎著作集

易经纂义

　　见民国抄《震泽县志续·书目》，未见收藏。

蔡双桂（生卒年不详）原名鹏。字升中，号阆斋。清吴江盛泽人。乾隆二十四年（1759）副榜贡生。官如皋教谕。

著作集待考

◎**零星诗文** 《盛湖诗萃》卷六有诗。

孙金鉴（生卒年不详）字象虹。清吴江人。乾隆二十八年（1763）岁贡生，寄籍湖郡。

◎**著作集**

医翁诗稿

见《儒林六都志·著述》，未见收藏。

潘鹤（生卒年不详）字玉堂，号雪巢。清震泽人，潘学博之子。乾隆十一年（1746）取入江庠。天资超妙，自幼喜泛览群书。研究程朱之学，能探究其蕴奥。工诗古文词，工书画，真草篆隶、山水印刻皆入能品。琴棋风角，堪舆之术无一不谙。沈祖惠深叹赏之，荐于江西督学周煌文幕。归里后，旧族争延为弟子师。性不能容人过，闻非理事，即怒目上指。王元文称其益友。晚馆陈氏云映堂，遂终老焉。终年六十一。

◎**著作集**

雪巢遗稿

见《松陵人物汇编》卷九。《垂虹识小录》卷七著录《雪巢诗稿》一卷。均未见收藏。

篆隶同异考

剑影录

以上两种见《松陵人物汇编》卷九。

沈锡麒（生卒年不详）字宸章（一作成章），号冶亭。清吴江黎里人。乾隆十一年（1746）取入江庠。与潘鹤、徐蟾辈交。工诗画。

◎**著作集**

冶亭诗钞

见嘉庆《黎里志》卷九，未见收藏。

◎**零星诗文** 《江苏诗征》卷一百二十有诗。

翁纯仁（生卒年不详）字体元，号晴川。清吴江人。乾隆十一年（1746）取入江庠。其祖、父皆读书兼营货殖，以资日用。后值凶岁，数致空匮，又涉讼端，翁纯仁奋身捍御，纷纠之难悉为排解，时年仅弱冠也。至是发愤读书，补县学生，应乡试屡荐不售，乃绝意科场，下帷教授。晚年次子死，抑郁不自得，年七十五卒。

◎**著作集**

晴川遗稿

见道光《平望志》卷十一，未见收藏。

杨凌霄（生卒年不详）字帆舟。清吴江人。乾隆十一年（1746）入府学。

◎著作集

璇玑碎锦一卷

　　见柳亚子等《吴江文献保存会书目》，未见收藏。

史积厚（生卒年不详）字乾来，号稚菘。清吴江盛泽人。乾隆十一年（1746）取入江庠。乾隆二十七年（1762）岁贡生。

著作集待考

◎零星诗文　《盛湖诗萃》卷七有诗。

史积琛（生卒年不详）字广岑，号玙圃。清吴江盛泽人。国学生。

著作集待考

◎零星诗文　《松陵诗征续编》卷一有诗。《盛湖诗萃》卷七有诗。

李大晋（生卒年不详）字锡蕃。清吴江人。秀水籍国学生。乾隆四十年（1775）授福建候补布政司经历，借补福州府古田县丞，历署漳州同知，侯官、龙溪知县。

◎著作集

慰悼编一卷

　　见柳亚子等《吴江文献保存会书目》，未见收藏。

周文伯（生卒年不详）字干庭，号月亭。清吴江盛泽人，周灿玄孙。国学生。

著作集待考

◎零星诗文　《盛湖诗萃》卷七有诗。

吕国祚（生卒年不详）字申嘉，号玉溪。清平望人。世以贩蜒蚴为业。家邻问莺馆，蓬蒿一径，萧然意远，里中无人知其能诗者。间有知者，又鄙其业微而贫窭也。

◎著作集

暇日吟一卷

　　见道光《平望志》卷十一，未见收藏。

徐淳（生卒年不详）字葆初，号双桥。清震泽人，徐乔林父。国学生。先世以资重于乡，承业以后，摒挡家事外，专以读书传家为务。与四方贤士大夫及里中名士交，恂恂有儒者风。平生好诗，吴县王鸣盛称其诗"有大历元和风格"。

◎著作集

徐淳家传

徐淳杂著

古今体诗一卷

> 以上三种见民国《垂虹识小录》卷三，未见收藏。

双桥书屋诗钞

> 见《松陵诗征续编》卷六，未见收藏。

金陵杂咏一卷

> 吴江图书馆存清抄本。

望云楼诗稿一卷

> 见柳亚子等《吴江文献保存会书目》，未见收藏。

◎**零星诗文**　《松陵诗征续编》卷六有诗。

沈廷瑜（生卒年不详）一作姓陈。字璠若，号雪桥。清吴江人。乾隆十三年（1748）取入江庠。

◎**著作集**

雪桥诗稿二卷附雪桥观潮图题咏一卷

> 南京图书馆存清嘉庆二十年（1815）刻本。

吴钟侨（生卒年不详）字惠叔，号荔香。清吴江松陵人，吴至慎之子。乾隆二十一年（1756）举人。官四川知县。历署西充、东乡、峨眉、邻水，皆在川之东北。后授营山知县，协办军需，以劳得疾。年三十九卒于军营。

◎**著作集**

川滇行程记一卷

荔香诗草一卷

> 以上两种存于叶乃溁《严六堂剩墨》，上海图书馆藏民国抄本。

◎**零星诗文**　《垂虹诗剩》卷九有诗。

吴钟慧（生卒年不详）字素轩。清震泽人。吴至慎女。

著作集待考

◎**零星诗文**　《松陵诗征续编》卷十四有诗。

吴芝光（生卒年不详）原名珠光。字魏乘（一作魏珍），号蕙珍。清震泽人，吴景果从子。幼工制义，应郡邑试俱第一。乾隆十三年（1748）取入震庠。乾隆二十一年（1756）举人。专心古学，诗词各极清妙而宗法尤在唐人。

◎**著作集**

课余漫录

见《松陵人物汇编》卷九，未见收藏。

◎零星诗文 《国朝松陵诗征》卷十七有诗。

徐赋（生卒年不详）字凌云，号蘅香。清吴江六里舍人，徐履中父。乾隆十三年（1748）取入震庠。乾隆四十二年（1777）拔贡，廷试一等，充四库全书誊录官，期满议叙授清河县谕。少从沈祖惠学诗，诗文淹雅。工楷，善画墨兰及山水，年六十七卒。

◎著作集

蘅香剩稿

见道光《平望志》卷八，未见收藏。

赵大业（生卒年不详）字扬烈，号毅庵。清吴江人。乾隆十三年（1748）取入震庠。尝与陈毓升同授城南沈氏书室，每月斜灯烬时犹闻其吟诵之声彻户外。诗笔冲淡颇近陶韦。

◎著作集

闲居偶存草

见《松陵人物汇编》卷九，未见收藏。

◎零星诗文 《国朝松陵诗征》卷十七有诗。《江苏诗征》卷一百零八有诗。

殷宜镛（生卒年不详）字以鸣。清吴江盛泽人，殷宜镇之弟。国学生。性沉默，寡言笑，古貌古心，不撄世网。尝挈二三朋侪，往来于烟波渺浩中，笔床茶灶，啸歌自得。所作亦随手散失。

著作集待考

◎零星诗文 《盛湖诗萃》卷八有诗。

王祖谦（生卒年不详）字莱伯。清吴江人，王锡从孙。

著作集待考

◎零星诗文 《国朝松陵诗征》卷十七有诗。

费宏勋（生卒年不详）字书常，号莼溪。清吴江人，费洪学从孙。少从费周仁学，锐志励学，今古并进。乾隆二十四年（1759）举人。官楚雄盐课大使。年未四十卒。

著作集待考

◎零星诗文 《国朝松陵诗征》卷十七有诗。

李赵龙（生卒年不详）字孟起。清吴江人，李澄之子。乾隆二十五年（1760）举人，授广西柳城知县。

◎**著作集**

横塘杂咏

津门杂咏

粤游诗草

以上三种见《松陵人物汇编》卷八，未见收藏。

赵晟（生卒年不详）字谔亭，号蝶园。清震泽人，赵楠之子。国学生。少随父入京师游太学，每试必冠其曹。后归馆乡村，为恶犬所噬，垂毙矣，忆有友人曾以制义见质，忍痛握管评讫遂逝。

◎**著作集**

培塿集

见《松陵人物汇编》卷九，未见收藏。

◎**零星诗文** 《国朝松陵诗征》卷十七有诗。

王堡（生卒年不详）字连城，号素亭。清吴江同里人。乾隆九年（1744）取入江庠。乾隆二十一年（1756）举人。少孤，为世父抚养。五岁入塾读六经，左史诸书千言俱下。举于乡时年未三十，一试不第，悒郁以终，卒年三十三。以嗣出子王锟贵，赠奉政大夫。

◎**著作集**

素亭文集

见嘉庆《同里志》卷二十二，未见收藏。

◎**零星诗文** 《国朝松陵诗征》卷十七有诗。《江苏诗征》卷五十二有诗。

张芹（1727—?）字望岳。清震泽人。乾隆十五年（1750）取入震庠。嘉庆十二年（1807）以年八十一钦赐举人，十四年（1809）钦赐翰林院检讨。

◎**著作集**

耕余草

上海图书馆存清抄本。

钱大培（1729—1795）字树棠，号巽斋。清吴江人，钱之青之子。少随父宦游，受业于同邑赵宗堡。稍长游京师。乾隆十七年（1752）副贡生。陆燿素心敬之，尝馆之数年。历主庐江、潜江、青州、济宁诸书院。晚年归所居周家溪，以诗训后进。选盱眙教谕，赴任两月卒。

◎**著作集**

餐胜斋诗集六卷

　　南京图书馆存清嘉庆六年（1801）刻本。

◎**零星诗文**　《松陵诗征续编》卷一有诗。《松陵文录》卷十七有文。

【编者注】上海图书馆存稿本《唐五言律诗选》，署名钱大培，疑为其所编。

钱珂（生卒年不详）字撷芳。清吴江人，钱之青之女，钱大培妹。幼聪慧，好读书，最爱《通鉴》及汉魏人诗，朝夕披览。问何以好学，答曰"开卷有益"。年十三试为立春诗，词即轻便，意即隽永，兄钱大培自愧弗如。年十六遽卒。

◎**著作集**

撷芳草

　　见《松陵人物汇编》卷八，未见收藏。

◎**零星诗文**　《国朝松陵诗征》卷二十有诗。《江苏诗征》卷一百六十六有诗。

仲忠孚（生卒年不详）字有威，号璇溪。清吴江盛泽人，仲周霈之子。国学生。分发河南县丞，借补光山县典史。

著作集待考

◎**零星诗文**　《盛湖诗萃》卷六有诗。

费曾谋（生卒年不详）号孙如。清吴江松陵人，费谦宜之子。才富家贫，不治生产，远游作客，族人相与赒之。

著作集待考

◎**零星诗文**　《垂虹诗剩》卷九有诗。

金士松（1730—1800）字亭立，号听涛。清吴江人，金学诗兄。乾隆十一年（1746）取入江庠，庠名董学礼。乾隆二十五年（1760）进士。选庶吉士授编修，进侍读，督学广东，荐升詹事府，督学直隶。联任七年累擢礼部侍郎调兵部。五十二年（1787）充经筵讲官。迁左都御史。嘉庆元年（1796）迁礼部尚书，明年调兵部。五年（1800）以疾卒于位。

◎**著作集**

乔羽书巢诗内集六卷外集四卷

　　南京图书馆存清嘉庆刻本。

乔羽书巢诗二卷

　　见柳亚子等《吴江文献保存会书目》，未见收藏。

李韫斋墓志铭（金士松书）

吴江图书馆存拓本。

【编者注】《垂虹识小录》著录金士松《乔羽书巢诗内集六卷外集四卷》，而《吴江文献保存会书目》除有该集外，另有《乔羽书巢诗二卷》，显然是不同版本，至于两者内容是否重叠却不得而知。光绪《吴江县续志》也记录有《乔羽诗巢诗二卷》。因无证据证明二卷本为十卷本之组成部分，故同时记录于此。上海图书馆存清乾隆五十年（1785）刻本《严君菊溪传》一卷，署名金士松，且年代相符，疑为其作。

顾汝敬（1730—1806）原名汝龙。字配京，号蔚云。清吴江同里人。乾隆二十六年（1761）取入江序。家世士族，代为诸生，顾汝敬尤以文学显，诗歌古文皆见重于侪辈。与袁景辂诸人为诗社，人称"竹溪七子"。矢志欲为有用之学，然数奇不获一试，则以其学教授后进，"竹溪后七子"均为其高足。乾隆五十年（1785）恩贡。六十四岁丧子，当年娶妾为嗣，七十岁又生一子。七十多岁以高龄应试，嘉庆九年（1804）登者英榜。

◎**著作集**

同里志稿

蔚云诗钞

　　以上两种见嘉庆《同里志》卷二十二，未见收藏。

邹枢十美词记

　　见同治《苏州府志》卷一百三十八，未见收藏。

说丛

画苑类姓

所见碑帖考

　　以上三种见朱春生《铁箫庵文集》卷四，未见收藏。

研鱼庄诗稿二卷文集二卷

　　南京图书馆存清嘉庆刻本。

◎**零星诗文**　《松陵文录》卷四等有文。

【编者注】《松陵诗征续编》卷七顾汝敬条下引用郑璜之语："先生熟于旧闻逸事，著有《续同里先哲志》。"然查吴江各方志，均记载《续同里先哲志》著者为章梦易，而未记录顾汝敬著有该书。

王宗导（1730—1776）字德音，号懋堂。清吴江同里人。少游太学，出郑虎文之门。乾隆二十四年（1759）膺荐被落，越五载始得议授广东东莞县丞。居官清谨，上官器其才，委摄西宁、东安、阳山、四会、长乐、兴宁诸邑篆，历有政绩。题补龙门令，未及赴任卒。

◎著作集

滇粤杂咏

　　见嘉庆《同里志》卷二十二，未见收藏。

【编者注】生卒年据《同里志》记载："丙申夏卒于官，年四十七"。而《松陵人物汇编》载"丙辰夏卒于官"，那么其卒年应为 1796 年，录而备考。

毛丕烈（生卒年不详）字元勋，号慎夫。清吴江黎里人。诸生。年四十始习医，得叶天士指授，五旬外名始显，切脉定方无不奇中。留心公益，乾隆间尝捐修寺庙、捐设施棺局。

◎著作集

松陵毛氏族谱五卷（毛以煃、毛以燧同修，毛丕烈重修）

　　吴江图书馆存抄本三卷。

陈汝为（生卒年不详）字禹望，号笑庵。清吴江黎里人，陈之韵之子，陈元文父。国学生。授州同知。

◎著作集

白云山人集六卷

　　见嘉庆《黎里志》卷六，未见收藏。

◎零星诗文　《江苏诗征》卷二十七有诗。

陈大绩（生卒年不详）字劻组，号崖楞。清震泽人。不应科举，苦吟以老，时有幽峭可喜者。馆邱氏德芬堂十年。曾为邱孙梧诗集作序。

◎著作集

厓楞诗草八卷

　　南京图书馆存清道光刻本。

蓟素秋（生卒年不详）清吴江人。陈去病疑素秋为蒯氏名媛，而非蓟姓。

◎著作集

梦蘅集

忏碧集

浮黛集

纫华集

　　以上四种见《松陵女子诗征》卷四，未见收藏。

盛元芳（生卒年不详）字保和。清吴江人，陈嵩年妻。耽书史，工吟咏。年二十一夫亡，年三十卒。

◎**著作集**

书云集

> 见《松陵人物汇编》卷十，未见收藏。

徐兰清（生卒年不详）字韵芬。清吴江松陵人。徐庆荣女。

◎**著作集**

绣余吟草

> 见《松陵女子诗征》卷九，未见收藏。

雪厂（生卒年不详）清吴江崇义寺僧，张氏子。龆龀时即工书画。投崇义寺月林禅师智定，薙发后遍参诸方，得法于古南牧云门和尚，更名道白。后住持绍兴宝掌禅院，大演宗乘，门庭颇峻。住世七十有七。

◎**著作集**

宝掌全集

> 见乾隆《震泽县志》卷三十一，未见收藏。

翁敏政（生卒年不详）字进周，号勉亭。清吴江人。为人诚朴，喜读书，虽货殖，手未尝释卷也。见后辈有读书者必举先儒格言相勉励。其藏书多至数万卷。

◎**著作集**

培风堂藏书目录

> 见道光《平望志》卷十一，未见收藏。

严树（生卒年不详）字灌英，一字酿林，号墨庵。清吴江盛泽人。性耽风雅，诗文之会殆无虚日。广盛湖八景为二十，各系以诗，遍征题咏，诗名籍甚。与计璜等结诗社于读书乐园。

◎**著作集**

钓隐诗文稿

> 见同治《盛湖志》卷十二，未见收藏。

◎**零星诗文**　《国朝松陵诗征》卷十六有诗。《江苏诗征》卷九十有诗。

张霖（生卒年不详）字雨方，号望亭。清吴江人。性落拓，好吟咏，从学于王藻、张栋。晚客沛县署，因得登戏马台、歌风台诸名胜，成《偪阳游草》一卷。年六十余，子与孙相继卒，抑郁成疾，卒前取平生诗稿焚之。其友庞鸣冈搜得其数十篇。

误植于沈桂芬名下。本志据《游庠录》记载纠正。

史乘长（生卒年不详）字翼万，号东溪。清吴江同里人。乾隆十六年（1751）取入震庠。廪贡生。从任思谦游。性耿介沉静，为文脱去町畦，自标雅隽。授徒自给，年逾七十而杜门弦诵，神明不衰。

◎**著作集**

东溪制艺

　　见嘉庆《同里志》卷二十二，未见收藏。

周叔度（生卒年不详）字潜江（一作泉江），号石厓。清吴江盛泽人。乾隆十六年（1751）取入江庠。

著作集待考

◎**零星诗文**　《盛湖诗萃》卷七有诗。

仲炳（生卒年不详）字立功，号古溪。清吴江盛泽人。乾隆十六年（1751）取入江庠。

著作集待考

◎**零星诗文**　《盛湖诗萃》卷七有诗。

王逸虬（生卒年不详）字绍九，号清滩。清震泽人。乾隆十六年（1751）取入震庠。家贫力学，于书无不窥。性坦易，誉之不喜，侮之不怒，耽于诗古文词，出入宋元明诸大家，法律井然。尝与同志结春江吟社。

◎**著作集**

稽古日抄八卷（与张方湛等同辑）

　　吴江图书馆存清乾隆二十九年（1764）刻本。

元圃琳琅

青滩前后集

　　以上两种见《松陵人物汇编》卷十，未见收藏。

朱方谷（生卒年不详）字驭廉，号香岩（一作向岩），一号勉堂。清吴江松陵人。国学生。少颖异，覃思力学，卓然有成。及壮拂衣出游，历江浙数地。乾隆三十三、四年间结吟社，奉王逸虬为坛坫主。

◎**著作集**

勉堂吟课

　　见《松陵人物汇编》卷九，未见收藏。

◎**零星诗文** 《垂虹诗剩》卷八有诗。《分湖诗钞》卷七有诗。

朱渠成（生卒年不详）字润蕃，号伴渔。清吴江人，朱方谷从弟。国学生。捐职布政司经历。

著作集待考

◎**零星诗文** 《分湖诗钞》卷七有诗。

王莘（生卒年不详）字又衡（一作右衡），号任庵。清震泽人。年十六即能为古文。乾隆十六年（1751）取入震庠。文学韩愈，有雄直气。为人刚介嫉恶。年四十余卒。

◎**著作集**

史榷

治平金鉴

　　以上两种见同治《苏州府志》卷一百三十八，未见收藏。

半狂集四卷

任庵集

　　以上两种见《松陵诗征续编》卷一，未见收藏。

字辨

　　见柳兆薰《松陵文录姓氏考》，未见收藏。

山林经济

　　见《国朝文汇》乙集卷二十，未见收藏。

诸赞

　　吴江图书馆存清抄本。

◎**零星诗文** 《松陵诗征续编》卷一有诗。《松陵文录》卷十一有文。

赵士光（生卒年不详）字质匀，号雪筠。清吴江松陵人。乾隆十六年（1751）取入震庠。乾隆二十七年（1762）省试被荐，有体大思精、功深养到之评，而竟见遗，时论惜之。郁郁以终，年仅三十有四。

◎**著作集**

雪筠诗稿

　　见《垂虹诗剩》卷八，未见收藏。

周兆元（生卒年不详）字子春。清吴江同里人，周南宫之子。能世父业。

◎**著作集**

砚耕诗草

见嘉庆《同里志》卷二十二，未见收藏。

王元文（1732—1788）字翠曾，自号北溪。清吴江人，居北溪，后迁梅堰。乾隆十五年（1750）取入江庠。乾隆三十六年（1771）恩贡生。少贫乏，父令业贾。私作文就正于钱新，钱新劝其应试，即补诸生受业于沈祖惠。遍览名家制义，更肆力于诸经传说及左国史汉唐宋诸大家，而尤邃于易。尝与袁景铭、陈毓升、顾汝敬等人结"竹溪吟社"。助袁景辂辑《国朝松陵诗征》，多搜罗之功。然求仕不利，屡踬乡闱。陆燿重其学，官山东时客诸幕，互以古人相砥砺。后归里，年五十七卒。

◎著作集

北溪诗集二十卷文集二卷（程邦宪序）

　　吴江图书馆存清嘉庆十七年（1812）刻本。

小学言行录

　　见同治《苏州府志》卷一百三十八，未见收藏。

北溪家训一卷

　　见柳亚子等《吴江文献保存会书目》，未见收藏。

古文精宏集

古事录

唐诗路

　　以上三种见徐乔林《先师王北溪先生暨元配周孺人继配沈孺人合葬墓志铭》，未见收藏。

◎零星诗文　《松陵诗征续编》卷三有诗。

徐爔（1732—1807）字鼎和，号榆村。清震泽人，徐大椿之子。少受医学，亲承其父徐大椿指授，穷力研深，久之，尽得其父传。及长遨游南北，名益高。徐大椿奉召进京，徐爔从之，文成公阿桂与为布衣交。徐爔以医名，然非医者，志趣越俗，精神内敛，工诗词，笃伦理。以国学生候选布政司理问，授儒林郎，以长子埏官云南镇雄州州同，受封如其阶。

◎著作集

蝶梦龛杂著

　　见民国抄《震泽县志续·书目》，未见收藏。

梦生草堂诗文集四卷

　　见《松陵文录》卷十六，未见收藏。

蝶梦龛词曲四卷

　　上海图书馆存清乾隆五十四年（1789）刻本。

镜光缘传奇二卷

南京图书馆存清乾隆刻本。

写心杂剧

国家图书馆存清乾隆五十四年（1789）徐代梦生堂刻本。

子目：

游湖　述梦　醒镜　游梅遇仙　痴视　虬谈　青楼济困　哭弟　湖山小隐　酬魂　祭牙　月夜谈禅　问卜　悼花　原情　七十寿言　覆墓　入山　求财卦　觅地

钱蕙（生卒年不详）字凝香。清吴县人，钱珍南女，徐燨妻。

◎**著作集**

兰余小草

见《撷芳集》，未见收藏。

◎**零星诗文**　《江苏诗征》卷一百六十六有诗。

孙源（生卒年不详）清震泽六都人。

◎**著作集**

鉴堂诗稿

北游草

以上两种见《儒林六都志·著述》，未见收藏。

陆昌言（生卒年不详）字慎余，号月圃。清吴江人，陆桂馨长子。少为文有根柢，乾隆十八年（1753）取入震庠。乡试屡不中，闭户力学。卒年七十三。

◎**著作集**

月圃诗存一卷

月圃偶著一卷

以上两种见《陆氏传家集》，吴江图书馆存清同治十年（1871）义经堂刻本。

易经省度

姓氏总汇

以上两种见陆迺普辑《陆氏先德录》，未见收藏。

周允中（生卒年不详）字景和（一作金和），号镜湖，又号涧阿，晚号味闲。清吴江人，周孝学之子。绍承家学，幼时即通四声，成韵语。乾隆十八年（1753）取入江庠。越一年，偕同学有志之士结春江吟社切磨诗艺。两膺召试，未登高选，人或为之惜，周允中处之澹如。后从沈德潜游，诗益进，与金学诗、沈梦祥等唱和，成邑中主持坛坫者。年七十卒。

◎著作集

因拙轩杂著

见《松陵人物汇编》卷九，未见收藏。

松陵唱和抄八卷（与周羲、金学诗合撰）

上海图书馆存清乾隆刻本。

澹愉堂诗四卷

吴江图书馆存清嘉庆五年（1800）刻本。柳亚子等《吴江文献保存会书目》著
录八卷。

◎零星诗文 《松陵诗征续编》卷一有诗。

王曾翼（1733—1794）字敬之，号芍坡。清吴江同里人，王棣之孙。乾隆十一
年（1746）入府学。乾隆二十五年（1760）进士。授户部福建司主事，累迁郎中。丁
母忧，服阕补陕西道御史，擢甘肃甘凉兵备道，旋调入省督军需局兼理藩臬篆，以监
粮出给事落职，奏留督修兰州城，起补平凉盐茶同知，擢巩昌知府。乾隆五十一年
（1786）迁西宁道，旋调兰州。赋性谦和，然遇军国大计能知原委。在甘省十八年，两
值军兴，常身兼数职，以才干为李福等所倚重。尝于役哈密叶尔羌，日行戈壁间，奔
走二万里，须发顿白。卒于官。

◎著作集

居易堂诗集

国家图书馆存清乾隆六十年（1795）吴江王氏刻本。

回疆杂咏一卷

吴江图书馆存清道光十三年（1833）刻《昭代丛书癸集》本。

回疆杂记一卷

国家图书馆存清光绪十七年（1891）铅印《小方壶斋舆地丛钞》本。

◎零星诗文 《松陵诗征续编》卷二有诗。

唐宝霞（生卒年不详）字紫庭，号籽亭。清吴江黎里人，唐永龄孙。秀水籍国
学生。性和缓坦直，好风义，凡亲戚好友有不平事，辄为排解。工诗，好饮，善谈，
每饮，命儿女辈旁坐说古事以为笑乐。

◎著作集

艺菘庄诗稿

见嘉庆《黎里志》卷六，未见收藏。

实含（生卒年不详）字覆千，号幻游。清震泽吴氏子，僧人。乾隆二十三年（1758）
陪沈德潜等游虎丘玉兰院。二十九年（1764）主苏郡怡贤寺。

◎著作集

渔庄近稿

　　见《松陵人物汇编》卷十一，未见收藏。

金学诗（生卒年不详）字韵言，号二雅，晚号梦余道人。清吴江人，金士松弟。少工制义，又肆力于诗古文词。乾隆十六年（1751）取入江庠。乾隆二十七年（1762）顺天举人。授国子监助教，充四库全书分校官，以校书精核奏改复校官。丁内艰归，服阕不复仕。历主沈阳、青山、仪征、笠泽书院。教士首立品，次文艺。居家以诗学倡导后进。西北东南山水，游屐殆遍，名满天下，著书等身。有言："差可自信者，不取非义之财，不交无益之友，不缘饰以博名，不欺讳以文过。"卒年七十四。

◎著作集

四书卮言五卷

　　上海图书馆存清乾隆六十年（1795）刻本。

历代年号补六卷

　　上海图书馆存清嘉庆三年（1798）刻本《历代年号谱》。

无所用心斋琐语

　　南京图书馆存清乾隆六十年（1795）刻本。

砭俗刍言

　　见光绪《吴江县续志》卷三十五，未见收藏。

播琴堂诗集十二卷文集六卷附壤庚集一卷（王昶、杨复吉序）

　　浙江图书馆存清乾隆刻本。吴江图书馆存残缺本。

牧猪闲话一卷

　　吴江图书馆存清道光十三年（1833）刻《昭代丛书别集》本。

吴江金氏家谱五卷

　　见载"中国台湾网·族谱"。日本、美国存清嘉庆刊本。

◎零星诗文　《松陵诗征续编》卷二有诗。

郁圮传（生卒年不详）字受书，号石公。清吴江芦墟人。郁吴邑之侄。英敏多才，工诗及画。病后废举子业，卖药自给，虽囊橐萧然，吟声时彻户外。

◎著作集

石公吟稿

　　见道光《分湖小识》卷三，未见收藏。

顾大本（生卒年不详）字得中，号镜溪。清吴江人，顾雪梅从子。自少读书，困于小试，遂弃帖括，以著述自娱。宅旁治小园，命其斋曰"传晓处"，暇则饮酒赋诗其中。

◎著作集

重文类纂

增订竹谱

镜溪外集

以上三种见道光《分湖小识》卷五，未见收藏。

◎**零星诗文** 《分湖诗钞》卷五有诗。

朱逢泰（生卒年不详）号柳塘。清吴江人。广蓄书画，能鉴别古人真迹，以其暇自为之，并所题咏，识者竟称"三绝"。性情恬淡，不事雕饰，诗清隽迈俗。与同邑周允中、金学诗善。

◎著作集

画石轩诗集四卷

苏州图书馆存清嘉庆刻本。

画石轩卧游随录四卷

南京图书馆存清嘉庆三年（1798）刻本。

◎**零星诗文** 《松陵诗征续编》卷九有诗。

陈汝雨（生卒年不详）字谷士，号谷墅。清吴江黎里人。候选布政司理问。为人仁恕恭恪，尤谨于事亲。延师教子，备极诚敬。

◎著作集

云映堂诗钞四卷

见《松陵人物汇编》卷九，未见收藏。

◎**零星诗文** 《松陵诗征续编》卷二有诗。

孙银槎（生卒年不详）字阶青，号竹尹。清嘉善籍人，住吴江，为孙炌之孙。乾隆三十年（1765）举人，三十一年（1766）进士。主虞山书院十年，铨授山东潍县，调安徽绩溪知县。因得吴楫、薛淇等名士，又力争学额，受绩溪邑人赞颂。后被劾归。又主江西萍乡书院，卒于萍乡。

◎著作集

曝书亭集笺注二十三卷

南京图书馆存清嘉庆五年（1800）刻本。

孙铭彝（生卒年不详）字巽扬，号山尊，一号东柯。清嘉善籍人，住吴江，孙银槎之弟。乾隆三十年（1765）举人。以教习得赣榆县知县，迁山西忻州知州。

著作集待考

◎**零星诗文** 《分湖诗钞》卷十一有诗。

孙钜文（生卒年不详）字焕之，号心闲。清嘉善籍人，住吴江，孙铭彝之弟。国学生。

著作集待考

◎**零星诗文** 《分湖诗钞》卷十一有诗。

谭书（生卒年不详）字二酉，号辰山。清震泽人。乾隆三十三年（1768）广东籍举人，推归本籍。授崇明县学教谕。崇明海岛，风俗皆异，因郁郁不得志，乃谢病归。既而以贫复就职一年，卒于官。学务博综，工诗古文。年八十一卒。

◎**著作集**

易经

易解

> 以上两种见嘉庆《黎里志》卷首，未见收藏。

鸡肋集

海外集

> 以上两种见道光《震泽镇志》卷十一，未见收藏。

临江阁集十二卷

> 吉林省图书馆存清嘉庆抄本。

◎**零星诗文** 《松陵诗征续编》卷二有诗。

王枚（生卒年不详）字莼墟。清吴江人。

◎**著作集**

归乡吟草

> 见《松陵人物汇编》卷九，未见收藏。

◎**零星诗文** 《松陵诗征续编》卷二有诗。

赵振业（1733—1805）字开基，一字开宗，号晚江，又号虚白。清震泽人。乾隆十六年（1751）取入震庠。乾隆三十九年（1774）举人。官安徽石埭训导。以劳瘁殁于任，年七十三。生平专讲经学，于三传尤深。

◎**著作集**

三传匡谬

读左咫见

> 以上两种见光绪《吴江县续志》卷三十三，未见收藏。

未学草

见《松陵诗征续编》卷三，未见收藏。

学易编

太平经世略

以上两种见《松陵人物汇编》卷八，未见收藏。

◎**零星诗文** 《松陵诗征续编》卷三有诗。《松陵文录》卷四有文。

顾后亨（生卒年不详）字伊人，号研山。清吴江人。乾隆十八年（1753）取入江庠。

◎**著作集**

顾氏诗文集

见《松陵诗征续编》卷三，未见收藏。

虫鱼多识

顾氏诗录

以上两种见《松陵人物汇编》卷九，未见收藏。

◎**零星诗文** 《松陵诗征续编》卷三有诗。

王元照（生卒年不详）字可钧，号瑶岑。清吴江盛泽人。乾隆十八年（1753）取入江庠。乾隆四十年（1775）进士。工书，善属文，曾兼理四库馆，手缮《钦定天禄琳琅书目》、《皇清职贡图》二书。书成后得选洛川知县，调知广西苍梧、兼藤县。

著作集待考

◎**零星诗文** 《盛湖诗萃》卷九有诗。

沈培生（生卒年不详）字骏天，号逸溪。清吴江人。乾隆十八年（1753）取入江庠。工楷书，早有诗名，为沈德潜入室弟子。

著作集待考

◎**零星诗文** 《松陵诗征续编》卷三有诗。

朱坤（生卒年不详）字载平。清吴江同里人。工隶书。家贫，教授不足自给，为人书，计字受值，或时操缝工之业，置冠履卖之。袁枚尝采其诗入《随园诗话》。

◎**著作集**

琴思集

见《松陵人物汇编》卷十，未见收藏。

◎**零星诗文** 《松陵诗征续编》卷三有诗。

周南宫（生卒年不详）字敬叔，号容斋。清吴江同里人，周慎之子。工诗文，善琴棋。不事浮华，韦布终身。吴江诸生金黄钟云："容斋生平嗜酒如命，汇集同人诗数卷，名《容斋偶录》，吾里前辈诗稿散者多赖以存。"

◎**著作集**

容斋诗草

　　见嘉庆《同里志》卷二十二，未见收藏。

容斋偶录

　　上海图书馆存稿本。

◎**零星诗文** 《松陵诗征续编》卷三有诗。

李光运（生卒年不详）字傅天，号莼溪。清吴江人，李重华少子。国学生。

著作集待考

◎**零星诗文** 《松陵诗征续编》卷三有诗。

皇甫诗（生卒年不详）字庆庭，一字韵人。号苍麓。清震泽六都人。国学生。

◎**著作集**

苍麓诗稿二卷

　　见《儒林六都志·著述》，未见收藏。

◎**零星诗文** 《松陵诗征续编》卷三有诗。

陈大经（生卒年不详）字典叙，号竹坡。清吴江人。国学生。

著作集待考

◎**零星诗文** 《松陵诗征续编》卷三有诗。

庄步墀（生卒年不详）字仰颜。清震泽人，庄基永从子。国学生。工书法，家藏金石甚夥，日事抚临。又得沈宗骞指授，书法益工。晚年仿欧阳法，名尤盛。亦工诗。

◎**著作集**

一粟山房诗草四卷

　　见《松陵人物汇编》卷九，未见收藏。

◎**零星诗文** 《松陵诗征续编》卷三有诗。

顾我苞（生卒年不详）字岭繁，号兰庄。清吴江人。

◎**著作集**

施粥行

见《松陵人物汇编》卷九,未见收藏。

◎零星诗文 《松陵诗征续编》卷三有诗。

李大翰（生卒年不详）字冠翼,号云庄。清吴江黎里人。秀水籍国学生。少随父在粤佐理幕务。由太学授刑部直隶司员外郎。办案详慎,为大学士英廉所器重,旋差赴乌鲁木齐及豫楚等处。擢湖北汉阳知府,将之郡,猝病卒于麻城。轻财好客,雅爱吟咏。

◎著作集

云庄诗钞

轮台使草

以上两种见《松陵人物汇编》卷九,未见收藏。

◎零星诗文 《松陵诗征续编》卷三有诗。

李大恒（生卒年不详）字南有（一作楠友）,号芬谷。清吴江黎里人,李大翰弟。秀水籍国学生。官刑部主事。

◎著作集

铁岩小草一卷

见《松陵人物汇编》卷九等,又见柳亚子等《吴江文献保存会书目》。

张明观《柳亚子史料札记》称上海图书馆存柳氏抄本。

◎零星诗文 《松陵诗征续编》卷三有诗。

秦士霖（生卒年不详）字润寰,号莲溪。清震泽人。

著作集待考

◎零星诗文 《松陵诗征续编》卷三有诗。

沈祖望（生卒年不详）字东表,号竹村。清吴江黎里人,沈锡麒之子。能继父志,工篆书及诗,亦长于画。

◎著作集

芎莲集八卷

见《松陵人物汇编》卷八等,未见收藏。

◎零星诗文 《松陵诗征续编》卷三有诗。

凌云鹤（生卒年不详）字得阶,号吟香。清吴江同里人,张栋之甥。袁枚称“其诗读之清扬而远闻,何无忌之,酷似其舅焉。”尝参订嘉庆《同里志》。

◎著作集

绿萝山房诗草八卷

　　见《松陵诗征续编》卷三，未见收藏。

吟香阁诗

　　见《松陵人物汇编》卷十，未见收藏。

◎零星诗文　《松陵诗征续编》卷三有诗。

张纫苣（生卒年不详）字芬扬，号少川。清吴江人，张栋之子。国学生。贤而好学，诗工体物，画山水笔致疏秀，曾进诗画蒙赐锦缎。早卒。

◎著作集

少川诗钞

　　见道光《平望志》卷十一，未见收藏。

◎零星诗文　《松陵诗征续编》卷三有诗。

赵以庄（生卒年不详）字荫寰，号秋涛。清震泽人。国学生。

◎著作集

秋涛诗稿一卷

　　见同治《苏州府志》卷一百三十八，未见收藏。

◎零星诗文　《松陵诗征续编》卷三有诗。

钟圻（生卒年不详）字敬和，号午峰。清平望人。国学生。少喜画，其舅赵抱峰教之画，数日辄有异。比长益笃，初以董源为法，继乃参之董其昌、王原祁。暇常出游，若天平、支硎及西湖诸胜无不到，遇有心得，莞然独笑，归则纵笔为图。晚年患风痹症，手足常颤，每令侍者蘸笔授之作画，随意所造，不名一家，更深得天成理趣。乾隆五十九年（1794）水患，捐市屋以益掩埋之举。卒年七十四。

◎著作集

凝香阁画赞

　　见《松陵人物汇编》卷十，未见收藏。

午峰诗稿三卷

　　见同治《苏州府志》卷一百三十八，未见收藏。

◎零星诗文　《松陵诗征续编》卷三有诗。

仲步墀（生卒年不详）字集参（一作集川），号莼溪。清吴江人，仲周霈之子。乾隆十八年（1753）取入江庠。乾隆二十五年（1760）副贡。屡不得志于南闱，遂专力于经术，晚年崇尚朴学。文笔浩瀚，论述前辈文献原原本本。尤熟悉水利、田赋，邑令唐陶山聘修邑志，仲步墀属稿，谓邑中水道淤塞通流今昔异势，与沈彤作志时又异，人咸服其精核。年七十七卒。

◎**著作集**

水利考

　　见民国《垂虹识小录·本传》，未见收藏。

沈乐（生卒年不详）字夔典，号柳堤。清吴江人，沈宗湘从子。性颖敏，长于经史，复耽韵语。乾隆十八年（1753）取入江庠。乾隆三十年（1765）举人。连上春官不售，客食滦易间，后为金士松邀同校士京兆。五十年（1785）钦赐国子监学正。殁于京（一说卒于山左）。

◎**著作集**

小隐诗文稿二十卷

　　见《松陵人物汇编》卷九，未见收藏。

◎**零星诗文**　《松陵诗征续编》卷二有诗。

叶恒桢（生卒年不详）名一作衡桢。原名恒椿，一作大椿。字青岩，号静庵（一作靖莽）。清吴江人，叶舒璐孙。乾隆十八年（1753）取入江庠。例授广东县尉。尝重编《午梦堂集》。

著作集待考

◎**零星诗文**　《吴江叶氏诗录》卷四有诗。《分湖诗钞》卷六有诗。

吴树珠（生卒年不详）字薏庭，一字寄亭（一作继庭），号葭湄。清震泽人，吴翙玄孙。乾隆十九年（1754）入府学。工诗文，历游山右粤东诸学幕，又馆中州数年，后往淮北，晚年归里。

◎**著作集**

露香阁诗集十卷

　　吴江图书馆存清嘉庆二年（1797）刻本。

擘红余话

吴氏诗存

　　以上两种见同治《苏州府志》卷一百三十八，未见收藏。

◎**零星诗文**　《松陵诗征续编》卷一有诗。

叶振统（生卒年不详）字继庭（一作寄亭），号湘湖。清吴江人，叶永建从子。乾隆十九年（1754）取入江庠。每逢院试必居高第，而七蹶棘闱。其六十自述诗有"白璧摩挲蝇玷少，青衫检点泪痕多"之句。

◎**著作集**

宝燕草

　　见苏州图书馆存《续刻松陵诗未刻稿》，未见收藏。

◎**零星诗文** 《吴江叶氏诗录》卷四有诗。

叶应魁（生卒年不详）字天宿。清吴江人。国学生。少孤，事祖惟谨。读书明大义，里有善举无不出资相助。尝辑古人嘉言懿行百余则以训世。

著作集待考

◎**零星诗文** 《吴江叶氏诗录》卷四有诗。

叶宗枢（生卒年不详）字天杓，号浴兰。清吴江人。精于医，好吟咏。居莺脰湖滨，卖药自给，闭门独吟，市声嚣杂若不闻也。年七十余卒。

著作集待考

◎**零星诗文** 《吴江叶氏诗录》卷四有诗。

周琭（生卒年不详）字思镐（一作思高），号玉岑（一作玉成）。清吴江谢天港人，周用裔孙。乾隆十九年（1754）取入震庠。乾隆四十二年（1777）、四十五年（1780）两中副榜。为文雅炼醇正，诗婉约有中唐风致。

◎**著作集**

玉岑诗钞

　　见同治《盛湖志》卷十二，未见收藏。

徐佩兰（生卒年不详）字畹香。清吴江黎里人，徐兆奎女，长田殷嘉树妻。

◎**著作集**

怡绿斋倡酬卷

　　见《分湖诗钞》卷二十一，未见收藏。

◎**零星诗文** 《分湖诗钞》卷二十一有诗。

秦守诚（1733—1796）字千之，号二松。清平望人。秦景昌之子。于书无不窥，惟不喜时文。精究医术，访名师，求秘籍，二十年学大成，道亦大行。治病必先贫而后富，先乡里宗族而后出远。

◎**著作集**

湿温萃语

针砭证源

内经度蒙

◎零星诗文　《吴江赵氏诗存》卷十一有诗。

沈念祖（生卒年不详）字址厚。清震泽人。少事举子业，后弃去，从同郡缪遵义习医，能得其传。与庄之义并有名于时。
　　◎著作集
　　寄闲草
　　　　见同治《苏州府志》卷一百三十八，未见收藏。

庄之义（生卒年不详）字路公。清吴江人。明医理，与沈念祖并有名于时。
　　◎著作集
　　伤寒说约
　　　　见《松陵人物汇编》卷十，未见收藏。

程鸿（生卒年不详）字遂吉，号小湖。清吴江人。程鉴之子。国学生。
　　◎著作集
　　木天楼诗钞
　　　　见同治《盛湖志》卷十二，未见收藏。

孙灵琳（生卒年不详）字伯贡，号九琳（一作九灵）。清吴江平望人，孙鹭之子。性刚直，事有不可，则与人争。尝慕孙耕闲之为人，绘桑盘小隐图，一时知名之士莫不为之题咏，惜中年后以贫困终，所著亦散佚。
　　著作集待考
　　◎零星诗文　《笠泽词征》卷十五有词。

陆廷楷（1735—?）字宝传，号澹斋。清吴江梅堰人。乾隆三十二年（1767）取入震庠。工诗。卒年七十余。
　　◎著作集
　　澹斋诗钞六卷首一卷
　　　　南京图书馆藏清嘉庆二十三年（1818）刻本。

汪鸣珂（生卒年不详）字纶宣，号瑶圃。清吴江人，汪琥之子。由例贡生仕广西上思州知州。工诗文善书画，又精于医。两寓维扬，与诸名士文酒流连，唱和甚富。知上思州时，捐俸修学宫，又以边地少书籍，自南中购文史置三台书院，俾诸生传抄，论者称有儒吏风。以劳瘁卒于官。

◎**著作集**

春雨楼诗集

见道光《平望志》卷八，未见收藏。

经方合璧十卷

见《松陵人物汇编》卷十，未见收藏。

澹虑堂墨刻八卷（编）

见北京德宝2009年夏季拍卖会。收藏不详。《江苏出版史志》1993年第三期有文介绍。《松陵人物汇编》卷十著录《澹虑堂帖》八卷。

政和圣济总录二百卷首一卷（与校）

吴江图书馆存清乾隆五十年（1785）刻本。

◎**零星诗文** 《松陵诗征续编》卷三有诗。《笠泽词征》卷十有词。

顾学韶（生卒年不详）字夔鸣，号撰明。清吴江人，顾思虞从子。乾隆二十二年（1757）入府学。

著作集待考

◎**零星诗文** 《分湖诗钞》卷五有诗。

徐熼（生卒年不详）字星灿。清吴江人。徐釚曾孙，徐大椿幼子。乾隆二十二年（1757）入府学。性孤冷，不喜与世事，有议姻者辄以死拒之。年甫冠得瘵疾卒。

著作集待考

◎**零星诗文** 《国朝松陵诗征》卷十七有诗。

陆麟趾（生卒年不详）字戴仁，号莼香。清吴江人。乾隆二十二年（1757）取入江庠。

著作集待考

◎**零星诗文** 《松陵诗征续编》卷一有诗。

沈翼苍（生卒年不详）字行健（一作瀛健），号芒溪逸客。清吴江西蒙港人，沈璟之父。乾隆二十二年（1757）取入江庠。善书，尤精篆隶，诗亦清新。

◎**著作集**

芒溪诗草

绘风文抄

以上两种见道光《分湖小识》卷五，未见收藏。

◎**零星诗文** 《分湖诗钞》卷八有诗。

徐汝宁（生卒年不详）字湄莨，号海峰。清吴江松陵人，徐履端之子。乾隆二十二年（1757）取入震庠。五十一年（1786）岁贡生。

◎**著作集**

醉经楼存稿

      见《松陵人物汇编》卷九，未见收藏。

◎**零星诗文**《垂虹诗剩》卷八有诗。

金士模（生卒年不详）字端范，号竹坞。清吴江人。乾隆二十三年（1758）取入江庠。倜傥不群，与金士松、金学诗有三珠树之目。弱冠后得呕血疾卒。

著作集待考

◎**零星诗文**《国朝松陵诗征》卷十七有诗。

金德辉（生卒年不详）字汲修（一作吉修），号泽农，一号春田。清震泽人。乾隆二十三年（1758）取入震庠。三十年（1765）拔贡生，三十三年（1768）举人，历任直隶新安县知县、安州知州。

著作集待考

◎**零星诗文**《松陵诗征续编》卷二有诗。吴江图书馆藏抄本《金氏诗集》有诗。

汤世堂（生卒年不详）字正阳（一作振扬），号亦庐。清吴江盛泽人。乾隆二十三年（1758）取入震庠。曾随王元照往苍梧，游历山川名胜，更壮吟怀。

著作集待考

◎**零星诗文**《盛湖诗萃》卷七有诗。

叶齐贤（生卒年不详）字履丰，一字勤宣，号回庵。清吴江人，叶继武族玄孙，居圣堂港。乾隆二十三年（1758）取入江庠。

◎**著作集**

回庵诗稿

      国家图书馆存南沙席氏清嘉庆三年（1798）刻本，清光绪十四年（1888）重修本。

◎**零星诗文**《吴江诗录二编》有诗。《松陵诗征续编》卷五有诗。《吴江叶氏诗录》卷五有诗。

周艺芗（生卒年不详）字义乡，号鸿庄。清吴江盛泽人，周轶群之子。乾隆二十三年（1758）取入震庠。

著作集待考

◎**零星诗文** 《盛湖诗萃续编》卷一有诗。

费振勋（1738—1816）字策云，一字鹤江。清吴江人，费兰墀父。幼孤，自奋于学。乾隆四十年（1775）进士，四库全书馆开，以进士署签武英殿。书成后叙劳授内阁中书，历户部主事，典试四川道，督学广西省，累迁郎中。居此职十余年，擢山东道监察御史。迁吏科给事中。嘉庆十一年（1806）秩满告归，主正谊讲席。年七十九卒。

著作集待考

◎**零星诗文** 《松陵文录》卷十六等有文。

顾学周（生卒年不详）字开勋，号卧庐逸老。清吴江南传村人。乾隆二十五年（1760）取入江庠。工书法，初摹颜真卿、柳公权，继仿赵孟頫，终以米芾为宗。尤精汉隶，宗陆游，笔法遒劲，所书华山碑、千字文、隶字辨为士林珍重。

◎**著作集**

卧庐吟稿

　　见柳树芳《分湖遗诗》，未见收藏。

◎**零星诗文** 《分湖遗诗》有诗。

周士松（生卒年不详）字封五，号翠岩（一作翠含）。清吴江盛泽人。乾隆二十五年（1760）取入震庠。三十五年（1770）恩科副榜贡生。

著作集待考

◎**零星诗文** 《盛湖诗萃》卷八有诗。

王燕（生卒年不详）字翼之，号乙巢。清吴江人，王奂族孙。乾隆二十五年（1760）取入震庠。才高学博，屡战棘闱不得志，遂放于酒，胸中瑰垒辄于酒后泄之。尤喜面折人过，人惮其言之刚直，服其学有根柢也。晚年杜门息影，以著述为事。

◎**著作集**

宝爻阁诗文集

　　见同治《盛湖志》卷十二，未见收藏。

学庸讲义三卷

绿窗三绝谱六卷

　　以上两种见《松陵人物汇编》卷九，未见收藏。

【编者注】《绿窗三绝谱》辑历代名媛书、诗、画，纪诗曰条啸，纪书曰有炜，纪画曰素绚。

翁纯礼（生卒年不详）字嘉会，号素风。清吴江人，翁维则七世孙。乾隆二十五年（1760）取入江庠。肆力诗古文，尝受业于里中沈祖惠、陆厥成门。诗拔出流俗，独追古人。明于医理，熟读历代良医之书。

◎著作集

爱古堂诗集

　　见道光《平望志》卷八，柳亚子等《吴江文献保存会书目》著录抄本《爱古堂诗词》，均未见收藏。

平望志

医学金针

　　以上两种亦见道光《平望志》卷八，未见收藏。

◎零星诗文　《松陵诗征续编》卷一有诗。

吴舒帷（生卒年不详）字济儒，号古余。清震泽人，吴重光孙。六岁入塾，刻苦自励。乾隆二十五年（1760）补震诸生，肄业紫阳书院。沈德潜称其文有古大家风。乾隆三十九年（1774）魁乡试，四十三年（1778）进士，选庶吉士，授编修，充国史馆纂修，分校四库全书，为同馆所推重。乾隆五十年（1785）擢侍读。五十一年（1786）典山西试。以父丧归里。主讲云间书院。年五十四卒。

◎著作集

入粤编

尚书解

十三经传述源流

六经同异得失考

二十一史抄略

　　以上五种见《松陵人物汇编》卷九，未见收藏。

陈阶琪（？—1769）字毓青，号吟香，又号闿峰。清吴江黎里人，陈大谟之子。方成童，文名噪吴下。乾隆三十三年（1768）副榜贡生。试用教谕，甫一年卒。

◎著作集

咏香集

　　见嘉庆《黎里志》卷六，未见收藏。

闿峰诗钞四卷

　　见《松陵诗征续编》卷二，未见收藏。

◎零星诗文　《松陵诗征续编》卷二有诗。

陈阶瑶（生卒年不详）字越琨。清吴江黎里人，陈阶琪弟。附贡生。为人仁厚有守，不汲汲于外见者。

◎著作集

筠溪吟稿一卷

见嘉庆《黎里志》卷六，未见收藏。

周孝均（1739—1825）字叔雅，号谷芬（一作觉芬）。清吴江谢天港人。周朱未孙，周元熙之子。幼颖敏嗜学，乾隆二十三年（1758）取入江庠。师事同邑沈祖惠、曹森。博通经学，六经各有疏解，教授乡里，门下士多所造就。嘉庆十五年（1810）年七十二钦赐举人，明年会试后赐国子监学正。寿八十七。

◎著作集

逊敏堂集

四书阐

夏小正偶疏

世经堂日抄

以上四种见同治《盛湖志》卷十二，未见收藏。

◎**零星诗文** 《松陵诗征续编》卷九有诗。

陈庭学（1739—1803）字景鱼，号莼溪，晚号采莲逸叟。乾隆初随父入都，遂籍宛平。乾隆三十一年（1766）进士。由刑部主事出知潞安，官至甘肃兰州盐法道署按察司使。以失察所属冒赈，被议谪戍伊犁凡十四年。

◎著作集

塞垣吟草四卷

国家图书馆藏宛平陈氏清嘉庆刻本。

蛾术集十六卷

国家图书馆藏松陵陈氏清嘉庆二十年（1815）刻本。

东归途咏一卷

国家图书馆藏宛平陈氏清嘉庆间（1796—1820）刻本。

丁云锦（生卒年不详）字组裳，号琴泉。清吴江吉水港人。乾隆三十四年（1769）进士。授工部主事。累迁至礼部给事中。乾隆四十五年（1780）、五十三年（1788）分校顺天乡闱，五十二年（1787）分校武会试，五十八年（1793）分校会试，授湖南永州知府。忧归，起补湖北施南，调武昌知府。嘉庆九年（1804）有蒲圻武举为乱，文报不通，丁云锦潜由嘉鱼上流小径，直趋蒲圻，诱缚贼首，余党遂散。后罢归。年八十卒于家。

◎著作集

自怡集二卷

粤东游草

楚游集

九愚诗余

楚江诗余

　　以上五种见《松陵人物汇编》卷十，未见收藏。

赵基（生卒年不详）字开仲，号药亭。清吴江黄溪人。乾隆二十六年（1761）取入江庠。诗文典丽宏博，尝在吴门与诸名士结碧桃诗课，咸推服焉。熟于近代文献，举四海九州二百年以内人物，皆能道其始终本末。刘塘督学江苏时，以古学试苏松士得十余人，赵基与长洲王芑孙尤为所赏识。晨夕一编，不问家人生产，欲奋自见于时，累试辄绌。乾隆五十一年（1786）岁贡，授金匮训导。地当孔道，有佳山水，士大夫南来北往无不停舟造访，拈韵赋诗以为乐。年七十卒。

　　◎**著作集**

乳初轩诗选四卷外集一卷

　　南京图书馆存清道光四年（1824）刻本。

青草滩杂诗一卷

　　柳亚子等《吴江文献保存会书目》著录抄本，张明观《柳亚子史料札记》称上海图书馆存柳氏抄本。

吴之湄（生卒年不详）字临洲（一作林洲），号心禅。清吴江芦墟人。乾隆二十六年（1761）取入江庠。工诗精笔札，画山水气韵淡远，脱尽恒蹊。

　　著作集待考

　　◎**零星诗文**　《分湖诗钞》卷十四有诗。

吴博厚（生卒年不详）字补斋。清吴江人。工画花鸟，写水族尤佳。兴之所至，辄有吟咏，洒然绝俗。

　　◎**著作集**

吴博厚诗集

　　见《松陵人物汇编》卷九，未见收藏。

仲凤翔（生卒年不详）字可亭，号梧冈。清吴江人，仲炳之子。乾隆二十六年（1761）取入震庠。赋性平和，持躬笃实，闭户读书，不闻世事。帖括之暇雅嗜吟咏，尝以早秋兰、中秋桂、晚秋菊咏为《秋香吟》，一时远近酬和成集。临殁自制挽联及别亲友诗。

◎**著作集**

南园集

> 见同治《盛湖志》卷十二，未见收藏。

周璐（生卒年不详）字公路，号小濂。清吴江人，周用后裔。少颖悟勤学，从曹森游。乾隆二十六年（1761）取入江庠。

◎**著作集**

小濂诗稿

> 见《松陵人物汇编》卷九，未见收藏。

王朝栋（生卒年不详）字儒良（一作时亮），号槐轩。清梅堰人，王之佐从祖。少从王元文游。乾隆二十六年（1761）取入震庠。嘉庆九年（1804）副贡生。力学敦行，诗亦醇谨，钱大培、王元文亟称之。

◎**著作集**

槐轩诗集八卷

> 见《松陵人物汇编》卷十，未见收藏。

◎**零星诗文** 《松陵诗征续编》卷七有诗。

方洄（生卒年不详）字从伊，清吴江黎里人，原居嘉兴。少窭贫，好吟咏，陈大谟见其诗赏之，遂受业，诗益工，有潇洒闲散之致。

◎**著作集**

卜砚斋集

> 国家图书馆存清嘉庆二十年（1815）刻本。

洞庭游草

> 国家图书馆存清刻本。

叶宜雅（生卒年不详）字执闻，号云岫，又号补亭。清吴江人，叶兆封第四子。乾隆二十八年（1763）取入江庠。附贡生。尝应浙江织造征瑞聘，襄其幕事，历两淮、长芦、苏松诸任二十余年。后归里卒。

◎**著作集**

补亭草

> 见《吴江叶氏诗录》卷四，未见收藏。

◎**零星诗文** 《吴江叶氏诗录》卷四有诗。

沈宗德（1740—1803）字翊为，号庚亭。清吴江人。乾隆五十四年（1789）与子沈钦霖同举于乡。署靖江、上海县教谕。

◎著作集

勤补书屋诗钞一卷

上海图书馆存清同治六年（1867）刻本。

吴士坤（生卒年不详）字静闲，号柔嘉。清吴江人，吴照之女，刘守忠妻。

著作集待考

◎零星诗文 《松陵诗征续编》卷十四有诗。

姚栖霞（生卒年不详）清吴江人，姚岱之女。四五岁时能辩四声，十岁后握管即成章。上无母教，下鲜同志，父能诗，常客授不家，独于荒村茅屋中刻志苦吟，其诗秀丽婉约，时出新意。年十七以瘵疾卒。

◎著作集

剪愁吟一卷

上海图书馆存清乾隆五十七年（1792）朱文琥刻本。

◎零星诗文 《国朝松陵诗征》卷二十有诗。

程以均（生卒年不详）字节若。清吴江人，程兰言之子。读书上口即能背诵。性爱莲，得咯血疾，年二十二卒。

◎著作集

芙蕖小谱一卷

程以均遗诗一卷

以上两种见道光《平望志》卷十一，未见收藏。

黄以正（生卒年不详）号小槎。清吴江松陵人，黄灿之子。叶振声云："小槎黄君少孤力学，弱冠弃举业，肆力于诗。"周之桢云："小槎姻丈凤推风雅，旧居高锦坊，颜其庐曰'吟红馆'，图书四壁，卉木一庭，性耽吟咏，宗法宋人，雅近陆范。尝集吟红诗社，唱和多人，桢亦与焉。"

◎著作集

吟红馆诗稿

见《垂虹诗剩》卷四。吴江图书馆存民国薛凤昌抄本《吟红诗社唱和集》六卷。

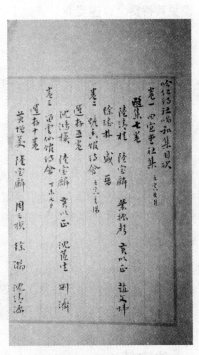

▲《吟红诗社唱和集》书影

◎**零星诗文** 《垂虹诗剩》卷四有诗。

程瑶（生卒年不详）字朝章（一作朝璋），号玉舟。清吴江盛泽人。乾隆三十年（1765）举人。性谦而谨，和而介，不屑随俗波靡，工举子业，诗亦典雅。授徒以老。

◎**著作集**

玉舟诗稿

　　见同治《盛湖志》卷十二，未见收藏。

际峻（生卒年不详）字隐樵。清吴江殊胜寺北山房僧。能诗，工小楷。尝主湖州道场讲席。

◎**著作集**

隐樵偈余稿

　　见道光《平望志》卷十一，未见收藏。

吴中奇（1741—1800）字安行，号瘦夫。清吴江人。负才而贫，性怪僻奇傲，诗笔壮若逸虬，莫能羁制，而摛藻又若春葩嫣然欲绝，颇不类其为人。

◎**著作集**

鸿爪山房诗钞（翁广平序）

　　见光绪《吴江县续志》卷三十七，未见收藏。

◎**零星诗文** 《笠泽词征》卷十有词。《江苏诗征》卷十五有诗。

王祖琪（1741—?）字久望，号谷真。清吴江同里人，王曾垂之子。国学生。屡省试不售。善隶书，铁笔师法文彭。

◎**著作集**

谷真遗稿

　　见嘉庆《同里志》卷二十二，未见收藏。

◎**零星诗文** 《松陵诗征续编》卷三有诗。《江苏诗征》卷五十三有诗。

任凤纶（1741—1801）字国华，号丹峰。清吴江同里人。乾隆三十年（1765）取入江庠。有文名，屡入秋闱，荐而不售。遘厉疾卒。

◎**著作集**

丹峰制艺

丹峰诗文集

　　以上两种见嘉庆《同里志》卷二十二，未见收藏。

◎著作集

自得居剩稿一卷

见《松陵人物汇编》卷九，未见收藏。

◎零星诗文 《松陵诗征续编》卷四有诗。

沈汝霖（生卒年不详）字柏山。清吴江人。沈沾霖兄。乾隆三十年（1765）入府学。官徽州府训导十二年。好学，至老不倦。年七十二卒于官。

◎著作集

读易偶抄

虹桥诗稿

以上两种见《松陵人物汇编》卷九，未见收藏。

施仁（生卒年不详）字敬夫，号兰村。清吴江人。乾隆三十年（1765）入府学。

◎著作集

兰村诗钞

见道光《平望志》卷十一，未见收藏。

仲振豫（生卒年不详）字禹屏（一作禹平），号二台。清吴江盛泽人。乾隆三十年（1765）取入江庠。乾隆五十四年（1789）拔贡生。诗文为士林翘楚，书为时所重，乞书者尝履盈其户。

著作集待考

◎零星诗文 《盛湖诗萃》卷九有诗。

叶逢金（生卒年不详）一名锋。字卓前（一作卓全），号鹤舟。清震泽人，叶继武玄孙。乾隆三十年（1765）取入江庠。乾隆五十四年（1789）恩科进士。

◎著作集

闽游诗草

题画杂诗

以上两种见《吴中叶氏族谱》卷五十七，未见收藏。

◎零星诗文 《吴江叶氏诗录》卷五有诗。《分湖诗钞》卷六有诗。

袁兰（生卒年不详）字湘洲（一作湘舟），一字猗堂，号二恬。清吴江芦墟人。乾隆五十九年（1794）岁贡生。工于制义，远近俊秀之士并列门墙，尤能成就孤寒，不计修脯。

◎著作集

山中白云集一卷

上海图书馆存柳氏抄本。

蟋蟀吟一卷

偶然吟一卷

和陶集一卷

以上三种见柳亚子等《吴江文献保存会书目》，未见收藏。

水村秋眺图题咏一卷

见柳亚子等《吴江文献保存会书目》，张明观《柳亚子史料札记》称上海图书馆存柳氏抄本。

钱箨石十国词笺略一卷

南京图书馆存清稿本。

二怡随笔

上海图书馆存抄本。

四书考摘要二卷

上海图书馆存抄本。

◎**零星诗文** 《松陵诗征续编》卷八有诗。《分湖诗钞》卷三有诗。《分湖遗诗》有诗。

费温如（生卒年不详）字玉瑛。清吴江人，费振烈女，王祖庚妻。幼承母教，好读书，熟通鉴，工诗。

◎**著作集**

玉瑛遗草

见《松陵人物汇编》卷九，未见收藏。

费玉坡（生卒年不详）字觐颜（一作近颜），号蓝庄。清吴江松陵人，费振烈之子。乾隆三十一年（1766）取入江庠。禀承家学，精于时文，中年以病弃学，幕游中州江右及近邑，劳瘁以殁。与沈大本为文字交。

著作集待考

◎**零星诗文** 《垂虹诗剩》卷九有诗。

沈桂生（生卒年不详）字步蟾，号秋岑。清吴江松陵人，沈培成之子。乾隆三十一年（1766）取入震庠。廪贡生。与沈大本同砚席。工于文，诗学晚唐，善写竹。家贫，课徒于郡城。中年得疾，壮志遂灰。年五十七卒。

著作集待考

◎**零星诗文** 《垂虹诗剩》卷八有诗。

李凤梧（生卒年不详）字媚川。清吴江人，李重华孙女。

见道光《平望志》卷十一，未见收藏。

张以纫（生卒年不详）字兰齐。清吴江人，吴汝虞妻。

◎著作集

筠窗小咏

　　见同治《苏州府志》卷一百三十八，未见收藏。

顾人模（生卒年不详）字鼎周，号晚香。清吴江人，顾我锜孙。国学生。有三女一子并能诗。次女顾玉轸适张士元。

◎著作集

课余吟稿

　　见《松陵人物汇编》卷十，未见收藏。

◎零星诗文　《松陵诗征续编》卷八有诗。

王和行（生卒年不详）庠名充。字履安，号西厓。清吴江人。自幼勤学，专意读书，不问生产。年二十五游庠后省试十二回始登乾隆六十年（1795）乡荐，后四上春官不得志，士林惜之。搜罗碑版，藏书数千卷。七秩生辰后卒，自挽有云："浮生未得朝闻道，委化何如蝶梦庄。"病剧时犹讲书不辍。

◎著作集

耕心斋时艺

　　见《松陵人物汇编》卷十，未见收藏。

沈枫（生卒年不详）字伊逊，号渔舫。清吴江松陵人，沈宗湘之子。国学生。风流自许，年未四十卒。

◎著作集

效吟小草

　　见《松陵人物汇编》卷九，未见收藏。

杨观吉（生卒年不详）字蓉镜（一作蓉锦），号古山。清吴江人，杨浚孙。国学生。于学无所不通，早岁试而不利，遂弃举子业，研心古文词赋，好与前辈博雅者游。天文地舆河洛星命卜筮医药之术，悉究其要。于书法尤邃，求者履常满户外。晚年又以医名。素简傲，尝谓沈大本曰："斗大吴江城，惟子与我两人耳。"年七十卒。

◎著作集

鸿雪堂诗存

　　见《松陵人物汇编》卷九，未见收藏。

杨复吉（1747—1820）字列欧，号慧楼。清吴江人，杨浚孙。乾隆三十四年（1769）取入震庠。三十五年（1770）举人。三十七年（1772）进士，得当知县，年未及壮不谒选。好聚书籍，藏书万卷，手不停披，尤熟古文说部，流览殆遍。王鸣盛来主笠泽讲席，引为弟子，商榷古今，收讨秘籍，相得益彰，有"独角麟一时罕见其爪"之誉。大江南北贤士大夫咸器重之。常谓"日对古人此中自有至乐，若鲜衣美食反觉无味。"晚年足迹罕出户外，敝衣蔬食泊然自安。

◎著作集

辽史拾遗补五卷

　　国家图书馆存清道光五年（1825）汪氏振绮堂刻本。

辽史拾遗续三卷

　　国家图书馆存清抄本。

虞初余志二十四卷补八卷

艺林碎珠二卷

元秚类抄

燕窝谱

　　以上四种见光绪《吴江县续志》卷三十五，未见收藏。

梦阑琐笔十六卷续笔八卷

　　见光绪《吴江县续志》卷三十五。吴江图书馆存《昭代丛书》本一卷。

元文选三十卷（辑）

　　见光绪《吴江县续志》卷三十七，未见收藏。

诗文全集二十二卷诗余四卷

史余备考一卷

国朝七家乐府三卷（辑）

　　以上三种见《松陵人物汇编》卷十，未见收藏。

昭代丛书丁、戊、己、庚、辛集

　　吴江图书馆存清光绪十三年（1833）世楷堂刻本。

天崇文阐

律赋丽则

　　以上两种见民国《垂虹识小录》卷三，未见收藏。

◎零星诗文　《松陵诗征续编》卷二有诗。《笠泽词征》卷十有词。

费云倬（生卒年不详）号雨艻。清吴江人。嘉庆间尝与杨复吉等同参与陈启源《毛诗稽古编》校订。

◎著作集

毛诗稽古编三十卷附考一卷（陈启源撰，费云倬考）

见柳亚子等《吴江文献保存会书目》，未见收藏。

张露（生卒年不详）号药圃。清吴江人。沈大本老友，好诗而不屑专一家之学。
◎著作集
近村居诗钞
　　国家图书馆存清嘉庆二十二年（1817）刻本。
◎零星诗文　《松陵诗征续编》卷二有诗。

姚大谟（生卒年不详）字宸周，一字赞言。清吴江人。乾隆三十四年（1769）取入震庠。
◎著作集
南枝小草
　　见同治《苏州府志》卷一百三十八，未见收藏。

王惇（1748—1831）字宗和，号岫轩。清吴江人，王锡泰父。国学生。少善读书，以治生为急，不克卒业。迨诸子发名成业，年亦长矣。于是委其子以家事，独屏居一室，排日治史，校其得失异同。于诗则熟读唐宋数十家，尤嗜陶诗。与邑中诸名宿蹑屣过从，上下其议，互相倾倒。
◎著作集
史汉人名异同录
　　见民国《垂虹识小录·本传》，未见收藏。

严蕊珠（生卒年不详）字绿华，号宝仙。父严家绥长洲人，侨居吴江北郭，蕊珠遂为吴江人。少工吟咏，年十七名列随园女弟子中。年二十卒。
◎著作集
露香阁诗存一卷
　　上海图书馆存清嘉庆八年（1803）甫里严氏刻本。

孙仲英（生卒年不详）号春江。清吴江松陵人。陈来泰云："孙丈近体之作清雅无俗氛。"
◎著作集
映雪居遗稿
　　见《垂虹诗剩》卷二，未见收藏。
◎零星诗文　《垂虹诗剩》卷二有诗。

吴江艺文志

下册

董振声　潘丽敏　主编

国家图书馆出版社

徐豫吉（1750—1817）字介于，号右轩。清吴江人，徐作梅次子。乾隆三十四年（1769）取入江庠。附监生。以四库馆校录议叙历官直隶顺德同知。生平力行善，虽僮仆无所避。与陆燨次子陆绳有交，尝割田以济之。

◎**著作集**

汉南游

西泠游

倦游草

> 以上三种见《松陵人物汇编》卷九，未见收藏。

◎**零星诗文** 《松陵诗征续编》卷三有诗。

陈兆骙（生卒年不详）字驾千，号谨庄。清吴江同里人，陈士任孙，陈毓升之子。乾隆三十九年（1774）举人。选授宿松训导，未任卒。

◎**著作集**

谨庄自订诗文集

> 见嘉庆《同里志》卷二十二，未见收藏。

驾千遗墨

> 国家图书馆存清嘉庆（1796—1820）稿本。

史善长（1750—1804）字诵芬（一作仲文），号赤霞（一作册厓）。清吴江谢天港人，史鉴裔孙。少游王昶门，学业湛深，尤工于诗。乾隆三十一年（1766）取入江庠。尝从其尊人客游秦陇。乾隆五十一年（1786）归应乡试不售，遂绝意科名。时毕沅总制两湖，聘入幕中。嘉庆二年（1797）毕沅殁后，复为王昶招往辑青溪书院志。素嗜酒，以过饮病，归卒。

◎**著作集**

一谦四益阁文抄一卷

> 苏州图书馆存民国抄本。

秋树读书楼遗集十六卷

> 南京图书馆存清道光十六年（1836）刻本。

青溪书院志

> 见同治《苏州府志》卷一百三十八，未见收藏。

弇山毕公年谱一卷

> 南京图书馆存清同治十一年（1872）刻本。

昌亭贳酒集·燕筑集

> 上海图书馆存吴江柳氏抄本。柳亚子等《吴江文献保存会书目》著录《翡翠巢词钞》二卷。

翡翠巢文稿

山东省图书馆存清抄本。

味根山房全集

南京图书馆存清道光刻本。

子目:

味根山房诗钞九卷　味根山房文集一卷　轮台杂记二卷　东还纪略一卷

◎零星诗文　《松陵诗征续编》卷五有诗。《松陵文录》卷四等有文。《笠泽词征》卷十有词。《全清词钞》卷十四有词。

【编者注】《吴江文献保存会书目》记录史善长有《翡翠巢词钞》二卷,并注明该书为抄本,收藏代号为"文",是柳亚子的代号。而上海图书馆收藏的史善长著作《昌亭贳酒集·燕筑集》正是柳亚子抄本,并附注该集即翡翠巢词卷5~6。可见《翡翠巢词钞》与《昌亭贳酒集·燕筑集》是同一种书,故一并著录。

吴鹤侣(生卒年不详)清吴江人,史善长聘室。工诗,清隽雅洁。年二十三卒。
◎著作集
鸾影遗稿(史善长序而梓之)

见同治《盛湖志》卷十二,未见收藏。

柳球(1750—1816)字夔击,号厚堂。清吴江大港人。候选州同知。善治财,好读轩岐书,治狂疾尤奇中。晚岁好吟咏,为园于宅后,莳花种木,啸歌弗辍。与沈璟为诗友。
◎著作集
燃叶轩稿一卷

见《分湖柳氏家谱·柳厚堂先生传》,又见柳亚子等《吴江文献保存会书目》,未见收藏。

◎零星诗文　《分湖诗钞》卷十五有诗。

陈瑚(生卒年不详)字华夫。清吴江黎里人。陈汝为之子,陈元文兄。
◎著作集
鸣平集十卷(沈德潜序)

见嘉庆《黎里志》卷九,未见收藏。

陈元文(生卒年不详)字天求,号简亭。清吴江黎里人,陈汝为之子,陈瑚弟。府学增广生。累试不第,乃游京师,会诏以热河为承德府,置书院,遂膺荐,主讲八年。乾隆三十八年(1773)任四库馆誊录,后官江西,试用州同知,摄崇义金坑巡检,卒于官。

◎**著作集**

简亭诗钞六卷

　　南京图书馆存清抄本。

古香书屋文抄

粤游草

出塞集

　　以上三种见《松陵人物汇编》卷九，未见收藏。

◎**零星诗文**　《松陵诗征续编》卷二有诗。《江苏诗征》卷二十七有诗。

沈埏（生卒年不详）字翼廷（一作翊庭），号萍乡。清震泽人，沈瑾五世孙。乾隆三十五年（1770）取入江庠。事兄嫂如事父母。好施与，家无担石储，所得馆谷不敷挥霍，常以为憾。

◎**著作集**

孚德堂集

　　见《松陵人物汇编》卷九，未见收藏。

◎**零星诗文**　《松陵诗征续编》卷一有诗。

迮朗（生卒年不详）原名百谦。字蕴高（一作蕴皋），号卍川，自号行玉山人。清吴江莘塔人，迮灏族曾孙，迮鹤寿父。幼聪慧，乾隆三十五年（1770）取入江庠。旋入京师，充四库馆誊录。书成后不屑以议叙得官。乾隆五十四年（1789）举人。留京最久，又北抵居庸，南游楚豫，主讲淮阴书院。工诗文，善书画，人物花草俱入神品。嘉庆六年（1801）授凤阳府训导，未几归里。年六十七卒。

◎**著作集**

绘事雕虫十卷

　　吴江图书馆存清嘉庆十四年（1809）刻本。

绘事琐言八卷

　　上海图书馆存清嘉庆四年（1799）刻本。

雕虫馆骈体文二卷

　　上海图书馆存清嘉庆间刻本。

卍川诗文集

　　南京图书馆存清抄本。

▲《绘事雕虫》书名页

郢垩集

辨正篆隶雅俗

粤游笔谈

淮上纪闻

以上四种见《松陵人物汇编》卷十，未见收藏。

迬卍川遗诗一卷

南京图书馆存清抄本。

三万六千顷湖中画船录一卷

吴江图书馆存清道光十三年（1833）世楷堂刻本。

黎阳倡和诗一卷

上海图书馆存清嘉庆二年（1797）刻本。

◎零星诗文 《松陵诗征续编》卷四有诗。《松陵文录》卷二十二有文。

▲《绘事雕虫》内页

吕英（生卒年不详）字庚扬，号湘渔。清吴江黎里人。国学生。少有异质，遍览经史，喜为诗，旁及书画杂技，靡不究心。家贫以馆谷养亲。曾应粤西上思州知州汪鸣珂之招，未几汪氏卒于任。同时官粤者知吕英名，走书帛聘，悉却之。后入都，肄业国子监，应京兆试。居京师七年不得志归，键户课子以终。

◎著作集

湘渔吟稿五卷

西菱杂著二卷

以上两种见光绪《黎里续志》卷四，未见收藏。

◎零星诗文 《松陵诗征续编》卷四有诗。

陈阶英（生卒年不详）字冠群，号晓江。清吴江黎里人，陈之韵从孙。国学生。乾隆四十年（1775）官安徽池州府通判。署太平府同知。

◎著作集

晓江诗钞

见《松陵人物汇编》卷十，未见收藏。

◎零星诗文 《松陵诗征续编》卷四有诗。

郑宛坡（生卒年不详）字苏传，号云樵。清吴江人。国学生。

著作集待考

◎**零星诗文** 《松陵诗征续编》卷四有诗。

马若濂（生卒年不详）字印溪，号半园。清震泽六都人，居太湖之吴溇。国学生。尝从金学诗游，金学诗评其诗以为佳处近石湖。

◎**著作集**

半园集

湖滨近雅集

> 以上两种见《松陵诗征续编》卷四，未见收藏。

湖上诗钞

寒香居存草

> 以上两种见《儒林六都志·著述》，未见收藏。

◎**零星诗文** 《松陵诗征续编》卷四有诗。

项汝图（生卒年不详）字宓衍。清吴江人。好读书，不应举，隐于市，以孝闻。

◎**著作集**

大酉山房遗稿

> 见《松陵人物汇编》卷九，未见收藏。

◎**零星诗文** 《松陵诗征续编》卷四有诗。

许振声（生卒年不详）初名璠。字佩鸣，号小谷。清吴江人。国学生。

◎**著作集**

怀真草庐诗钞

> 见《松陵人物汇编》卷十，未见收藏。

◎**零星诗文** 《松陵诗征续编》卷四有诗。

吴邦基（生卒年不详）字履德，号筱南。清吴江平望人，吴家衔父。乾隆六十年（1795）青浦籍进士。历官徽州府知府。

大好山房诗集

> 见光绪《平望续志》卷十一，未见收藏。

◎**零星诗文** 《松陵诗征续编》卷四有诗。

翁桢（生卒年不详）字翰廷，号朗庵。清吴江人。

蔗尾诗稿七卷

> 见《松陵人物汇编》卷十，未见收藏。

◎**零星诗文** 《松陵诗征续编》卷四有诗。

秦预（生卒年不详）字勉庭，号后堂。清平望人。

◎著作集

韭溪棹歌百首

　　　见光绪《平望续志》卷十一，未见收藏。

◎零星诗文　《松陵诗征续编》卷四有诗。

秦玉田（生卒年不详）字湘英，号连城，一号借山。清吴江人。县学生。

◎著作集

借山集

　　　见《松陵人物汇编》卷十，未见收藏。

◎零星诗文　《松陵诗征续编》卷四有诗。

刘德傅（生卒年不详）字青荣，号筠轩。清吴江人。国学生。

◎著作集

青藜馆稿

　　　见《松陵人物汇编》卷九，未见收藏。

◎零星诗文　《松陵诗征续编》卷四有诗。

薛梦柳（生卒年不详）字方韩，号西园。清吴江松陵人，与沈大本为中表兄弟，居城南茭堤。乾隆三十五年（1770）取入震庠。二十年始得青衿，诗从杨诚斋、高青邱两家。终身为村塾师。

　　著作集待考

◎零星诗文　《垂虹诗剩》卷八有诗。

徐汝莘（生卒年不详）字星庐，号芸台。清吴江松陵人，徐汝宁弟。乾隆三十五年（1770）取入震庠。早卒。

　　著作诗考

◎零星诗文　《垂虹诗剩》卷八有诗。

赵鸿藻（生卒年不详）字诗涛，号又雪。清吴江松陵人，赵王佐孙。乾隆三十五年（1770）取入震庠。与沈大本交，乾隆四十六年（1781）有诗草行世，沈大本为之序。

◎著作集

寓闲草

　　　见《松陵人物汇编》卷十，未见收藏。

◎零星诗文　《垂虹诗剩》卷八有诗。《吴江赵氏诗存》卷十一有诗。

【编者注】《垂虹诗剩》记其名为"赵鸣藻"。本志从《游庠录》记载。

周南（生卒年不详）字敬一，号静轩。清震泽人。乾隆三十五年（1770）入府学。孤寒廉介，文笔高古，逾三十始补一衿。笔耕给衣食，未尝一踏省门。早岁喜为诗，奉黄周星为圭臬，既而宗法沈德潜，晚尤醉心于昆山名士黄子云。尝与沈大本相习，后乞食四方。嘉庆初归里，两三年后穷困潦倒，寄婿家以殁。

◎**著作集**

静轩诗稿二卷

见同治《苏州府志》卷一百三十八，未见收藏。

城南三子诗（合沈大本、周南、薛梦柳诗）

见《松陵人物汇编》卷十，未见收藏。

◎**零星诗文** 《松陵诗征续编》卷三有诗。

吴大田（生卒年不详）字稼夫，号云锄。清吴江松陵人。恂恂儒者，老于童子师。与周南交最深。

著作集待考

◎**零星诗文** 《垂虹诗剩》卷八有诗。

周京（生卒年不详）字邑丰，号寄林，又号二木居士。清吴江松陵人，国学生。嗜饮工书，善写兰，兼好吟咏。尝与同志结城南诗社，奉金学诗、周允中为坫主。不善治生，寄食村舍。乾嘉年间尝与沈大本交。年四十八病殁。周允中云："寄林向居邑之乡，近迁郭南。纸窗竹几，闭户拥书，喜临池作晋唐书，泼墨兼写芝兰，而今余力于诗，凡唐宋元明及国朝诸大家靡不沿流溯源，啜英吐滓。又喜结纳好古之士，若远若近，不惜舟屐寻求，赏析弗倦。当其谈诗有得，则移晷连宵，狂歌痛饮，有古达者风焉。"

◎**著作集**

五芝堂诗稿四卷

见同治《苏州府志》卷一百三十八。卒后柳树芳删存其诗曰《分尧小住吟》，张明观《柳亚子史料札记》称上海图书馆存柳氏抄本。

周寄林遗诗二卷

见柳亚子等《吴江文献保存会书目》，未见收藏。

叶肇元（生卒年不详）字震伯（一作振伯），号竹岩。清吴江人，叶振统从子。乾隆四十一年（1776）取入江庠。工制义，远近推重。又精堪舆术。

◎**著作集**

分湖近谱

见《吴江叶氏诗录》卷五，未见收藏。

◎**零星诗文** 《吴江叶氏诗录》卷五有诗。《分湖诗钞》卷六有诗。

【编者注】《分湖诗钞》记载,叶肇元为叶昉升兄,而叶昉升为叶肇旸兄。然《游庠录》记录叶肇旸于乾隆三十七年入庠,而叶肇元入庠年份为乾隆四十一年,长兄迟于小弟入庠,似于情理不合,疑两处记载可能一处有误。再查方志,见道光《分湖小识》卷三"叶昉升"条载:叶思深"生三子,长肇元,次即昉升,少肇旸。"证实《分湖诗钞》记载无误。而《分湖小识》同一处又提及"肇旸先补诸生",说明《游庠录》也未错记。

叶昉升（生卒年不详）字华川,号莲山,一号莲台。清吴江黎里人。叶肇元弟,叶树枚族兄。与同邑王元文、沈刚中订交。工诗,专学唐人。卒年不及三十。

◎著作集

文竹山房诗稿四卷

> 国家图书馆存清刻本。

文竹山房集外诗一卷杂著一卷

> 见柳亚子等《吴江文献保存会书目》,未见收藏。

◎零星诗文 《松陵诗征续编》卷五有诗。《吴江叶氏诗录》卷五有诗。《分湖诗钞》卷六有诗。

沈大本（生卒年不详）字启昆（一作启文）,号礼堂,又号半愚。清吴江人,沈栾之子。乾隆三十七年（1772）取入震庠。工制义,尤好为诗,少宗沈德潜,取法唐贤,中年专尚性灵,参以苏陆。性坦直,人有过面折之,咸目为狂。三经乡荐,久无所遇。乾嘉年间客游归里,尝设讲堂,谆谆辨说,听者环立。勤于著述。年届七旬,绝意进取。卒年七十二。

◎著作集

礼堂诗钞八卷

> 上海图书馆存清嘉庆二十一年（1816）刻本。

城南夜话一卷续话一卷

> 南京图书馆存清刻本。

周易义

中庸口义

服制考异

艺宛时贤小识

松陵旧闻轶事杂录

> 以上五种见《松陵人物汇编》卷十,未见收藏。

读书呓说

> 上海图书馆存抄本。

松陵诗征续编代采近贤小传存稿

上海图书馆存稿本。

春秋日抄三十卷

见柳亚子等《吴江文献保存会书目》，未见收藏。

礼记订讹六卷

上海图书馆存清稿本。

礼记日抄三十六卷

上海图书馆存清稿本。

读易日抄五十四卷

金陵游记一卷

以上两种见柳亚子等《吴江文献保存会书目》，未见收藏。

垂虹诗剩补编一卷

见柳亚子等《吴江文献保存会书目》，《松陵人物汇编》卷十著录《同邑诗录》，均未见收藏。

仪礼详义

见民国《垂虹识小录·本传》，未见收藏。

吴中漱润集三卷（与撰）

苏州图书馆存清刻本。

◎**零星诗文** 《松陵诗征续编》卷四有诗。

费璨（生卒年不详）字晴霞，号绮林。清吴江松陵人。县学生。青衫终老，白发依人。
著作集待考
◎**零星诗文** 《垂虹诗剩》卷八有诗。

张国泰（生卒年不详）字邦宁，号壶溪。清吴江人。世居葫芦兜，迁八坼，有园亭花木之胜。精医术，工诗。沈大本称其诗"清婉闲适之趣见于笔墨之外"。
◎**著作集**
壶溪吟稿
见《松陵人物汇编》卷十，未见收藏。

程绍墩（生卒年不详）字韵篁（一作孕篁），号斐园。清震泽人。国学生。乾隆五十一年（1786）任直隶倒马关巡检清苑县典史，嘉庆七年（1802）升按察司司狱。
◎**著作集**
斐园草一卷
见《松陵人物汇编》卷十，未见收藏。
◎**零星诗文** 《松陵诗征续编》卷五有诗。

朱玉（生卒年不详）字懿安。清吴江人，嘉兴戴彬继妻。读书通经史。戴彬外出授徒，朱玉课子甚严。能诗古文，与采芝山人汪亮相唱和。晚精于医。

◎著作集

悦心斋集

　　见光绪《嘉兴府志》卷七十九，未见收藏。

孙仁利（生卒年不详）清震泽人。

◎著作集

珠溪集

　　见民国抄《震泽县志续·书目》，未见收藏。

实裕（生卒年不详）字葆光。清吴江僧。幼出家平望殊胜寺，两主黎里罗汉讲寺。善书，草篆宗赵宦光。画兰神似香谷。

◎著作集

樗庵集

玉带山房唱和诗

　　以上两种见嘉庆《黎里志》卷六，未见收藏。

沈闿（生卒年不详）字师闵。清吴江北麻人。博学好古，不屑治举子业。善为古文，以韩文为文章轨范。沈彤推重之，谓近世论古之法者，惟桐城方苞与沈闿，当时以为知言。乾隆九年（1744）邑令聘修邑志，明以前皆其所纂。

◎著作集

杜诗笺注

　　见光绪《吴江县续志》卷三十六，未见收藏。

韩文论述十二卷

　　南京图书馆存清乾隆刻本。

（乾隆）吴江县志（与纂）

　　吴江图书馆存乾隆十二年（1747）刻本。

黄帝逸典评注十四卷（与张步阶同撰）

　　上海图书馆存清道光四年（1824）秽湖陈氏刻本。

王元煦（生卒年不详）字蔼之，号霁台。清吴江人，王楠次子。廪贡生。工时艺古文，尤长于诗。善隶书，兼工飞白。由廪贡官训导，历署江阴、靖江、镇江、华亭、崇明、丹阳，两摄暨阳，后以耆英榜授检讨。嘉庆二年（1797）回籍，邑令唐陶山聘其修纂县志。

◎**著作集**

霁台诗文集

　　见同治《盛湖志》卷十二。上海图书馆存抄本《霁台诗钞》一卷。

江震续志稿

官游草

　　以上两种见《松陵人物汇编》卷九，未见收藏。

【编者注】上海图书馆另存抄本《潇碧山房诗钞》，署名王元煦。

陈基（生卒年不详）字树本，号杉山。清吴江盛泽人。幼承庭训，通晓疡科，兼习举子业。郡守何观澜患疽，诸医棘手，聘陈基视之而愈。时值院试，何观澜备舟送往，不得志，遂专门治疡，技益神。性吟咏，矢口成吟，不事雕饰，卖药四方，即景赋诗，颜其舟曰"寻诗艇"。

◎**著作集**

杉山遗稿五卷（李廷芳序）

　　上海图书馆存清道光六年（1826）绿晓渔庄刻本。

痧喉心法

　　见同治《盛湖志》卷十二，未见收藏。

李云章（生卒年不详）字昭纬。清吴江人。善医。工篆书。能诗。

◎**著作集**

莳兰集

　　见道光《平望志》卷八，未见收藏。

金芝原（1751—1814）字云裁，号瑶冈。清吴江人，金士松之子。乾隆四十四年（1779）举人。充景山官学教习，入值薇垣从事票签。四十六年（1781）由四库全书馆议叙授内阁中书，充撰文中书，文渊阁检阅，协办侍读事务。秩满应外放，请内留。嘉庆五年（1800）、六年（1801）丁内外艰，服除补阙，京察一等，迁内阁侍读。居官以"勤能补拙、俭以养廉"二语为圭臬。嘉庆十三年（1808）归。少承家学，笃志嗜古，家富藏书及古人法书名画，翻阅之际，间为诗歌。性嗜金石碑碣之学，精鉴别名人书画。书法从钟王入赵。

◎**著作集**

颐性斋诗集八卷

　　南京图书馆存清刻本。《松陵人物汇编》卷九著录《颐性斋诗文集》，今未见。

梅花书屋图题咏一卷

　　上海图书馆存柳氏抄本。

蔬香馆日记不分卷

    南京图书馆存 1987 年台湾学生书局影印本。

◎**零星诗文**　《笠泽词征》卷十有词。

陆墂（1751—1810）字云骧，号蓉庄。清吴江人。国学生。《黄溪志》载：西依圩有陆墂所居贻勉楼。嘉庆二年（1797）陆墂等募建三里桥。

著作集待考

◎**零星诗文**　《松陵诗征续编》卷六有诗。

顾我乐（生卒年不详）字正叔，号竹峤。清吴江人。乾隆三十七年（1772）取入江庠。五十四年（1789）举人，官崇明教谕。善以文行训迪诸生，有枉被吏议者力为护持。

◎**著作集**

诒痴阁诗钞十卷续抄三卷

    南京图书馆存清道光刻本，著录《诒痴阁诗钞十卷续抄词钞二卷》。

诒痴阁词钞（一作篝香词）二卷

    南京图书馆存清道光刻本，著录《诒痴阁诗钞十卷续抄词钞二卷》。

◎**零星诗文**　《松陵诗征续编》卷七有诗。《笠泽词征》卷十有词。《全清词钞》卷十三有词。

李堂（生卒年不详）字摺庭，号香岩。清吴江黄溪人。乾隆三十七年（1772）取入江庠。廪贡生。性孤介，不务名，博览群书，论列古今成败得失，原原本本辩说不穷。年八十犹有精悍之气。为诗戛戛独造，壁垒一新，又工于词。

◎**著作集**

香岩诗钞二卷

东厢杂识

佛桑花馆词钞二卷

    以上三种见光绪《黎里续志》卷首，未见收藏。

词选二十卷

    见《松陵诗征续编》卷六，未见收藏。

诗学集成二十卷

    见同治《苏州府志》卷一百三十八，未见收藏。

◎**零星诗文**　《松陵诗征续编》卷六有诗。

【编者注】同治《苏州府志》记录李堂有《诗学集成》二十卷，而《松陵人物汇编》卷十记载有《词学集成》，如果确是《词学集成》，并且是二十卷，那么有可能即为《松陵诗征续编》卷六所载《词选》二十卷。

宋景和（生卒年不详）字兰城（一作兰成），又字蓝岑，号金庭。清吴江新杭市人。乾隆三十七年（1772）取入江庠。嘉庆三年（1798）岁贡生。署崇明、丹徒教谕。幼颖异，弱冠赋《闻川棹歌》百首，远近传诵。既补诸生，益肆力于诗古文词。尝自署中庭榜联曰"私淑王新城，亲炙沈长洲"，前者指王士禛，后者指沈德潜。

◎著作集

疃浮山人集

> 见同治《盛湖志》卷十二。仲湘《留爪集》录《疃浮山人遗诗》一卷，上海图书馆有藏。

闻川泛棹集四卷（沈德潜序）

> 吴江图书馆存清乾隆三十五年（1770）刻本。

◎零星诗文 《盛湖诗萃续编》卷一有诗。

戴素蟾（生卒年不详）字月卿，一字柔斋，号魏塘内史。原清魏塘人，嫁盛泽宋景和为妻。夙娴文史，颇工唱酬，于宴游之余，取棹歌授侍婢歌之，以供庭闱笑乐。

◎著作集

中馈要览六卷

彤管汇编

> 以上两种见同治《盛湖志》卷十二，未见收藏。

◎零星诗文 《松陵诗征续编》卷十四有诗。《盛湖诗萃续编》卷四有诗。

黄大昌（生卒年不详）字河清，号禹轩。清吴江人。国学生。

◎著作集

铁人诗草一卷

> 见柳亚子等《吴江文献保存会书目》，未见收藏。

◎零星诗文 《松陵诗征续编》卷六有诗。

唐在洽（生卒年不详）字载嘉，号可群。清吴江黎里人。

◎著作集

可群诗钞

> 见《松陵人物汇编》卷十，未见收藏。

◎零星诗文 《松陵诗征续编》卷六有诗。

唐在简（生卒年不详）字裕青，号竹书。清吴江黎里人。唐宝霞之子。力学自好。工书法，晚年右手痹，左手犹能作狂草。喜为诗，与仁和布衣陶磐友善，馆吴门时多唱和诗。为吴江知县唐仲冕所知，厚币聘之，辞以疾，终其身未尝往见。授徒里中以老。

◎**著作集**

小摩集

竹书偶存草

    以上两种见光绪《黎里续志》卷四，未见收藏。

◎**零星诗文** 《松陵诗征续编》卷六有诗。

仲锦昼（生卒年不详）字际华，号瑶浦，晚号知止老人。清吴江盛泽人，仲周需孙，仲宗濂父。国学生。少从庞筠庄游，后膺家政，辍举业，然极爱论文，训课子弟必敦请名宿，竭尽诚敬。晚年耽禅悦，时与野衲往来，栽花自娱。年七十三卒。

    著作集待考

◎**零星诗文** 《盛湖诗萃续编》卷一有诗。

仲锦奎（生卒年不详）名一作景奎。字星联，号斗庭。清吴江人，仲步墀之子。乾隆三十七年（1772）取入江庠。五十一年（1786）举人。三上公车，屡荐未售。平时兀坐书楼，吟咏无闲。先仲步墀卒。

◎**著作集**

近垣初稿

    见同治《盛湖志》卷十二，未见收藏。

周栻（生卒年不详）字羡门，号敬传。清吴江盛泽人。乾隆三十八年（1773）取入江庠。

    著作集待考

◎**零星诗文** 《盛湖诗萃》卷八有诗。

周孝琪（生卒年不详）字阶玉，号葭湄，一号丹萼。清吴江盛泽人。乾隆三十八年（1773）取入震庠。

    著作集待考

◎**零星诗文** 《盛湖诗萃》卷九有诗。

仲一飞（生卒年不详）字鹤年，号竹坡。清吴江人，仲周需族孙，仲升吉父。乾隆三十八年（1773）取入江庠。为文才气浩瀚，诗饶晚唐风韵。客游于闽，不数年归，乃授徒以老。

◎**著作集**

红芍山房吟稿三卷

闽游草一卷

    以上两种见《松陵诗征续编》卷二，未见收藏。

◎零星诗文 《松陵诗征续编》卷二有诗。

陈梦鼎（生卒年不详）号振夫。清吴江人。乾隆三十八年（1773）取入震庠。
◎著作集
一泓堂诗钞一卷
见柳亚子等《吴江文献保存会书目》，未见收藏。
簏中拾存一卷
见民国《垂虹识小录》卷七，未见收藏。

陈明德（生卒年不详）清吴江人。
◎著作集
蛩吟集一卷
见柳亚子等《吴江文献保存会书目》，未见收藏。

沈培玉（生卒年不详）字秀芳，号谢庭，又号藕庄。清吴江松陵人，沈斯盛之子。
乾隆三十八年（1773）取入江庠。与沈大本交。性沉静而淡谐隽永，诗承家学，归真
返朴，恬愉冲淡。
◎著作集
息吹草
见《松陵人物汇编》卷八，未见收藏。
◎零星诗文 《垂虹诗剩》卷八有诗。

孙琪（生卒年不详）字宝庭。清吴江人。乾隆三十八年（1773）震泽庠生。
◎著作集
瑶圃诗稿
见《儒林六都志·著述》，未见收藏。

赵塘（生卒年不详）字南叔，号雨屏。清吴江人，赵培弟。乾隆三十八年（1773）
取入江庠。工诗文，书仿颜鲁公，又精汉隶。早卒。
◎著作集
玉遮山人诗稿
见《松陵人物汇编》卷八，未见收藏。
雨屏小稿
见《吴江赵氏诗存》卷十一，未见收藏。
◎零星诗文 《吴江赵氏诗存》卷十一有诗。

宋景白（生卒年不详）字鼎城，号云溪。清吴江盛泽人。国学生。以善书名。
著作集待考
◎**零星诗文** 《盛湖诗萃》卷八有诗。

任兆麟（1752—1833）原名廷麟。字文田，一字心斋，号中甫。清吴江同里人，任思谦之子。国学生。承家学，少习举业。应乡试耻于有司防检太苛，遂弃去，潜心实学。博闻敦行，经传子史、音韵古文，均有研究。嘉庆元年（1796）荐举孝廉方正，以母老辞。年八十二卒。
◎**著作集**
心斋十种二十卷（编著）
　　　　南京图书馆存清乾隆刻本。
　　子目：
　　　　夏小正补注四卷
　　　　　　苏州图书馆存清乾隆忠敏家塾刻本。
　　　　石鼓文集释一卷
　　　　　　南京图书馆存石印本。
　　　　尸子三卷（周尸佼撰，任兆麟补遗）
　　　　四民月令一卷（崔寔撰，任兆麟辑）
　　　　　　南京图书馆存清乾隆五十三年（1788）刻本。
　　　　襄阳耆旧传三卷（习凿齿撰，任兆麟订）
　　　　寿者传三卷（陈明懋撰，任兆麟订）
　　　　文章始一卷（任昉撰，任兆麟校）
　　　　孟子时事略一卷
　　　　　　苏州图书馆存清光绪十三年（1887）刻本。
　　　　心斋集诗稿一卷
　　　　　　吴江图书馆存抄本二卷。
　　　　纲目通论一卷
　　　　附：弦歌古乐谱一卷
有竹居集十六卷
　　　　南京图书馆存清嘉庆二十四年（1819）刻本。
　　子目：
　　　　林屋诗稿四卷
　　　　心斋文稿九卷
　　　　声音表一卷
　　　　孟子时事略一卷

　　　吴江图书馆存清光绪十三年（1887）朱氏家塾刻本。

　　仓颉篇一卷（辑）

任氏述记五十六篇（一作《三代两汉遗书》）（褚寅亮等序）

　　　吴江图书馆存清嘉庆二十三年（1818）刻本。

荀子述记

　　　国家图书馆存据清乾隆五十二年遂古堂刊本影印本。

艺林述记二集四十六种（辑）

　　　国家图书馆存清嘉庆十五年（1810）刻本。

孝经本义

尚书古文叙录

朱子粹言四卷（黄培芳序）

春秋本义十二卷

　　　以上四种见光绪《吴江县续志》卷三十三，未见收藏。

毛诗通说三十卷

　　　南京图书馆存清映雪草堂刻本。

虎阜志十卷首一卷

　　　苏州图书馆存清乾隆五十六年（1791）刻本。

吴中十子诗钞十卷（张允滋选，任兆麟阅定）

　　　苏州图书馆存清乾隆五十四年（1789）刻本。

安乐传家集五卷补遗二卷附世系里居总目卷（辑）

　　　南京图书馆存清道光元年（1821）刻本。

大戴礼记一卷乐记一卷（注）

　　　南京图书馆存清刻本。

孝经集注一卷

　　　南京图书馆存清道光元年（1821）刻本。

弟子职集注一卷

　　　南京图书馆存清刻本。

仪礼大要二卷

　　　苏州图书馆存清乾隆忠敏家塾刻本。

三苍考逸补正一卷

　　　国家图书馆存湖北崇文书局清光绪间（1875—1908）刻本。

箫谱一卷

　　　南京图书馆存抄本。

◎零星诗文　《松陵诗征续编》卷三有诗。《松陵文录》卷四等有文。《笠泽词征》卷十一有词。

张允滋（生卒年不详）字滋兰，号清溪，别号桃花仙子、匠门女史。清嘉定人，吴江任兆麟继妻。幼受业徐香溪女士之门，工诗文，兼工墨梅。嫁任兆麟后偕隐林屋山中，琴瑟唱和，诗学益进。所居潮生阁，即其读书处。与同里张芬等结清溪吟社，世称吴中十子，比美西泠。嗣后选定诸作刊《吴中女士诗钞》，附以词赋及骈体文，艺林传诵，与蕉园七子并称。

◎著作集

吴中十子诗钞（一作《吴中女士诗钞》）（张允滋选，任兆麟阅定）

  南京图书馆存清乾隆刻本。

子目：

  张允滋 清溪诗稿（一作《潮生阁诗草》）一卷

  陆瑛 赏奇楼蠹余稿一卷

  李媺 琴好楼小制一卷

  席蕙文 采香楼诗集一卷

  朱家淑 修竹庐吟稿一卷

  江珠 青藜阁集诗一卷词一卷

  沈纕 翡翠楼集诗一卷词一卷

  尤澹仙 晓春阁诗稿一卷

  沈持玉 停云阁诗稿一卷

  附：任兆麟 翡翠林闺秀雅集一卷（辑）

      箫谱一卷

◎零星诗文 《松陵诗征续编》卷十四有诗。

朱世传（生卒年不详）字继武。清吴江人。

著作集待考

◎零星诗文 《笠泽词征》卷十一有词。

沈璟（1753—1816）字树亭（一作树庭），号云巢。清吴江西蒙港人，沈翼苍之子。乾隆四十六年（1781）取入江庠。嘉庆五年（1800）领乡荐，三上春官不得志，遂设教莺湖，所造就甚众。家贫而尚风义。工诗，为同辈所推。年六十四卒。

◎著作集

云巢诗稿十卷（沈翱序）

  吴江图书馆存清道光元年（1821）刻本。

洞庭游草四卷

  国家图书馆存清刻本。

拂尘草（张士元序）

  见光绪《黎里续志》卷四，未见收藏。

楼居小草一卷

　　上海图书馆存抄本。

静寄草一卷

　　见柳亚子等《吴江文献保存会书目》，未见收藏。

北行日记一卷

　　上海图书馆存吴江柳氏抄本。

语绮二卷

　　上海图书馆存民国七年（1918）吴江柳氏抄本。

◎零星诗文　《松陵诗征续编》卷七有诗。《分湖诗钞》卷八有诗。

【编者注】吴江有两位沈璟，一位在明朝，字伯英，号宁庵；一位在清朝，字树亭，号云巢。上海图书馆藏《沈云巢先生日记》、《语绮》、《月下纳凉词》，均为吴江柳氏抄本，《沈云巢先生北行日记》显然是清朝沈璟所撰，上海图书馆未著录作者，而《语绮》和《月下纳凉词》的作者上海图书馆著录为"（明）沈璟"，对此编者颇生疑。《语绮》在柳亚子等编的《吴江文献保存会书目》中出现过，列在"诗词评类"，该类列为首条的是宋朝沈义父的《乐府指迷》，可以看出书目编者是考虑了时代先后的。而沈璟《语绮》在该书目中被列在两位清代学者戴延年和郭麐之间，说明撰《语绮》的沈璟是清朝的，即沈云巢，上海图书馆著录"（明）沈璟"为误。至于《月下纳凉词》，编者因未找到同样为沈云巢所辑的证据，故依从上海图书馆著录，列在明朝沈璟名下。特说明存疑。

凌坛（生卒年不详）字乘鹿，号苇裳。清平望人。候选州同。家素饶裕，足迹罕至尘市。专工考据之学，尤熟于史汉。收藏金石碑版甚富。性耽吟咏。

◎**著作集**

金苔花馆诗草

　　见光绪《平望续志》卷十一。仲湘《留爪集》录《金苔花馆诗一卷》，上海图书馆有藏。

汉官印考

焚枯丛话

　　以上两种见光绪《平望续志》卷十一，未见收藏。

采柏园古印泽存

　　上海图书馆存清咸丰七年（1857）钤印本。

计宠麟（生卒年不详）字子履，号师竹。清吴江人。国学生。

◎**著作集**

自怡小草

　　见同治《盛湖志》卷十二，未见收藏。

张坚（生卒年不详）字金振，号益亭。清吴江盛泽人。国学生。睦宗族，赈贫乏，为善不倦。尤爱风雅，所居栽花种竹，每与二三知己觞咏其间。

著作集待考

◎**零星诗文** 《盛湖诗萃》卷八有诗。

金文城（1753—1804）字宗元，号问梅。清吴江同里人，金黄钟父。少有遍历名山大川之志，顾以奉母不得远游，乃为《梦游草》，凡名山水必歌咏之。家藏书富万卷。

◎**著作集**

翠娱楼诗草四卷

梦游草十五卷

翠娱楼诗余一卷

翠娱楼杂著一卷

以上四种均见清嘉庆同川金氏刻本《务滋堂集》，吴江图书馆有藏。

陈振械（生卒年不详）字仲义，号舜涯。清吴江盛泽人，陈王谟玄孙。县学生。

著作集待考

◎**零星诗文** 《盛湖诗萃》卷九有诗。

陆泰增（1754—1829）字巨瞻（一作具瞻），号淡安（一作淡庵）。清吴江人，陆昌言长子。乾隆三十一年（1766）取入江庠。官广德学正。

◎**著作集**

客窗偶吟二卷

淡安遗文一卷

以上两种见《陆氏传家集》，吴江图书馆存清刻本。

史善庆（生卒年不详）字维章，号竹轩，一号榆庄（一作薇庄）。清吴江盛泽人，史积厚从子。国学生。官洛南县三要司巡检，以守城功擢县令，未到任卒于长安。

◎**著作集**

竹轩诗钞一卷

见《松陵人物汇编》卷十，未见收藏。

◎**零星诗文** 《松陵诗征续编》卷三有诗。《盛湖诗萃》卷九有诗。

费兆蟾（生卒年不详）字峻于，号静斋。清吴江人，费廷珍之子。县廪贡生。湖北武昌府经历。

制义一卷

见民国《垂虹识小录·松陵费氏诗集》卷一，未见收藏。

任安国（生卒年不详）字儒珍，号砺斋。清吴江松陵人。诸生。湛深学术，驰骋古今，踔厉风发。然困于童子试，不得已游于右庠（右庠诸生，以武策擢第。——编者注），非其志也。刻意为诗。早殁。

著作集待考

◎**零星诗文** 《垂虹诗剩》卷八有诗。

沈培行（生卒年不详）字阆如，号学骞。清吴江松陵人，沈汉裔孙。少工制义，抑于有司，老而不遇。喜吟咏。

著作集待考

◎**零星诗文** 《垂虹诗剩》卷八有诗。

张斗（生卒年不详）字玉璇。清吴江黎里人。国学生。不事生产，好藏书，耽吟咏。从潘烺游。

◎**著作集**

洋村吟稿

见嘉庆《黎里志》卷十二，未见收藏。

徐筠鹤（生卒年不详）原名庆思。字竹君，一字声宣。清吴江黎里人。廪贡生。

◎**著作集**

竹君遗稿

见《吴江叶氏诗录外编》卷四，未见收藏。

◎**零星诗文** 《吴江叶氏诗录外编》卷四有诗。

于清（生卒年不详）字问樵。清吴江人。

著作集待考

◎**零星诗文** 《笠泽词征》卷二十七有词。

顾冠贤（生卒年不详）字正伦，号听泉。清吴江松陵人。年少美才，乾隆二十六年（1761）邑试获赏拔。未及院试而殁。

◎**著作集**

诗草一卷

见《松陵人物汇编》卷九，未见收藏。

◎**零星诗文** 《垂虹诗剩》卷八有诗。

潘世谦（生卒年不详）字克让。清吴江黎里人。妻亡不复娶，为亡妻绘像并缀以梅鹤，自号梅隐。授徒自给，怡然终老。

◎著作集

退庵诗钞一卷

    见嘉庆《黎里志》卷十二，未见收藏。

陈逢源（生卒年不详）字左宜，号桂岩。清吴江人。岁贡生。工文善书。

◎著作集

千文帖

    见《松陵人物汇编》卷九，未见收藏。

管世昌（生卒年不详）字凤山。清吴江盛泽人。工书法，从学甚众。

◎著作集

永字八法帖

    见《松陵人物汇编》卷九，未见收藏。

周丰玉（生卒年不详）字阆风（一作阆峰），号小山。清吴江盛泽人，周用裔孙。乾隆四十年（1775）取入震庠。嘉庆元年（1796）恩贡生。制义奇伟矫健，曹森深赏之。诗亦清老雅健。平居教授乡里，足迹罕入城市。

◎著作集

小山诗稿

    见同治《盛湖志》卷十二，未见收藏。

滋诗书屋诗钞

    见《松陵诗征续编》卷七，未见收藏。

◎零星诗文　《松陵诗征续编》卷七有诗。《盛湖诗萃》卷九有诗。

【编者注】周丰玉入贡年份有不同记载，一说嘉庆元年（1796），又说乾隆六十年（1795）。考《游庠录》，应为嘉庆二年以下，故从《垂虹识小录》记录，记为嘉庆三年（1798）。

顾惟俊（生卒年不详）字英标，号松溪。清吴江人。乾隆四十年（1775）取入江庠。附贡生。性沉默，折节读书，屡困省试，遂专习医，存心利济，不责酬谢。暇则耽吟咏，工倚声，尤喜为骈体文。晚年闭门静坐，不与人交接，惟以琴书自乐而已。年八十五卒。

◎著作集

策策鸣草

    见同治《盛湖志》卷十二，未见收藏。

顾兆曾（？—1793）字鹤龄（一作鹤林），号恂堂。清吴江同里人，顾汝敬长子。乾隆四十年（1775）取入江庠。少颖敏能文，乾隆五十三年（1788）以魁荐不获售。工画，山水清雅秀逸，得张栋指授，仿王原祁笔法，能神肖。早卒。

◎**著作集**

五经疑

元明画师类姓录

恂堂诗草二卷

　　以上三种见嘉庆《同里志》卷二十二，未见收藏。

【编者注】《松陵人物汇编》卷十著录：顾兆曾，字谔廷，号省堂。

潘祚琛（生卒年不详）字辂南，号金庭。清吴江盛泽人。乾隆四十一年（1776）取入江庠。勤学工文。生平谦抑谨约，无疾言遽色。晚年移居乡墅，隐于岐黄。

著作集待考

◎**零星诗文**　《盛湖诗萃》卷九有诗。

顾涛（生卒年不详）字觐文，号韵林。清吴江平望人。乾隆四十一年（1776）入府学。专一于诗。里中自王藻、王樑后诗教浸靡，顾涛为振兴之，尝举诗社于艺英书屋，从学者甚众。工书，得赵董神韵。年五十余卒。

◎**著作集**

友砚斋剩稿二卷

　　上海图书馆存清嘉庆九年（1804）刻本。

◎**零星诗文**　《松陵诗征续编》卷六有诗。

赵廷槐（生卒年不详）字近岳（一作觐岳）。清吴江人，赵振业长子。乾隆四十一年（1776）取入震庠。

著作集待考

◎**零星诗文**　《吴江赵氏诗存》卷十二有诗。

徐墀（生卒年不详）字龙阶，号蓉江。清吴江盛泽人。国学生。少习举子业，小试不售，弃而服贾，暮年委任于子，飘然有出尘之概。于舍旁另筑一室，莳花垒石，颜曰"茧斋"。年逾七十而卒。

著作集待考

◎**零星诗文**　《盛湖诗萃》卷八有诗。

张士元（1755—1824）字翰宣（一作翰选），号鲈江。清震泽澄源里人。乾隆四十一年（1776）取入震庠。五十三年（1788）举人。七试礼部，累荐不第，乃归老烂溪之上，以著述自娱。张士元弱冠时即以诗名吴越间，见言诗者林立而为古文者差少，因慨然有志于此，深得归有光文法。其文为桐城姚鼐所激赏。

◎著作集

嘉树山房集二十卷外集二卷续集二卷

　　　吴江图书馆存清光绪四年（1878）刻本。

震川文抄四卷（辑）

　　　上海图书馆存清乾隆（1736—1795）抄本。

诗学问津集四卷

　　　见同治《苏州府志》卷一百三十八，未见收藏。

◎零星诗文　《松陵诗征续编》卷四有诗。

费辰龙（生卒年不详）原名士锁，字声和，号晓岩。清吴江松陵人。乾隆五十年（1785）震泽县恩贡生。就职直隶州州判。工诗文。

著作集待考

◎零星诗文　《垂虹诗剩》卷九有诗。

费登墀（1755—1824）字嵩青，号履桥。清吴江人。邑附监生。候选布政司经历。赠朝议大夫。

◎著作集

吴江费氏族谱十卷首一卷末一卷（费登墀重修；费廷琮，费廷熙补）

　　　南京图书馆存清光绪十三年（1887）刻本。

王鲲（1755—1832）字瀛之，号旭楼。清吴江人，王楠之子。候选州吏目。慷慨有父风。道光三年（1823）大水，邑令议合县助赈银归公举办，王鲲执意不可，具章程上大吏，又自设男女老幼三厂，日散米凡三月，饥民赖之。家多图书。勤于著述，辑江震两邑文献，订正旧志沿讹，考先世所藏金石文字，数十年网罗编订次第刊行。

◎著作集

松陵见闻录十卷首一卷（宋潢等序）

　　　吴江图书馆存清道光七年（1827）刻本。

盛湖诗萃十二卷（李廷芳序）

　　　吴江图书馆存清嘉庆二十一年（1816）刻本。

养真精舍诗钞

　　　仲湘《留爪集》录《养真精舍诗录》一卷，上海图书馆有藏。

话雨楼碑帖目录四卷（王楠藏，王鲲编）

南京图书馆存清道光十五年（1835）刻本。

◎**零星诗文** 《松陵诗征续编》卷八有诗。

【编者注】《垂虹识小录》卷七另录有《吴江县续志》四十卷。从"续志四十卷"字面看，似指光绪《吴江县续志》，然王鲲并未活至光绪朝，不可能与纂该志。吴江其他志书均未记载王鲲有《吴江县续志》之修，故不予收录。

计蕙仙（生卒年不详）字素英。清吴江盛泽人，沈清涵之女，黎里陈镐妻。能诗工小楷。卒年仅二十有五。

◎**著作集**

剩香集一卷

见《松陵人物汇编》卷十，未见收藏。

◎**零星诗文** 《松陵诗征续编》卷十四有诗。

徐秀芳（生卒年不详）清吴江黎里人，徐蟾之女。与妹彩霞同归李氏，为妯娌，日相唱和。尝两割臂肉以疗夫疾，卒无效，郁郁三载而殁。临殁，以诗稿投炉中曰："薄命人无留此为后人笑也。"

◎**著作集**

秀芳遗诗一卷

见《江苏诗征》卷一百六十三，未见收藏。

◎**零星诗文** 《松陵诗征续编》卷十四有诗。《江苏诗征》卷一百六十三有诗。

徐彩霞（生卒年不详）清吴江黎里人，徐蟾季女，徐秀芳妹。与姐同归李氏，姐妹妯娌时相唱酬。后病姐殉夫，感悼致疾，未几亦卒。

◎**著作集**

彩霞遗诗

见《历代妇女著作考》，未见收藏。

◎**零星诗文** 《松陵诗征续编》卷十四有诗。

吴光祖（生卒年不详）字旭升。清震泽人。国学生。

著作集待考

◎**零星诗文** 《松陵诗征续编》卷八有诗。

徐曾泰（生卒年不详）字馥田，号兰浦。清震泽人。酷嗜吟咏，素封之家因而中落。尝有句云："兴风吹落碧桃花"，人谓只此七字足与古人并传。

◎著作集

南溪草堂诗稿

见《松陵人物汇编》卷十一，未见收藏。

◎零星诗文 《松陵诗征续编》卷八有诗。

顾虬（1755—1804）字意得，号青庵。清吴江同里人。少解音律，以挈笛擅场。弱冠后始读书，思以科名自奋。中岁家落，顾不得志，学诗于顾汝敬。时被酒骂座以泄侘傺不平之气。而接袁棠、朱春生，无放言高论，抑然自下。尝与朱春生等结竹溪后社。后因穷困为童子师以自给，最后授馆郡城。

◎著作集

秋梦斋诗集二卷

吴江图书馆存民国九年（1920）抄本。

上海图书馆存清嘉庆二十年（1815）刻本。

秋梦斋诗稿一卷

见《江震诗稿汇存》，南京图书馆存抄本。

◎零星诗文 《松陵诗征续编》卷九有诗。

汪蕙芬（生卒年不详）字畹亭。清吴江人，汪鸣珂之女，肃州嘉峪关巡检程凤坡妻。幼承庭训，长娴诗体，既随任塞垣，边霜朔雪之感一托诸吟咏。兼擅绘事，所写翎毛花卉具臻神妙。年三十九卒于程凤坡官舍。

◎著作集

西凉游草

见道光《平望志》卷十，未见收藏。

陆俊（生卒年不详）字智千，一字不然，又字皆千，号漪竹。晚号白鹤山道人、鹤癯道人。清平望人，陆麟趾之子。少好读书，不屑为举子业。既冠得咯血疾，愈后遂不出，独坐一室行坐功法十余年，恍若有悟而后出。出则酣嬉如童子，人目为狂。而为诗文顷刻数千言，画山水数幅立就，行草神似米颠，为医有神效。年五十二卒。

◎著作集

骈拇剩墨二卷（陆念祖序）

上海图书馆存清嘉庆十五年（1810）刻本。

文乐堂墨刻二卷

见道光《平望志》卷八，未见收藏。

武林游草一卷

题画诗一卷（与翁广平、徐锦同撰）

以上两种见柳亚子等《吴江文献保存会书目》，未见收藏。

鹤癯道人集

见《松陵人物汇编》卷十。柳亚子等《吴江文献保存会书目》著录《鹤癯诗稿》一卷。均未见收藏。

◎零星诗文 《松陵诗征续编》卷五有诗。

徐锦（生卒年不详）字组云，号勉斋。清平望人。工诗善画，受业张栋之门，张栋以其笔致超逸，加意引诱，徐锦亦深自刻励。每橐笔出游，遇佳山水辄图之，苍秀高雅，无甜俗气。

◎著作集

勉斋诗稿

见道光《平望志》卷八，未见收藏。

题画诗一卷（与陆俊、翁广平同撰）

见柳亚子等《吴江文献保存会书目》，未见收藏。

周鹤立（生卒年不详）字子野，又字仲和，号石甫，又号石落。清吴江人，周宗建六世孙。十四应童子试，刘镛赏其诗，遂补诸生。乾隆四十三年（1778）取入江庠。五十九年（1794）举人，历官安徽、蒙城、定远知县，湖北江陵知县，改授黄安。道光七年（1827）荆州堤溃，自捐廉俸及遍借同僚金得数万赈灾。后遭人龉龁而解组。未及归，卒于汉阳，年六十七。

◎著作集

匏叶庵诗存十二卷诗余一卷杂俎四卷外编一卷

国家图书馆存清道光四年（1824）刻本。

衔恤纪行草一卷

上海图书馆存清嘉庆二十年（1815）刻本。

匏叶庵诗补遗

见柳亚子等《吴江文献保存会书目》，未见收藏。

◎零星诗文 《松陵诗征续编》卷四有诗。《笠泽词征》卷十有词。

周枢（生卒年不详）字璇叔，号蕉园。清吴江盛泽人。乾隆四十三年（1778）取入江庠。明敏练达，遇事立断，不逾绳墨。生平喜摹古帖。诗清新。

著作集待考

◎零星诗文 《盛湖诗萃》卷九有诗。

庄斗（生卒年不详）字春蕃。清震泽陆家港人。乾隆四十三年（1778）取入震庠。少颖悟，务博览，为文用僻典，屡试棘闱不售。

◎著作集

兴民解

　　见《松陵人物汇编》卷十。同治《苏州府志》卷一百三十八录《兴民斛》。均未见收藏。

文山诗文集

　　见《松陵人物汇编》卷十，未见收藏。

不朽录

　　见同治《苏州府志》卷一百三十八，未见收藏。

黄诜桂（生卒年不详）号秋岩。清吴江人。乾隆四十三年（1778）取入震庠。

◎著作集

正雅堂黄氏诗钞二卷

　　见柳亚子等《吴江文献保存会书目》，未见收藏。

邱冈（生卒年不详）字昆奇，号笔峰。清吴江黎里人。附监生。师事王元文，与弟璋、璇有"三邱"之目。性平易诚朴多雅致，尝应京兆试，多游览之作。平居好方外交，读书寺院中，每经月不出，间画兰草，作隶书，晚更明于医。

◎著作集

德芬堂诗集十六卷集外诗一卷词一卷

　　南京图书馆存清嘉庆十年（1805）刻本。

哀哀录一卷（与邱璋、邱璇合纂）

　　见柳亚子等《吴江文献保存会书目》，未见收藏。

笔峰吟草四卷

　　复旦大学图书馆存稿本。

◎零星诗文　《松陵诗征续编》卷四有诗。《笠泽词征》卷十一有词。

邱璋（生卒年不详）字礼南，号二如。清吴江黎里人。乾隆四十四年（1779）由杭州商籍推归江庠。嘉庆十五年（1810）岁贡生。与兄冈、弟璇同师事王元文，时有"三邱"之目。性谦和，不与外事，善奖劝后进。为诗体格深稳，辞意醇雅。

◎著作集

诸华香处诗文集十三卷

　　国家图书馆存清刻本。

洞庭游草四卷

国家图书馆存清刻本。

晚阁词稿一卷

哀哀录一卷（与邱冈、邱璇合纂）

以上两种见柳亚子等《吴江文献保存会书目》，未见收藏。

◎**零星诗文** 《松陵诗征续编》卷九有诗。

邱璇（1756—?）字琢衡，号铸人，又号东湖。清吴江黎里人。乾隆四十四年（1779）由杭州商籍推归江庠。附贡生。与兄冈、璋同师事王元文，时称"三邱"。性闲冷，奉佛茹素，不与人接。诗蹊径独别，晚年尤好作禅语。

◎**著作集**

长春草庐学文一卷学诗十卷（陈赫序）

见柳亚子等《吴江文献保存会书目》。光绪《黎里续志》卷四录《长春草庐诗文集》。南京图书馆存嘉庆十八年（1813）刻本《长春草庐山学诗》十卷。

花依草堂初稿一卷

哀哀录一卷（与邱冈、邱璋合纂）

以上两种见柳亚子等《吴江文献保存会书目》，未见收藏。

读大学偶记一卷

见《续修四库全书提要》，未见收藏。

◎**零星诗文** 《松陵诗征续编》卷九有诗。

徐涛（1756?—1792）字昕松，号江庵。清吴江芦墟人。少好声伎博奕，及长始奋刻苦于诗。为诗不轻下一语。当拈题分韵，拥褐深坐，兀若木鸡，及诗成，莫不折服。与郭麐至交，卒后郭麐时思之。

◎**著作集**

话雨楼遗诗

吴江图书馆存民国六年（1917）铅印本。

郭灵芬手写徐江庵诗

吴江图书馆存民国四年（1915）影印本。

碎金集

见郭麐《樗园消夏录》，未见收藏。

【编者注】徐涛的生卒年《江苏艺文志》记为1756—1790，一作1769—1801。读郭麐《灵芬馆全集·亡友徐江庵墓志铭》，见其中有如下记载："乾隆壬子春……竟以是岁十一月卒，年三十有□。"据此可确定其卒年应为1792年，而生年推定为1756年。

吴德馨（生卒年不详）字心香。清震泽人。邱璇之妻。生有至性，喜十七史、通鉴等书，又嗜欧阳询书法，好吟小诗。与邱璇伉俪九年，年二十八卒。

◎著作集

吴德馨遗诗一卷

　　见嘉庆《黎里志》卷十一，未见收藏。

许琼思（生卒年不详）字宛怀，号西湖。清钱塘人，吴江邱璇继妻。工诗善书。

◎著作集

宛怀韵语二卷

　　见光绪《黎里续志》卷四。柳亚子等《吴江文献保存会书目》录《宛怀韵语剩稿》一卷。均未见收藏。

◎零星诗文　《松陵诗征续编》卷十四有诗。

邱碧沄（生卒年不详）自号镜湖内史。清吴江盛泽人，布政司理问邱玉麟女，廪贡生周枟之妻。能诗，女红余暇与夫唱随相得。

著作集待考

◎零星诗文　《松陵诗征续编》卷十四有诗。《盛湖诗萃》卷十二有诗。

袁泰然（生卒年不详）清吴江同里人。

◎著作集

藜照集

　　见嘉庆《同里志》卷二十二，未见收藏。

王麟勋（生卒年不详）字斌之，号茗屿。清吴江人，王楠之子。幼工制义，乾隆四十四年（1779）入府学。五十一年（1786）省试荐而不售。嘉庆十五年（1810）岁贡生。贡成均后专力诗古文学，书宗赵孟頫。

◎著作集

宝砚斋诗钞

　　见同治《盛湖志》卷十二，未见收藏。

张以智（生卒年不详）字干之。清震泽人，张履之父。乾隆四十四年（1779）取入震庠。道光十五年（1835）以子貤赠修职郎。

◎著作集

帘谷诗草

　　见道光《震泽镇志》卷十一，未见收藏。

赵制锦（生卒年不详）字昆和（一作昆壶），号云江。清吴江松陵人。乾隆四十四年（1779）取入震庠。工诗文，善画，尤喜填词。家贫佣砚，客游所往，人为之倾倒。年未四十而卒。

◎**著作集**

云江吟稿

东阳草

南沙草

吴门草

以上四种见《吴江赵氏诗存》卷十一，未见收藏。

◎**零星诗文** 《垂虹诗剩》卷八有诗。《吴江赵氏诗存》卷十一有诗。

赵新珍（生卒年不详）字觐堂，号静谷。清吴江人，赵沄玄孙。乾隆四十四年（1779）取入江庠。后入太学。卒年六十六。

◎**著作集**

信口吟

见《吴江赵氏诗存》卷十一，未见收藏。

◎**零星诗文** 《吴江赵氏诗存》卷十一有诗。

顾雪梅（生卒年不详）字素南，号梦香，自号志松老人。清吴江泮水港人。乾隆四十四年（1779）取入江庠。

著作集待考

◎**零星诗文** 《分湖诗钞》卷五有诗。

蒯谦吉（生卒年不详）字青畬，号益堂，晚号守瓶老人。清吴江黎里人。以商籍补钱塘诸生，乾隆四十四年（1779）推归江庠，授例贡成均。性冲淡，博通经史，训诲子弟循循有法度，选《国朝文醇》为家塾课本，士林奉为楷模。精赏鉴，藏名人书画极富，有守瓶老人审定印者人争宝之。

◎**著作集**

益堂文稿

国朝文醇

以上两种见光绪《黎里续志》卷四，未见收藏。

费赓墀（1758—1804）字佩铭，号镜吾。清吴江人。工为文，尝随父费奎勋宦游四方。

◎著作集

镜吾集

> 见《吴江费氏族谱》卷五，未见收藏。

王祖武（1758—1802）字绳其，号兰江。清吴江同里人，王曾翼之子。乾隆四十年（1775）入府学。四十五年（1780）中顺天副榜。四十八年（1783）北闱值吏部考职名列一等一名，授职州同知。五十二年（1787）中第十名，授翰林院庶吉士，检校《四库全书》。事竣乞假省亲。五十四年（1789）教馆二等改工部虞衡司主事。五十七年（1792）补刑部湖广司主事。丁外艰，嘉庆元年（1796）服阕补刑部浙江司主事。三年（1798）典试陕甘。五年（1799）迁直隶司员外郎，擢江西道监察御史。居官贞廉，勤学孝友。卒于官。

◎著作集

居易堂后集

> 见嘉庆《同里志》卷二十二，未见收藏。

汪玉轸（1758—1809）字宜秋，号小阮主人。清吴江人，陈昌言妻。家赤贫，夫外出，勉力家务，抚养五儿俱以针黹供给。工诗善书，与其表弟朱春生唱和甚多。

◎著作集

宜秋小院诗钞二卷附诗余一卷

> 吴江图书馆存清嘉庆十六年（1811）刻本。

◎零星诗文 《松陵诗征续编》卷十四有诗。

汝阶玉（生卒年不详）字昆树，号秋士。清吴江黎里人。乾隆四十六年（1781）取入江庠。少喜为诗，后益自奋，工五七言乐府体，清峭绝俗。性率真，嗜酒，醉后纵论古今，歌泣不能自已。卒以酒疾不起。

◎著作集

秋士诗钞三卷（沈璟序）

庑下长语四卷

亦我庐随笔

> 以上三种见光绪《黎里续志》卷四，未见收藏。

◎零星诗文 《松陵诗征续编》卷七有诗。

刘守忠（生卒年不详）字伯卿（一作伯钦），号莼香。清吴江同里人。乾隆四十六年（1781）入府学。

◎**著作集**

萼辉楼诗草

同川棹歌

> 以上两种见嘉庆《同里志》卷二十二，未见收藏。

◎**零星诗文** 《松陵诗征续编》卷三有诗。

王应垣（生卒年不详）字春闱，号蒨士。清吴江盛泽人。王士松孙。乾隆四十六年（1781）取入江庠。

著作集待考

◎**零星诗文** 《盛湖诗萃续编》卷一有诗。

徐履中（生卒年不详）字恭寿。清吴江人，徐赋之子。乾隆四十六年（1781）取入震庠。

◎**著作集**

红树山庄遗稿

袁江寓草

> 以上两种见道光《震泽镇志》卷八，未见收藏。

迮大源（生卒年不详）字元音，号春山。清吴江莘塔人，后迁周庄。乾隆四十六年（1781）取入江庠。

著作集待考

◎**零星诗文** 《分湖诗钞》卷九有诗。

赵鸣鹤（生卒年不详）庠名珑运。字轩霞，号介轩。清吴江松陵人。少力学工文，久不遇，因其犹子承运、启运、际运辈联翩鹊起，戏易其名曰"珑运"，乾隆四十六年（1781）取入江庠。为人恂恂，和而介，馆课之余，吟咏为事，多穷愁之音。

◎**著作集**

介轩吟稿

> 见《吴江赵氏诗存》卷十二，未见收藏。

◎**零星诗文** 《垂虹诗剩》卷八有诗。

赵齐峰（生卒年不详）字岳青，号鹤汀。清吴江人，赵基长子。乾隆四十六年（1781）取入江庠。廪贡生。肄业成均，累试不售。性冲澹，于世味泊然。尝客湖南巡抚姜晟之幕，又游浙东，皆不久即归。年五十九卒。

◎著作集

鹤汀遗草一卷

附赵基《乳初轩诗选》后,南京图书馆存清道光四年(1824)刻本。

◎零星诗文 《松陵诗征续编》卷六有诗。

沈坚(生卒年不详)字确夫,一字伴梅。清震泽人。

◎著作集

伴梅小草

吴江图书馆存清抄本。

浦熙(生卒年不详)清吴江同里人。

◎著作集

杏村诗草

见嘉庆《同里志》卷二十二,未见收藏。

黄有熊(生卒年不详)庠名肇元。字朗浦,号小轩。清吴江松陵人。乾隆四十六年(1781)取入江庠。道光四年(1824)尝修儒学。其孙黄鎏入学时黄有熊偕之重游泮宫。

著作集待考

◎零星诗文 《垂虹诗剩》卷四有诗。

洪钜(生卒年不详)字懋功,号鲁庵。清吴江盛泽人。乾隆四十六年(1781)取入江庠。

著作集待考

◎零星诗文 《盛湖诗萃续编》卷一有诗。

李狂(生卒年不详)字扶九,号葭湄。清梅堰人,后居韭溪。乾隆四十六年(1781)取入江庠。性嗜学,于声韵、方言、六书之类,辩析精当。搜罗金石文字甚富。都穆《金薤琳琅》舛讹最多,李狂尽心雠校,手抄数十部,购得者奉为鸿宝。诗不多作,而持论有卓识。所著为郡中吴翼凤、王芑孙所赏。

◎著作集

葭湄偶存诗

见道光《平望志》卷十一,未见收藏。

陈兆牧(生卒年不详)字觐岳,号春帆。清吴江同里人,陈毓升之子。乾隆五十五年（1790）岁贡生。能诗文。

◎**著作集**

语花居诗稿

　　见嘉庆《同里志》卷二十二，未见收藏。

庄康（生卒年不详）字祝熙，号静岑。清震泽人，国学生盛某妻。

◎**著作集**

静远楼稿

　　见《松陵人物汇编》卷十，未见收藏。

◎**零星诗文** 《松陵诗征续编》卷十四有诗。

赵景运（1760—1822）字灿星，号云岚，晚号心香。清吴江人。赵士谔八世孙。卒年六十三。

◎**著作集**

晋滇游草

　　见《吴江赵氏诗存》卷十二，未见收藏。

◎**零星诗文** 《吴江赵氏诗存》卷十二有诗。

朱春生（1760—1824）字韶伯，号铁门。清吴江同里人。诸生。先世徽州人，故居有铁门，因以为号。少从顾汝敬游。工诗治古文。与袁棠同里居而才与之颉颃。其文善叙事，令人如耳闻而目见。尝以所作质钱塘袁枚、桐城姚鼐，皆翕然称之。尝入严烺幕府，宾主相得。

◎**著作集**

铁箫庵诗集二卷

　　吴江图书馆存清道光四年（1824）刻本。

铁箫庵文集四卷

　　南京图书馆存清道光四年（1824）刻本。

望望斋诗不分卷

　　上海图书馆存抄本。

吉光片羽集

　　见同治《苏州府志》卷一百三十八，未见收藏。

◎**零星诗文** 《松陵诗征续编》卷四有诗。《笠泽词征》卷十一等有词。

陈焕（生卒年不详）字章伯，号一恬。清吴江芦墟人，陈希恕父。国学生。祖及父皆以疡医行，陈焕更精其术。贮良药，工敷治，所诊治应手而愈，不计报酬。终年五十八。

著作集待考

◎**零星诗文** 《分湖诗钞》卷二有诗。

翁广平（1760—1842）字海琛，号海村，又号莺脰海翁。清平望人，翁纯礼长子。少从吴县王鸣盛、同邑张士元等游，攻诗文外，喜搜罗遗佚，旁及艺事。善隶书，能画山水。困童子试，嘉庆十年（1805）年四十余始补府学生。道光元年（1821）举孝廉方正，给六品顶带。尝渡海宿普陀山观日出，归著《日食即日月合璧论》，复著《月盈亏论》《陨星论》，多创解。尝得日本国史《吾妻镜》，嫌其疏略，乃求其国书数十种，撰世系表、地理、风土等，成《吾妻镜补》。唐仲冕令吴江，属修志事，会唐去官，翁乃自为平望镇志若干卷。年八十三卒。

◎**著作集**

平望志十八卷首一卷

　　吴江图书馆存清道光十二年（1886）刻本。

吾妻镜补三十卷

　　国家图书馆存抄本（抄年不详）。

听莺居文抄三十卷（姚鼐序）

　　南京图书馆存清抄本。

平望诗存十五卷（辑）

　　见光绪《吴江县续志》卷三十七，未见收藏。

周草亭集六卷（辑）

天文论

六书原四卷

　　以上三种见光绪《平望续志》卷十一，未见收藏。

听莺居金石书画跋尾诗话

续松陵文献

翁氏文献

传国玺考一卷

杵臼经

　　以上五种见《松陵诗征续编》卷十一，未见收藏。

海琛诗文集三十卷诗话七卷

　　见同治《苏州府志》卷一百三十八，未见收藏。

余姚两孝子万里寻亲记一卷

　　南京图书馆存 1965 年油印本。

题画诗一卷（与陆俊、徐锦合纂）

见柳亚子等《吴江文献保存会书目》，未见收藏。

书湖州庄氏史狱一卷

上海图书馆存民国五年（1916）刻本。

◎**零星诗文** 《松陵诗征续编》卷十一有诗。

袁棠（1760—1810）字甘林，一字无咎，又字尚林（一作尚木）、钧调，号湘湄。清吴江人，袁景辂长子。师事顾汝敬。与同邑郭麐等游，结续竹溪诗社。学词用力久，嗜之笃，郭麐称"工也倍于余"。嘉庆元年（1796）诏举孝廉方正，给六品顶带。旧藏宋帝赐周益公洮琼砚，为稀世之宝，因以名其馆及词稿。书法精妙，旁及绘事篆刻。

◎**著作集**

秋水池堂诗五卷（陈毓升序）

上海图书馆存清嘉庆二十年（1815）刻本及不分卷稿本。

洮琼馆词一卷（郭麐序）

吴江图书馆存清嘉庆二十年（1815）刻本。

◎**零星诗文** 《松陵诗征续编》卷七有诗。《笠泽词征》卷十一有词。

柳线（生卒年不详）字如丝，小字三多。清上元人，吴江袁棠侧室。

著作集待考

◎**零星诗文** 《松陵诗征续编》卷十四有诗。

翁广岳（生卒年不详）字江琛，号江村。清平望人，翁纯礼之子。幼颖悟，喜作诗，宗徐昌谷、高子业二家。书法以赵孟頫、文征明为宗。尝应县试，吴江知县李汝栋拔取第一，语人曰："翁生不仅工于文，即小楷亦当冠一邑也。"至院试被斥。后得劳怯疾卒，年三十七。

◎**著作集**

江邨诗草二卷

江邨诗话二卷

以上两种见道光《平望志》卷十一，未见收藏。

秦秉纯（生卒年不详）字敏修，号孟亭。清震泽韭溪人。少攻制举业有声，试郡邑辄压其侪，院试数次得而复失，时年已四十，乃绝意进取。居贫孝友，为族党所推。与人交外和内介，门弟子多所成就。与同邑翁广平、邱孙梧等相唱酬。

◎**著作集**

唾余吟草一卷（初名《红叶山庄稿》）

上海图书馆存清抄本。

◎**零星诗文** 《松陵诗征续编》卷六有诗。

圆照（生卒年不详）字朗山。清吴江人，殊胜寺僧。工诗善书，为同里陆俊诗弟子。笔致清隽有法度，为士林所珍赏。年三十卒。

◎**著作集**

白云窝诗钞

　　见道光《平望志》卷十一，未见收藏。

◎**零星诗文** 《松陵诗征续编》卷十三有诗。

吴家驹（生卒年不详）字昂千，一字航仙。清吴江人。诗才骏发，词采华美。

◎**著作集**

万蕉轩漫稿

　　见苏州图书馆藏《续松陵诗未刻稿》，未见收藏。

冯泰（生卒年不详）字安甫，号芝堂。清吴江盛泽人。工诗，渊源唐宋，不名一家。书尤挺秀，体仿率更。精鉴赏。其始境颇饶裕，收藏书画彝器必择其精。晚迫于贫，尽以易粟。然意致潇洒，遂客授以终。

◎**著作集**

复厚斋诗钞四卷（顾广誉序）

　　见同治《盛湖志》卷十二，未见收藏。

丁湘（生卒年不详）字花侬。清吴江人，丁兆宽姊。

著作集待考

◎**零星诗文** 《笠泽词征》卷二十三有词。

丁兆宽（生卒年不详）初名綖。字君度，号若艿（一作石香）。清吴江人。府学增生。

◎**著作集**

绿杉野屋稿

　　见《松陵人物汇编》卷十一，未见收藏。

◎**零星诗文** 《松陵诗征续编》卷十有诗。《笠泽词征》卷十四有词。《全清词钞》卷十六有词。

周镒（生卒年不详）字雨畴，号云峰。清吴江人。

◎著作集

紫荆书屋诗稿

> 见《松陵人物汇编》卷十，未见收藏。

◎零星诗文 《松陵诗征续编》卷六有诗。

汪良绪（生卒年不详）字缵武，号六逊。清吴江人。国学生。家贫少藏书，乃典衣购之。有讹字必以旧本校勘。工时文，每县府试必前列而屈于院试。援例为国学生，又屈于省试。乃绝意进取，肆力于古文。以至孝闻。年二十八卒。

◎著作集

退庵剩稿二卷

> 见道光《平望志》卷八，未见收藏。

◎零星诗文 《松陵诗征续编》卷六有诗。

顾德本（生卒年不详）字禹封，号卧冈。清吴江泮水港人。尝师事金学诗。年十四父亡，即弃举业，摒挡家务。性孝友善，事继母得其欢心，抚二弟成立，延名师课子及孙，敬礼不倦。喜为诗，善画兰，好习刑名家言。

◎著作集

也园诗钞

> 见《松陵人物汇编》卷十一，未见收藏。

任潮（生卒年不详）字若韩，号椒圃。清乾隆时吴江人。与袁棠、郭麐诸人续结竹溪诗社，为后七子之一。

◎著作集

白水田园诗稿

> 吴江图书馆存民国十年（1921）薛凤昌抄本。

◎零星诗文 《松陵诗征续编》卷四有诗。

马元勋（生卒年不详）字成章（一作澄漳），一字元功，号云曹，又号蕉庵。清吴江人。性坦率，好饮酒。日课一诗，诗凡二千余篇，友人朱铁门为删存三百。专写性情，不事雕琢。有"东风吹出清明雨，无数天桃一夜红"句，人称"马天桃"。

◎著作集

蕉雨轩诗钞四卷

> 吴江图书馆存民国十年（1921）薛凤昌抄本。

陈焕（生卒年不详）字耀远，号丹峤。清吴江黎里人。陈权之子。由太学候选布政司都事。与弟陈燮并能文。交结时贤，袁枚尝过其家，洪亮吉亦有赠诗。

◎著作集

慕陶阁诗稿四卷

见柳亚子等《吴江文献保存会书目》，光绪《黎里续志》著录六卷，未见收藏。

◎零星诗文 《松陵诗征续编》卷六有诗。

陈燮（生卒年不详）字叔理，号秋史。清吴江黎里人，陈权之子，陈焕弟，陈寿熊从兄。由太学候补刑部司狱。性豪迈尚气谊，以文章负时望，袁枚、洪亮吉皆与之游。与同邑郭麐、袁棠等人过从甚密。能厚贫交，奖掖后进，坐客常满，寒畯有赖以成就者。

◎著作集

寒碧轩诗钞六卷题咏一卷（陈寿熊、袁枚序）

上海图书馆存清稿本。

◎零星诗文 《松陵诗征续编》卷七有诗。《笠泽词征》卷十三有词。

袁淑芳（生卒年不详）字丽卿，一字柔仙。清吴江同里人，袁景辂女，袁棠妹，黎里陈燮妻。耽诗能画，所作白描士女，风鬟雾鬓，翛然尘埃之外。

◎著作集

拾香楼稿

见《松陵诗征续编》卷十四，未见收藏。

◎零星诗文 《松陵诗征续编》卷十四有诗。

沈新锷（生卒年不详）字廉锋。清梅堰人。乾隆四十七年（1782）取入震庠。性脱洒，虽终岁处贫，晏如也。诗情绵邈，书法娟秀。

◎著作集

秋崖诗钞

见《松陵人物汇编》卷十，未见收藏。

沈松（生卒年不详）字云帆。清吴江吕塔人。乾隆四十七年（1782）取入震庠。年在稚弱，性秉老成，闭门养疴，不与俗接。年十九遽卒。沈曰富云："云帆从祖幼好吟咏，遗诗一百五十余首，吾宗称诗实为先导。"

◎著作集

漱石山房诗稿

见《松陵人物汇编》卷十，未见收藏。

◎零星诗文 《松陵诗征续编》卷五有诗。

沈宫桂（生卒年不详）字云蟾，号念亭。清吴江人。乾隆四十七年（1782）取入震庠。

◎**著作集**

念亭吟草

> 见《吴江叶氏诗录外编》卷四，未见收藏。

◎**零星诗文** 《吴江叶氏诗录外编》卷四有诗。

萧伟（生卒年不详）字奎廷（一作魁庭），号友兰。清吴江松陵人。乾隆四十七年（1782）取入江庠。嘉庆六年（1801）拔贡，住西门内观音桥东，工制举文，授徒郡城，从游者多得科名。

著作集待考

◎**零星诗文** 《垂虹诗剩》卷一有诗。

叶树奇（生卒年不详）字克家，号纯香。清吴江人，叶振统从子。乾隆四十七年（1782）取入震庠。

著作集待考

◎**零星诗文** 《松陵诗征续编》卷五有诗。《分湖诗钞》卷六有诗《吴江叶氏诗录》卷五有诗。

姚梓生（生卒年不详）号春厓，又号湘舟。清吴江松陵人，居西门。乾隆四十七年（1782）取入震庠。

◎**著作集**

松陵唱和集

> 见《垂虹诗剩》卷一，未见收藏。

◎**零星诗文** 《垂虹诗剩》卷一有诗。

朱尔澄（生卒年不详）号春池。清吴江松陵人。国学生。

◎**著作集**

武林游草

> 见《吴江叶氏诗录外编》卷四，未见收藏。

◎**零星诗文** 《吴江叶氏诗录外编》卷四有诗。《垂虹诗剩》卷一有诗。

叶兆泰（生卒年不详）字晚香。清吴江同里人。周允中赠以诗云："不染纷华志晚香，江湖落拓与清狂，笔床茶灶吟情健，风月无边贮一囊。"

著作集待考

◎**零星诗文** 《吴江叶氏诗录》卷十有诗。

蒯兆荣（生卒年不详）字寿诠，清吴江人。贡生。嘉庆六年（1801）任詹事府额主簿。

◎**著作集**

祝乔近稿三卷

　　见柳亚子等《吴江文献保存会书目》，未见收藏。

性纯（生卒年不详）号山磐。清吴江人。殊胜寺僧。学诗于吴鸣锵，兼工六法。

著作集待考

◎**零星诗文**　《松陵诗征续编》卷十三有诗。

显洁（1761—1823）字粹白，晚号剩朽。清吴江僧，北舍港柳氏子，俗名体仁。幼读书聪颖，以贫出家周庄全福寺，后居灵隐寺。明医理，有诗名。

著作集待考

◎**零星诗文**　《松陵诗征续编》卷十三有诗。《分湖诗钞》卷二十二有诗。

陈珏（生卒年不详）字聘嘉，号听泉。清吴江黎里人。陈宿文长子。工诗，常客游。

◎**著作集**

竹宾诗草

　　见《松陵人物汇编》卷十，未见收藏。

◎**零星诗文**　《松陵诗征续编》卷五有诗。

陈屾（生卒年不详）字来青，号兼山，又号双峰。清吴江黎里汲水港人，陈宿文之子，陈珏弟。嗣父陈人文为陈宿文兄，早卒。嗣母尤氏习文史，且抚且教。陈屾后又得外舅吴县江声指授，通六书，工篆法，以文学闻。

◎**著作集**

诗考异再补

说文通正二卷

　　以上两种见光绪《吴江县续志》卷三十三，未见收藏。

止水鉴诗文词集

　　上海图书馆存清道光二年（1822）刻本。

【编者注】《江苏艺文志》陈屾传略记载其曾游日本，系将其生父陈宿文之事误植于中。光绪《吴江县续志》卷二十二陈屾条记载如下："陈屾字兼山，又字双峰，吉水港人。父宿文字海士，尝走燕赵，过齐鲁，后游日本……"《江苏艺文志》将其中"父宿文"以下一段介绍陈宿文的文字误作为对陈屾的介绍了。又，光绪《黎里续志》卷四中，《止水鉴诗文词集》列于吕英名下，而卷八则列为陈屾著作，必有一处差错。查《小琼海诗》

陈钟英后序，曰："先君子见背，钟英搜罗剩墨得诗文词各一卷，求先生序而刊之。《诗考异再补》《说文通正》二书以贫故尚有待也。"可见陈岫应刊有"诗文词集"。光绪《黎里续志》卷四处排版有误，将陈岫著作移到前一人吕英名下去了。

陈赫（1761—1828）字公言，一字家心，号二赤（赤贫秉赤心也），自署小琼海。清吴江黎里汲水港人，陈宿文之子，陈岫弟。负才不羁，十余岁始向学，逾年即毕诸经为诸生。闱试不售。益专力于诗，所得馆谷悉偿酒券。中岁独游京师，无所遇，困而归。秀水计楠爱其才，招致家，与相唱和。松江尹安国与订交，后聘入幕居三年，又至宁波，客通州，游河南，名在江湖间。年六十八卒。

◎**著作集**

小琼海全集四集二十一卷

　　吴江图书馆存清嘉庆十九年（1814）刻本。

家心文集（邱璇序）

　　见光绪《黎里续志》卷四，未见收藏。

和答百媚吟一卷

　　上海图书馆存民国抄本。

二赤文稿二卷老辛骈体文一卷老辛诗余二卷

　　见柳亚子等《吴江文献保存会书目》，未见收藏。

◎**零星诗文**　《松陵诗征续编》卷六有诗。

费卿庭（1761—?）字云临，号朵山。清吴江人。少端重好学。乾隆四十一年（1776）取入震庠，时年十六。面壁默诵，淹通经学，辑录注疏要语数百卷，目览手抄晨夕不倦。嘉庆十年（1805）进士，选庶吉士，散馆归班需次。十四年（1809）撰万字文一篇，贺皇帝五十寿，分五章，章各五十句，贯穿奇字，古奥陆离。为此心力枯耗，一目损明。南归主讲徽州紫阳书院，以疾归，卒于家。

◎**著作集**

春秋左传列国地名考二十四卷

稽古编八十卷

经说八十卷

国朝经义考六卷

勾吴俚语考二卷

吴江城隍庙志一卷

　　以上六种见《松陵人物汇编》卷十，未见收藏。

历朝讳考六卷

　　见同治《苏州府志》卷一百三十八，未见收藏。

分韵子史题解二十卷

    吴江图书馆存清嘉庆十九年（1814）远就阁刻本。

李菖（生卒年不详）字润芝，号听泉（一说听新）。清吴江新杭里人。李景昌兄。国学生。雅好声韵，遨游吴越，暇则寻山问水，归而抱膝长吟，挑灯不倦。诗宗法唐贤。

    ◎**著作集**

听泉遗诗三卷（杨蟠序）

    国家图书馆存清乾隆间刻本。

    ◎**零星诗文**　《松陵诗征续编》卷六有诗。

李福昌（生卒年不详）字书凤，号伴梧。清吴江新杭里人，李菖弟。国学生。嗜酒耽诗，见义必为。尝与同邑陈赫、叶树枚结社往还。

    ◎**著作集**

伴梧诗存二卷

    见光绪《吴江县续志》卷三十七，未见收藏。

    ◎**零星诗文**　《松陵诗征续编》卷六有诗。

李景昌（生卒年不详）字耕亭，号琴溪。清吴江新杭里人，李福昌弟。国学生。喜为诗，结诗社于小沧浪，与二三知己唱和。暇则临颜真卿，颇神似。

    ◎**著作集**

雁渚闲吟四卷

    见同治《盛湖志》卷十二，未见收藏。

琴溪老人诗

    见《松陵诗征续编》卷六，未见收藏。

    ◎**零星诗文**　《松陵诗征续编》卷六有诗。

秦毓震（生卒年不详）字声雷，号雪庄。清震泽人。

著作集待考

    ◎**零星诗文**　《松陵诗征续编》卷六有诗。

袁鸿（1762—?）字逵堂，号笛生。清吴江同里人，袁景辂次子，袁棠弟。国学生。官福建永春直隶知府，署泉州知府。能诗。

    ◎**著作集**

铁如意庵诗稿六卷

    南京图书馆存清光绪三十年至清宣统元年（1904—1909）刻本。

◎**零星诗文** 《松陵诗征续编》卷七有诗。

【**编者注**】上列字号官职信息据光绪《黎里续志》记载。而光绪《吴江县续志》及嘉庆《同里志》亦载袁鸿，字友仁，国学生。嘉庆间任福建政和县知县。

王蕙芳（生卒年不详）字秋卿。清震泽人，袁鸿妻。

◎**著作集**

秋卿遗稿

　　见光绪《吴江县续志》卷三十七，未见收藏。

瑶华仙馆诗钞剩稿一卷

　　南京图书馆存清光绪三十年至清宣统元年（1904—1909）刻本。

　　吴江图书馆存《女士集汇存》抄本。

◎**零星诗文** 《松陵诗征续编》卷十四有诗。

袁浦（生卒年不详）字珠还，号廉水。袁鸿从弟。

◎**著作集**

珠还草一卷

　　见柳亚子等《吴江文献保存会书目》，未见收藏。

钱与龄（1763—1827）字九英。清嘉兴人，吴江蒯嘉珍妻。少承曾祖母南楼老人家学，尝署所居曰"仰南楼"。复得从兄钱载指授，专精六法。工诗。

◎**著作集**

闺女拾诵

仰南楼闻见集

　　以上两种见光绪《吴江县续志》卷三十七，未见收藏。

◎**零星诗文** 《松陵诗征续编》卷十四有诗。

蒯嘉珍（生卒年不详）字荫雏，号聘堂，一号铁崖。清吴江黎里人。附贡生。遵例授中书科中书，充三分书收掌，迁大理寺寺丞，改就外府通判，签分广西，以母老改近山东，任曹州府同知。旋以艰归，服阕仍发广西，摄灵川贺县知县，迁太平府明江同知，调知宁明州事。以病乞休，优游林下二十余年。工行草书，尤善汉隶，苍古圆劲。能画，时作墨梅。诗亦清峭。

◎**著作集**

树滋堂诗集四卷

四子书辨证

举业要录

吏治揭要

瞳庆集

  以上五种见光绪《黎里续志》卷四，未见收藏。

粤游诗钞四卷

  南京图书馆存清嘉庆十年（1805）刻本。

程际韶（1763—1821）字夔九，号箫庭。清吴江谢天港人。嘉庆十三年（1808）进士。以知县分发甘肃，署崇信县，补清水县，调宁夏县，升兰州循化同知。以劳瘁卒于任。

◎**著作集**

番寨柳枝词

  见光绪《吴江县续志》卷三十七。同治《盛湖志》卷十二著录《潘寨杨枝词》。均未见收藏。

留诗阁集

  见同治《盛湖志》卷十二。上海图书馆存稿本《留诗阁诗集》一卷。

觳音偶存

  见《松陵诗征续编》卷九，未见收藏。

◎**零星诗文**　《松陵诗征续编》卷九有诗。

吴锡祚（1763—1794）字春林，号润含。清吴江人。乾隆五十年（1785）取入江庠。循例贡入成均，诚朴好学。乾隆五十九年（1794）母杨氏病笃，药石罔效，吴锡祚具谍于神，愿以己代，时值酷暑，长跪庭中，感喝致疾，遂不起。

◎**著作集**

春林集

  见道光《平望志》卷七，未见收藏。

任友兰（1763—?）字协芳，号棷谷（一作茂谷）。清吴江人。府庠生。

◎**著作集**

畹香书屋诗草

  见《松陵人物汇编》卷十，未见收藏。

唐诗搴英集

  吴江图书馆存手录本。

◎**零星诗文**　《松陵诗征续编》卷三有诗。

顾日新（1763—1823）庠冒袁姓。一名后朗，号剑峰。清吴江同里人。长洲籍廪膳生。负才气，多交游，足迹几半天下。颇以经济自负，为古文下笔千言直抒所见，不肯卑身曲意以投时好。抵掌雄谈，如骐骥长鸣，万马皆暗，慷慨有古侠士风。以是得重名，亦以是招众忌。尝客粤东，主讲嘉定书院。自喜为诗，老而不遇。

◎著作集

寸心楼诗集四十二卷

　　南京图书馆存清嘉庆刻本。

寸心楼文稿二卷补遗一卷

　　上海图书馆存抄本。

◎零星诗文　《松陵诗征续编》卷六有诗。

赵作舟（1763—?）字若川，号海帆。清吴江人，赵宗范之子。工诗。

◎著作集

吴江赵氏诗存十二卷（沈钦霖序）

　　国家图书馆存清刻本。

　　吴江图书馆存清刻本复印本。

正谊堂诗稿

　　见《松陵人物汇编》卷九，未见收藏。

赵汝砺（生卒年不详）字海香。清吴江松陵人，赵作舟弟。诸生。尝馆殷增家。

著作集待考

◎零星诗文　《垂虹诗剩》卷二有诗。

凌凤超（生卒年不详）字次瀛，号虚台，一号览园。清震泽人。乾隆四十九年（1784）取入震庠。廪贡生。尝游洞庭，晚年务实学。

◎著作集

榆荫书屋诗草二卷

　　见《松陵人物汇编》卷十，未见收藏。

洞庭游草三卷（与王之佐等合纂）

　　南京图书馆存清道光刻本。

慎言录十卷

览园诗词稿

　　以上上两种见《松陵人物汇编》卷十一，未见收藏。

◎零星诗文　《松陵诗征续编》卷五有诗。

屠拱垣（生卒年不详）名一作拱辰。原名揆。字藻庭，号荻庄，又号心孩。清吴江人。乾隆四十九年（1784）取入江庠。少以诗文自励，中年后幕游皖江，业益进。性嗜酒，兴酣好为高论，时触人忌而不自知。尝馆里中周氏赐福堂有年。与沈翘、徐达源辈览胜寻芳，分题角韵，相得无间。

◎著作集

鲟灯漫笔

　　见光绪《黎里续志》卷十一，未见收藏。

睡余琐语

荻庄诗草

　　以上二种见《松陵人物汇编》卷十，未见收藏。

一粟斋诗稿一卷

　　见《松陵人物汇编》卷十，又见柳亚子等《吴江文献保存会书目》，未见收藏。

◎零星诗文　《松陵诗征续编》卷五有诗。

吴鸣镼（生卒年不详）字韵伯（一作韵百），号诗庭。清吴江人，吴士坚之子。乾隆四十九年（1784）取入江庠。附贡生。候选按察司照磨。工制举业。年六十卒。

◎著作集

平望志八卷

　　见民国《垂虹识小录》卷三，未见收藏。

◎零星诗文　《松陵诗征续编》卷五有诗。

叶文金（生卒年不详）字绣虎，号就古，别号涧樵。清吴江人，叶舒玥玄孙。乾隆四十九年（1784）取入震庠。

著作集待考

◎零星诗文　《吴江叶氏诗录》卷五有诗。

郭学洪（生卒年不详）字容舟（一作荣周，又作雄洲），号竹芗。吴江芦墟人，郭灏从弟。乾隆四十九年（1784）取入江庠。因贫业医。

◎著作集

杏花书屋诗稿一卷词稿一卷

　　见柳亚子等《吴江文献保存会书目》，未见收藏。

药性提要歌诀

　　吴江图书馆存民国二十二年（1933）刻本。

◎零星诗文　《分湖诗钞》卷十三有诗。

金云起（生卒年不详）字青程（一作青城），号薇庭。清吴江人。乾隆四十九年

（1784）取入江庠。

著作集待考

◎零星诗文 《金氏诗集》有诗。

金霞起（生卒年不详）字建标，号赤城。清吴江震泽人。乾隆四十九年（1784）取入震庠。世居曹村，少随父宦游，肄业成均。两试京兆不售。为盛泽张氏婿，遂家焉。好拳勇，习弓马，兼擅绘画，写生远宗徐崇嗣，近参恽南田，运笔古艳，力矫时弊。诗亦饶有意趣。

◎**著作集**

赤城诗稿

　　见同治《苏州府志》卷一百三十八，未见收藏。

◎**零星诗文** 《盛湖诗萃》卷九有诗。

徐之清（生卒年不详）字澄宇，号吟香。清吴江盛泽人。国学生。屡应童试不得志，遂专力于字学，晋帖唐碑临摹无间，尤爱王梦楼遗墨，仿之神肖，乞书者履盈其户，寺院联额得其手笔不少。

著作集待考

◎**零星诗文** 《盛湖诗萃》卷九有诗。

叶树鹤（1764—1827）字松千，号雪坡。清吴江人，叶振统从子。乾隆四十九年（1784）取入江庠。重然诺，好施与，性好直言，晚额其读书处曰"切斋"。

◎**著作集**

切斋吟稿

　　见《吴江叶氏诗录》卷五，未见收藏。

◎**零星诗文** 《吴江叶氏诗录》卷五有诗。《分湖诗钞》卷六有诗。

朱庭照（生卒年不详）字庆韶，号少云。清吴江苏家港人，朱容照兄。平生豪迈自喜。官湖南布政司理问，摄湘潭县事。未几以母老乞养归。诗酒流连，情文兼挚，尤工尺牍。

◎**著作集**

留云山馆遗草

湘游草

　　以上两种见道光《分湖小识》卷五，未见收藏。

◎**零星诗文** 《松陵诗征续编》卷十有诗。

郑锐（生卒年不详）号海山。清吴江人，郑璜兄。早卒。

◎著作集

樵风阁诗

　　见光绪《吴江县续志》卷三十七，未见收藏。

苔石山房诗稿

　　吴江图书馆存民国十年（1921）抄本。

费士玑（生卒年不详）字玉衡，号在轩。年十六补诸生，受业于王鸣盛、钱大昕，得其指授。以岁贡生举嘉庆五年（1800）顺天乡试第二。署贵州都匀通判，归卒于家。

◎著作集

四书音证二卷

　　吴江图书馆存清嘉庆四年（1799）刻本。

帝王表见记

周易汉学通义

许氏说文重文补录

音韵表

家塾迩言

遂初轩吟稿

　　以上六种见《松陵人物汇编》卷十，未见收藏。

潘照（生卒年不详）字鸾坡。清吴江人。

◎著作集

鸾坡居士红楼梦词

　　见《红楼梦书录》，未见收藏。

钧谓间杂脍六种七卷

　　国家图书馆存清嘉庆间刻本。

子目：

海喇行一卷　涑水抄一卷　从心录一卷　西泠旧事百咏一卷　小沧桑一卷　附：乌兰誓二卷

王致皞（生卒年不详）字引恬，号珊柯。清吴江人，王燕之子。

◎著作集

记存草（汤钟撰，王致皞序并梓行）

　　见《松陵人物汇编》卷十一，未见收藏。

吴苊生（生卒年不详）一名丁华。字瑶圃，号南离。清震泽人。诸生。吴音学兄。古体诗凌厉震荡。

◎**著作集**

南离诗存一卷

> 见同治《苏州府志》卷一百三十八，未见收藏。

望古堂集

> 见《松陵人物汇编》卷十，未见收藏。

◎**零星诗文** 《松陵诗征续编》卷五有诗。

叶树棠（生卒年不详）字召封，号益斋。清吴江人，叶振统之子。乾隆五十年（1785）取入江庠。以绩学称，其诗特多佳句。

◎**著作集**

益斋诗钞一卷

> 见《松陵人物汇编》卷十，未见收藏。

益斋集外诗一卷

> 见柳亚子等《吴江文献保存会书目》，未见收藏。

◎**零星诗文** 《松陵诗征续编》卷四有诗。《吴江叶氏诗录》卷五有诗。《分湖诗钞》卷六有诗。

周模（生卒年不详）字楷生，号约君（一作跃君）。清吴江谢天港人，周璙从子。乾隆五十年（1785）入府学。嘉庆五年（1800）举人。性狷介，意所不可，形于词色，不肯曲意逢迎。诗文华富妍丽。客京师数年无所遇，归后卒。

◎**著作集**

约君诗钞

> 见《松陵人物汇编》卷十。同治《盛湖志》卷十二著录《晓吟楼稿》。均未见收藏。

朱焘（生卒年不详）字佑全，号福庭。清吴江人，朱方谷长子。乾隆五十年（1785）取入江庠。爱吴县西山之胜，栖身于此，读书修行。

著作集待考

◎**零星诗文** 《分湖诗钞》卷七有诗。

徐垣（生卒年不详）字锦城，号纬堂。清吴江震泽人，徐钇玄孙，袁枚门下生。乾隆五十年（1785）取入震庠。六十年（1795）举人。

◎著作集

纬堂残稿

　　吴江图书馆存民国十二年（1923）薛凤昌抄本。

◎零星诗文　《垂虹诗剩》卷一有诗。

蒯步蟾（生卒年不详）字际天，号养拙。清吴江黎里人。乾隆五十年（1785）取入江庠。

◎著作集

春雨楼诗钞一卷

　　见光绪《黎里续志》卷四，未见收藏。

徐可师（生卒年不详）字方来，号陔六。清吴江盛泽人。乾隆五十年（1785）取入江庠。廪贡生。候补江苏训导。

著作集待考

◎零星诗文　《盛湖诗萃》卷九有诗。

沈钦复（1765—1804）字见初，号西山。清吴江人。沈宗德长子。

◎著作集

西山诗钞一卷

　　上海图书馆存清同治六年（1867）刻本。

张巨椿（生卒年不详）字根华，号兰坪。清吴江盛泽人。工书，善画梅兰。好为诗，家有荶鲈书屋，为留客联吟处。

著作集待考

◎零星诗文　《盛湖诗萃续编》卷一有诗。

张槫（生卒年不详）字旭明，号晓亭，又号瑶圃。清吴江盛泽人，张巨椿弟。

著作集待考

◎零星诗文　《盛湖诗萃续编》卷二有诗。

程镕（1766—1843）字虞堂，号斋堂。清震泽人。附贡生。官至鸿胪寺序班。豪于饮。书名噪一时，行草入苏米之室，晚更自成一家。兼善写兰。早岁以"月落一声鸡"之句得名，人谓之程一声。

◎著作集

树蕙堂诗集

见《松陵人物汇编》卷十，未见收藏。

飞鸿延年室诗

见仲湘《留爪集》，上海图书馆有藏。

◎**零星诗文** 《松陵诗征续编》卷七有诗。

【编者注】《松陵人物汇编》明确记载程镕卒于"道光癸卯"，即公元 1843 年。而《江苏艺文志》将其卒年记为 1783 年，那是"乾隆癸卯"，错了。

孙仲辰（生卒年不详）字对三。清震泽六都人。乾隆五十二年（1787）取入震庠。

◎**著作集**

春秋三传舍选

光庭遗集

以上两种见《儒林六都志·著述》，未见收藏。

姚舆（生卒年不详）初名元爕，字英三，号益斋，一号更生。清震泽人。乾隆五十二年（1787）取入震庠。廪贡生。喜藏书，好读史记、汉书。敦内行。屡困省试，以家贫幕游北闱，卒于京师。

◎**著作集**

覆瓿集二卷

见《松陵人物汇编》卷十，未见收藏。

姚正甫先生文略十卷

南京图书馆存清同治刻本。

◎**零星诗文** 《松陵诗征续编》卷六有诗。

【编者注】"初名元爕"据《江苏艺文志》及《松陵人物汇编》记录，而《游庠录》载有"姚元灿，字应三，号益斋"，从字号看，应即姚舆，那么姚舆初名可能为"元灿"。又，《江苏艺文志》根据南京图书馆藏书，收录专著《姚正甫先生文略》十卷。查南京图书馆书目，姚舆名下确有此书。问题是姚舆并无"正甫"字号，怎称"姚正甫先生"？从网络查得《姚正甫文集》十卷，为（清）姚承舆撰，而姚承舆是浙江归安人。由此推测，《姚正甫先生文略》十卷的著者很可能就是姚承舆，而误作姚舆。

徐乔林（生卒年不详）字荫长，号植庵。清吴江人，徐淳之子。乾隆五十二年（1787）取入震庠。廪贡生。候补训导，官嘉定教谕。有诗名，为诗清新俊逸，不入险怪之习，亦不堕浮靡之音。

◎**著作集**

望云楼初集七卷二集五卷西濠渔笛谱一卷附望云楼漱芳集二卷

国家图书馆存清嘉庆间震泽徐氏刻本。

◎**零星诗文** 《松陵诗征续编》卷四有诗。

陈子谅（生卒年不详）字葆利，号易斋。清吴江人，叶燮从弟，沈桂芬外祖父。乾隆五十二年（1787）取入江庠。始居黎里，后居江城。

著作集待考

◎**零星诗文** 《笠泽词征》卷十三等有词。

李会恩（生卒年不详）字燮臣，号紫纶。清吴江人，李重华孙，李光运之子。乾隆五十二年（1787）取入江庠，时甫弱冠。沉静笃学，尝问学于沈大本。家贫，授徒自给。其诗渊源于家学。翁广平谓"玉洲诗如太华山峰，卓立云表不可攀跻，紫纶诗如罗浮两山，风雨离合，惟其不似乃所以为似也。"袁枚读其诗，称"喜莼溪之有子"。

◎**著作集**

万叶堂诗钞二卷（翁广平序）

　　南京图书馆存清嘉庆刻本。

◎**零星诗文** 《松陵诗征续编》卷八有诗。

【编者注】李会恩号紫纶，《江苏艺文志》另列"李紫纶"为误。

李会辰（生卒年不详）字寿千，号甘泉。清吴江人，李治运之子。少随父任，历游山左、浙东诸名胜。性闲放，好作诗，喜写兰。父殁补官，官刑部陕西司郎中。卒于京邸。

著作集待考

◎**零星诗文** 《松陵诗征续编》卷八有诗。

程邦宪（1767—1832）字穆甫，号竹庵。清吴江盛泽人，程际韶弟。嘉庆七年（1802）进士，授翰林院编修，居家十年始入都供职。道光二年（1822）擢江西道监察御史，五年（1825）转户科给事中，六年（1826）转鸿胪寺少卿，遂假归。素以工书名于时。爱山水，足迹殆遍。其诗蕴藉淡宕，类其为人。年六十六卒。

◎**著作集**

迟云吟馆诗五卷（陶澍序）

竹庵奏议一卷

　　以上两种见同治《盛湖志》卷十二，未见收藏。

定香亭笔谈

试帖诗

以上两种见民国《垂虹识小录》卷三，未见收藏。

◎**零星诗文** 《松陵诗征续编》卷七有诗。《笠泽词征》卷十一有词。

【编者注】《江苏艺文志》另载有程邦愚，然其人与程邦宪表字相同，中进士年份及官职亦同，著作也有同，应为同一人。查地方志，"程邦愚"仅《垂虹识小录》有载，而"程邦宪"分别载于同治《盛湖志》、道光《平望志》、光绪《吴江县续志》、《黎里续志》、《平望续志》，《垂虹识小录》也有记载，"程邦愚"、"程邦宪"同时出现，始于《垂虹识小录》。

程鹭雏（生卒年不详）字振飞，号贲园。清吴江盛泽人，程际韶弟。附贡生。
◎**著作集**
贲园诗钞
    见《松陵人物汇编》卷十，未见收藏。
◎**零星诗文** 《盛湖诗萃续编》卷一有诗。

王庭辉（生卒年不详）字觐宸，号小迂。清梅堰人，王朝栋之子。乾隆五十三年（1788）取入江庠。
小迂剩稿
    见《松陵人物汇编》卷十，未见收藏。

黄士灿（生卒年不详）字少荀，号古轩。清吴江盛泽人。乾隆五十三年（1788）取入震庠。乾隆六十年（1795）举人。官太平府训导。
著作集待考
◎**零星诗文** 《盛湖诗萃续编》卷一有诗。

金兰原（生卒年不详）字绍盘，号谢堂（一作谢塘）。清吴江松陵人，金廷炳之孙，金士遂之子。乾隆五十三年（1788）取入江庠。官云南澄江府知府。
著作集待考
◎**零星诗文** 《垂虹诗剩》卷一有诗。

范文治（1767—1795）字玉阶，号平三。清吴江人。诸生。
◎**著作集**
敦诗堂遗稿
    见《同里古吴郡范氏家乘》，未见收藏。

郭麐（1767—1831）原名一桂，又名璱。字聚来（一作舟垒），一字祥伯，号频伽，别号蘧庵，晚号复翁。清吴江芦墟人，郭元灏之子。少出姚鼐之门。乾隆四十七年（1782）取入江庠。附监生。应省试及一应京试均不遇。三十后绝意举业，专攻诗古文词。兼工画，醉后画竹石，别有天趣。性通爽豪隽，好食，酒酣嬉骂，时露兀傲不平之气。尝游阮元、曾燠、严烺、张井幕，客清江最久。里中与袁棠、朱春生等友善。晚年侨居嘉善以终。

◎著作集

灵芬馆全集九十三卷

　　南京图书馆存清嘉庆刻本。

子目：

　　灵芬馆诗集三十九卷（初集四卷、二集十卷、三集四卷、四集十二卷、续集九卷）（屠倬等序）

　　　　吴江图书馆存清嘉庆八年（1803）刻本。

　　灵芬馆杂著十四卷（初编二卷、续编四卷、三编八卷）

　　　　吴江图书馆存清光绪刻本。

　　灵芬馆词七卷（陈鸿寿序）

　　　　吴江图书馆存中华书局《四部备要》本。

子目：

　　蘅梦词二卷

　　　　吴江图书馆存清光绪五年（1879）刻本及民国抄本。

　　浮眉楼词二卷

　　　　吴江图书馆存清光绪五年（1879）刻本及民国抄本。

　　忏余绮语二卷

　　爨余词一卷

　　爨余集一卷

　　　　南京图书馆存清刻本。

　　爨余丛话六卷

　　　　吴江图书馆存清道光十九年（1839）刻本。

　　灵芬馆诗话十二卷（孙均序）

　　灵芬馆诗话续编六卷

　　　　以上两种国家图书馆存清嘉庆间刻本。

　　江行日记一卷

　　樗园消夏录三卷

　　　　苏州图书馆存清刻本。

　　金石例补二卷

　　　　吴江图书馆存清光绪十三年（1887）吴县朱氏家塾刻本。

　　国志蒙拾二卷（抄撮）（陈鸿寿序）

　　　　吴江图书馆存清光绪二十年（1894）刻本。

　　灵芬馆集外诗一卷

见《江震诗稿汇存》，南京图书馆存抄本。

唐文粹补遗二十六卷（姚铉编，郭麐补遗，金勇序）

吴江图书馆存清嘉庆二十四年（1819）刻本。

词品一卷

南京图书馆存清刻本。吴江图书馆存《笠泽词征》本。

灵芬馆词话二卷

存《词话丛编》，国家图书馆有藏。

消夏三会诗三卷延秋集不分卷续消夏集不分卷

《贩书偶记》著录嘉庆十四年（1809）刻本，今未见收藏。

潍县竹枝词自注二卷

国家图书馆存民国间潍县丁氏《习庵丛刊》本。

潍县金石志

南京图书馆存清光绪十三年（1887）刻本。

潍县宏福寺造像碑考一卷

存《习庵丛刊》，未见收藏。

郭频伽印存一卷

古籍图书网记录民国三年（1914）年影印本，收藏不详。

◎**零星诗文** 《松陵诗征续编》卷八有诗。《笠泽词征》卷十二等有词。《松陵文录》卷九等有文。

范玉（生卒年不详）字素君。郭麐侧室。

著作集待考

◎**零星诗文** 《笠泽词征》卷二十三有词。《分湖诗钞》卷二十一有诗。

叶树枚（1767—1824）字云裁（一作云栽），又字条生，号改吟，晚号溅翁。清吴江黎里人，叶绅裔孙，叶树奇弟，叶昉升族弟。少务举业，不售弃去，专力于诗。吐弃平庸，刻意生新，穷老苦吟，游吴越间，以工诗负盛名。其诗初刻多尖新之词，遭火，续刻一变而为高淡。晚年好为散体，文亦能清超脱俗。文采风流为叶氏旧家推重。

◎**著作集**

改吟斋诗四卷

南京图书馆存清嘉庆刻本。

改吟斋诗二集四卷

见柳亚子等《吴江文献保存会书目》，未见收藏。

改吟斋烬余什一卷

国家图书馆存清道光十四年（1834）刻本。

改吟斋集九卷

国家图书馆存清稿本。

甬游草

见光绪《黎里续志》卷四，未见收藏。

铁呵寮词一卷

见柳亚子等《吴江文献保存会书目》，未见收藏。

◎**零星诗文** 《松陵诗征续编》卷五有诗。《吴江叶氏诗录》卷五有诗。《分湖诗钞》卷六有诗。

【编者注】国家图书馆藏《改吟斋集》九卷，疑即为初集、二集及烬余集总汇，因未获根据，故一并录入。

叶承柏（生卒年不详）字心如，号澹斋。清吴江人，叶应魁次子。国学生。好古勤读，工诗，屡试不售，遂淡进取，研心濂洛之学，好施乐善。

◎**著作集**

澹斋诗词钞

乍川唱和集

养拙居文稿

以上三种见《吴江叶氏诗录》卷五，未见收藏。

◎**零星诗文** 《吴江叶氏诗录》卷五有诗。

郑钱（生卒年不详）字弱士。清吴江人，郑璜从兄，郭麐内弟，朱春生门生。朱春生云："余与诸同人为竹溪续诗课，弱士求厕名其间。以年辈论最为后进。每分题拈韵，则枯坐一隅竟日苦吟不成一诗。至其塞极而通，振笔疾书，如兵家之出间道，如禅宗之成顿悟，众亦啧啧称奇。"年二十二卒。

◎**著作集**

白蝴蝶庵诗稿一卷

见柳亚子等《吴江文献保存会书目》。吴江图书馆存民国抄《白蝴蝶庵诗钞》一卷。

弱士诗钞

见同治《苏州府志》卷一百三十八，未见收藏。

◎**零星诗文** 《松陵诗征续编》卷八有诗。

徐达源（1767—1846）字岷江，一字无际，号山民。清吴江黎里人，徐璇之子。由太学候选布政司理问改翰林院待诏。性冲淡，工诗古文，为随园弟子。诗宗杨万里，曾重刻其集。晚学黄庭坚。善画墨梅，简老疏古，得杨无咎法。间作山水小幅，脱略畦迳。生平尚风义，好施与，尝与同人创建黎里众善堂。需次京师，交一时贤大夫，自谓直谅之友以洪亮吉为最。归后杜门著述，海内名流往来于禊湖不绝。晚年家落，居于镇南，名曰"南溪草堂"。年八十无疾卒。

◎著作集

黎里志十六卷首一卷

　　吴江图书馆存清嘉庆十年（1805）刻本。

国朝甫里人物志六卷

　　上海图书馆存清抄本。

禊湖诗拾八卷（辑）

　　吴江图书馆存民国九年（1920）刻本。

新咏楼诗集十二卷

　　吴江图书馆存民国薛凤昌抄本。

涧上草堂纪略二卷

　　苏州图书馆存清嘉庆十四年（1809）刻本。

无隐庵笔记十卷

水利节略一卷

禊湖文拾二卷（辑）

　　以上三种见光绪《黎里续志》卷四，未见收藏。

南北朝文抄（彭兆荪辑，徐达源校刻）

　　吴江图书馆存清嘉庆四年（1799）刻本。

瓶隐偶抄一卷

　　上海图书馆存清嘉庆二十四年（1819）吴江徐氏刻本。

吴郡甫里诗编十二卷

　　苏州图书馆存清刻本。

国朝吴郡甫里诗编八卷（辑）

　　苏州图书馆存稿本。

吴郡甫里人物考二十二卷

　　苏州图书馆存清刻本。

修养杂录二卷

　　见光绪《黎里续志》卷四，未见收藏。

紫藤花馆文稿二卷词二卷

　　苏州图书馆存清刻本。

诚斋诗集十六卷（杨万里撰，徐达源校刻）

　　国家图书馆存清嘉庆间吴江徐氏刻本。

斗南一榻销寒雅集图题咏一卷

见柳亚子等《吴江文献保存会书目》，未见收藏。

紫藤花馆藏帖四卷（辑）

    《续修四库全书提要》著录吴江徐氏本，未见收藏。

一声长啸万松间图题词一卷（与陈诗同辑）

    上海图书馆存清嘉庆十六年（1811）刻本。

明徐鲁庵先生事迹汇编一卷

    上海图书馆存清嘉庆十七年（1812）刻本。

◎零星诗文 《松陵诗征续编》卷八有诗。《松陵文录》卷九有文。《笠泽词征》卷十等有词。

吴琼仙（1768—1803）字子佩，号珊珊。清黎里人，徐达源妻，袁枚女弟子。喜诗擅画，又善临晋唐小楷。

◎著作集

写韵楼诗集五卷附词

    南京图书馆存清刻本。

双巢翡翠阁小札

    见嘉庆《黎里志》卷六，未见收藏。

◎零星诗文 《松陵诗征续编》卷十四有诗。《笠泽词征》卷二十二有词。

徐筠（生卒年不详）字韵岩。清吴江松陵人，徐达源弟。酷嗜吟咏，淡泊自甘。曾授徒吴县木渎。晚岁课读于本宗一枝园。

◎著作集

芋香山房诗钞一卷（陈来泰序）

    苏州图书馆存清末刻本。

◎零星诗文 《垂虹诗剩》卷三有诗。

悟宗（生卒年不详）字勺泉。清吴江人，梵智庵僧。

著作集待考

◎零星诗文 《松陵诗征续编》卷十三有诗。

张孝嗣（1768—1804）字绳祖，号忆鲈，一号蝶憨。清吴江葫芦兜人。候选直隶州同知。家多藏书，嗜金石。耽诗好客，所交多知名士。与歙县鲍廷博善，鲍临殁以其孙相托。

◎著作集

清承堂印赏初二集八卷

南京图书馆存清嘉庆十九年（1814）刻本。

清承堂投赠尺牍三卷

　　见柳亚子等《吴江文献保存会书目》，未见收藏。

竹松书屋诗存

　　见《松陵人物汇编》卷十，未见收藏。

◎零星诗文　《松陵诗征续编》卷六有诗。《分湖诗钞》卷十二有诗。

天寥（1768—1818）一作空明。俗姓吴，名鸥（一作鲲），字独游，天寥为其法号。清吴江芦墟人。初为缝人，常主郭麐家，见郭麐兄弟言诗而好之，遂学为诗，与"后竹溪诗社"诸子相唱和。年五十始落发为僧，出家嘉善雁塔寺，师从广信，二年而卒。

◎著作集

天寥遗稿三卷（郭麐序）

　　国家图书馆存民国二十三年（1934）释德均煨芋草堂刻本。

◎零星诗文　《松陵诗征续编》卷十三有诗。《分湖诗钞》卷二十二有诗。

【编者注】《江苏艺文志》有"空明"条目，称其"字天寥。清吴江人。俗姓吴，名鲲，字独游。"关于吴鲲（或鸥），吴江地方志有多处记载，但无一处记作"空明"。《天寥遗稿》郭麐序云："天寥，芦墟吴氏子，名鸥，字独游，天寥其为浮图之号也。"光绪《吴江县续志》云："鸥侘傺无聊，后遁为僧，曰'天寥'。"道光《分湖小识》云："天寥俗姓吴，名鲲，字独游，芦墟人。"今录"天寥"，而留"空明"为一说。

吕晋昭（生卒年不详）字进蕃，号默庵。清吴江黎里人，吕英之子。府学生。工书，喜为诗。性至孝，尝刻《孝行录》图像化导乡里。吴县石韫玉称其立品敦行举动不苟。

◎著作集

自勉斋诗钞

　　见《松陵诗征续编》卷十，未见收藏。

禊滨草堂文集

　　见光绪《黎里续志》卷四，未见收藏。

孝行录

　　南京图书馆存清道光二十四年（1844）刻本。

◎零星诗文　《松陵诗征续编》卷十有诗。

陆廷槐（生卒年不详）字香谷（一作花谷），号荫亭。清吴江人。性喜金石，见名人篆刻，必购以归。

◎著作集

问奇亭印谱四卷

南京图书馆存清嘉庆十七年（1812）钤印本。

朱容照（生卒年不详）字景宣，号升斋。清吴江人，朱庭照弟。国学生。议叙八品。

◎著作集

花好月圆人寿斋遗稿

见《松陵诗征续编》卷十，未见收藏。

玲珑山馆留删小草

吴江图书馆存民国十年（1921）薛凤昌抄本。

◎零星诗文 《松陵诗征续编》卷十有诗。

陈琪（生卒年不详）字荫嘉，号玉林。清吴江人。诸生。尝两至淮阴，三至皖江，皆无所遇。周梦台谓其有用世才而不克自见。

◎著作集

漫浪集

见《松陵人物汇编》卷十，未见收藏。

◎零星诗文 《松陵诗征续编》卷六有诗。

全士潮（生卒年不详）字秋涛。清震泽人。曾任刑部司法廷司务，迁陕西司主事，总办秋审，兼湖广司督催所律例馆纂修。由刑部郎中官漳州知府。

◎著作集

望云小草

见袁洁《蠡庄诗话》，未见收藏。

驳案新编三十二卷续编七卷（与编）

南京图书馆存清乾隆刻本。

王家榛（生卒年不详）字锡章，号雪香。清吴江人。县学生。性豪俊，能文章，尤耽韵语。早卒。

◎著作集

露香阁诗草

见《松陵人物汇编》卷十，未见收藏。

◎零星诗文 《松陵诗征续编》卷六有诗。

孙懋勋（生卒年不详）号花山。清吴江人。尝游粤东，归后颜其室曰"且停桡"。工书，善拳勇。豪于饮，醉后归，吟咏自乐。年八十八卒。

◎著作集

天籁吟稿

　　见同治《苏州府志》卷一百三十八，未见收藏。

达曾（生卒年不详）号竺峰。清震泽人，南浔东藏寺僧。志量阔达，才识过人，凡重任巨举当之无倦色。震邑有崇福永乐寺，在麻溪滨，久废，达曾募资重建，务极宏丽。又扩东藏旧刹，遂成名蓝。平生淡泊自持，能鼓琴，喜吟咏，画梅亦疏峭历落，得法外意。

◎著作集

香影庵诗稿

　　见民国《垂虹识小录》卷五，未见收藏。

吴音（1769—？）初名蕙生。字春奏。清吴江人。吴树珠从子。乾隆五十年（1785）取入震庠，时年十七。嘉庆十三年（1808）举人，授桃源训导。曾署金匮训导，主讲通州书院。

◎著作集

养拙斋诗稿

　　见《松陵人物汇编》卷十，未见收藏。

钱养浩（生卒年不详）字桐嵒，号奕昭。清吴江人，居南荒圩。乾隆五十五年（1790）以震庠第一人补学官弟子。

◎著作集

钱桐嵒诗集

　　存《松陵三先生诗集》，吴江图书馆有藏。

沈翱（生卒年不详）本姓凌。字丹起，一字木庵，晚号耐谷。清吴江黎里人。少以诗名，专尚性灵。长篇短歌，吟成自赏。乾隆五十五年（1790）入府学。以病习医，善制方，人以疾告辄往不计酬谢。晚年病剧，嘱勿作佛事。

◎著作集

木庵焚余稿

炙砚杂抄

　　以上两种见光绪《黎里续志》卷四。柳亚子等《吴江文献保存会书目》著录《木庵选余诗稿一卷，杂著一卷》。均未见收藏。

红叶山庄吟稿

　　见光绪《黎里续志》卷四。仲湘《留爪集》录《红叶山庄诗》一卷，上海图书馆有藏。

◎**零星诗文** 《松陵诗征续编》卷八有诗。

汤锟（生卒年不详）字虹飞，号铁岩。清吴江盛泽人，汤世堂之子。县学生。乾隆五十五年（1790）取入江庠。

著作集待考

◎**零星诗文** 《盛湖诗萃续编》卷一有诗。

顾苏（生卒年不详）字瞻麓，清吴江芦墟人，后移家魏塘。生平以诗为性命。物故既久，无能举其名者。

◎**著作集**

瞻麓遗诗

　　见《分湖诗钞》卷五，未见收藏。

◎**零星诗文** 《分湖诗钞》卷五有诗。

沈钦霖（1769—1833）字仲亨，号芷堂（一作芝堂）。清吴江人，沈宗德之子。乾隆五十年（1785）取入江庠。五十四年（1789）甫弱冠，与父同举于乡。嘉庆六年（1801）成进士。十一年（1806）署内阁侍读。二十五年（1820）授内阁中书。道光十年（1830）转福建平潭同知，署兴化府同知，未几调署台湾海防同知。以守城功授安徽庐州府知府，留台总办军需报销。以积劳卒于官，卒年六十五。

◎**著作集**

织帘居士时文钞

　　吴江图书馆存清光绪四年（1878）刻本。

织帘居士诗钞

　　上海图书馆存清同治六年（1867）刻本。

◎**零星诗文** 《松陵诗征续编》卷七有诗。《松陵文录》卷十八有文。

费兰墀（1769—1825）字秀生，号心谷。清吴江松陵人，费振勋之子。嘉庆七年（1802）进士。选翰林院庶吉士，散馆擢第一，授编修。性恬退，父致仕告归后，即请终养，亦归，不复出。于同里、平望、盛泽诸镇创立仁善局、收婴局，力行善事。善诗古文词。曾主讲虞山书院。

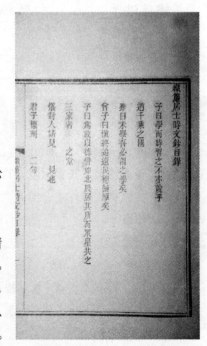

▲《织帘居士时文钞》书影

◎著作集

蘧庵文钞一卷

吴江图书馆存清同治十二年（1873）恭寿堂刻本。

◎零星诗文 《松陵文录》卷十一等有文。

严湘帆（生卒年不详）字衡九，号晓山。清嘉庆间吴江同里人。

◎著作集

宜梦楼词

见《全清词钞》卷十六，未见收藏。

◎零星诗文 《笠泽词征》卷二十七有词。《全清词钞》卷十六有词。

▲《蘧庵文钞》书影

钱墀（生卒年不详）字舞丹，号春翘（一作春桥）。清吴江黄溪人。乾隆五十六年（1791）入府学。少嗜学，工诗文，诗长于近体。博闻强识，生平留意文献；尝辑《黄溪诗征》，赵兰佩因广之为《黄溪诗钞》。嘉庆初邑令唐仲冕将修邑志，会去官未成。钱墀以采访所得加参稽成志，其体例简净有法度。年七十七卒。

◎著作集

黄溪志十二卷

苏州图书馆存清道光十一年（1831）刻本。

亦陶轩诗钞一卷

存仲湘《留爪集》，上海图书馆有藏。

见闻随笔

有正味斋集笺注

以上两种见《松陵人物汇编》卷十，未见收藏。

◎零星诗文 《松陵诗征续编》卷八有诗。

庄兆洙（生卒年不详）字鲁望，号东山。清震泽人，庄基永从孙，庄兆沄兄，庄元植之父。国学生。性行朴醇，与弟庄兆沄并耽韵语。卒年六十一。

◎著作集

东山老人诗剩一卷

国家图书馆存清光绪刻本。

◎零星诗文 《松陵诗征续编》卷八有诗。

姚敬清（生卒年不详）一名钦清。字鹤龄（一说鹤五），号沁余。清震泽人。乾隆五十六年（1791）取入震庠。嘉庆十三年（1808）恩贡生。候选州判。少出阮元之门，曾游粤十五年。

◎**著作集**

鸿寄轩小草

　　　见《松陵人物汇编》卷十，未见收藏。

◎**零星诗文**　《松陵诗征续编》卷九有诗。

张建谟（生卒年不详）字嘉言，号星槎，晚号新垞。清吴江人。张维照之子。少以读书访友随父侨居嘉兴。乾隆五十六年（1791）取入江庠。诗笔清挺，非尝用力于苏者不能。五古得古大家法，不屑于修词饰句，说理处似陶韦。曾馆沈琛厓家，一日从书楼堕地晕绝。晚年端坐室中，不与人言谈，惟手执一编而已。

◎**著作集**

至道堂诗一卷

　　　存仲湘《留爪集》，上海图书馆有藏。

蝉吟小草

　　　见《松陵人物汇编》卷十，未见收藏。

◎**零星诗文**　《松陵诗征续编》卷五有诗。

周仙根（生卒年不详）字君和，号春阶。清吴江盛泽人，周璇之子。乾隆五十六年（1791）取入江庠。夙承家学，工文章，好吟咏。中年抱病遽卒，诗文散佚。

著作集待考

◎**零星诗文**　《盛湖诗萃续编》卷一有诗。

黄初（生卒年不详）字晓春，号晴岩。清震泽人。乾隆五十六年（1791）取入震庠。性不谐俗，作诗颇自负，不喜圈内一味效法袁枚、赵翼之风，故所作不多示人。

◎**著作集**

梦香斋诗钞四卷

　　　见《松陵人物汇编》卷十，未见收藏。

晴岩诗存二卷

　　　见同治《苏州府志》卷一百三十八，未见收藏。

◎**零星诗文**　《松陵诗征续编》卷四有诗。

黄新（生卒年不详）字垲亭，号淡庵。清震泽人，黄初弟。诗有清气。

◎**著作集**

澹庵诗存一卷

　　　　见同治《苏州府志》卷一百三十八，未见收藏。

◎**零星诗文**　《松陵诗征续编》卷四有诗。

陈咸亨（生卒年不详）字邦弼，号瀛峤。清吴江人，陈阶琪之子。国学生。少习举子业，能文，屡不得志于有司，援例入国学，一赴乡举不中，遂肆力于古学，尤深于医，好奕又善笛，酒酣得句每挐笛自度之。与顾元熙、徐达源为诗酒交，唱酬不倦。尝助徐达源创设众善堂。

著作集待考

◎**零星诗文**　《吴江叶氏诗录外编》卷六有诗。

宋承谳（生卒年不详）字执诸，号坡湖。清吴江盛泽人，宋景和之子。性恬静，厌弃帖括，专力韵语，诗笔娟秀，克肖家学。

◎**著作集**

宋承谳遗稿

　　　　见同治《苏州府志》卷一百三十八，未见收藏。

◎**零星诗文**　《盛湖诗萃续编》卷二有诗。

宋贞琇（生卒年不详）字孟娴，号香溪。清吴江盛泽人，宋景和女。

著作集待考

◎**零星诗文**　《盛湖诗萃续编》卷四有诗。

宋贞佩（生卒年不详）字仲衡，号珠浦。清吴江盛泽人，宋景和女。

著作集待考

◎**零星诗文**　《盛湖诗萃续编》卷四有诗。

宋贞球（生卒年不详）字叔谐，号琅腴。清吴江盛泽人，宋景和女。

著作集待考

◎**零星诗文**　《盛湖诗萃续编》卷四有诗。

宋贞琬（生卒年不详）字季美，号玉遮。清吴江盛泽人，宋景和女。

著作集待考

◎**零星诗文**　《盛湖诗萃续编》卷四有诗。

王锡瑞（1770—1836）字元芝，号应庐。清吴江人，王惇之子，王锡泰兄。三岁失母，为继母怜爱。乾隆五十八年（1793）取入震庠。嘉庆六年（1801）举人。六上公车不中第，归而授徒里门。颜其居曰"滋树斋"，闭户著述其中。性雅好吟咏，于苏诗用力特深。

◎著作集

滋树斋诗草

读书日记

　　以上两种见《松陵人物汇编》卷十，未见收藏。

苏诗注

　　见《松陵诗征续编》卷七，未见收藏。

◎零星诗文　《松陵诗征续编》卷七有诗。

丁绶（生卒年不详）字紫纤，号西亭。清吴江人。嘉庆六年（1801）举人，官海门厅教谕。

著作集待考

◎零星诗文　《松陵诗征续编》卷七有诗。

程钦（生卒年不详）字敬时，号雪生。清吴江人。以目病生翳废举业，专事于诗。

著作集待考

◎零星诗文　《松陵诗征续编》卷七有诗。

邱孙锦（生卒年不详）原名天锦。字织云（一作质畇），又字余甫，号昼堂。清吴江黎里人，邱璋之子。乾隆五十八年（1793）取入震庠。道光十年（1830）岁贡生。工诗文，善书，为人书至老不倦，有五峰园石刻行世。同时程邦宪、顾元熙皆推重之。晚参佛乘。卒年七十二。

◎著作集

有余地遗诗六卷

　　吴江图书馆存清咸丰三年（1853）刻本。

安雅堂诗钞二卷

红豆诗钞二卷

　　以上两种见柳亚子等《吴江文献保存会书目》，未见收藏。

餐雪斋初稿

▲《有余地遗诗》书影

见《吴江叶氏诗录外编》卷四，未见收藏。

◎**零星诗文** 《松陵诗征续编》卷十二有诗。

真辉（生卒年不详）字海印。清吴江僧，主罗汉讲寺。通彻内典，工诗，与徐达源、孙晋灏、邱孙锦辈唱和。

◎**著作集**

按指集

见光绪《黎里续志》卷四，未见收藏。

◎**零星诗文** 《松陵诗征续编》卷十三有诗。

史善襄（生卒年不详）字正叔，号澹香。清吴江盛泽人。乾隆五十八年（1793）入府学。

著作集待考

◎**零星诗文** 《盛湖诗萃续编》卷二有诗。

张大观（生卒年不详）字达成，号灏亭（一作浩亭）。清吴江芦墟人。乾隆五十八年（1793）取入江庠。

著作集待考

◎**零星诗文** 《分湖诗钞》卷十二有诗。

袁腾涛（？—1827）字跃龙，号雨寰，一号桐村。吴江孙家浜人。乾隆五十八年（1793）取入江庠。以课徒为业。晚年家居，历遭歉岁，穷饿自甘，不肯向人求升斗米。

著作集待考

◎**零星诗文** 《分湖诗钞》卷三有诗。

朱景熙（生卒年不详）字钦和，号春台。清吴江人。朱方谷次子。乾隆五十八年（1793）取入震庠。

著作集待考

◎**零星诗文** 《分湖诗钞》卷七有诗。

潘眉（1771—1841）字稚韩（一作稚安），一字无害，号寿生，一号梅伯，自号青棠馆主。清吴江芦墟人，后迁嘉善。乾隆五十八年（1793）取入江庠。廪贡生。师事同邑郭麐，兼攻古文词，旁通史学，于舆图、金石及三统、大衍、历数靡不究心。尝客游江右、中州、浙闽，而于粤东最久。主潮州黄冈书院凡五、六年。年老归家，犹手不释卷。年七十二卒。

◎著作集

三国志考证八卷

    吴江图书馆存清道光十三年（1833）世楷堂刻本。

（道光）高州府志十六卷

    国家图书馆存清道光七年（1827）刻本。

小遂初堂诗八卷文三卷

    见光绪《吴江县续志》卷三十七，未见收藏。

说文解字二卷笔记数卷

    见《松陵人物汇编》卷十，未见收藏。

孟子游历考一卷

    吴江图书馆存清道光十三年（1833）世楷堂刻本。

寿生诗存一卷

    见柳亚子等《吴江文献保存会书目》，未见收藏。

心镜四卷丛说八卷

    见同治《苏州府志》卷一百三十八，未见收藏。

◎零星诗文　《松陵诗征续编》卷七有诗。《松陵文录》卷十六有文。

吴绳祖（生卒年不详）字雨亭。清吴江莘塔冠溪人。少耽吟咏，与侄吴家骐唱和。中年为衣食奔走他乡。晚岁潜心医道。

◎著作集

杏园遗稿

    见光绪《吴江县续志》卷三十七。

    吴江图书馆存《杏园遗诗》一卷，与吴家骐《守拙斋遗稿》合订。

◎零星诗文　《分湖诗钞》卷十四有诗。

郁承泰（生卒年不详）字阴阶，号南轩。清吴江黄溪人。好吟咏，每踞坐市肆，白眼吟啸，不顾旁人姗笑。晚岁境益困，训蒙糊口。抚时感时，不平之慨皆见于诗。

◎著作集

南轩诗草

    见《松陵人物汇编》卷十，未见收藏。

◎零星诗文　《松陵诗征续编》卷六有诗。

吴宗谟（生卒年不详）字昌言，号定庵。清吴江人。国学生。

◎著作集

定庵诗稿

见苏州图书馆藏《续松陵诗未刻稿》，未见收藏。

吴言（生卒年不详）清吴江人。

◎**著作集**

养拙斋诗稿

　　见同治《苏州府志》卷一百三十八，未见收藏。

陈阶琛（生卒年不详）字琅敷（一作朗夫），号韫山。清吴江黎里人。嘉庆十四年（1809）恩贡生，就职直隶州州判。幼聪慧，以文章行谊为同辈所推，尤精六书。生平好商今榷古，徐达源撰《黎里志》资其考订。曾出资重修禊湖书院。晚年肆力于诗。

◎**著作集**

澹如居诗集

何氏语林印谱

　　以上两种见光绪《黎里续志》卷四，未见收藏。

颍川陈氏近谱

　　国家图书馆存清嘉庆七年（1802）刻本。

韫山制义

　　见光绪《黎里续志》卷八，未见收藏。

禊湖杂咏一卷

　　见柳亚子等《吴江文献保存会书目》，未见收藏。

柳嗣锋（生卒年不详）字以忠，号鹤汀。清吴江人，柳球从子。乾隆五十九年（1794）入府学。

著作集待考

◎**零星诗文** 《分湖诗钞》卷十五有诗。

秦秉仁（生卒年不详）字德全，号静山。清震泽人。

◎**著作集**

念修堂诗钞

　　见《松陵诗征续编》卷六，未见收藏。

◎**零星诗文** 《松陵诗征续编》卷六有诗。

秦秉义（生卒年不详）字正由，号铁山。清平望人。乾隆五十九年（1794）取入震庠。

◎**著作集**

倚棹吟四卷

耕余杂唱二卷

苴唳吟二卷

梅庵词稿二卷

　　以上四种见光绪《平望续志》卷十一，未见收藏。

沈金渠（生卒年不详）原名石渠。字汉甫，号春桥。清震泽人，沈念祖之子。少颖慧，工诗文，乾隆五十九年（1794）取入震庠。岁试即冠其曹，遂食饩。为诗雄深爽健，情文相生，邑中前辈皆称赏之。将膺岁贡，未及试而殁。

◎**著作集**

春风庐诗集二卷（张士元序）

　　国家图书馆存清道光震泽沈氏刻本。

震泽备忘十二卷

　　见道光《震泽镇志》卷十一等，未见收藏。

◎**零星诗文** 《松陵诗征续编》卷五有诗。

王致聪（生卒年不详）字听胪，号午桥。清吴江盛泽人，王燕次子。乾隆五十九年（1794）取入江庠。少负隽才，十上省闱两荐不售，平时授徒及子侄辈，悉心训迪。

著作集待考

◎**零星诗文** 《盛湖诗萃》卷九有诗。

王锡泰（生卒年不详）字汇亨，号秋水。清吴江松陵人，王惇之子，王锡瑞弟。乾隆五十九年（1794）入府学。嘉庆五年（1800）登辛酉拔萃科，是秋恩科膺乡荐，十荐礼闱不售，考授学正、学录，升助教。在京以钟鼎文名，运笔如飞，又善镌石印，求书者日踵门。兴到即书，不拘一格。丁外艰归，不复出。卒年七十九。

著作集待考

◎**零星诗文** 《垂虹诗剩》卷一有诗。

叶树伟（生卒年不详）字立方（一作笠舫），号南村。清吴江人，叶振统从子。少孤贫。乾隆五十九年（1794）取入江庠。三就省试见斥，遂绝意进取。性宗阳明良知之学，于宋儒多所龃龉。晚乃究心佛乘，著有讲习编。年六十余卒。

◎**著作集**

骈枝集一卷

　　见柳亚子等《吴江文献保存会书目》，未见收藏。

讲习编

　　见光绪《黎里续志》卷七，未见收藏。

◎**零星诗文** 《松陵诗征续编》卷四有诗。《吴江叶氏诗录》卷五有诗。《分湖诗钞》卷六有诗。

仲宗泗（生卒年不详）字鲁如，号二岩。清吴江盛泽人，仲锦昼从子。乾隆五十九年（1794）取入江庠。

著作集待考

◎**零星诗文** 《盛湖诗萃续编》卷一有诗。

姚慰祖（生卒年不详）清吴江人。乾隆五十九年（1794）取入震庠。

◎**著作集**

梅花楼诗钞草一卷

上海图书馆存清抄本。

郭凤（1772—1840）一名骏。字骧云，一字丹叔。清吴江芦墟人，郭麐之弟。乾隆五十七年（1792）尝从顾汝敬学。晚年侨居嘉善，为童子师。

◎**著作集**

山矾书屋诗初集十卷二集九卷

吴江图书馆存清嘉庆十四年（1809）刻本。

◎**零星诗文** 《松陵诗征续编》卷八有诗。《分湖诗钞》卷十六有诗。

【编者注】光绪《吴江县续志》卷三十六录《山矾书屋诗集》八卷，郭麐序。查存书，初集正文为十卷，然目录为八卷，而郭麐序亦称八卷，恐初为八卷，后扩充为十卷。

郭骧（生卒年不详）字超云，号友三。清吴江人。郭麐从弟。少孤贫，曾习贾，后弃去，学绘事及诗，有名江湖间。

◎**著作集**

冬学庵稿

见《松陵人物汇编》卷十。南京图书馆存清稿本《冬学庵诗草》。

◎**零星诗文** 《松陵诗征续编》卷十一有诗。

金仁（1772—1815）字得尊，号铁如，又号蔼堂，一号德修。清吴江人，金士圻长子，金恭兄，金奉尧父。嘉庆四年（1799）取入震庠。两试棘闱不得售，遂潜心经史，间为诗歌。中年贫病交攻，学益粹。客死岭南。

◎**著作集**

味真山房诗文集五卷

见金恭《兄蔼堂先生行略》。《务滋堂集》存《味真山房诗草》二卷，吴江图书馆有藏。

味真书屋杂著合编二卷（与金奉尧合著）

> 吴江图书馆存清抄本。

粤游随笔一卷

> 见民国《垂虹识小录》卷四，未见收藏。

彭城学吟社诗草

> 稿本原藏上海合众图书馆，今收藏不详。

◎零星诗文　《松陵诗征续编》卷六有诗。

许铨（生卒年不详）字竹溪。清道光间吴江芦墟人。尝筑阁于分湖之旁，名曰"梦鸥"，骚人墨士往还无虚日。

◎著作集

梦鸥阁诗钞一卷（殷寿臻序）

> 吴江图书馆存民国九年（1920）刻本。

寿萱诗钞一卷

> 见柳亚子等《吴江文献保存会书目》，未见收藏。

◎零星诗文　《分湖诗钞》卷十七有诗。

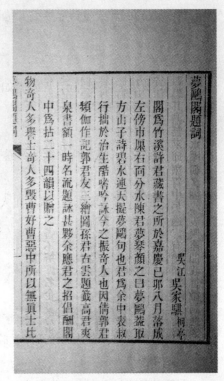

▲《梦鸥阁诗钞》书影

吴鸣镛（生卒年不详）字履旋，号云墅（一作云士）。清吴江人。嘉庆元年（1796）入府学。嘉庆五年（1800）举人。授六安州训导。

◎著作集

续修六安州志

> 见《松陵人物汇编》卷十，未见收藏。

仲升吉（生卒年不详）字骧衢（一作厢渠），号慎庵。清吴江人。钟一飞之子。嘉庆元年（1796）取入江庠。工诗善书，早卒。

◎著作集

慎庵遗稿

> 见同治《盛湖志》卷十二，未见收藏。

俞兰台（生卒年不详）初字荪环，又字定甫，号幼秋。清震泽人。嘉庆元年（1796）取入震庠。少务博览，凡水利、农田、兵制之类皆留心讨究，又反复于程朱遗书，慨然欲为儒者之学，而以其余力学唐宋元明诸家之文。后交张士元，士元告之曰："学不可杂，杂则不精，不如专取一途。"遂改字"定甫"。

◎著作集

晚香堂诗钞二卷续抄二卷

南京图书馆存清嘉庆十六年（1811）刻本。

◎零星诗文 《松陵诗征续编》卷五有诗。

叶蓁（生卒年不详）初名志祖。字孝宽，号洪乔。清吴江人，叶丹桂曾孙。嘉庆元年（1796）取入江庠。

著作集待考

◎零星诗文 《吴江叶氏诗录》卷十有诗。

仲承恩（生卒年不详）字羽高（一作雨皋），号石崖。清吴江盛泽人。嘉庆元年（1796）取入江庠。

著作集待考

◎零星诗文 《盛湖诗萃》卷九有诗。

周绍爔（生卒年不详）字旭升（一作旭生），号耦樵。清吴江人。嘉庆元年（1796）取入江庠。

◎著作集

耦樵遗稿

见同治《盛湖志》卷十二，未见收藏。

周尔宾（生卒年不详）原名梦兰。字畹孙，号香谷，晚号退谷。清吴江人，周琳之子。嘉庆元年（1796）入府学。少游族父周鹤立幕中，与浙江安吉郎葆辰同幕相善，得授画墨蟹法。

◎著作集

古香斋诗草

见《松陵诗征续编》卷八，未见收藏。

◎零星诗文 《松陵诗征续编》卷八有诗。

陈懋（生卒年不详）初名懋学。字光弟，号四桥。清吴江人。嘉庆元年（1796）取入江庠。学诗于周允中、金学诗两先生。为诗寄托温厚，吐属清真。沉静寡欲，尝历游江右、浙东。

◎著作集

遂高堂诗集十卷

上海图书馆存清嘉庆二十年（1815）抄本。

黄石书（生卒年不详）字北山，清震泽北麻人。嘉庆元年（1796）取入震庠。湛深经学。

◎**著作集**

听雪斋易说

见《松陵人物汇编》卷十。同治《苏州府志》卷一百三十八著录《映雪斋易说》。均未见收藏。

陆大均（生卒年不详）字古遗，号干夫。清吴江人。嘉庆元年（1796）取入震庠。

◎**著作集**

红影庄诗钞二卷

见《松陵人物汇编》卷十，未见收藏。

◎**零星诗文**　《松陵诗征续编》卷九有诗。

沈宝树（生卒年不详）字稼维，号爱漪。清吴江松陵人。嘉庆元年（1796）取入震庠。嘉庆十三年（1808）举人。

著作集待考

◎**零星诗文**　《垂虹诗剩》卷二有诗。

顾宗海（生卒年不详）字银澜，号雪泉。清吴江人，顾大本之子。幼年小试以诗赋见称，嘉庆元年（1796）取入江庠。时家道日落，退以课徒为业，犹得先辈教授子弟之法。卒年七十六。

◎**著作集**

分滨唱和草

见柳亚子《分湖诗钞》卷五，未见收藏。

赋稿二卷

见道光《分湖小识》卷五，未见收藏。

◎**零星诗文**　《分湖诗钞》卷五有诗。

顾宗濂（生卒年不详）字勖唐，号吟波。清吴江人，顾宗海从弟。

◎**著作集**

吟波诗稿

见柳亚子《分湖诗钞》卷五，未见收藏。

◎**零星诗文**　《分湖诗钞》卷五有诗。

迮鹤寿（1773—?）字兰宫，号青崖（一作青霞）。清吴江莘塔人，迮朗之子。嘉庆元年（1796）取入江庠。道光六年（1826）进士。授池州教授。骈体文特工。精绘事。特长考证，凡三代制度皆欲旁搜曲据，证以己说而使之完备，尝考三代土田户口之数与封建井田之制。年七十余卒。

◎著作集

韵字急就篇十卷

　　南京图书馆存清（1644—1911）刻本。

夏九州岛经界疏征一卷

殷九州岛经界疏征一卷

周九州岛经界疏征一卷

夏九州岛分土疏证一卷

殷九州岛分土疏证一卷

周九州岛分土疏证一卷

孟子正经界班爵禄两章疏证一百二十卷

　　以上七种见光绪《吴江县续志》卷三十三，未见收藏。

齐诗翼氏学四卷

　　吴江图书馆存清嘉庆十七年（1812）刻本。

江震潜德编四卷

　　见柳亚子等《吴江文献保存会书目》，未见收藏。

迮氏家乘前集八卷

　　南京图书馆存清道光十七年（1837）刻本。

王西庄蛾术编注八十二卷（王鸣盛撰，迮鹤寿参校并注）

　　国家图书馆存清道光二十一年（1841）吴江沈懋德世楷堂刻本。

饯锣集

　　见柳树芳《养余斋三集》卷一，未见收藏。

帝王世纪地名衍四卷

　　国家图书馆存清抄本。

◎零星诗文　《松陵文录》卷九有文。

谢宗素（1773—1843）字贞谷，号履庄。清吴江人。年十九为生计，弃书读律历，游公卿间。晚岁归里，杜门著述。平居子史百家无不流览，爱古名人书画，能辨真赝。耽吟咏。道光三年（1823）（一说道光十三年）邑大水尽淹，乃上书当事，江震两邑得以全灾上报。

◎著作集

却扫庵存稿

　　吴江图书馆存民国十六年（1927）铅印本。

周嘉福（生卒年不详）原名省焘。字驭楼，号峙亭。清吴江人。嘉庆二年（1797）取入震庠。嘉庆十三年（1808）举人。官江宁县训导。尝主黎里禊湖书院。平日专精制义，及门极盛。年七十余卒。

◎著作集

偶存抄

　　见《松陵人物汇编》卷十，未见收藏。

重次千字文一卷

　　见民国《垂虹识小录》卷七，未见收藏。

王昌谷（生卒年不详）原名世畛。字冠儒，号实庭。清吴江盛泽人。嘉庆二年（1797）取入江庠。道光五年（1825）恩贡生。少逐名场，老耽禅诵，诗古文词偶一涉笔，皆有意趣。好畜法书名画，鉴赏颇精。年六十九卒。

著作集待考

◎零星诗文　《盛湖诗萃续编》卷一有诗。

仲宗濂（生卒年不详）字茂如，号莲叔。清吴江人，仲锦昼之子。嘉庆二年（1797）取入江庠。积学工文，推重乡间，游其门者多所造就。道光二十三年（1843）吏、礼二部主事——同邑陈宗元、太仓陆希湜为仲宗濂请奖。仲宗濂为诗，不屑与吟场争逐，自道性情而已。

◎著作集

读左管窥四卷

四书释地辑略二卷

赋珊堂诗文稿

　　以上三种见同治《盛湖志》卷十二，未见收藏。

赵兰佩（生卒年不详）字国香，号眉山。清吴江人。嘉庆二年（1797）取入江庠。仿潘柽章《松陵文献》而成《江震人物续志》一书，自初创稿，阅二十余年始克写定。

◎著作集

江震人物续志十卷补遗一卷（张履序）

　　吴江图书馆存清道光二十年（1840）刻本。

江震人物备考十卷

　　吴江图书馆存清道光二十四年（1844）刻本。

▲《江震人物续志》书影

眉山诗钞

　　见《松陵人物汇编》卷十，未见收藏。

松陵人物补志十二卷

　　见柳亚子等《吴江文献保存会书目》。张明观《柳亚子史料札记》称上海图书馆存柳氏抄本。

◎**零星诗文**　《松陵诗征续编》卷八有诗。

邱孙梧（生卒年不详）字集凤，一字后同，号云枝。清吴江黎里人，邱冈之子。嘉庆二年（1797）取入震庠。陈寿熊谓其少颖悟，工文章，朱陆二氏多所涉猎，所见一发于诗，警辟奇恣不可绳尺。

◎**著作集**

易安斋诗集六卷（陈大缋序）

　　南京图书馆存清嘉庆十四年（1809）刻本。

易安斋二集

　　上海图书馆存抄本。

云心集节录一卷答眉集节录一卷

　　南京图书馆存稿本。

打包小草一卷

　　见柳亚子等《吴江文献保存会书目》，未见收藏。

◎**零星诗文**　《松陵诗征续编》卷九有诗。

丁筠（生卒年不详）字念慈，一字翠寒，又一说字竹君。清吴江人，邱孙梧妻。天性过人，素工诗。诗附邱孙梧《易安斋集》。

著作集待考

◎**零星诗文**　《松陵诗征续编》卷十四有诗。

殷大壎（1773—1808）字恺庭，一字开聪，号棣香。清平望人，殷子山裔孙，殷增兄。少嗜学，工诗文。嘉庆四年（1799）取入震庠。好行善。

◎**著作集**

棣香文稿

　　见《江震殷氏族谱》卷三，未见收藏。

◎**零星诗文**　《松陵诗征续编》卷八有诗。

王致纲（生卒年不详）字卜伯（一作卜循），号倚帆。清吴江人，王元煦之子。嘉庆四年（1799）取入江庠。耽吟习画，山水法黄公望，蔬果仿陈淳，兼善飞白书。早卒。

◎**著作集**

倚帆诗钞

　　见同治《盛湖志》卷十二，未见收藏。

王致绶（生卒年不详）字蕭家，号二若。清吴江人。王元煦之子。

◎**著作集**

紫薇花馆稿

　　见同治《盛湖志》卷十二，未见收藏。

吴载（生卒年不详）字清如，号渔庄。清震泽人。嘉庆四年（1799）取入震庠。附贡生。好吟咏，尝与群从结竹林吟社。

◎**著作集**

渔庄诗草

　　见《松陵人物汇编》卷十一，未见收藏。

◎**零星诗文**　《松陵诗征续编》卷九有诗。

【编者注】上海图书馆存抄本《余庄剩稿》一卷，署名吴载，疑为其作。

张作梅（生卒年不详）字宝成，号一杯。清震泽人。嘉庆四年（1799）取入震庠。王之佐云："君吟咏之余喜学颜柳书，虽严寒酷暑未尝一日间也。"

著作集待考

◎**零星诗文**　《松陵诗征续编》卷六有诗。

赵云球（生卒年不详）字炳南，号莘田。清吴江人，赵齐峰之子。嘉庆四年（1799）取入震庠。嘉庆十八年（1813）拔贡生。廷试第一，授刑部七品官。才思敏捷，藻采斐然，书法宗赵孟頫。假归遽卒，年四十。

◎**著作集**

莘田遗草一卷

　　南京图书馆存清道光四年（1824）刻本。

◎**零星诗文**　《松陵诗征续编》卷九有诗。

朱学熙（生卒年不详）字敬之，一字敬聪，号兰吟。清吴江人，朱方谷第三子。嘉庆四年（1799）取入震庠。

著作集待考

◎**零星诗文**　《分湖诗钞》卷七有诗。

秦清锡（生卒年不详）原名纶锡。字镜湖（一作敬和，又一说敬持），号海门。清平望人。嘉庆四年（1799）取入震庠。嘉庆二十四年（1819）恩贡生。绩学工文，留意文献，所著《韭溪百咏》见称于时。尝辑《历代纪年类编》，助殷增辑《松陵诗征前编》。其先世居洞庭山，山中之族颇盛，以秦清锡明谱牒之学，延修《秦氏族谱》。谱成遘疾，归数月而卒。

◎**著作集**

岢崿山居诗稿一卷（吴邦基序）

　　　　存仲湘《留爪集》，上海图书馆有藏。

历代纪年类编

匪莪集

耻耻山房诗集

　　　　以上三种见道光《平望志》卷十一，未见收藏。

洞庭秦氏宗谱

　　　　国家图书馆存清道光五年（1825）泳烈堂刻本。

武林游草三卷

　　　　见柳亚子等《吴江文献保存会书目》，未见收藏。

◎**零星诗文**　《松陵诗征续编》卷十二有诗。

仲宗澔（生卒年不详）字礼如，号子大。清吴江盛泽人。嘉庆五年（1800）取入江庠。

著作集待考

◎**零星诗文**　《盛湖诗萃续编》卷二有诗。

何兆鳌（生卒年不详）字驾山，号春林。清吴江南厍人。嘉庆五年（1800）取入震庠。

著作集待考

◎**零星诗文**　《垂虹诗剩》卷一有诗。

盛瑶（生卒年不详）字坚白，号芝桥。清吴江松陵人。

◎**著作集**

寄北斋诗钞

　　　　见《垂虹诗剩》卷一，未见收藏。

◎**零星诗文**　《垂虹诗剩》卷一有诗。

周星彩（生卒年不详）字景如（一说景云），号白庵。清吴江人。嘉庆五年（1800）

取入江庠。二十四年（1819）岁贡生。咸丰元年（1851）与董兆熊同举孝廉方正。陈来泰云："老友周白庵征君人品如浑金璞玉，场屋之文独出冠时，然仅以明经终。年将八十举孝廉方正，论者翕然，谓无愧此选。诗工长律，可止百十韵，组织工细，一笔不懈。"

◎著作集

时文启秀集

　　见《垂虹诗剩》卷二，未见收藏。

◎零星诗文　《垂虹诗剩》卷二有诗。

朱麟振（生卒年不详）号石香。清吴江人，居乐渡桥。嘉庆五年（1800）取入震庠。著作集待考

◎零星诗文　《垂虹诗剩》卷二有诗。

董寅森（生卒年不详）字卓甫（一作竹坡）。清吴江儒林里人。嘉庆五年（1800）取入震庠。善为古文，工隶书，能诗。

◎著作集

吟香居诗钞

　　见《松陵人物汇编》卷十，未见收藏。

黄文鲁（生卒年不详）字省三，号汀兰。清吴江松陵人。嘉庆五年（1800）入府学。

著作集待考

◎零星诗文　《垂虹诗剩》卷二有诗。

金恭（生卒年不详）一名俊。字寿人。清吴江人，金士圻二子，金仁弟。

◎著作集

玉尺楼画说（一作玉尺楼画梅说）

　　吴江图书馆存清抄本。

玉尺楼集四卷

　　吴江图书馆存民国十七年（1928）抄本。

秋渔吟草四卷

　　见民国《垂虹识小录》卷七，未见收藏。

烟浪小舍诗草四卷

　　吴江图书馆存民国十二年（1923）抄本。

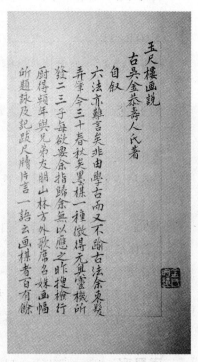

▲《玉尺楼画说》书影

【编者注】《秋渔吟草》与《烟浪小舍诗草》署名金俊。据薛凤昌考证，金俊乃金恭早年之名，见《烟波小舍诗草》跋。

周霁（1774—1799）字朗宇，号愚谷，清吴江黎里人，周元瑛之孙。从顾汝敬游，喜为诗。袁枚谓其"年才弱冠，诗甚清嘉。"曾游京师。王汝璧、陈毓咸皆器重之。性豪爽，敦友谊，好施予。不及其寿而殁，顾汝敬哭之，有"寒士轻财如大侠"之句。

◎**著作集**

学吟草三卷

北游草二卷

以上两种见嘉庆《黎里志》卷六，未见收藏。

愚谷遗诗

南京图书馆存清嘉庆刻本。

◎**零星诗文** 《松陵诗征续编》卷六有诗。《笠泽词征》卷十有词。《江苏诗征》卷八十四有诗。

任昌诰（1774—1797）字承莱，号韩山。清吴江人，任思谦孙，任兆麟之子。性好学，从钱大昕游。工文善书，得钟繇法。早卒。

◎**著作集**

韩山小稿

见《江苏诗征》卷八十九，未见收藏。

◎**零星诗文** 《江苏诗征》卷八十九有诗。

王芬（生卒年不详）字韵清，清吴江梅堰人。幼以疾弃举业，喜为诗，清秀工致。年二十二卒。

◎**著作集**

芸台吟稿

见《松陵人物汇编》卷十一，未见收藏。

陈琯（生卒年不详）字烹霞。清吴江鸭头湾人。自少即喜读书，凡经史典籍诸子百家靡不流览，然多食而未化。继与连鹤寿交，凡所读书历陈疑窦，鹤寿略加剖析，陈琯灵机触发，诗思大进，不数年间富有卷轴。虽绝粒，终日吟诗常彻户外。后以目疾致瞽。

◎**著作集**

怡山集

见《分湖诗萚》，未见收藏。

程兴坚（生卒年不详）字介石。清吴江人。

◎著作集

自适吟

见同治《苏州府志》卷一百三十八，未见收藏。

石逢龙（生卒年不详）字又岩。清吴江人。武生。性至孝。精于医，一切大小内外方脉治之无不立效，视痘症尤神妙。

◎著作集

石生医案

见道光《黄溪志》卷六，未见收藏。

陆鎏（1775—1850）字胜修，又字募伯，号艺香，一号问花居士。陆泰增次子。嘉庆十年（1805）取入震庠。

◎著作集

问花楼诗钞一卷

问花楼诗话三卷

问花楼词话一卷

以上三种南京图书馆存稿本。

【编者注】《江苏艺文志》载陆鎏卒于1850年，却又载其于同治三年（1864）中举，明显有误。阅《松陵人物汇编》卷十一，见载有另一陆鎏，字蕃伯，号菜仙，陆寿民之子，同治三年（1864）举人。《江苏艺文志》将两个陆鎏合二而一了。

际天（生卒年不详）字岫云，号兰坡。清吴江人，无碍寺僧。后移居南沙静室，与城市远隔。

◎著作集

潇湘草初集二集

见苏州图书馆藏《续松陵诗未刻稿》，未见收藏。

◎零星诗文 《松陵诗征续编》卷十三有诗。

杨刚（生卒年不详）字鹤街，号毅堂。清吴江人，杨浚孙，杨瀣之父。国学生。平生笃于伦纪。性好学，尤喜金石文字。与嘉定钱大昕等游。

◎著作集

墨沈存余

见《松陵人物汇编》卷十，未见收藏。

陈山寿（生卒年不详）初名峙。字如南，号子玉。清吴江黎里人，陈燮长子，陈昌镡之父。神情闲朗，能鼓琴，尤嗜词与画，篆刻亦工。郭麐评其词谓"佳处有玉田遗意"。尝手选历朝词十余卷，临摹前人画本至数百幅。

◎著作集

众香庵诗稿一卷词稿一卷

南京图书馆存抄本。

闽游草

历朝词

以上两种见《松陵人物汇编》卷十一，未见收藏。

邓尉寻春图题咏一卷

见柳亚子等《吴江文献保存会书目》，未见收藏。

◎零星诗文 《松陵诗征续编》卷十一有诗。《笠泽词征》卷十三有词。

陈蕊元（生卒年不详）清吴江黎里人。李嬛之夫。

◎著作集

吟晓楼诗稿一卷

见柳亚子等《吴江文献保存会书目》，未见收藏。

花间寻梦图题咏一卷

见柳亚子等《吴江文献保存会书目》。张明观《柳亚子史料札记》称上海图书馆存残卷。

◎零星诗文 《笠泽词征》卷十三等有词。

李嬛（生卒年不详）字子珊，号梦兰。清秀水人，李大有之女。少颖悟，通韵语，适中表陈蕊元仅四载卒，时年仅二十五岁。

◎著作集

梦兰遗诗一卷

见嘉庆《黎里志》卷六，未见收藏。

◎零星诗文 《松陵诗征续编》卷十四有诗。

周珣（生卒年不详）字右璜（一说右序），号玉圃。清吴江新杭市人。国学生。性颖敏，喜务实学，尤深于《易》。著《易图贯义》以伏羲太极配河图，濂溪太极配洛书，明先后天卦画之原。复述乾坤坎离四卦，以申天地水火卦实维四义。凡先后天方位次序及蓍策变占之道，并为图以发明之，各为说以缀其后，计为图六十，说二十四。

◎著作集

易图贯义二卷

　　见同治《盛湖志》卷十二，未见收藏。

◎零星诗文　《松陵诗征续编》卷七有诗。

凌镐（生卒年不详）字龙臣，自号天复子。清平望人，凌坛之子。候选县丞。自幼喜作诗，每多悲愤之音。尝从吴鸣锵游，谓其诗多商声，非少年所宜。遭兵乱，更抑郁不自得，年三十四卒。

◎著作集

易斋诗稿十二卷

天复园杂著（袁学澜序）

　　以上两种见光绪《平望续志》卷十一，未见收藏。

孙寿保（生卒年不详）字石华。清浙江乌程人，吴江凌镐之妻。工诗。

◎著作集

书楼遗诗一卷续集一卷

　　见光绪《平望续志》卷十一，未见收藏。

叶春晖（生卒年不详）字丽苍，号湘帆，清吴江黎里人，叶树枚从子，叶兰生之父，沈曰富业师。工文不偶，而处世淡泊。

◎著作集

清寿庵诗草

　　见《松陵人物汇编》卷十一，未见收藏。

◎零星诗文　《松陵诗征续编》卷十有诗。《吴江叶氏诗录》卷五有诗。《分湖诗钞》卷六有诗。

张畹英（生卒年不详）清平望马某妻，原籍王江泾。性幽静，好读书，卜居村落，茅屋萧然。

◎著作集

迎霞楼稿

　　见《松陵人物汇编》卷十，未见收藏。

郑璜（1777？—1837？）字元畅，一字元吉，号瘦山，晚更号赘翁。清吴江同里人。少为袁棠器重，招入续竹溪诗社。嘉庆二年（1797）入府学。十五年（1810）举人。累试春官不第。以贫故出游，与朱春生同客河帅严烺府，严烺延主徐州云龙书院，久之以亲老辞归。家毁于火，穷且老，复不得志于校官，仍跌宕自喜，以诗终其身。年六十一卒。

◎**著作集**

春秋地理志今释

> 见光绪《吴江县续志》卷三十三，未见收藏。

三国志辨伪

> 见光绪《吴江县续志》卷三十四，未见收藏。

海红华馆文抄四卷（董兆熊序）

> 见光绪《吴江县续志》卷三十七，未见收藏。

海红华馆诗钞十卷词钞二卷（郭麐序）

> 国家图书馆存清道光十五年（1835）刻本。吴江图书馆存残缺本。

◎**零星诗文** 《松陵诗征续编》卷九有诗。《笠泽词征》卷十四有词。

陈杲（1777—1828）字肇升，号芝林。清吴江黎里人，陈汝雨次子，陈寿熊之父。国学生。七岁即能诗，居常善读易。性好客，淡于声华。

◎**著作集**

易述二卷

瑞芝阁诗钞

> 以上两种见《松陵人物汇编》卷十一，未见收藏。

秦丕烈（1777—1829）字启人，号啸庐，一号半痴道人。清震泽人。少慧能文，试不得隽，弃而学诗、学画、学医，治疾颇效，画亦为人所称。事亲以孝闻。

◎**著作集**

啸庐诗文抄

> 见《松陵人物汇编》卷十。仲湘《留爪集》存《啸庐遗诗》一卷，上海图书馆有藏。

◎**零星诗文** 《松陵诗征续编》卷六有诗。

叶汾（1777—?）字溯源，号芸圃，又号契兰，清吴江人。嘉庆元年（1796）取入江庠。廪贡生，候选训导。工书能诗。授学终身，年近八旬。

著作集待考

◎**零星诗文** 《吴江叶氏诗录》卷五有诗。

柳梦金（1777—1823）字贡三，号双南。清吴江人，柳球之子。国学生。积劳成疾，咯血而殁，卒年四十七。

著作集待考

◎**零星诗文** 《分湖诗钞》卷十五有诗。

庄兆沄（生卒年不详）字临洲，号镜波。清震泽人，庄兆洙弟。

◎**著作集**

镜波楼稿

　　见《松陵诗征续编》卷九；未见收藏。

◎**零星诗文** 《松陵诗征续编》卷九有诗。

陆见球（生卒年不详）字夔鸣，号华尌。清吴江人，陆日爱之父。国学生。谦谨好善，与物无竞。治家余闲间以吟咏自怡。

著作集待考

◎**零星诗文** 《松陵诗征续编》卷九有诗。

叶沄（生卒年不详）名一作兰沄。原名树萱。字阶英。清吴江人，县学生。

著作集待考

◎**零星诗文** 《松陵诗征续编》卷九有诗。《吴江叶氏诗录》卷五有诗。

费锡璋（生卒年不详）号龙笙。清吴江松陵人。震泽县学生。官浙江余杭县县丞。工诗善书。

著作集待考

◎**零星诗文** 《垂虹诗剩》卷十有诗。

邵嘉谷（生卒年不详）字佳谷，号稼甫，清吴江平望人。国学生。官浙江巡检。

◎**著作集**

灵石山房诗稿

　　见《吴江叶氏诗录外编》卷五，未见收藏。

◎**零星诗文** 《吴江叶氏诗录外编》卷五有诗。

赵春霖（生卒年不详）字霈沾，号京少。清吴江人，赵士光之子。国学生。少游三晋，历云中、雁门诸塞及上党、潞泽各郡。中岁遍游浙西，复自汴洛入都，晚年又游武林。卒年六十四。

◎**著作集**

晋游草

西泠前后游草

历游见闻录

> 以上三种见《吴江赵氏诗存》卷十二，未见收藏。

◎**零星诗文** 《吴江赵氏诗存》卷十二有诗。

赵球（生卒年不详）字耀坤，号渔槎。清吴江松陵人，赵鸿藻之子。少颖悟能文，十岁应童子试即见许于人。弱冠即殁。

◎**著作集**

私筎集私笺

灵檀余屑

> 以上两种见《垂虹诗剩》卷八，未见收藏。

欧丝集

> 见《吴江赵氏诗存》卷十二，未见收藏。

◎**零星诗文** 《垂虹诗剩》卷八有诗。《吴江赵氏诗存》卷十二有诗。

任昌诗（1778—?）字雅南，号苏庵。清吴江人，任兆麟次子。国学生。例授登仕郎。曾任广藩幕府记室。

◎**著作集**

苏庵诗稿八卷

> 上海图书馆存清嘉庆二十三年（1818）来青楼刻本。

来青楼尺牍择吉要览

> 见《任氏宗谱》，未见收藏。

◎**零星诗文** 《松陵诗征续编》卷四有诗。

叶镶（1778—1832）字芳春，号兰嵒（一作兰潭）。清吴江人。嘉庆七年（1802）取入江庠。十三年（1808）恩科举人。候选知县。

◎**著作集**

香玉馆诗词钞

> 见《松陵诗征续编》卷九，未见收藏。

散花庵丛语一卷

> 吴江图书馆存民国二十三年（1934）《甲戌丛编》本。

散花庵杂组

> 南京图书馆存清抄本

◎**零星诗文** 《松陵诗征续编》卷九有诗。《笠泽词征》卷十四有词。《吴江叶氏诗录》卷四有诗。

许照（生卒年不详）字葵阳，号秋田。清吴江芦墟人。嘉庆七年（1802）取入江庠。

著作集待考

◎零星诗文 《分湖诗钞》卷十七有诗。

归令树（生卒年不详）原名樟。字豫庭，号莼江。清吴江盛泽人。嘉庆七年（1802）取入江庠。

著作集待考

◎零星诗文 《盛湖诗萃续编》卷一有诗。

黄焜（生卒年不详）字少华。清吴江松陵人，黄灿弟。嘉庆七年（1802）取入震庠。

著作集待考

◎零星诗文 《垂虹诗剩》卷一有诗。

金永骥（生卒年不详）号兰圃。清吴江松陵人。

◎著作集

爨桐室诗钞

　　见《垂虹诗剩》卷一，未见收藏。

◎零星诗文 《垂虹诗剩》卷一有诗。

盛际虞（生卒年不详）字允诚，号逊堂。吴江松陵人。国学生。

◎著作集

逊堂诗草十卷

　　见《垂虹诗剩》卷一，未见收藏。

◎零星诗文 《垂虹诗剩》卷一有诗。

陈清翰（生卒年不详）字玉堂，号屏山。清吴江松陵人，周之桢外祖伯。诸生。曾馆禊湖东葫芦兜，讲学于德星堂。

著作集待考

◎零星诗文 《垂虹诗剩》卷一有诗。

金寿祺（生卒年不详）初名金英。字芳翘（一作芳乔），号春谷，一号醒庵。清吴江人。嘉庆七年（1802）入府学。岁贡生。

著作集待考

◎零星诗文 《金氏诗集》有诗。

王锡纶（生卒年不详）字幼卿，号信甫。吴江松陵人。嘉庆七年（1802）取入震庠。嘉庆二十四年（1819）震泽岁贡生。

著作集待考

◎**零星诗文** 《垂虹诗剩》卷二有诗。

陈兆清（生卒年不详）字篆方，号省堂。清吴江人。本居同里，迁松陵，后居怀德井北。震泽廪贡生。

著作集待考

◎**零星诗文** 《垂虹诗剩》卷二有诗。

沈诠（生卒年不详）字有真。清吴江人。住全真道院。能诗，有妙悟，人乐与之游。

◎**著作集**

漱霞居吟草

  见光绪《黎里续志》卷四，未见收藏。

◎**零星诗文** 《松陵诗征续编》卷十三有诗。

孙克莹（生卒年不详）清震泽六都人。

◎**著作集**

玉岑诗稿

  见《儒林六都志·著述》，未见收藏。

陈山甫（生卒年不详）初名崚。字穆如，一字子仲。清吴江黎里人，陈燮次子。候选从九品。濡染家学，少娴辞翰，喜收藏邑人诗集。

◎**著作集**

禊湖陈氏诗存八卷（与陈昌镎同辑）

  见光绪《黎里续志》卷四。张明观《柳亚子史料札记》称上海图书馆存柳氏抄本。

真意斋诗稿

  见《松陵人物汇编》卷十一，未见收藏。

◎**零星诗文** 《松陵诗征续编》卷十一有诗。

郑钰（生卒年不详）字湘佩，号竹窗。清吴江人。

◎**著作集**

披云山房遗稿

  见同治《盛湖志》卷十二，未见收藏。

蔡湘（生卒年不详）字赋江，号秋水。清吴江黎里人。由太学候选布政司经历。性谦冲。自幼工吟咏，有和随园落花诗十首，一时脍炙人口。居常慷慨仗言，敦行不息，为乡里所推。嘉庆十七年（1812）与里人徐达源等创建众善堂。道光十年（1830）倡修禊湖书院。卒年五十九。

◎著作集

周官辑注六卷

传砚楼诗钞二卷

　　以上两种见光绪《黎里续志》卷四，未见收藏。

樊钟岳（生卒年不详）字翰伯，号补之。清吴江闻湖人。国学生。

◎著作集

壶山堂诗

　　见《吴江叶氏诗录外编》卷五，未见收藏。

◎零星诗文　《吴江叶氏诗录外编》卷五有诗。

钱志伟（生卒年不详）字峻修，号西溪。清吴江珠溪人。性沉敏，凡医卜、音律、书数、篆刻之学，靡不深造而窥其奥。尤精绘事，人物花卉粗细皆工。尤精山水，出入沈石田、王石谷之间，苍秀有法。

◎著作集

无隐处题画诗

　　见《松陵人物汇编》卷十一，未见收藏。

陈素芬（生卒年不详）字秋卿。清震泽人。华亭副贡生周莲继室。

著作集待考

◎零星诗文　《松陵诗征续编》卷十四有诗。

松云氏（生卒年不详）别署九容楼主人。清震泽人。

◎著作集

英云梦传（三生姻缘）八卷

　　国家图书馆存清嘉庆十年（1871）刻本。

蔡仙根（生卒年不详）清吴江黎里人。

◎著作集

琴言一卷

琴谱大成二卷

操缦撮要一卷

以上三种见光绪《黎里续志》卷四，未见收藏。

赵莲（生卒年不详）字咒生。清平望人。初学制举业，好骋才气，不肯俯就绳墨，屡踬于试。嗣亲殁家落，与诗人叶树枚、周梦台饮酒唱和无虚日。意气之豪，有不顾俗子侧目者，里人咸讶其狂。工骈体文，兼善汉隶篆刻。年四十三卒。

◎**著作集**

咒笋庵剩稿（徐锡琛序）

国家图书馆存清咸丰三年（1853）刻本。

陈圻（生卒年不详）字甸封，号春峤。清吴江黎里人。光绪元年（1875）以孙陈鸿寿赠奉政大夫同知衔浙江试用知县。

◎**著作集**

墨池集

见光绪《黎里续志》卷四，未见收藏。

【编者注】《江苏艺文志》与《苏州民国艺文志》均认为陈圻为清光绪间人。其实陈圻光绪元年以孙陈鸿寿获赠官职是其身后之事。陈鸿寿之父陈锐同样在光绪元年获赠官职，而陈锐在道光十年入庠，应生于嘉庆年间，那么陈圻估计生于乾隆年间。

吴荣（1780—1838）初名楷。字端培，号静轩。清震泽人。少颖敏，工诗文，嘉庆元年（1796）年十七补诸生，历试则高等，道光五年（1825）拔贡。廷试一等，复试以疾未终卷。南归讲学于乡，从游日众。好义举，修陆孝子坊、筑王锡阐墓皆率先捐助。年五十九卒。

◎**著作集**

聚星草堂诗稿

见《松陵人物汇编》卷十，未见收藏。

文峰（1780—1839）字性恬，号笑溪。清震泽人。吉庆寺僧。

如山居未悟编一卷

浙江图书馆存清道光十九年（1830）刻本。

◎**零星诗文** 《松陵诗征续编》卷十三有诗。

周梦台（1780—1839）字叔斗，号柳初，又号初庵居士、宛委山人。清吴江谢天港人，周灿六世孙。嘉庆七年（1802）取入江庠。工古文诗词，特善书，姿态秀逸，宗苏轼，颇名于时，间为篆隶，亦古雅有致。常客授数十里外，归则与杨秉桂、仲湘等习艺。道光十年（1830）、十一年（1831）间，馆里中，所主沈曰寿、沈曰富兄弟均好诗，邀同志结红梨社，推周梦台主盟。晚年多病，所作遂少。

◎著作集

红梨社诗钞一卷（与纂）

见同治《盛湖志》卷十二，未见收藏。

茶瓜轩诗文集

上海图书馆存抄本。

初庵剩稿二卷

见同治《苏州府志》卷一百三十八，未见收藏。

茶瓜轩词一卷

上海图书馆存吴江柳氏抄本。

◎零星诗文　《松陵诗征续编》卷十一有诗。《笠泽词征》卷十五有词。

朱兰（1780—1815）字畹芳。清吴江人，朱绍庭之女。幼承庭训，工吟咏。年二十二归乍浦沈时春，越二年夫亡，日以针黹佐薪水，教子读书，间或吟咏以自写其性情。

◎著作集

先得月楼诗草（黄金台序）

上海图书馆存清光绪十二年（1886）重刻本。吴江图书馆存《女士集汇存》抄本。

吴家骐（1780—1850）字彦昭，一字念昭，号柯亭。清吴江冠溪村人，吴家骥兄。家贫读书，性好博览，耽吟咏。嘉庆五年（1800）取入江庠。屡试省闱不得志，历五十载专以课徒为业，馆周庄张氏最久，嗣游苏郡。暇时究心医术，治病辄效。

◎著作集

守拙斋遗稿五卷（柳树芳序）

吴江图书馆存清咸丰七年（1857）刻本。

分湖杂咏一卷

上海图书馆存民国吴江柳氏抄本。

杂著一卷

见同治《苏州府志》卷一百三十八，未见收藏。

◎零星诗文　《吴江叶氏诗录外编》卷六有诗。

赵函（1780—1845）初名晋函，字艮甫，号菊庵。清震泽人，赵基次子。嘉庆元年（1796）取入震

▲《守拙斋遗稿》

庠。喜为诗歌，工古文词，善书法。累试南北闱不售，益自放于诗。家贫寡游，卖文为活。从张如骧客延平三年，又从护琉球贡使入都。还至维扬，佐盐运使郑祖琛选乾嘉两朝诗一百四十卷。因选诗，所见专集最多，故能别白流派。后为镇江两任太守延入幕府。

◎**著作集**

乐潜堂诗初集二卷二集六卷

南京图书馆存清道光咸丰间刻、清同治七年（1868）修补本。

菊潜庵剩稿三卷

吴江图书馆存清道光二十三年（1843）刻本。

飞鸿阁琴意二卷

国家图书馆存清道光十六年（1836）震泽赵氏刻本。

◎**零星诗文** 《松陵诗征续编》卷九有诗。《笠泽词征》卷十三有词。

杨秉桂（1780—1843）初名庆麋。字蕊周，号辛甫，晚号蟾翁，又号潜叟。清吴江盛泽人。杨迁栋兄。嘉庆八年（1803）入府学。道光十七年（1837）岁贡生。善画兰菊竹石，工填词。口吃，吐属多隽。善饮酒，好游，与物无所忤，而意有不可，未尝随众俯仰。与昆山王学洁交，爱其画，每晤必有请。五十后连丧二子，又遭火，长物荡然，顾颇能自遣，无戚戚容，优游诗酒者数年，无疾而逝。

◎**著作集**

潜吉堂诗录二卷词录一卷杂著一卷（孙燮序）

上海图书馆存清道光二十四年（1844）刻本。

吴江图书馆存民国《甲戌丛编》本《潜吉堂杂著》一卷。

画兰题记一卷附录一卷

存《花近楼丛书》，国家图书馆有藏。

◎**零星诗文** 《松陵诗征续编》卷十二有诗。《笠泽词征》卷十五有词。

王锡宝（生卒年不详）字以牧，号谦山。清吴江人，住松陵西门外淘沙浜。嘉庆八年（1803）取入震庠。岁贡生。工书兼写山水。

著作集待考

◎**零星诗文** 《垂虹诗剩》卷二有诗。

王嘉锡（生卒年不详）字沛纶，号杜香（一作杜芗）。清吴江人。嘉庆八年（1803）取入江庠。有声于时。习隶书得曹全碑法。

◎**著作集**

梦庚楼诗草

见同治《盛湖志》卷十二，未见收藏。

吴鸣锵（生卒年不详）字铸生（一说佩和），号琛堂，晚号复丁翁。清平望人。嘉庆八年（1803）取入江庠。道光五年（1825）岁贡生。工诗古文，兼工书。晚年善用鸡毛笔，尝游艺江浙间。

◎著作集

睫巢诗集四卷文稿二卷

　　见同治《苏州府志》卷一百三十八。南京图书馆存抄本《睫巢文稿》一卷。

莺湖补禊诗存一卷

　　见柳亚子等《吴江文献保存会书目》，未见收藏。

◎零星诗文　《松陵文录》卷十九等有文。《国朝文汇》丙集卷四有文。

俞继善（生卒年不详）字赋良，号晓亭。清吴江盛泽人，俞勇之孙。嘉庆八年（1803）取入震庠。

著作集待考

◎零星诗文　《盛湖诗萃续编》卷一有诗。

叶升墀（生卒年不详）字步丹，号印石。清吴江盛泽人。嘉庆八年（1803）取入江庠。耽诗好饮，尝与里中同辈结六诗人社，觞咏为欢。于书，篆隶真草飞白无不学，运笔各有姿致。

著作集待考

◎零星诗文　《盛湖诗萃续编》卷二有诗。《吴江叶氏诗录》卷五有诗。

黄大缙（生卒年不详）字纪云，号小帆。清吴江人。嘉庆八年（1803）取入江庠。

著作集待考

◎零星诗文　《松陵诗征续编》卷十一有诗。

刘乾吉（生卒年不详）字济寰，一字竹溪，号惕安。清吴江人，居松陵唐家坊。少擅文誉，嘉庆八年（1803）取入震庠。

◎著作集

竹虚斋诗稿

　　见《垂虹诗剩》卷二，未见收藏。

◎零星诗文　《垂虹诗剩》卷二有诗。

邵焜（生卒年不详）字惕安，一字铁庵。清吴江人，任廷旸姑夫。国学生。工诗文，诗主清新，书法铁笔力追古人。喜奖引后进。

铁花庵诗钞

又生草堂诗集

> 以上两种见《松陵人物汇编》卷十，未见收藏。

◎**零星诗文** 《松陵诗征续编》卷十有诗。

计哲（生卒年不详）字圣儒，号梅腥，又号毗耶居士。清吴江人。工书法，似唐人。精医理。种梅绕舍，故自号梅腥翁。

◎**著作集**

厉青斋诗存

> 见《松陵诗征续编》卷七，未见收藏。

◎**零星诗文** 《松陵诗征续编》卷七有诗。

达宗（？—1840）字云昙，号定川。清吴江僧。黎里孙氏子。六岁为罗汉寺僧，闻人转《法华经》即有契。少长受具足戒，居醒庵，移住紫筠庵。日诵法华、华严诸经，戒行精严，罕与人接。有访之者，怡然简默。若与讲论佛法，陈说因果，又娓娓不倦，恒以忠孝劝人。终身破衲蔬食。道光二十年（1840）冬卒。

◎**著作集**

净土述要

云昙诗稿

> 以上两种见光绪《黎里续志》卷四，未见收藏。

◎**零星诗文** 《松陵诗征续编》卷十三有诗。

徐娱庭（生卒年不详）清吴江人，徐大椿曾孙。

◎**著作集**

医案集存

> 中国中医研究院图书馆存稿本。

汉槎友札一卷（辑）

> 见南京图书馆存清吴燕兰稿本《吴氏囊书囊》。

【编者注】《垂虹识小录》载有徐锡祺，号娱庭，未知为同一人否。录以备考。

水上善（生卒年不详）清震泽人。

◎**著作集**

高隐山楼诗钞一卷

> 南京图书馆存清嘉庆刻本。

李德新（生卒年不详）字维宁，号八愚。清吴江黎里人。国学生。四川候补州吏目。

◎著作集

滇游草

> 见光绪《黎里续志》卷四，未见收藏。

◎零星诗文 《松陵诗征续编》卷十有诗。

黄巍赫（生卒年不详）别号明秀阁外史。清吴江人，为王昙高足。

◎著作集

甲申北都覆没遗闻一卷（叶树棠跋）

> 国家图书馆存民国间抄本。

古文初二集

> 见叶树棠《甲申北都覆没遗闻》跋，未见收藏。

吴有庆（生卒年不详）字豫庭，号子余。清吴江盛泽人。嗜酒善奕，性不适俗。诗亦如之。与程际青、张绍善。以贫困卒。

◎著作集

病中吟

> 见同治《盛湖志》卷十二，未见收藏。

子余诗文集

> 见柳兆薰《松陵文录姓氏考》，未见收藏。

◎零星诗文 《松陵诗征续编》卷十三有诗。《松陵文录》卷十九有文。

汝宏沇（生卒年不详）字蒸宜，号蔼人。清吴江黎里人。工诗词，兼通六法。

◎著作集

蔼人遗稿

> 见光绪《黎里续志》卷四，未见收藏。

范用源（生卒年不详）字湘槎。清平望人。国学生。熟于掌故，尝于古刹访得元碑、盛将军庙古碑，伏地洗剔，硾搨以资考证。又修杨高士秋墓，约同人设祭。收藏书籍甚富，晨夕研究，发为文章。后从长洲顾元熙游，学益进。

◎著作集

范用源诗文遗稿

> 见光绪《平望续志》卷十一。仲湘《留爪集·静娱室诗》附诗一卷，上海图书馆有藏。

李持玉（生卒年不详）字瑶华。清吴江人，李景昌女，陈耀之妻。长于赋物，隶事亦工。于归二年遽卒。

◎**著作集**

绿窗草（庄庆椿序）

　　　见《松陵人物汇编》卷十一，未见收藏。

◎**零星诗文**　《松陵诗征续编》卷十四有诗。

陈清耀（生卒年不详）字蕴辉，号少康。清吴江黎里人。附贡生。浙江候补县丞。

◎**著作集**

耦杏山房诗钞

　　　见《松陵人物汇编》卷十一，未见收藏。

◎**零星诗文**　《松陵诗征续编》卷七有诗。

李伯骧（生卒年不详）字浚甫，号石巢。清吴江黎里人。李德份之子。秀水籍诸生。

◎**著作集**

焦桐山馆诗钞

　　　见《松陵人物汇编》卷十一，未见收藏。

◎**零星诗文**　《松陵诗征续编》卷十二有诗。

蒯兆烺（生卒年不详）一作蒯烺。字介璈，号海珊（一作海山）。清吴江黎里人。议叙从九品。工诗善隶，尤精画山水，远宗大痴黄公望，近法麓台王原祁，片楮寸缣，人咸贵之。周宝彝尝师事之。

◎**著作集**

二十四砚斋诗稿

　　　见光绪《黎里续志》卷四，未见收藏。

蔡淇（1781—1837）字卫川，号竺溪。清吴江黎里人，蔡湘弟。其先由浙江湖州迁居吴江黎里。性慧好学，少从名师游，以郡试第一补县学生。中试嘉庆十五年（1810）举人，两上公车不售，途中车覆伤唇创甚，得异人授以敷药而愈，遂以亲老绝意进取，循例纳资加太常博士衔。志耽诗，好客，所交多知名士。赒恤贫病、称贷姻娅始终不稍懈。甲午以疾卒。

◎**著作集**

七逸居吟稿一卷

　　　见光绪《黎里续志》卷四，未见收藏。

挹青楼诗稿

媚学斋诗稿

以上两种见民国《垂虹识小录》卷三，未见收藏。

金章（1781—1831）原名莘原。字衡才（一作衡在），号倬甫。清吴江人，金士堡之子。嘉庆元年（1796）取入江庠。

◎**著作集**

茂萱书塾吟草

茂萱书塾词草

以上两种吴江图书馆存民国十八年（1929）抄本。

杨澥（1781—1840）字琢堂（一作竹唐），号龙石。耳重听，后号聋石，一号野航逸民，又号石谷山人，晚号枯杨子。清吴江人，杨刚之子。嗜金石，凡周秦汉魏鼎彝碑版鉴别有特识。篆刻尤古朴，有秦汉遗意，人争宝之。至晚年不用墨篆，直以刀写。偶作诗。

◎**著作集**

汉四皓石刻题跋集录一卷

吴江图书馆存清道光间刻本。

龙石山房印稿八卷

见柳亚子等《吴江文献保存会书目》，未见收藏。

杨龙石印存不分卷

吴江图书馆存印本。

上海图书馆存清光绪三十四年（1908）西泠印社印本。

栗庐藏印

上海图书馆存民国十三年（1924）钤印本

▲《杨龙石印存》书影

朱培元（生卒年不详）初名文琥。字春和，号荔生。清吴江人。国学生。嘉庆五年（1800）署江西乐平县丞。诗工香奁体。尝请郭麐书斋额，郭麐取放翁语名之曰"新著书斋"。

新著书斋诗稿

见《松陵人物汇编》卷十一，未见收藏。

◎**零星诗文**　《松陵诗征续编》卷七有诗。

程际青（生卒年不详）字尚颜，号怡云。先世歙县人，清代迁居盛泽，世业贾。程际青不善贾，且鄙夷之，家日落，遂以侘傺不平之气寄于酒。青壮盛时，与朋侪论理是非，必使胸中无窒碍，有不当辄数复不休。能书画，客游无所获，以病卒。

◎著作集

品石庵稿

　　见同治《盛湖志》卷十二，未见收藏。

张绍（生卒年不详）字衣闻，号耕莘。清吴江盛泽人。业医，言谈风趣，动辄作解颐语，人多欢之。与程际青友善。

著作集待考

◎零星诗文　《盛湖诗萃续编》卷三有诗。

黄芸馨（生卒年不详）字顺卿。清吴江人，宋千乘妻。幼喜韵语，女红之暇辄事吟咏。年二十二以肺疾卒。

◎著作集

翡翠巢剩稿

　　见《松陵人物汇编》卷十一，未见收藏。

◎零星诗文　《松陵诗征续编》卷十四有诗。

陆镄（？—1859）字钧璈，号冀乡。清吴江人，居黄家溪。秀水诸生。好藏书，好字画，好诗古文辞。道光间与赵兰佩等复兴黄溪广善堂。二十九年（1849）江浙大水，劝捐助赈有力，议叙得国子监典籍衔。曾参校《黄溪志》。

◎著作集

郁林山馆诗文集

　　见清顾广誉《悔过斋续集·陆冀乡传》。仲湘《留爪集》存《郁林山馆诗录》
　　一卷，上海图书馆有藏。

传画楼杂著

传画楼读书录

　　以上两种见清顾广誉《悔过斋续集·陆冀乡传》，未见收藏。

【编者注】《江苏艺文志》列陆镄、陆矿两人，著作分别为《郁林山馆诗》和《郁林山馆集》，前者号"冀香"，后者字"冀香"，显然为同一人误录两处。查《黄溪志》，姓名应为陆镄。

周霞（1782—1801）字瑞青，号惺斋。清吴江黎里人，周元理孙，周霁从弟。能诗。

◎著作集

惺斋游草一卷

见嘉庆《黎里志》卷六，未见收藏。

◎**零星诗文** 《松陵诗征续编》卷十有诗。

陈敏媛（生卒年不详）本姓方。字葆文。清历城人，吴江周霞之妻。结褵两载而寡，悲伤憔悴，逾年而卒。

著作集待考

◎**零星诗文** 《松陵诗征续编》卷十四有诗。

殷增（1782—1822）字曜庭，号东溪。清震泽人，殷大埙弟，殷兆镛父。生而颖敏，五岁即解四声，能诵唐人绝句。长有羸疾，父母怜之，遂辍应举，则益喜为诗，十五岁作咏蝉五言，为时所称。喜搜罗邑中文献，尝购得里人潘耒《遂初堂集》板，补其残阙有数十页，亲自校雠，遂为完书。袁景辂选辑《国朝松陵诗征》断自清初及乾隆间，殷增广征博引，辑自六朝讫明朝诗为《松陵诗征前编》十二卷，三年而成。又采袁景辂以后诗为续编若干卷，尚未及刻而逝。

▲《松陵诗征前编》书名页

◎**著作集**

年号考

　　见光绪《吴江县续志》卷三十四，未见收藏。

人参谱

剪烛闲谈

　　以上两种见光绪《吴江县续志》卷三十五，未见收藏。

孤鸿篇四卷

　　南京图书馆存清同治十年（1871）刻本。

武林游草

　　国家图书馆存清抄本。

松陵诗征前编十二卷

　　吴江图书馆存清道光二年（1822）刻本。

摺竹居看菊图题咏一卷

　　见柳亚子等《吴江文献保存会书目》。张明观《柳亚子史料札记》称上海图书馆存柳氏抄本。

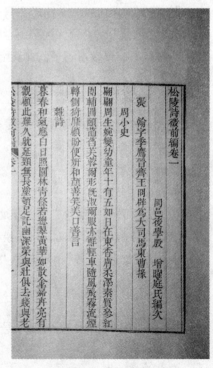

▲《松陵诗征前编》内页

东溪吟草

　　苏州图书馆存清刻本。

◎零星诗文　《松陵诗征续编》卷十有诗。

【编者注】殷增以《松陵诗征前编》行世，系编袁景辂之前诗，而续编未成，《江苏艺文志》称"殷增以景辂所选以后数十年诗为编"，其说不正确。

殷炜（1782—1845）字望昆，号竹岩。清吴江人，殷寿彭叔父。年十三下笔为文磊落有奇气。弱冠后得咯血症，遂辍举子业，例入成均。精大小缪篆，篆刻入能品。喜购古钱，能辨别真赝。

◎著作集

怀古堂印谱三卷

续泉志五卷

　　以上两种见殷寿彭《貤赠翰林院编修叔父竹岩公传》，未见收藏。

张海珊（1782—1821）字越来，一字铁甫（一作铁父，又作惕夫）。清震泽吴溇人。髫龀有异趣，稍长自知向学，嘉庆七年（1802）取入江庠。道光元年（1821）恩科乡试第一，榜发已前卒。其论学以宋贤为归，又耻迂儒寡效，自农田、河渠、兵制、天下形势所在及漕粮利弊悉心究讨。平生慕邵康节之为人，故自颜其居曰"小安乐窝"。

◎著作集

小安乐窝文集四卷诗存一卷

　　苏州图书馆存清道光刻本。

南池唱和诗集（与张履同撰）

　　国家图书馆存清光绪二十年（1894）刻本。

西来公案初抄

火攻绝要

古田舍日记

铁甫诗集

　　以上四种见《儒林六都志·著述》，未见收藏。

丧礼问答一卷

　　见《松陵人物汇编》卷十，未见收藏。

先儒礼经次弟

区田说

　　以上两种见同治《苏州府志》卷一百三十八，未见收藏。

◎零星诗文　《松陵诗征续编》卷十一有诗。《松陵文录》卷五等有文。

【编者注】《江苏艺文志》据《清史列传》卷七十二另列《日说》一卷，而《松陵人物汇编》卷十记录有《日记》一卷，其行状也录日记一卷，《儒林六都志·著述》又著录《古田舍日记》，推测"日说"为"日记"之误。

程庆龄（生卒年不详）字锡兹，号紫垣。清吴江谢天港人，程际韶之子。嘉庆十八年（1813）举人，分发广西试用布库大使，署淮阳知县。道光十七年（1837）分校乡闱。十九年（1839）署全州州同。二十一年（1841）补布政司库大使。咸丰二年（1852）协守省城有功加赏，以劳瘁得疾，乞假归。年七十七卒。

◎著作集

心不竞斋稿

上海图书馆存稿本。

粤游草

见同治《盛湖志》卷十二，未见收藏。

归来吟

上海图书馆存抄本。

程庆联（生卒年不详）号笾谷。清吴江盛泽人，程际韶从子。国学生。

著作集待考

◎零星诗文 《盛湖诗萃续编》卷三有诗。

丁月邻（生卒年不详）字素娟。清吴江人，诸生许简妻。工诗，年十九许简卒，而女许珠生未满周，勤苦抚育，教以诗书。

◎著作集

颂琴楼草

见《松陵诗征续编》卷十四，未见收藏。

◎零星诗文 《松陵诗征续编》卷十四有诗。

许蔚宗（生卒年不详）字叔豹，号质生。清吴江人。嘉庆十年（1805）取入江庠。与世落寞而潜心问学。工诗能属文，尤长于诗。数奇偃蹇，常橐笔近游。晚岁道出福山口，覆舟死。

◎著作集

听江馆诗钞五卷

见《松陵人物汇编》卷十，未见收藏。

童初仙馆稿

见民国《垂虹识小录》卷五，未见收藏。

张洵（生卒年不详）字仰苏，号少泉。清震泽人。嘉庆十年（1805）取入震庠。

著作集待考

◎**零星诗文** 《松陵诗征续编》卷十有诗。

周光照（生卒年不详）字彬藻。号湘云。清吴江盛泽人。嘉庆十年（1805）取入江庠。

著作集待考

◎**零星诗文** 《盛湖诗萃》卷九有诗。

周邦瑛（生卒年不详）字宝成，号吟香。清吴江松陵人，周龙藻曾孙。少岁已工书画，尤善篆隶，声誉藉甚。嘉庆十年（1805）取入江庠。曾赴北闱不得志，旋幕游皖江，晚年下榻官铜商王梅庵家。

著作集待考

◎**零星诗文** 《垂虹诗剩》卷二有诗。

洪潮元（生卒年不详）字洽三，号半湖。清吴江盛泽人，洪钜之子。嘉庆十年（1805）取入江庠。

◎**著作集**

四书义索解编十卷

桦叶山房诗二卷

　　以上两种见同治《盛湖志补》卷三，未见收藏。

周宝生（生卒年不详）字楚孙，号林余。清吴县人，邱碧沄之女，洪潮元妻。幼禀父母训，雅嗜吟咏。

◎**著作集**

剪红山馆吟草

　　见同治《盛湖志》卷十二，未见收藏。

沈清凤（生卒年不详）字献廷，号梧村。清吴江人，苦学能文，工诗善画。嘉庆十年（1805）入府学。隐居教授。尝受知于莫晋，一时名流为之倾倒。伯桐庄称其清真雅正，不愧作家。

◎**著作集**

梧村诗文集

　　见民国《垂虹识小录》卷四，未见收藏。

删余偶抄

　　吴江图书馆存抄本。

【编者注】莫晋，浙江会稽人，清乾隆六十年（1795）榜眼，曾视学江苏。《江苏艺文志》又有"柏桐庄称其清真雅正"一句，不知"柏桐庄"何许人也。查资料来源《垂虹识小录》，原来是"伯桐庄"，不是姓柏名桐庄，应是指"大伯桐庄"。吴江沈氏有沈钦道号桐庄，由此推测，沈钦道为沈清凤之伯。

翁耀（生卒年不详）号兰洲（一作兰舟）。清震泽人。嘉庆十一年（1806）取入震庠。

◎著作集

种纸山房诗钞五卷

　　南京图书馆存清抄本。

扣盘诗草

　　见《松陵人物汇编》卷十，未见收藏。

◎零星诗文　《松陵诗征续编》卷四有诗。

吴鸣钧（生卒年不详）字振丰，号云璈。清吴江芦墟人。嘉庆十一年（1806）入府学。家富裕，有才干，好助人，喜交结四方知名士。筑精舍于芦墟，曰"盍簪室"，花旦月初，俊人胜侣，杂沓友会，文采风流。有别墅曰"东园"，迓朗、连鹤寿父子尝借居而读书。其诗婉约多致，尝就学于钱塘陈鸿寿。然其寿不永，年三十八已卒。

◎著作集

盍簪书屋诗稿

　　吴江图书馆存民国铅印本。

分湖秋泛图题咏集

　　张明观《柳亚子史料札记》称上海图书馆存柳氏抄本。

周钤（生卒年不详）字印青，号映林。清吴江人，周元熙之孙，周孝均长子。

◎著作集

映林诗稿

　　柳亚子《磨剑室文录·磨剑室钞存乡先辈已刊未刊稿本题记》称收录于周廷楣辑《周氏二家诗录》，今未见收藏。

周铮（生卒年不详）字铁如，号鲈船。清吴江人，周孝均之子。嘉庆十一年（1806）取入江庠。

◎著作集

鲈船吟稿

　　见《松陵诗征续编》卷十，未见收藏。

◎零星诗文　《松陵诗征续编》卷十有诗。

史善源（生卒年不详）字自仑，号秋水。清吴江人，史鉴裔孙。生于农家而颖悟好学。工诗文，貌古朴，不求人知，惟与周烺为诗友。两应小试不售，甫冠病卒。

著作集待考

◎**零星诗文** 《松陵诗征续编》卷十有诗。

赵楚湘（生卒年不详）字巽甫。清吴江人，赵基之子。嘉庆十一年（1806）取入江庠。书法赵孟頫，诗合唐音。游广西及浙东，经历山水以诗记之。

◎**著作集**

秋水船诗稿

    见《松陵人物汇编》卷十，未见收藏。

朱霞灿（生卒年不详）字翠轩，一字际唐（一作霁堂），号素园。清吴江人。朱方谷从子。世居苏家港，晚迁泮水港。嘉庆十一年（1806）取入江庠。家贫，以教授为业。中年幕游皖江。性慷慨尚义。

◎**著作集**

虚白庵诗钞

    见柳亚子《分湖诗钞》卷七，未见收藏。

◎**零星诗文** 《分湖诗钞》卷七有诗。

陈元城（生卒年不详）字统三，号春帆。清吴江人。嘉庆十一年（1806）取入江庠。

著作集待考

◎**零星诗文** 《分湖遗诗》有诗。

金锡桂（生卒年不详）字伯莘，一字小山，号山甫。清吴江人。嘉庆十一年（1806）取入震庠。励志好学，虽贫困吟诵不辍。工诗古文词。性豪爽，喜饮酒，为诗不假思索，顷刻而成。所游皆一时名士。卒年五十。

◎**著作集**

溪云阁吟稿

    上海图书馆存清道光十二年（1832）刻本。

溪云阁诗文全集

左传杂咏

明史杂咏

    以上三种见《松陵人物汇编》卷十，未见收藏。

◎**零星诗文** 《松陵诗征续编》卷九有诗。

刘芝瑞（？—1818）字绥青，号梅岩。清震泽人，徐乔林之甥。嘉庆十一年（1806）取入震庠。好学不倦，尝就学于沈大本、徐乔林。工愁善病，艰于遇合，屡不得志。

◎著作集

研芝书屋诗钞五卷

      吴江图书馆存清嘉庆二十三年（1813）刻本。

沈兆林（生卒年不详）字茂之，号楔高。清吴江松陵人。嘉庆十一年（1806）取入震庠。

著作集待考

      见《垂虹诗剩》卷二，未见收藏。

沈才清（生卒年不详）字甄陶，号秋伊。清吴江松陵人。嘉庆十一年（1806）取入江庠。性好山水，曾度梅岭揽百粤之胜。晚岁寄迹莺湖虎阜间。

◎著作集

古柏轩诗稿四卷

      见民国《垂虹识小录》卷六，未见收藏。

古文辞一卷

      见光绪《平望续志》卷八，未见收藏。

◎零星诗文 《垂虹诗剩》卷一有诗。

金锐（1783—？）字一冕，号慕愚。清吴江人，金斗城之子。嘉庆十六年（1811）取入江庠。工诗。

◎著作集

其恕斋诗草四卷续刻四卷三刻十卷

      国家图书馆存同川金氏清嘉庆二十二年（1817）刻、道光间增刻《务滋堂集》本。

其恕斋试帖十七卷

      吴江图书馆存清印本、稿本十卷。

陈佐猷（生卒年不详）初名佐尧。字又吾，号揽洲。清吴江黎里人，陈煐长子。诸生。

◎著作集

枝仁山馆遗诗

      见《松陵人物汇编》卷十，未见收藏。

◎**零星诗文** 《松陵诗征续编》卷十有诗。《笠泽词征》卷十三有词。

费淑（生卒年不详）字翼斋，别号上元侍史。清吴江陆孝愉妻，陆燿孙妇。生而端庄，性颖悟，稍长即能咏诗，有"三径微风新燕语，一帘疏雨杏花寒"之句传诵人口。陆孝愉幕游不返，抚育夫弟厚于己子，教之读书，令其子立背后听讲。尝曰："一日不读书，如作负心事。"

◎**著作集**

红梨阁诗钞一卷

　　存吴江图书馆藏《女士集汇存》。

袁陶甡（1783—1799）字彦群，号双生。清吴江人，袁棠长子。幼从朱春生学，后从潘寿生学三年，又从朱春生游于杭州。喜为诗，抒写性情，流连光景，委折深至。年十七触疫病卒于杭州。

◎**著作集**

媚学斋诗一卷

　　吴江图书馆存清嘉庆五年（1800）刻本。

周芝沅（1783—1835）字坤荣，一字秀湘，号逸坡。清吴江黎里人，周王图孙。国学生。候选江西按察司知事，改州同知，道光四年（1824）因输粟赈饥，授候选盐课司提举。曾捐修禊湖书院。嗜法书古画。

◎**著作集**

古芬山馆诗二卷

　　南京图书馆存民国十二年（1923）铅印本。

遂生居诗一卷

周氏家乘

　　以上两种见光绪《黎里续志》卷四，未见收藏。

董云鹤（1784—1847）字松筠。清吴江人，王家榛妻，董兆熊之母。早寡，家贫，授徒于家。性好吟咏。

◎**著作集**

涵清阁诗钞一卷

　　存于《吴江三节妇集》，吴江图书馆存清咸丰七年（1857）刻本。

闲窗杂记二卷

　　见《松陵诗征续编》卷十四，未见收藏。

◎**零星诗文** 《松陵诗征续编》卷十四有诗。

顾佩芳（生卒年不详）字韵仙，一字素芬。清吴江人，董云鹤表妹。

◎**著作集**

怀清书屋吟稿一卷

存于《吴江三节妇集》，吴江图书馆存清咸丰七年（1857）刻本。

焦雨吟稿一卷

上海图书馆存抄本。

▲《怀清书屋吟稿》书影

吴涣（生卒年不详）字君壮，号右岑。清吴江人，吴士坚之孙。工举业，试不售即弃去。习诗习画习法家言。近游旁郡，数载后之楚北，无所遇即归。诗益工，画益放。居恒嗜酒负气，不可一世，独于文字则虚衷不厌商榷。邑素有淫祀庙，祷疾者牢醴无虚日。吴涣母病殁，巫言其庙神为祟，吴涣率诸弟驾舟往载其神像，笞之数百，碎而沉诸河。

◎**著作集**

右岑自存草四卷

见《松陵诗征续编》卷十二。光绪《平望续志》卷十一著录《右丞自存草》，称仲湘收入《留爪集》，今未见收藏。

◎**零星诗文** 《松陵诗征续编》卷十二有诗。

【编者注】《江苏艺文志》另立"吴焕"条，收录《右丞自存草》，显然为重复录入。

许珠（生卒年不详）字孟渊，号蕊仙。清吴江震泽人，丁月邻之女。吴涣妻。幼聪慧，母教以诗书。为诗缠绵往复，情文相生。善弹琴。钱塘严烺尝延于家课其女。

◎**著作集**

萱宦吟稿一卷

存于《吴江三节妇集》，吴江图书馆存清咸丰七年（1857）刻本。

写翠楼诗

见《历代妇女著作考》卷十五引《正始集》，今未见收藏。

◎**零星诗文** 《松陵诗征续编》卷十四有诗。《笠泽词征》卷二十三有词。

金连城（生卒年不详）字宝和，号筠圃。清吴江人。

待月轩诗草

见《吴江叶氏诗录外编》卷七，未见收藏。

◎**零星诗文** 《吴江叶氏诗录外编》卷七有诗。

冯珍（生卒年不详）字子耕，一字玉如，号秋谷。清吴江黎里人。由太学候选按察司照磨。诗清俊。尝游西泠，与梁同书、阮元、吴锡麒唱酬。及交洪亮吉、张问陶，其见闻益宏扩。

◎**著作集**

尊古斋诗钞四卷

南京图书馆存清嘉庆刻本。

西泠杂咏一卷

见光绪《黎里续志》卷四，未见收藏。

西山纪游诗钞一卷附词一卷

南京图书馆存清刻本。

◎**零星诗文** 《松陵诗征续编》卷十有诗。《笠泽词征》卷十三有词。

陈封（生卒年不详）字境墀，号二白。清吴江黎里人，陈焕之子，陈佐猷弟。诸生。工诗。

◎**著作集**

桐竹斋诗草三卷

见《松陵人物汇编》卷十，又见柳亚子等《吴江文献保存会书目》，今未见收藏。

镜墀日记

上海图书馆存稿本。

◎**零星诗文** 《松陵诗征续编》卷十有诗。《笠泽词征》卷十三有词。

费元镕（1785—1847）字伯瀛，号东洲。清吴江人，费兰墀之子。道光元年（1821）恩科举人，大挑授安徽休宁县训导。教士一依朱子白鹿洞规，书程子四箴、范氏心箴于座隅以自省。采访休宁贞孝节烈妇女自六朝至清得六千二十八人，汇请得旌，建坊于衢，为文勒石纪之。咸丰元年（1851）祀休宁名宦祠。

◎**著作集**

宝善大全

见同治《苏州府志》卷一百三十八，未见收藏。

陈兴雨（1785—1841）字傅霖，号枫江。清吴江同里人，徙居谢天港，陈沂震玄孙，陈宗元之父。少好学，屡困郡邑试。年长家贫，乃习法家言，往来苏松江扬诸郡。佐吴县幕间，治狱巨细不忽，遇重谳，则一夕数起，或申旦不寐，虽疾病不敢安。

◎**著作集**

水竹居吟草

见同治《盛湖志》卷十二。仲湘《留爪集》收诗一卷，上海图书馆有藏。

◎零星诗文　《松陵诗征续编》卷八有诗。

袁宬（1785—1806）字仲容，号山史。清吴江同里人，袁棠次子，朱春生婿。幼颖悟，读书一目数行。长益嗜学，论古有特识，喜读韩昌黎、孟东野、黄山谷集，而即事为诗，自抒胸臆，不袭三家一字。卒年二十二。

◎著作集

独笑轩文一卷

　　南京图书馆存清道光四年（1824）刻本。

独笑轩诗稿二卷

　　吴江图书馆存清嘉庆十五年（1810）刻本。

饼桃花馆词一卷

　　上海图书馆存清嘉庆二十年（1815）刻本。

◎零星诗文　《松陵诗征续编》卷十有诗。《笠泽词征》卷十一有词。《松陵文录》卷五有文。

周光纬（1785—1828）初名霱。字焕文，号蓉裳，又号孟昭。清吴江黎里人，周元理之孙，周宪曾、周兆勋之父。例贡生。授工部员外郎。少颖慧，初受业于太仓李恂斋、吴江丁熙堂，十六七以制义就舅氏彭氏学，父殁后因家事弃举子业，遂专力于诗。奉母居古黎川别墅五亩园，乐善好施。中年交往日广，琴诗射艺无不博涉精能，其诗深情雅致，典丽风华。年四十母丧，得咯血疾，三载后逝。

◎著作集

红蕉馆诗钞六卷（彭翊序）

　　吴江图书馆存民国十三年（1924）刻本。

红蕉馆词

泥爪吟

了缘吟

　　以上三种见吴江图书馆藏《红蕉馆诗钞》周振岳题记，未见收藏。

红蕉馆琴谱二卷

　　见《红蕉馆诗钞》附周宪曾所撰《蓉裳公行述》，未见收藏。

红蕉馆藏真帖（辑）

　　见周宪曾《显考蓉裳公行述》，未见收藏。

▲《红蕉馆诗钞》书影

◎**零星诗文** 《松陵诗征续编》卷十有诗。

王淑（1785—1836）名一作淑英。字畹兰。清吴江人，王祖武之女，周光纬妻。幼时随宦京师。工诗词，与杨蕊渊、李纫兰诸女士相唱和。晚岁命儿辈为义庄赡恤族人，以成周光纬未竟之志。

◎**著作集**

竹韵楼诗钞二卷琴趣一卷

　　吴江图书馆存民国十三年（1924）刻本。

◎**零星诗文** 《松陵诗征续编》卷十四有诗。《笠泽词征》卷二十二有词。

▲《竹韵楼诗钞》书影

吴育（生卒年不详）字山子。清吴江人，吴兆骞裔孙。居东城外，曰"归来草堂"。然久客不归，归亦寓常州。江阴李兆洛、泾县包世臣盛称其古文及篆书。文品简而淡，篆隶与皖南邓石如相埒，有手评史记、汉书、承祚三国志，手篆六安晃氏所刻说文解字。道光十四年（1834）与阳湖蒋彤等共校《日知录集释》。

◎**著作集**

私艾斋诗文集

　　国家图书馆存清道光二十年（1840）江阴暨阳书院刻本。

游峡山寺记

游金粟泉记

访苏泉记

　　以上三种国家图书馆存清光绪十七年（1891）上海著易堂刻本。

吴山子遗文一卷

　　国家图书馆存民国九年（1920）刻本。

◎**零星诗文** 《松陵文录》卷十八有文。《国朝古文汇钞》有文。

费一桂（生卒年不详）字桂生，号颂斋。清吴江人。道光八年（1828）贡生。殷寿彭称其联捷成进士。出宰山右，后以明经教习八旗。工诗，大抵皆道性情而出以自然者。

◎**著作集**

枕经楼诗古文集

　　见民国《垂虹识小录》卷八，未见收藏。

赵勤（生卒年不详）字敏甫，一字平桥，号篱士。清平望人，赵丕承之子。国学生。与人和易而律己甚严，事无大小处之一以诚敬。喜为诗，著有《奇雨楼诗钞》，徐达源为之选定序而传之。

◎著作集

奇雨楼诗钞一卷

　　见光绪《平望续志》卷十一。存仲湘《留爪集》，上海图书馆有藏。

◎零星诗文　《松陵诗征续编》卷八有诗。

孙李坤（生卒年不详）清震泽六都人。

◎著作集

浣花草堂集

斗西诗稿

　　以上两种见《儒林六都志·著述》，未见收藏。

王致望（生卒年不详）字渭征，号少吕。清吴江人，王鲲之子。例贡生。工篆书。晚年善病。王氏累世著述，收藏之富甲于邑中，文献多赖以存。

◎著作集

盛湖诗萃续编四卷（贾敦艮跋）

　　吴江图书馆存清咸丰四年（1854）刻本。

舜湖纪略十卷

　　上海图书馆存稿本。

顾贤庚（生卒年不详）字翼棠，号兰畦。清吴江盛泽人。顾惟俊之子，王致望妻兄。国学生。布政使司理问。能诗工楷书，性嗜古，每遇名人书画及古板善本，不惜重资，收藏之富名闻远近。

著作集待考

◎零星诗文　《盛湖诗萃续编》卷三有诗。

沈烜（1786—1828）字树棠，号琛厓（一作春崖）。清吴江盛泽人。国学生，捐职州同。多艺能，少尝习骑射，又审音律，旁及围棋、投壶之属。能为各体书，尤善画山水人物花卉，皆入逸品。所居停云读画楼珍藏前贤妙迹。为人貌朴而温，与人交有真意，独书与画不苟为人作。素习医，中岁思以售其术，出游当湖，人争乞笔墨，稍稍应之。钱天椒见甚叹赏，沈烜以易佳砚数十。妻叶琼华亦能吟咏，闺房赓和，戚党艳之。

◎著作集

停云楼诗四卷

　　仲湘《留爪集》存《停云楼诗钞》一卷，吴江图书馆有藏。

题画诗二卷

画记二卷

杂体二卷

以上四种均见沈曰富《受恒受渐斋集·先考候选州吏目琛厓府君行实》，后三种未见收藏。

◎**零星诗文** 《松陵诗征续编》卷十有诗。

叶琼华（生卒年不详）字秋霞。清吴江池亭人，叶小鸾六世侄孙女，叶树鹤女，舜湖沈炬妻。工诗及楷法。沈炬尝仿吴道子笔画观音像，叶琼华写心经于上，勒诸石，时称双绝。郭麐选其诗入丛话，谓其诗与笔俱清丽可喜。

◎**著作集**

小疏香阁稿一卷

见同治《盛湖志》卷十二，未见收藏。

◎**零星诗文** 《分湖诗钞》卷二十一有诗。

沈焞（生卒年不详）字鄂棠，号伴梅。清吴江人，沈炬之弟，沈曰富叔父。国学生。候选府知事。生平行己接物，一以详慎。晚岁始为诗，已又辍笔，专力读史，借书手抄，蝇头细字，以备观览。年四十二卒。

◎**著作集**

绿荫草庐学吟稿

见同治《盛湖志》卷十二，未见收藏。

张其泰（1786—?）一名景泰。字汇茹，号彦艻（一作砚香）。清吴江黎里人。嘉庆十三年（1808）取入江庠，与弟景瑞、景星同以文名诸生间。虽屡困棘闱，而才名益著。迨咸丰纪元（1851）年六十有六始以恩贡生入成均，例应候教谕，辞不赴。家贫设帐授徒，多所造就，蔡傅梅、张文璇皆出其门。好学不厌，老而弥笃，尤喜读国策之文。取诸书之文与国策互异者著《编年国策》十卷，体例谨严，考订详慎，惜未终篇，其子深仁续成之。

◎**著作集**

编年国策辑注十卷首一卷（张其泰编次；张深仁辑注；张光荣音释）

南京图书馆存稿本。卷首有张光荣子张方缵民国年间上江苏省立国学图书馆馆长手书二封，意谓愿将此手稿"割让"该馆，换取百金，以安葬著作者遗骸云云。

编年国策不分卷（张其泰编次；张深仁辑注；张光荣音释）

南京图书馆存江苏省立国学图书馆传抄本一册。

编年国策校注不分卷（张其泰编次；张深仁辑注；张光荣音释）

　　　　上海图书馆存稿本。

【编者注】《江苏艺文志》载其"字养吾"。查吴江方志及《游庠录》，均载"字汇茹，号彦芗"。而其子张深仁，号养吾。

李钦（1786—1832）字思安，号逸云。清吴江人。善铁笔。

◎**著作集**

李氏世谱

　　　　吴江图书馆存清道光八年（1828）刻本二卷。

同声集（与杨羲、陆廷楷合著）

　　　　吴江图书馆存民国十年（1921）薛凤昌抄本。

徐鹏（生卒年不详）号冲斋。清吴江松陵人。精篆刻，工画兰竹。

著作集待考

◎**零星诗文**　《垂虹诗剩》卷三有诗。

陆廷楷（生卒年不详）字子怡。清吴江松陵人。与李钦、杨羲同游唱和。工诗，亦工画。

◎**著作集**

芜香馆诗稿

　　　　见《垂虹诗剩》卷三，未见收藏。

同声集（与杨羲、李钦合著）

　　　　吴江图书馆存民国十年（1921）薛凤昌抄本。

◎**零星诗文**　《垂虹诗剩》卷三有诗。

吴家骥（1786—1823）字曜升，号省斋。清吴江冠溪村人，吴家骐之弟。诸生。生而幼慧，读书过目成诵。及长以贫故弃儒业习贾，曾业贾于硖川。然性好读书，嗜吟咏，暇辄手一编，呀唔不辍。家遭多故，悒悒而卒。

◎**著作集**

橙香书屋遗稿一卷（陈希恕序）

　　　　吴江图书馆存清咸丰七年（1857）刻本。

◎**零星诗文**　《分湖诗钞》卷十四有诗。

王观潮（生卒年不详）初名王友潮。字子愉（一作子愈），号湘筠（一作湘云）。清吴江同里人，金章妻弟。嘉庆十三年（1808）入府学。与汤礼祥游，诗益进。性极纯谨。

◎**著作集**

潇湘吟馆诗集十卷词钞二卷

> 见同治《苏州府志》卷一百三十八。吴江图书馆存诗集抄本四卷。上海图书馆存诗草稿本不分卷及仲湘《留爪集》本诗一卷。

赵嵩（生卒年不详）号石娱。清吴江松陵人。嘉庆十三年（1808）取入江庠。

著作集待考

◎**零星诗文** 《垂虹诗剩》卷二有诗。

陈来泰（生卒年不详）字仲亨，号𬴂庵。清同里人。嘉庆十三年（1808）取入震庠。少从朱春生游。工诗，见称侪辈。怀才无所遇，中年后处境益困。性嗜饮忤俗，人以为狂。尝馆里中殷氏，后客游四方。道光九年（1829）解仪征馆事，还居武林。卒年七十。

◎**著作集**

寿松堂诗集十八卷文集二卷

> 见光绪《吴江县续志》卷三十七。南京图书馆著录《寿松堂诗稿十八卷续抄一卷诗余一卷》，实存诗稿十二卷续抄一卷诗余一卷。仲湘《留爪集》录《寿松堂诗》一卷，吴江图书馆存民国薛凤昌抄本。

寿松堂诗话四卷

> 吴江图书馆存清咸丰四年（1854）刻本。

◎**零星诗文** 《松陵文录》卷十三有文。《笠泽词征》卷十四有词。

沈岏（生卒年不详）字春山。清吴江人，沈大本之子。嘉庆十三年（1808）取入震庠。英才绩学，游幕浙省，坦直不为利动。

◎**著作集**

左塾吟草

> 见民国《垂虹识小录》卷六，未见收藏。

褚世镛（生卒年不详）字平岩（一作品岩）。清吴江芦墟人。与杨㵪同时，擅书法。

◎**著作集**

怀鄂楼诗二集一卷

> 见柳亚子等《吴江文献保存会书目》，未见收藏。

怀萼楼日记不分卷

> 上海图书馆存稿本。

杨羲（生卒年不详）字仲和，号荻庵（一作迪安）。清吴江人，杨刚之子，杨瀣弟。嘉庆十三年（1808）取入震庠。嗜诗嗜砚，三十岁后自号隐砚。其诗自抒心得，不一味循古，近体尤缠绵悱恻。

◎著作集

砚隐诗存四卷

南京图书馆存清道光二十五年（1845）刻本。

同声集二卷

见柳亚子等《吴江文献保存会书目》。吴江图书馆存民国十年（1921）薛凤昌抄本，不分卷。

◎零星诗文 《松陵诗征续编》卷十有诗。

赵瑶林（生卒年不详）字礼门，号子霞。清吴江人。幼工举业，与杨羲等友善。家贫，道光元年（1821）从友贷千钱，留百文于家，而行至皖、至赣、至浙、至闽，游名公卿间。道光二十一年（1841）佐同邑厦防同知顾教忠抗英，在厦门沙坡头筑石壁，鼓铸大炮，并总办团练。后寓居福州府。卒年六十五。

◎著作集

吟花馆剩稿四卷

选韵轩韵选二卷

百花吟一卷

子霞自述一卷

以上四种见《松陵人物汇编》卷十一，未见收藏。

王之佐（生卒年不详）字砚农，号翼如，又号澹霞。清梅堰人。嘉庆十四年（1809）取入震庠。道光元年（1821）与翁广平同举孝廉方正，给六品顶带。喜吟咏，初以白燕诗知名，人呼为王白燕。善画兰，工书。疏财好义，创善堂、立义庄，以赡族人。道光三年（1823）水灾，脱粟赈济，不避艰险，多所全活。尝于里中建思陆庵，祀杨诚斋、陆务观，以二公尝至梅堰也。

◎著作集

洞庭游草三卷（与凌凤超、王棠、王之藩合著）

吴江图书馆存清道光十年（1830）刻本。

种竹山房诗草八卷集外诗一卷

南京图书馆存稿本。

金海楼合稿（辑）

青来草堂汇编

以上两种见柳亚子等《吴江文献保存会书目》，未见收藏。

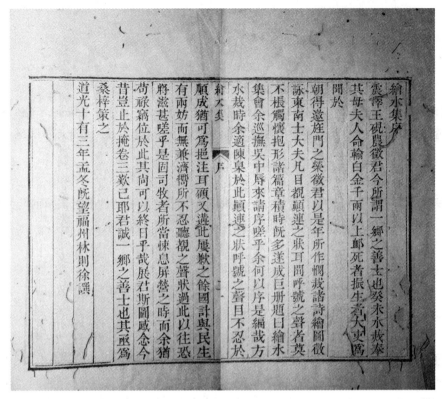

▲ 林则徐为《绘水集》所作的序

吴中两布衣集二十卷

　　苏州图书馆存清道光十八年（1838）刻本。

白燕倡和集六卷

　　苏州图书馆存清嘉庆二十年（1815）刻本。

来清集十六卷

　　见同治《苏州府志》卷一百三十八，未见收藏。

宝印集六卷附二卷

　　南京图书馆存清道光十年（1830）刻本。

绘水集三卷（林则徐序）

　　吴江图书馆存清道光十三年（1833）刻本。

　　【编者注】《金海楼合稿》为王之孚与吴椀桃夫妇合集，柳亚子等《吴江文献保存会书目》著录为王之佐辑，下列子目为王之孚《画余剩墨》和吴椀桃《绿窗小吟》。上海图书馆书目著录该书作者为唐寿荨，其中原因未及研究，录而存疑。

　　王之孚（1786—1812）字心庄，号诚庵。清梅堰人，王之佐弟。国学生。工诗。尝从人学绘事，施墨敷采具有家法。爱写梅，尤精于山水。性通达，好交游，遇佳山水，必自绘图。

◎**著作集**

画余剩墨一卷

国家图书馆存清道光五年（1825）震泽王氏刻《金海楼合稿》本。

◎**零星诗文** 《松陵诗征续编》卷十一有诗。

【编者注】《松陵人物汇编》引沈大本《礼堂小识》云："之孚，号诚庵，之佐弟。少喜丹青，爱写梅，尤精于山水，抚临诸名家，得其神，淡远高妙，见者无不叹绝。年不长吉，惜哉。"

吴椀桃（生卒年不详）字倚云。清梅堰人，王之孚妻。性淑慧，嫁前与其嫂许珠究心诗学。嫁后与王之孚伉俪相得，吟咏遂多。夫亡哀恸成病，亦卒。

◎**著作集**

绿窗吟草一卷

国家图书馆存清道光五年（1825）震泽王氏刻《金海楼合稿》本。

◎**零星诗文** 《松陵诗征续编》卷十四有诗。

王棠（生卒年不详）字咏之，号台叔。清梅堰人，王之孚弟。国学生。少颖敏，不屑务举业，专力于诗，古体法韦柳，近体风韵尤胜。性好游，往来吴越间，遇佳山水则留题。工水墨写生。张履云："君生平气志高远，遇俗事即鞿蹩，然宅心淳厚，善事亲笃，于故旧时周其贫乏。少从孙孝廉晋灏游，孝廉游滇客死，手录其遗集付梓。其他行谊多类此。"年四十四卒。

◎**著作集**

蕉雪庵诗钞八卷诗余一卷

南京图书馆存清抄本。

蕉雪庵杂著一卷

见《松陵人物汇编》卷十一，未见收藏。

洞庭游草三卷（与王之佐等合著）

吴江图书馆存清道光十年（1830）刻本。

◎**零星诗文** 《松陵诗征续编》卷十一有诗。《笠泽词征》卷二十七有词。《全清词钞》卷二十七有词。

【编者注】《江苏艺文志》称王棠为"之孚兄"，错了。《垂虹识小录》卷四王之孚条有"弟堂号台叔"一语，可见王棠为王之孚弟。另有《洞庭游草》几条诗序可看出王棠与王之佐、王之藩的关系。王之佐诗序云："己丑首夏同凌览园丈、咏之、屏如两弟作洞庭东西两山之游。"王棠诗序云："己丑四月二十五日同凌览园夫子、砚农伯兄、屏如季弟往游洞庭。"

王之藩（生卒年不详）字屏如。清梅堰人。王棠弟。

◎**著作集**

鹤守庵诗稿四卷

镜松居词钞二卷

  以上两种见同治《苏州府志》卷一百三十八,未见收藏。

洞庭游草(与王之佐等合著)

  吴江图书馆存清道光十年(1830)刻本。

黄清麟(生卒年不详)字逢时,号更山。清吴江人。国学生。

著作集待考

◎**零星诗文** 《松陵诗征续编》卷十一有诗。

孙骥(生卒年不详)字衢骧,号吾山。清震泽人。

著作集待考

◎**零星诗文** 《松陵诗征续编》卷十一有诗。

沈懋德(1787—1853)名一作楸德,字虞扬,号翠岭。清吴江雪巷村人,陆日爱舅。国学生。家富,有田万余亩。性质直,乐交游,好施与,力于乡邑之义举。好藏书画,喜收藏宋元明及清初名人尺牍、墨迹以及稿本、抄本。藏书室名世楷、世美,多刊刻遗书。

◎**著作集**

昭代丛书(校补续辑)

  吴江图书馆存清道光间世楷堂刻本。

韵学急就篇十卷(与迮鹤寿同辑)

  国家图书馆存咸丰元年(1851)刻本。

蛾术编八十二卷(王鸣盛撰;沈懋德校注)

  南京图书馆存清道光刻本。

国朝文征四十卷(吴翌凤辑;沈懋德校刻)

  南京图书馆存清咸丰元年(1851)刻本。

国朝古文汇钞初集一百七十六卷二集一百卷(朱琦辑;沈懋德刻)

  南京图书馆存清道光二十六年(1846)刻本。

◎**零星诗文** 《松陵诗征续编》卷十有诗。

任昌谟(1787—1813)原名瑞东。字赞廷。清吴江人,任昌诰之弟。府庠生。

◎**著作集**

松轩诗文稿

  见《江苏诗征》卷八十九,未见收藏。

◎**零星诗文** 《江苏诗征》卷八十九有诗。

陈元堃（生卒年不详）字锡蕃，号古愚，又号秋岩。清吴江芦墟人。
著作集待考
◎**零星诗文** 《吴江叶氏诗录外编》卷六有诗。

翁承恩（生卒年不详）字沐甫，号子雨。清吴江人，翁广岳从孙。工行楷书，
得欧褚法。喜作诗。年二十七卒。
◎**著作集**
省梦庵吟稿
  见道光《平望志》卷十一，未见收藏。

柳树芳（1787—1850）字湄生，号古槎（一作古查），自号胜溪居士，又号粥粥翁。
清吴江北库大胜村人，柳球从子。例贡生，候选国子监典簿。伉爽直谅，与人语意无
不尽。闻人有病痛，必有施予。喜诗文，交游多文学善士，与之结社吟诗。留意乡邑
文献，以叶绍袁《湖隐外史》、沈刚中《分湖志》为蓝本，汇成《分湖小识》六卷。先
辈遗书多所刊刻。
◎**著作集**
分湖小识六卷
  吴江图书馆存清道光二十七年（1847）吴江胜溪草堂刻本。
养余斋诗初刻八卷
  吴江图书馆存清道光十二年（1832）刻本。
  子目：
    得闲集四卷
    孤唱集二卷
    荆颍集一卷
    胜溪竹枝词一卷
养余斋诗初集四卷 二集四卷 三集六卷
  国家图书馆存清道光二十七年（1847）吴江胜溪草堂刻本。
养余斋诗续集四卷
  南京图书馆存清道光二十七年（1847）刻本。
养余斋文集六卷
  见柳兆薰《松陵文录姓氏考》，未见收藏。
读史随笔
日记三十卷

白门游草一卷

以上三种见柳兆薰《先考古槎府君行略》，未见收藏。

胜溪居士自撰年谱一卷

南京图书馆存稿本。

分湖柳氏家谱十卷

存《养余斋全集》，今未见收藏。吴江图书馆存《柳亚子家谱》六卷，署"分湖柳氏纂修"。

河东家乘二卷　续编二卷（柳树芳辑；柳兆薰、柳以蕃续辑）

南京图书馆存清光绪八年（1882）刻本。

分湖遗诗（一名《分湖诗苑》）一卷

吴江图书馆存民国十三年（1924）本。

顾氏三家诗选一卷

三亡友诗一卷

读韩读柳读欧读苏笔记八卷

以上三种见柳亚子等《吴江文献保存会书目》，未见收藏。

经史撷华

太平庄杂录十卷

尺牍六卷

三通汇论

以上四种见同治《苏州府志》卷一百三十八，未见收藏。

华野郭公年谱一卷

吴江图书馆存清道光二十一年（1841）刻本。

陆清献公日记十卷（校刊）

吴江图书馆存清道光二十二年（1842）刻本。

养余斋书目草本

张明观《柳亚子史料札记》称上海图书馆存柳氏稿本。

◎**零星诗文**　《松陵诗征续编》卷十一有诗。《松陵文录》卷十九有文。

宋静仪（生卒年不详）字琴史。清苏州人，宋简长女，吴江计厚洵妻。工诗，善骈体文。

◎**著作集**

绿窗小草

见同治《盛湖志》卷十二，未见收藏。

陈三陞（1787—1813）字翊辰，号补堂。清吴江黎里人，陈焕之子，陈尉弟。

国学生。少岁一应科举，不得志弃去，肆力于诗，兼及书画射弈，靡所不精。既病目，又病疡，最后得咯血疾以卒，年甫二十七。

◎著作集

评月楼遗诗三卷

> 吴江图书馆存清嘉庆十九年（1814）刻本。

◎零星诗文 《松陵诗征续编》卷十一有诗。《笠泽词征》卷十三有词。

赵畹兰（生卒年不详）字秋佩。清秀水人，吴江陈三陛妻。

◎著作集

品华评月楼诗词稿

> 见光绪《黎里续志》卷四，未见收藏。

◎零星诗文 《松陵诗征续编》卷十四有诗。

陈益寿（生卒年不详）字子仙。清吴江人。

著作集待考

◎零星诗文 《笠泽词征》卷十三有词。

倪简在（生卒年不详）字哦亭。清吴江人。

著作集待考

◎零星诗文 《笠泽词征》卷十三有词。

袁宸（生卒年不详）原名孚。字叔达，一字叔献，号石卿。清吴江人，袁棠三子。候选吏目。能诗工篆刻，尝从宦闽中，有游草。

著作集待考

◎零星诗文 《松陵诗征续编》卷十一有诗。《笠泽词征》卷十一有词。

费希濂（生卒年不详）字质初，号少云。清吴江人。少失怙，长而好学，能文、工书、善诗。官浙盐尹，后得军功擢仙居县知县，寻代理府篆。会蒋益澧进剿，省垣委办军务，兼摄富阳县篆，积劳疾卒于军。

◎著作集

仙居县志

平寇略

> 以上两种见民国《垂虹识小录·本传》，未见收藏。

王铭（生卒年不详）字新盘，号醒庵。清震泽人。国学生。喜为诗，疏宕俊快。性好善，道光三年（1823）水灾民饥，出粟数百石，以赈贫民。

◎著作集

见山楼遗诗钞四卷

　　南京图书馆存清道光七年（1827）刻本。

◎零星诗文　《松陵诗征续编》卷十有诗。

柳梦坤（1788？—1826？）字以宁，号确斋。清吴江人，柳球之子。国学生。少工诗，兼习制义，师事同邑姚竹亭先生。累踬场屋，遂弃举子业。郭麐谓其席丰履厚而多愁苦之音，中更多故，遂有忧生之嗟，呕血卒。

◎著作集

雪香斋遗诗

　　见《松陵诗征续编》卷十一，未见收藏。

◎零星诗文　《松陵诗征续编》卷十一有诗。《分湖诗钞》卷十五有诗。

陈希曾（生卒年不详）字省吾，号鲁斋。陈焕长子。

◎著作集

先考章伯府君事略

　　上海图书馆存民国吴江柳氏抄本。

叶尧蓂（1788—1861）字朔生，号文炳。清吴江同里人，叶树人七世孙。嘉庆二十二年（1817）取入江庠。道光十八年（1838）贡生。咸丰元年（1851）任靖江训导，后署阳湖，又署丹阳。家居时与费兰墀等创设善堂甚力。于地学尤精粹。

◎著作集

地学一隅

地理集说

　　以上两种见光绪《吴江县续志》卷三十五，未见收藏。

吴中叶氏族谱

　　国家图书馆存清抄本。

赵筠（生卒年不详）字竹君，号静艼（一作静香）。清平望人，赵丕承次子，赵勤弟。国学生。江西候补按察司知事。少受书于钱大培，又从徐达源游，及交钱塘吴锡麒、阳湖洪亮吉，其见闻益宏扩。其父以睦姻任恤有声于乡，赵筠承先志好客不倦，士乐亲之。年七十余犹晓起作字，书卷未尝一日辍。尝与徐达源葺徐俟斋（徐俟即徐枋，明末清初苏州书画家。——编者注）高七祠，复得其《居易堂集》版，补刻残缺，俾成完书。又刻钱大培《餐胜斋诗》六卷。

◎著作集

瓶隐庵诗一卷

存仲湘《留爪集》，上海图书馆有藏。

◎零星诗文 《松陵诗征续编》卷八有诗。《笠泽词征》卷十一有词。

潘芳勋（生卒年不详）字赞叔。清吴江双阳人。能诗。

◎著作集

柳西草堂诗稿

　　见《松陵人物汇编》卷十，未见收藏。

黄寿（生卒年不详）字济寰。清吴江人。诸生。

◎著作集

月映楼诗

　　见同治《苏州府志》卷一百三十八，未见收藏。

金作霖（1789—1837）字子倩，一字邦荣，号甘叔。清吴江盛泽人。嘉庆十四年（1809）取入江庠。敏慧异人，见理深细，以体弱早缀举业。性狷介，意所不在不肯苟合。工诗文善书法，书法得晋唐人笔法。又善篆刻，仿秦汉遗法。平生不妄交，不轻奏刀。

◎著作集

补蹉跎室稿

　　见同治《盛湖志》卷十二，未见收藏。

水西花馆稿

　　见《松陵人物汇编》卷十一，未见收藏。

◎零星诗文 《松陵诗征续编》卷十一有诗。《笠泽词征》卷十四有词。

计接（生卒年不详）字汉韦，号新斋。清吴江盛泽人，计㻞从孙。幼在外祖父署中读书，习写奏折，其书遒劲虚和，深入晋人堂奥。年八十余穷老以终。

著作集待考

◎零星诗文 《盛湖诗萃续编》卷一有诗。

计敬业（生卒年不详）字汝勤，号春山，又号竹椽。清吴江盛泽人。

著作集待考

◎零星诗文 《盛湖诗萃续编》卷一有诗。

张澹（？—1858？）字耕云，一字新之，号春水。清吴江盛泽人。幼孤力学，寒暑不辍，虽篷窗客邸吟哦自若。嗜画入骨，得钱志伟指授。中年游武陵，后入武进汤贻汾幕，诗画进而益上。晚年往来于吴淞间，藉砚田以自给。

◎**著作集**

风雨茅堂稿

　　见乾隆《盛湖志》卷十四。

　　国家图书馆存清抄本《风雨茅堂稿三卷三编二卷外集不分卷》。

　　上海图书馆存稿本及清道光刻本各一卷。又存抄本《磨杵集》二卷。稿本《风雨茅堂外集》三卷。

　　南京图书馆存抄本后编卷二十二戊集《磨杵集上》、卷二十三巳集《磨杵集二》。

断钗吟二卷（卷一张澹编，卷二汤绥名编）

　　南京图书馆存清道光刻本。

归根小草一卷

　　上海图书馆存稿本。

舜湖杂咏一卷

　　见柳亚子等《吴江文献保存会书目》。未见收藏。

绾春小草一卷（与陆蕙合撰）

庆既令居合稿（与陆蕙合撰）

花瑞集（与陆蕙合撰）

　　以上三种见上海图书馆存清道光七年（1827）玉燕巢刻本《双声合刻》。

水仙社诗钞一卷（与陆蕙、陆鉴合撰）

鸿案联吟余稿一卷（与陆蕙合撰）

　　以上两种见上海图书馆存抄本《苏香画录》。

玉燕巢印萃（辑）

　　见吴国良《吴江书画印人辑录》，未见收藏。

◎**零星诗文**　《笠泽词征》卷十五有词。

陆蕙（生卒年不详）名一作惠。字璞卿，号又莹，一号苏香，别号素琼仙史。清吴江盛泽人，张澹妻。幼即明慧，能诗善画，晚年与张澹偕隐申江。

◎**著作集**

归荑集

琴娱室诗

得珠楼铮语一卷

庆既令居合稿（与张澹合撰）

花瑞集（与张澹合撰）

绾春小草一卷（与张澹合撰）

　　以上六种见上海图书馆存清道光七年（1827）玉燕巢刻本《双声合刻》。

得珠楼诗选一卷

　　　　存《女士集汇存》，吴江图书馆有藏。

苏香画录一卷

　　　　上海图书馆存抄本。

鸿案联吟（与张澹合撰）

　　　　上海图书馆存抄本《苏香画录》存《鸿案联吟余稿》一卷。

水仙社诗钞一卷（与张澹、陆鉴合撰）

　　　　见上海图书馆存抄本《苏香画录》。

璞卿女史未定稿

　　　　上海图书馆存抄本。

◎**零星诗文**　《笠泽词征》卷二十三有词。《吴江叶氏诗录外编》卷十有诗。

程淮（生卒年不详）字导之，号桐甫。清吴江盛泽人，程鉴之子。国学生。自馆百梅书屋，书画篆刻皆入能品。好酒忧贫，早岁徂谢。

　　著作集待考

◎**零星诗文**　《盛湖诗萃续编》卷三有诗。

陈希恕（1790—1850）字养吾，号梦琴，一号琴士。清吴江芦墟人，陈焕次子。嘉庆二十年（1815）取入江庠。好读书，不肯为医，后多病，值家中落，遂从兄学，期年而求成，与兄齐名。陆日爱云："芦墟陈氏世以善医名于乡，梦琴翁尤以文章行谊为同辈所推。"

◎**著作集**

灵兰精舍诗钞十六卷

　　　　见《灵兰精舍全集跋》。

　　　　吴江图书馆存民国十一年（1922）铅印本《灵兰精舍诗选》一卷。

闹红一舸词八卷

　　　　见《灵兰精舍全集跋》。

　　　　吴江图书馆存民国十一年（1922）铅印本《灵兰精舍诗选》一卷。

杂著二卷

　　　　见《灵兰精舍全集跋》，未见收藏。

治疾记一卷

▲ 吴江图书馆藏《灵兰精舍诗选》中有作者像

游杭小草一卷

续素衣集一卷

　　以上三种见柳亚子等《吴江文献保存
会书目》，未见收藏。

红树怀人阁词一卷

　　上海图书馆存民国吴江柳氏抄本。

哀弦集一卷

　　南京图书馆存抄本。

吟琴读画楼诗钞一卷

　　南京图书馆存抄本。

医案三百二十二卷

　　见同治《苏州府志》卷一百三十八，
未见收藏。

哀挽录

梦琴图梅花屋图等题咏九卷

　　以上两种见《灵兰精舍全集跋》，未见
收藏。

日省簿

　　南京图书馆存清嘉庆二十三年（1817）稿本。

吾有大拙赋抄一卷

　　南京图书馆存抄本。

杨忠文公先生实录五卷

　　吴江图书馆存民国十六年（1927）刻本。

红梨社诗钞（辑，郭麐序）

　　国家图书馆存清道光十年（1830）刻本。

小赋寸锦三编一卷（辑）

　　上海图书馆存清嘉庆二十二年（1817）唫琴读画楼刻本。

◎**零星诗文**　《松陵诗征续编》卷十有诗。《笠泽词征》卷十五有词。

【编者注】上海图书馆另存抄本《冬斋杂吟》一卷，署名陈希恕，与方薰《山静居遗
稿》合订。因吴江陈希恕与方薰非同邑同代人，故录而备考。

钱清婉（1790—1837）字韵梅。清吴江人。陈希恕妻。

◎**著作集**

拥月楼诗存

　　附陈希恕《灵兰精舍诗选》，吴江图书馆藏民国十一年（1922）铅印本。

▲《灵兰精舍诗选》内页

翁雒（1790—1849）字穆仲，号小海。清平望人，翁广平次子。工画、诗。陆日爱谓"其诗为画掩，顾其用力特勤，才亦称之，两邑中同时以画名者无以过焉。"翁雒论画题画之诗及诗话题跋甚多，皆未刻。

◎**著作集**

小蓬海诗四卷

　　苏州图书馆存民国十二年（1923）涵芬楼影印本。

集唐诗

　　见光绪《吴江县续志》卷三十七，未见收藏。

翁小海花鸟草虫册

　　吴江图书馆存清宣统元年（1909）神州国光社刻本。

屑屑集一卷

　　吴江图书馆存民国十九年（1930）抄本。

◎**零星诗文**　《松陵诗征续编》卷十二有诗。《笠泽词征》卷十四有词。

翁敦书（生卒年不详）字二典，一字咢生。清吴江人，翁纯礼从孙，翁广平从子，翁大年从兄。少从翁广平游，后客游闽楚，题咏甚富。为人真朴，笃于伦理，喜搜罗遗逸，尝辑录族谱，又与沈曰富同辑长洲李模年谱。与仲宗治、仲湘及翁雒、翁大年友善，后辑其来往诗一卷，曰《翁仲联吟稿》。年六十五卒。

◎**著作集**

三十六鸥水榭诗草

蘧庐近稿

明御史李模年谱（与沈曰富同辑）

　　以上三种见光绪《平望续志》卷十一，未见收藏。

翁布衣诗录二卷

　　见柳亚子等《吴江文献保存会书目》，未见收藏。

　　仲湘选翁敦书诗与归安陈元祥诗合刻曰《翁陈两布衣诗钞》。

翁仲联吟稿

　　见《松陵人物汇编》卷十一，未见收藏。

◎**零星诗文**　《松陵诗征续编》卷十一有诗。

翁大年（生卒年不详）字叔均。清平望人，翁雒弟。承其家学，笃嗜金石考据，工篆刻，交游满大江南北，虽窭穷不轻干谒。其所撰金石文字甚夥。其所校辑则《旧馆坛》尤为精功，所注论定元明清五十余家之说。嘉定瞿中溶序之，以为可补欧阳《集古录》之缺，订亭林《金石记》之误云。

◎**著作集**

旧馆坛碑考二卷

苏州图书馆存民国瑞安陈氏陈氏湫溇斋刻本。

陶斋金石考二卷

苏州图书馆存民国四年（1915）上虞罗氏刻本。

泥封考二卷

见光绪《吴江县续志》卷三十五。国家图书馆存清光绪抄本《封泥考略》十卷（吴式芬、陈介祺藏并辑，翁大年考编）。

陶斋印谱二卷

瞿氏印考辨证一卷

秦汉印型二卷

古官印志八卷

以上四种见光绪《吴江县续志》卷三十五，未见收藏。

古兵符考八卷

见光绪《吴江县续志》卷三十五。

南京图书馆存民国五年（1916）印本《古兵符考略残稿》一卷。

孙耕闲集（辑）

何义门集（辑）

以上两种见光绪《平望续志》卷十一，未见收藏。

古印聚珍（与沈昀同辑）

见柳亚子等《吴江文献保存会书目》，未见收藏。

陶斋金石文字跋尾一卷

国家图书馆存民国四年（1915）雪堂丛刻本。

孙澄（生卒年不详）字岷江，一字琴恬。清震泽人。工书，与翁大年、李湘皆喜作隶。其书师法汉代，甚谨严。早卒。

著作集待考

◎零星诗文 《松陵诗征续编》卷十三有诗。

吴金寿（生卒年不详）原名鸣钧，号子音，又号寄瓢子。清吴江平望人，吴士坚从子。苏州府学生。精于医，尝汇集叶桂、缪遵义、薛雪所著为《三家医案》。

◎**著作集**

三家医案合刻附医效秘传三卷温热赘言一卷

国家图书馆存清道光间刻本。吴江图书馆存清道光间刻《医效秘传》残本。

达尘（生卒年不详）字月樵。清震泽人。梅堰显忠寺僧，主长庆寺讲席。与文峰常相唱和。其诗有空灵淡宕之气往来于笔墨之间。

◎著作集

一指窝诗录一卷

上海图书馆存清咸丰六年（1856）刻本。

题画诗余一卷

上海图书馆存清咸丰六年（1856）刻本。

◎零星诗文　《松陵诗征续编》卷十三有诗。《笠泽词征》卷二十有词。

蒯关保（？—1854）字震为，号小厓。清吴江黎里人，蒯嘉珍第三子。国学生。汉隶丹青能传父学。由太学官浙江温州府经历，调永嘉县丞，摄永嘉知县，旋调贵州定番州大塘州判，升仁怀知县，历摄婺川、遵义、桐梓县事，补兴义知县。性端谨，服官三十年以德教养，事无不理，故所至民怀其德，更惮其严。胡林翼称其勤恳廉正有古循吏风。咸丰四年（1854）平乱积劳成疾，卒于兴义。

◎著作集

佐治药言（一作《吏治药言》）

问梅轩诗稿

铜鼓斋吟抄四卷（钟祥，胡志章序）

铜鼓斋印谱二卷

以上四种见光绪《黎里续志》卷四，未见收藏。

宋志恒（生卒年不详）字以方，号漪舫。清吴江人。国学生。

◎著作集

赋梅书屋稿

见同治《盛湖志》卷十二，未见收藏。

陆鉴（生卒年不详）字献篪，号子治。清吴江盛泽人。

◎著作集

茶神阁诗草

见同治《盛湖志》卷十二，未见收藏。

水仙社诗钞一卷（与张澹、陆蕙合撰）

见上海图书馆存抄本《苏香画录》。

吴家衔（生卒年不详）字冰仲，号一峰。清平望人，吴邦基之子。陈寿熊谓其性不喜与贵人往还，中年自放迹，若狂而中甚狷。于诗颇刻苦。

◎著作集

瓮天吟草

见《松陵人物汇编》卷十，未见收藏。

◎**零星诗文** 《松陵诗征续编》卷十二有诗。

唐寿荌（生卒年不详）字菱伯。又字惠伯，号子珊。清平望人。少孤而贫，曾习贾，心弗屑也。遂从叶树枚学诗。继寓陈山寿家，复刻意填词。中年境益困，词章益工。尝一游彭城不得志，归挟医术作近游。

◎**著作集**

绿语楼倚声初续集二卷

　　　　上海图书馆存清道光十六年（1836）刻本。

凫翁亭诗集二卷

　　　　南京图书馆存清咸丰三年（1853）刻本。

◎**零星诗文** 《松陵诗征续编》卷十二有诗。《笠泽词征》卷十六有词。

【编者注】上海图书馆书目另著录《金海楼合稿》二卷，为唐寿荌撰。而据编者了解，《金海楼合稿》是王之孚、吴梡桃夫妇合集，该书编集者为王之佐。上海图书馆著录依据何在，编者未及研究，存疑。

张衔（1791—1835）字廉甫，又字冰子，号筠友。清吴江人，张坚之子。国学生。按察司照磨。少攻举业，屡困小试，遂事吟咏，兼习倚声。弟张宝璇、张宝钟亦嗜诗，一时有"三张"之称。中年后喜浮屠家言，晨夕讽诵。

◎**著作集**

树萱堂诗钞

　　　　见同治《盛湖志》卷十二。仲湘《留爪集》录诗一卷，上海图书馆有藏。

俞岳（1791—1864）字雍封，一字子骏，号少甫，晚自号止斋老人。清吴江松陵人，居城北柳胥圩。嘉庆十九年（1814）取入震庠。尝学画于昆山王学浩，山水晕墨精彩，浑厚秀泽。又喜作墨梅。作文宗法归有光，因题其所居曰"归庐"。道光八年（1828）为应顺天乡试而入都，因画名动京师。援例为校官。历署丹阳、溧阳、宜兴县学，后摄太仓州学。咸丰庚申后遭乱避居芦墟，后流寓上海，卖画自给。乱平后复任嘉定教谕，卒于官。

◎**著作集**

笠东草堂诗文集四卷集外诗一卷

　　　　见民国《垂虹识小录》卷七。吴江图书馆存清光绪十八年（1892）刻本《笠东草堂文稿一卷补遗一卷诗稿一卷》、《笠东草堂遗稿二卷》。

小吴山馆诗稿不分卷

止止斋诗录不分卷

小吴山馆少作诗存不分卷

归庐遗稿不分卷

　　　　以上四种中国社会科学院文学研究所藏稿本。

梦痕录余

　　吴江图书馆存清咸丰八年（1858）刻本。

◎**零星诗文**　《松陵文录》卷二十有文。

俞岱（生卒年不详）字愸庵，号鲁青。清吴江松陵人，俞岳之弟。国学生。尝襄理邑中修建文庙诸政。

著作集待考

◎**零星诗文**　《垂虹诗剩》卷九有诗。《分湖诗钞》卷二十三有诗。

金清桂（生卒年不详）号粟香。清吴江人。国学生。工画梅。尝云作墨画须隔宿磨待用。

◎**著作集**

画梅说

粤游记

　　以上两种见民国《垂虹识小录》卷六，未见收藏。

金桂（生卒年不详）字树荣。清吴江同里人。善奕。时吴中申立功负盛名，金桂与之奕，申立功不能胜。海宁陈仙性尝曰："桂之奕无他，以退为进耳。"

◎**著作集**

金桂弈谱

　　见同治《苏州府志》卷一百三十八，未见收藏。

张履（1792—1851）原名生洲，字子践，号渊甫。嘉庆十七年（1812）入府学。二十一年（1816）举人。官句容训导。少从张海珊游，讲程朱之学。于诸经尤精三礼，兼工古文辞，善书。著宗法考未及成书而卒，年六十。

◎**著作集**

积石文稿十八卷　诗存四卷　南池唱和诗存一卷　鲇余编一卷

　　吴江图书馆存清光绪二十年（1894）刻本。

静学斋文抄一卷

　　见柳亚子《吴江文献保存会书目》。上海图书馆存抄本《静观斋文抄》一卷。

▲《积石文稿》书影

容山教事录一卷

　　南京图书馆存清道光十八年（1838）刻本。

丧礼辨误

课经偶记

炳烛记

　　以上三种见汤纪尚《张学博传》，未见收藏。

静观斋诗初集

　　见《积石文稿》卷六，未见收藏。

宗法通考

　　见《国朝文汇》乙集卷六十四，未见收藏。

诸城李氏家传

　　国家图书馆存清刻本。

◎零星诗文　《松陵诗征续编》卷十二有诗。《松陵文录》卷六等有文。

顾鸿生（生卒年不详）字懋英，号海霞。清震泽南麻人。诸生。与张海珊游。张履友。积学能文。落落寡偶，自二三雅游外，不勤于过从。

◎**著作集**

海霞诗钞八卷

　　上海图书馆存清嘉庆二十一年（1816）南陔草堂刻本。

笠泽琐言

　　上海图书馆存抄本。

◎**零星诗文**　《松陵诗征续编》卷五有诗。

仲宗滋（生卒年不详）字德如，号又村（一作幼村）。清吴江盛泽人，仲锦昼之子。嘉庆十四年（1809）取入江庠。

著作集待考

◎**零星诗文**　《盛湖诗萃续编》卷三有诗。

萧赞（生卒年不详）字襄廷，号湘亭。清吴江人。嘉庆十四年（1809）取入江庠。绩学能文，为朋辈所推。

◎**著作集**

古文稿

读书质疑

管窥日录

吴中水利

四书辑要

以上五种见光绪《黎里续志》卷八，未见收藏。

◎零星诗文 《松陵诗征续编》卷十一有诗。

郑寿彭（生卒年不详）字静山，号又桥（一作又侨）。清吴江人。嘉庆十四年（1809）取入江庠。与同邑殷寿彭齐名，学使者激赏之，称吴江两寿彭。后屡试不中。处境颇裕，遂无意于仕进。为人笃硕无他嗜，静坐一室，不废吟咏。年六十余殁，临终戒子勿作佛事，而令门人诵《大学》于旁，神色不乱。

◎著作集

步斋学吟草

存《郑氏三家诗钞》，上海图书馆藏吴江柳氏抄本。

◎零星诗文 《松陵诗征续编》卷八有诗。

赵亨衢（生卒年不详）字上行，号芝鹤（一作子鹤）。清吴江人。嘉庆十四年（1809）取入江庠。嘉庆十五年（1810）举人。官安徽桐城知县（一说官安徽休宁歙县知县，又一说官广东顺德知县，再一说任广东高要知县，曾捐资修复端溪书院）。工书。与杨澥兄弟居最近，性亦至契。尝助族弟赵作舟辑《赵氏诗存》。

◎著作集

子鹤诗钞

见《松陵人物汇编》卷十一，未见收藏。

赐归赠别卷一卷雨夜联句卷一卷七君子传一卷七人联句诗卷跋一卷鸳湖唱和诗一卷

南京图书馆存清道光刻本。

阁帖汇考十四卷（辑）

上海图书馆存清刻本。

◎零星诗文 《松陵诗征续编》卷九有诗。

黄冈（生卒年不详）字竹友，号竹堂（一作祝唐）。清吴江芦墟人。嘉庆十四年（1809）取入震庠。工书法，宗颜柳，尤善隶，寓古朴于峭劲，杂端庄于流丽，尝书千字文至数十本，择尤善者勒于石。

◎著作集

疏花馆集

见柳亚子《分湖诗钞》卷十九，未见收藏。

◎零星诗文 《分湖诗钞》卷十九有诗。

吕泰运（生卒年不详）字通士，号蕴谷。清吴江人。嘉庆十四年（1809）取入江庠。

◎**著作集**

蕴谷诗稿

> 见《吴江叶氏诗录外编》卷六，未见收藏。

◎**零星诗文** 《吴江叶氏诗录外编》卷六有诗。

庞佑清（生卒年不详）字书田（一作舒恬）。清吴江人。嘉庆十四年（1809）取入江庠。究心经学，向于毛诗，曾刻稽古编三十卷，又曾刻姚氏左传。与沈乃昌同时。

◎**著作集**

舒恬轩周礼读本六卷

> 吴江图书馆存清道光二十八年（1848）吴江庞氏刻本。

绿满书窗六种（辑）

> 国家图书馆存清嘉庆二十三年（1818）刻本。

子目：

> 唐寅　六如诗钞一卷
>
> 吴伟业　鹧鸪斑一卷
>
> 尤侗　四书诗一卷
>
> 孙承泽　庚子消夏录碑帖考一卷
>
> 叶小鸾　返生香一卷
>
> 袁枚　小仓山房续诗品一卷

春秋左传杜注（姚培谦撰；庞佑清补订）

> 上海图书馆存清道光七年（1827）洪都经堂刻本。

沈乃昌（生卒年不详）号谱琴。清吴江松陵人。震泽诸生。曾游秦中。性傲岸，善谈论，工书。道光年间尝为庞佑清校《周礼读本》。

著作集待考

◎**零星诗文** 《垂虹诗剩》卷四有诗。

钱渭阳（生卒年不详）字翊周，号竺孙（一作竹荪）。清吴江芦墟人。嘉庆十四年（1809）取入江庠。以治经著于时。

◎**著作集**

汉易汇阐

春秋经释

音律考

> 以上三种见光绪《吴江县续志》卷三十三，未见收藏。

◎**零星诗文** 《分湖诗钞》卷二十有诗。

汝谐（生卒年不详）字枚吉，号梦塘。清吴江黎里人。嘉庆十四年（1809）取入震庠。善汉隶，工诗。陈寿熊谓其诗颇多，皆和易称其为人。

◎**著作集**

蘅香馆稿四卷

焚砚集一卷

箧存集一卷

　　以上三种见《松陵诗征续编》卷十一，未见收藏。

梦塘遗诗六卷诗余一卷

　　上海图书馆存抄本。

游庠录

　　吴江图书馆存民国印本。

◎**零星诗文**　《松陵诗征续编》卷十一有诗。

▲《游庠录》书影

王希岩（1792—1817）字沛霖，号竹安。清吴江同里人。嘉庆十四年（1809）取入江庠。昼夜攻苦，思以科名自显，然终不偶。素病体弱，丧妇后疾益甚，遂弛举业而专意为诗。年二十六卒。

◎**著作集**

蕉雨山房诗存二卷试帖一卷

　　吴江图书馆存清嘉庆二十五年（1899）刻本。

仲宗淮（生卒年不详）字望如，号侍萱。清吴江盛泽人，仲锦奎之子。嘉庆十六年（1811）入府庠。

著作集待考

◎**零星诗文**　《盛湖诗萃续编》卷二有诗。

叶春涛（生卒年不详）字洪声，号曲江。清吴江人，叶春浩兄。嘉庆十六年（1811）取入江庠。涉猎方书，为人治疾多中，有名于时。

著作集待考

◎**零星诗文**　《吴江叶氏诗录》卷五有诗。

赵琳（生卒年不详）字庆一，号伽庵。清吴江人，居松陵小东门外。嘉庆十六年（1811）取入江庠。

◎**著作集**

长啸集

　　见同治《苏州府志》卷一百三十八，未见收藏。

◎**零星诗文**　《垂虹诗剩》卷三有诗。

黄河清（生卒年不详）字铁人。清吴江人。嘉庆十六年（1811）入府学。

◎**著作集**

铁吟草一卷

　　见民国《垂虹识小录》卷七，未见收藏。

倪廷烺（生卒年不详）字小香。清吴江人。嘉庆十六年（1811）入府学。工诗，善书法。年过六十而神明不少衰，有如同邑徐筠。

◎**著作集**

浣绿草堂诗钞

　　见民国《垂虹识小录·本传》，未见收藏。

金宗尧（生卒年不详）号剑珊。清吴江松陵人，金学诗从孙。居太平桥西，筑有精舍，颜曰"秋光先到野人家"。以家藏书画自娱。

著作集待考

◎**零星诗文**　《垂虹诗剩》卷三有诗。

金黄钟（1793—？）字律初，号臞夫，一号西村。清吴江同里人，金文城第二子。少时闻顾汝敬等前辈言诗，即喜之。道光五年（1825）取入江庠。中年得咯血疾，遂绝意名场，专肆力于诗，其诗得宋人俊妙之笔而失其率直平易。尝辑里中耆旧事各成一诗，汇为一集，曰《桑梓吟》。

◎**著作集**

听雨芭蕉馆全集二十二卷

听雨芭蕉馆文稿

竹居诗稿

　　以上三种见柳亚子等《吴江文献保存会书目》，未见收藏。

听雨芭蕉馆诗草三卷

　　吴江图书馆存清嘉庆二十二年（1817）同川金氏刻《务滋堂集》本。

桑梓集二卷（别署《听雨芭蕉馆诗草》卷十七、卷十八）

　　吴江图书馆存清刻本。

◎**零星诗文**　《垂虹诗剩》卷六有诗。

【编者注】光绪《吴江县续志》记载：金黄钟"少时闻顾汝敬、陈毓升辈言诗，即喜之。"然据所录二人生卒年份，金黄钟出生时陈毓升已不在世，特提出存疑。

金奉尧（1794—?）字黼唐（一作黼堂），号步云，又号苏楼。清吴江人，金仁之子。幼失恃，随父肄业于外，课余讲习或与诸从父得二三好友分韵阄题。嘉庆十七年（1812）取入江庠。

◎著作集

萝月榭诗草四卷

　　　吴江图书馆存清道光四年（1824）刻本及民国抄本。

味真书屋杂著合编二卷

　　　吴江图书馆存抄本。

金氏族谱八卷首一卷末一卷

　　　吴江图书馆存抄本。

◎零星诗文　《松陵诗征续编》卷十一有诗。

张宝璇（1795—1851）初名星，字璇甫，更字羡甫，号薇人。清吴江人，张衔弟。嘉庆二十二年（1817）读书里中水杨池馆，绝意进取，以国学生充阙里典籍。沈曰富称其"美须眉，善饮酒，气宇豪迈。然其居家甚谨勑，诸子严惮不敢失尺寸。"耽吟咏，家政之暇即手一编，与周梦台、陈希恕辈结红梨诗社，文宴之乐一时称盛。

◎著作集

伊兰室诗词稿

　　　见《松陵诗征续编》卷十。仲湘《留爪集》录诗一卷，上海图书馆有藏。

花月填词馆绮语一卷

　　　见柳亚子等《吴江文献保存会书目》，张明观《柳亚子史料札记》称上海图书馆存吴江柳氏抄本。《吴江文献保存会书目》另录《璇甫绮语》一卷。

◎零星诗文　《松陵诗征续编》卷十有诗。《笠泽词征》卷十六有词。《全清词钞》卷二十五有词。《盛泽张氏遗稿录存》收其诗八十五首，文二篇，词三十三首，并收其自撰挽联。

沈宝禾（生卒年不详）字新畬（一作辛畬，又作心畬），号子实。清吴江人。嘉庆十七年（1812）取入江庠。道光三年（1823）与修郡志，主事石韫玉。功名屡踬，仅以明经终。

◎著作集

毛诗多识录六卷

春秋左氏分编一卷合编一卷

春秋大事摘要二卷

古史世系谱一卷

姓氏韵编四卷

家谱述八卷

赋稿杂著

范石湖杂兴诗笺

南史杂咏一卷

　　　　以上九种见民国《垂虹识小录》本传。未见收藏。

蛙溪鼓吹词二卷

　　　　吴江图书馆存道光四年（1824）印本。

殷寿彭（1795—1862）字雉斟，号述斋。清吴江人。嘉庆十七年（1812）取入江庠。道光二十年（1840）进士。授编修。二十四年（1844）大考一等，擢侍讲学士，充日讲起居注官。二十五年（1845）视学山东。咸丰五年（1855）视学广东，擢詹事府詹事，旋丁内艰，以疾卒于广东寓所。

◎**著作集**

春雨楼诗文集九卷

　　　　吴江图书馆存清同治五年（1866）刻本及民国印本《春雨楼集》。

周氏义庄

　　　　吴江图书馆存清道光十年（1830）刻本。

阴骘文制艺不分卷

　　　　陕西省图书馆存清仁寿堂刻本。

◎**零星诗文**　《笠泽词征》卷十七有词。

王与沂（？—1860）字英初，号瘦梅，更号赋梅。清吴江人，王锡瑞之子。嘉庆十七年（1812）取入震庠。道光十五年（1835）岁贡生。少志科名，试南北闱十七次，屡荐不售。五旬后绝意进取，设讲席于家。道光二十六年（1846）创建文星阁，阁北筑室三楹为灵莹室文会。咸丰庚申遇难。其弟子吴望云、费莪庵建楼祀之，即吴江西门鲈乡亭。

◎**著作集**

拾慧录

　　　　见《松陵人物汇编》卷十一，未见收藏。

◎**零星诗文**　《垂虹诗剩》卷二有诗。《笠泽词征》卷十四有词。

王锡玞（生卒年不详）字云洁，号听泉，一号芳草。素工诗词。家有芳草园，日吟咏其中。所交皆一时名士。以例授直隶州知州。

著作集待考

◎零星诗文 《笠泽词征》卷十四有词。

吴元相（生卒年不详）字子孝，号达庵。清吴江同里人。嘉庆十七年（1812）取入江庠。熟于掌故，诗古文词并有宗法。诗雅近渔洋。连不得志于有司，晚年屏俗杜门著述。

◎**著作集**
玉香阁文稿四卷诗稿四卷
松尘闲谈三十二卷
松陵琐缀八卷
续聊斋志异十卷
　　以上四种南京图书馆存稿本。
愧匏轩随札
说鬼董狐六卷
雨窗述闻一卷
吴氏统谱
　　以上四种见《松陵人物汇编》卷十一，未见收藏。
夷事略一卷
黄叶村人自述一卷
　　以上两种见民国《垂虹识小录·本传》，未见收藏。

吴光奎（生卒年不详）号补愚。清吴江人。嘉庆十七年（1812）入府学。二十四年（1819）九华禅院重铸地藏殿香炉，吴光奎为记。

◎**著作集**
吴光奎诗一卷
　　存仲湘《留爪集·静娱室诗》，上海图书馆有藏。

叶春生（生卒年不详）字条涵，号龚洲。清吴江人，叶树棠长子。嘉庆十七年（1812）取入江庠。

著作集待考
◎零星诗文 《吴江叶氏诗录》卷五有诗。《分湖诗钞》卷六有诗。

袁廷珍（生卒年不详）字儒亨（一作如亨），号琴屿。清吴江人。嘉庆十七年（1812）取入江庠。道光十一年（1831）郡恩贡生。

◎**著作集**
琴屿山房词稿
　　见《笠泽词征》卷十四，未见收藏。

姚倬云（生卒年不详）字与初，号澹山。清吴江盛泽人。嘉庆十七年（1812）取入震庠。

著作集待考

◎**零星诗文** 《松陵诗征续编》卷二有诗。

王锡祚（1796—1850）字静之，号竹雨，一号节安（一作节庵）。清吴江松陵人，王锡泰弟。以父命持家不与应试，家政之暇，书无不览。善书画，书法尤臻逸品。王树人云："静之从祖善丹青，人非素契不画。与郡城佘侣梅文植友善，画亦相与颉颃。"

◎**著作集**

竹窗心印录

采芝拾翠集

> 以上两种见《松陵人物汇编》卷十，未见收藏。

◎**零星诗文** 《垂虹诗剩》卷二有诗。

邱绥寿（1796？—？）字志春，一字味梅。清吴江黎里人。一生惟好读书，与陆镳、柳兆薰等相唱和。道光间尝校勘《分湖小识》。年七十余卒。

◎**著作集**

味古斋诗集

枯禅室诗余

> 以上两种南京图书馆存稿本。

吴山嘉（生卒年不详）原名山，字愚甫。清吴江人，吴翿族玄孙。震泽诸生。少孤，好古力学，勤于著述。高祖吴翿有《复社姓氏录》乃广为收辑，成《复社姓氏传略》并辑孝靖遗集、赤溟遗集等。年四十五卒。

◎**著作集**

小顽仙馆诗钞

吴氏七子诗钞（辑）

续采吴氏诗存（辑）

孝靖遗集（辑）

赤溟遗集（辑）

> 以上五种见《松陵诗征续编》卷十，未见收藏。

复社姓氏传略十卷续辑一卷首一卷

> 南京图书馆存清道光十二年（1832）

吴氏文存（辑）

> 见同治《苏州府志》卷一百三十八，未见收藏。

◎零星诗文 《松陵诗征续编》卷十有诗。

【编者注】《游庠录》有：吴山，一名立山，字号八愚，嘉庆十九年取入震庠。疑此吴山即吴山嘉。

徐荣（生卒年不详）一名权。字松泉。清吴江芦墟人。嘉庆十九年（1814）入府学。著作集待考

◎零星诗文 《分湖诗钞》卷四有诗。

周潘江（生卒年不详）字又安，号云浦。清震泽斜路港人，周桂之父。嘉庆十九年（1814）取入江庠。好学不倦，为文根柢经史，客授吴江毛氏、汝氏。

◎著作集

莲香堂稿

　　见光绪《黎里续志》卷十一，未见收藏。

◎零星诗文 《松陵诗征续编》卷九有诗。

陆日曛（生卒年不详）曛一作埙。原名坤。字元方，一字子方，号花村，一号守瓶。清吴江人，陆日爱从兄及业师。嘉庆十九年（1814）取入震庠。以疾弃举业，闭门息交，日事吟咏。

◎著作集

守瓶文稿

辛夷花馆诗钞

辛夷花馆赋抄

　　以上三种见《松陵诗征续编》卷十二，未见收藏。

辛夷花馆诗剩一卷守瓶文剩一卷花村词剩下一卷

　　吴江图书馆存民国十六年（1927）苏斋刻《松陵陆氏丛著》本。

◎零星诗文 《松陵诗征续编》卷十二有诗。《笠泽词征》卷十四有词。

吴春龙（生卒年不详）原名克震，字友江。清吴江人。嘉庆二十年（1815）取入震庠。曾客胜溪柳氏草堂。

◎著作集

六先生遗诗一卷（与吴清长同辑）

　　见柳亚子等《吴江文献保存会书目》，未见收藏。

◎零星诗文 《分湖诗钞》稿本散页有诗。

袁廷瑞（生卒年不详）字敏成，号芝庵（一作子安）。清吴江人，袁廷珍弟。嘉

庆二十年（1815）取入江庠。

◎**著作集**

翠珊轩诗余

见《笠泽词征》卷十四，未见收藏。

子安诗草

张明观《柳亚子史料札记》称上海图书馆存吴江柳氏抄本。

陈大治（生卒年不详）字阶平，号宜堂。清吴江黎里人。嘉庆二十年（1815）取入江庠。二十四年（1819）副贡生。

◎**著作集**

怀瑜轩诗钞

见光绪《黎里续志》卷四，未见收藏。

姚凤赓（生卒年不详）字叔仪，号云门。清吴江人，姚敬清之子。嘉庆二十二年（1817）取入震庠。道光二年（1822）举人。五上春官，大挑二等。卒年三十九。

◎**著作集**

梦白云楼诗稿二卷

见《松陵人物汇编》卷十一，又见柳亚子等《吴江文献保存会书目》，未见收藏。

◎**零星诗文** 《松陵诗征续编》卷十二有诗。

徐瀚（生卒年不详）字振子，号北海，又号伯海。清震泽人。嘉庆二十二年（1817）取入震庠。附监生。候选道库大使。为人隽爽，诗多佳语。吴郡正谊书院山长余秋室性嗜莼，而郡城中无贩卖者，向世友徐瀚索之。至夏初，莼已不生，仍索不已。徐瀚乃倩吴门画家夏芷谷绘图以赠，后题咏成册，名"秋风乡味"。

◎**著作集**

守砚山房诗钞

见《松陵人物汇编》卷十一，未见收藏。

◎**零星诗文** 《松陵诗征续编》卷十一有诗。

徐晋镕（生卒年不详）字君寿，号冶伯，又号双螺。清吴江黎里人，徐达源之子。嘉庆二十二年（1817）入府学。生性潇洒。少从顾文熙游，顾文熙视学广东，延请徐晋镕主其幕事。徐晋镕得以遍游粤中，所历山川风土，悉记以诗。顾文熙卒，徐晋于任所护其丧以归。晚年诗益工，远近推为巨手。同治初，年七十余，县令黎庶昌访之，徐晋镕告以晋张季鹰墓所在，县令于是为修整立石，永禁樵采。

◎著作集

岭海纪游集一卷（费延厘、陈寿序）

> 见光绪《吴江县续志》卷三十七，未见收藏。

望忧草堂诗集（一作《忍冬草庐集》）三十卷

> 南京图书馆存稿本。

金粟斋试帖一卷

金粟斋诗赋抄二卷

> 以上两种见光绪《黎里续志》卷四，未见收藏。

忍冬老人剩稿

> 吴江图书馆存抄本。

闲居新编四卷（辑）

> 国家图书馆存清光绪十一年（1885）忘忧草堂刻本。

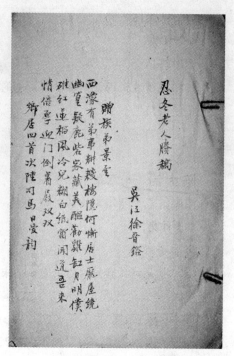

▲《忍冬老人剩稿》书影

徐菱（生卒年不详）字镜如，小字七十二。清吴江人，徐达源第四女。字吴县宋守训，未嫁宋夭，徐菱亦病卒。诗不多，时有寄托。

著作集待考

◎零星诗文 《松陵诗征续编》卷十二有诗。

徐玖（生卒年不详）字丹成，号丸如。清吴江黎里人。徐达源季女。善画墨梅，书酷似顾元熙。夫早卒，终身依兄徐晋镕处。

◎著作集

余娴阁诗钞一卷

> 上海图书馆存抄本。

古诗钞八卷

> 上海图书馆存清道光二十四年（1844）余娴阁刻本。

汝宏浚（生卒年不详）清吴江黎里人，徐达源之婿。少负隽才，婚未二年即卒。

◎著作集

小停云馆诗钞

> 见光绪《黎里续志》卷四，未见收藏。

赵桂生（生卒年不详）字轮超，号竹安（一作竹庵）。清吴江人，赵丕省之子，殷兆镛舅。嘉庆二十二年（1817）取入江庠。官四川简州巡检，入蜀后名益起，宦迹所至辄有修举。

◎**著作集**

兰坚阁诗钞

　　上海图书馆存民国吴江柳氏抄本及《留爪集》本。

赵桂生游记

　　见光绪《平望续志》卷十一，未见收藏。

峨边赘笔二卷

西藏纪闻四卷

莺湖赵氏诗存

　　以上三种见《松陵诗征续编》卷十一，未见收藏。

武林游草三卷

　　见柳亚子等《吴江文献保存会书目》，未见收藏。

兰坚阁词钞一卷

　　见柳亚子等《吴江文献保存会书目》，张明观《柳亚子史料札记》称上海图书馆存吴江柳氏抄本。

◎**零星诗文**　《松陵诗征续编》卷十一有诗。

陆镛（生卒年不详）号爱庐。清吴江震泽人。嘉庆二十二年（1817）取入震庠。道光十四年（1834）举人。少孤，赖其从叔陆泰增培植。

著作集待考

◎**零星诗文**　《垂虹诗剩》卷二有诗。

叶春浩（生卒年不详）字沛恩，一字澍堂，号铸唐。清吴江人，叶树鹤之子。自幼读书强识，为文敏捷有才气，应郡邑试冠其曹。嘉庆二十三年（1818）取入江庠。遭父丧，服满以母老不复应乡举，年五十六卒。

著作集待考

◎**零星诗文**　《吴江叶氏诗录》卷五有诗。《分湖诗钞》卷六有诗

叶春英（生卒年不详）字俊章，号蕙圃。清吴江人，叶树奇次子。

著作集待考

◎**零星诗文**　《吴江叶氏诗录》卷五有诗。《分湖诗钞》卷六有诗

迮殿飏（生卒年不详）字旦云。清吴江人，迮朗族弟。嘉庆二十三年（1818）取入江庠。

著作集待考

◎零星诗文 《分湖诗钞》卷九有诗。

仲宗治（生卒年不详）字安伯，号子涵（一作子安）。清吴江盛泽人，仲湘从兄。少喜为今体诗，兄弟唱酬而外，与人赠答不少。后服贾，无暇专究词章。

◎著作集

棣花馆诗存

　　见《松陵人物汇编》卷十一，毁于火。

◎零星诗文 《盛湖诗萃续编》卷三有诗。

仲湘（生卒年不详）字壬甫，一字兰修，号子湘。清吴江盛泽人。嘉庆二十三年（1818）取入江庠。家甚贫，而爱友朋若性命，交游遍大江南北。在里中，与沈曰富、陈寿熊辈切磋学行，无意科名。其用力尤在于诗，晚年自定其稿刊行之。又搜辑邑人诗为集，人自为卷，系以小传，得数十家已雕版，未竟而卒于咸丰战乱中。卒年六十四。

◎著作集

宜雅堂诗录七卷

　　吴江图书馆存清刻本。

咒红豆庵词一卷

　　上海图书馆存民国七年（1918）

吴江柳氏抄本。

留爪集（辑）

　　上海图书馆存清刻本。

子目：

　　宋景酥　瞳浮山人诗

　　徐达源　新咏楼诗

　　沈翱　红叶山庄诗

　　王鲲　养真精舍诗

　　秦清锡　岞崿山居诗

　　沈烜　停云楼诗

　　沈曰富　受恒受渐斋诗

　　沈曰寿　绿意庵诗

　　陈希恕　灵兰精舍诗

　　王棠　蕉雪庵诗

　　陆锁　郁林山馆诗

　　钱墀　亦陶轩诗

▲《宜雅堂诗录》书影

　　　　凌坛　金茗花馆诗

　　　　陈兴雨　水竹居诗

　　　　赵桂生　兰坚阁诗

　　　　唐昌辰　静娱室诗（附范用源诗、吴光奎诗）

　　　　张建谟　至道堂集

　　　　王观潮　潇湘吟馆诗

　　　　陆寿民　震无咎斋诗

　　　　赵勤　奇雨楼诗（附赵志鹤诗）

　　　　赵筼　瓶隐庵诗

　　　　张衔　树萱堂诗

　　　　张宝璇　伊兰室诗

　　　　张宝钟　玉海书堂诗

　　　　陈来泰　寿松堂诗

　　　　秦丕烈　啸庐遗诗（附秦钟瑞诗）

　　　　李湘　李湘诗

　　　　程镕　飞鸿延年室诗

渔洋先生生日修祀诗（辑）

　　　　国家图书馆存清咸丰四年（1854）刻本

款冬花屋骈文

　　　　上海图书馆存民国九年（1920）抄本，有柳亚子题识。

玉峰游草

　　　　见同治《苏州府志》卷一百三十八，未见收藏。

西子湖纪游词一卷

　　　　台北"中央图书馆"存清稿本。

宜雅堂词一卷

绿意庵词一卷

　　　　以上两种见《全清词钞》卷十六，未见收藏。

翁陈两布衣诗钞（辑）

　　　　见光绪《平望续志》卷十一，未见收藏。

张宗翰（生卒年不详）号晓江。清吴江人。嘉庆二十三年（1818）取入震庠。喜吟诗，至晚年兵燹后多愁苦之音。哭殉难诸作阐扬忠烈，人誉为诗史。

　　◎著作集

匏弃山人诗草

　　　　见民国《垂虹识小录·本传》，未见收藏。

陈宗群（生卒年不详）字冠贤，号仙序。清吴江人。嘉庆二十三年（1818）取入江庠。好吟咏，旁及艺事，能画山水。

著作集待考

◎零星诗文 《松陵诗征续编》卷十二有诗。

费和钦（生卒年不详）字春舟。清吴江松陵人。嘉庆二十三年（1818）取入江庠。游庠后即支持家事，偶吟咏。

◎著作集

避燹吟草

　　见《垂虹诗剩》卷三，未见收藏。

◎零星诗文 《垂虹诗剩》卷三有诗。

沈超然（生卒年不详）本姓庞。字望高，号笑山。清吴江大胜村人。嘉庆二十三年（1818）取入江庠。道光二年（1822）与连鹤寿同举乡榜。道光六年（1826）进士，官凤阳教授。

著作集待考

◎零星诗文 《分湖诗钞》卷八有诗。

费馨莲（生卒年不详）号莲舫。清吴江松陵人。嘉庆二十三年（1818）入府学。少时游幕出门，后家居。性淡泊，喜围棋。

著作集待考

◎零星诗文 《垂虹诗剩》卷三有诗。

沈清衢（？—1860）字云逵，号廉斋。清吴江松陵人。嘉庆二十五年（1820）取入江庠。道光元年（1821）举人。官无为州训导，后升扬州府教授，未赴任遇难。

著作集待考

◎零星诗文 《垂虹诗剩》卷二有诗。

周桢（生卒年不详）字用琴。清震泽人，周楚之兄。桐乡籍附贡生。

◎著作集

愚堂诗钞（周楚序）

　　南京图书馆存清道光五年（1825）刻本。

周楚（生卒年不详）字庭楠，号萍江。清震泽人。桐乡廪贡。道光五年（1825）以例候补儒学训导，署定海、常山县学。绩学能文，专力经史。

◎**著作集**

续齐召南

> 见道光《震泽镇志》卷九，未见收藏。

廿一史标言

续历代帝王年表

国朝信史年表

萍江诗文集

> 以上四种见道光《震泽镇志》卷十一，未见收藏。

沈焕（生卒年不详）字章甫，号星堂，又号文伯。清吴江人。嘉庆二十五年（1820）取入江庠。道光五年（1825）举人。少读书，刻励精进，诗必苦吟而成。兼工楷法，挺秀峻整，得欧阳率更笔意。间仿文征明山水，赋色清雅，人争爱之。

◎**著作集**

络雨斋稿

> 见同治《盛湖志》卷十二，未见收藏。

◎**零星诗文** 《松陵诗征续编》卷十二有诗。《笠泽词征》卷十四有词。

郭桐（生卒年不详）字琴材。清吴江人，郭麐嗣子。

绿蕉馆吟稿一卷

> 见柳亚子等《吴江文献保存会书目》，未见收藏。

◎**零星诗文** 《分湖诗钞》卷十三有诗。

沈镐（1797—?）原名光昌。字宇辉，号愚亭。清吴江黎里人。嘉庆二十五年（1820）取入震庠。道光二十七年（1847）进士，时年五十矣。官至兵部车驾司郎中，记名知府。未第时，家居教授，远近推为老师宿儒。及官京师，据讲席，论文不辍，一如诸生时。尝感慨经学日荒，因致力于毛诗。

◎**著作集**

毛诗传笺异义解十六卷

> 南京图书馆存清咸丰刻本。

王宝书（生卒年不详）字森甫，一字酉山，号友杉。清平望人。嘉庆二十五年（1820）取入江庠。道光三十年（1850）岁贡生。工诗古文词，尤精于岐黄。遭战乱迁避申江，医道大行，获厚资而归。卒年七十余。

◎**著作集**

经义蒙求二卷

留耕堂经解三十二卷

肘后随笔

以上三种见光绪《平望续志》卷十一，未见收藏。

萧庆清（生卒年不详）字治堂，号小兰。清吴江松陵人。嘉庆二十五年（1820）取入震庠。

◎著作集

攒花小堂二集不分卷

南京图书馆存清光绪间石印巾箱本之影印本。

◎零星诗文 《垂虹诗剩》卷三有诗。

【编者注】上海图书馆藏有《攒花小堂读本》分初集、二集，署"李烈编"，未署撰者。二集不分卷，与南京图书馆著录的萧庆清《攒花小堂二集》相符，疑即同一种书。《攒花小堂读本》上海图书馆存清同治六年（1867）刻本与清光绪十九年（1893）宝善书局石印本。

吴兆煌（生卒年不详）字成生，号雪荪。清吴江人，吴舒帷曾孙。幼读诸经史、汉文选之属，率能成诵，尤好汉儒学。嘉庆二十五年（1820）取入震庠。苦学积劳得疾，年三十卒。

◎著作集

郑氏爻辰说易四卷

听雪楼诗稿二卷

以上两种见《松陵人物汇编》卷十一，未见收藏。

◎零星诗文 《松陵诗征续编》卷十一有诗。

周均元（生卒年不详）号宇春（一作雨邨）。清吴江人，周嘉福之子。嘉庆二十五年（1820）取入震庠。道光十二年（1832）举人。工举业文，兼工骈体之作。尝主城西灵莹室。

著作集待考

◎零星诗文 《垂虹诗剩》卷二有诗。

邱曾诒（生卒年不详）字福侯，号子谦。清吴江黎里人，邱孙锦之子。嘉庆二十五年（1820）入府学。绩学敦品，为同辈所推。以工书称，亦能诗。

◎著作集

道生楼诗钞四卷

见光绪《黎里续志》卷四，未见收藏。

五峰园遗诗

见《松陵人物汇编》卷十，未见收藏。

五峰补裰诗存一卷

见柳亚子等《吴江文献保存会书目》，未见收藏。

◎**零星诗文** 《笠泽词征》卷十四有词。

沈曰彬（生卒年不详）字纯雅，号逸楼。清吴江松陵人。嘉庆二十五年（1820）取入震庠。专工书法。

著作集待考

◎**零星诗文** 《垂虹诗剩》卷三有诗。

沈玉森（生卒年不详）字立之，号璞山。清吴江松陵人。嘉庆二十五年（1820）取入震庠。恩贡生。工隶书。

著作集待考

◎**零星诗文** 《垂虹诗剩》卷三有诗。

费仑（生卒年不详）字少山，号二峰。清震泽人，费凤锵父。嘉庆二十五年（1820）入府学。咸丰元年（1851）出贡。有文誉，居至山堂，督课后辈甚严，课余则以诗酒自娱。

◎**著作集**

课余草四卷

吴江图书馆存民国薛凤昌抄本。

小壶天诗稿

见民国《垂虹识小录·松陵费氏诗集》卷二，未见收藏。

◎**零星诗文** 《垂虹诗剩》卷二有诗。

费芝沅（生卒年不详）字瑞庭，号楚江。清吴江松陵人，费仑从弟。嘉庆十七年（1812）取入震庠。秋闱十七次，荐而不售。

著作集待考

◎**零星诗文** 《垂虹诗剩》卷二有诗。

程庆华（生卒年不详）字实之，号卍云。清吴江人，程邦宪之子。四岁丧母，十岁随

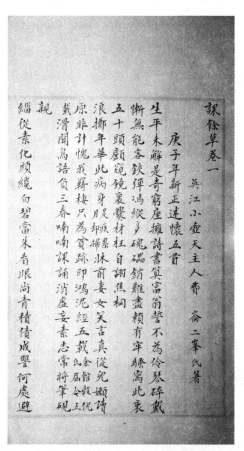

▲《课余草》书影

父京师。克绍家学，善诗工书。顾莼（清苏州人，有文坛耆宿之誉——编者注）妻以女，招同赴滇南学使任。诗文得顾莼指授。书法挺秀，笔肖欧褚。屡试京兆不售。年四十二卒。

◎著作集

静泰居诗钞

　　见同治《盛湖志》卷十二，未见收藏。

费清诠（生卒年不详）字梧亭。清吴江秋水潭人。诸生。

◎著作集

梧亭诗草

　　见柳亚子《分湖诗钞》卷二十，未见收藏。

◎零星诗文　《分湖诗钞》卷二十有诗。

冯源（生卒年不详）字达甫，号心泉。清吴江人。国学生。真诚好善，与其妻沈淑馨并能诗，有双修慧业楼，时唱和其中。

◎著作集

双修慧业楼倡和集（与沈淑馨合撰）

　　见《历代妇女著作考》卷十引《清闺秀艺文略》，未见收藏。

◎零星诗文　《松陵诗征续编》卷十二有诗。

沈淑馨（生卒年不详）字咏楼。清吴江人，冯源妻。

◎著作集

双修慧业楼倡和集（与冯源合撰）

　　见《历代妇女著作考》卷十引《清闺秀艺文略》，未见收藏。

沈眉寿（1797—1846）字子绥，号退甫。清震泽人。道光三年（1823）尝重编刊王苹《王著作集》，又搜辑王锡阐著作，并于道光七年（1827）、十七年（1837）与修王锡阐墓及祠。

◎著作集

（道光）震泽镇志十四卷

　　吴江图书馆存清道光二十二年（1842）刻本。

徐蕴珠（生卒年不详）字月英。清吴江人，增生程辰之妻。

著作集待考

◎零星诗文　《松陵诗征续编》卷十四有诗。

金锡龄（生卒年不详）字绒斋。清震泽人。

◎**著作集**

流觞小榭遗稿

见《吴江叶氏诗录外编》卷六，未见收藏。

◎**零星诗文** 《吴江叶氏诗录外编》卷六有诗。

王宝珠（？—1860）字吟莲。金锡龄妻。清吴江人。出身同川望族，通文义工诗，早岁孀居。咸丰庚申投河而殁。

著作集待考

◎**零星诗文** 《垂虹诗剩》卷七有诗。

张桐（生卒年不详）字凤巢，号留仙。清吴江闻湖人。国学生。

◎**著作集**

听竹堂诗稿

见《吴江叶氏诗录外编》卷六，未见收藏。

◎**零星诗文** 《吴江叶氏诗录外编》卷六有诗。

赵钟杰（生卒年不详）字协钟。清吴江梅堰人。能诗。

◎**著作集**

半岩诗草

见《松陵人物汇编》卷十，未见收藏。

梅观潮（生卒年不详）字素园，号乐亭。清吴江松陵人。国学生。耽吟咏，性喜梅。

◎**著作集**

雪香吟一卷（杨复吉、周允中序）

见《松陵人物汇编》卷十，又见柳亚子等《吴江文献保存会书目》，未见收藏。

张佩兰（生卒年不详）字畹香。清吴江人。梅观潮之妻。

◎**著作集**

咏花楼诗存

见《历代妇女著作考》引《柳絮集》，未见收藏。

张家麟（生卒年不详）字定庵。清吴江人，张栋从曾孙。少岁客楚南，咸丰五年（1855）避兵到浙，卜居闻溪。平生嗜诗，爱交游。

◎**著作集**

梦渠山人稿

吴江图书馆存清咸丰八年（1858）抄本。

徐庆清（生卒年不详）号鲁卿。清吴江松陵人，徐堂从侄。少已工诗，出笔奇拔，不屑举子业。咸丰庚申后常居武林，中年逝世，弥留时尽火其吟稿。
著作集待考
◎**零星诗文** 《垂虹诗剩》卷五有诗。

秉远（生卒年不详）字觉先。清吴江陆氏子，出家南浔长生寺。遍历丛林，主东林寺。好吟咏，又明医道地理。
◎**著作集**
自鸣集
秋草吟
邗沟别录
海上吟
以上四种见《松陵人物汇编》卷十一，未见收藏。

明几（生卒年不详）字素行。清震泽郭氏子，出家梅堰显忠寺。
◎**著作集**
所之集
见《松陵人物汇编》卷十一，未见收藏。

秦钟瑞（生卒年不详）号怡庵（一作怡安）。清吴江人，秦丕烈族子。道光元年（1821）取入震庠。
◎**著作集**
秦钟瑞遗诗
附于仲湘《留爪集·啸庐诗钞》，上海图书馆有藏。

金春渠（生卒年不详）字懋成，号芝生。清吴江人。道光元年（1821）取入江庠。绩学工诗，文名重嘉道间，与同里董兆熊等齐名。兵燹后存稿散佚。
著作集待考
◎**零星诗文** 《笠泽词征》卷十八有词。

王致俊（生卒年不详）字抡选，号馥乡（一作福乡）。清吴江人，王麟勋之子。道光元年（1821）入府学。为人通脱，遇酒益豪，兴到为诗，援笔立就，虽非专家，恰无头巾气。

◎**著作集**

森桂楼诗草

　　见同治《盛湖志》卷十二，未见收藏。

周宝琪（生卒年不详）字洪乔，号虹桥。清吴江松陵人，周星彩之子。道光元年（1821）取入江庠。岁科试屡获等第。庚申战乱寄居难民局饿死。

著作集待考

◎**零星诗文** 《垂虹诗剩》卷三有诗。

徐堂（1797—1837）字仲升，号淡人。清吴江人。道光三年（1823）取入江庠。潜心宋儒之学，专于治经，闲出其余技为诗，探源骚选，泛览杜韩白苏诸家。

◎**著作集**

齐鲁韩三家诗述十六卷

　　苏州图书馆存清刻本。

周易考异三卷

　　国家图书馆存清稿本。

易经爻辰二卷

　　见同治《苏州府志》卷一百三十八，未见收藏。

爱日庐诗钞二卷

　　南京图书馆存抄本。

书古训

　　见董兆熊《徐君淡人墓志铭》，未见收藏。

五经赞一卷

　　苏州图书馆存清嘉庆南汇吴氏听彝堂刻本。

◎**零星诗文** 《垂虹诗剩》卷四有诗。

【编者注】南京图书馆存据民国硃丝栏抄本1991年影印本《龙峰先生年谱》，著者署名徐堂，疑为其作。

洪文福（生卒年不详）字向之，号仁甫（一作醇甫）。清吴江盛泽人，洪潮元之子。道光三年（1823）取入震庠。

著作集待考

◎**零星诗文** 《盛湖诗萃续编》卷三有诗。

仲枚（生卒年不详）原名孙枚。字效乘，号月涛。清吴江盛泽人，仲宗泗之子。道光三年（1823）震庠恩广生。

著作集待考

◎**零星诗文** 《盛湖诗萃续编》卷三有诗。

金钟秀（生卒年不详）字升子，一字子韶。清吴江人，金霞起之子。诸生，捐职从九衔。业贾而能诗，尝与平湖顾广誉讲性理、与同邑陈钟英讲说文，悉能宣究大义。与仲湘、沈曰富等有交往。

◎**著作集**

寒玉庐诗词杂著

　　见同治《盛湖志》卷十二，未见收藏。

◎**零星诗文** 《松陵诗征续编》卷十二有诗。《笠泽词征》卷十五有词。

赵绳祖（？—1854）字子裕，号西桥。清震泽人，赵鸣阳族裔孙。国学生。家濒太湖，咸丰三年（1853）闻陆日爱有续诗征之役，辄与其友搜罗湖滨遗诗，手抄投寄，目为之肿。

◎**著作集**

留余诗钞

　　见《松陵人物汇编》卷十一，未见收藏。

◎**零星诗文** 《松陵诗征续编》卷十二有诗。

宋千彰（生卒年不详）字焕疃，号益庵。清吴江人，宋志恒从子。

◎**著作集**

浮螺小客诗草

　　见同治《盛湖志》卷十二，未见收藏。

王丕烈（生卒年不详）字东书，号竹艻。清震泽人。官阙里掌书。

◎**著作集**

补竹斋诗草

　　见《松陵人物汇编》卷十，未见收藏。

◎**零星诗文** 《松陵诗征续编》卷九有诗。

蔡鸿（生卒年不详）字于磐，号桐岩。清吴江黎里人，蔡召棠之父。国学生。早工书，善诗赋。两应小试未售，遂辍读，膺家政。年未及三十卒。

◎**著作集**

书带草堂集

　　见《松陵人物汇编》卷十一，未见收藏。

◎**零星诗文** 《松陵诗征续编》卷八有诗。

陆洒普（生卒年不详）字秋丞，晚号鸭阑旧主。清吴江人，陆銮次子。国学生。工书，善绘事，喜鼓琴，尝仿鸳湖棹歌体作雪滩棹歌百韵，和者甚众。历参戎幕，荐保至安庐涤和道。病归卜宅苏城中。

◎**著作集**

陆氏传家集四卷附陆氏先德录一卷（辑）

　　吴江图书馆存清同治十年（1871）义经堂刻本。

子目：

　　陆文衡　方房诗剩　啬庵手镜

　　陆钥　荻存小咏史

　　陆方涛　味莼鲈轩诗钞　戊寅随笔　味莼鲈轩遗文

　　陆桂馨　冷毡漫稿　读未见书斋文抄

　　陆昌言　月圃诗存　月圃偶著

　　陆泰增　客窗偶吟　淡安遗文

　　陆銮　问花楼诗钞　问花楼诗话三卷　问花楼词话

　　附：陆洒普　陆氏先德录一卷

磨盾偶吟集二十卷

　　见《垂虹诗剩》卷九，未见收藏。

徐锡第（生卒年不详）字云楣，号兰叔。清吴江盛泽人。国学生。浙江候补府经历。尝摄临海令。为人尚气谊，风雅好事。其妻朱萼增早卒，作悼亡诗一卷曰《哀弦集》。

◎**著作集**

哀弦集一卷

　　南京图书馆存清道光刻本。

◎**零星诗文**　《松陵诗征续编》卷十二有诗。《笠泽词征》卷十四有词。

朱泰增（生卒年不详）一名耀增，字颂升，号吉甫，自号采兰生。清吴江人，朱庭照长子。国学生。

著作集待考

◎**零星诗文**　《分湖诗钞》卷七有诗。

朱萼增（1798—1825）字沁春，号芝生。清吴江苏家港人，朱庭照长女，徐锡第妻。幼聪慧，年十二赋水仙诗，有不留脂粉气句，家人咸奇之。年二十八卒。

◎**著作集**

珠来阁遗稿一卷（郭麐序）

　　南京图书馆存清道光刻本。吴江图书馆存薛凤昌抄《女士集汇存》本。

◎**零星诗文**　《松陵诗征续编》卷十四有诗。

朱龄增（生卒年不详）一名麐宝。字子祥，号莲卿。清吴江人，朱容照之子。国学生。

◎**著作集**

苏家港朱氏支谱四卷（与朱金相合纂）

　　　　见柳亚子等《吴江文献保存会书目》，未见收藏。

◎**零星诗文**　《分湖诗钞》卷七有诗。

朱瑞增（生卒年不详）字嘉木，又字穆之，号蔼亭，别号庵摩，晚称苏浜樗叟。清吴江苏家港人，朱庭照从子，徐钒六世孙女徐应嬿之夫。例贡生。郭麐称赏其诗。

◎**著作集**

庵摩遗稿

　　　　见《松陵人物汇编》卷十一，又见柳亚子等《吴江文献保存会书目》，未见收藏。

◎**零星诗文**　《松陵诗征续编》卷十二有诗。《笠泽词征》卷十四有词。吴江图书馆藏抄本《挽刘烈妇诗》集中有诗。

徐应嬿（生卒年不详）字姗若。清吴江人。徐钒六世孙女，朱瑞增之妻。工诗，又工墨兰。家在分湖之滨，有"月当楼"，乃其伉俪联吟处。

◎**著作集**

须曼华馆小稿一卷

　　　　存民国薛凤昌抄本《女士集汇存》，吴江图书馆有藏。

月当楼唱和集

　　　　见《历代妇女著作考》卷十三，未见收藏。

范来凤（生卒年不详）字韶九，号铁琴。清吴江黄溪人。诸生。工书法。

◎**著作集**

五屿堂诗集

　　　　见《松陵人物汇编》卷十，未见收藏。

◎**零星诗文**　《松陵诗征续编》卷八有诗。

沈焯（1798—1861）原名雒，字竹宾，号墨壶外史、墨壶生、墨壶小隐。清吴江盛泽人。少尝织缯，去而学画。初作花卉，清雅秀逸，得恽南田遗韵。后从蒋宝龄游，遂学山水。家贫，往还江浙间，客授濮川濮氏、石门蔡氏最久。两家并富收藏，刻苦临摹，所业益进。迨移家吴门后，走币请乞者无少暇日。胡公寿、杨伯润皆师事之。

◎**著作集**

沈竹宾山水册

　　　　苏州图书馆存民国十九年（1930）振新书社刻本。

国画十三幅

  吴江图书馆藏。

【编者注】 沈焯生卒年各处记载不一，本处从吴江张幸亏考证。以下文字录自张幸亏文《吴文化和吴江书画》："李修易《小蓬莱阁画鉴》书中关于沈焯的生卒年份，所载有两条可资佐证：1. 辛丑岁余再至京师……今忽忽二十余年矣……2. 沈焯字竹宾……今春二月，竹宾忽归道山……据此，辛丑岁断为1841年，进而可断李修易所言"今春"为1861年左近，竹宾忽归道山，此为沈焯卒年之下限。因此结合上面其他资料，（1798—1861）可能是一个比较靠谱的沈焯生卒年份。"

张宝钟（1798—1854）初名镇，一名宝铦。字天宝，号昔冶，又号苕叔，亦号艻吏、香吏、香午。清吴江人，张衔之弟。道光三年（1823）取入江庠。诗词书法俱工。以孝闻。

  ◎**著作集**

玉海堂诗词稿

  见同治《盛湖志》卷十二，未见收藏。

梅边吹笛谱一卷

  见《盛泽张氏遗稿录存》小传，未见收藏。

饼说庵词一卷

管朗阁词钞一卷

  以上两种见柳亚子等《吴江文献保存会书目》，未见收藏。

  ◎**零星诗文** 《笠泽词征》卷十六有词。

蒯金镕（生卒年不详）一名以成。字范之，号屿斋一作芌斋。清吴江黎里人，蒯谦吉之子。道光三年（1823）入府学。博综多文，旁通壬遁。中年失意，复耽禅悦。为人爽朗善谈。

  ◎**著作集**

兰馨堂诗钞一卷

  见《松陵人物汇编》卷十一，未见收藏。

  ◎**零星诗文** 《松陵诗征续编》卷十二有诗。

潘纬（生卒年不详）字季武，又字古怡，号箅坡，又号春如。清吴江人，潘眉之子。道光三年（1823）取入江庠。道光五年（1825）举人。选镇洋县训导，后授溧水县训导。尝主嘉善魏塘书院。卒后门人私谥曰康惠先生。

  ◎**著作集**

心镜四卷

丛说八卷

以上两种见光绪《吴江县续志》卷三十五，未见收藏。

筤坡诗稿四卷

见光绪《吴江县续志》卷三十七，未见收藏。

夏宝全（？—1862）字惺元，号榕孙（一作榕生）。清吴江松陵人。道光八年（1828）举人，考授国子监学正。后居太仓。咸丰十年（1860）太平天国军陷太仓，徙避于乡，密团数百人常怀利刃以伺。同治元年（1862）死于战乱。

著作集待考

◎**零星诗文** 《垂虹诗剩》卷三有诗。

史致充（生卒年不详）字石泉（一作若泉），号德符。清吴江盛泽人，史善长从子。道光三年（1823）取入江庠。红梨社友。性孤介寒峭，诗亦似之。工隶书，善飞白。尝客四川，独游峨眉山遇虎。年七十余卒。

著作集待考

◎**零星诗文** 《笠泽词征》卷十五有词。

杨炳春（？—1860）初名庚。字子慎，号漱芸（一作瘦云）。清吴江人，杨刚之子，杨羲弟。道光五年（1825）取入江庠。十九年（1839）举人。拣发浙江，历署泰顺、鄞县。咸丰十年（1860）太平天国军克杭州，杨炳春方奉檄理粮台，被杀。

◎**著作集**

扶雅堂集十卷

见光绪《吴江县续志》卷三十七，又见柳亚子等《吴江文献保存会书目》，未见收藏。

扶雅堂诗集十四卷

吴江图书馆存清刻本。

顾友桂（生卒年不详）字步云，一字子仙，号馨山。清吴江人。道光五年（1825）取入江庠。

◎**著作集**

梅修馆诗草

见《松陵人物汇编》卷十一，未见收藏。

◎**零星诗文** 《松陵诗征续编》卷十二有诗。

黄增禄（生卒年不详）字伯谷，一字谷卿，号子苈。清吴江人。道光五年（1825）入府学。二十三年（1843）举人。工山水，出笔幽秀，书法瓯香馆（指清初画家恽南田——编者注），蝇头小楷舒卷自如，尤不易得。

◎**著作集**

拜石词

> 见同治《苏州府志》卷一百三十八，未见收藏。

◎**零星诗文** 《笠泽词征》卷十七有词。《全清词钞》卷二十二有词。

李王熊（生卒年不详）字旋吉，号谷田。清吴江新杭里人，李菖之子。李王猷从兄。少孤，性朴诚，家贫，以书自娱。年七十无疾而逝。

◎**著作集**

惟适草堂吟稿二卷

> 见同治《盛湖志》卷十二，未见收藏。

◎**零星诗文** 《松陵诗征续编》卷九有诗。

李王猷（生卒年不详）字容竟，一字显若，号耘庵。清吴江新杭里人，李景昌之子，李王熊从弟。道光五年（1825）取入震庠。中年后绝意进取，耽于著述，家所藏书，丹黄几遍。与秀水计光炘、陶淇善，陶淇赠诗有"芦雪菰烟老钓师"句，晚年自署"菰烟老钓师"。

◎**著作集**

闻湖诗续抄七卷（辑）

> 上海图书馆存清咸丰四年（1854）刻本。

菰烟芦雪集六卷（李龄寿跋）

> 见同治《盛湖志》卷十二，未见收藏。

◎**零星诗文** 《松陵文录》卷二十有文。

李王伟（生卒年不详）字品佳，号怡园。清吴江新杭里人。李景昌次子。有羸疾，弃举业，性爱花，好饮客论诗。

◎**著作集**

怡园诗草三卷

> 见《松陵人物汇编》卷十一，未见收藏。

◎**零星诗文** 《松陵诗征续编》卷十有诗。

凌雪柏（生卒年不详）一名峻柏，字古泉。清吴江人。道光五年（1825）取入江庠。
著作集待考

◎**零星诗文** 《分湖诗钞》卷十六有诗。

叶光灏（生卒年不详）字湘衡，号花尹（一作花隐）。清吴江人，叶兆勋曾孙。

道光五年（1825）取入震庠。

著作集待考

◎零星诗文 《吴江叶氏诗录》卷五有诗。

俞树滋（生卒年不详）字德甫，一字小秋，又字筠甫。清震泽人，俞兰台之子。道光五年（1825）取入震庠。张履谓其诗如瑶林孤鹤，戛然凌空，非尘世所能接其清音。

◎**著作集**

竹深书屋诗文稿四卷

　　　见《松陵人物汇编》卷十一，未见收藏。

◎**零星诗文** 《松陵诗征续编》卷十一有诗。《松陵文录》卷十九有文。

赵坎吉（？—1860）号二水。清吴江人，居松陵西濠杨家桥。道光五年（1825）取入江庠。尝游皖，多眺览之作。精赏鉴书画古器。

著作集待考

◎**零星诗文** 《垂虹诗剩》卷二有诗。

钟鼎（1799—1871）字新甫，号琴舟，晚号江沱遗老。清震泽人。生而颖异，读书过目成诵。与张履、俞树滋同受业于张海珊之门。参究性理文学，旁及天官、地志、河渠、兵农、律数诸书，无不浏览。不喜为应制之文，道光五年（1825）已逾冠始取入震庠。旋弃去，专肆力于诗古文词。性好聚书。尝参与镇中白云庵改建复古书院。

◎**著作集**

小林壑诗钞八卷

　　　吴江图书馆存清同治十三年（1874）刻本。

小林壑文存

小林壑诗剩

　　　以上两种见民国《震泽镇志续稿》卷十一，未见收藏。

荻塘棹歌一卷

　　　上海图书馆存抄本。

◎**零星诗文** 《吴江叶氏诗录外编》卷七有诗。

秦源（生卒年不详）字止船，号仲清。清平望人。道光三十年（1850）建秦氏支祠于平望。

◎**著作集**

韭溪诗存前集后集（殷兆镛等序）

见光绪《平望续志》卷十一，吴江图书馆存清刻残本。

韭溪秦氏诗存前集后集

见光绪《平望续志》卷十一，未见收藏。

知止居剩稿一卷

上海图书馆存清道光二十二年（1842）刻本。

丁学棠（生卒年不详）字召亭，号菊坡。清吴江人，丁云锦孙，陈咸亨婿。少孤力学，弱冠工文章，尤耽韵语。遭祖父丧不及终试，遂以哀毁致疾死。自悼云："话到科名真一梦，青衿未换换麻衣。"

◎**著作集**

木兰花馆诗稿一卷

见柳亚子等《吴江文献保存会书目》，未见收藏。

◎**零星诗文** 《松陵诗征续编》卷十有诗。

顾兆芝（1799—?）字仲龄，一字子寿。清吴江人，顾汝敬次子。诸生。

◎**著作集**

鱼千里室诗钞一卷

上海图书馆存清道光十年（1830）刻本。

顾兆芝诗二卷

见同治《苏州府志》卷一百三十八，未见收藏。

◎**零星诗文** 《松陵诗征续编》卷八有诗。

顾至豫（生卒年不详）字建伯，号奏堂。清吴江人，顾青藜长子。

著作集待考

◎**零星诗文** 《松陵诗征续编》卷十一有诗。

赵若荪（生卒年不详）号纫秋。清吴江人，黄锡荣、黄锡铭之母。工诗画。

著作集待考

◎**零星诗文** 《垂虹诗剩》卷七有诗。

郑颀（生卒年不详）字伟如，号柳溪。清吴江盛泽人。国学生。道光二十一年（1841）官琼州定安县太平司巡检。

著作集待考

◎**零星诗文** 《盛湖诗萃续编》卷三有诗。

顾榆（？—1853）字星桥。清吴江松陵人，家住下塘。道光二十四年（1844）举人。久在都中，咸丰三年（1853）拣发安徽知县，甫莅任，即遭太平军遇难。

著作集待考

◎**零星诗文**　《垂虹诗剩》卷四有诗。

沈彬（生卒年不详）字星甫，号彤叔。清吴江盛泽人。道光六年（1826）取入江庠。

著作集待考

◎**零星诗文**　《盛湖诗萃续编》卷三有诗。

孙楷（生卒年不详）字秋伊。清吴江孙家汇人，孙宗武族子。道光六年（1826）取入江庠。二十四年（1844）恩贡生。邃于史学，尝在松陵授徒。

◎**著作集**

莼溪草堂诗钞

　　见同治《苏州府志》卷一百三十八，未见收藏。

◎**零星诗文**　《垂虹诗剩》卷六有诗。《分湖诗钞》卷十一有诗。

袁廷琥（生卒年不详）字绣和，号少云，自号缘天居士。清吴江人。道光六年（1826）取入江庠。

◎**著作集**

书隐楼词稿

　　见《笠泽词征》卷十八，未见收藏。

◎**零星诗文**　《笠泽词征》卷十八有词。

盛坤吉（生卒年不详）字承乾，号简堂。清吴江松陵人。道光六年（1826）取入震庠。

著作集待考

◎**零星诗文**　《垂虹诗剩》卷三有诗。

夏墉（生卒年不详）字宜琴，号蓉珊。清吴江芦墟人。道光六年（1826）入府学。咸丰二年（1852）岁贡生。

著作集待考

◎**零星诗文**　《分湖诗钞》卷二十有诗。

周金镛（生卒年不详）初名庆熊，号谱琴。清吴江谢溪人。道光六年（1826）取入江庠。

著作集待考

◎**零星诗文** 《垂虹诗剩》卷六有诗。

叶兰生（1800—1874）字应征（一作子征），号楚芗（一作楚香）。清吴江人，叶春晖之子。道光七年（1827）取入江庠。工制举业，善率更书，屡应省试不见收益，遂肆志于诗。家故贫，客授四方，所至有诗。馆乍浦时与平湖伊佐圻唱和尤多。伊佐圻刻《云甍酬唱集》，脍炙人口。

◎**著作集**

三秀轩诗草一卷

　　南京图书馆存抄本。

楚芗诗稿

云甍酬唱集

　　以上两种见光绪《黎里续志》卷四，未见收藏。

◎**零星诗文** 《笠泽词征》卷二十七有词。《吴江叶氏诗录》卷六有诗。

姚仪庄（生卒年不详）字曼仙。清吴江人，叶兰生之妻。

思孟阁诗稿

　　《江苏艺文志》称上海图书馆存抄本，今未见。

朱隽增（生卒年不详）字仲英，号郎君。清吴江人，朱庭照第四子。

著作集待考

◎**零星诗文** 《分湖诗钞》卷七有诗。

庄庆椿（1800？—1861？）字介眉，号子寿，一号更生居士。清震泽人，庄兆洙长子。国学生。因兄庄庆桂入学后遽卒，庄庆椿奉父命勿再作举业，遂肆力于诗古文词，喜为骈体。与同邑陈寿熊、沈曰富以古文相切磋，卓然成一家言。性爽喜饮，须发如虬。咸丰十年（1860）为太平军所伤，铅丸在背，犹手写王仲瞿、彭甘宁集成帙。卒年六十二。

◎**著作集**

冬荣室诗钞一卷

　　国家图书馆存清光绪刻本。

冬荣室闲气集诗词一卷（与庄人宝合撰）

南京图书馆存清光绪三年（1877）刻本。

鹃碧集一卷

感逝集

怀一集

以上三种见《松陵人物汇编》卷十一，未见收藏。

幸翁骈体文

幸翁诗存

以上两种见同治《苏州府志》卷一百三十八，未见收藏。

黄河集

见同治《苏州府志》卷一百三十八，柳亚子等《吴江文献保存会书目》著录抄本一卷，未见收藏。

子寿诗文集

见柳兆薰《松陵文录姓氏考》，未见收藏。

◎零星诗文 《松陵文录》卷十二有文。

殷寿臻（1801—1863）字肇骈，号百庭，又号玉叔。清吴江人，殷寿彭弟。道光三年（1823）取入江庠。道光二十四年（1844）进士。改庶吉士授编修，充国史馆协修。后以耳病乞归。

◎**著作集**

帚珍斋文诗集

见光绪《黎里续志》卷八，未见收藏。

周璋（生卒年不详）字峨山，一字赤南，号莪删。清吴江谢天港人，周艺芎之子。性孤冷，慎结纳。家贫，尝为句读师。中年妻、子皆卒，孑然一身。后依人作西陲之行，越十二年归。工诗善画，初以仕女称于时，后弃去，专写花草，尤长于梅，墨梅有王元章遗意。震泽王棠爱其画，与之订忘年交。

◎**著作集**

白萍庵诗钞

西来吟

以上两种见《松陵人物汇编》卷十一，未见收藏。

◎零星诗文 《松陵诗征续编》卷十有诗。

张与龄（1802—1830）字芳遐，号杏初。清吴江芦墟人，张孝嗣长子。好身心之学，尝辑古今劝善格言及先儒绪论，汇成一册，曰《克复要言》，以自省览。画花鸟渲染特工。能汉隶。年二十九卒。

◎**著作集**

克复要言

南京图书馆存 1945 年铅印本。

十二碧琅玕馆诗钞四卷

见同治《苏州府志》卷一百三十八，未见收藏。

【编者注】《江苏艺文志》在"张与龄"条作按语曰："'与龄'，同治《苏州府志》卷138作'太龄'"，意谓张太龄即张与龄。其实并非如此。《分湖诗钞》引沈昌眉语："张忆鲈先生轻财好客，与当世通人村士为文酒之宴无虚日。多藏善本书，至数百箧。课诸子各成一艺，与龄以画，修龄以医，益龄以文章，太龄以制举业，而聃龄独以书称。"可见张孝嗣有五子，与龄、太龄为兄弟，并非同一人。又，光绪《吴江县续志》卷二十三记载："与龄有克复要言一书，益于身心有得者也。"而该志卷三十五又载书目："克复要言 张太龄撰"。此处书目恐为误载，或因张与龄早卒，书为其弟张太龄整理刊出。特此记录存疑。

陈昌錞（生卒年不详）字钟若，号稚仲。清吴江黎里人，陈山寿之子。工诗善书，喜画墨梅，颇饶逸致，尤工铁笔，尝刻阴骘文印谱，为同邑杨聋石所称赏。

◎著作集

真意斋诗二卷

阴骘文印谱

　　以上两种见光绪《黎里续志》卷四，未见收藏。

禊湖陈氏诗存八卷（与陈山甫同辑）

　　上海图书馆存民国九年（1920）吴江柳氏抄本。

黄潮（生卒年不详）字赋江，号秋鹤。清吴江黎里人。能诗善书，淡于名利。镇南红蓼滩因地势低洼人弃而不耕，黄潮经营躬耕其中。复择地结屋三椽，颜曰"鹤巢"，门外桃柳成行，桑麻满径，课耕之暇，辄手一编，啸咏自娱。光绪二十年（1894）以孙黄元芝赠奉政大夫蓝翎五品衔江苏太仓直隶州学正。

◎著作集

坐对一山楼诗集

　　见光绪《黎里续志》卷四。《苏州民国艺文志》称上海图书馆存江苏古籍出版社1992年印本，然搜索未见。

【编者注】光绪《黎里续志》卷五明确记载黄潮"以孙元芝恩毗赠奉政大夫……"而《江苏艺文志》与《苏州民国艺文志》均记作"以子元芝"获赠官职，肯定错误，因为黄元芝生父为黄尔寿，养父为黄尔康。又，《苏州民国艺文志》收录黄潮，显然以为此人生活在清光绪末年。其实不然。光绪《黎里续志》卷十二记载，黄潮结屋"鹤巢"，"同邑周茂才宝彝、俞广文岳为写'蓼滩耕舍图'，赵大令亨衢记之。"其中提到的周宝彝、俞岳、赵亨衢均生活在嘉庆、道光年间，因此黄潮也应是生活在那个时期的，而不是在光绪末年。光绪二十年获官职是死后追赠。

赵志鹤（生卒年不详）清吴江人。

◎**著作集**

赵志鹤诗一卷

　　附于仲湘《留爪集·奇雨楼诗》，上海图书馆有藏。

英昭（生卒年不详）字抱月。清吴江人，明月庵僧。能诗，为徐达源诗弟子。

◎**著作集**

抱月诗稿

　　见光绪《黎里续志》卷四，未见收藏。

◎**零星诗文**　《松陵诗征续编》卷十三有诗。

迮爱莲（生卒年不详）清吴江人，迮鹤寿之子。绩学早世。

◎**著作集**

乡党图考补正

　　见光绪《吴江县续志》卷三十三，未见收藏。

李湘（1804—1833）字叔兰，一字宇春，号雨村，一号铁笛道人。清吴江韭溪人。善八分体书，汉碣唐碑临摹殆遍，而自成一家。诗才清婉。与翁大年至契。早卒。

◎**著作集**

金粟楼稿

瓶花轩遗稿

　　以上两种见光绪《平望续志》卷十一，未见收藏。

李湘诗一卷

　　存仲湘《留爪集》，上海图书馆有藏。

◎**零星诗文**　《松陵诗征续编》卷十三有诗。

李晋贤（生卒年不详）字萍江。清平望人，李湘之弟。能诗。早卒。

◎**著作集**

信天巢诗四卷

　　见光绪《平望续志》卷十一，未见收藏。

金文渊（1804—?）字卓伦，号仰山，又号小觉氏。清吴江人，金兰原长子。国学生。曾摄浙江淳安分水县篆、湖州府总捕同知。

◎**著作集**

玉连环草二卷（与于晓霞合撰）

吴江图书馆存清道光二十年（1840）刻本及民国薛凤昌抄本。

子目：

　　金文渊　笑吟轩诗词稿一卷

　　于晓霞　小琼华仙馆诗词稿一卷

◎零星诗文　《笠泽词征》卷十八有词。

于晓霞（? —1861）字绮如。原清金坛人，吴江金文渊妻，金杕之母。随宦浙江淳安分水，后寓杭州。咸丰十一年（1861）太平天国军破杭州后失踪。

◎**著作集**

小琼华仙馆诗词稿一卷

　　吴江图书馆存清道光二十年（1840）刻本及民国薛凤昌抄本。

◎**零星诗文**　《笠泽词征》卷二十三有词。《垂虹诗剩》卷七有诗。

钱裕（生卒年不详）字友梅。清吴江人。工词。尝游幕于粤。

◎**著作集**

有真意斋词集四卷附梅花诗一卷

　　吴江图书馆存清道光十四年（1834）刻本二卷。

有真意斋词谱三卷词韵一卷

　　上海图书馆存清道光二十一年（1841）吴门敦本堂刻本。

陈钟英（生卒年不详）字英多，一字玉如，号榄香。清吴江黎里人，陈屾之子。诸生。好读书，尤研精训诂之学，通说文。尝与张士元论左氏正朔，往复四千余言，张士元深叹服。

◎**著作集**

揽香小品

　　南京图书馆存清道光六年（1826）刻本。

子目：

　　答疑孟一卷

　　驳正朔考一卷

　　辩宜斋野乘一卷

　　四书句读

享帚集

　　以上两种见光绪《黎里续志》卷四，未见收藏。

归礼堂三种

　　福建师范大学图书馆存稿本。

子目：

群经卮闻录一卷　　退息篇二卷　　说文詹詹一卷

世统纪年订四卷附录一卷

上海图书馆存清归礼堂刻本。

【编者注】南京图书馆存 1987 年台湾学生书局影印本《百尺楼日记》，署名陈钟英，且与吴江金芝原《蔬香馆日记》合订，疑为其作。南京图书馆又存清活字印本《牡丹唱和集》一卷，也署名陈钟英，是否为吴江陈钟英，编者未能找到依据。

郑培（生卒年不详）字价籓，号羑庵。清吴江人。国学生。捐职州同。体母意，广行善事。好吟咏，触景拈毫，多陶冶性情之作。

◎著作集

绿荫斋诗草

见同治《盛湖志》卷十二。上海图书馆藏柳氏抄本《郑氏三家诗钞》录《绿荫斋诗稿》一卷。

◎零星诗文　《松陵诗征续编》卷七有诗。

徐士颖（生卒年不详）字逸群，号韵亭。清吴江人。国学生。

◎著作集

珊溪吟草

见同治《盛湖志》卷十二，未见收藏。

徐学涛（生卒年不详）字寿躔，号子蓉。清吴江黎里人，徐鼎勋之父。国学生。嘉庆二十五年（1820）岁试因额满而见遗，又屡抑乡闱，名心遂冷，然性嗜学，虽辍读犹手一编勿释，暇时寄情诗画。体素羸，复以怀才见屈，抑郁自伤，奄奄以病，年三十八卒。

◎著作集

墨蕉馆诗钞一卷

吴江图书馆存清光绪五年（1879）刻本。

秋灯校书图题咏一卷

见柳亚子等《吴江文献保存会书目》，未见收藏。

◎零星诗文　《松陵诗征续编》卷十二有诗。

吴星灿（生卒年不详）字眉峰。清吴江黎里人，吴坚之父。精地理之学。

◎著作集

三贯集

见光绪《黎里续志》卷四，未见收藏。

【编者注】《江苏艺文志》将吴星灿置于出生康熙后期者之列，编者认为有误。吴星灿子吴坚"心炙杨聋石（即杨澥——编者注），自号心聋山人"，显然为杨澥之后辈，那么吴星灿年龄可能跟杨澥接近。又考光绪《黎里续志》，吴星灿之子吴坚与蔡禹松之子蔡以焜并列，而杨澥曾为蔡禹松的《荣肇堂钱录》作题识，又间接说明吴星灿与杨聋石、蔡禹松处于相近年代。考杨澥及其两弟杨羲、杨炳春生平，杨澥应生于乾隆后期，所以吴星灿应生于乾隆末至嘉庆初，而不应该是生于康熙后期的。

蔡禹松（生卒年不详）字甸伯，号吟涛。清吴江黎里人，蔡湘长子。精鉴别古器碑版之属，搜藏汉铜印及古钱多而且精，拓手尤工绝，能具各器全形，阴阳虚实无不逼真。尝拓汉印成帙。

◎著作集

荣肇堂钱录

见光绪《黎里续志》卷四，未见收藏。

蒯光焕（？—1850）榜名成照。字融钧，号娄生。清吴江黎里人，蒯关保之弟。道光元年（1821）恩科顺天举人。由国史馆誊录议叙知县，拣发广西，历署上林、平陆、苍梧知县。道光三十年（1850）练勇防剿，积劳卒于营。绩学穷经，而尤深于《易》。

◎著作集

易理汉学指南一卷

见光绪《黎里续志》卷四，未见收藏。

程豹蔚（生卒年不详）字又文，号莼溪。清吴江谢天港人。国学生。

◎著作集

秦中游草

见同治《盛湖志》卷十二，未见收藏。

蔡浚（生卒年不详）字清源，号梅庵。清吴江黎里人，蔡鸿从弟。性耐贫，诗冲淡幽隽。

◎著作集

焦桐馆诗稿一卷

见光绪《黎里续志》卷四，未见收藏。

◎**零星诗文**　《松陵诗征续编》卷十三有诗。

秦守惇（生卒年不详）清震泽韭溪人。

◎著作集

家庭直讲四卷

　　　　见光绪《平望续志》卷十一，未见收藏。

陆日章（生卒年不详）字西村。清吴江人。

◎著作集

西村词草二卷

　　　　吴江图书馆存民国十六年（1927）苏斋刻《松陵陆氏丛著》本。

费公彦（生卒年不详）字仲礼，号颂斋。清吴江人。深于三礼（《周礼》、《仪礼》、《礼记》）。道光十三年（1833）进士。授山西汾西县知县，后以功奏升直隶州知州，旋卒。

◎著作集

周礼郑注疏证

读过庭记

采兰斋诗稿

　　　　以上三种见同治《苏州府志》卷一百三十八，未见收藏。

陆亘辉（生卒年不详）字少蒙。清吴江人。

◎著作集

少蒙诗存一卷

　　　　吴江图书馆存民国十六年（1927）苏斋刻《松陵陆氏丛著》本。

殷立杏（生卒年不详）字鹤溪，号南斋。清吴江盛泽人。国学生。家多蓄古人名画，因而工于赏鉴。善画山水，宗元季四家，于梅道人法尤为擅长，然颇自矜贵，不轻为人作。淡于荣利，日以诗酒自娱。

◎著作集

碧树山房诗稿

　　　　见同治《盛湖志》卷十二，未见收藏。

◎零星诗文　《松陵诗征续编》卷五有诗。

郑寿南（生卒年不详）号药耘。清吴江人。国学生。嘉庆二十年（1815）前后例补江西南安府经历。

◎著作集

谷愚学吟草一卷诗余一卷

　　　　存于柳氏抄本《郑氏三家诗钞》，上海图书馆有藏。

黄兆槐（生卒年不详）清吴江人。

◎著作集

万顷波光阁诗钞

见光绪《平望续志》卷十一，未见收藏。

张钟（生卒年不详）字锡文，号虞堂。清平望人。国学生。喜读书，耽吟咏。与唐寿莘为莫逆交，且师事之，时周其急。于所居之旁辟地筑室，名曰"心精微馆"，春秋佳日，宴集作文酒之社。年四十八卒。

◎著作集

渔父填词阁诗稿一卷诗余一卷（吴鸣锵序）

上海图书馆存清咸丰三年（1853）心精微馆刻本。

◎零星诗文 《松陵诗征续编》卷十二有诗。

朱美增（生卒年不详）字尊之，号宿伯。清吴江人。朱庭照第六子。

著作集待考

◎零星诗文 《分湖诗钞》卷七有诗。

陈福畴（1805—?）原名昌言。字禹廷（一作愉庭），号雨亭。清吴江黎里人。幼禀异质，甫握管语则惊人。嘉庆二十五年（1820）取入江庠，时年十六，旋食饩。工制义，门下颇盛。与沈镐齐名，时称"二亭"。沈镐和易恂恂，指示不加声色，而陈福畴则严厉面指，瑕疵不少宽。

◎著作集

艳雪斋时艺

见《松陵人物汇编》卷十一，未见收藏。

沈曰寿（1805—1850）字延之，号笠君。清吴江盛泽人，沈烜之子，沈曰富兄。承家学，精研医术，并工绘画。自幼好吟咏。

◎著作集

绿意庵诗稿三卷

见同治《盛湖志》卷十二。仲湘《留爪集》录诗一卷，吴江图书馆有藏。

◎零星诗文 《笠泽词征》卷十七有词。

张益龄（生卒年不详）字进之（一作进生），又字仲仁，号子谦，自号碧萝主人。清吴江芦墟人，张孝嗣第二子。道光六年（1826）取入江庠。工文辞，旁涉绘事，为举业亦有名诸生间。年不中寿，三十二卒。

◎**著作集**

画豳庐诗钞

> 见《松陵人物汇编》卷十，未见收藏。

巽峰阁词一卷

> 见《笠泽词征》卷二十七，未见收藏。

◎**零星诗文** 《松陵诗征续编》卷十二有诗。《笠泽词征》卷二十七有词。《分湖诗钞》卷十二有诗。

蔡文朴（生卒年不详）字倬云，一字仲章，号子琴，别号曼仙子。清吴江黎里人，蔡湘第二子。少颖敏，未冠补震泽诸生。工制义，学使辛从益称其经生之学、才子之文。两赴省试，遂弃去。因病通岐黄奥旨，复精算学，善奕，好读庄子，自号南华散人。饶有至性，美须眉，好饮酒，气宇豪迈慷慨，有古侠士风。与世落落不苟合，而独与蒯贺荪、陈福畴、徐宝治为莫逆交。卒年四十九。

◎**著作集**

听春雨楼文存一卷

曼仙子诗一卷

医粹四卷

泠善草堂奕谱一卷

> 以上四种见光绪《黎里续志》卷四，未见收藏。

殷兆镛（1806—1883）字序伯，号谱经。清平望人，殷增之子。道光六年（1826）入府学。道光二十年（1840）进士。选庶吉士授编修，尝主湖北、陕甘、福建、顺天乡试。官至礼部左侍郎。屡具疏陈事，人服其胆识。光绪八年（1882）以病告归。

◎**著作集**

陕西乡试题名录

> 国家图书馆存清咸丰五年（1855）刻本。

殷谱经侍郎自定年谱（一作《齐庄中正堂春梦录》）二卷

> 吴江图书馆存清光绪刻本。上海图书馆存稿本。

齐庄中正堂诗钞十七卷

> 吴江图书馆存清光绪四年（1878）刻本。

江震殷氏族谱（与殷云鹗同辑）

> 常熟市图书馆存清光绪九年（1883）殷兆镛刻本。

玉尺堂杂著不分卷

> 浙江省图书馆存稿本。

齐庄中正堂集二十六卷

南京图书馆存清光绪间刻本。

子目：

制义十二卷

试帖八卷

律赋六卷

苏州图书馆存《齐庄中正堂律赋》二卷。

中西时务精华

上海图书馆存清光绪二十三年（1897）上海书局石印本。

新辑分类时务精华

上海图书馆存清光绪二十七年（1901）石印本。

春明日记二卷（道光二十四年、二十六年至二十八年）

复旦学图书馆存稿本。

澄怀园日记不分卷（咸丰八年至九年）

上海图书馆存稿本。

齐庄中正堂日记不分卷（同治六年至七年八月）

吴江图书馆存清同治刻本。

庚申都城纪事

上海图书馆存抄本。

张聃龄（生卒年不详）字是龙，号李仙。清吴江芦墟人，张孝嗣第四子。以书称，零缣寸纸，收藏家宝贵之。

著作集待考

◎**零星诗文** 《分湖诗钞》卷十二有诗。

沈棨森（生卒年不详）字戟门，号羮卿。清吴江松陵人，世居垂虹桥南。道光七年（1827）取入江庠。道光十七年（1837）举人，选授宿迁教谕。工制义外，诗词、歌赋、书画、杂著无不精妙，风流文采倾动一时。庚申之乱，避居周庄镇，籍医自给，晚岁坚心好道。

著作集待考

◎**零星诗文** 《垂虹诗剩》卷四有诗。

孙宗武（生卒年不详）字竹坡，一字兰坡。清吴江人。道光七年（1827）取入震庠。

◎**著作集**

一笑草一卷

上海图书馆存民国吴江柳氏抄本。

王兰浯（生卒年不详）字树庭，号楚帆。清吴江盛泽人，王嘉锡之子。道光七年（1827）取入江庠。

著作集待考

◎**零星诗文** 《盛湖诗萃续编》卷三有诗。

王嘉谷（生卒年不详）字启震，号含青。清吴江盛泽人，王致聪之子。道光七年（1827）取入江庠。

著作集待考

◎**零星诗文** 《盛湖诗萃续编》卷三有诗。

吴炳林（生卒年不详）字景初，一字宾嵋，号小浦。清吴江人，吴音之子。道光七年（1827）取入震庠。道光十九年（1939）举人。

◎**著作集**

觉痴山房诗钞

　　见《松陵人物汇编》卷十，未见收藏。

◎**零星诗文** 《松陵诗征续编》卷十二有诗。

殷汝述（生卒年不详）号补庭。清吴江人。道光七年（1827）府庠生。丰裁高峻，不苟言笑，工制义，兼耽吟咏。卒于难。

◎**著作集**

制锦草

　　见民国《垂虹识小录·本传》，未见收藏。

陈宗元（1806—1856）字保之，号柳平。清吴江人，陈兴之子。道光十三年（1833）进士，以主事用，擢员外郎。咸丰三年（1853）京察一等，简放江西吉安府知府。太平军攻破吉安被杀。

◎**著作集**

退学庐诗集

　　见同治《苏州府志》卷一百三十八，未见收藏。

蔡傅梅（1806—1855）字未羹，号岭香。清吴江黎里人，蔡湘少子。性高旷，博览群籍，长于书文，书法酷似董其昌，尤工小楷。道光二十年（1840）恩科顺天举人。及试礼部，得而失者再，乃就拣选知县。咸丰五年（1855）以事过盛泽，遇暴风舟覆而卒。好金石文字，赏鉴极精，藏晋唐碑帖及名人尺牍极富。

◎著作集

思无邪居诗文集

岭香诗余一卷

　　以上两种见光绪《黎里续志》卷四，未见收藏。

袁汝锡（生卒年不详）字稚松，号湛存。清吴江赵田人，嘉兴籍。

◎著作集

悟生丛草三卷

　　见柳亚子等《吴江文献保存会书目》，未见收藏。

◎零星诗文　《吴江叶氏诗录外编》卷七有诗。

仲廷机（生卒年不详）原名孙机，字组缦，号支仙。清吴江人，仲宗濂之子。道光九年（1829）取入江庠。道光十五年（1835）举人。仕至浙江严州府。生平笃志好学，喜引掖后进。兵燹后家居，经画义学、义仓等事不辞艰辛。晚年以里志久不修补，纲罗编订成《盛湖志》。

◎著作集

（同治）盛湖志十四卷首一卷末一卷附志补四卷（仲廷机纂；仲虎腾续纂）

　　吴江图书馆存民国十四年（1925）刻本。

舫斋诗一卷文一卷金石跋二卷

　　见同治《盛湖志补》卷三，未见收藏。

【编者注】上海图书馆藏清抄本《望云草庐稿》，署名仲廷机，疑为其作，吴江方志无有关"望云草庐"记载，不敢妄断。

张太龄（生卒年不详）名一作泰龄。字季生，号小憨，一号筱庵。清吴江芦墟人，张孝嗣幼子。道光九年（1829）入府学。廪贡生。校雠沈懋德所刊书，积二十年始蒇事。

◎著作集

克复要言

　　见光绪《吴江县续志》卷三十五，未见收藏。

十二吉祥相书屋诗稿

　　见柳亚子《分湖诗钞》卷十二，未见收藏。

◎零星诗文　《分湖诗钞》卷十二有诗。

费廷洪（生卒年不详）号阆仙（一作朗仙）。清吴江松陵人，费元镕长子。道光九年（1829）取入江庠。以附贡候选主事。经理善堂公举，实心实力，精核不懈，而仍不辍举子业，时与王与沂等角艺。丁外艰，两弟俱幼，延名师督课，塾规严整。

著作集待考

◎**零星诗文** 《垂虹诗剩》卷四有诗。

唐昌辰（生卒年不详）字淡如。清平望人。道光九年（1829）取入震庠。

◎**著作集**

静娱室诗一卷

存仲湘《留爪集》，上海图书馆有藏。

周元圭（生卒年不详）字逸甫（一作益甫），又字小华。清吴江人，道光九年（1829）取入江庠。二十四年（1844）举人。三应礼部试不第，拣选得邑宰。

◎**著作集**

吟秋馆集

苏州图书馆存清刻本。

叶振声（生卒年不详）字集之，号子音。清吴江松陵人，世居下塘。道光十年（1830）取入江庠。二十年（1840）举人，拣选知县。儒素家风，处之自安，好藏书，喜吟咏。

杂著

吴江图书馆存清咸丰稿本。

◎**零星诗文** 《垂虹诗剩》卷三有诗。《吴江叶氏诗录》卷五有诗。

陈锐（生卒年不详）字绶青，号荔裳。清吴江黎里人。道光十年（1830）取入江庠。光绪元年（1875）以子陈鸿寿赠奉政大夫同知衔浙江试用知县。

◎**著作集**

南陔草堂遗稿

见光绪《黎里续志》卷四，未见收藏。

秦炳奎（生卒年不详）字朴斋。清吴江人。道光十年（1830）取入震庠。

◎**著作集**

清修草堂诗集

见光绪《平望续志》卷十一，未见收藏。

沈光鉴（生卒年不详）一名光莹。字策耀，一字亮史，号笑梅。清吴江黎里人，沈镐之弟。道光十年（1830）取入震庠。二十四年（1844）举人。四上公车不得志，遂遵例授主事，签分兵部武选司行走。咸丰六年（1856）充武会试同考官。同治元年（1862）李鸿章督师沪上，奏调沈光鉴参商幕事，其间沈光鉴屡膺保奖，均力辞不就。

旋以病乞归，杜门著述。

◎**著作集**

字类备要十二卷（殷兆镛序）

易汉学摘要一卷

　　以上两种见光绪《黎里续志》卷四，未见收藏。

王与潛（生卒年不详）号吉门。清吴江松陵人，王锡祚之子。道光十年（1830）取入震庠。勤苦力学，经史百家靡不精贯，后尤专攻《说文》。王树人云："吉门从叔足不出户，举业外一切词赋说文必精考核，孜孜不倦。得软脚病卒。"

著作集待考

◎**零星诗文** 《垂虹诗剩》卷四有诗。

王与湜（生卒年不详）字正持，号铁梅。清吴江松陵人，王与潛弟。震泽廪生，肄业紫阳书院。工制义小楷。

著作集待考

◎**零星诗文** 《垂虹诗剩》卷四有诗。

王与汶（生卒年不详）号闇叔，号安卿。清吴江松陵人，王与沂弟。道光十年（1830）取入震庠。

著作集待考

◎**零星诗文** 《垂虹诗剩》卷三有诗。

陆清桂（生卒年不详）字馨德，号春园。清吴江人，世居松陵下塘。少孤家落，弱冠后即弃举业。生平廉洁自持，课蒙外惟事吟咏，其诗体近韦柳。

著作集待考

◎**零星诗文** 《垂虹诗剩》卷三有诗。

吴汝谦（生卒年不详）字牧之，号益甫。清平望人。道光十年（1830）取入江庠。

◎**著作集**

玉寒轩诗稿

　　见光绪《平望续志》卷十一，未见收藏。

周炳纶（生卒年不详）号小砚。清吴江松陵人，居城外广运桥。道光十年（1830）入府学。贡生。咸丰庚申后移居吴江谭丘。

著作集待考

◎零星诗文 《垂虹诗剩》卷四有诗。

张希翰（生卒年不详）号味鲈。清吴江松陵人，住新桥河。游幕浙省。
著作集待考
◎零星诗文 《垂虹诗剩》卷四有诗。

董兆熊（1806—1858）本姓王，父赘于董，遂冒董姓。字敦临，号梦兰。清吴江同里人。父早逝，母董云鹤课之读。道光十二年（1832）取入江庠。咸丰元年（1851）举孝廉方正科，董兆熊貌朴无文，巡抚某以为仪表不端云。家贫力学，一意著述，辑《新唐书注》、《南宋文录》、《明遗民录》三书，所阅书不下千余种，故为骈体文典核特工。时江震绩学推陈寿熊、沈曰富二人，而博洽则推董兆熊。

◎著作集
新唐书注
明遗民录十二卷
　　见光绪《吴江县续志》卷三十四，未见收藏。
南宋文录二十四卷（辑）
　　吴江图书馆存清光绪十七年（1891）苏州书局刻本。
味无味斋骈文二卷诗钞七卷杂文一卷
　　吴江图书馆存清光绪元年（1875）刻本。
樊榭山房诗集笺注八卷续集笺注八卷
　　南京图书馆存清抄本。
吴江三节妇集（辑）
　　吴江图书馆存清咸丰七年（1857）古同里范氏刻本。
孝子传二卷
　　见杨家济《董征君墓志》，未见收藏。
史太恭人墓志铭
　　吴江图书馆存民国薛凤昌抄本。
◎零星诗文 《松陵文录》卷十二等有文。《笠泽词征》卷十八有词。

高宫桂（生卒年不详）字一林。清吴江芦墟人。道光十二年（1832）取入震庠。
著作集待考
◎零星诗文 《分湖诗钞》卷二十有诗。

顾益清（生卒年不详）原名沦。字小波（一作小浦）。清吴江人，顾宗濂之子。道光十二年（1832）取入江庠。

著作集待考

◎**零星诗文** 《分湖诗钞》卷五有诗。

王恩溥（生卒年不详）字佑良，号云舫，自号赘瘤生。清震泽人，王铭之子。少即力学，屡赴童子试不见售，援例入国学。工书能诗。张履云："君处逸乐之境而不为所流，逮家稍落矣，不惟不以为忧而反以贫为可乐。尝得其族祖晓庵先生'困亨斋'额，为吴江潘太史次耕所书者，喜不自胜，遽重摹以颜诸其室。"

◎**著作集**

种蕉庵诗钞一卷

　　吴江图书馆存民国十年（1921）薛凤昌抄本。

云舫小草

　　见同治《苏州府志》卷一百三十八，未见收藏。

◎**零星诗文** 《松陵诗征续编》卷十一有诗。

宋方吉（生卒年不详）字盈子，号星砚。清吴江人，宋承澈之子。桐乡籍诸生。曾与诸前辈结社往还，逸兴颇豪。中年得心悸疾，遂屏去。药炉经卷，颐养自适。

◎**著作集**

编竹斋诗稿

　　见同治《盛湖志》卷十二，未见收藏。

叶熙恩（生卒年不详）原名麖生。字晋普，号子良。清吴江黎里人。道光十二年（1832）取入江庠。工诗。性耿介，非其人不交，处境虽困，取予必严。

◎**著作集**

清漪阁诗钞二卷

　　南京图书馆存抄本。

◎**零星诗文** 《吴江叶氏诗录》卷六有诗。

周大镛（生卒年不详）号俪笙（一作丽生）。清吴江松陵人。道光十二年（1832）取入震庠。

著作集待考

◎**零星诗文** 《垂虹诗剩》卷十有诗。

费荣曾（生卒年不详）号春卿。清吴江松陵人，费公彦之子。道光十三年（1833）取入震庠。

著作集待考

◎零星诗文 《垂虹诗剩》卷九有诗。

邱彭寿（生卒年不详）字述之，号紫玖（一作之久）。清吴江黎里人，邱孙梧之子。道光十三年（1833）取入震庠。工诗善画。

◎著作集

听彝堂诗稿四卷

　　　　见《松陵人物汇编》卷十，未见收藏。

听秋声馆诗集三卷

　　　　见柳亚子等《吴江文献保存会书目》，未见收藏。

倪宝键（生卒年不详）字玉门，号又香。清吴江人，倪廷烺之子。道光十三年（1833）取入江庠。贡生。夙负才望，诗画雅洁，兼工填词。时际兵戎，多感慨之作。

◎著作集

三十树梅花老屋诗稿

　　　　见民国《垂虹识小录·本传》，未见收藏。

梅花老屋词二卷

　　　　见同治《苏州府志》卷一百三十八，未见收藏。

沈日富（生卒年不详）字沃之，号南一。清吴江盛泽人，沈烜之子。年十六即能为古今体诗，尝师事平湖方坰、震泽张履、平湖顾广誉。道光十三年（1833）取入江庠。十九年（1839）举人。最后受业于娄江姚椿，得桐城派真传。年五十一以骤疾卒。其诗文深得近人柳亚子推重。

◎著作集

管幼安、王右军、文中子、元次山、鲁山年谱

　　　　见光绪《吴江县续志》卷三十四，未见收藏。

读诗笔记一卷

读三礼笔记一卷

夏峰学录

夏峰门人录（一作《夏峰弟子传》）

　　　　以上四种见同治《盛湖志》卷十二，未见收藏。

受恒受渐斋诗集六卷文集六卷外集四卷

　　　　吴江图书馆存清光绪十三年（1887）刻本。

沃之文集九卷

　　　　见柳亚子等《吴江文献保存会书目》，未见收藏。

杨园渊源录四卷

　　南京图书馆存清光绪刻本。

当湖弟子传三卷

　　南京图书馆存清抄本。

沈端恪公年谱二卷

　　国家图书馆存清同治十二年（1873）浙江书局刻本。

壬癸日记

观潮日记

金陵游记

耻躬录

矧汝轩诗录六卷

集禊帖诗一卷

　　以上六种见同治《苏州府志》卷一百三十八，未见收藏。

明御史李模年谱（与翁敦书同辑）

　　见光绪《平望续志》卷十一，未见收藏。

吕塔沈氏族谱稿

　　见《松陵文录》卷九，未见收藏。

◎零星诗文　《松陵文录》卷六等有文。《笠泽词征》卷十七有词。

【编者注】国家图书馆存清抄本《集雅堂诗》八卷，署名沈曰富，但本书编者未能找
到吴江沈曰富与集雅堂的关系，故只能录而备考。

计光炘（生卒年不详）字曦伯，号二田。清吴江人，计东后裔。

◎**著作集**

守甓斋词

　　见《笠泽词征》卷十七，未见收藏。

◎**零星诗文**　《笠泽词征》卷十七有词。

郑瑞清（生卒年不详）字霁山，一字午生。清吴江盛泽人。秀水籍诸生。试用
训导。与沈曰富诸人友善。高才雄辩，时警座人。为诗古文皆工，然困于诸生。庚申
乱后益无聊，病卧数年卒。

◎**著作集**

天星一览二卷

求是室诗六卷文四卷

　　以上两种见同治《盛湖志》卷十二，未见收藏。

◎**零星诗文**　《松陵文录》卷二十有文。

沈曰康（生卒年不详）字安之。清吴江盛泽人，沈曰富之弟。属人编定兄沈曰富《受恒受渐斋集》并付梓。

著作集待考

◎零星诗文 《笠泽词征》卷十七有词。

盛奎章（生卒年不详）字星于，号叙斋。清吴江松陵人。道光十三年（1833）取入震庠。工诗赋及骈体文，游幕闽中卒。

著作集待考

◎零星诗文 《垂虹诗剩》卷四有诗。

王之元（生卒年不详）字兰修。清吴江人，王绍鏊曾祖。道光十三年（1833）入府学。长于诗，淡于名利。尝设帐里中顾氏者有年。

◎著作集

兰修剩稿一卷

　　附《白水田园诗稿》后，吴江图书馆存民国薛凤昌抄本。

赵云衢（生卒年不详）号龙门。清震泽人。道光十三年（1833）取入震庠。咸丰八年（1858）恩贡生。工书，兼写墨画，小品古秀。喜藏诗画书册，行箧恒满。晚馆黎里，中风不起。

◎著作集

五石十水吟草

　　见民国《垂虹识小录·本传》，未见收藏。

如水堂诗稿

　　见光绪《黎里续志》卷十一，未见收藏。

施福培（生卒年不详）号子云。清吴江松陵人。国学生。周之桢云："子云丈本居城外南仓前，与严绮云、赵龙门诸前辈为里闬交（里闬交，同乡好友——编者注）。遭乱曾住韭溪，若颠若狂，自号了了头陀，又号桶脱翁。"

著作集待考

◎零星诗文 《垂虹诗剩》卷四有诗。

赵镜清（?—1860）号月门。清吴江松陵人。道光十三年（1833）取入震庠。黄以正云："月门舅氏著作工丽博雅，嗜古词章外兼擅北苑（指园林——编者注）法。"

著作集待考

◎零星诗文 《垂虹诗剩》卷四有诗。

王源通（1807—1858）初名权。字蟾生（一作传生），号衡伯。晚年自号居易子。清吴江人。王廷鼎之父。道光十八年（1838）取入震庠。

◎**著作集**

居易璅语

片云集

　　以上两种见同治《苏州府志》卷一百三十八，未见收藏。

郭柟（生卒年不详）字少莲。清吴江人，郭凤第三子。诸生。

著作集待考

◎**零星诗文**　《笠泽词征》卷十四有词。《分湖诗钞》卷十三有诗。

任崧（生卒年不详）字端卿。清震泽人，张允滋女孙，任昌诗次女，张起鹍继妻，随宦在粤。

◎**著作集**

瑶清仙馆稿一卷

　　存民国薛凤昌抄本《女士集汇存》，吴江图书馆有藏。

沈毓桂（1808—1908）字寿康，一字子征，号赘翁。清吴江人，世居松陵，后迁黎里。少贫好读书，工吟咏。道光五年（1825）秋因水灾侨寓吴城盘溪，设帐授徒。咸丰庚申（1860）避徙沪上，途遇英国艾约瑟聘为翻译，又得识英国领事马礼逊聘办通商事务。后一度赴京师馆艾约瑟家。同治四年（1865）返沪。同治五年（1866）选授云南昭通府通判，未到任。曾译天文算学图书，续修大英国志，任英华书馆教习，曾进《申报》馆。光绪二年（1876）与蔡尔康合编《民报》。英国林乐知主笔《万国公报》后创建中西学院，延请沈毓桂司理院务。光绪十五年（1889）《万国公报》复刊改月刊后，沈毓桂分任华文主笔，其有言曰："西学必以中学为本"。

◎**著作集**

匏隐庐文稿

匏隐庐诗稿

　　以上两种南京图书馆存清光绪二十二年（1896）刻本。

【编者注】关于沈毓桂生卒年份，《苏州民国艺文志》与《百度百科》均记为（1807—1907），本志将之后推一年，理由有二：一，《清稗类钞》异禀类有"沈毓桂百岁"条，记其"生于嘉庆戊辰"，即1808年。二，据《中国期刊史的发轫时期》一文记载，1907年沈毓桂还在《万国公报》第222期上刊出纪念林乐知的文章。又，沈毓桂百岁照片上题"沈觉斋小影"，疑"觉斋"为其号。

周宪曾（1808—1853）初名兆熊。字景侯，号应芝（一作应之）。清吴江黎里人，周元理曾孙，周光纬长子。道光二十年（1840）顺天举人。擢广东清吏司主事。秩满出署直隶广平府同知，分防临洺关。甫数月，太平军北攻，被杀。

◎著作集

赋秋声处诗草

        南京图书馆存抄本。

学痴吟一卷

        见光绪《黎里续志》卷四，未见收藏。

◎零星诗文 《松陵诗征续编》卷十三有诗。

张钤（1808—1831）字韬甫，号子明。清吴江人，张兆鹏之孙。少从震泽金霞起游，工花鸟，运笔秾秀，近宋元人。长身鹤立，性情真挚，间为诗，蔼然多仁孝之言。寻山问水，辄有出尘之志。与同邑郭骥论画极相契。

◎著作集

绘水绘月阁诗钞

        见同治《盛湖志》卷十二，未见收藏。

沈同均（生卒年不详）字听夔，号禊亭。清吴江人。

◎著作集

暖翠楼学吟草

        见同治《盛湖志》卷十二，未见收藏。

冯慈祥（生卒年不详）字吉甫，号小棠。清吴江人。

◎著作集

梅花屋诗钞

        见同治《盛湖志》卷十二，未见收藏。

金沛霖（1810—?）字吉甫，号仆庵。清吴江松陵人，金兰原之子。道光十八年（1838）入府学。工隶篆书，尝临古味花印谱。年未五十而殁。

◎著作集

艻芸吟馆诗集

        吴江图书馆存清抄本。

◎零星诗文 《垂虹诗剩》卷四有诗。

周宝彝（1810—1856，一作1812—1857）字祖白，号警仙。清吴江谢天港人。

道光十五年（1835）取入震庠。尝从蒯兆焌习画，工山水，深超高逸，不喜时俗。兼长诗词古文。周之桢曰："祖白颖敏过人，始讲求星学，夜每登屋瞭观，不惮霜露。未几得疾，弃而习画山水。曾授徒于城中。"中年得疾不愈，遂贫困死。

◎**著作集**

祖白遗编二卷

　　见存于吴江图书馆藏清抄本《诸赞》。

◎**零星诗文**　《垂虹诗剩》卷六有诗。

程庆禄（生卒年不详）字子文，号筱芗。清吴江人，居谢溪。

◎**著作集**

大吉祥吟馆诗一卷

　　见民国《垂虹识小录》卷七，又见柳亚子等《吴江文献保存会书目》，未见收藏。

默安居草一卷

　　见民国《垂虹识小录》卷七，未见收藏。

◎**零星诗文**　《垂虹诗剩》卷六有诗。

柳清源（1810—1860）字鄂生，一字阿松，号松琴，晚自号觉翁。清吴江北厍大港人，柳梦坤长子。邑廪生。不屑治科举业，好为诗古文词，常与远近能文之士以诗文往来。为诗闲适清旷。清道光十二年（1832）所居毁于火，因葺旁屋居之，署曰"焦桐馆"。

◎**著作集**

焦桐吟馆诗稿十二卷外集一卷杂志三卷词三卷诗话二十二卷尺牍二卷

　　见柳以蕃《先考松琴府君行实》。上海图书馆存清手稿本《焦桐吟馆初集三卷小蓬莱室诗二集三卷》

韵语杂记

　　上海图书馆存抄本。

◎**零星诗文**　《笠泽词征》卷十七有词。《分湖诗钞》卷十五有诗。

柳清濂（生卒年不详）字林贤，号竹淇。清吴江人，柳梦坤次子。国学生。候选县丞。

◎**著作集**

得闲吟诗稿

　　见柳亚子《分湖诗钞》卷十五，未见收藏。

◎**零星诗文**　《分湖诗钞》卷十五有诗。

柳清沦（生卒年不详）字春魁，号梅溪。清吴江人，柳梦坤少子，柳清源弟。能诗，善书画篆刻。年二十二卒。

◎著作集

修梅馆诗钞二卷

　　见《松陵人物汇编》卷十一，又见柳亚子等《吴江文献保存会书目》，未见收藏。

◎零星诗文 《松陵诗征续编》卷十三有诗。《分湖诗钞》卷十五有诗。

徐鼎勋（生卒年不详）字祚宝，号铸生。清吴江人。徐学涛之子。年少时奋志读书，有意进取，及遭乱迁徙，避兵数年，归里又丧其子，始无意于功名之事，而一以诗写其胸中所欲言。工写意花卉，而为梅传神尤称妙手。

◎著作集

茹芝山馆诗钞一卷（李龄寿、蔡召棠序）

　　吴江图书馆存清光绪七年（1881）刻本。

禊湖八景图题咏八卷

　　见柳亚子等《吴江文献保存会书目》，未见收藏。

孙文灯（生卒年不详）字骏台。清吴江人。震泽诸生。家太湖之旁，尝从张海珊游，所著《湖上掌故集》搜罗湖滨文献，事各系诗，论者以为有稗史乘。集后附集四种。

湖上掌故集

海鲸吟草

读史杂咏

江苏游草

西湖秋柳诗

　　以上五种见《松陵人物汇编》卷十一，未见收藏。

◎零星诗文 《松陵诗征续编》卷十二有诗。

方廷楠（生卒年不详）清震泽人。

◎著作集

一穗轩诗编

　　见民国《震泽镇志续稿》卷十一，未见收藏。

陈寿熊（1812—1860）字献青，号子松。晚年改名焘。清吴江黎里人，陈杲之子。以震泽籍补府学诸生，与沈曰富同登姚椿之门。常授徒于外，尝馆盛泽，客松江。陈寿熊以为百余年来学者厌弃程朱，务为考证训诂之学以求胜前人，而一二文章之士又徒事空言，不以穷经敦行为事，故其为学兼综汉宋，不务表暴，与《易》用力尤深，成著甚多。咸丰十年（1860）死于战乱。

◎**著作集**

读易汉学私记一卷

　　吴江图书馆存清光绪十四年（1888）南菁书院刻本。

周易集义

读易启蒙一卷

周易正义举正

周易本义笺

诗说一卷

考工记拾遗一卷

明堂图考一卷

　　以上七种见光绪《吴江县续志》卷三十六，未见收藏。

静远堂集三卷

　　吴江图书馆存清光绪十八年（1892）刻本。

冬官补亡说

　　见《松陵人物汇编》卷十一，未见收藏。

陈氏易说四卷附录一卷

　　吴江图书馆存清（1644—1911）刻本。

参同契注

　　见方宗清《陈献清传》，未见收藏。

◎**零星诗文**　《松陵文录》卷九等有文。《笠泽词征》卷十八有词。

陆日爱（？—1864）字羲叔，号雪亭。清青浦金泽人，占籍吴江。援例候补浙江同知。少豪于资，喜任侠。后折节读书，尝师事太仓毕华珍，与毕华珍成唱和杂诗各数十首，多见道语。而与同邑沈曰富、陈寿熊诸人尤以理道相切劘。咸丰三四年间（1853—1854）与陈寿熊等同辑《松陵诗征续编》。太平军起，犹刻杨园张氏书数卷。未几以病狂卒。

◎**著作集**

松陵诗征续编十四卷（辑）

　　吴江图书馆存清咸丰七年（1857）梦逋草堂刻本。

梦逋草堂遗诗十二卷

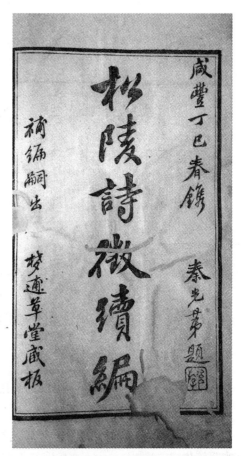

▲《松陵诗征续编》书影

见光绪《吴江县续志》卷三十七。

吴江图书馆存清抄本《梦逋草堂劫余稿》九卷。《松陵陆氏丛著》本另有补遗一卷、文剩一卷。

寿萱集一卷

　　吴江图书馆存民国十五年（1926）苏斋刻本。

古柏重青图题识一卷

　　国家图书馆存民国十五年（1926）苏斋刻本。

守拙斋诗文稿

　　见柳兆薰《松陵文录姓氏考》。柳亚子等《吴江文献保存会书目》著录《守拙斋诗钞》一卷，均未见收藏。

◎零星诗文　《松陵文录》卷十等有文。

【编者注】据《松陵人物汇编》载，陆日爱师事陈寿熊。陈寿熊曾继殷增辑《松陵诗征续编》，陆日爱删繁就简刻成十卷。按此记载，则《松陵诗征续编》第一著者应为陈寿熊，但这与陆日爱在《松陵诗征续编序》中所言不符，所成卷数也有出入，故不取此说而录以备考。

汝金瓯（生卒年不详）字问琳，号南村。清吴江黎里人，汝金镛兄。能诗，早卒。
◎著作集

审雨斋诗钞

　　见光绪《黎里续志》卷四，未见收藏。

汝金镛（生卒年不详）字传钧，号梅村。清吴江黎里人，汝金瓯弟。国学生。长于医书葬经及刑名家言，好为诗。
◎著作集

医学类抄三卷

北崖草堂诗一卷

　　以上两种见光绪《黎里续志》卷四，未见收藏。

郑熙（生卒年不详）字震山，号子村。清吴江盛泽人。
◎著作集

绿晓庄诗草

　　见同治《盛湖志补》卷三，未见收藏。

陆应槐（生卒年不详）字荣卿，号达庵。清吴江人，陆绹之孙，居东顾村。秀水籍诸生。

◎著作集

观妙斋诗词集

　　见柳亚子《分湖诗钞》卷一，见柳亚子等《吴江文献保存会书目》著录《观妙斋诗钞》三卷，均未见收藏。

养拙庐诗钞四卷

　　见柳亚子《分湖诗钞》卷一，未见收藏。

痴钝叟稿一卷

　　见柳亚子等《吴江文献保存会书目》，未见收藏。

王礼（1813—1879）字秋言，一字秉礼、戴传，号秋道人、蜗寄生、白蕉研主、红梨逸史等。清吴江盛泽人。曾寓平望水瓶庵、范氏秋水伊人阁、松陵王氏芳草园。工画。幼与陶淇同学山水，后见陶淇画益工，知不能胜，舍而专写花鸟。每绘一幅必卧思数刻，仍以山水之法行之，故笔意苍古，为诸家所推重。后避兵沪上，游沪上吴江朱仁峰设苹花社，画名益噪。卒年近七旬。

◎著作集

王礼画卉册

　　见《苏州民国艺文志》，未见收藏。

◎零星诗文　《笠泽词征》卷十八有词。《垂虹诗剩》卷六有诗。

姚廷杰（生卒年不详）字俊先。清吴江人。治中国哲学。尝与金天羽论学，为沈文倬、陈旭旦等业师。

◎著作集

王学阐微一卷；朱学钩玄一卷（合刊）

　　吴江图书馆存民国二十三年（1934）印本。

教孝编一卷

　　南京图书馆存刻本。

戒淫录一卷

　　吴江图书馆存清道光十三年（1833）世楷堂刻《昭代丛书》本。

陈兆熊（生卒年不详）清吴江黎里人。国学生。早卒。

◎著作集

十三经音韵释略十二卷

　　见光绪《黎里续志》卷四，未见收藏。

柳塆（1814—1836）字伯和，号韵生。清吴江人。柳清源从子。

◎**著作集**

颐斋诗存一卷

> 见柳亚子等《吴江文献保存会书目》，未见收藏。

◎**零星诗文** 《分湖诗钞》卷十五有诗。

柳坡（生卒年不详）字仲宣，号小园。清吴江人，柳埧之弟。

◎**著作集**

小园诗剩一卷

> 见柳亚子等《吴江文献保存会书目》，未见收藏。

◎**零星诗文** 《分湖诗钞》卷十五有诗。

金林钟（1815—?）字聚奎，号竹居。清吴江人，金文城之子，金黄钟之弟。

◎**著作集**

刘烈妇题词一卷

> 吴江图书馆存民国十年（1921）抄本。

竹居诗草二卷

> 吴江图书馆存清抄本。

陈应元（1815—1868）字善甫，号骈生。清吴江芦墟人，陈希恕长子。袭世业为医，远近闻名。咸丰十年（1860）后遭乱，妻丧亡，子暴卒，不几年患病不起。

著作集待考

◎**零星诗文** 《分湖诗钞》卷二有诗。

柳墉（1816—1841）字石生，号少湄，自号分湖小柳。清吴江人，柳埧从弟。工疡医，以能诗称。

◎**著作集**

碧梧小榭诗钞三卷

> 见柳亚子等《吴江文献保存会书目》，未见收藏。

◎**零星诗文** 《分湖诗钞》卷十五有诗。

翁楠（生卒年不详）字柏岑。清吴江人。翁雒之子。至孝。诗画克承家学。年四十六卒。

◎**著作集**

茶花草堂诗稿

> 见光绪《黎里续志》卷十一，未见收藏。

王汝佐（生卒年不详）号诘墅（一作吉士）。清吴江人。道光十五年（1835）取入震庠。十七年（1837）举人。秉质颖异，食贫力学，游皖省，览既广，学益进。

◎**著作集**

卷葹吟草

　　见民国《垂虹识小录·本传》，未见收藏。

洪文益（生卒年不详）字受甫。清吴江人。道光十五年（1835）取入江庠。二十年（1840）举人。官刑部员外郎。

◎**著作集**

国朝名人事述四十二卷

续今世说二卷

犹及编二卷

　　以上三种见同治《盛湖志补》卷三，未见收藏。

居易轩诗草偶存十二卷

　　见同治《盛湖志补》卷三，柳亚子等《吴江文献保存会书目》

著录《受甫诗草十一卷》，均未见收藏。

周士钢（生卒年不详）字守坚，号铁霞。清震泽人。道光二十年（1840）桐乡籍贯举人。咸丰三年（1853）考取内阁中书。

◎**著作集**

铁霞遗稿

　　见民国《震泽镇志续稿》卷十一，未见收藏。

费凤锵（生卒年不详）字仪吉，号岐生。清吴江松陵人，费仑长子。道光十五年（1835）取入震庠。

著作集待考

◎**零星诗文**　《垂虹诗剩》卷九有诗。

顾我德（生卒年不详）号勤吾。清吴江同里人，曾移家松陵北塘街。道光十五年（1835）取入震庠。

著作集待考

◎**零星诗文**　《垂虹诗剩》卷六有诗。

黄楚湘（生卒年不详）字子全。号晓槎。清吴江黎里人。道光十五年（1835）取入震庠。性耽金石，残铜断碣靡不搜罗。家贫客授于外，道光二十七年（1847）与浙僧达受同舟渡江结金石缘，艺林传为佳话。

◎著作集

稻香草堂诗稿

　　　　见光绪《黎里续志》卷四，未见收藏。

言志集

　　　　见民国《垂虹识小录》卷六，未见收藏。

乡党增辑一卷（与周兆桂同辑）

　　　　上海图书馆存清道光二十八年（1848）崇雅堂刻本。

◎零星诗文　《笠泽词征》卷十八有词。

任廷旸（？—1860）号雄卿（一作蓉卿）。清吴江人，本居同里，后移居松陵乐渡桥。得母教，工诗古文。道光十五年（1835）入府学。二十三年（1843）举人。拣选知县。性豪爽有干才。咸丰庚申遇难。

著作集待考

◎零星诗文　《松陵文录》卷九等有文。《垂虹诗剩》卷四有诗。

袁嵩龄（生卒年不详）字松巢，又字庶常。清吴江人，袁黄九世孙。道光二十三年（1843）举人。三十年（1850）进士。选翰林院庶吉士，散馆授知县。曾返乡与从弟袁召龄筹建赵田宗祠。

◎著作集

赵田袁氏家谱一卷

　　　　见柳亚子等《吴江文献保存会书目》，未见收藏。

【编者注】上海图书馆存清铃印本《种玉山庄铁笔一卷》，署名袁嵩龄，疑为其作。

沈鸿模（生卒年不详）号香树。清吴江松陵人。道光十五年（1835）取入江庠。

著作集待考

◎零星诗文　《垂虹诗剩》卷十有诗。

吴步春（生卒年不详）字全之，号少梅。清吴江人。道光十五年（1835）取入江庠。

著作集待考

◎零星诗文　《松陵诗征续编》卷十三有诗。

李豫康（生卒年不详）字邦宪，号萍村。清吴江新杭市人。

◎著作集

清晖书屋诗存二卷

　　　　见光绪《吴江县续志》卷三十七，未见收藏。

蔡焕宣（生卒年不详）清吴江黎里人。亡时其妻钱氏年仅二十六。其妻咸丰十年（1860）死于战乱。

◎**著作集**

春林遗诗

> 见光绪《黎里续志》卷四，未见收藏。

仲孙樊（1817—1853）字补侯，号博山。清吴江盛泽人，仲周霈玄孙。少孤。其于学博涉强记，诗词杂文皆斐然可观。道光十六年（1836）取入江庠。二十四年（1844）取为进士。以知县分发浙江，摄淳安县。二十八年（1848）补临海县。咸丰元年（1851）升中塘海防同知，三年（1853）任沪局总持，募兵镇压刘丽川。卒于上海。

◎**著作集**

窥甲集

> 见同治《盛湖志》卷十二，未见收藏。

博山遗诗一卷

> 见柳亚子等《吴江文献保存会书目》，未见收藏。

◎**零星诗文** 《松陵诗征续编》卷十三有诗。《笠泽词征》卷十七有词。

周礼（生卒年不详）字粟香（一作菽香）。清吴江芦墟人。道光二十九年（1849）举人。官浙江乐清县训导。

著作集待考

◎**零星诗文** 《分湖诗钞》卷二十有诗。

周兆桂（1817—1853）字轮香，号庐仙。清吴江黎里人，周光纬、周芝沅侄。仁和籍例贡生。候选府经历，太常寺博士。署淮安府高堰河务通判，调署徐州府邳北通判，加盐课司提举衔。能诗。

◎**著作集**

淮阴游草

> 见光绪《黎里续志》卷四，未见收藏。

乡党增辑一卷（与黄楚湘同辑）

> 上海图书馆存清道光二十八年（1848）崇雅堂刻本。

湖上草堂集

北游草

> 以上两种见周岐《周氏家乘》，未见收藏。

◎**零星诗文** 《松陵诗征续编》卷十三有诗。

周兆勋（1817—1850）初名兆杰，字隽夫（一作隽甫），号少裳。清吴江黎里人，周光纬次子。诸生。候选训导。真挚好学，尝征撰阴骘文制义，刻以劝世。盛年徂谢。

◎著作集

红蕉馆后集

诵芬集

怡安书屋诗集二卷

> 以上三种见光绪《黎里续志》卷四，未见收藏。

红蕉馆课艺

> 见周岐《周氏家乘》，未见收藏。

◎零星诗文 《松陵诗征续编》卷十三有诗。

陶馥（生卒年不详）名一作士馥。字兰娟，号咏庄，自称禊湖老妇。清吴江人。秀水陶管之女，吴江周兆勋继室。能诗兼工画。

◎著作集

霜闺写恨集

> 见光绪《黎里续志》卷四，未见收藏。

吉羊室遗诗六卷

> 吴江图书馆存清抄本五卷。

学稿

红余小憩初稿

> 以上两种吴江图书馆存清稿本。

李达康（生卒年不详）字质夫，号绘轩。清吴江新杭市人。

◎著作集

雏音一卷

> 见光绪《吴江县续志》卷三十七，未见收藏。

蔡召棠（生卒年不详）名一作兆棠。字封伯，号听香，一号公之甘（一作公之）。清吴江黎里人，蔡鸿之子。弱冠补震泽弟子员。十赴乡举，两膺拔萃，皆不得志。道光三十年（1850）以岁贡入成均，复肆力于诗。殷寿彭以诗名，蔡召棠自幼从之受业，殷寿彭视学山东、广东，则引蔡召棠主持幕事。光绪五年（1879）选授泰兴训导，以目疾辞。工率更书，负盛名，晚学赵孟頫，更妩媚可爱。年七十犹能作蝇头楷法，人争宝之。卒年七十九。

◎著作集

漱石山房集十六卷

感逝集一卷

怀人集一卷

    以上三种见光绪《黎里续志》卷四，未见收藏。

海岱游草

岭南游草

湘江游草

    以上本种见光绪《黎里续志》卷八，未见收藏。

李玖集一卷

    南京图书馆存南社抄本。

◎**零星诗文** 《吴江叶氏诗录外编》卷七有诗。

简斯锷（生卒年不详）字少愚。清吴江盛泽人。少从吴门名医钟秀存游，遂精其术，以行于时。

    ◎**著作集**

棣华吟馆诗草

    见同治《盛湖志补》卷三，未见收藏。

黄鋆（生卒年不详）字小舟。清吴江人。道光十六年（1836）入府学。未婚而卒。

◎**著作集**

十龄童子草

    见《松陵人物汇编》卷十一，未见收藏。

◎**零星诗文** 《吴江叶氏诗录外编》卷七有诗。

刘德熙（生卒年不详）号子显（一作芝轩，又作芷轩）。清吴江松陵人，居唐家坊。道光十六年（1836）取入江庠。工举业，曾入灵莹室文社。

    著作集待考

◎**零星诗文** 《垂虹诗剩》卷三有诗。

柳乃椿（生卒年不详）一名乃春。字补眉，号桂轩。清吴江人，柳清源族子，居北舍港。道光十六年（1836）取入震庠。官嘉定县学教谕。

    著作集待考

◎**零星诗文** 《分湖诗钞》卷十五有诗。

吴治诰（生卒年不详）号晴川。清吴江松陵人。道光十六年（1836）取入震庠。

    著作集待考

◎**零星诗文** 《垂虹诗剩》卷九有诗。

吴治谟（？—1860）号花雨。清吴江松陵人，吴鸣镛之子。少从学于其外舅王锡瑞，貌苦力学。书法从褚欧入，后工篆隶。喜画墨松。道光十六年（1836）取入震庠。父卒贫甚，游幕皖南。咸丰三年（1853）后归，居吴江城外梅里村，其居与祖墓邻，颜曰"忍饥诵经斋"。咸丰十年（1860）吴江城破被杀。

著作集待考

◎**零星诗文** 《垂虹诗剩》卷三有诗。

陆亘鸿（生卒年不详）字�̀仪，号谱琴。清吴江人，陆日曛长子。道光十六年（1836）取入江庠。善诗古文词，主讲金溪书院，一时从游甚众。

著作集待考

◎**零星诗文** 《分湖诗钞》卷一有诗。

杨廷栋（生卒年不详）字载安，号东甫。清吴江人，杨秉桂之弟。道光十六年（1836）取入江庠。工填词，于声律尤精细。善饮。晚年困顿，临殁悉焚其稿。

◎**著作集**

东甫诗余

　　见《全清词钞》卷二十二，未见收藏。

◎**零星诗文** 《笠泽词征》卷十六有词。

许镠（生卒年不详）字介眉。清吴江人。道光十六年（1836）入府学。诗格工整，长于裁对。

◎**著作集**

金陵怀古八首

　　见《松陵人物汇编》卷十一，未见收藏。

◎**零星诗文** 《松陵诗征续编》卷十一有诗。

叶淦成（生卒年不详）字彦醇，号酉山（一作友山，又作又山）。清吴江松陵人，叶兆荣之父。道光十六年（1836）取入江庠。官青浦、无锡、武进教谕。

著作集待考

◎**零星诗文** 《吴江叶氏诗录》卷五有诗。《垂虹诗剩》卷九有诗。

张蓉镜（生卒年不详）字第花，号芳亭。清吴江盛泽人。道光十六年（1836）取入江庠。

著作集待考

◎**零星诗文** 《盛湖诗萃续编》卷三有诗。

赵凌云（生卒年不详）号友三。清吴江松陵人，居外场街。道光十六年（1836）取入震庠。

著作集待考

◎**零星诗文** 《垂虹诗剩》卷四有诗。

叶锦组（生卒年不详）字织裳，号绶卿。清吴江人，叶春涛之子。道光十六年（1836）取入江庠。同治六年（1867）举人。明医理，善制方，主讲禊湖书院十余年。

著作集待考

◎**零星诗文** 《吴江叶氏诗录》卷六有诗。

沈桂芬（1817—1880）字经笙，号桭香。清吴江人，沈钦霖之子，寄籍宛平。道光二十三年（1843）举人。二十七年（1847）进士。光绪时官至兵部尚书，协办大学士，为军机大臣十余年。卒谥文定。周之桢云："闻公生时值隆冬，庭桂盛放，因取今名，始号桭香。"

◎**著作集**

吴江沈氏家传一卷

      上海图书馆存清同治六年（1867）刻本。

沈氏诗录附刊五种

      上海图书馆存清同治六年（1867）刻本。

大清穆宗毅皇帝实录三百七十四卷（与宝鋆等同纂修）

      国家图书馆存清内府抄本。

三沈诗钞三卷

      国家图书馆存清同治六年（1867）刻本。

成均课士录

      上海图书馆存清光绪五年（1879）刻本。

粤轺随笔

      南京图书馆存民国三十一年（1942）铅印本。

山西全省舆图

      国家图书馆存清光绪十四年（1888）刻本。

书函集帖二十八通

      吴江图书馆存集贴稿本。

【编者注】《江苏艺文志》关于沈桂芬的记载有两处错误，一是将沈启裔孙沈桂芳之字"萼辉"误植于沈桂芬;二是将另一个沈桂芳(字际虞)的《自怡山房集》《闲存草》误列于沈桂芬名下。沈桂芬的出生年份,《江苏艺文志》未载,而《百度百科》记录为1818年。读《清史稿·沈桂芬传》,见有如下记载:同治"六年卒,年六十有四。"据此推算,沈桂芬应出生于1817年。

李道悠(1817—1887)字子远。清吴江新杭市人,李王熊孙。道光二十八年(1848)取入江庠。尝于咸丰四年(1854)从李王猷辑《续闻湖诗钞》。庚申乱后数年,多方搜访荟萃成编,曰"闻湖诗三抄"。

◎著作集

闻湖诗三抄八卷

      南京图书馆存清光绪十五年(1889)刻本。

求有益斋诗钞十卷杂著二卷

      南京图书馆存清光绪二十六年(1900)刻本。

闻川志旧诗四卷

      见同治《盛湖志补》卷三,未见收藏。

竹里诗萃十六卷

      南京图书馆存清光绪二十一年(1895)刻本。

蒋石林先生遗诗四卷(与沈景修同编)

      国家图书馆存光绪二十二年(1896)刻本。

陈文罴(1818—1842)字赤甫,一字止叔。清吴江黎里人,陈昊次子,陈寿熊之弟。七岁能诗,十一岁即读毕诸经及古文庄老。工制义诗赋而不屑为。善铁笔,时推杨聋石为海内第一,陈文罴仿之几不能辨。通六法,得宋人意。

◎著作集

桐孙庵诗钞

      见《松陵诗征续编》卷十三,未见收藏。

◎零星诗文 《松陵诗征续编》卷十三有诗。

费元标(生卒年不详)字建霞,号莲溪。清吴江松陵人。道光十八年(1838)取入震庠。

著作集待考

◎零星诗文 《垂虹诗剩》卷九有诗。

金华(生卒年不详)字朴甫。清吴江松陵人。少承庭训,经史庄骚无不精熟。道光十八年(1838)取入江庠。曾馆盛泽王氏,与周之桢交游。费延庆、费延厘皆其高弟。

太平军至，流寓上海，终无所遇。卒年近五十。

著作集待考

◎**零星诗文** 《笠泽词征》卷十八有词。《垂虹诗剩》卷四有诗。

陆宝麟（？—1860）字翰章，号含斋（一作涵斋）。清吴江松陵人。道光十八年（1838）取入震庠。

著作集待考

◎**零星诗文** 《垂虹诗剩》卷四有诗。

沈苣生（生卒年不详）字洵芳，号子湘。清吴江松陵人。道光十八年（1838）取入震庠。工诗古文词及制举文。十赴省试，五登乡荐，终无所遇。笔耕为业，从游者众。卒年七十二。

◎**著作集**

吟红馆试帖诗课

　　吴江图书馆存清光绪八年（1882）印本。

劫余草

　　见民国《垂虹识小录》卷六，未见收藏。

◎**零星诗文** 《垂虹诗剩》卷四有诗。

张文泰（生卒年不详）号书巢（一作书樵）。清吴江人。道光十八年（1838）取入江庠。

著作集待考

◎**零星诗文** 《松陵诗征续编》卷十三有诗。《吴江叶氏诗录外编》卷七有诗。

凌浚（生卒年不详）字锡功，号百川，自号复庵。清吴江莘塔人。道光十八年（1838）取入江庠。咸丰九年（1859）举人。

著作集待考

◎**零星诗文** 《分湖诗钞》卷十六有诗。

郑庆筠（生卒年不详）字刚甫，号淡轩。清吴江盛泽人。平湖顾广誉为其业师。顾广誉集东湖文会，郑庆筠亦与其事。

◎**著作集**

郑刚甫遗文二卷（顾广誉序）

　　见同治《盛湖志补》卷三，未见收藏。

吴淑巽（生卒年不详）字君嘉，号柔卿。清平望人。吴士坚孙女，吴应铨长女。笄年早逝。

著作集待考

◎**零星诗文** 《松陵诗征续编》卷十四有诗。

吴淑随（生卒年不详）字安卿。清平望人，吴应铨之女，奉贤袁修瑾妻。

◎**著作集**

来帆阁诗集三卷

    见光绪《平望续志》卷十一，未见收藏。

吴淑升（1819—1877）字君阶，号允卿。清平望人，吴应铨之女，吴淑随妹，震泽县学生蔡绍熙妻。工诗，尤精词律。

◎**著作集**

梦兰阁诗钞二卷诗余一卷（秦元文、蔡召棠序；蔡绍熙跋）

    张明观《柳亚子史料札记》称上海图书馆存吴江柳氏抄本。

【编者注】《梦兰阁诗钞》有蔡召棠序云："侄妇吴氏名淑升，字君阶，号允卿，莺湖人，从子绍熙妻也。"这里已将吴淑升的身份交代清楚。《江苏艺文志》的介绍与此基本相符。而《苏州民国艺文志》竟将其当成了男性："字允卿。延机子。1868年荫袭宁绍道台，后任江南左营中军守备。"编者研究发现，"延机子"以下文字，应属仲虎腾的生平资料。

柳兆薰（1819—1890）原名兆白，字泳南，又字虞卿、薛安，号莳庵（一作时安），晚号悟因生，一署阠道人。清吴江北厍人，柳树芳次子，柳亚子曾祖。道光十九年（1839）取入江庠。同治六年（1867）副贡生。官丹徒县教谕。

◎**著作集**

河东家乘二卷续编二卷（柳树芳辑，柳兆薰、柳以蕃续辑）

    吴江图书馆存清光绪八年（1882）刻本。

分湖柳氏重修家谱十二卷

    见柳亚子等《吴江文献保存会书目》，未见收藏。上列《河东家乘》为该书抽印本。吴江图书另存《柳亚子家谱》六卷，署名"分湖柳氏"。

胜溪钓隐诗录三卷诗余一卷

    见柳亚子等《吴江文献保存会书目》，未见收藏。

松陵文录姓氏考一卷

    吴江图书馆存清刻本。

东坡词编年笺注二卷

柳亚子等《吴江文献保存会书目》著录抄本。上海图书馆存稿本题为《苏词笺略正编二卷类编一卷》

樊榭山房集笺注十七卷

见柳亚子等《吴江文献保存会书目》，未见收藏。

柳兆薰日记

苏州市文管会存稿本。

◎**零星诗文** 《笠泽词征》卷十九有词。《分湖诗钞》卷十五有诗。

袁希谢（生卒年不详）字寄尘。清吴江人，袁栋玄孙女。女红之暇，耽嗜诗书。适王云帆，嫁半载而寡，自号寄尘，以为暂寄尘中，无乐生之心，唯以诗写幽忧之怀。与顾佩芬、董松筠号称"吴江三节妇"。

◎**著作集**

绣余吟一卷

上海图书馆存抄本。

素言集一卷

存于《吴江三节妇集》，吴江图书馆存清咸丰七年（1857）刻本。

寄尘诗稿

寄尘词稿

以上两种见《南社丛刻》第一集，未见收藏。

◎**零星诗文** 《笠泽词征》卷二十三有词。

陈宗恕（生卒年不详）字宽甫。清吴江谢天港人，陈宗元季弟。道光十九年（1839）取入江庠。咸丰元年（1851）举人。同治十年（1871）大挑候选教谕。为学不喜词章，好为深沉之思，覃精算数、音韵之学，冥心默契，不由师授。卒年五十五。

◎**著作集**

春秋舆地谱

春秋氏族谱

春秋年表

诗经音韵

九章算术细草九卷

以上五种见同治《盛湖志》卷十二，未见收藏。

说文考略四卷

上海图书馆存清稿本。

数学一隅

国家图书馆存清末古吴潘诵斋刻本。

六书辨略

上海图书馆存抄本。

韩森宝（生卒年不详）一名生宝。字荼甫，一字颂伯。清吴江人。道光十九年（1839）取入震庠。

◎著作集

荼甫词存一卷

见同治《苏州府志》卷一百三十八，未见收藏。

◎零星诗文 《笠泽词征》卷十四有词。《全清词钞》卷十六有词。

黄桂苞（生卒年不详）字岳生，号西坨。清吴江黎里人。幼孤嗜学，师池亭叶树伟，得其指授。为文根柢经史，理精法密。兼精地理及天文推步之学。道光十九年（1839）取入江庠。旋食饩，文名籍甚。道光二十九年（1849）学使青麐案临苏州，黄桂苞试辄冠军，学使拟选拔其应试萃科，黄桂苞以病辞不赴，遵例以训导候铨。黄桂苞性冲淡，不慕荣利。素多病，恒闭门静坐，日以义理相涵泳，时人以桐城二方比之。

◎著作集

薇红小舍杂著一卷

贫交集一卷

以上两种见光绪《黎里续志》卷四，未见收藏。

兰玉草堂遗稿

见光绪《黎里续志》卷八，未见收藏。

汝鸣球（生卒年不详）字景孚，号寅斋。清吴江黎里人，汝金镛之子。道光十九年（1839）取入震庠。博学嗜古，尤好搜罗文献。工诗，有文名。尝游京师，湖州慎毓林适奉督学陕甘之命，聘其襄事，得遍游关中名胜，诗益雄健。

◎著作集

寅斋诗钞

景孚笔记

以上两种见光绪《黎里续志》卷四，未见收藏。

袁汝英（生卒年不详）字协铨，号爱庐。清吴江人，袁廷珍嗣子。道光十九年（1839）取入江庠。

◎著作集

怀梦草

见《笠泽词征》卷十八，未见收藏。

◎**零星诗文** 《笠泽词征》卷十八有词。

袁龙（1820—1902）本名汝龙。字起潜，又字瘦倩，号东篱，又号怡孙，别号老枒、东篱野叟。清吴江同里人，袁廷琥之子。附贡生。少承家学，诗词书画无不精妙，尤工仕女画。累试不第，以教读为业。晚年专习山水。所居复斋别墅花木清闲，多半出自亲构。袁龙为同里退思园主要设计者。

◎**著作集**

复斋诗草

月舫词稿

东篱南北曲

> 以上三种见《笠泽词征》卷二十，未见收藏。

白团扇杂剧

> 见《全清散曲》，未见收藏。

◎**零星诗文** 《笠泽词征》卷二十有词。《全清散曲》收其小令、套数。

袁汝夒（生卒年不详）字履祥，号西畴。清吴江同里人，袁廷琥次子。

◎**著作集**

铁如意斋词

> 见《笠泽词征》卷二十，未见收藏。

◎**零星诗文** 《笠泽词征》卷二十有词。

周桂（生卒年不详）字林一，号子葆。清震泽人，周潘江之子。古直敦友谊。精制举业，屡不得志于有司。专务穷经，尤精训诂，一切异同之辨，言之有如指掌。好训迪后进，媚媚不倦。尝客授邱氏长春庐及蔡氏候桃华馆有年。

◎**著作集**

林屋游草

西泠纪游诗

> 以上两种见光绪《平望续志》卷十一，未见收藏。

历代帝王考

五经考异

> 见《松陵人物汇编》卷十一，未见收藏。

陈应亨（生卒年不详）字嘉甫，号俪生。清吴江人，陈应元之弟。

著作集待考

◎**零星诗文** 《分湖诗钞》卷二有诗。

周鼎金（1820—1891）字笑梅。清吴江人，沈昌眉外祖。幼博涉古籍，又以身多病，好张仲景书。中年逢太平天国军南下，避兵于分湖滨，骨肉凋丧，忧伤憔悴之衷遂一托于吟咏。

◎著作集

残年余墨二卷

　　见柳亚子等《吴江文献保存会书目》，未见收藏。

朱谦吉（生卒年不详）字牧斋。清道光时吴江同里人，唐昌言外祖。少从金黄钟学，中年遭乱后潜心医学。

◎著作集

春晖阁遗稿（沈昌眉序）

　　吴江图书馆存民国十七年（1928）铅印本及薛凤昌抄本。

吴步云（生卒年不详）号一樵。清吴江松陵人，世居西门外杨家桥。

◎著作集

玉浮书屋诗草

　　见《垂虹诗剩》卷四，未见收藏。

◎零星诗文　《垂虹诗剩》卷四有诗。

许延禧（生卒年不详）字惕花。清吴江人，许蔚宗嗣子。

◎著作集

许氏重修谱系

读史小竹

　　以上两种见吴江图书馆藏《序文》，未见收藏。

孙云锦（1821—1892）字质先，号拙安。清吴江黎里人。擅书法。

◎著作集

印禅室诗集印存

　　见《中国美术家人名辞典》，未见收藏。

顾希谢（生卒年不详）字少敩。清吴江人。薛凤昌跋其诗稿云："右里中顾少敩前辈诗一卷。少敩为恂愚先生前人，工吟咏，著有《聊自娱斋诗稿》及试帖录清小册藏于家。"

◎著作集

聊自娱斋诗稿

　　吴江图书馆存民国十三年（1924）薛凤昌抄本。

黄宝书（生卒年不详）字清如，号森甫，自号退庵。清吴江人，黄冈从子。国学生。工书法。

◎**著作集**

吟红阁草一卷

　　见柳亚子《分湖诗钞》卷十九，未见收藏。

◎**零星诗文**　《笠泽词征》卷十八等有词。《分湖诗钞》卷十九有诗。

张漳（1823—1860）字滋秀，号子清。清平望人。以助饷功议叙八品职衔。咸丰十年（1860）黎里遇太平军，与继妻、子女及婢同赴水死。年三十八。

◎**著作集**

鸳湖两布衣诗钞

　　见柳亚子等《吴江文献保存会书目》，未见收藏。

秦廷宝（1824—1860）字秋原。清平望人。道光二十八年（1848）取入震庠。原家韭溪，庚申吴江城陷，同里、黎里诸镇并举团练。韭溪地尤僻，秦廷宝亦率其乡人为守御计。五月十日太平军至，众乡人溃，秦廷宝受重伤投水死。

◎**著作集**

韭溪志稿

　　见光绪《平望续志》卷十一，未见收藏。

宋恭敬（生卒年不详）字胜吉，号惺甫。清吴江人。先世浙江桐乡，侨寓盛泽，遂为吴江人。宋志恒从孙，金作霖弟子。年十四五能作擘窠大字，又善画墨梅，工填词。写梅辄题词于上，人称"三绝"。早卒。

◎**著作集**

小壶山馆诗词稿

拜石斋词一卷

　　以上两种见同治《盛湖志》卷十二，未见收藏。

◎**零星诗文**　《笠泽词征》卷十七有词。

汝锡畴（？—1872）字勤访，号琴舫。清吴江黎里人。少好读书，工楷法，因病习医，覃思研究，务穷其奥旨。尝出新意制方疗人痼疾。治薛生白、徐灵胎之书，皆探其底蕴，别其得失。而病叶天士、章楠论温热之误，著治温阐要一卷。

◎**著作集**

治温阐要一卷

　　国家图书馆存民国十六年（1927）吴江汝人鹤铅印本。

张特桂（生卒年不详）原名福海，字履成。清震泽人。道光二十一年（1841）取入江庠，同治九年（1870）恩贡生。

◎**著作集**

湖阴文抄二卷

　　《江苏艺文志》称存同治刻本，今收藏不详。

史丙奎（生卒年不详）原名悠远。字藜光，号侣茳（一作侣江）。清吴江谢天港人。少好学，能诗文，书法欧褚两家，妩媚可爱。尝从沈镐游，读书黎里周氏古芬山馆。道光二十一年（1841）取入震庠。有名于时，然负才不遇，困于诸生。客授禊湖徐氏、倪氏有年。同治间觐贺荪陈枭（指任司法官职——编者注）两浙，辟掌记室，深资倚畀，后以病卒。

◎**著作集**

侣茳诗草

　　见光绪《黎里续志》卷十一，未见收藏。

施仁政（生卒年不详）字茜乔，号翠桥。清吴江芦墟人。道光二十一年（1841）取入震庠。

著作集待考

◎**零星诗文**　《笠泽词征》卷十六有词。《分湖诗钞》卷二十有诗。

盛惟镛（生卒年不详）号韵楼。清吴江松陵人。道光二十一年（1841）取入江庠。

著作集待考

◎**零星诗文**　《垂虹诗剩》卷九有诗。

王阶升（生卒年不详）字谱琴。清平望人。道光二十一年（1841）取入江庠。

◎**著作集**

寄篱草

　　见道光《平望志》卷十一，未见收藏。

任廷昶（生卒年不详）字炳寰，一字彦卿。清吴江人。道光二十一年（1841）取入震庠。咸丰元年（1851）举人。

◎**著作集**

嘐溪旅稿

　　吴江图书馆存清抄本。

◎**零星诗文**　《笠泽词征》卷二十七有词。

程汝松（生卒年不详）字盛之，号鹤巢。清吴江人。例授布政司理问。

◎**著作集**

问花楼小草

  见同治《盛湖志》卷十二，未见收藏。

吴云纪（生卒年不详）原名汝恒。字冠宸，号惺甫（一作星甫）。清吴江平望人。府学生。少有俊才，风神闲远。及长多病，因病习医，内经诸书及唐宋以来名家之所论辨皆能钩索幽隐，尤精于切脉。晚年好道，常至青牛观，弹琴赋诗，怡然自适。

◎**著作集**

外科须知

女科集说

钝翁笔记

  以上三种见光绪《黎里续志》卷十一，未见收藏。

◎**零星诗文** 《笠泽词征》卷十八有词。

张乃藻（1825—1860）原名乃淳，字文之，号梦莲，又号庚生。清吴江盛泽人。张宝璇次子。道光二十二年（1842）入府学。咸丰元年（1851）举人。再试礼部不第，就职国子监学正。善书法。咸丰十年（1860）举团练抵抗太平军，忧劳成疾卒，年三十六。

◎**著作集**

希范堂文稿四卷

  见同治《盛湖志补》卷三，未见收藏。

博议诗一卷赋一卷

  见同治《盛湖志补》卷三。吴江图书馆存民国八年（1919）铅印本《博议楼遗诗》一卷。

遗安堂日记

  见《盛泽张氏遗稿录存》，未见收藏。

◎**零星诗文** 《盛泽张氏遗稿录存》有诗文。

【编者注】《江苏艺文志》另列《己未庚申日记》二卷，然《盛泽张氏遗稿录存》关于张乃藻著作仅著录本志上列三种，并称"经乱散佚，仅存诗二十三首，赋四篇，己未庚申日记二卷。"可见"己未庚申日记二卷"是三种著作之一《遗安堂日记》的一部分，故本志不再另列。

陆亘昭（生卒年不详）字兰生（一作兰荪）。清吴江人，陆日爱从子。

◎**著作集**

诵芬馆诗钞二卷

吴江图书馆存民国十六年（1927）苏斋刻《松陵陆氏丛著》本。

◎**零星诗文** 《分湖诗钞》卷一有诗。

陆亘秬（生卒年不详）字烟农，号侣生。清吴江人，陆日爱从子。工书画。尤善吟咏。

著作集待考

◎**零星诗文** 《分湖诗钞》卷一有诗。

任本泉（生卒年不详）字一清（一作益清）。清吴江同里人，任兰生叔父。道光二十二年（1842）取入震庠。少善病，不能肆力于制举业，又不甘暇逸以自弃，遂于道光二十四年（1844）始学诗。

◎**著作集**

漆园诗稿三卷

吴江图书馆存清光绪九年（1883）刻本。

费卿荣（生卒年不详）名一作卿蓉。字绶堂。清吴江人。道光二十二年（1842）取入震庠。

著作集待考

◎**零星诗文** 《笠泽词征》卷二十七有词。

黄维翰（生卒年不详）字楷生。清吴江人。道光二十二年（1842）取入震庠。

◎**著作集**

韵史二卷（校）

韵史补一卷（校）

以上两种吴江图书馆存清刻本。

沈莹生（生卒年不详）号星洲。清吴江松陵人。道光二十二年（1842）取入震庠。曾入灵莹文社。

著作集待考

◎**零星诗文** 《垂虹诗剩》卷四有诗。

王树年（?—1860）字百之，号羡门。清吴江松陵人，王与沂之子，王树人兄。道光二十二年（1842）取入震庠。曾与周之桢同课读于盛湖仲氏。咸丰庚申遇害。

著作集待考

◎**零星诗文** 《垂虹诗剩》卷五有诗。

顾含春（生卒年不详）字雪香。清吴江同川人。幼承家训，通经能诗。早寡。有《断肠》、《秋灯课子》、《病中述怀》等诗。

著作集待考

◎零星诗文 《垂虹诗剩》卷七有诗。

费吟芝（生卒年不详）清吴江人，费馨莲女侄，吴舒帷曾孙，吴廷政之妻。工诗兼写山水。吴廷政尝幕游浙省，咸丰三年（1853）前后挈眷以行，费吟芝得旷览浙东西之胜，从此诗画益进。

◎著作集

吟芝诗钞一卷

　　见柳亚子等《吴江文献保存会书目》，未见收藏。

◎零星诗文 《垂虹诗剩》卷七有诗。《垂虹识小录·松陵费氏诗集》卷二有诗。

杨庆麟（1826—1879）字敬士，号振甫。清吴江松陵人，杨炳春之子，杨澥嗣子。道光二十四年（1844）举人。三十年（1850）进士。累官内阁学士兼礼部侍郎衔。擅书画。《楹联墨迹大观》刊其所书行、楷两联。

著作集待考

◎零星诗文 《垂虹诗剩》卷五有诗。《吴江叶氏诗录外编》卷七有诗。

吴丽珍（1827—1878）字兰仙。清吴江人，仲廷机继室。幼聪慧，从金学诗孙妇王宝珠学，自四子书、诗经及唐宋诸家诗文选本俱成诵。及归，女红多暇，日事吟咏。工七绝，多性情伦常语。咸丰庚申之乱，尝挈家人迁越、迁甬，航海达沪。

◎著作集

写韵楼遗草一卷（殷兆镛跋）

　　存民国薛凤昌抄本《女士集汇存》，吴江图书馆有藏。

严照（生卒年不详）字石帆。吴江同里人。

◎著作集

静怡编

　　吴江图书馆存抄本八卷。

徐宝浣（生卒年不详）字洁甫，一字仲宝。清吴江人，徐达源之孙。道光二十四年（1844）取入江庠。早擅能文名，体素弱，两应乡试被放，奋志攻苦，遂以疾卒，年仅三十有六。

◎著作集

四时读书屋诗

附于仲湘《留爪集·新咏楼诗》，上海图书馆有藏。

◎**零星诗文** 《松陵诗征续编》卷十三有诗。

俞树湘（生卒年不详）字筠甫，号桐伯。清震泽人，俞兰台之子。道光二十四年（1844）取入震庠。早逝。

◎**著作集**

深竹书屋诗文稿

    见《松陵诗征续编》卷十三，未见收藏。

考定孔子年谱一卷

    见同治《苏州府志》卷一百三十八，未见收藏。

◎**零星诗文** 《松陵诗征续编》卷十三有诗。

张文璇（生卒年不详）字伯衡，号元之。清吴江芦墟人，张与龄之子。道光二十四年（1844）取入江庠。同治七年（1868）成进士，授兵部武选司主事。弃官后主讲震泽颐塘书院及芦墟切问书院。

著作集待考

◎**零星诗文** 《吴江叶氏诗录外编》卷七有诗。《分湖诗钞》卷十二有诗。

朱金相（生卒年不详）字壬养，又字琴香（一作吟香），号耐先，一号二彝。清吴江人，朱智七世孙。道光二十四年（1844）取入江庠。

◎**著作集**

苏家港朱氏支谱四卷（与朱龄增合纂）

    见柳亚子等《吴江文献保存会书目》，未见收藏。

庄元植（生卒年不详）初名庆桐，字子封（一作紫封）。清震泽人。道光二十四年（1844）取入震庠。工诗古文，有名于时。咸丰十年（1860）自镇江道署还里中，与兄庄庆椿同在周庄抵抗太平军。

◎**著作集**

蕉花馆文存（一作《就正草》）一卷

    吴江图书馆存清刻本。

震泽庄氏家集十二卷（辑）

    《江苏艺文志》称存光绪中刻本，今未见收藏。

子目：

    庄兆洙　东山老人诗剩一卷

    庄庆椿　冬荣室诗钞一卷

闲气集一卷

周元圭　吟秋馆诗钞一卷

庄元植　澄观斋诗一卷

励学室诗存一卷

吴江图书馆存清光绪七年（1881）刻本。

寄庐诗草一卷续存一卷

寄庐倡和诗钞一卷

吴江图书馆存清光绪六年（1880）刻本。

和诗续抄一卷又抄一卷

寄庐怀人诗一卷

任厘瓒（1829—1904）字莱峰。清吴江同里人。道光二十五年（1845）取入江庠。光绪四年（1878）贡生。曾为两广总督幕僚。工楷书。

著作集待考

◎**零星诗文**　《笠泽词征》卷十八有词。

叶乃溁（生卒年不详）原名光藻，字涣兮，号戟甫。清吴江人，叶光灏之弟。谙习掌故，善鉴别诗画金石。尝搜访叶绍袁遗著，编辑《叶氏艺文志》、《遗文汇辑》。为文吁重修叶小鸾墓，并著有《重修疏香阁墓道始末》一卷，刊入叶德辉所辑《疏香阁遗录》中。

◎**著作集**

严六堂剩墨四卷（辑）

上海图书馆存民国吴江柳氏抄本。

子目：

吴至慎　林塘诗稿一卷

吴钟侨　川滇行程记一卷

吴钟侨　荔香诗草一卷

吴仲□　蜀旋日记一卷

疏香阁主遗像题咏一卷

见柳亚子等《吴江文献保存会书目》，未见收藏。

叶氏艺文志

遗文汇辑

以上两种见《吴江叶氏诗录》卷五，未见收藏。

重修疏香阁墓道始末一卷

存于德辉《疏香阁遗录》，国家图书馆有藏。

◎**零星诗文**　《吴江叶氏诗录》卷五有诗。《笠泽词征》卷十八有词。

费乾宸（生卒年不详）号硕甫。清吴江松陵人。道光二十五年（1845）取入震庠。
著作集待考
◎**零星诗文** 《垂虹诗剩》卷四有诗。

陆寿民（生卒年不详）字立人，号仲山。清吴江黎里人。道光二十五年（1845）取入江庠。为文好深沉之思，试屡困，久不得志，遂研禅理，入之亦颇深。好为诗，务奇古，初学韩愈、李贺，继乃非汉魏不观，最后始兼取宋以来诸家。卒年四十。
◎**著作集**
震无咎斋诗一卷
  存仲湘《留爪集》，上海图书馆有藏。

钱家骏（生卒年不详）字子骧（一作子湘）。清吴江人，钱渭阳之子。道光二十五年（1845）取入江庠。同治三年（1864）举人。官沛县训导。
著作集待考
◎**零星诗文** 《分湖诗钞》卷二十有诗。

朱钟骥（生卒年不详）字远之。清吴江人，朱隽增之子。
著作集待考
◎**零星诗文** 《分湖诗钞》卷七有诗。

吴文通（生卒年不详）字次江，号颖仙。清吴江平望人。诸生。曾国藩总督两江，凡四方名流有才艺者开馆延之，吴文通与焉。
著作集待考
◎**零星诗文** 《笠泽词征》卷十八有词。《垂虹诗剩》卷六有诗。

周善旅（生卒年不详）字月帆。清震泽人。长于制义，然屡战秋闱不售。避地河渎，抱关击柝，心怀郁郁，积劳成疾而逝。
◎**著作集**
湖滨吟草（蔡廷本序）
  见民国《震泽镇志续稿》卷十一，未见收藏。

蔡芸（生卒年不详）字仲芬。清末震泽人，周善旅之妻。
◎**著作集**
枷罗堂诗钞
  见民国《震泽镇志续稿》卷十一，未见收藏。

吴薇仙（生卒年不详）原名宗莲，字小玉，一字薇仙，晚以字行。清震泽人。道光二十五年（1845）取入震庠。因乱避居北省，旋纳粟丞簿，听鼓十数年。尝作《雪梦闲评》百二十回，评《红楼梦》全书。年逾花甲，乞养回籍，精研岐黄术。

◎**著作集**

耐辱吟（郑言绍跋）

雪梦闲评一百二十回（张遐龄序）

　　以上两种见民国《震泽镇志续稿》卷十一，未见收藏。

徐树勋（？—1862）字子敏（一作子铭）。清吴江盛泽人。道光二十五年（1845）取入江庠。咸丰二年（1852）举人。工文词，以授徒为生。咸丰十年（1860）父被太平军刃伤而死，徐树勋痛之，闭门茹素，小祥（父母死后周年祭——编者注）后注《丹桂籍》以劝世。未几即卒。

◎**著作集**

文昌帝君丹桂籍讲义二卷（注）（陆以恬序）

　　吴江图书馆存清同治三年（1864）刻本。

费寿康（生卒年不详）号廉卿。清吴江松陵人，费仑从侄。弃举业作幕宾。晚岁家居，喜画山水，间作诗。

著作集待考

◎**零星诗文**　《垂虹诗剩》卷四有诗。

余高熿（生卒年不详）本姓高。号蔚人。清震泽人。道光二十七年（1847）入府学。资质英敏，文尤精锐。弱冠中咸丰二年（1852）举人，一试礼闱后，闻江左兵尘载道，只身旋里，谓天下事不可为矣，恨不能请缨克敌。喜围棋，谈文论古之余日以此自遣。年二十二卒。

◎**著作集**

南旋草一卷

　　见民国《垂虹识小录·本传》，未见收藏。

金科（生卒年不详）字力辅，号律甫。清吴江盛泽人，金作霖之孙。道光二十七年（1847）取入江庠。

著作集待考

◎**零星诗文**　《盛湖诗萃续编》卷三有诗。

沈文烈（生卒年不详）号寅斋。清吴江松陵人，沈宝禾之侄。道光二十七年

（1847）入府学。道光时梁中丞宝常抚浙，曾聘沈文烈往浙江教读。

著作集待考

◎零星诗文 《垂虹诗剩》卷四有诗。

沈宝芬（生卒年不详）字傅岩，号岭梅。清吴江黎里人。少负隽才，为文章快意，累累千言。应郡县试皆冠军，会遭父丧不得入学。道光二十七年（1847）取入江庠。十应乡试，数次将举而未举。好读蒋氏葬经，究心地理之学，旁通太乙奇门六壬之书。咸丰十年（1860）倡练团丁，抵御太平军。晚年闭户息交，昼夜静坐，年七十九卒。

◎著作集

地理指谬条引一卷（张永淳序）

见光绪《黎里续志》卷四，未见收藏。

徐尧寿（生卒年不详）号岭香。清吴江松陵人。道光二十七年（1847）取入震庠。

著作集待考

◎零星诗文 《垂虹诗剩》卷五有诗。

沈元溥（生卒年不详）字春敷。清吴江人。咸丰元年（1851）举人。官兵部员外郎。以劳绩纪名直隶州知州加道衔。与人交忼直有气节，供京职十余年，贫而有守。母卒遂扶榇南归，不逾年亦卒，年五十五。

◎著作集

春敷诗稿一卷

见光绪《吴江县续志》卷三十七，未见收藏。

畿辅纪闻一卷

见南京图书馆存稿本清吴燕兰《吴氏囊书囊》。

屈佩璋（生卒年不详）字上珍，号笏堂。清吴江新杭市人。国学生。

◎著作集

醒吟馆稿

见同治《盛湖志补》卷三，未见收藏。

范其骏（生卒年不详）字永绥，号咏三。清吴江黎里人。同治四年（1865）震泽恩贡生。工制举业，邑士人争延为弟子师。主讲禊湖书院十余年，多所造就。好吟咏，间画小山水，尤工篆隶书。

◎著作集

帐墨居诗钞一卷（沈成章序）

　　吴江图书馆存清光绪十六年（1890）刻本。

梦余赘笔四卷（黄元芝序）

　　吴江图书馆存民国九年（1920）刻本。

茶余话异一卷

　　国家图书馆存民国九年（1920）铅印本。

历代古人姓氏考

庚申禊湖被难日记稿

　　上海图书馆存民国九年（1920）吴江柳氏稿本。

屈庆镛（生卒年不详）字邦千，号友渔。清吴江盛泽人。屈茂垣之兄。国学生。性峻洁，喜吟咏。

◎**著作集**

忆山亭稿

　　见同治《盛湖志补》卷二，未见收藏。

屈茂恒（生卒年不详）恒一作垣。字星阶，号壬叔。清吴江新杭市人。国学生。以孝悌闻。

招鹤山房诗稿（杨象济序）

　　见同治《盛湖志补》卷三，未见收藏。

沈清源（生卒年不详）字莲波。清吴江人，沈锡爵从孙。

◎**著作集**

莲波诗稿

　　见《分湖诗钞》卷八，未见收藏。

◎**零星诗文**　《分湖诗钞》卷八有诗。

柳大奎（生卒年不详）一名振华。字星伯，号薇人。清吴江人，柳堉从弟。道光二十八年（1848）取入江庠。恩贡生，就职州判。

著作集待考

◎**零星诗文**　《分湖诗钞》卷十五有诗。《松陵赠言》有诗。

沈志达（生卒年不详）字琴斋。清吴江人，沈学复之子。道光二十八年（1848）取入江庠。附贡生。任青浦县教谕。

著作集待考

◎**零星诗文**　《分湖诗钞》卷八有诗。

周之桢（生卒年不详）字祝年，号卓岩（一作竹岩），自署卓叟。清吴江人。道光二十八年（1848）取入震庠。工画兰，喜吟诗，好收藏书画碑版。曾客授莺湖。

◎著作集

同里志二十四卷

吴江图书馆存民国六年（1917）铅印本。

小停云馆诗稿

吴江图书馆存金仲禹抄本。

垂虹诗剩十卷（周之桢编；费善庆续编）

吴江图书馆存民国三年（1914）刻本。

哭子诗一卷

吴江图书馆存清光绪十六年（1890）刻本。

金之浩（生卒年不详）号友琴。清吴江人，金黄钟从侄，周之桢妻兄。读书不屑于举业，放怀诗酒。尝授徒于松陵董氏。年四十卒。

◎著作集

梨云厂诗草

见《垂虹诗剩》卷六，未见收藏。

◎零星诗文 《垂虹诗剩》卷六有诗。

赵龄（生卒年不详）字梦龄，号云门。清吴江人。少聪明过人，与周之桢同砚。后摒弃举业，专肆力于诗，师事陈来泰。

◎著作集

怡云阁诗钞六卷

吴江图书馆存清光绪二十四年（1898）刻本。

◎零星诗文 《垂虹诗剩》卷五有诗。

夏福畴（生卒年不详）字春帆。清吴江松陵人，城南荷花吟社诗人。

著作集待考

◎零星诗文 《垂虹诗剩》卷十有诗。

金凤标（生卒年不详）字紫庭（一作芝庭）。清吴江人。道光三十年（1850）取入江庠。金天羽祖父。

著作集待考

◎零星诗文 《松陵赠言》有诗。

汝锡嘉（生卒年不详）号蕉琴。清吴江黎里人。道光三十年（1850）取入江庠。

◎**著作集**

六书鉴典二卷

　　见光绪《黎里续志》卷四，未见收藏。

沈文构（生卒年不详）字政衡，号梦斗。清吴江人。少孤，事母兄以孝友称。弱冠即有文誉，道光三十年（1850）取入震庠。喜吟诗作画度曲，并肆力于古文词。

◎**著作集**

紫桐花馆诗钞

　　见民国《垂虹识小录·本传》，未见收藏。

吴仁杰（生卒年不详）字望云。清吴江人，吴治谟长子。道光三十年（1850）取入震庠。咸丰八年（1858）入都应京兆试留京。同治四年（1865）入翰林院，视学江西。

◎**著作集**

殉难传题词一卷

自感叠韵六十章一卷

　　以上两种见南京图书馆存清吴燕兰稿本《吴氏囊书囊》。

◎**零星诗文**　《松陵赠言》有诗。

张廷焯（生卒年不详）号倬云。清吴江盛泽人。道光三十年（1850）入府学。

◎**著作集**

枕流漱石居诗钞

见闻宝鉴

　　以上两种见同治《盛湖志补》卷三，未见收藏。

陆焜（生卒年不详）字子恬。清吴江人。

著作集待考

◎**零星诗文**　《笠泽词征》卷十八有词。

朱光浩（生卒年不详）号亮甫。清吴江松陵人。道光三十年（1850）取入震庠。

◎**著作集**

梅檐小咏诗一卷

　　见《垂虹诗剩》卷五，未见收藏。

◎**零星诗文**　《垂虹诗剩》卷五有诗。

金其相（？—1876）字小酤（一作笑酤）。清吴江松陵人，金沛霖之子。有隽才，诗其家学。咸丰元年（1851）取入震庠。附贡生。官浙江安吉、归安知县。

◎**著作集**

小罗浮最深处壬子集

　　吴江图书馆存清抄本。

求是斋拙存诗钞

　　吴江图书馆存清抄本。

◎**零星诗文**　《垂虹诗剩》卷五有诗。

金械（生卒年不详）字小厂，号欈坡。清吴江松陵人，金沛霖之子，金其相弟。道光三十年（1850）取入江庠。工吟咏，尝集彭城诗社。

◎**著作集**

近蓬莱仙馆吟稿

　　见民国《垂虹识小录》卷六，未见收藏。

◎**零星诗文**　《垂虹诗剩》卷五有诗。

金慧（生卒年不详）号静因，清吴江松陵人，金沛霖之女。幼承家学，工吟咏。适嘉兴蔡佛华，尝随任广济县。

变征余音

　　见《垂虹诗剩》卷十，未见收藏。

◎**零星诗文**　《垂虹诗剩》卷十有诗。《松陵女子诗征》卷十有诗。

殷云鹗（1832—1903）字立群，号警仙，又号巢松。清吴江人。殷兆镛族孙。同治四年（1865）取入江庠。

◎**著作集**

听雨轩诗钞□卷

制义□卷

吴顾合刻赋稿笺注

　　以上三种见殷葆深重修《江震殷氏族谱》卷六，未见收藏。

江震殷氏族谱六卷（与殷兆镛同辑）

　　常熟图书馆存清光绪九年（1883）刻本。

丁保怡（生卒年不详）号幼石。清吴江人。咸丰四年（1854）（一说咸丰八年）岁贡生。

◎**著作集**

止止室诗稿一卷

    上海图书馆存民国吴江柳氏抄本。

凌泗（1832—1906）字断仲，号磬生。晚自号莘庐。清吴江莘塔人，陈寿熊门人。咸丰三年（1853）取入江庠。同治十二年（1873）副贡生。候选内阁中书。光绪初，凌淦编《松陵文录》、《吴江县续志》二书，凌泗与同邑李龄寿同任参校。光绪三十一年（1905）废科举兴学堂，出任吴江学务公所总理事，后因年迈辞职。

◎**著作集**

（光绪）吴江县续志四十卷（与纂）

    吴江图书馆存清光绪五年（1879）刻本。

莘庐遗集

    吴江图书馆存民国三年（1914）印本。

子目：

    凌泗 莘庐遗诗六卷补遗一卷 浮梅日记一卷 诗余一卷 文一卷

    凌宝树 第六水村居稿一卷

    凌宝枢 小茗柯馆诗词稿一卷

苏灾录一卷

    吴江图书馆存清光绪刻本。

    清吴燕兰稿本《吴氏囊书囊》录《松陵水灾新乐府》一卷，南京图书馆有藏。

无双诗合刻二卷（与陶然合撰）

    吴江图书馆存清同治十一年（1872）刻本。

邓尉探梅诗三卷

    见柳亚子等《吴江文献保存会书目》，未见收藏。

五亩园志余一卷（与谢家福同辑）

桃坞百咏一卷（凌泗著，谢家福注）

    以上两种刊于望炊楼本《五亩园小志题咏合刻》，吴江图书馆有藏。

◎**零星诗文** 《笠泽词征》卷十九有词。

李龄寿（1833—1890）字君锡，号辛垞（一作星垞）。清吴江人。自少刻苦为学，咸丰三年（1853）取入江庠，试辄高等，食饩于庠。秋闱屡试不售，以廪贡入成均，旋弃举业，益肆力于诗古文。中年专攻医学，与清浦熊其英善，同以医主莘塔凌淦家。凌淦尝辑《松陵文录》，李龄寿发所藏，相与斟酌出入，精心采辑。复与修光绪《吴江县续志》，纂辑职官、选举、人物、艺文、杂记多卷。晚岁遭际多故，才逾五旬，须发皓然，未几卒。

◎**著作集**

（光绪）吴江县续志四十卷（与纂）

　　　　吴江图书馆存清光绪五年（1879）刻本。

匏斋遗稿文一卷诗四卷（凌泗序）

　　　　吴江图书馆存清光绪二十二年（1896）刻本。

黄尔寿（生卒年不详）号少鹤。清吴江松陵人。黄潮之子，黄尔康兄，黄元芝父。

◎**著作集**

稻香草堂吟稿

　　　　见《垂虹诗剩》卷四，未见收藏。

◎**零星诗文**　《垂虹诗剩》卷四有诗。

黄尔康（生卒年不详）字锡侯，号季安。清吴江黎里人。父黄潮嘉庆初自黎里迁吴江城北。黄尔康少习科举业，困于童试，遂遵例入太学。咸丰十年（1860）避乱迁回黎里。性耿介，招某人衔怨，欲陷以奇祸，因之忧愤成疾而卒。嗣子黄元芝云："先严早岁赴童子试，作文得雄直气，喜为散体诗，所作不下四五百首，其稿多佚。"

◎**著作集**

俪桂轩吟稿

　　　　见光绪《黎里续志》卷四，未见收藏。

◎**零星诗文**　《垂虹诗剩》卷五有诗。

蒯长康（生卒年不详）原名庆壶。字冰涵，一字冰渊。清吴江黎里人，蒯兆烺从子。少受博士业，不好古文。诗歌融景匠心，不袭世俗应酬语。善山水花鸟。尝参张曜豫南戎幕，积功以府通判候铨，会抱丧不就。同治间佐弟治江陵有声。

◎**著作集**

山外楼诗

　　　　见光绪《黎里续志》卷四，柳亚子等《吴江文献保存会书目》著录抄本《山外楼诗剩一卷》，均未见收藏。

蒯馨荪（生卒年不详）字铁孙，一字德馨，号清先。清吴江黎里人，蒯光焕之子。质敏好学，博涉群书，至星经地志靡弗通究。尤工诗词，多警人句。弱冠由荫生候选县丞。参刘铭传河南戎幕，以平捻功擢知县。旋张曜创练嵩武军，檄调蒯馨荪综理全军营务粮饷。三出玉门关，往返数万里，积功授知府加三品衔，遵例指分四川。甫到省，护督游智开知其有吏才，檄办渝城榷务，多所建白，皆著为令。后刘秉璋入蜀，尤器重之。调办江巴榷务，未莅事而疾，卒于渝城寓馆，年五十一。

◎**著作集**

游草偶存一卷

见光绪《黎里续志》卷四。《苏州民国艺文志》称上海图书馆存江苏古籍出版社 1992 印本，今未见收藏。

吴钊森（1833—？）字良模，号晓钲。清震泽庙头人。幼禀奇质，性耿介，意所不可不肯苟合。好读书，目识手抄，穷日夜不休。于经史百家之书研极理趣。长于诗律，辞锋敏捷，而尤洞岐黄术。道光二十八年（1848）取入震庠，时年十六。曾赴京兆试，辇下名公以吴大儒称之。尝受业于陈福畴，读书艳雪斋。后馆陈氏敬恕堂。

◎**著作集**

蓬心草一卷

活人一术四卷

独弦录二卷

以上三种见光绪《黎里续志》卷十一，未见收藏。

复社姓氏传略补正（辑）

上海图书馆存稿本。

凌淦（1833—1895）字仲清，一字砺生，自号退庵，又号东海季连。清吴江人，凌泗从弟。咸丰六年（1856）入府学。咸丰九年（1859）举人。援例候选郎中。因太平军起，咸丰十年（1860）全家赴沪。同治三年（1864）归里。同治十年（1871）纂辑《国朝松陵文录》。光绪元年（1875）与熊其英、李龄寿等分纂县志。采乡人连鹤寿、陈寿熊遗著《齐诗翼氏学》、《读易汉学私记》，使刊入《皇清经解续编》。多举乡里善事，能济人困乏。光绪三年（1877）中州大饥，吴中大举义赈，凌淦为之倡。四年（1878）与熊其英入汴助赈。事平南归，筑退修书舍，退居息影，以守先待后为己任。遭遇不幸，后卖药海上。中日战争事起，以纵酒且饮且呕血，遂卒。

◎**著作集**

（光绪）吴江县续志四十卷（与纂）

吴江图书馆存清光绪五年（1879）刻本。

松陵文录二十四卷

吴江图书馆存清同治十三年（1874）刻本。

退庵文稿

狂言

以上两种见凌泗《从祖弟砺生行略》，未见收藏。

退庵医书

见凌泗《从祖弟砺生行略》。上海中医学院图书馆存抄本《退庵医案》。

徐大楣（生卒年不详）字戌才。清吴江黎里人。

◎**著作集**

伴月楼遗稿

　　见《叶氏诗录外编》卷七，未见收藏。

费延庆（1834—1883）字善均，号吉甫。清吴江松陵人，费元镕之子。道光三十年（1850）取入江庠。同治三年（1864）举人。国子监学正。

著作集待考

◎**零星诗文**　《垂虹诗剩》卷五有诗。

叶祥崶（1834—1890）原名寿崶。字松甫，号静梅。清吴江人。国学生。

◎**著作集**

守梅诗草

　　见《吴中叶氏族谱》卷五十七，未见收藏。

明溥（生卒年不详）字天镜。清吴江盛泽西云庵僧。西云庵旧名庆寿庵，庵中诸僧皆工诗，而天镜诗笔尤秀。

著作集待考

◎**零星诗文**　《盛湖诗萃》卷十一有诗。

程云和（生卒年不详）清震泽人，程嵩甫之女。适仁和钱氏，结褵未逾月，其夫即远游不归，且绝音耗。程云和归依母氏，长斋绣佛前垂四十年。

著作集待考

◎**零星诗文**　《松陵诗征续编》卷十四有诗。

谢晋（生卒年不详）字康如，号云屏。清震泽梅堰人，火神庙道士，杨大纶嗣法孙。善画人物花鸟，旋复寄兴山水，不轻握管。性恬淡，喜种兰，诗人皆愿与游。所居曰"冰壶"，有古梅，数百年物也，花开时必招诸名流觞咏其中。年七十三卒。

著作集待考

◎**零星诗文**　《松陵诗征续编》卷十三有诗。

黄婉容（生卒年不详）清吴江人，赵若荪之女。夙承父母教，幼即工诗画。

著作集待考

◎**零星诗文** 《垂虹诗剩》卷七有诗。

周乾元（1835—1866）字裳君，号厚夫。清吴江松陵人。少孤，母教甚严。年十四入家塾，道光三十年（1850）取入震庠，时年十六。太平军至，祖父遇难，遂落魄以殁，年仅三十二岁。

◎**著作集**

抒情集

　　见《笠泽词征》卷十八，未见收藏。

◎**零星诗文** 《笠泽词征》卷十八有词。《垂虹诗剩》卷五有诗。

费延厘（1835—1893）字履绥，又字芸舫，号莪庵。清吴江松陵人，寓居黎里。咸丰元年（1851）取入江庠。同治四年（1865）进士。官至詹事府右中允，督学河南，后引疾归里。工行楷。

著作集待考

◎**零星诗文** 《松陵赠言》有诗。

杨庆安（生卒年不详）号恭甫（一作公甫）。清吴江松陵人，杨庆麟之弟。随父宦浙省。后居近周庄之长浜村。咸丰元年（1851）取入江庠，未几卒。

著作集待考

◎**零星诗文** 《垂虹诗剩》卷五有诗。

费华宝（生卒年不详）号绥生。清吴江松陵人，费馨莲之子。咸丰元年（1851）取入江庠。善围棋，工吟咏。

◎**著作集**

费华宝诗稿一卷

　　见柳亚子等《吴江文献保存会书目》，未见收藏。

◎**零星诗文** 《垂虹诗剩》卷五有诗。

韩霖（？—1860）号傅雨。清吴江松陵人。咸丰元年（1851）取入江庠。咸丰九年（1859）举人。咸丰庚申（1860）身亡。

著作集待考

◎**零星诗文** 《垂虹诗剩》卷五有诗。

陆亘河（生卒年不详）字星槎，号梅江。清吴江人，陆日章次子。咸丰元年（1851）取入江庠。

著作集待考

◎**零星诗文** 《分湖诗钞》卷一有诗。

王树人（生卒年不详）字培百，号亘虹，一号更梅。清吴江松陵人。咸丰元年（1851）入府学。咸丰庚申（1860）避乱于黎里，赁居陈氏振雅堂有年，与范其骏、刘春藻、陈福曾、周江表、陆蓥、徐宝树辈友善，诗酒之会殆无虚日。光绪五年（1879）岁贡生。曾应吴仁杰之聘幕游江西，渡彭蠡湖覆舟遇救得生，归后授徒著述。尤好搜罗遗佚，邑中文献多所哀辑。

◎**著作集**

松陵人物汇编十六卷

　　　上海图书馆存稿本。吴江图书馆存稿本复印件。

松陵文集十二卷首三卷

　　　上海图书馆存民国九年（1920）吴江柳氏抄本。

博雅集

　　　见光绪《黎里续志》卷十一，未见收藏。

西江幕游记

　　　上海图书馆存抄本。

闲云舒卷一卷

　　　以上两种见南京图书馆存清吴燕兰稿本《吴氏囊书囊》。

吴坚（生卒年不详）字孟坚，号鲁珊，别号梦一道士。清吴江黎里人，吴星灿之子。幼承家学，兼涉他艺。善书，各体皆工；画仿王原祁，为时所珍，有尺幅千寻之势；精篆刻，心炙杨聋石，自号心聋山人，尝摹汉铜印，赏鉴家不能辨别。家贫，橐笔游四方，名公卿争迎之。

◎**著作集**

痴卧楼诗一卷

　　　见柳亚子等《吴江文献保存会书目》，未见收藏。

柳以蕃（1835—1892）字价人，号子屏，晚号韬庐。清吴江北厍大港上村人，柳清源长子。咸丰三年（1853）取入江庠。濡染家学，少好为诗，后肆力于文，宗法桐城姚氏。以笔札自遣，兼通医术，曾主讲切问书院。

◎**著作集**

食古斋文录一卷诗录四卷诗余一卷

　　　吴江图书馆存清光绪十九年（1893）刻本。

子屏手牍一卷

见柳亚子等《吴江文献保存会书目》，未见收藏。

河东家乘二卷续编二卷（柳树芳辑，柳兆薰、柳以蕃续辑）

　　吴江图书馆存清光绪八年（1882）刻本。

漆园诗稿三卷（任本泉撰，柳以蕃订）

　　吴江图书馆存清光绪九年（1883）刻本。

◎**零星诗文**　《笠泽词征》卷十九有词。《分湖诗钞》卷十五有诗。

沈景修（1835—1899）字蒙叔，一作梦粟，号蒙庐、汲民，晚号寒柯。清秀水王江泾人，迁居吴江盛泽。少时即负文名，书法为世所推重。咸丰十一年（1861）拔贡。屡荐未售，援例为教谕，历署宁波、萧山、分水、寿昌各学校。与费延厘、柳以蕃、李龄寿齐年，有异姓兄弟之雅。年六十五卒。

◎**著作集**

蒙庐诗存四卷外集一卷（谭献序）

　　吴江图书馆存清光绪二十一年（1895）刻本。

井华词二卷

　　南京图书馆存清光绪二十五年（1899）刻本。

蒙庐续诗□卷　骈体文□卷　联语偶存□卷

　　见同治《盛湖志补》卷三，未见收藏。

表贞录一卷

倚栅哀辞一卷

邓尉探梅诗三卷

　　以上三种见柳亚子等《吴江文献保存会书目》，未见收藏。

敦行堂集（沈景修等撰）

　　吴江图书馆存清刻残本二卷。

蒙庐杂著一卷，井花馆论书一卷

　　上海图书馆存稿本。

鬘花散影一卷（辑）

　　上海图书馆存光绪二十三年（1897）石印本。

蒋石林先生遗诗四卷（与李道悠同编）

　　国家图书馆存光绪二十二年（1896）刻本。

◎**零星诗文**　《笠泽词征》卷十九有词。

【编者注】《敦行堂集》见吴江图书馆残本，已丢失编著者信息，所存卷中有沈景修、柳以蕃、李龄寿、庄人宝、周之桢等人诗作。

顾佩英（生卒年不详）字湘蘼。清吴江盛泽人，沈景修继室。幼颖敏，善吟咏，喜诵姜白石词。及归沈氏，操内政有法。性修洁自喜，颇好身后名，于古之贤媛有余慕焉。

◎**著作集**

晕螺阁吟草

  见同治《盛湖志补》卷二，未见收藏。

黄尔常（生卒年不详）号品五。清吴江松陵人，黄楚湘之子，周之桢旧友。咸丰三年（1853）取入震庠。咸丰庚申（1860）后居禊湖周氏五峰园。

著作集待考

◎**零星诗文** 《垂虹诗剩》卷五有诗。

叶锦棻（生卒年不详）字韵芬，号友莲。清吴江人，咸丰三年（1853）入府学。同治八年（1869）岁贡生。

◎**著作集**

小疏香阁初学稿一卷

  南京图书馆存南社抄本。

◎**零星诗文** 《笠泽词征》卷二十七有词。《吴江叶氏诗录》卷六有诗。《分湖诗钞》卷六有诗。

计棠（生卒年不详）字慰枫，号垫甫。清吴江人。工词曲，善丹青。家贫课蒙为生，博通经史。年四十余卒。

◎**著作集**

雨窗战莺语录

  见《笠泽词征》卷二十七，未见收藏。

徐权（生卒年不详）原名葵之，号子卫。清震泽人。咸丰三年（1853）取入震庠。

◎**著作集**

乐乡居诗文稿

  见民国《震泽镇志续稿》卷十一，未见收藏。

陆锡蕃（生卒年不详）字俊三（一作晋三），清吴江人，居城中，后寓同里。课徒自给。

◎**著作集**

劫余文稿诗稿

  吴江图书馆存民国十三年（1924）薛凤昌、薛玄虬抄本。

金世泽（生卒年不详）号惠敷（一作渭甫）。清吴江松陵人，金学诗玄孙。咸丰三年（1853）取入震庠。作诗夙有禀承，兼工画山水。咸丰庚申（1860）乱后迁居同里镇。

著作集待考

◎**零星诗文** 《垂虹诗剩》卷五有诗。

黄兆枢（生卒年不详）号子眉。清平望镇人。咸丰五年（1855）取入江庠。咸丰十一年（1861）举人。曾任户部浙江司员外郎、河南司郎中、军机处行走、方略馆协修和福建道监察御史。奉校清代九朝圣训，诰加三品衔。新疆红旗报捷加军功一级。晚年家居，参与续修《吴江县志》，著有《平望续志》。

◎**著作集**

平望续志十二卷

　　吴江图书馆存清刻本。

庄人宝（生卒年不详）字质可，号肩百（一作坚伯，又作兼伯）。清震泽人。咸丰五年（1855）取入震庠。同治三年（1864）举人。官浙江知府。

◎**著作集**

坚柏诗馆吟草一卷

肄雅堂诗稿一卷

　　以上两种见柳亚子等《吴江文献保存会书目》，未见收藏。

冬荣室闲气集诗词一卷（与庄庆椿合撰）

　　南京图书馆存清光绪三年（1877）刻本。

香姜阁诗余

　　见《全清词钞》卷二十六，未见收藏。

庄子寿行述

　　上海图书馆存清同治十年（1871）刻本。

◎**零星诗文** 《笠泽词征》卷十九等有词。《全清词钞》有词。

周善咸（生卒年不详）字仲阮。清震泽人。同治三年（1864）桐乡籍举人。

◎**著作集**

葛民诗稿

　　见民国《震泽镇志续稿》卷十一，未见收藏。

严针（生卒年不详）字指坤，别号桐乡女史。清同治间人，原籍桐乡，震泽周善咸之妻。

宜桑楼遗稿

南京图书馆存清光绪二十三年（1897）刻本。

陆蓥（生卒年不详）字蕃伯，号莱仙（一作兰仙）。清吴江人，陆寿民之子。少好学，博闻强记，尤精史学。同治三年（1864）举人。未几病卒。

◎**著作集**

闻樨堂稿

见光绪《黎里续志》卷七，未见收藏。

钱中选（生卒年不详）号琴斋。清吴江松陵人。咸丰六年（1856）取入震庠。

著作集待考

◎**零星诗文** 《垂虹诗剩》卷五有诗。

张深仁（生卒年不详）字含英，号养吾。清吴江黎里人，张其泰之子。咸丰六年（1856）取入江庠。光绪十一年（1885）恩贡生。尝与参订光绪《黎里续志》。

◎**著作集**

编年国策辑注十卷首一卷（张其泰编次；张深仁辑注；张光荣音释）

南京图书馆存稿本。

沈榜（生卒年不详）号蕊伯。清吴江松陵人，沈乃昌之子。《垂虹诗剩》引周之桢语云："蕊伯谭文艺论古今足惊四座，绰有父风，惜困小试。"

著作集待考

◎**零星诗文** 《垂虹诗剩》卷五有诗。

邱宝庆（生卒年不详）字葵仙。清吴江人，邱孙锦孙女。

著作集待考

◎**零星诗文** 《松陵诗征续编》卷十四有诗。

王徐庠（生卒年不详）字筱虚（一作小希）。清震泽人。同治六年（1867）桐乡籍举人，授浙江义乌县学教谕。

◎**著作集**

蛰庐遗稿

吴江图书馆存清光绪二十七年（1901）刻本。

李我泉（生卒年不详）字怀川，晚号叶湖钓叟。清吴江人。咸丰七年（1857）

取入江庠。光绪八年（1882）恩贡生，候选州判。

◎**著作集**

梦苏庵词

烬余生吟稿

以上两种见《笠泽词征》卷二十，未见收藏。

◎**零星诗文** 《笠泽词征》卷二十有词。

丁桂琪（生卒年不详）字子勤。清吴江人，丁兆宽之孙。诸生。

◎**著作集**

言志斋诗二卷骈文一卷诗余一卷

上海图书馆存民国九年（1920）吴江柳氏抄本。

◎**零星诗文** 《笠泽词征》卷二十有词。

范钟杰（生卒年不详）字舫渔。清吴江人。

◎**著作集**

秋海棠花馆词钞

见《笠泽词征》卷二十，未见收藏。

洪范（生卒年不详）字敷典，号允叔。清吴江盛泽人。咸丰九年（1859）取入江庠。

著作集待考

◎**零星诗文** 《盛湖诗萃》卷六有诗。

钱锡庚（生卒年不详）号梦莲，后号觉莲。清吴江松陵人。咸丰九年（1859）取入震庠。同治十三年（1874）进士，官工部主事。不乐就部曹，归居城中，执文坛牛耳，遇事敢为，不避嫌怨。

著作集待考

◎**零星诗文** 《垂虹诗剩》卷五有诗。

钱麟（？—1860）号忆莲。清吴江松陵人，周之桢妹夫，世居西濠。咸丰九年（1859）取入震庠。咸丰庚申之乱，因妻病未迁避遇害。

著作集待考

◎**零星诗文** 《垂虹诗剩》卷五有诗。

黄锡荣（生卒年不详）号鹤孙。清吴江松陵人。幼得家学，出笔惊人，县试见赏，未院试即卒，年仅十八。

◎著作集

鹤仙遗草

　　见《垂虹诗剩》卷五，未见收藏。

◎零星诗文　《垂虹诗剩》卷五有诗。

黄锡铭（生卒年不详）号又新。清吴江松陵人，黄锡荣弟。从周之桢读书八年。咸丰兵乱期间病卒于会稽。

◎著作集

越游草

　　见《垂虹诗剩》卷五，未见收藏。

◎零星诗文　《垂虹诗剩》卷五有诗。

凌其桢（生卒年不详）字荫周。清吴江人，凌浚从子。咸丰九年（1859）入府学。同治十年（1871）岁贡生。

◎著作集

萍游词

　　见《笠泽词征》卷十九，未见收藏。

◎零星诗文　《分湖诗钞》卷十六有诗。

盛钟岳（生卒年不详）号虞卿。清吴江松陵人。曾避难南行至浙，后卒于同里镇。

◎著作集

秋红吟馆诗草

　　见《垂虹诗剩》卷五，未见收藏。

◎零星诗文　《垂虹诗剩》卷五有诗。

沈晋埏（生卒年不详）号步青。清吴江松陵人。周之桢同门友，家贫苦，志力学。咸丰九年（1859）取入江庠，有声庠序。中年即卒，未展其才。

著作集待考

◎零星诗文　《垂虹诗剩》卷五有诗。

叶嘉棣（1837—?）字鄂常，一字颂孚，号仲甫，晚号梦鹿老人。清吴江人，叶树人八世孙。咸丰十年（1860）取入江庠。贡生。

著作集待考

◎零星诗文　《吴江叶氏诗录》卷十有诗。《松陵赠言》有诗。

叶升（生卒年不详）字旭初，号秋厓。清吴江盛泽人。

著作集待考

◎**零星诗文** 《吴江叶氏诗录》卷十有诗。《盛湖诗萃续编》卷一有诗。

叶祥熊（1837—1909）原名世熊。字梦飞，又字光昌，号培卿。清吴江人，后迁枫泾，叶承柏曾孙。县学生。以军功选用训导。习于地方掌故，条举不漏。卒年七十三。

◎**著作集**

蒸里志略

醉月居诗词钞

　　以上两种见《吴江叶氏诗录》卷六，未见收藏。

◎**零星诗文** 《吴江叶氏诗录》卷六有诗。

任兰生（1838—1888）字畹香，号南云。清吴江同里人。同治三年（1864）以府同知入皖，八年（1869）因战绩以盐运使交军机处存记。光绪三年（1877）署凤颖六泗兵备道。八年（1882）署安徽按察使事。十年（1884）内阁学士周德润劾任兰生盘踞利津，营私肥己。十一年（1885）解任候处分。十三年（1887）准其捐复发往安徽，奉檄办皖北赈抚。十四年（1888）卒于颍州。

◎**著作集**

蚕桑摘要

　　吴江图书馆存清光绪元年（1875）刻本。

殷源（1838—1875）字宿海，号小谱（一作筱谱），清吴江人，殷兆镛之子。自幼随任京师。嗜八法体书，九岁作擘窠大字，未弱冠即已代笔父值内廷奉敕缮写之件，索书者众。久困秋闱，屡得复失。同治三年（1864）尝只身仗剑徒步五百里省亲于黎里镇。同治十二年（1873）成进士，选翰林院庶吉士，未散馆卒，年三十八。

◎**著作集**

殷太史稿

　　见殷葆深《江震殷氏族谱》卷五，未见收藏。

屈其锵（生卒年不详）字震东，号竹山。清吴江新杭市人。

◎**著作集**

竹山存草

　　见同治《盛湖志补》卷三，未见收藏。

杨寿煜（生卒年不详）字耀南，号坤生。清吴江人，杨秉桂从子。国学生。咸丰七年（1857）分发浙江县丞，署嘉兴府经历，平湖县丞。

◎著作集

听松馆诗稿一卷

南京图书馆存柳亚子题序稿本。

芋纹砚斋词存（一作《听松馆词》）一卷

上海图书馆存抄本。

◎零星诗文 《笠泽词征》十九二有词。《全清词钞》卷二十七有词。

费山寿（生卒年不详）名友棠（一作友堂），字山寿，以字行。清震泽人。医家。

◎著作集

官幕同舟录二卷

国家图书馆存清同治六年（1867）笠泽三省书屋刻本。

急救应验良方（辑）

南京图书馆存民国八年（1919）刻本。

急救痧症全集三卷（辑）

吴江图书馆存清光绪九年（1883）刻本。

急救喉证刺疗合编（辑）

吴江图书馆存清光绪十年（1884）笠泽三省书屋刻本。

子目：

费山寿　急救喉证全集

张镜　刺疗捷法

汝兰（1839—1866）字佩之，号纫秋。清吴江禊湖人，殷云鹏之妻。出身殷实人家，夙耽吟咏而啬于命。

◎著作集

留香室吟草四卷（金祖泽、金天羽序）

吴江图书馆存民国二十五年（1936）铅印本。

金栻（生卒年不详）字肖苏。清吴江人，金文渊之子。咸丰十一年（1861）母亲杭州失踪，尝赴浙寻觅二十余年。

◎著作集

奇门捷径

吴江图书馆存清稿本。

失恃吟

失出处，未见收藏。

王廷鼎（1840—1892）原名光熊，字铭之，号梦薇。清吴江平望人，王源通之子。尝寓吴郡。国学生。嗜学能诗文，善为骈丽之文，古艳幽秀，有六朝人笔意，俞樾极称之。曾任浙江丽水县县丞。光绪四年（1878）奉檄出居庸关，历时八十八日，所成日记为时所重。

◎著作集

紫薇花馆集七种三十四卷

南京图书馆清光绪间刻本，著录《紫薇花馆全集》及《紫薇花馆集二十二种》。

子目：

紫薇花馆小学编

子目：

说文佚字辑说四卷

字义镜新一卷

紫薇花馆经说

子目：

月令动植小笺一卷

尚书职官考略一卷

读左璅录一卷

退学述存一卷

紫薇花馆杂纂

子目：

杖扇新录一卷补录一卷

北征日记一卷

南浦驻云录一卷

彪蒙语录一卷

花信平章二卷

紫薇花馆词稿（一名《春光百一词》一卷）

紫薇花馆诗稿七卷外集二卷

紫薇花馆文稿一卷续编二卷

裕德堂一家言

子目：

殒淑集一卷附一卷

府君年谱二卷

荣萱集一卷

杭防营志四卷首一卷

国家图书馆存清光绪十六年（1890）稿本。

陆拥书（1840—1920）字鸥安，一字酉岩（亦作酉嵒），自号分湖老鸥。清吴江芦墟人。早岁能文。同治四年（1865）入府学。壮年设教，创办陶冶高小与敬业初小。曾董理芦墟一乡之事。

◎著作集

引玉集诗钞一卷词钞一卷文抄一卷附录一卷

吴江图书馆存民国四年（1915）印本。

醒世劝戒韵言

吴江图书馆存民国六年（1917）印本。

沈桂馨（1840—？）清吴江盛泽人。

◎著作集

沈桂馨日记

吴江图书馆存清同治光绪间稿本。

蔡以焯（生卒年不详）字见三，号卓甫。清吴江人，蔡文朴之子。绩学能文，困于童试。父亡后哀毁成疾，距父丧百日呕血而卒，年甫三十。

◎著作集

候桃花馆文稿四卷

见光绪《黎里续志》卷七，未见收藏。

黄象曦（？—1905）原名焯。字亮叔。清吴江松陵人。国学生。吴江老宿儒，身后无嗣，捐田二顷，捐宅一所，于光绪二十四年（1898）创办启秀义塾，后改名亮叔初等小学。性嗜古，好吟咏，曾刊太湖水考、吴江县志。家藏图书数百卷为吴江县图书馆首批藏书。

◎著作集

吴江水考增辑

吴江图书馆存清光绪二十年（1894）刻本。

吴江水考附编

吴江图书馆存清光绪二十年（1894）刻本。

松阴小舍诗存四卷

南京图书馆存清抄本。

挽联汇录

吴江图书馆存民国三年（1914）苏州启新公司印本。

◎**零星诗文** 《吴江叶氏诗录外编》卷七有诗。《分湖诗钞》卷十九有诗。《垂虹诗剩》卷十有诗。

龚树纬（生卒年不详）字纫卿，号潜庐。清震泽人。
◎**著作集**
潜庐劫余吟
　　上海图书馆存民国二十三年（1934）铅印本。
◎**零星诗文** 《吴江叶氏诗录外编》卷七有诗。

周善承（生卒年不详）字旨先（一作子宣）。清震泽人。同治八年（1869）桐乡籍优贡生。光绪元年（1875）举人。
◎**著作集**
旨先诗文遗稿
　　见民国《震泽镇志续稿》卷十一，未见收藏。

周善溥（生卒年不详）字润卿。清震泽人。同治八年（1869）桐乡籍岁贡生。
◎**著作集**
醉杏小榭遗稿
沪城鞭难录
　　以上两种见民国《震泽镇志续稿》卷十一，未见收藏。

周善庠（生卒年不详）清震泽人。
◎**著作集**
潜庐诗存
藕河医案
　　以上两种见民国《震泽镇志续稿》卷十一，未见收藏。

徐世勋（1842—1912）字藻涵，晚自号钓叟。清吴江人。幼而勤学，同治七年（1868）取入震庠。光绪元年（1875）举于乡，四上春官不第。张勤果巡抚山东，聘参其幕半载。十六年（1890）大挑授教职，任丹阳教谕历二十年，宣统三年（1911）迁镇江教授。工诗善饮，善书。
◎**著作集**
枫江渔唱删存三卷
　　吴江图书馆存清光绪三十一年（1905）刻本。

雪滩钓叟诗存一卷

见柳亚子等《吴江文献保存会书目》，未见收藏。

◎零星诗文 《吴江叶氏诗录外编》卷七有诗。《分湖诗钞》卷四有诗。

柳应墀（1842—1877）字子范，一字笠云。清吴江人，柳树芳之孙。咸丰十年（1860）取入江庠。同治九年（1870）岁贡生。喜言欧罗巴诸国事，每扬眉轩趾不自知，而平居与人言恂恂退让。尝撰《海国图志》未竟。

◎著作集

笠云文稿十卷赋抄二卷杂识二卷

见柳兆薰《松陵文录姓氏考》。《苏州民国艺文志》记录苏州图书馆存 2001 年上海古籍出版社印本，但查该馆书目未见收藏。

◎零星诗文 《松陵文录》卷六有文。《国朝文汇》丁集卷七有文。

仲虎腾（生卒年不详）字啸生。清吴江人，仲廷机子。同治七年（1868）荫袭宁绍台道，后署江南提标左营中军守备。

◎著作集

（同治）盛湖志十四卷首一卷末一卷（仲廷机纂，仲虎腾续纂）

吴江图书馆存民国十三年（1924）刻本。

（光绪）盛湖志补四卷

吴江图书馆存清光绪间刻本。

仲元熙（生卒年不详）字澄生。清吴江盛泽人，仲孙樊之子。庚申战乱时年尚幼，能讲求泰西诸火器。早卒。

◎著作集

澄生文稿二卷

见柳兆薰《松陵文录姓氏考》，未见收藏。

◎零星诗文 《松陵文录》卷二十有文。

范芳余（生卒年不详）失名。字芳余。清吴江人，范烟桥祖父。幼经兵燹，庐舍无存，寄居舅氏袁爱庐家。及长稍振作，重立门户。嗜书，虽鼠窜蠹余者亦必购之，命儿辈拾遗补缺而读之、藏之小天一阁中者凡五万余卷。

◎著作集

一剪梅馆词草

丐闲词馆残稿

以上两种见范烟桥《先叔蔼人公传略》，未见收藏。

徐具洲（生卒年不详）失名。字具洲。清震泽人，世居南徐村。少病目失明，以耳受书，晓文义，熟于史鉴，能为古今体诗。年四十一卒。

◎著作集

具洲诗草三卷

咏史诗四卷

以上两种见《松陵文录》卷十六，未见收藏。

郑恭燮（生卒年不详）字孟调，一字理卿。清吴江盛泽人，郑恭和兄。咸丰九年（1859）取入江庠。早卒。

◎著作集

周官职官考

见《谏果书屋遗诗·柳弃疾序》，未见收藏。

◎零星诗文 《松陵文录》卷六有文。

郑恭和（1844—1867）字仲协，号寅卿。清吴江盛泽人。幼有神童之誉，与兄郑恭燮称"二郑"。同治四年（1865）取入江庠。喜读兵家书，慷慨论时事，所论畿辅屯田策、西北水利事等甚详。年二十四卒。

◎著作集

谏果书屋遗诗二卷（柳亚子序）

吴江图书馆存民国七年（1918）铅印本。

畿辅屯田策一卷

见国家图书馆等所存《国朝文汇》丁集卷七，未见单行本收藏。

费廷琮（1844—?）字性斋，号恂卿。清吴江人。

◎著作集

吴江费氏族谱十卷首一卷末一卷（费登墀重修；费廷琮，费廷熙补）

南京图书馆存清光绪十三年（1887）费廷熙抄本。

张晋昭（1844—?）字上行，号蕙孙。清末吴江人。庠生。浙江候补盐课大使，军功保举提举衔。历办五属监督销局，差遣奉委劝办海防。

◎著作集

（江苏常熟）清河世系不分卷（张逊修，张晋昭续纂）

苏州图书馆存民国八年（1919）刻本。

【编者注】据《苏州民国艺文志》收录，吴江地方志无记载，江震《游庠录》亦无载。

陆延龄（生卒年不详）清吴江人。

◎著作集

（光绪）贵池县志四十四卷首一卷（修）

南京图书馆存清光绪九年（1883）活字本。

【编者注】据《江苏艺文志》收录，该志正文录"延龄"，目录为"廷龄"。江震方志及游庠录均无载。

汪荣（生卒年不详）字仲华，号黼卿。清吴江人。由国学生试用浙江，历摄桐乡、常山县丞，衢州府司狱。咸丰七年（1857）权衢州府经历。咸丰八年（1858）抗太平军有功升知县。同治二年（1863）署宣平知县。六年（1867）调知天台县。七年（1868）补安吉知县。十一年（1872）调补德清。年六十引疾归。

◎著作集

（同治）安吉县志十八卷首一卷（修）

南京图书馆存清同治十三年（1874）刻本。

汝文熙（生卒年不详）号师竹。清吴江黎里人。同治四年（1865）取入震庠。与柳以蕃、范其骏、徐世勋等友善。

◎著作集

课花仙馆诗录

吴江图书馆存清光绪十四年（1888）刻本。

踏青唱和集一卷

采莲唱和集一卷

以上两种见柳亚子等《吴江文献保存会书目》，未见收藏。

冯纲（1844—1878）字有常，号咏莪。清吴江黎里人。少孤力学，同治四年（1865）知县万青选爱其才拔第一，取其入震庠，时年二十二。旋食廪饩，文名藉盛。光绪二年（1876）以试事与徐宝澍同客京师，宝澍死，护其丧以归。逾年，病嗽而卒，年三十五。

◎著作集

瑞锦堂诗一卷

见光绪《黎里续志》卷四，未见收藏。

费鸿勋（生卒年不详）号呦笙。清吴江松陵人。同治四年（1865）取入震庠。尝馆苏城近乡。

著作集待考

◎**零星诗文** 《垂虹诗剩》卷五有诗。

邱兆蓉（生卒年不详）名一作兆荣，号寿人。清吴江黎里人。同治四年（1865）入府学。

◎**著作集**

莺花馆遗诗一卷

上海图书馆存清光绪十年（1884）刻本。

邱文藻（生卒年不详）号兰芬。清吴江黎里人。同治四年（1865）取入震庠。

◎**著作集**

兰芬诗稿二卷

见光绪《黎里续志》卷四，未见收藏。

任艾生（？—1902）原名世珍。字幼莲，又字友濂。清吴江同里人。同治四年（1865）入府学。嗜书画碑版，收藏甚富。书法精妙，尤工诗词。晚失聪，自号半聋诸生。同治八年（1869）重建同里代赊兼葬会。

◎**著作集**

邓尉探梅诗三卷

见柳亚子等《吴江文献保存会书目》，未见收藏。

同川纪事百咏一卷

惠泉鸿爪

以上两种见南京图书馆存清吴燕兰稿本《吴氏囊书囊》。

曼陀罗花馆集

见《笠泽词征》卷二十，未见收藏。

任学士功绩录

吴江图书馆存清光绪二十一年（1895）刻本。

五亩园题咏一卷

刊于望炊楼本《五亩园小志题咏合刻》，吴江图书馆有藏。

华婉若（生卒年不详）字花卿。清无锡人，吴江任艾生继室。

◎**著作集**

自怡录

课花楼诗词

以上两种见《历代妇女著作考》卷十六，未见收藏。

课花楼词草

见《笠泽词征》卷二十二，未见收藏。

◎**零星诗文** 《笠泽词征》卷二十三有词。

沈宗莲（生卒年不详）号锡卿（一作雪卿）。清吴江松陵人。同治四年（1865）取入震庠。周之桢《垂虹诗剩》云："锡卿表弟与余同为梅里陈氏外孙，少时已抱练才、历兵戈，尝游浙之山阴。归授徒，修脯不足给，兼习医。寻卒，年仅四旬外。"

著作集待考

◎**零星诗文** 《垂虹诗剩》卷五有诗。

沈鸿文（生卒年不详）号彬甫（一作炳甫）。清吴江松陵人，沈莅生之子。同治四年（1865）取入震庠。

著作集待考

◎**零星诗文** 《垂虹诗剩》卷十有诗。

孙贤书（生卒年不详）字蓉卿，自号莼溪居士。清吴江人，孙楷之子。同治四年（1865）取入江庠。《分湖诗钞》引许观语云："蓉卿初事帖括，性耿介，已冠之年犹未出而应试，家贫，授读胜溪柳羹梅上舍家，所为古今体诗雅健有诗人意。"

◎**著作集**

芙蓉馆吟稿

见柳亚子《分湖诗钞》卷十一，未见收藏。

◎**零星诗文** 《分湖诗钞》卷十一有诗。

许承烈（生卒年不详）字松岩，一字嵩庵。清吴江芦墟人。同治四年（1865）取入江庠。贡生。

著作集待考

◎**零星诗文** 《分湖诗钞》卷十七有诗。

叶兆荣（生卒年不详）字文伯，号锦堂，一号慕韩。清吴江松陵人。同治四年（1865）取入江庠。光绪八年（1882）岁贡生。薛凤昌书后跋曰："先生遭乱后名声场蹭蹬，授徒自给。……工文章诗辞，所作挽赠联尤脍炙人口，多有传抄。"《吴江叶氏诗录》引叶振宗之话，谓其"少能文，既壮益力学以知名于时。尝主吾家教读垂二十年"。

◎**著作集**

钟声塔影楼存稿

吴江图书馆存清光绪二十年（1894）刻本。

塔影楼吟草一卷

　　吴江图书馆存薛凤昌、薛玄虬抄本。

苦雨酸风集

　　吴江图书馆存清稿本。

松陵叶氏之谱

　　苏州图书馆存清光绪十九年（1893）叶奎元抄本。

◎零星诗文　《吴江叶氏诗录》卷六有诗。《垂虹诗剩》卷十有诗。《松陵赠言》有诗。

叶祥焕（生卒年不详）原名其焕。字文之。清吴江人。

◎**著作集**

慎余堂试帖

　　见《吴中叶氏族谱》卷五十七，未见收藏。

【编者注】光绪《黎里续志》有叶其焕，号蔚君，尝与参订《黎里续志》。《游庠录》亦载，同治四年（1865）取入江庠。疑即此人。

朱庆麟（生卒年不详）字聪彝，号芝延（一作子咸）。清吴江松陵人。同治四年（1865）取入江庠。勤学积劳得咯血疾卒，年仅二十一。

著作集待考

◎零星诗文　《垂虹诗剩》卷五有诗。

凌鸿（生卒年不详）字延龄，号益生。清吴江人，凌浚族弟。同治四年（1865）取入江庠。

著作集待考

◎零星诗文　《分湖诗钞》卷十六有诗。

凌汉（生卒年不详）字之瀛，号志云。清吴江人，凌鸿之弟。工篆刻。

著作集待考

◎零星诗文　《分湖诗钞》卷十六有诗。

沈禄康（1845—1884）字咏楼，一字春壶。清吴江人，沈昌直之父。少卓荦，负异禀。同治七年（1868）取入江庠。夙工诗古文，壮岁馆凌泗家，日夕偕诸名宿游，学益赡。又师李龄寿探求医旨，上自黄帝岐伯以及汉张仲景伤寒金匮之书，下逮金元四大家，靡不梳而栉之，焕然有以融会其大旨。逐日医案均由凌淦抄录成册。

◎**著作集**

春壶残滴二卷

吴江图书馆存民国九年（1920）铅印本。

黄元芝（1846—1914）字商龄，一字蔚若，号沅芷。清吴江黎里人，黄尔康嗣子。同治四年（1865）取入震庠。光绪元年（1875）举人。六年（1880）特旨考取国史馆汉誊录官。十年（1884）以转运功授尽先即选教谕。十三年（1887）谒选得太仓直隶州学正。光绪二十五年（1899）引疾归里，主讲禊湖、艺英两书院。旋奉变法，改书院为高等小学校，厘订规则不遗余力。清末又任崇明、溧阳等县教谕和丹阳县训导等职。

◎著作集

学古斋文集

秋蛩吟草

　　以上两种见金天羽《黄先生沅芷家传》，未见收藏。

星野汇考一卷

霍乱求是编二卷

医学摭见录一卷

匏庵随笔二卷

贻芬杂录一卷

学古斋别集一卷

清咏楼诗稿一卷

　　以上七种见柳亚子等《吴江文献保存会书目》，未见收藏。

◎零星诗文　《笠泽词征》卷三十有词。

朱勋（生卒年不详）字尚贤。清吴江来秀里人。《分湖诗钞》引沈昌眉语云："尚贤居来秀里，乡人通称之曰'尚老老'。善画兰竹。家酷贫，短褐不完，泊如也。"

著作集待考

◎零星诗文　《分湖诗钞》卷七有诗。

蔡丙圻（生卒年不详）字颂华，号南离。清吴江黎里人。国学生。同治十三年（1874）候选县丞。光绪十年（1884）征讨新疆回民起事，以转运功保留甘肃，授补用直隶州知州。晚年多疾，著书以终。

◎著作集

续黎里志十六卷

　　吴江图书馆存清光绪二十四年（1898）吴江禊湖书院刻本。

黎里忠节录二卷

　　南京图书馆存清光绪十六年（1890）刻本。

徐瀛（生卒年不详）字蓬卿，号清溪女史。清吴江人。幼随祖父至西秦，嫁沈氏。

◎著作集

碧梧轩诗草

《江苏艺文志》著录光绪十六年（1890）武林思庆堂刻本，今未见收藏。

吴恢杰（生卒年不详）号莲衣。清吴江松陵人，吴治谟之子。震泽廪贡生。咸丰十年（1860）至湖城佐军务，后至塞外张勤果公营。归后病咯血卒。

◎著作集

省身药石一卷

西征日记一卷

东归日记一卷

以上三种见南京图书馆存清吴燕兰稿本《吴氏囊书囊》。

◎零星诗文 《垂虹诗剩》卷五有诗。

朱佑（生卒年不详）原名钟佑。字右人，号叔陶。清吴江苏家港人，朱龄增之子。

◎著作集

伫月楼倡和小草附枫江赠别图题咏一卷（与徐小螺同撰）

存民国薛凤昌抄本《女士集汇存》，吴江图书馆有藏。

◎零星诗文 《分湖诗钞》卷七有诗。

徐小螺（生卒年不详）号月嫚。清吴江黎里人，咸丰四年（1854）举人金华知府徐宝治之女，朱佑妻。

◎著作集

伫月楼倡和小草附枫江赠别图题咏一卷（与朱佑同撰）

存民国薛凤昌抄本《女士集汇存》，吴江图书馆有藏。

王应春（生卒年不详）字寅甫。清吴江人，医家。

王寅甫汇录二卷

亲验良方一卷

以上两种见《江苏历代医人志》，收藏不详。

周祖熏（1848—1890）字善征，号兰伯。清吴江松陵人，周之桢之子。同治七年（1868）取入震庠。弱冠后幕游皖省六七年，光绪二年（1876）归里。能弹琴，善画兰，酷肖其父。

诗古文词，兼善丹青。尝与参订光绪《黎里续志》。

◎著作集

味书斋诗集二卷　诗余一卷　文集二卷　外集一卷

见柳亚子等《吴江文献保存会书目》，未见收藏。

感旧怀人诗一卷

上海图书馆存民国间抄本。

◎零星诗文　《笠泽词征》卷二十有词。《垂虹诗剩》卷十有诗。

陆恢（1851—1920）原名友恢（一作友奎）。号廉夫，又号狷庵、狷叟、廉道人，别署破佛庵主人、话雨楼主人等。清吴江同里人。少时弃贾攻举子业，一应童子试不利即弃去而专攻画。初受业刘德六为花卉，继从陶煦为山水。年过三十所作已绝精能，然因不治生产，家日落。光绪十三年（1887）迁会垣卖画自给。尚书吴大澂见其画惊叹三百年来无此作，遂馆其家，尽出所藏供临摹。光绪十八年（1892）吴大澂巡抚湖南，陆恢从幕之湘。游岳麓、登衡山，有纪游图多卷，盖生平巨制。光绪二十一年（1895）吴大澂解官返乡，陆恢亦谢事归。其后尝客张氏补园，历主吴兴庞氏、武进盛氏、平湖葛氏，为之审鉴名迹，编次书画。不以一艺自足，夜必读经史或考订金石文字。故熟于经史，工于诗文，其书法出入汉魏六朝，所书碑志甚众。晚年卜居苏州河沿街，筑破佛庵，以笔耕自娱。

◎著作集

陆廉夫衡山纪游图

南京图书馆存民国十八年（1929）印本。

陆廉夫人物山水册

吴江图书馆存民国六年（1917）上海有正书局印本。

陆廉夫十万图附果品十帧

吴江图书馆存民国十四年（1925）慎修书社印本。

陆廉夫花卉十六幅

南京图书馆存民国十五年（1926）有正书局影印本。

陆廉夫临恽南田山水册

吴江图书馆存民国十九年（1930）振新书社印本。

陆廉夫临董思翁山水册

国家图书馆存民国十五年（1926）苏

▲《陆廉夫十万图》书影

州振新书社影印本。

陆廉夫临王石谷山水册

  吴江图书馆存民国十五年（1926）振新书社印本。

陆廉夫画册真迹

  上海图书馆存民国二十一年（1932）碧梧山庄影印本。

陆廉夫冷香居士记事图册

  南京图书馆存民国十九年（1930）影印本。

陆廉夫编年画册

  上海图书馆存民国三十五年（1946）上海陆氏穆清逊斋影印本。

陆廉夫山水八景

  南京图书馆存影印本。

陆廉夫蔬果册

  上海图书馆存1984年书画出版社印本。

清故诰赠资政大夫陆府君暨配韩太夫人墓志铭（书）

  吴江图书馆存楷书。

沈甝生墓志铭（书）

  吴江图书馆存薛凤昌拓本。

费廷栋（生卒年不详）字石华，号稚艻。清吴江松陵人。同治十年（1871）取入江庠。工山水，擅岐黄。

著作集待考

◎**零星诗文**　《垂虹诗剩》卷十有诗。

翁棨（生卒年不详）字稚鸥。清吴江人，翁大年之子。同治十年（1871）取入江庠。网罗散佚，克承考据家学。

◎**著作集**

平望诗拾十六卷（俞樾序）

  上海图书馆存清抄本。

小苏斋文稿一卷

晚翠楼诗钞

小苏斋随笔

  以上三种见柳亚子等《吴江文献保存会书目》，未见收藏。

翁乐（生卒年不详）字次儒。清平望人，翁棨之弟。候选通判。静默寡言，究心金石篆刻。先其兄卒。

◎**著作集**

说文订讹

金石考杂著

　　以上两种见光绪《平望续志》卷十一，未见收藏。

王树丰（生卒年不详）号懋身（一作懋生）。清吴江松陵人。同治十三年（1874）取入震庠。工诗，以教读终。与费善庆同时。

著作集待考

◎**零星诗文**　《垂虹诗剩》卷十有诗。

袁莼（生卒年不详）清吴江人，袁鸿曾孙。光绪三十年（1904）重刊袁鸿《铁如意诗稿》并附以王蕙芳《瑶华仙馆剩稿》。

◎**著作集**

竹溪高曾集（辑）

　　南京图书馆存清宣统元年（1909）刻本。

子目：

　　袁景辂　小桐庐诗草十卷

　　袁鸿　铁如意庵诗稿六卷

　　王蕙芳　瑶华仙馆诗钞剩稿一卷

【**编者注**】书名依民国《吴江文献保存会书目》著录。南京图书馆著录《竹溪高僧集》七十卷，书名及卷数可能有错。

顾言（1852—1891）字询愚（一作恂娱）。清吴江人。光绪元年（1875）取入江庠。学不名一家，邃金石目录，尤工于诗。金天羽师。金天羽评其诗"冀陵跨乡先正而成一家"。诗作甚多，身后散佚。

著作集待考

◎**零星诗文**　《松陵赠言》有诗。

黄鸣谦（生卒年不详）原名谦吉。字子牧，别号梦余生。清吴江芦墟人，黄宝书之子。诸生。凤嗜吟咏，屡困秋闱，遂弃举业，一致力于诗，尝与里中诸人结梅花诗社。

◎**著作集**

梦余诗钞八卷

　　见柳亚子等《吴江文献保存会书目》，未见收藏。

◎**零星诗文**　《吴江叶氏诗录外编》卷七有诗。《分湖诗钞》卷十九有诗。

沈觉香（1852—1935）号世如。清末吴江桃源人。十七岁拜师学医，三年学成后悬壶济世。因排行第四，人称"四先生"。医术精湛，慕名而来者日众。行医六十年，通《内经》、《伤寒》，尤精《本草》，擅长痔瘘科。

◎**著作集**

内外伤辨感论

　　见 1994 年版《吴江县志》，未见收藏。

周郑表（1852—1908）字午桥，别字慕侨。祖籍浙江，后世居吴江黎里，周宪曾之子。少时受业柳以蕃。仁和廪贡生。议叙训导，调知县，指分山东，历署莱芜、观城、日照、莘县、肥城。

◎**著作集**

周慕侨集

　　吴江图书馆存民国知不足斋抄本。

子目：

　　球玘山房遗稿

　　宦游剩稿

　　醒蝶梦痕录

　　醒蝶梦痕录联

禀信稿录

　　吴江图书馆存稿本。

王希梅（生卒年不详）号甸安。清吴江松陵人。光绪元年（1875）入府学。十七年（1891）恩科副贡生。幼孤勤学，工举艺，为举业师。尝董理地方公益事宜。

著作集待考

◎**零星诗文** 《垂虹诗剩》卷十有诗。《松陵赠言》有诗。

孙熙桂（生卒年不详）字哲卿。清吴江人，孙宗武从孙。先世自孙家汇徙居吴江西门外。家贫藉馆谷以给。

◎**著作集**

莼溪诗草

　　见《垂虹诗剩》卷五，未见收藏。

◎**零星诗文** 《垂虹诗剩》卷五有诗。《分湖诗钞》卷十一有诗。

徐士谦（生卒年不详）字益三，号抱山。清吴江黎里人。国学生。光绪七年（1881）例授安徽试用县丞。

著作集待考

◎**零星诗文** 《松陵赠言》有诗。

费福祺（生卒年不详）清吴江松陵人，费乾宸长子。好学工诗，卒无子，以费鸿钧为嗣子。

著作集待考

◎**零星诗文** 《垂虹诗剩》卷十有诗。

陆廷桢（1855—1917）字干甫，一字溉釜。清吴江人，陆亘河从子。光绪十八年（1892）进士。先后任荥泽、商城知县，在任省徭役、清狱讼。曾两充同考官。二十九年（1903）调镇丰，见时事日非，乃未赴任，乞病归。遂不出，以课子为业。

◎**著作集**

思嗜斋诗剩一卷　文剩一卷

溉釜家书一卷

　　以上两种吴江图书馆存民国十六年（1927）苏斋刻《松陵陆氏丛著》本。

◎**零星诗文** 《分湖诗钞》卷一有诗。

周鸿业（1855—1912）字峙安，又字寿培。清吴江松陵人，周乾元之子，周公才之父。光绪三年（1877）取入震庠。尝经理地方公益如仁安局等。

著作集待考

◎**零星诗文** 《垂虹诗剩》卷十有诗。

陆萱（生卒年不详）字佩宜。清吴江人，附贡生陆筠之女。

著作集待考

◎**零星诗文** 《松陵诗征续编》卷十四有诗。

费廷熙（1858—1893）字梦庚，号韵香。清吴江人。候选从九品。

◎**著作集**

吴江费氏族谱十卷首一卷末一卷（费登墀重修；费廷琮，费廷熙补）

　　南京图书馆存清光绪十三年（1887）抄本。

费善庆（1858—1939）字福堂，号伯缘，又号盲叟。清末吴江人，费山寿之孙，薛凤昌中表兄。光绪三年（1877）取入震庠。五与乡试不中，以附贡终。晚清尝任吴江县商会理事，又任育婴堂副董事。民国后相继任市议会评论员、农会评议员、田业会副会长等职。好读书，收藏甚富，尝与柳亚子、薛凤昌等创建"吴江文献保存会"。

◎著作集

松陵女子诗征十卷

　　吴江图书馆存民国八年（1919）铅印本。

垂虹诗剩续编二卷

　　吴江图书馆存民国三年（1914）刻本。

垂虹识小录六卷　附江震科第贡举考一卷　松陵费氏诗集二卷

　　国家图书馆存民国抄本。

　　吴江图书馆存 1991 年影印《中国地方志集成》本。

永思录

华萼草堂杂记

报秋轩诗文稿

　　以上三种见《费伯缘家传》，未见收藏。

垂虹杂咏一卷

　　吴江图书馆存民国十七年（1928）石印本。

玉壶仙馆备忘录七卷

　　国家图书馆存民国抄本。

　　吴江图书馆存 1987 年苏州古旧书店复印本。

沈成章（1859—1898）号达卿。原籍浙江秀水。清末居江浙接壤之项家库。童时游学舜湖，继客紫墅村暨黎里，又尝移家平望，授经胜溪柳家十九年。与柳兆薰、柳以蕃、凌淦、费延厘等相契。

◎著作集

陆湖遗集三卷

　　吴江图书馆存民国九年（1920）铅印本。

子目：

　　陆湖老渔行吟草一卷

　　　　吴江图书馆存清光绪二十五年（1899）石印本。

　　敬止堂文存一卷

　　敬止堂外文一卷

◎零星诗文　《笠泽词征》卷二十有词。

杨学沂（1859—?）字绶卿，又字岫隐，父母亡后自署瘗琴馆主。清末吴江人。光绪八年（1882）举人。尝入各地戎幕，复以直隶州知州用。清末先后办理沪宁、京汉、正太各铁路及汉冶萍矿文牍。辛亥革命后自号遁闷山人，筑遁闷草堂于沪西，种花种树，检理图书。

◎著作集

吴江杨氏宗谱不分卷

> 南京图书馆存民国六年（1917）明远堂印本。

黄元蕊（生卒年不详）字颂玉。清末吴江人。光绪六年（1880）取入震庠。
著作集待考

◎**零星诗文**　《松陵赠言》有诗。《祝耆集》有诗。

柳应衡（生卒年不详）字秉鉴，号苹甫（一作平甫）。清末吴江人。光绪七年
（1881）取入江庠。

◎著作集

挹翠轩诗稿

> 见柳亚子《分湖诗钞》卷十五，未见收藏。

◎**零星诗文**　《分湖诗钞》卷十五有诗。

叶文熙（生卒年不详）字明之。清末吴江人，叶廷楣之子。光绪七年（1881）
取入江庠。

◎著作集

叶氏略谱

> 吴江图书馆存清光绪十年（1884）希古堂抄本。

【编者注】《叶氏略谱》未载作者详细信息。然其家祖墓地在大仡圩，而吴江同里有
大仡圩。又，其曾祖叶锜条下有殷寿彭题词，殷寿彭系吴江人。又查《游庠录》有其人，
故推断作者为吴江人。

孙祖禄（1860—1911）字存生（一作诚生）。清吴江人，孙本文之父。生而颖悟，
光绪元年（1875）取入震庠，时年十六。光绪二十八年（1902）岁贡生，候选训导。
震泽宿儒王徐庠深赏异之，为义乌教谕，偕孙祖禄佐之。孙祖禄后因父母病告归，隐
居侍养，暇以吟咏为乐。

◎著作集

乐陶居诗稿一卷

> 吴江图书馆、南京大学图书馆存震泽孙氏国民六年（1917）印本。

凌赓飏（生卒年不详）字陛卿。清震泽人。光绪十一年（1885）钱塘籍举人。
授浙江浦江县学教谕。

◎著作集

修初居诗钞（余天遂序）

　　见民国《震泽镇志续稿》卷十一，未见收藏。

【编者注】上海图书馆存清光绪二十八年（1902）上海鸿文书局石印本《万国政治艺学全书》三百八十卷，朱大文、凌赓飏辑，疑为其作。

杨敦颐（1860—1928）字粹卿，号东亚病毛，晚号甦民。清末吴江同里人。光绪四年（1878）入府学，十一年（1885）拔贡。历任江苏丹徒县训导、商务印书馆编辑、江苏省立第二中学校教师、苏州振华女学校第一任董事长等。曾办安雅私塾、群雅女塾，又经营米厂、榨油房、织布厂等。

◎著作集

汉字元音释（杨敦颐辑；李培锷加释）

　　吴江图书馆存清光绪三十年（1904）印本。

满夷猾夏始末记十卷（编）

　　南京图书馆存民国元年新中华图书馆（1912）铅印本。

辞源（与纂）

　　吴江图书馆存民国四年（1915）印本。

◎零星诗文　《吴江叶氏诗录外编》卷八有诗。《祝者集》有诗。

叶庆善（1860—?）原名惟善。字应春，号楚材。清末吴江人。国学生。军功五品蓝翎。

◎著作集

消夏黎园诗草

隐村草

　　以上两种见《吴中叶氏族谱》卷五十七，未见收藏。

张嘉荣（1860—?）字伯华。清末吴江人，张乃藻之子。光绪六年（1880）取入江庠。附贡生。中书科中书衔，候选训导。后隐居湖滨，自号遁禅。

◎著作集

盛泽张氏遗稿录存四卷

　　吴江图书馆存民国九年（1920）印本。

慰志汇编

　　吴江图书馆存民国十一年（1922）印本。

沈廷镛（1862—?）字咏韶。清末吴江人，沈懋德曾孙。幼从蔡召棠、钱焕等游。

光绪九年（1883）取入江庠。曾与凌宝树、凌宝枢结文社。又入陈去病所立"雪耻学会"。

◎著作集

清镇江府学教授徐府家传

　　上海图书馆存民国三年（1914）铅印本。

元和诸太夫子翰香先生暨德配太师母徐孺人七十双寿寿言

　　上海图书馆存民国吴江柳氏抄本。

凌磐生府君行述

　　吴江图书馆存清光绪三十二年（1906）铅印本。

沈翠岭府君沈瓞生府君事略

　　吴江图书馆存清光绪二十七年（1901）刻本。

吴江凌氏义庄案

　　吴江图书馆存民国九年（1920）刻本。

任廷曦（1863—1921）字朗甫。清末吴江同里人。曾官安徽泾县巡检史。入民国，任吴江县议员。善画山水。

◎著作集

遏云集

　　见吴国良《吴江书画印人辑录》，未见收藏。

丁逢甲（1864—1929？）字堃生，号壮者。清末吴江莘塔人。南社社员。周庄沈氏小学教员。认为"欲救中国，必自改革习俗入手"，因而创作小说《扫迷帚》。

◎著作集

扫迷帚

　　国家图书馆存清末上海商务印书馆铅印本。

我之农业计划

　　上海图书馆存抄本。

凌兰畦府君行述

　　吴江图书馆存民国十二年（1923）印本。

◎零星诗文 《迷楼集》有诗。

【编者注】所录资料主要据张建林《丁逢甲及小说〈扫迷帚〉》。

钱静娟（生卒年不详）字韵蕉。清吴江松陵人，钱锡庚之女，任艾生儿媳。幼未从师，仅依姑母识字千余后即略晓诗文，针黹之余间事吟咏。嫁任传棨后，唱随其笃。以产难卒。

◎**著作集**

韵蕉楼诗草

   见《笠泽词征》卷二十三，未见收藏。

书声琴韵楼诗稿

   见《垂虹诗剩》卷十，未见收藏。

课花楼诗存（一作《雨花楼遗稿》一卷）

   南京图书馆存稿本。

◎**零星诗文**　《笠泽词征》卷二十三有词。《垂虹诗剩》卷十有诗。

叶灿文（生卒年不详）字成章，号莲荪。清末吴江人，叶兆封五世孙。国学生。受业于叶兆荣。

  著作集待考

◎**零星诗文**　《吴江叶氏诗录》卷六有诗。

沈云（1864—1921）字秋凡。清末吴江盛泽人。原籍浙江秀水，咸丰庚申其父避兵祸迁居盛泽。成人后游庠在外，文名籍甚。年达三十择蔡氏女为室。后掌教盛湖十余年。为人淡于名利，沉默寡言，平居暇日闭户耽书，好为诗歌自娱。为同南社社员和南社早期社员。

◎**著作集**

盛湖竹枝词二卷附杂录一卷

   吴江图书馆存民国七年（1918）铅印本。

【编者注】所录内容参考萧海铭《南社吴江长者沈云，盛泽参加南社第一人》一文。

张光荣（生卒年不详）字敏伯。清吴江人，张深仁之子。光绪九年（1883）取入江庠。

◎**著作集**

编年国策辑注十卷首一卷（张其泰编次；张深仁辑注；张光荣音释）

   南京图书馆存稿本。

凌宝树（1865—1887）字荫午，号敏之，自号莘野病农。清末吴江莘塔人，凌泗长子。光绪九年（1883）取入江庠。

◎**著作集**

第六水村居稿一卷

   国家图书馆存民国十年（1921）刻本。

◎**零星诗文**　《分湖诗钞》卷十六有诗。

翁绥祺（生卒年不详）字印若。清末吴江人。光绪十七年（1891）举人。官广西梧州、平安等县知县。工诗文，嗜金石书画。

◎**著作集**

汉铜印范考

　　见《中国美术家人名辞典》，未见收藏。

钮家鲁（1865—?）字君宜，号东山。清末吴兴人。曾馆松陵笠泽书院，后任职上海乐群书局、商务印书馆。晚年寓居吴江。

◎**著作集**

退密寄庐诗存

　　吴江图书馆存民国十七年（1928）铅印本。

祝耆集

　　上海图书馆存民国十五年（1926）铅印本。

◎**零星诗文**　《吴江叶氏诗录外编》卷八有诗。

王锡蕃（生卒年不详）字康侯。清末吴江人，王绍鏊前人。光绪中叶早擅文誉。曾为张曜山东府幕宾，后归乡病殁，年仅二十八。

◎**著作集**

康侯遗诗一卷

　　吴江图书馆存民国十年（1921）薛凤昌等抄本。

【编者注】《游庠录》有王锡蕃，字号晋之，光绪十年（1884）取入江庠。疑即此人。

梅兆鹗（生卒年不详）字屏卿（一作平卿）。清末吴江人。光绪十年（1884）取入江庠。

著作集待考

◎**零星诗文**　《祝耆集》有诗。

陶绍煌（生卒年不详）字粟已，号亦园。清末吴江黎里人。光绪十年（1884）取入江庠。曾经营酱园。南社社员。

◎**著作集**

秋水兼葭图题咏（与顾觉香同辑）

　　上海图书馆存民国吴江柳氏抄本。

凌宝枢（1866—1886）字拱辰，号密之，自号尚左生。清末吴江人，凌泗次子。光绪五年（1879）取入江庠。读书江曲书庄，尤留心舆地之学。尝为毕沅《太康地记》、王隐《晋书地道记》辑各一卷。王先谦督学江南，命诸生献吴疆域图说，又欲为郦氏水经注疏，吴江分得清水、淇水。凌宝枢从事过锐，心气暴损，业未卒而奄及于死。

◎**著作集**

（春秋）世表年表一卷

（春秋）地名考一卷

> 以上两种见沈景修《凌敏之密之家传》，未见收藏。

小茗柯馆诗词稿一卷

> 国家图书馆存民国十年（1921）刻本。

吴疆域图说

> 见沈廷镛《凌磬生府君行述》，未见收藏。

◎**零星诗文** 《笠泽词征》卷二十有词。《分湖诗钞》卷十六有诗。

柳念曾（1866—1912）字幼云，一字砚贻，号寅伯，别号钝斋。清末吴江黎里人，柳兆熏孙，柳应墀之子，柳亚子父。光绪十年（1884）入府学。廪贡生。精研词赋训诂，知医、嗜奕，书法名驰一时。

著作集待考

◎**零星诗文** 《分湖诗钞》卷十五有诗。

王道昭（1866—1902）字嗣征。清末吴江同里人，王偕达之女，吴县吴曾涛继室。薛凤昌称其"幼承庭训，笃嗜吟咏，一经指点，便能心会，女红之暇手一编不辍。"

◎**著作集**

怡芬室诗删草一卷

> 存民国薛凤昌抄本《女士集汇存》，吴江图书馆有藏。

施肇曾（1867—1946）字鹿珊，号省之。清末震泽人。光绪十年（1884）取入震庠。后就读于上海圣约翰学院、电报学校。十七年（1891）起先后任知县、同知、道员等职。二十年（1894）任驻美使（领）馆随员、领事等。二十三年（1897）归国，任汉阳铁厂提调，兼理京汉铁路工程。三十二年（1906）任沪宁铁路总办兼招商轮船局董事，后又总办沪杭甬铁路，督办陇豫海铁路。民国三年（1914）任国内公债局董事、漕运局总办，次年任交通银行董事长。随后数年间，在震泽创办江丰农工银行，在北平创办北平医院，在无锡创办国学专修馆，在震泽创办震属初级中学，又捐资重建南浔至震泽石塘。民国十三年（1924）任上海闸北区水电厂股份有限公司董事长、永亨银行董事长。民国二十七年（1938）在上海创办育英中学及附属育英小学。民国三十四年（1945）终于上海。

◎著作集

中央医院记

　　国家图书馆存民国七年（1918）拓本。

吴江施氏义庄汇录

　　吴江图书馆存民国五年（1916）印本。

春秋左传读本（刊）

　　存于唐文治辑《十三经读本》，吴江图书馆藏清刻残本。

【编者注】施肇曾的生卒各处记载不一，《苏州民国艺文志》称其生于1865年，卒于1945年9月9日，而《百度百科》称其"生于同治五年（1867年）"（原文如此——编者），卒于1945年10月24日。不知各自依据何在。而《百度百科》记载"终年八十一岁"，又与其记录的生卒年有矛盾。阅唐文治《钱塘施公省之墓志铭》，其中记载施肇曾卒于民国三十五年，享年八十。本志记载据此推算。

郑慈谷（1867—1919）字二贻，号式如。清末吴江盛泽人，郑瑛、郑之蕃之父。光绪十二年（1886）取入江庠。光绪二十七年（1901）辟居宅创办盛泽第一所新式学校郑氏小学，两年后又与人共同创建盛湖公学。光绪三十二年（1906）发起成立盛泽商会。辛亥革命后被推举为盛泽司令部长、省议员兼吴江县劝业课长。

◎著作集

郑氏三家诗钞

　　上海图书馆存民国九年（1920）吴江柳氏抄本。

金祖泽（1867—1941）字砚君，一字钝髯，自号㘦一。清末吴江同里人，金天羽族叔。少奋于学，卓然有成就。光绪七年（1881）取入江庠。工古文词，文似苏轼，诗有唐人之风。"名声隐然动东南数郡"（金天羽语）。国民初建，江苏巡按使韩国钧聘金祖泽为秘书，后奉讳解职。五年后出为江苏省议会秘书长，未逾年，自投劾称疾罢去。归而任吴江同里市董事会总董近十载。又曾任职江震劝学所总董。丁丑（1937）国变后杜门绝议天下事。

◎著作集

毅远堂诗文稿

　　见金元宪《先府君行实》，未见收藏。

柳仲篴先生家传

　　吴江图书馆存民国二十五年（1936）印本。

朱寅如遗事述

　　吴江图书馆存民国十八年（1929）印本。

庞二如像赞事略

　　吴江图书馆存民国二十一年（1932）印本。

困学居未是草

　　吴江图书馆存抄本。

鲈乡文会

　　吴江图书馆存稿本。

复古书院文会

　　吴江图书馆存稿本。

诗赋杂抄

赋集

八股文稿

　　以上三种吴江图书馆存稿本。

◎零星诗文　《祝耆集》有诗。

　　洪鹗（1867—1927）字雄声。清末吴江盛泽人。光绪十三年（1887）取入江庠。受戊戌维新影响，忧心时势。光绪二十九年（1903）与里人共创盛湖公学。三十一年（1905）东渡日本考察教育，次年独建盛湖女校。精于治学，工诗。与柳亚子、金天羽等友善。

◎**著作集**

东游记

　　《江苏艺文志》著录民国铅印本，今未见收藏。

　　王锡晋（1867—1941）字俊生（一作俊绅，又作晋绅），别号存真外史、修梅馆主、晋道人。清末吴江同里人。光绪十五年（1889）入府学。幼从钱焕、袁汝龙学经，兼习绘事，后为陆恢弟子。

◎**著作集**

乡居杂咏

　　见吴国良《吴江书画印人辑录》，今未见收藏。

国医王芷元先生讣告

　　吴江图书馆存民国二十九年（1940）印本。

　　沈文炯（生卒年不详）字祥之。清末吴江人。光绪十二年（1886）取入江庠。

著作集待考

◎零星诗文　《祝耆集》有诗。

　　周善登（生卒年不详）清末震泽人。

◎著作集

星辉楼诗钞

上海图书馆存民国五年（1916）桐乡周氏研华堂刻本。

芝隐诗钞

见民国《震泽镇志续稿》卷十一，未见收藏。

庄文传（生卒年不详）字仲衍。清末吴江人。光绪十二年（1886）取入震庠。

◎著作集

悼亡诗一卷

见柳亚子等《吴江文献保存会书目》，未见收藏。

砚楼诗钞

见民国《震泽镇志续稿》卷十一，未见收藏。

费叶唐（1868—1940）号兰孙。清末吴江芦墟人。幼承父业，研究岐黄，不遗余力。自设"兰玉堂"诊所，行医五十余载，活人无数。后考求西医学，以融洽中西为己任，宣统年间加入中西医学研究会。

◎著作集

兰玉堂医案

见《吴中名医录》，未见收藏。

吴燕绍（1868—1944）字寄荃。清末吴江人。光绪十二年（1886）入府学。二十年（1894）进士。授内阁中书。

著作集待考

◎零星诗文 《松陵赠言》有诗。

凌应霖（1869—1933）字甘伯，号雨岩。清末吴江人。光绪十二年（1886）取入震庠。十四年（1888）馆池亭叶氏。一生以教读、行医为业。

◎著作集

静寄轩词余一卷

见《全清散曲》小传，未见收藏。

游庠录

吴江图书馆存民国十三年（1924）印本。

▲《游庠录》书影

凌甘伯医案三卷

　　《苏州民国艺文志》著录王怡然手录本，今未见收藏。

　　柳慕曾（1869—1918）字幼卿，一字翰臣，号已仲，自署自讼，别号了庵，一称无瑕（亦曰无涯）。清末吴江人，柳念曾之弟。例贡生，候选中书科中书。光绪二十四年（1898）迁居周庄，兴创学校，躬为教授，尝任吴江沈氏庄初等小学教员兼代校长职。民国初建，被举为议员，旋任财政审查，后又曾任职县教育款产经理处、县志局。工书法，尤善汉隶。

　　◎**著作集**

了庵诗文词

　　见 2003 年版《北厍镇志》，未见收藏。

　　◎**零星诗文**　《分湖诗钞》卷十五有诗。

　　费廷梁（生卒年不详）字尊三，号达夫。清末吴江松陵人，费廷栋之弟。光绪十三年（1887）取入江庠。工书，尤善篆隶。

　　著作集待考

　　◎**零星诗文**　《垂虹诗剩》卷十有诗。

　　陆培元（生卒年不详）一名古樟。字楠甫。清末吴江人，陆亘昭第三子，陆廷桢之弟。光绪十三年（1887）取入江庠。

　　著作集待考

　　◎**零星诗文**　《分湖诗钞》卷一有诗。

　　周积康（生卒年不详）清末震泽人。

　　◎**著作集**

晚香楼诗钞

　　见民国《震泽镇志续稿》卷十一，未见收藏。

　　周白（生卒年不详）原名宝仁。字蓉生。清末震泽人。光绪十三年（1887）取入震庠。

　　◎**著作集**

孤赏斋诗钞

孤赏斋文存

　　以上两种见民国《震泽镇志续稿》卷十一，未见收藏。

　　周积芹（生卒年不详）字洛奇。清末震泽人。桐乡籍附监生。留日早稻田大学法政科毕业生。曾任嘉定县甘草司巡检。

◎**著作集**

绿庐诗稿（俞樾序）

绿庐琐笺

红豆吟稿

东游草

绿庐文存

以上五种见民国《震泽镇志续稿》卷十一，未见收藏。

周积藻（生卒年不详）清末震泽人。

◎**著作集**

斫山楼算草

见民国《震泽镇志续稿》卷十一，未见收藏。

钱崇威（1870—1969）字自严，一字慈念，号蔬坪，晚号存雁。清末吴江人。光绪十六年（1890）取入震庠。光绪三十年（1904）翰林。日本法政大学毕业。曾任江苏高等检察厅厅长、吴江劝学所所长。工字画，尝卖文鬻字为生。新中国成立后曾当选人大代表，任江苏省文史馆馆长。

◎**著作集**

法律经济辞解（译）

吴江图书馆存清光绪三十三年（1907）上海文明书局铅印本。

◎**零星诗文** 《吴江叶氏诗录外编》卷八有诗。《祝者集》有诗。

许树人（生卒年不详）一名宝廉。字文石，号雄伸。清末吴江人，许廷桢之子，许豫之父。诸生。好治《易》。曾董理一乡公益事。

著作集待考

◎**零星诗文** 《分湖诗钞》卷十七有诗。

沈维中（1871—1931）原名维钟。字庚笙。清末吴江雪巷村人，后居同里。光绪十五年（1889）取入江庠。处境拂逆，连发病几死，得瘳，因别署曰"更生"。金天羽尝延其教子。治《说文》二十余年，成书十二篇，二十八卷。以善书名邑里。

◎**著作集**

说文复许制十二篇二十八卷

见金天羽《沈庚笙传》，未见收藏。

新文典

见吴国良《吴江书画印人辑录》，未见收藏。

范祖培（1871—?）字裕昆，一字向庐，号葵忱，别号拙民，又号蘧如。清末民初吴江人，范烟桥之父。光绪十六年（1890）入府学。光绪二十七年（1901）举人。光绪三十年（1904）恩科会试堂备国史馆誊录。光绪三十二年（1906）考职掣项盐大使，签分浙江补用五品衔。

著作集待考

◎零星诗文 《祝耆集》有诗。

顾锡麟（生卒年不详）字子祥（一作芝祥），自号南村逸士。清末吴江人，顾学周裔孙。光绪十五年（1889）取入江庠。

著作集待考

◎零星诗文 《分湖诗钞》卷五有诗。

汝仁龙（生卒年不详）字益谦，号蛰庵。清末吴江芦墟人。光绪十五年（1889）取入震庠。

◎**著作集**

无双谱七律诗

　　吴江图书馆存清同治六年（1867）刻本。

游庠录

　　吴江图书馆存民国十三年（1924）印本。

宗渭（生卒年不详）字笃士，又字绀池，号芥山，自号华亭船子。俗姓周。清末震泽东娄人。尝居吴下盘郊之香严院与桃花坞之芋香庵。

◎**著作集**

芋香诗钞

　　见《吴江叶氏诗录外编》卷十，未见收藏。

◎零星诗文 《吴江叶氏诗录外编》卷十有诗。

四、中华民国

沈昌眉（1872—1932）字昂青，号眉若，别署长公。清末民初吴江芦墟人，沈禄康之子。十三岁丧父，由母周氏督教，为讲文史十五载。光绪二十一年（1895）取入江庠。初馆从母黄氏家，并代司记。后受陆拥书聘，为陶冶、敬业两校校长，兼理自治公所文牍。又应第四高小聘至黎里。曾助柳亚子梳理乡邦文献，并入南社。后应吴江乡村师范聘，移任教务七八年。以风疾殁。

◎**著作集**

长公吟草四卷词钞一卷

　　吴江图书馆存民国二十年（1931）铅印本。

长公辛未吟草

　　南京图书馆存抄本。

蓬心和草

　　吴江图书馆存民国十一年（1922）铅印本。

蓬心和草补

　　吴江图书馆存民国十一年（1922）铅印本。

吴江沈氏长次二公剩稿（与沈昌直同撰）

　　吴江图书馆存 1994 年社会科学文献出版社印本。

春壶残滴二卷（沈禄康撰，沈昌眉辑）

　　吴江图书馆存民国九年（1920）沈氏素行堂铅印本。

残年余墨二卷附一卷（周鼎金撰，沈昌眉辑）

　　吴江图书馆存民国十二年（1923）铅印本。

◎**零星诗文**　《南社文选》有文。《南社诗集》第二册有诗。《求是学社社刊》有诗文。

田铸（生卒年不详）别号松陵钓叟。清末民初吴江松陵人。

◎**著作集**

黑海钟初编十八回

　　南京图书馆存清光绪三十二年（1906）石印本。

美人魂

　　《晚清小说目》著录光绪三十三年（1907）新世界小说社印本，今未见收藏。

黄元吉（生卒年不详）字肇成（一作肇臣）。清末民初吴江人。光绪十六年（1890）取入震庠。保送算学专科签分四川，曾任四川教育司统计主任。辛亥革命后返乡，曾任松陵图书馆馆长。

◎**著作集**

孙恭人家传

> 吴江图书馆存民国十三年（1924）印本。

平面几何新教科书

> 吴江图书馆存民国二年（1913）上海商务印书馆铅印本。

◎**零星诗文** 《祝耆集》有诗。

陆荣光（生卒年不详）字映澄，号觉庐。清末民初芦墟人。光绪十六年（1890）取入江庠。

◎**著作集**

分湖百咏一卷

> 张明观《柳亚子史料札记》称上海图书馆存吴江柳氏抄本。

黄震吉（生卒年不详）字子玖，别号步玉山人。清末民初吴江人，黄宝书之子。

著作集待考

◎**零星诗文** 《分湖诗钞》卷十九有诗。

张慰祖（1873—1921）字伯愉，号研贻。清末民初吴江人。光绪十六年（1890）取入江庠。二十三年（1897）优贡生。三十二年（1906）肄业日本东京政法大学。归国后曾任吴郡法政讲习会教授。

◎**著作集**

谷梁大义述补阙

> 南京图书馆存民国二十四年（1935）国家图书馆影印本。

法学通论（梅谦口述；张慰祖辑）

> 苏州图书馆存清宣统元年（1909）苏省新源印刷公司印本。

凌昌焕（1873—1947）字文之，号子元。清末民初吴江莘塔人。光绪十八年（1892）取入江庠。二十六年（1900）到上海，曾任上海浦东中学、南洋中学教员，又任上海商务印书馆编辑部编辑，参与《辞源》编纂。

◎**著作集**

新撰动物学教科书

吴江图书馆存清宣统元年（1909）上海商务印书馆铅印本。

高小新理科

吴江图书馆存民国五年（1916）上海商务印书馆铅印本。

新理科

吴江图书馆存民国十年（1921）上海商务印书馆铅印本。

新法理科教科书

吴江图书馆存民国十二年（1923）上海商务印书馆铅印本。

初中植物学

吴江图书馆存民国十二年（1923）上海商务印书馆铅印本。

新法理科自习书

吴江图书馆存民国十二年（1923）上海商务印书馆铅印本。

动物学大辞典

吴江图书馆存民国十三年（1924）上海商务印书馆铅印本。

常识小丛书

吴江图书馆存民国二十六年（1937）铅印本。

自然科教科书

吴江图书馆存民国十五、十七年（1926、1928）铅印本。

◎零星诗文 《祝者集》有诗。

夏麐（1873—1954）又名钟麟。字应祥（一作荫祥），号楦耳。清末民初吴江芦墟人。光绪二十一年（1895）取入江庠。与沈昌眉、沈昌直为亲密挚友。南社社员。

著作集待考

◎零星诗文 《求是学社社刊》有文。《迷楼集》有诗。

王赓飏（生卒年不详）字仲炼（一作仲廉）。清末民初吴江人。光绪十八年（1892）取入震庠。

著作集待考

◎零星诗文 《祝者集》有诗。

朱年（生卒年不详）初名家骥，字仁若，晚号易我。清末民初吴江同里人。光绪十八年（1892）取入江庠。

著作集待考

◎零星诗文 《吴江叶氏诗录外编》卷八有诗。《祝者集》有诗。

张宽（生卒年不详）字月锄。清末民初吴江人。光绪十九年（1893）取入江庠。

◎著作集

月锄遗稿三卷

见柳亚子等《吴江文献保存会书目》，未见收藏。

金天羽（1874—1947）原名楙基，后改天翮，又改天羽，字松岑、松琴，号天放，别署鹤望、鹤坊、天放楼主人，笔名爱自由者、金一、麒麟。清末民初吴江同里人。光绪十六年（1890）取入江庠。后肄业于江阴南菁书院。光绪二十五年（1899）与陈去病创办雪耻学会，后创办同里自治学社。宣统三年（1911）移居并讲学于苏州濂溪坊。民国初任江苏省议会议员，历任吴江县教育局长、江南水利局长。

◎著作集

女界钟

吴江图书馆存光绪三十年（1904）年印本。

三十三年落花梦（译）

吴江图书馆存清光绪二十九年（1903）国学社印本。

自由血（译）

见《民国人物大辞典》，未见收藏。

孽海花（前六回）

上海图书馆存民国十七年至二十年（1928—1931）真美善书店印本。

吴江图书馆存 2007 年团结出版社印本。

三千里（与薛凤昌合译）

吴江图书馆存稿本。

新中国唱歌集

吴江图书馆存清光绪三十二年（1906）上海小说林社铅印本。

妒之花（译）

见同里中学金松岑纪念室《金松岑先生生平事迹》，未见收藏。

孤根集三卷

吴江图书馆存民国元年（1912）铅印本。

鹤望近诗

吴江图书馆存民国三年（1914）中国图书公司铅印本。

天放楼诗集九卷

吴江图书馆存民国十一年（1922）刻本。

天放楼诗续抄

苏州图书馆存民国十七年（1928）刻本。

皖志列传稿九卷

吴江图书馆存民国二十五年（1936）苏州利苏印书社印本。

天放楼文言十一卷附录一卷

    吴江图书馆存民国十六年（1927）苏州新文印刷公司铅印本。

天放楼续集十二卷

    吴江图书馆存民国二十一年（1932）铅印本。

子目：

    天放楼续文言五卷

    天放楼诗续集五卷

    皖志列传选存二卷

天放楼遗集（一作《天放楼诗季集》）

    苏州图书馆存民国三十六年（1947）铅印本。吴江图书馆存残本。

子目：

    诗七卷（十五卷至二十一卷）

    红鹤词一卷

    金同翰：同翰诗

    陈旭旦：定本校勘记

天放楼文言遗集四卷附一卷

    吴江图书馆存民国三十六年（1947）铅印本。

天放楼集外文存

    吴江图书馆存稿本。

鹤舫中年政论

    吴江图书馆存民国三十七年（1948）铅印本。

天放楼文谱

    吴江图书馆存清宣统间第一卷及第三章印本。

高等小学中国地理教科书

    吴江图书馆存民国元年（1912）印本。

高等小学修身教科书

    吴江图书馆存油印本。

无锡国专作文会考程文（金天羽等撰）

    吴江图书馆存无锡国专印本。

文牍·论说

    吴江图书馆存民国同里自治公所印本。

滇志

日俄战争未来记

摩哈默德传（译）

清三大儒学粹

词林撷隽

以上五种见同里中学金松岑纪念室《金松岑先生生平事迹》，未见收藏。

中国学术之升降及今后之趋向

吴江图书馆存民国二十二年（1933）铅印本。

胡君雨人实地调查报告书书后

吴江图书馆存民国印本。

于书史义士碑一卷（金天羽撰；于右任书）

南京图书馆存民国二十三年（1934）拓本。

鹤望西南游草

吴江图书馆存民国铅印本。

秦蜀游草

四川省图书馆存民国印本。

涤园图卷题词汇录（金天羽等撰）

国家图书馆存民国云南开智公司铅印本。

征求壶芦兜张氏书画启

国家图书馆存民国二十三年（1934）油印本。

金氏印存十四页

吴江图书馆存钤印本。

文艺捃华（主编）

吴江图书馆存 1934—1936 间部分期刊。

苏州五奇人传

吴江图书馆存民国二十二年（1933）铅印本。

屈叟生传

吴江图书馆存民国十年（1921）印本。

钱叔度先生传

吴江图书馆存民国十五年（1926）印本。

陆庚南先生小传

吴江图书馆存民国二十一年（1932）印本。

吴尧中先生家传·讣

吴江图书馆存民国十七年（1928）印本。

吴江庄蓉裳先生家传·行状

吴江图书馆存民国三十五年（1946）印本。

徐梦花先生家传一卷

吴江图书馆存民国五年（1916）印本。

林玉堂先生家传哀启

吴江图书馆存民国十九年（1930）印本。

范葵忱先生家传一卷

    吴江图书馆存民国二十八年（1939）印本。

袁同孙先生追悼录

    吴江图书馆存民国十六年（1927）印本。

黄沅芷太府君家传

    吴江图书馆存民国新源公司印本。

故大总统黎公墓志铭·善章草王鲁生墓表·林屋山人步君墓志铭

    国家图书馆存民国间抄本。

东斋酬唱集二卷（与撰）

    苏州图书馆存民国二十五年（1936）铅印本。

同川公学校友会杂志创刊号不分卷（编）

    苏州图书馆存民国元年（1912）油印本。

【编者注】《苏州民国艺文志》载有《河套新编》，颇疑惑，查国家图书馆书目，原来该书作者为金天翔，与金天羽（或金天翮）有一字之差。《苏州民国艺文志》又载《局外中立法精义》，系上海图书馆所存。但查上海馆书目，未见到此书。查国家图书馆、南京图书馆，均有此书，然著者为英国罗伦，译者为王肇煜，似与金天羽无涉。

陆阙（1874—？）字醒恙。清末民初吴江平望人。民国二十二年（1933）于盛泽北角乡古道院访得红豆树，遂发起征诗，辑成《莺湖红豆唱和集》。

◎**著作集**

莺湖红豆唱和集

    吴江图书馆存民国二十五年（1936）新星印务局印本。

蔡寅（1874—1934）字清任，一字怀庐，号冶民，又号壮怀。清末民初吴江黎里人。幼有神童誉。清末曾随金天羽入上海爱国学社。后赴日本学法政，辛亥革命入幕陈英士沪军都督府主军法。民国年间曾任苏督府秘书、江苏司法筹备处长、广西高等检察厅长、法律馆副总裁、司法部参事、浙江高等法院分院长等职。南社社员。

◎**著作集**

怀庐诗钞

    见张明观等《分湖诗钞续编》，未见收藏。

◎**零星诗文** 《吴江叶氏诗录外编》卷九有诗。《南社文选》有文。《南社诗集》第六册有诗。《迷楼集》有诗。

陈去病（1874—1933）初名庆林。字佩忍，一字伯儒，号及楼，别号巢南、病倩，自署垂虹亭长，晚称勤补老人。清末民初同里人。光绪二十一年（1895）取入江庠。同盟会会员，南社创始人之一。辛亥革命后任参议院秘书长、东南大学教授、江苏博物馆馆长等职。工诗文，倡导戏剧改革。

◎著作集

挥戈录

歌泣集

> 以上两种见《陈去病全集》所列著作目录，未见单行本收藏。

陆沉丛书（辑）

> 上海图书馆存清光绪二十九年（1903）石印本。

子目：

> 天都山臣　建州女直考一卷

> 王秀楚　扬州十日记一卷

> 朱子素　嘉定屠城纪略（一名《东塘日札》）一卷

> 张方湛　忠文靖节编一卷

明季三大儒正气集

> 见《陈去病全集》所列著作目录，未见单行本收藏。

吴长兴伯集五卷　附唱酬余响一卷　袍泽遗音一卷（吴易撰；陈去病辑）

> 吴江图书馆存清光绪三十三年（1907）国粹丛书铅印本。

清秘史

> 国家图书馆存民国上海中华书局出版印本。

五石脂

> 原连载于清末《国粹学报·丛谈》。

> 上海图书馆存1999年江苏古籍出版社印本。

烦瑙丝

越裳亡国史

> 以上两种见《陈去病全集》所列著作目录，未见单行本收藏。

吴赤溟先生文集（吴炎撰；陈去病辑）

> 国家图书馆存清光绪三十二年（1906）国学保存会印本。

明遗民录

> 初载《国粹学报》。存《陈去病全集》，吴江图书馆有藏。

重辑史弼翁、赵少文遗诗（辑）

> 见《陈去病全集》所列著作目录，未见单行本收藏。

蚬江陈氏家谱八卷

> 吴江图书馆存民国四年（1915）松陵陈明善堂印本。

奴祸溯源

百尺楼脞录

罗浮梦忆

以上三种见《陈去病全集》所列著作目录，未见单行本收藏。

笠泽词征三十卷（辑）

吴江图书馆存民国十年（1921）铅印本

乐府指迷一卷（沈义父撰；陈去病校订）

词旨二卷（陆行直撰；陈去病重订）

以上两种附于《笠泽词征》，吴江图书有藏。

二十世纪大舞台（编辑）

国家图书馆存清光绪三十年（1904）上海大舞台丛报编辑所印本。

蓬心和草一卷

国家图书馆存民国十一年（1922）磨剑室铅印本。

松陵文集初编四卷二编六卷三编五十五卷（辑）

吴江图书馆存民国十一年（1922）铅印本。

▲《松陵文集初编》书影

病倩词话

见《陈去病全集》所列著作目录，未见单行本收藏。

巢南杂著

吴江图书馆存民国元年（1912）绍兴天觉社影印本。

莽男儿二十六章

哀思录

江城日札

杨忠文先生实录

以上四种见《陈去病全集》所列著作目录，未见单行本收藏。

尘网录

彤史

南唐伶工杨花飞别传

明清最初交涉史

以上四种见《南社丛谈·南社社友著述存目表》，未见收藏。

诗学纲要

　　　吴江图书馆存民国十六年（1927）上海国光书局铅印本。

辞赋学纲要

　　　吴江图书馆存民国十六年（1927）上海国光书局铅印本。

粤游杂记

　　　见《陈去病全集》所列著作目录，未见单行本收藏。

南社粤集

　　　见《南社丛谈·南社社友著述存目表》，未见收藏。

吴江诗录六十卷（存初编四卷二编二十二卷）

　　　吴江图书馆存民国十六年（1927）铅印本。

垂虹雅奏

　　　见《南社丛谈·南社社友著述存目表》，未见收藏。

浩劫遗灰

巢南诗话

红边桥边琐记

革命闲话

　　　以上四种见《陈去病全集》所列著作目录，未见单行本收藏。

吴江陈氏褒扬录

　　　吴江图书馆存民国二十年（1931）印本。

浩歌堂近谭（一作《浩歌堂雅谭》）

迁史札记

　　　以上两种见《陈去病全集》所列著作目录，未见单行本收藏。

浩歌堂诗钞十卷

　　　吴江图书馆存民国十三年（1924）铅印本。

巢南集外文

浩歌堂诗续抄

故宫琐记

绿玉青瑶馆笔记

　　　以上四种见《陈去病全集》所列著作目录，未见单行本收藏。

陈去病诗文集（陈去病撰，殷安如、刘颖白编）

　　　苏州图书馆等存 2009 年北京社会科学出版社出版印本。

陈去病诗文集补编（陈去病撰；郭长海、郭群兮编）

　　　苏州图书馆等存 2009 年北京社会科学出版社出版印本。

陈去病全集（陈去病撰；张夷主编）

　　　吴江图书馆等存 2009 年上海古籍出版社出版印本。

焦山唱和一卷（与撰）

　　　南京图书馆存油印本。

陆祥麒（生卒年不详）字天庐，号奇声。清末民初吴江人。光绪二十二年（1896）取入震庠。

著作集待考

◎**零星诗文** 《祝耆集》有诗。

沈福基（生卒年不详）字伯谐（一作伯贤）。清末民初吴江人。光绪二十二年（1896）取入震庠。

著作集待考

◎**零星诗文** 《祝耆集》有诗。

叶振宗（生卒年不详）一名奎元。字悫斋，号印濂。清末民初吴江人，叶灿文之子。光绪二十二年（1896）取入江庠。附贡生。江苏法政学堂毕业。历任江阴县教谕、江苏高等检察厅检察官、宝山铜山地方检察厅检察官、山东高等审判厅推事、济南福山地方审判厅推事、浙江鄞县地方审判厅推事、天津地方法院推事。

◎**著作集**

吴江叶氏诗录十卷（辑）

　　吴江图书馆存清刻本。

悫斋谳牍

　　见《吴江叶氏诗录》卷七，未见收藏。

悫斋诗文抄

　　国家图书馆存民国间绿丝栏稿本。

松陵叶氏续谱（与叶兆荣同修）

　　苏州图书馆存稿本。

分湖叶氏族谱十六卷（与叶世熊合著）

　　南京图书馆存南社抄本。

◎**零星诗文** 《吴江叶氏诗录》卷七有诗。

龚希髯（？—约1946）本名应鹏，字季抟。清末民初震泽人。京师法律学堂专科毕业。光绪三十二年（1906）取列一等，选授广西藤县白石寨巡检。宣统二年（1910）部试奖副榜贡生，以正七品推检官用，曾任法官。

◎**著作集**

（民国）震泽镇志续稿

　　吴江图书馆存2009年广陵书社印本。

薛凤昌（1876—1943）原名蜇龙。字砚耕，号公侠，别号病侠。清末民初同里人。

光绪二十四年（1898）取入江庠。后留学日本。光绪二十八年（1902）参加金天羽创办的同川自治学社，任教员。宣统三年（1911）金天羽迁苏州，薛凤昌曾去苏北谋事，民国元年（1912）返乡。民国年间曾出任吴江县县议会副议长。与费揽澄等创办吴江县立中学，任校长，未满一年即辞职。民国四年（1915）又任校长。民国六年（1917）冬，与柳亚子等人组织"吴江文献保存会"，保存、整理、研究乡邦文献。后在无锡省立第三师范学校、上海光华大学等校任教。抗战期间，闭门谢客。民国三十一年（1942）秋在同里募资创办同文中学，出任校长。民国三十二年（1943）十二月被囚吴江日本宪兵队，义不受辱，绝食而亡。

◎著作集

理学杂志

  吴江图书馆存光绪三十二年至三十三年（1906—1907）上海宏文馆铅印本。

日俄战争未来记（与金天羽同译）

  吴江图书馆存清光绪二十九年（1903）鸿文编译图书馆印本。

中等化学（著译）

  吴江图书馆存清光绪三十四年（1908）上海宏文馆铅印本。

三千里（与金天羽合译）

  吴江图书馆存清末民初稿本。

日语初桄

  吴江图书馆存民国印本。

光汉室丛潭（集订）

  吴江图书馆存清光绪三十年（1904）集订本。

昆虫分类概说

  吴江图书馆存民国二年（1913）吴江邃汉斋稿本。

读左札记

  吴江图书馆存民国十九年（1930）薛玄鹗抄本。

左传讲席札记十二卷

  吴江图书馆存民国油印本。

植物记载籍

  吴江图书馆存民国薛凤昌手稿。

戊午暑期国文讲义汇刊（与沈昌直等同撰）

  吴江图书馆存民国七年（1918）上海中华书局铅印本。

薛纂国文教本

  上海图书馆存民国（1912—1949）江苏第三师范学校油印本。

邃汉斋文存

  南京图书馆存稿本。

龚定庵年谱

　　存于宣统元年邃汉斋印《龚定庵全集》，南京图书馆有藏。

师范文存

　　上海图书馆存民国油印本。

尚友录（辑）

　　上海图书馆存抄本。

作文法

　　吴江图书馆存民国七年（1918）油印本。

工科国文（辑）

　　吴江图书馆存民国油印本。

书札粘存八十二通（辑）

　　吴江图书馆存民国稿本。

伤昙录

　　吴江图书馆存民国无锡锡成公司印本。

松陵女子诗征十卷（与费善庆同辑）

　　吴江图书馆存民国八年（1919）铅印本。

劫灰录

　　吴江图书馆存民国抄本。

旧闻录

　　吴江图书馆存民国抄本。

淳化阁帖萃编（纂录）

　　吴江图书馆存民国稿本。

游庠录姓氏韵编

　　吴江图书馆存民国二十五年（1936）

稿本。

秀餐集（编）

　　吴江图书馆存民国间稿本。

笈底拾残十六卷（辑）

　　吴江图书馆存民国稿本。

语石考证（辑）

　　吴江图书馆存民国抄本。

邃汉斋碑帖目（辑）

　　吴江图书馆存民国二十三年（1934）

抄本。

金石丛话

▲《秀餐集》书影

吴江图书馆存民国元年（1912）抄本。

饱蠹录

吴江图书馆民国存抄本。

吴江文献保存会书目四卷（与柳亚子同辑）

吴江图书馆存民国油印本。

诗札选录（辑）

吴江图书馆存民国二年（1913）邃汉斋稿本。

梨洲遗著汇刊（辑）

南京图书馆存清宣统二年（1910）上海时中书局铅印本。

邃汉斋谜话

南京图书馆存民国六年（1917）上海商务印书馆印本。

文体论

上海图书馆存民国二十年（1931）上海商务印书馆出版印本。

◎**零星诗文** 《祝者集》有诗。

【编者注】薛凤昌遇害年份各志记载不一，《江苏艺文志》记为1943年，《苏州民国艺文志》记为1944年春，新版《同里志》则具体为"于民国32年十二月二十五日（1944年1月20日）被日本宪兵队杀害。"查陈旭旦《芬陀利室日记》，以下数条记录了薛凤昌遇害的线索："民国卅二年癸未　十二月十五日　晨，公侠先生为人邀至江，家遭搜检，真相未明。""十二月十七日　悉侠老家又有五人来查，到校有三人，入校长室。""十二月廿五日　上午得侠老凶讯。"新版《同里志》记载薛凤昌遇害日期为"民国三十二年十二月二十五日"可能即来源于此。问题在于，这一日期是公历的还是农历的？细看《芬陀利室日记》，在"十二月廿五日之下有注"十一月廿九日丁巳"，说明当天是公历"十二月廿五日"，农历"十一月廿九日"。新版《同里志》是误将"十二月廿五日"当成农历，再将之推算成公历，于是有了"1944年1月20日"及"1944年春"的记载。

王家茨（1876—1922）一名茨。字振之。清末民初吴江人。光绪二十四年（1898）取入震庠。三十年（1904）与费揽澄等人创办私立爱德女校，始设初小，继办高小，曾办师范。此后十余年间惨淡经营，将编译、授课所得悉以办学，计达万元。民国五年（1916）获教育部金质一等嘉祥章和大总统八等嘉禾章。民国初还曾任吴江县劝学所总董、县视学、县学务课课长、县第三科科长。民国十一年（1922）染时疫不治而逝。

◎**著作集**

小代数学（蒯寿枢编译，王家茨校订）

吴江图书馆存清光绪三十四年（1908）上海商务印书馆印本。

高等小学算术书（与骆师曾同编译）

吴江图书馆存清宣统元年（1909）上海商务印书馆印本。

田野区域实地测量法（译著）

国家图书馆存清宣统三年（1911）上海商务印书馆印本。

代数新教科书

国家图书馆存清宣统三年（1911）上海商务印书馆印本。

查尔斯密初等代数学（译述）

国家图书馆存民国六年（1917）上海商务印书馆印本。

教育月刊（主编）

吴江图书馆存1915—1917期刊。

大代数学讲义（合译）

国家图书馆存民国二十一年（1932）上海商务印书馆印本。

王家鼎（生卒年不详）字震百。清末民初吴江人。光绪二十四年（1898）取入江庠。

著作集待考

◎**零星诗文** 《祝耆集》有诗。

吴鸿益（生卒年不详）一名鸿一。字仲行，号止园，晚号淞隐。清末民初吴江人。光绪二十四年（1898）取入震庠。曾任吴江县教育局局长，松陵图书馆馆长。

◎**著作集**

止园诗文存稿

见《吴江叶氏诗录外编》卷八，未见收藏。

◎**零星诗文** 《吴江叶氏诗录外编》卷八有诗。《祝耆集》有诗。

张农（1877—1927）原名肇甲，字都经，号鼎斋。清末民初吴江葫芦兜人，张应春之父。光绪二十四年（1898）取入江庠。自幼好吟咏，与四堂兄弟并称"葫芦兜五子"。早年供职南京造币厂，后回乡办村塾，奔走家乡教育不辞劳苦。柳亚子称道他咸能周知百姓苦难，且多隐德，虽埋头授业却心系天下。民国六年（1917）入南社。其女张应春就义后，忧伤过度，不久逝世。

◎**著作集**

葫芦吟草

吴江图书馆存民国抄本，另有2007年北京大众文艺出版社印本。

庄严（1877—1946）原名承第，字蓉裳。清末民初吴江人。清光绪二十四年（1898）取入震庠。三十年（1904）入两级师范学堂，三年毕业，受镇江中学聘。辛亥革命起，归里与杨剑秋等倡建丝业小学。应吴江中学校长费揽澄之请，任监学兼文史教习，后继任吴江中学校长，十年后以病呈辞。又复任震属中学校长三年，嗣膺南京国学图书馆之聘。

◎**著作集**

洁庵诗剩

洁庵杂记

> 以上两种见金天羽《吴江庄蓉裳先生家传》，未见收藏。

◎**零星诗文** 《祝耇集》有诗。

殷葆深（1877—?）字伯元，号少裳，又号寄生。清吴江人。

◎**著作集**

江震殷氏族谱九卷

> 吴江图书馆存清光绪二十九年（1903）刻本。

徐商济（1878—1916）字味园，又字苍生，别号佛猿。清末民初吴江盛泽人，徐达源后代。世居黎里镇，祖少岩公以名进士出守浙之金华郡，父石城公移家盛泽。幼颖异。光绪二十五年（1899）取入震庠。读书博闻强记，好为深湛之思，尤长于诗。民国元年（1912）返里中任明德小学教员。中年病逝。

◎**著作集**

山外楼诗稿一卷

尘天阁诗草一卷

> 以上两种吴江图书馆存民国八年（1919）铅印本。

【**编者注**】《苏州民国艺文志》载其生年为1876年。考《山外楼诗》载陈锐所撰传，该传称徐商济"卒于民国五年十二月，年三十有九。"据此推算，应生于1878年。

周岐（1878—?）字韬斋，号孚先，别号啸虎。清末民初吴江人。历任吴江县公署第一科科长，吴江县教育局董事，茧业公所总董，黎里市议会议长，市政局局长。

◎**著作集**

周氏家乘

> 吴江图书馆存民国十六年（1927）刻本。

周公才（1878—?）自号红叶村叟。清末民初吴江人，周鸿业之子。曾授徒启秀义塾。民国初任吴江县视学。

◎**著作集**

周峙安先生行略

> 吴江图书馆存民国四年（1915）印本。

参观江苏学校笔记初编（黄炎培等序）

> 南京图书馆存民国元年（1912）年上海商务印书馆印本。

吴江县教育状况（与袁福伦同编）

> 孔夫子旧书网见出售民国元年（1912）年无锡锡成公司印本，收藏不详。

周公才旅行笔记（袁希涛等序）

> 南京图书馆存民国八年（1919）年上海商务印书馆印本。

劫后吟草

> 吴江图书馆存民国三十六年（1947）油印本。

义仆小春纪念册

> 吴江图书馆存民国二十九年（1940）铅印本。

【编者注】《游庠录》有周兴朝，字公才，光绪二十七年（1901）入府学。如是此人，则名应为兴朝。

沈大椿（生卒年不详）字子如，号志儒。清末民初吴江同里人。光绪二十五年（1899）取入江庠。南社社员。

著作集待考

◎零星诗文 《祝者集》有诗。吴江图书馆藏《序文》中有文。

蒯贞幹（1879—1917）字虎岑，号啸楼。清末民初吴江人。南社社员。

著作集待考

◎零星诗文 《南社诗集》第六册有诗。

费玄韫（1879—1968）名一作元煜。字朴安。清末民初吴江人，费孝通之父。光绪二十五年（1899）取入江庠。后公费赴日学教育学，学成后应南通张謇之邀，执教南通，其间被推举为吴江县议会议长。辛亥革命爆发后，与田北湖等在上海发起组织红十字会，又以吴江县议会名义召开民众大会，决定光复吴江。不久与杨天骥等在上海开办"民国法律学校"，随后又发起成立江苏省县议会联合会。洪宪后，联合会陷于停顿。洪宪失败后，县议会又恢复无望，遂重拾教职。曾任江苏省视学。

著作集待考

◎零星诗文 《祝者集》有诗。

费揽澄（1879—1925）字安定，号伯埙、觉迟。清末民初吴江人。光绪二十五年（1899）入府学。清末毕业于江苏优级师范。尝倡办私立爱德女校、吴江城区初等小学堂、吴江县立吴江中学。曾任吴江县立中学校长、吴江劝学所长。民国十四年（1925）病逝，柳亚子撰挽联云："为一乡教育众望所归奈何早逝，于全国痛哭元勋之际又悼先生。"

◎**著作集**

吴江乡土志地理部

    吴江图书馆存民国元年（1912）吴江教育会油印本。

任筱珊（1879—1953）字傅榜。民国吴江同里人。幼时依凭义庄。早年留学日本成诚学校，后赴美国伊利诺伊大学学习铁道管理。曾任沪宁、沪杭甬两路管理局局长、南洋大学教授。民国三十五年（1946）去美国。

◎**著作集**

中国铁路借款合同全集（与纂）

    上海图书馆存民国五年（1916）北京铁路协会印本。

袁公望（生卒年不详）字啖芋，号剑僻。民国吴江同里人，袁汝英之孙。同南社社员。家贫，与范烟桥同事教育。卒年三十。

◎**著作集**

袁啖芋遗诗

    存范烟桥等《同南》第九集，吴江图书馆有藏。

郑辟疆（1880—1969）字紫卿。吴江盛泽人。十八岁考入杭州蚕学馆，毕业后任教。后赴日本考察蚕丝事业，归国后受聘于山东青州蚕学堂、山东省立农业专科学校。民国七年（1918）接任江苏省立女子蚕丝学校校长。曾编著中国第一套蚕丝教材，校译出版《蚕桑辑要》等古籍农书。在培养蚕丝专业人才、改良蚕种、组织蚕丝业合作生产、推广养蚕和制丝技术诸方面有卓著成绩。新中国成立后留任苏州蚕桑专科学校校长，1956年又兼任苏州丝绸工业学院院长。先后当选为全国人代会代表、全国政协委员，曾任中国蚕桑学会第一届名誉理事长等职。

◎**著作集**

制丝教科书

    国家图书馆存民国四年（1915）上海商务印书馆印本。

蚕体生理教科书

    吴江图书馆存民国十七年（1928）上海商务印书馆铅印本。

蚕体解剖教科书

    吴江图书馆存民国十七年（1928）上海商务印书馆铅印本。

蚕体病理教科书

桑树栽培

蚕丝概论

土壤肥料论

以上四种见《百度百科》，未见收藏。

养蚕法教科书

国家图书馆存民国十三年（1924）上海商务印书馆印本。

近代中国蚕丝业和先驱

苏州图书馆存铅印本。

蚕丝月报（主编）

苏州图书馆存 1939—1941 年 5 月期刊。

附新中国成立后著作集：

蚕桑辑要（校释）

上海图书馆存 1950 年北京农业出版社出版印本。

广蚕桑说辑要（校释）

南京图书馆存 1960 年北京农业出版社印本。

豳风广义（校勘）

南京图书馆存 1962 年北京农业出版社印本。

野蚕录（校释）

南京图书馆存 1962 年北京农业出版社印本。

邹云秋（1881—1954）号尚志。原籍梁溪，迁居吴江。少从李松溪学医，承其衣钵，在乌浦港悬壶行医数十载。曾自设"同春堂"药室。暮年笃信佛事。

◎著作集

吟余砚耕验方集三卷

见《吴江名医录》，未见收藏。

唐昌言（1881—1963）字退庵，号润身。吴江松陵人。光绪二十七年（1901）取入江庠，后入苏州紫阳书院，毕业于两江优级师范。先后在上海浦东中学、无锡竞志女校、湖州湖郡女校等校任教。民国二年（1913）赴日本考察师范教育，归国后任江苏省立第三师范附属小学主事，其间模仿英国始创童子军。民国十一年（1922）调任江苏省立第一师范教务主任，继而任该校吴江农村分校主任。民国十四年（1925）创办中国红十字会（吴江）城区分会并任主任，战争期间率会员疏散难民、运送伤兵。民国十六年（1927）第一师范农村分校改称省立苏州中学乡村师范科，民国二十一年（1932）又改为省立吴江乡村师范学校，唐昌言任校长。因不迎合当局，被迫辞职。后曾在苏州图书馆、上海育英中学、北京大学图书馆供职。

◎著作集

新法国文教授书

国家图书馆存民国十一年（1922）上海商务印书馆印本。

国音白话注学生词典

　　南京图书馆存民国二十八年（1939）商务印书馆铅印本。

江苏省立第三师范附属小学校第三届商业科商业调查报告

　　吴江图书馆存民国九年（1920）无锡江苏省立第三师范铅印本。

叶与仁（1881—1926）字心安，号心道人。清末民初吴江人，叶嘉棣侄孙。光绪二十七年（1901）入江庠。三十三年（1907）入上海理科校，后任府中学堂、农业学堂教员。民国二年（1913）任清华学校理科教授。北上经年，落落寡合，于民国五年（1916）南归。拟从事实业，先后创设光文墨胶厂、振益松香厂，因不善经营，终无所成。复整理旧籍，终日伏案。亦工书画，旁及六艺。

◎**著作集**

提要钩元: 南洋官报文章汇订本

　　吴江图书馆存清光绪印本。

分析化学原理

　　吴江图书馆存清光绪三十四年（1908）上海公益书局铅印本。

普通生理学教科书

　　吴江图书馆存清宣统元年（1909）上海作新社铅印本。

诗文杂录（辑）

　　吴江图书馆存民国抄本。

新撰化学参考书

　　吴江图书馆存民国抄本。

栽培通论教科书

　　吴江图书馆存民国元年（1912）上海新学社铅印本。

小石林居诗钞

　　吴江图书馆存民国十年（1921）油印本。

◎**零星诗文**　《吴江叶氏诗录》卷十有诗。《求是学社社刊》有诗。

蒯朝梁（生卒年不详）号仲诒，别号松巢。清末民初吴江人。光绪二十七年（1901）取入江庠。喜吟咏，缘情善感，大多性灵之作。曾设帐周云景疏斋有年。

醒梦庵吟草一卷

　　见柳亚子等《吴江文献保会书目》，未见收藏。

严鸿仪（1881—1946）字纪堃。清末民初吴江同里人。光绪二十八年（1902）取入江庠。曾任吴江县立第二高等小学校教师。

◎**著作集**

联句录存

金陵唱和集（与严一士同撰）

以上两种存抄本，由严鸿仪家属保存。

邵力子（1882—1967）初名景奎，又名闻泰，字仲辉。生于浙江绍兴，六岁随父至盛泽，读书于家塾，居盛泽三十余年。光绪二十七年（1901）中举人。时人称"吴江两个子，一个邵力子，一个柳亚子。"民国十年（1921）入中国共产党。后任国民革命军总司令部秘书长、国民政府甘肃省政府主席、陕西省政府主席。1949 年为国民政府和平谈判代表团成员，后留北京。新中国成立后任中央人民政府政务院政务委员。

◎著作集

宋渔父　第一集

南京图书馆存民国二年（1913）铅印本。

民国十九年蒋介石先生言论之一（辑）

国家图书馆存民国十九年（1930）南京拔提书店印本。

蒋总司令言论集（辑）

国家图书馆存民国二十年（1931）南京训练总监部政治训练处印本。

续修陕西通志稿二百二十四卷首一卷（与修）

国家图书馆存民国二十三年（1932）铅印本。

抗战与宣传

上海图书馆存民国二十七年（1938）汉口独立出版社出版印本。

建国在作战的时候（与撰）

吉林省图书馆存民国二十七年（1938）汉口独立出版社印本。

国际援华运动（与撰）

吉林省图书馆存民国二十八年（1939）重庆独立出版社印本。

地方参政制度（与撰）

吉林省图书馆存民国二十八年（1939）重庆独立出版社印本。

近十年来中国政治及社会之演变

广东省立中山图书馆存民国二十八年（1939）重庆印本。

苏联政党之研究

国家图书馆存民国三十二年（1943）中央训练团党政高级训练班印本。

苏联外交政策之研究

国家图书馆存民国三十二年（1943）中央训练团党政高级训练班印本。

中美英苏宪政运动的教训（与撰）

上海图书馆存民国三十三年（1944）重庆中周出版社出版印本。

苏联归来

上海图书馆存民国三十六年（1947）上海中国文化服务社印本。

革命方略　一

　　国家图书馆存民国中央训练团党政高级训练班印本。

鲁泳安先生荣哀录（与撰）

　　国家图书馆存民国铅印本。

甘肃张致堂先生七旬晋八大寿征文启

　　国家图书馆存民国朱丝栏抄本。

邵力子文集

　　吴江图书馆存 1985 中华书局印本。

民国汇报（编辑）

　　国家图书馆存民国二年（1913）印本。

杨天骥（1882—1958）原名锡骥。字骏公、千里，别号天马、东方、闻道、茧庐。吴江同里人，杨敦颐之子。幼承父教，学诗词书法。清光绪二十四年（1898）取入震庠。翌年入上海南洋公学。光绪三十年（1904）任上海澄衷学堂国文教员。光绪三十二年（1906）后加入同盟会和南社，先后参与上海《民立报》、《申报》、《新闻报》编辑。民国初元任临时大总统府秘书。民国六年（1917）在广州入国民党。民国九年（1920）任北京政府国务院秘书。民国十年（1921）任中国代表团咨议，参加太平洋会议。民国十四年（1925）后，先后出任无锡县县长、吴江县临时行政委员会主席、吴江县县长。此外，曾任国民政府财政部主事、佥事，教育部视学、监察院监察委员等职。抗日时期定居香港。抗战胜利后隐居上海、苏州。新中国成立后由柳亚子介绍加入民革，曾出任上海华东文物管理委员会特约顾问、徐汇区政协委员。

◎著作集

茧庐吟草

茧庐长短句

茧庐印痕

茧庐治印存稿

　　以上四种见 1994 年版《吴江县志》，未见收藏。

王阳明之历史谭

　　南京图书馆存清光绪三十四年（1908）编译本。

简易修身课本

　　上海图书馆存清光绪三十二年（1906）

▲《简易修身课本》书影

上海商务印书馆铅印本。

各科教授法

国家图书馆存清光绪三十二年（1906）上海商务印书馆铅印本。

国文新教科书

国家图书馆存清光绪三十二年（1906）上海求是学社印本。

初级师范学校教科书伦理学

国家图书馆存清光绪三十二年（1906）上海商务印书馆印本。

杨甦民先生哀启

吴江图书馆存民国十七年（1928）印本。

杨敦颐讣告

上海图书馆存民国十七年（1928）铅印本。

满夷猾夏始末记（参校）

南京图书馆存民国元年（1912）新中华图书馆铅印本。

江苏六十一县印拓本

南京图书馆存民国十八年（1929）钤印本。

◎**零星诗文** 《吴江叶氏诗录外编》卷八有诗。

沈昌直（1882—1949）字颖若，号次公，又号存庑。民国吴江芦墟人，沈昌眉之弟。清光绪二十五年（1899）取入江庠。翌年至黎里任塾师，与柳亚子相邻，常谈诗论文。宣统二年（1910）与兄沈昌眉同组"分湖文社"，同年由柳亚子介绍入南社。曾任吴江中学国文教师，又至无锡第三师范任教，研究《说文解字》，编成讲义《文字源流》。抗战前回乡设帐授徒，笔耕授馆直至终年。

◎**著作集**

文字源流

吴江图书馆存民国十二年（1923）吴江中学油印本。

存庑先生来信

吴江图书馆存稿本。

七经纲要

吴江图书馆存油印本。

戊午暑期国文讲义汇刊（与薛凤昌等同撰）

吴江图书馆存民国七年（1918）上海中华书局铅印本。

蓬心和草

吴江图书馆存民国十一年（1922）磨剑室铅印本。

吴江沈氏长次二公剩稿（与沈昌眉同撰）

吴江图书馆存1994年北京社会科学出版社印本。

求是学社社刊（编）

　　吴江图书馆存民国十七年（1928）苏州文新公司印第一集。

◎**零星诗文**　《南社文选》有文。《南社诗集》第二册有诗。《求是学社社刊》有文。

胡达人（生卒年不详）民国吴江人。曾在无锡省立第三师范任教，与沈昌直、钱穆同事。民国十六年（1927）与沈昌直同受聘苏州中学，又介绍钱穆同往。

◎**著作集**

日用英语读本

　　吴江图书馆存民国二十五年（1936）苏州小说林永记书社铅印本。

初级英文选

　　吴江图书馆存民国二十六年（1937）上海竞文书局铅印本。

范滋培（1882—1915）字符楼，号蔼人，别号潜庐。清末民初吴江人，范烟桥之叔。光绪二十四年（1898）取入江庠。岁试优等，荐而未售。里中立雪耻学会，欣然与焉。后应聘主教同里丽则女学。

◎**著作集**

潜庐诗文稿

　　见范烟桥《先叔蔼人公传略》，未见收藏。

费福熙（生卒年不详）字孟良。民国吴江人。光绪二十八年（1902）取入江庠。著作集待考

◎**零星诗文**　《祝者集》有诗。

金曾灿（1883—1955）号培真，别署枫江。民国吴江同里人。清光绪三十年（1904）取入江庠。入民国后，曾入上海理科专修学校攻格致之学。毕业后返里，协助金天羽办同里小学，任校长凡十余年。后任吴江中学教员、主任。抗战后移居上海。新中国成立后被聘为上海文史馆馆员。工诗文，擅书法。

◎**著作集**

高等小学化学教科书

　　吴江图书馆存民国铅印本。

枫江诗文集

　　见吴国良《吴江书画印人辑录》，未见收藏。

书法举隅

　　国家图书馆存民国二十年（1931）上海文明书局影印本。

费树蔚（1884—1935）字仲深，号韦斋，又号愿梨、左癖、迂琐。清末民初吴江同里人，柳亚子表舅。光绪二十八年（1902）取入江庠。以姻亲尝留袁世凯幕中。1915 年 7 月任北京政府肃政厅肃政史，11 月去职。后隐居苏州桃花坞，与章太炎、金天羽、张仲仁等人诗文相质。曾开设江丰银行、任吴江红十字会会长。

◎著作集

吴中近人书画集（辑）

　　吴江图书馆存民国十四年（1925）振新书社印本。

谢氏家藏同光诸老尺牍（辑）

　　国家图书馆存民国间铅印本。

费韦斋诗钞十四卷文抄一卷

　　南京图书馆存 1951 年吴江费氏石印本。

费韦斋集

　　国家图书馆存 1951 年石印本。

◎零星诗文　《祝者集》有诗。

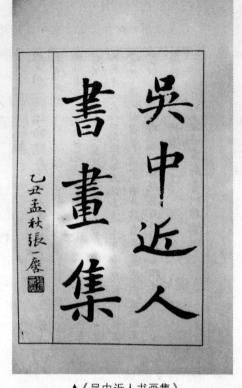

▲《吴中近人书画集》

袁翰清（1884—1954）字镜涵（一作噤寒），号金南。民国吴江芦墟人。耽吟咏，擅书画。南社社员。

著作集待考

◎零星诗文　《迷楼集》有诗。《求是学社社刊》有诗词。

钱祖宪（1884—1926）字叔度。民国吴江人，钱焕之子。光绪二十八年（1902）取入江庠。历任中学、小学教习十余年，长同川小学七年。南社社员。

◎著作集

畏垒山房文集

　　见柳无忌、殷安如《南社人物传》，未见收藏。

◎零星诗文　《南社文选》有文。《祝者集》有诗。

沈兆奎（1885—1955）字羹梅。清末民初吴江人，沈桂芬从孙。光绪二十七年（1901）取入震庠。少随宦京津江汉，既冠就婚广西。尝赴日本考察教育，回国考取北京译学馆，卒业奖举人，以七品小京官分学部。辛亥后任大理院书记官，转任司法部秘书，擢参事。尝入安徽、黑龙江长吏幕府。膺北京、河北税务学校聘主讲席。后南游上海就银行秘书。日寇来侵，间关入蜀，胜利后旋南京。1950 年入上海文物保管会。

◎**著作集**

无梦庵诗·词·文

> 吴江图书馆存 1963 年仪征张氏默园铅印本。

施源（生卒年不详）字养吾（一作养和）。清末民初吴江人。光绪二十八年（1902）取入震庠。

著作集待考

◎**零星诗文** 《祝耆集》有诗。

黄复（？—1963）字娄生，号病蝶。民国吴江黎里人。早年入南社，与余其锵、王德邻、顾无咎、凌景坚等以集龚自珍句相尚。后在北京任《京报》附刊《小京报》编辑，建国后任中央文史馆馆员。

著作集待考

◎**零星诗文** 《南社诗集》第五册有诗。《迷楼集》有诗。

张士一（1886—1969）名谔，字士一，以字行。吴江盛泽人，张嘉荣之子。十四岁考取南洋公学，攻读铁路工程，课余翻译书籍，以补学费、家用。因劳累过度患眼疾辍学任教，先至成都高等学堂，后又受聘母校任英文教员兼西文文案，因不堪约束辞职。民国三年（1914）入上海中华书局任英文编辑，翌年又任南京高等师范学校英文教员，创办高等师范体育科。民国六年（1917）赴美研究教育，获哥伦比亚大学硕士学位。归国后任国立东南大学、国立中央大学教育学院等校教授。1949 年拒绝赴台湾而参加全国政协会议。新中国成立后先后任南京师范学院教育系、外语系教授兼系主任。曾任江苏省人民代表大会代表、南京市政协副主席等职。善诗词、篆刻，能识古乐谱、弹古筝。

◎**著作集**

英文尺牍教科书

> 国家图书馆存民国三年（1914）上海商务印书馆印本。

新式英华双解词典（与沈彬同编）

> 吴江图书馆存民国七年（1918）上海中华书局印本。

英华会话合璧

> 吴江图书馆存民国七年（1918）上海商务印书馆铅印本。

英语最常用四千字表（改编）

> 国家书馆存民国十二年（1923）上海中华书局铅印本。

英语教学法

上海图书馆存民国二十四年（1935）上海中华书局铅印本。

小学"国语话"教学法

河南省图书馆存民国十一年（1922）上海中华书局印本。

英语基本练习

上海图书馆存民国二十九年（1940）上海中华书局铅印本。

外国语教学法

苏州图书馆存民国十四年（1925）上海商务印书馆铅印本。

初中直接法英语教科书

国家图书馆存民国十九年（1930）上海商务印书馆铅印本。

培根文选

苏州图书馆存民国二十三年（1934）上海中华书局印本。

新式英华词典

上海图书馆存民国二十四年（1935）上海中华书局印本。

学生英语会话

上海图书馆存民国三十六年（1947）上海中华书局印本。

韦氏英文大词典（译）

见1994年版《吴江县志》，未见收藏。

记忆学

见1991年版《盛泽镇志》，未见收藏。

王翰娱（生卒年不详）民国吴江人。

◎著作集

分类图画大全

吴江图书馆存民国十一年（1922）上海新新美术社铅印本。

美术广告画（与王惠廉、王家燧同绘）

吴江图书馆存民国七至二十年（1918—1931）上海新新美术社铅印本。

王家燧（1886—1951）字紫均（一作子均）。民国吴江松陵镇人。十二岁出嗣同里远房亲戚，入衣庄店学艺。喜画，师从樊少云。辛亥革命后入上海美术专科学校，后报考商务印书馆，为美术编辑。不久离沪返乡，先后在吴江中学、震泽小学、同里丽则女子小学执教图画。

◎著作集

国画新教材

吴江图书馆存民国十四年（1925）上海美术书局印本。

美术广告画

吴江图书馆存民国十七年至民国二十年（1928—1931）上海新新美术社铅印本。

应用模样集

吴江图书馆存民国二十四年（1935）上海形象艺术社印本。

儿童美术丛书十册

见新版《同里镇志》卷二十，未见收藏。

王达泉（1886—1940）清末民初吴江黎里人。祖籍浙江嘉兴。幼失怙恃，刻苦求学，不负叔父、长姊抚养，十九岁即中秀才。初以执教为业，后从苏州名医曹沧州为师，学成后悬壶黎里。

◎**著作集**

达泉医话集

见《苏州民国艺文志》，未见收藏。

柳亚子（1887—1958）原名慰高，字安如；后改名人权，字亚卢；再更名弃疾，字亚子。吴江黎里人。少从母亲学唐诗，光绪二十八年（1902）取入府学，次年在家乡参加中国教育会，随即赴上海爱国学社读书。光绪三十二年（1906）参加中国同盟会、光复会。宣统元年（1909）与陈去病、高旭组织南社，鼓吹革命。民国十二年（1923）与毛啸岑等创办《新黎里》报，同年与叶楚伧、邵力子等发起成立新南社，宣扬三民主义，提倡民众文学。是年十二月加入国民党，参与筹备江苏省党部、吴江县党部。"皖南事变"后，与宋庆龄、何香凝在香港发表宣言，痛斥蒋介石迫害新四军、消极抗日罪行，被蒋介石开除党籍。民国三十七年（1948）与宋庆龄在香港组织中国国民党革命委员会，任秘书长。1949年受中国共产党邀请，赴北京参加中国人民政治协商会议。新中国成立后历任中央人民政府委员、全国人大常委会委员，政务院文教委员、华东行政委员会副主席、中央文史馆副馆长等职。

◎**著作集**

三子游草（与撰）

吴江图书馆存民国五年（1916）铅印本。

复报（编辑）

吴江图书馆存清光绪三十二年（1906）复报社部分印张。

警报（与朱少屏、胡寄尘合编）

见柳无忌《柳亚子年表》，收藏不详。

南社丛刻

吴江图书馆存1994年北京社会文献出版社印本。

流霞书屋遗集（邹亚云撰；柳亚子辑）

南京图书馆存民国二年（1913）上海国光书局铅印本。

春航集

　　吴江图书馆存民国二年（1913）上海广益书局铅印本。

子美集

　　上海图书馆存民国三年（1914）上海光文印刷所铅印本。

蜕翁诗词刊存（陈范撰；柳亚子辑）

　　南京图书馆存民国印本。

陈蜕庵先生文集（陈范撰；柳亚子辑）

　　上海图书馆存民国三年（1914）印本。

柳纯斋先生行述

　　吴江图书馆存民国四年（1915）印本。

蜕翁诗词文续存（陈范撰；柳亚子辑）

　　南京图书馆存民国四年（1915）印本。

太一遗书（宁调元撰；柳亚子辑）

　　吴江图书馆存民国四年（1915）铅印本。

孙烈士竹丹遗事（辑）

　　吴江图书馆存民国六年（1917）印本。

陈烈士勒生遗事（辑）

　　见张明观《柳亚子史料札记》，收藏不详。

剑南诗集及其他摘抄（选并题记）

　　上海图书馆存民国十年（1921）抄本。

迷楼集

　　吴江图书馆存民国十年（1921）铅印本。

乐国吟（辑）

　　吴江图书馆存民国十一年（1922）磨剑室铅印本。

子目：

　　柳亚子　　蓬心草一卷

　　沈昌眉等　蓬心和草一卷

　　沈昌眉等　蓬心和草补一卷

　　林百举等　蓬心和草屑一卷

　　柳亚子等　蓬心补草一卷

　　柳亚子等　蓬心续草一卷

南社诗集一至六册（主编）

　　吴江图书馆存民国二十五年（1936）上海华中印刷所铅印本。

吴根越角集

　　见柳无忌《柳亚子年表》，未见单行本收藏。

新黎里（编辑）

　　吴江图书馆存 1923—1924 部分报纸复制品。

国学汇编（与胡朴安同编）

　　吴江图书馆存民国十三年（1924）国光书局印本两集。

分湖柳氏第三次纂修家谱

　　吴江图书馆存复印本《柳亚子家谱》。

苏曼殊年谱及其他（与柳无忌合编）

　　南京图书馆存民国十六年（1927）上海北新书局印本。

乘桴集

　　南京图书馆存民国十八年（1929）上海平凡书局印本。

苏曼殊全集（苏曼殊撰；柳亚子辑）

　　吴江图书馆存民国十七年（1928）上海北新书局印本及 1985 年北京中国书店印本。

曼殊遗墨（辑）

　　苏州图书馆存民国十八年（1929）上海北新书局铅印本。

礼蓉招桂龛缀语（辑）

　　吴江图书馆存民国二十一年（1932）印本。

文艺园地

　　上海图书馆存民国二十一年（1932）上海开华书局铅印本。

创作的经验

　　上海图书馆存民国二十二年（1933）上海天马书店印本。

曼殊作品选集（选编）

　　南京图书馆存民国二十二年（1933）上海光华书局铅印本。

关于廖承志被捕档案（剪报）

　　国家图书馆存民国二十二年（1933）三月至四月剪报黏贴本。

标准文选（辑）

　　上海图书馆存民国二十四年（1935）上海大光书局印本。

南游集

　　见柳无忌《柳亚子年表》，未见单行本收藏。

南社词集（辑）

　　苏州图书馆存民国二十五年（1936）上海开华书局铅印本。

曼殊笔记小说集（辑）

　　国家图书馆存民国二十五年（1936）上海北新书局印本。

修葺曼殊大师墓塔募捐册（辑）

　　国家图书馆存民国二十五年（1936）印本。

柳溪诗征

上海图书馆存民国二十六年（1937）上海中华书局印本。

张秋石女士遗文

原稿存国家博物馆。

南社纪略

上海图书馆存民国二十九年（1940）上海开华书店印本。

吴江图书馆存1983年上海人民出版社印本。

曼殊余集

吴江图书馆存民国十七年（1928）上海北新书局铅印本。

磨剑室藏革命文库目录（胡道静等编；柳亚子藏）

国家图书馆存民国三十年（1941）阿英抄本。

丽白楼自选诗（林庚白撰；柳亚子辑）

南京图书馆存民国三十五年（1946）上海开明书店印本。

怀旧集

苏州图书馆存民国三十六年（1947）上海耕耘出版社铅印本。

全唐诗精华

上海图书馆存民国三十七年（1948）上海正风出版社铅印本。

南明史料书目附补遗

国家图书馆存民国稿本。

湖海行吟草

国家图书馆存民国铅印本。

磨剑室词

国家图书馆存民国间抄本。

民国碑传集目录（柳亚子藏）

国家图书馆存民国间朱丝栏抄本。

柳亚子文

国家图书馆存民国间抄本。

蜚景词选

国家图书馆存民国间抄本。

关于瞿秋白烈士殉国案（剪报）

国家图书馆存剪报八页抄本八页。

浙游杂诗

上海图书馆存油印本。

分湖诗钞（辑）

上海图书馆存民国稿本。

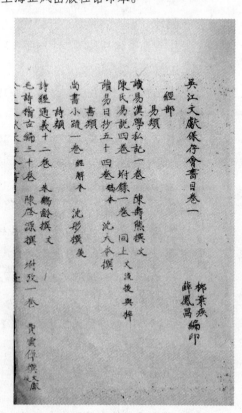

▲《吴江文献保存会书目》书影

　　　　吴江图书馆存 2009 年江苏人民出版社印本。

养余斋松陵书目

　　　　上海图书馆存民国柳氏稿本。

养余斋书画目录六卷

　　　　上海图书馆存民国柳氏稿本。

分溪垂钓图题咏

　　　　张明观《柳亚子史料札记》称上海图书馆存吴江柳氏抄本。

磨剑室印谱（拓）

嘉树堂印谱（拓）

　　　　以上两种上海图书馆存民国钤印本。

吴江文献保存会书目

　　　　吴江图书馆存民国油印本。

感情屑一卷（辑）

　　　　上海图书馆存民国抄本。

花间寻梦图题词一卷（辑并跋）

　　　　上海图书馆存民国抄本。

附新中国成立后著作集：

柳亚子诗词选（柳无非、柳无垢选辑）

　　　　南京图书馆存 1959 年北京人民文学出版社铅印本。吴江图书馆存 1981 年印本。

柳亚子诗选（徐文烈、刘斯翰笺注）

　　　　南京图书馆存 1981 年广州广东人民出版社印本。

柳亚子诗选注（崔闽选注）

　　　　国家图书馆存 1981 年石家庄《大学生文选》编辑部印本。

柳亚子选集（王晶垚等编）

　　　　南京图书馆存 1989 年北京人民出版社印本。

柳亚子文集：磨剑室诗词集（中国革命博物馆编）

　　　　南京图书馆存 1985 年印本。

柳亚子文集：磨剑室文集（中国革命博物馆编）

　　　　吴江图书馆存 1993 年上海人民出版社印本。

柳亚子文集：自传·年谱·日记（柳无忌、柳无非编）

　　　　吴江图书馆存 1986 年上海人民出版社印本。

柳亚子文集：书信辑录（上海图书馆编）

　　　　吴江图书馆存 1985 年上海人民出版社印本。

柳亚子文集：苏曼殊研究（柳无忌编）

　　　　吴江图书馆存 1987 年上海人民出版社印本。

柳亚子文集：南明史纲·史料（柳无忌编）

  国家图书馆存 1994 年上海人民出版社印本。

磨剑鸣筝集：南社二友柳亚子与苏曼殊诗选

  上海图书馆存 1993 年上海外语教育出版社印本。

柳亚子诗文选（李昌集选注）

  南京图书馆存 1995 年上海华东师范大学出版社印本。

柳亚子家书

  上海图书馆存 1997 年长沙岳麓书社印本。

柳亚子文集补编

  上海图书馆存 2004 年社会科学文献出版社印本。

近代外祸史

  南京图书馆存 1950 年上海印本。

钱祖翼（1887—1963）字祥春，一字云翚。吴江同里人。清末就学于上海音乐美术传习所，后归同里执教。曾协助金天羽创办同川自治学社，与范烟桥等组织同南社。工书画，擅篆刻，善诗词。

 ◎著作集

西柳诗钞一卷

  见新版《同里志》卷二十，未见收藏。

郑桐荪（1887—1963）名之蕃，又名鹓序、赓鑫，号桐荪，又号仲蕃、焦桐、无竞庵主人，以号桐荪行世。吴江盛泽人。郑恭和嗣子。南社社员。早年肄业于上海震旦大学，清光绪三十四年（1908）赴美留学，毕业于康奈尔大学数学系。宣统三年（1911）回国，先后在马尾海军学校、上海南洋公学等校任教。民国九年（1920）至清华学校任教，是清华大学原算学系创始人之一。后曾任清华大学教务长。抗战期间在上海震旦女子文理学院讲授中国诗词。抗战胜利后又任教清华大学。1952 年退休后通读二十四史，研究历代兴废、山川变革。

 ◎著作集

法兰西纸币祸史：中国财政之殷鉴（译著）

  国家图书馆存民国三年（1914）上海国华书局印本。

微分方程初步（译）

  南京图书馆存民国二十一年（1932）上海世界书局铅印本。

四元开方释要

墨经中的数理思想

  以上两种见《郑桐荪先生纪念册》，未见收藏。

附新中国成立后著作集：

数学名词（编译）

禹贡地理新释

元明两代京城之南面城墙

河清歌

冯注李义山诗商榷

吴梅村诗笺释

宋诗简评

郑桐荪遗诗文

以上八种见《郑桐荪先生纪念册》，未见收藏。

徐佩璜（1887—1973）字君陶。吴江横扇人。清宣统元年（1909）至民国三年（1914）留学美国麻省理工学院攻化学，获学士学位。

◎**著作集**

抗战与公用事业

南京图书馆存民国二十七年（1938）长沙商务印书馆铅印本。

钱刚（1887—1927）字涤根。清末民初人，父世居松陵镇，本人出生江西南昌。清光绪三十一年（1905）参加同盟会。宣统三年（1911）毕业于江西陆军宪兵学堂。辛亥革命爆发，钱刚于江西起义响应，后任江西都督府副官长兼内卫队长。"二次革命"中任江西讨袁军军法处处长，几遇难，逃亡日本。民国四年（1915）回吴江。民国六年（1917）赴广州参加护法运动。民国十一年（1922）后历任大元帅府命令传达所副官长、广东省增城警备司令。孙中山逝世后，任东征军总指挥部谍报主任、黄埔军校副官。北伐时受命潜赴上海，民国十六年（1927）在上海遇难。民国二十六年（1937）吴江县内民众捐款立"钱涤根烈士纪念碑"。

◎**著作集**

膛外弹道学（译著）

国家图书馆存1949年大连建新工业公司印本。

蓝公武（1887—1957）字志先，笔名知非。苏州人，吴江籍。早年就读于苏州吴中公学，后留学日本、德国，武昌起义后归国。民国二年（1913）当选北京政府参议院议员，先后任《时事新报》总编辑、《国民公报》社长。民国七年（1918）《国民公报》被封，改任《晨报》主笔、北京大学教授。抗日战争后，历任察哈尔省政府教育厅长、北岳行署民政厅长、华北人民政府副主席兼民政部长。新中国成立后，任最高人民检察署副检察长，兼国务院政法委员会委员、全国政协委员。1957年病逝于北京。逝世后，中共中央追认其为中共党员。

◎著作集

梁任公先生演说集（编）

南京图书馆存民国元年（1912）北平正蒙印书局铅印本。

爱的教育（译）

国家图书馆存民国二十九年（1940）长春大陆书局印本。

附新中国成立后著作集：

纯粹理性批判（译）

南京图书馆存 1957 年北京三联书店印本。

吴江图书馆存 2009 年北京商务印书馆印本。

任传薪（1887—1962）字味知。吴江同里人，任兰生之子。早年就读于金天羽所办同川自治学社，与柳亚子等同入中国教育会同里支部。光绪三十一年（1905）取入震庠，与柳亚子同办小报《自治报》，后改名《复报》。光绪三十二年（1906）在退思园创办私立丽则女校。不久又入上海健行公学、上海震旦大学求学。宣统二年（1910）从震旦大学毕业。曾赴德国、日本考察教育。归同里任吴江第一女子高等小学校长、丽则女子中学校长。后离同里，赴沪任教。

◎著作集

小孩子的日记（译）

刊于吴江同里《妇女评论》，吴江图书馆存部分文字。

屈原赋一卷（注）

上海图书馆存民国间稿本。

朱霞（生卒年不详）字佩侯，号剑锋。吴江黎里人，朱剑芒兄。南社社员。

著作集待考

◎零星诗文 《南社诗集》第一册有诗。《消夏录》有诗文。

严琦（？—1926）字渭渔。民国吴江人。毕业于省立第一师范，曾任吴江同里区立第三小学校长。

◎著作集

续曾文正公家书札记

吴江图书馆存民国七年（1918）苏州振新书社印本。

女子实用尺牍教本

吴江图书馆存民国七年（1918）苏州振新书社印本。

初学白话信范本

吴江图书馆存民国十二年（1923）上海世界书局印本。

书信构造法

国家图书馆存民国二十五年（1936）上海中华书局印本。

柳冀高（1888—?）字抟霄。清末民初吴江人，柳慕曾长子。

◎**著作集**

柳无涯先生追悼录

吴江图书馆存民国七年（1918）印本。

◎**零星诗文** 《迷楼集》有诗。

郑瑛（1888—1962）字子佩，号佩宜。吴江盛泽人，郑慈谷长女，柳亚子夫人。清光绪三十二年（1906）嫁入柳家。婚后对柳亚子悉心照料，多有襄助。

◎**著作集**

清河闺秀联珠集二卷

上海图书馆存民国吴江柳氏抄本。

王绍鏊（1888—1970）字恪臣（又作恪尘、却尘）。吴江同里人。清光绪三十一年（1905）取入江庠。曾入吴江理化研究会。光绪三十二年（1906）就学于沪，明年（1907）游学日本。宣统三年（1911）毕业归国。佐章太炎奔走国事。民国元年（1912）当选众议院议员。袁氏生变，愤而南归，后就肃政厅书记官职。护法军兴，航海南行。曹氏当国，曾与同志密谋惩凶。"九一八"事变后，参加抗日救国难。民国二十三年（1934）加入共产党，曾在苏南组织抗日。民国三十年（1941）后，在上海、香港从事统一战线工作，与马叙伦等发起成立中国民主促进会，任常务理事。1949年以民进代表身份出席中国人民政治协商会议第一届全体会议。新中国成立后曾任政务院财政部副部长、全国人大预算委员会副主任、全国政协常委、民进中央副主席等职。1970年病逝于北京。

◎**著作集**

王母蒯太夫人行述

吴江图书馆存民国十二年（1923）年印本。

协力主义

上海图书馆存民国二十一年（1932）中华全民社印本。

周麟书（1888—1943）字嘉林（一作嘉麟），号迦陵。清末民初吴江人，周用十二世孙。光绪三十一年（1905）取入震庠，后毕业于苏州府中学校，归而迭任吴江中小学校长及教员，又任江苏省立吴江乡村师范教员。南社诗人，善饮酒，工度曲。

◎著作集

小匏叶庵诗钞二卷

　　　　吴江图书馆存民国十五年（1926）铅印本。

小匏叶庵诗续抄不分卷

　　　　吴江图书馆存民国十九年（1930）铅印本。

笏园诗钞四卷词一卷

　　　　吴江图书馆存民国三十年（1941）铅印本。

迦陵记游诗草三卷

　　　　吴江图书馆存民国十一年（1922）油印本。

子目：

　　　　齐鲁游草一卷　西湖游草一卷　渡江游草一卷

嘉林诗存三卷

　　　　国家图书馆存民国间稿本。

沧浪诗存

虎阜游草

邓尉游草

虞山游草

　　　　以上四种苏州博物馆存稿本。

周氏诗存

　　　　国家图书馆存民国间稿本。

周忠毅公残集（辑）

　　　　上海图书馆存民国九年（1920）吴江柳氏抄本。

许豫（1889—1953）一名豫曾。字康侯（也作康由、亢由），号太平。民国吴江芦墟人，许观曾兄。少随外祖父陈仲威学医，后在芦墟悬壶医众，专攻中医妇幼科，有声望。喜交文人墨客，民国五年（1916）与沈昌眉、沈昌直、董书城、陆鸥安等发起分湖诗社。民国十一年（1922）与同道出刊《芦墟报》，任编辑主任。常以侠士高渐离自许，民国十二年（1923）意欲行刺北方政要，尝请友人绘《燕筑图》以寄其意。

◎著作集

两京纪游诗（与许观曾同撰）

　　　　吴江图书馆存民国铅印本。

寿萱图题咏集（与许观曾同编）

　　　　南京图书馆存民国石印本。

池上小筑诗稿

石鼓考略

以上两种见网络文章《文史大家张天方与南社诗友的交谊》，未见收藏。

吴江许母陈节孝君褒扬录

　　吴江图书馆存民国十年（1921）印本。

◎**零星诗文**　《迷楼集》有诗。《求是学社社刊》有诗。

倪慰农（1889—1961）吴江黎里人。十二岁就读于上海南洋公学。辛亥革命后入国立京师农政学堂学农学，毕业考试全科第一。应南通张謇之邀赴清江浦办气象观测所，后供职农商部商标局。民国十六年（1927）辞职回黎里，创办试验所"慰农学圃"，推广引进农畜品种。新中国成立后在黎里中学执教植物学，任吴江县人大代表、政协委员。

◎**著作集**

倪慰农日记

　　吴江图书馆存稿本。

中等农业气象学

　　南京图书馆存民国十五年（1926）上海中华书局铅印本。

新屯垦法

　　见1994年版《吴江县志》，未见收藏。

朱剑芒（1890—1972）原名长缓，改名慕家。字仲康，号剑芒，别号银藤馆主。笔名太赤、古狂、晴厓等，以号剑芒行世。吴江黎里人。早年曾协助表叔陈申伯创办平民小学。清宣统元年（1909）加入南社。平民小学停办后，在县内各小学任教。又赴上海寰球中学任教师，因支持学生运动遭迫害，改任世界书局编辑，以编辑《三民主义国文课本》驰名。民国二十五年（1936）任职于国民政府审计部门。民国三十四年（1945）在福建永安组织南社闽集，被推为社长。抗战胜利后任上海市审计处秘书。1951年，经柳亚子介绍，到常熟从事教育。曾任常熟县人大代表、政协副主席。"文革"中遭迫害，1972年病逝常熟。

◎**著作集**

国民革命问答（编辑）

　　南京图书馆存民国十六年（1927）上海中央图书局铅印本。

新主义教科书前期小学国文读本（编辑）

　　国家图书馆存民国十六年（1927）上海世界书局印本。

国民政府公文程式大观（编辑）

　　国家图书馆存民国十七年（1928）上海世界书局印本。

初中国文六册（编辑）

　　吴江图书馆存民国二十一年（1932）上海世界书局铅印本。

公文程式概要

南京图书馆存民国十八年（1929）上海世界书局铅印本。

新公文程序大全

国家图书馆存民国十八年（1929）上海世界书局印本。

最新党国名人公牍类编（辑）

国家图书馆存民国十八年（1929）上海中央书店印本。

高中国文（编辑）

国家图书馆存民国十九年（1930）上海世界书局印本。

经学提要

南京图书馆存民国十九年（1930）上海世界书局铅印本。

记叙文作法向道（校）

苏州图书馆存民国二十年（1931）上海世界书局印本。

初中国文指导书六册（编辑）

国家图书馆存民国二十年（1931）上海世界书局印本。

世界活页文选（与陈霭麓同编辑）

国家图书馆存民国二十二年（1933）上海世界书局铅印本。

子目：

记叙文　论难文　说解文　发抒文　摹状文　抒情诗

写景诗　叙事诗

美化文学名著丛刊（辑）

南京图书馆存民国二十四年（1935）上海国学整理社铅印本。

子目：

叶绍袁　窃闻　续窃闻

叶绍袁　陶庵梦忆

冒襄　影梅庵忆语

汪价　三侬赘人广自序

李渔　乔王二姬合传

沈复　足本浮生六记

陈裴之　香畹楼忆语

蒋坦　秋镫琐忆

焦东　扬州梦

孙道乾　小螺庵病榻忆语

公文模范大全

国家图书馆存民国二十四年（1935）上海中央书店印本。

章台纪胜名著丛刊（编辑）

南京图书馆存民国二十五年（1936）上海国学整理社铅印本。

仿古字版艺林名著丛刊（编辑）

国家图书馆存民国二十四年（1935）上海国学整理社印本。

广解孟子读本（与王缉尘等同撰）

河南省图书馆存民国二十五年（1936）上海世界书局印本。

广解四书读本（与王缉尘等同撰）

吴江图书馆存民国二十五年（1936）上海世界书局铅印本。

初中新国文六册（编辑）

国家图书馆存民国二十六年（1937）上海世界书局印本。

朱氏家乘四卷

吴江图书馆存民国二十七年（1938）抄本。

复泉居士诗文集

剑庐词存

南社诗话

我所知道的南社

以上四种见 1994 年版《吴江县志》，未见收藏。

剑芒诗文杂著拾存

剑芒文存

海上杂诗初稿

梦桃花庵初稿

剑庐杂存

歌声灯影集

竹坪词录存

双燕归巢庐词钞

秋棠室丛话

苏遗诗钞

燕江诗稿

春雨楼词话

以上十二种见柳无忌，殷安如《南社人物传》，未见收藏。

新新诗话

吹花嚼蕊庐艳体诗话

以上两种见吴江市诗词协会《吴江籍南社（新南社）社员诗词集书目简表》，未见收藏。

◎**零星诗文**　《南社诗集》第一册有诗。《南社文选》有文。《消夏录》有诗文。

邱庚藻（1890—?）字纠生。民国吴江人。东吴大学预科毕业，曾任黎里市学务委员兼县立第四高小校长、县教育会会长。民国七年（1918）任县视学。

◎著作集

吴江县视学第七、八年度视察报告书

　　　　吴江图书馆存民国八年（1919）、民国十年（1921）无锡锡成印刷公司铅印本。

◎零星诗文　《祝耆集》有诗。

金一新（1890—1950）民国吴江人。早年求学嘉兴、上海，后赴日本东京大学攻读机械工程。归国后任上海大学教授、江苏省南京工业专门学校代理校长、中华职业学校机械科主任。

◎著作集

工厂管理

　　　　上海图书馆存民国三十七年（1948）上海龙门联合书局印本。

应用力学

　　　　上海图书馆存民国三十七年（1948）上海龙门联合书局印本。

材料力学

　　　　上海图书馆存民国上海龙门联合书局印本。

附新中国成立后著作集：

水力学

　　　　国家图书馆存 1950 年上海龙门联合书局印本。

基本工程画

　　　　上海图书馆存 1951 年上海龙门联合书局印本。

实用基本电工学

　　　　吴江图书馆存 1952 年上海中国科学图书仪器公司印本。

机构学

　　　　吴江图书馆存 1953 年上海龙门联合书局印本。

机械工程画

　　　　上海图书馆存 1954 年上海龙门联合书局印本。

陆树棠（1890—1932）字赓南，自号麋庵居士。清末民初吴江芦墟人，陆荣光之子。十七赴郡院试列前茅，额满未售，会诏废科举，考入上海竞业中学，旋改入震旦学院，习法兰西文字，毕业考入南洋方言学堂修业二年，北上入京师分科大学。宣统元年（1909）以主事签分法部编置司供职，仍入大学，毕业南归，从王鹤琴等游，治古文经史。又与陆廉夫、沈雪庐诸画师过从甚密，研精写生。民国六年（1917）供职财政部公债司，十六年（1927）任公债司第一科科长。

◎著作集

二张先生词剩（辑）

　　见柳亚子等《吴江文献保存会书目》，未见收藏。

分湖诗钞（辑）

松陵画苑录

泊斋寓赏编

图咏汇录

忆鹤轩杂缀

通鉴蒙拾一卷

灵芬馆年谱

就间居诗文稿

麋砚庵诗文词

武功词翰考一卷

　　以上十种见金天羽《陆君赓南小传》，未见收藏。

世界实业志（译）

　　见张寿镛《陆君赓南诔并传》，未见收藏。

新订债券程表汇编

库券还本付息分类表

　　以上两种国家图书馆存民国二十一年（1932）铅印本。

杨济震（生卒年不详）字佩玉，号孤室，别署不幸人。民国吴江同里人。尝任上海永利洋行职员。

◎著作集

孤室文稿

　　吴江图书馆存民国十六年（1927）稿本。

徐敬修（生卒年不详）民国吴江同里人。毕业于省立第三师范，归任吴江公立第二小学教职。

◎著作集

经学常识

诗学常识

小学常识

词学常识

音韵常识

文学常识

说部常识

小学常识

理学常识

史学常识

　　以上十种吴江图书馆存民国十四年（1925）上海大东书局铅印本。

高小地理课本（与李乃培同编）

　　吴江图书馆存民国十五年（1926）上海世界书局铅印本。

陆翔（生卒年不详）字云伯。清末民初吴江同里人，陆恢之子。光绪三十年（1904）取入江庠，三十一年（1905）为江庠一等十二名之一。尝师从吴县何实睿。精于法语，民国时执教上海震旦大学法语系。法国汉学家伯希和名著《敦煌石室访书记》、《巴黎图书馆敦煌写本书目》、《中古时代中亚细亚及中国之基督教》即译自其笔下。

◎著作集

巴黎图书馆敦煌写本书目（伯希和编；陆翔译并序）

　　国家图书馆存民国国立北平图书馆印本。

中古时代中亚细亚及中国之基督教（译）

　　国家图书馆存 1989 年兰州大学出版社印本。

现代新思想集（编辑）

　　南京图书馆存民国十年（1921）北京新文化编辑社铅印本。

陆廉夫先生事略

　　吴江图书馆存民国九年（1920）铅印本。

新体广注书翰文自修读本四卷（编辑）

　　南京图书馆存民国十年（1921）上海世界书局石印本之影印本。

新体广注论说文自修读本四卷（编辑）

新体广注纪事文自修读本四卷（编辑）

　　以上两种见孔夫子旧书网拍卖信息，收藏不详。

当代名人新书信集（辑）

　　吴江图书馆存民国十一年（1922）上海广文书局铅印本。

当代名人新小说集（辑）

　　天津图书馆存民国十二年（1923）上海广文书局印本。

当代名人新文精华（辑）

　　吴江图书馆存民国十一年（1922）上海世界书局铅印本。

当代名人新文选（辑）

　　吴江图书馆存民国十一年（1922）上海广文书局铅印本。

当代名人新演讲集（辑）

　　吴江图书馆存民国十一年（1922）上海广文书局铅印本。

四部精华（辑）

　　吴江图书馆存民国十五年（1926）上海世界书局铅印本。

五胡二十国史表

　　南京图书馆存民国十七年（1928）上海震旦大学铅印本。

新体广注秋水轩尺轩二卷（编辑）

　　南京图书馆存民国二十年（1931）上海世界书局石印本。

初中国文（与纂）

　　吴江图书馆存民国二十一年（1932）上海世界书局铅印本。

国闻译证　第一册（译）

　　南京图书馆存民国上海开明书店铅印本。

世界知识新文库样本（辑选）

　　国家图书馆存民国间上海广文书局石印本。

【编者注】发现陆翔纯属偶然。本志一名编辑者访问敦煌莫高窟，见陈列室橱窗刊出法国伯希和《敦煌石室访书记》，而译者赫然标明"吴江陆翔"。陆翔为谁，同行者无人知晓。归后上网搜寻，一无所获。信手翻阅吴江图书馆古籍目录，竟发现有多种文集署名"陆翔"，急寻书查看，编著者果又是"吴江陆翔"。然陆翔为谁，仍无着落。后读到《陆廉夫先生事略》，知其儿名翔，正是陆翔。继而又在《游庠录》中查到其下落。不过，此陆廉夫公子陆翔是否即为翻译《敦煌石室访书记》因而进入敦煌陈列室橱窗之陆翔？编者仍无把握。再后来读到何实睿《陆廉夫先生暨德配陈夫人墓志铭》发现可资证实，因为文中说道：陆廉夫"子二，长翔，邑庠生，即问学于余，兼通法兰西文……"。数月后又偶然在网站"线装古旧书广场"读到如此记载："陆翔（生卒年不详），字云伯。清末吴门画派名家陆恢（字廉夫）子。民国时执教震旦大学法语系，为近代海上名儒周退密授业师。撰有《五胡二十国史表》，辑有《四部精华》《当代名人新书信集》等。精于法语，法国汉学家伯希和名著《敦煌石室访书记》《巴黎图书馆敦煌写本书目》《中古时代中亚细亚及中国之基督教》即译自其笔下。"

周钟灏（生卒年不详）字剑丞。清末民初吴江人。光绪三十年（1904）取入震庠。
著作集待考
◎**零星诗文**　《吴江叶氏诗录外编》卷八有诗。

吴绍裘（生卒年不详）字铭庚（一作鸣冈）。清末民初吴江松陵人。光绪三十年（1904）取入震庠。南社社员。
　　著作集待考
◎**零星诗文**　《祝者集》有诗。

王定一（生卒年不详）一名家益。字朴夫（一作朴甫）。清末民初吴江人。光绪三十年（1904）入府学。

著作集待考

◎**零星诗文** 《祝耆集》有诗。

沈圻（生卒年不详）字重威。民国吴江人。南社社员。曾为上海商务印书馆国文部（即教科书部）职员。

覆巢记（译）

　　上海图书馆存民国间上海商务印书馆铅印本。

新学制体育教材（与麦克乐同编译）

　　民国十七年（1928）商务印书馆出版，收藏不详。

国音字母发音图说明书

　　民国十年（1921）商务印书馆出版，收藏不详。

新学制国语教科书八册（与庄适等同编）

　　国家图书馆存民国十三年（1924）上海商务印书馆铅印本。

平民教育实施法

　　上海图书馆存民国十四年（1925）上海商务印书馆铅印本。

儿童故事游戏

　　上海图书馆存民国十四年（1925）上海商务印书馆铅印本。

周云（1891—1951）原名世恩。字一粟，号湛伯，别号酒痴。民国吴江黎里人。南社社员。

著作集待考

◎**零星诗文** 《南社诗集》第二册有诗。《消夏录》有诗文。吴江图书馆藏丁涛《醉红吟草》附诗。

徐麟（1891—1974）字泉生（一作泉孙），一字芳洲。民国吴江同里人。曾任江苏省立第一师范教员、吴江第二高等小学校长。南社、同南社社员。

◎**著作集**

芳草山人诗集

　　吴江图书馆存稿本。

苏省第一师范国文选本

　　吴江图书馆存民国二年（1913）江苏省第一师范油印本。

艳香摘抄

　　吴江图书馆存民国抄本。

诗学研究

　　吴江图书馆存民国间稿本。

孙本文（1891—1979）曾用名孙共，又名彬甫。字时哲，一字行健。吴江七都人，孙祖禄次子，孙本忠兄。民国四年（1915）入国立北京大学哲学系，毕业后任国立南京高等师范学校国文教员。民国十年（1921）公费留学美国，二年后获伊利诺大学硕士学位，又二年后获纽约大学社会系哲学博士学位。民国十五年（1926）归国，先后在上海大夏大学、复旦大学任教。十七年（1928）受聘为中央大学教授，曾任中大教务长、师范学院院长、社会系系主任和教育部高等教育司司长。曾创办《社会学刊》、《社会建设》等刊，并任主编，被誉为中国社会学泰斗。新中国成立后在南京大学任教，为江苏省第二至四届政协委员。

◎著作集

社会学上之文化论

　　南京图书馆存民国十六年（1927）北平朴社铅印本。

文化与社会

　　苏州图书馆存民国十七年（1928）上海东南书店铅印本。

社会问题

　　苏州图书馆存民国十七年（1928）上海世界书局铅印本。

社会学 ABC

　　苏州图书馆存民国二十年（1931）上海世界书局铅印本。

社会学的领域

　　南京图书馆存民国十七年（1928）上海世界书局铅印本。

社会学丛书

　　南京图书馆存民国十七年（1928）上海世界书局铅印本。

社会学

　　广东中山图书馆存民国十八年（1929）中央政治学校印本。

人口论 ABC

　　苏州图书馆存民国十八年（1929）上海世界书局铅印本。

社会变迁

　　南京图书馆存民国十八年（1929）上海世界书局铅印本。

社会的文化基础

　　南京图书馆存民国十七年（1928）上海世界书局铅印本。

现代社会问题评论集

　　南京图书馆存民国上海世界书局印本。

社会学大纲

南京图书馆存民国二十年（1931）上海世界书局铅印本。

人类起源

南京图书馆存民国二十年（1931）上海世界书局印本。

现代社会学派

苏州图书馆存民国二十二年（1933）上海商务印书馆铅印本。

社会组织

苏州图书馆存民国二十二年（1933）上海世界书局铅印本。

社会用书举要

国家图书馆存民国二十三年（1934）上海中国社会科学会印本。

从社会学到社会问题

南京图书馆存民国二十四年（1935）上海中华书局铅印本。

社会学原理

苏州图书馆存民国二十四年（1935）上海商务印书馆铅印本。

公民　第七册：社会问题

国家图书馆存民国二十五年（1936）南京中正书局印本。

科学的民族复兴（与纂）

南京图书馆存民国二十六年（1937）上海中国科学社铅印本。

中国社会问题

南京图书馆存民国二十八年（1939）重庆青年书店铅印本。

社会行政概论

南京图书馆存民国三十年（1941）重庆中国文化服务社铅印本。

现代中国社会问题

南京图书馆存民国三十二年（1943）重庆商务印书馆铅印本。

中国社会之研究

国家图书馆存民国三十二年（1943）重庆中央训练团党政高级训练班印本。

社会建设月刊（主编）

国家图书馆存民国三十三年至三十八年（1944—1949）发行印本。

三民主义与社会科学

南京图书馆存民国三十四年（1945）上海中正书局铅印本。

社会思想

南京图书馆存民国三十五年（1946）上海商务印书馆铅印本。

中国战时学术

南京图书馆存民国三十五年（1946）上海正中书局铅印本。

社会心理学

南京图书馆存民国三十五年（1946）上海商务印书馆铅印本。

近代社会学发展史

    南京图书馆存民国三十六年（1947）上海商务印书馆铅印本。

现代社会科学趋势

    南京图书馆存民国三十七年（1948）上海商务印书馆铅印本。

社会建设的基本知识

    国家图书馆存民国三十七年（1948）国立中央大学研究所印本。

纪念美国社会学家汤麦史博士

    南京图书馆存民国三十七年（1948）国立中央大学社会学研究所铅印本。

当代中国社会学

    南京图书馆存民国三十七年（1948）上海胜利出版公司铅印本。

附新中国成立后著作集：

统计学与统计图表在经济地理学方面的应用

    南京图书馆存 1957 年上海新知识出版社印本。

邵之锦（生卒年不详）字子敬。民国吴江黎里人。少年受业于沈昌眉，后执教乡里、浙省立二中、八中和省立苏中。

◎**著作集**

待焚集

    吴江图书馆存民国三十四年（1945）铅印本。

张慰慈（1892，一说 1890—?）字祖训。民国吴江人。留学美国获哲学博士学位，为中国最早的政治学者，与胡适、徐志摩等友好。历任国立北京大学及北京法政大学政治学教授、财政部秘书、沪宁沪杭甬铁路管理局运输科副科长、上海东吴大学法律学院及中国公学政治学校教授、北宁铁路管理局总务处长、安徽大学图书馆馆长。后任铁道部参事兼南京中国政治学会干事。

◎**著作集**

美国政府大纲（赵蕴琦编；张慰慈校）

    南京图书馆存民国十年（1921）上海商务印书馆铅印本。

英国选举制度史

    南京图书馆存民国十二年（1923）上海商务印书馆铅印本。

现代民治政体（蒲徕斯著；梅祖芬译；张慰慈校订）

    苏州图书馆存民国二十四年（1935）上海商务印书馆铅印本。

瑞士的政府和政治

    苏州图书馆存民国十三年（1924）上海商务印书馆铅印本。

新学制高级中学教科书政治概论（编辑）

苏州图书馆存民国十七年（1928）上海商务印书馆铅印本。

欧洲新宪法述评（与纂）

南京图书馆存民国十二年（1923）上海商务印书馆铅印本。

市政制度

南京图书馆存民国十四年（1925）上海亚东图书馆铅印本。

政治制度浅说

苏州图书馆存民国十九年（1930）上海神州国光社铅印本。

政治学大纲（编）

吴江图书馆存民国十四年（1925）上海商务印书馆铅印本。

妇女论（译）

南京图书馆存民国十九年（1930）上海神州国光社铅印本。

政治概论

湖北省图书馆存民国十九年（1930）上海商务印书馆印本。

宪法

南京图书馆存民国二十三年（1934）上海商务印书馆铅印本。

英国政府纲要（编）

南京图书馆存民国十九年（1930）上海商务印书馆铅印本。

政治学

上海图书馆存民国十九年（1930）上海商务印书馆印本。

薛元龙（1892—?）字劫生，一字嘘云。民国吴江人。清宣统元年（1909）毕业于吴江同川小学。同南社社员。民国初任师范附属小学教员。民国十七年（1928）至十八年（1929）任吴江乡村师范教员，后任常州中学教员。

◎著作集

一九三三年万国童子军大会

吴江图书馆存民国十二年（1923）上海少年用品社铅印本。

徐蘧轩（1892—1961）名兆麟。吴江盛泽人。早年毕业于上海龙门师范学校，曾赴日本考察教育，归国后历任绍兴第五中学、鄞县县立女子中学、上海培文女子中学教员。由陈去病、柳亚子介绍入国民党。民国十二年（1923）与弟徐蔚南共创《新盛泽》报，任主编。又力倡实业救国，曾于故居创办肥皂厂。后历任上海《民国日报》、《大晚报》、上海通志馆编辑。民国三十一年（1942），柳亚子因反对蒋介石除名国民党，徐蘧轩亦愤而脱离该党。新中国成立后，在上海市人民政府秘书处、上海历史建设博物馆任职。

◎著作集

孔子生活

苏州图书馆存民国二十年（1931）上海世界书局铅印本。

诸葛孔明生活

苏州图书馆存民国十八年（1929）上海世界书局铅印本。

孙中山生活

国家图书馆存民国十八年（1929）上海世界书局印本。

现代学生书信

国家图书馆存民国二十年（1931）上海世界书局印本。

应用文作法

南京图书馆存民国二十一年（1932）上海世界书局铅印本。

女子国文读本

国家图书馆存民国二十六年（1937）上海大华书局印本。

盛泽风灾汇纪

吴江图书馆存民国十五年（1926）文新公司铅印本。

蒯文伟（1892—1925）字一斐。民国吴江黎里人。南社社员。

醒梦庵诗钞

见张明观等《分湖诗钞续编》，未见收藏。

徐光泰（生卒年不详）字平阶，一字稚稚。民国吴江人，与范烟桥同为同南社主事。

著作集待考

◎零星诗文 《同文》社刊有诗文。

王绎（生卒年不详）一名言绎。字怒安。民国吴江黎里人。清宣统三年（1911）毕业于吴江同川小学。曾任私塾教员，县立第一高等小学教员。

◎**著作集**

吴江县立一高校旧制三年级国文教本

吴江图书馆存民国十二年（1923）吴江县立一高校铅印本。

金树声（生卒年不详）字孟远，别号容膝轩主。民国吴江人，金天羽长子。

◎**著作集**

姑苏竹枝词

见《吴江叶氏诗录外编》卷八，未见收藏。

姑苏游记

吴江图书馆存民国十年（1921）铅印本。

◎零星诗文 《吴江叶氏诗录外编》卷八有诗。

顾无咎（1893—1929）字崧臣，号悼秋、灵云、退斋，别署老服、服媚、飞燕旧主、神州酒帝。室名灵云别馆、服媚室等。吴江黎里夏家桥人，柳亚子表侄。南社、同南社社友，为"梨村五子"之一，与胡朴安、叶楚伧等友善。性嗜酒，同人以酒帝称之，咸目为宋三郎，编成《酒国点将录》。后流寓沪上，与范烟桥等结云社。擅吹笛，酒酣为之，颇悠扬动听。

◎著作集

灵云别馆散记

禊湖诗拾杂编

　　以上两种见《南社丛刊》，未见收藏。

酒国点将录

服媚室酒话

　　以上两种见《南社丛谈》，未见收藏。

消夏录（乙卯、丙辰、丁巳三卷）（辑）

　　吴江图书馆存民国四年至六年（1915—1917）油印本。

笠泽词征补编（辑）

　　上海图书馆存民国间吴江柳氏抄本。

斗南一榻销寒雅集图题咏

　　上海图书馆存民国七年（1918）吴江柳氏抄本。

【编者注】顾无咎生卒年份各处记载不一，《江苏艺文志》记为（？—1929），《苏州民国艺文志》记为（？—1927），而李海珉先生《南社精英》记为（1886—1929）。编者发现《同南社社友录》记载社友年龄，据此可推算社友出生年份。甲寅年（1914）的社友录记载，是年顾无咎22岁，而范烟桥21岁；民国十年的社友录又记载，是年顾无咎29岁，而范烟桥28岁。按此记载推算，范烟桥应生于1894年，这与《民国苏州艺文志》及网络《百度百科》的记载完全相同，这说明《同南社社友录》的记载是可靠的。那么顾无咎大范烟桥一岁，应出生于1893年。至于其卒年，《南社精英》文中记述甚详，又与《江苏艺文志》吻合，故从之。

张锡佩（1893—？）字圣瑜，号血花。民国吴江同里人。清宣统元年（1909）毕业于吴江同川小学，后入江苏两级师范学堂。历任同川小学、省立第一师范、苏州中学教职。宣统三年（1911）与范烟桥等创立同南社，又为南社社员。

◎著作集

张蔚君六十寿诗

　　吴江图书馆存民国十一年（1922）印本。

张蔚君府君曹、倪夫人谱略

　　吴江图书馆存民国十六年（1927）印本。

唐荃生（生卒年不详）民国吴江人。曾任北京大学农学院教授。民国二十三年（1934）参加陈去病追悼会，为一百零九人之一。

◎**著作集**

园艺大要

　　吴江图书馆存民国铅印本。

蔬菜园艺学

　　吴江图书馆存民国铅印本。

金诵盘（1894—1958）吴江黎里人。出身儒医之家，幼承父教，通中医学。二十一岁毕业于同济大学医科专业。民国五年（1916）任浙江督军府军医，翌年辞职，赴广东任黄埔军校卫生处处长。孙中山先生为其题辞"是医国手"。北伐后，在上海开设静安医院。抗战爆发，将医院设备捐赠红十字会，只身赴南京，先后任卫生勤务部野战救护处处长、代理部长。抗战胜利后，到南京开设诊所。民国三十五年（1946）当选为全国医师公会理事长。新中国建国前夕返黎里设诊所行医。后任苏南行署爱国卫生建设委员会副主任、江苏省卫生运动委员会顾问、省政协委员。

◎**著作集**

陷京三月记

　　见1994年版《吴江县志》，未见收藏。

【编者注】国家图书馆藏有《陷京三月记》，其著者为蒋公谷。抗日战争中南京失陷时，金诵盘任野战救护处处长，蒋公谷为该处科长，两人曾一起搭美侨汽车巡视陷后市区。蒋公谷以日记体裁作《陷京三月记》，金诵盘是否写过另一本《陷京三月记》，编者未能找到。

金国宝（1894—1963）字少梅，号侣琴。吴江同里人，金天羽堂弟。早年在复旦大学攻读经济学。民国六年（1917）毕业后在吴江县立中学任英文教员。民国十一年（1922）赴美国哥伦比亚大学学统计学，获硕士学位。归国后在暨南大学、上海商学院、上海法学院任教。民国十八年（1929）任南京市财政局局长，后又曾在交通银行、中国银行、中央银行任职。新中国成立后在复旦大学、上海财经学院任教，为国际统计学会会员。1963年病逝。

◎**著作集**

英国所得税论

　　上海图书馆存民国二十四年（1935）上海商务印书馆印本。

统计新论

    上海图书馆存民国十九年（1930）上海中华书局印本。

伦敦货币市场概要

    上海图书馆存民国十四年（1925）上海商务印书馆印本。

物价指数浅说

    上海图书馆存民国十九年（1930）上海商务印书馆印本。

整理南京市财政刍议

    国家图书馆存民国十六年（1927）南京特别市财政局事务股印本。

整理南京市税制意见书

    上海图书馆存民国十六年（1927）印本。

中国币制问题

    吴江图书馆存民国十七年（1928）上海商务印书馆铅印本。

修正南京特别市房捐章程之理由

    上海图书馆存民国十八年（1929）南京特别市财政局事务股印本。

下关设立米市问题

    国家图书馆存民国十八年（1929）南京特别市财政局事务股印本。

京市房捐之历史及整理之经过

    国家图书馆存民国十八年（1929）南京特别市财政局事务股印本。

承兑汇票答客问

    吴江图书馆存民国二十年（1931）铅印本。

统计学大纲

    国家图书馆存民国二十三年（1934）上海商务印书馆印本。

中国经济问题之研究

    上海图书馆存民国二十四年（1935）上海商务印书馆印本。

统计学

    上海图书馆存 1950 年上海商务印书馆印本。

中国棉业问题

    上海图书馆存民国二十五年（1936）上海商务印书馆印本。

遗产税

    上海图书馆存民国二十六年（1937）上海商务印书馆印本。

高级商业学校教科书统计学（校订）

    国家图书馆存民国二十七年（1938）上海商务印书馆印本。

票据问题与银行立法

    上海图书馆存民国三十六年（1947）上海中华书局印本。

凯恩斯之经济学说

    国家图书馆存民国三十八年（1949）上海中和印刷厂印本。

侣琴诗钞

  吴江图书馆存民国三十五年（1946）油印本。

附新中国成立后著作集：

高级统计学

  上海图书馆存 1951 年立信会计图书用品社印本。

工业统计学原理

  上海图书馆存 1951 年上海立信会计图书用品社印本。

社会主义制度下的国民收入研究（编）

  国家图书馆存 1956 年上海财经学院印本。

  范烟桥（1894—1967）名镛，小名爱莲。字味韶，号烟桥，别署含凉、鸥夷、万年桥、乔木、西灶、愁城侠客等。吴江同里人。初师事金天羽，后入苏州草桥中学。少年即与同乡张锡佩创刊报纸，初名《元旦》，继改《惜阴》，复改《同言》，为吴江报纸首创。宣统三年（1911）与张圣瑜、徐麟等在家乡仿南社创办同南社，编印《同南》每年一集。数年后入南社。民国二年（1913）范烟桥入南京国民大学，肄业后任吴江县小学教员，又曾任县劝学所劝学员。期间开始小说写作并创办《吴江》报，介绍新思想、新文化。民国十一年（1922）迁居苏州，与苏、沪、锡报界文人密切交往，写作愈勤。与赵眠云等结星社，主编社刊《星》、《星光》、《星报》。民国二十一年（1932）又创办《珊瑚》半月刊。此期间又曾在正风中学、持志大学、东吴大学任教。抗战爆发前后被召任上海明星影片公司文书科长，继而严宝礼为创办《文汇报》招其任秘书，《文汇报》被迫停刊后，以教书、写作为生，曾任松江中学教务、金星影业公司文书、正养中学校长及大夏大学教务等。抗战胜利后，《文汇报》复刊，范烟桥负责总务，主编《文汇画报》。民国三十六年（1947）与杨天骥同在家乡同里创立仁美中学，任责任校董。新中国成立后，先后出任苏州市文联副主席、苏州市高级中学教员、苏州市文化处长、文化局长、文管会副主任、博物馆馆长、江苏省政协常委等职。

  ◎**著作集**

同南（主编）

  吴江图书馆存民国三年至民国十年

▲《同南》书影

（1914—1921）铅印本。

吴江县乡土志

　　吴江图书馆存民国八年（1919）铅印本。

女子实用尺牍教本（校订）

　　国家图书馆存民国八年（1919）苏州振新书社印本。

鸥夷室杂缀

　　见吴国良《吴江书画印人辑录》，未见收藏。

烟丝集

　　国家图书馆存民国十二年（1923）苏州秋社印本。

社会镜

　　上海图书馆存民国十三年（1924）上海大东书局出版印本。

孤掌惊鸣记

　　上海图书馆存民国十四年（1925）上海大东书局出版印本。

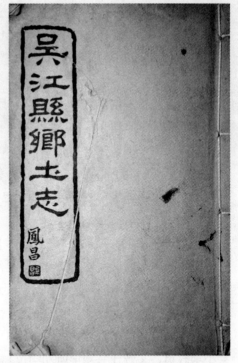

▲《吴江乡土志》封面

现代侠义英雄传

　　上海图书馆存民国十五年（1926）上海世界书局出版印本。

范烟桥说集

　　上海图书馆存民国十六年（1927）上海大东书局出版印本。

中国小说史

　　苏州图书馆存民国十六年（1927）苏州秋叶社铅印本。

标点白话福尔摩斯探案大全集（译）

　　上海图书馆存民国十六年（1927）上海世界书局印本。

别有世界

　　国家图书馆存民国十七年（1928）上海世界书局印本。

齐东新语

　　吴江图书馆存民国十七年（1928）苏州文新印刷公司铅印本。

苏州指南

　　吴江图书馆存民国十七年（1928）苏州文新印刷公司铅印本。

美人碧血记

　　上海图书馆存民国十八年（1929）上海海左书局印本。

卫星（主编）

吴江图书馆存民国二十六年（1937）苏州国学会印部分期刊。

民国旧派小说史略

民国二十一年（1932）撰写，1961年定稿编入《中国现代文学资料丛刊》（甲种），未见单行本收藏。

珊瑚（主编）

吴江图书馆存民国二十一年（1932）部分期刊。

作诗门径

南京图书馆存民国二十四年（1935）上海中央书店铅印本。

国难家仇

国家图书馆存民国二十二年（1933）上海三星书局印本。

销魂词选

南京图书馆存民国二十三年（1934）上海中央书店铅印本。

茶烟歇

民国二十三年（1934）上海中孚书局出版，吴江图书馆存1989年上海书店印本。

花草苏州

民国二十三年（1934）《苏州明报》连载，未见收藏。

离鸾记

民国载《申报》，未见收藏。

草莽奇人传

国家图书馆存民国二十七年（1938）上海南方书店印本。

秦淮世家（编剧）

民国二十九年（1940）上海大众影讯社出版，未见收藏。

乱世英雄（编剧）

三笑（编剧）

以上两剧民国二十九年（1940）国华影业公司摄制，未见收藏。

西厢记（编剧）

民国二十九年（1940）国华影业公司摄制。

上海图书馆存1997年深圳音像公司音像制品。

无花果（编剧）

解语花（编剧）

以上两剧民国三十年（1941）国华影业公司摄制，未见收藏。

石破天惊

民国三十四年（1945）兰州《西北日报》连载，未见收藏。

花蕊夫人

民国三十五年（1946）日新出版社出版，南京图书馆存1956年上海文化出版社印本。

新世纪周刊（主编）

国家图书馆存民国三十五年（1946）北京印本。

长相思（编剧）

民国三十六年（1947）香港华星影业公司摄制。

上海图书馆存2004年齐鲁出版社出版音像制品。

书信写作法

苏州图书馆存民国三十六年（1947）苏州文怡书局铅印本。

待晓集

敝帚集

以上两种见吴江市诗词协会《吴江籍南社（新南社）社员诗词集书目简表》，未见收藏。

附新中国成立后著作集：

人民英雄郭忠田

南京图书馆存1952年无锡苏南人民出版社印本。

李秀成演义

1955年国外华侨报连载，未见收藏。

唐伯虎故事

南京图书馆存1957年江苏人民出版社印本。

北行杂诗

见1994年版《吴江县志》，未见收藏。

驹光留影录

1965年撰写，出版收藏不详。

程瀛章（1894—?）字寰西。民国吴江人。北京清华学校毕业，留学美国获博士学位。归国后历任东北大学、北京大学教授，商务印书馆编辑，国民政府教育行政委员会参事，大学院秘书，工商部技正，中华工业化学研究所所长，浙江大学化学系主任，中央造币审查委员会化验主任，国立暨南大学理学院院长等。

◎著作集

放射浅说

南京图书馆存民国十三年（1924）上海商务印书馆铅印本。

工程名词草案：土木工程（陈瀛章等编）

工程名词草案：机械工程（陈瀛章等编）

工程名词草案：航空工程（陈瀛章等编）

以上三种国家图书馆存民国上海中国工程学会印本。

国际智识合作运动史（张辅良撰述；陈瀛章校阅）

> 南京图书馆存民国二十二年（1933）上海商务印书馆铅印本。

英汉对照百科名汇（陈瀛章等编）

> 国家图书馆存民国二十一年（1932）上海商务印书馆印本。

近三十年来中国之化学工业

> 国家图书馆存民国三十年（1941）上海学林社印本。

无机化学工业

> 南京图书馆存民国十二年（1923）上海商务印书馆铅印本。

化学小史（与李续祖等合著）

> 南京图书馆存民国二十二年（1933）上海商务印书馆铅印本。

工业分析（格利芬撰；陈瀛章等译）

> 吴江图书馆存民国三十六年（1947）上海中国图书仪器公司印本。

许泰曾（生卒年不详）字舒怀，号平阶。民国吴江人，许树人次子，许观曾兄。从吴江张安涛游。

◎**著作集**

平阶遗著一卷

> 见柳亚子《分湖诗钞》卷十七，未见收藏。

◎**零星诗文** 《分湖诗钞》卷十七有诗。

张念祖（生卒年不详）字仲友。民国吴江人。吴江中学首届毕业，又于南京高等师范教育科毕业。曾任集美学校师范部指导科主任，浦东中学训育主任、吴江中学校长、南京女中学教务主任。

◎**著作集**

袁卧庵先生追悼录

> 吴江图书馆存民国十三年（1924）印本。

张子范先生行略

> 吴江图书馆存民国十三年（1924）印本。

教育心理学

> 吴江图书馆存民国三十七年（1948）上海新中书局印本。

凌景坚（1895—1951）字昭懿，又字太昭、凯成，号莘安，别号莘子。民国吴江莘塔人。南社社员。曾任吴江莘一国民学校校长。

◎**著作集**

紫云楼诗集

惜秋花馆诗钞

以上两种见吴江市诗词协会《吴江籍南社（新南社）社员诗词集书目简表》，未见收藏。

◎**零星诗文**　《吴江叶氏诗录外编》卷九有诗。《南社诗集》第四册有诗。《南社文选》有文。《迷楼集》有诗。《求是学社社刊》有诗文。

陈洪涛（1895—1918）字天梅，号淮海，又号厔厂。清末民初吴江黎里人。性嗜学，作文颇见奇放。尝代柳亚子抄诗，暇辄向亚子请益，学遂猛进。尝入南社。民国八年（1919）随陈去病抵粤滇，去后一年，病殁于滇池。

◎**著作集**

淮南游草

见《南社丛谈》，未见收藏。

岭南游草一卷

见冯金牛《柳亚子与南社文献》，未见收藏。

徐正铿（1895—？）字凤清。民国吴江人。南京金陵大学农学学士，留学美国康乃尔大学获农学硕士学位。回国后任南通大学农科教授兼农场主任、江苏省第一及第三农校代理校长、金陵大学教授兼院务秘书及农业推广委员会主任、英国怡和洋行肥料部在华副经理、中国肥料公司副经理兼制造厂主任。

◎**著作集**

美国农业教育推广之调查

国家图书馆存苏州省立第一农校民国十一年（1922）印本。

美国之农业教育

南京图书馆存民国十一年（1922）上海商务印书馆印本。

家禽病害

国家图书馆存民国十三年（1924）上海商务印书馆印本。

留美采风录

上海图书馆存民国二十年（1931）上海商务印书馆出版印本。

稻作

南京图书馆存民国二十六年（1937）上海中华书局印本。

化学肥料"硫酸铔"

南京图书馆存民国三十三年（1944）中国肥料普及会印本。

养蜂学

国家图书馆存民国三十六年（1947）上海商务印书馆印本。

中等植物育种学

南京图书馆存民国上海中华书局印本。

江苏省立第一农校农业推广部进行计划

国家图书馆存苏州省立第一农校民国间印本。

徐作和（1895—1954）字汝梅。民国吴江人。民国八年（1919）毕业于东吴大学，获理学士、硕士学位。民国十四年（1925）赴美国芝加哥大学深造，获博士学位。回国先后任上海沪江大学化学系教授、系主任，华中大学教授，九福制药厂厂长兼研究室主任。新中国成立后任上海市人民政府地方工业局试验室工程师、中华化学工业会理事长等职。

◎**著作集**

普通化学　上册

国家图书馆存民国二十五年（1936）上海图书公司印本。

最新实用化学（译）

国家图书馆存民国二十八年（1939）上海中外图书公司印本。

王汉威（生卒年不详）民国吴江同里人。民国十五年（1926）曾编辑《罗星洲》报。

◎**著作集**

百合花（与庞明几合辑）

吴江图书馆存民国十五年（1926）好友社铅印本。

徐佐卿（1896—1944）民国吴江横扇人。早年迁居浙江湖州，从李梦莲学医。民国五年（1916）返横扇故居悬壶，后两迁平望、震泽行医。民国二十四年（1935）被推为吴江中医公会理事。后因战乱，迁居黎里，至病殁。徐氏专业中医内外科，以外科为主，擅治疔疮、痈疽、肠痈、流注等症，常自制用药。

◎**著作集**

临症医案

见《吴中名医录》，未见收藏。

李世铎（生卒年不详）民国间吴江城中小学教师。

◎**著作集**

儿童名歌选

吴江图书馆存民国二十六年（1937）吴江游民习艺所编铅印本。

宋霖若（1897—1961）名霳，一名柏生，字霖若。吴江震泽人。十三岁从太湖儒医徐鹿萍攻读中医典籍。三年后负笈浙江德清，学于金子久门下。五年后学成归里，悬壶震泽，行医四十余年，盛名于一时，为金氏学术传人之一，抗日战争期间一度赴沪行医。新中国成立后致力农村血吸虫病防治，1960年被邀参加全国文教卫生群英大会。

◎著作集

冰藕香医案

> 《吴中名医录》著录抄本，未见收藏。

附新中国成立后著作集：

中医治疗血吸虫病经方编

> 国家图书馆存2010南京江苏科学技术出版社印本。

小儿暑热消渴证治

> 南京图书馆存1960年江苏人民出版社印本。

中医肺病疗法

黄疸证治论治

中医治疗传染性肝炎

中医治疗高血压（与钱星若合辑）

> 以上四种见《吴中名医录》，未见收藏。

夏崇璞（1897—1985）一名蕴文。吴江芦墟人，夏麐之子。民国前期毕业于南京高等师范学校文史地部，先后任江苏省立第三师范教员、浙江省立第二中学教员、吴江县视学。民国十六年（1927），江苏省立第一师范学校改称苏州中学，夏崇璞受聘为高中部语文教师。新中国成立后曾任江苏省人大代表、政协委员。

◎著作集

中国文学史

> 吴江图书馆存民国油印本。

亚里士多德伦理学（与向达同译）

> 国家图书馆存民国二十二年（1933）上海商务印书馆印本。

庞国镐（1897—1966）字京周，一字俌庵。吴江同里人。同南社社员。上海同济医工大学毕业，曾任济生医院医师、沪杭甬铁路医官。民国十二年（1923）任亚东医科大学教授。民国十三年（1924）任同德医学校教授、校长，后任上海医师公会副会长。

◎著作集

上海市近十年来医药鸟瞰

> 国家图书馆存民国二十二年（1933）上海中国科学公司印本。

抗战与救护工作

> 国家图书馆存民国二十七年（1938）长沙商务印书馆印本。

中国疟疾史

结核病史话

> 以上两种见新版《同里志》卷二十，未见收藏。

薛元鹤（1897—1975）字天游，一字申生。吴江同里人，薛凤昌侄。尝入同南社。毕业于南京高等师范数理科，先后在南京第一中学、扬州中学等校任中学数理教员多年。其《薛氏代数》二十世纪三十年代用作中学课本，风行各省，被聘为江苏省教育厅编审委员。民国二十三年（1934）创办省立松江高级应用化学职业学校，任校长。抗战爆发后回同里。民国三十年（1941）与薛凤昌等共同创办私立同文中学，任教导主任及数理教师。抗战胜利后，任江苏省教育厅督学。民国三十五年（1946）任苏州高级工业职业学校校长。建国后先后任职无锡私立中学、苏北师范专科学校、扬州师范学院。

◎**著作集**

初中算术（与戴味青同编著）

> 吴江图书馆存民国上海大东书局铅印本。

薛氏初中代数

> 吴江图书馆存民国二十八年（1939）上海世界书局印本。

薛氏高中代数学

> 国家图书馆存民国二十三年（1934）上海世界书局印本。

孙本忠（1897—1968）字飐绳。吴江七都人，孙祖禄季子。民国七年（1918）考入国立南京高等师范学校农业专修科。民国十三年（1924）赴法留学，先后入蒙贝里亚农业专科学校、里昂大学动物学系研究蚕体生理，获博士学位。民国十七年（1928）归国，任江苏省农矿厅技正兼无锡蚕丝试验场场长，后任中央大学、浙江大学蚕桑系主任。民国二十二年（1933）任中央农业实验所技正。新中国成立后任中国农业科学院蚕业研究所研究员、蚕种研究室主任。又先后任中国农科院生物部学部委员、中国蚕桑学会理事长、全国及江苏省人大代表、民盟镇江市委副主任委员等。曾培育多个蚕种新品，主持制定《家蚕选种工作试验方案》推广全国。"文革"遭迫害，1968年病逝。

◎**著作集**

蚕种学

> 国家图书馆存民国二十三年（1934）上海新亚书店印本。

实业部中央农业实验所民国二十二年家蚕品种试验第一年结果报告

> 国家图书馆存民国二十四年（1935）中央农业实验所印本。

家蚕育种时"试验技术"之研究

> 国家图书馆存民国二十五年（1936）中央农业实验所印本。

家蚕新品种"贸易一号"育种经过及推广成绩初步报告

南京图书馆存民国三十四年（1945）财政部贸易委员会外销物资增产推销委员会生丝研究所铅印本。

宋爱人（1897—1963）名翼庐。吴江同里人。十八岁起承家学习医。二十七岁复从苏州名医顾允若习研伤寒、杂病，得家学师授之精传。在苏行医四十余年，深受病家信赖。新中国成立后应聘至南京中医学院任伤寒温病教研组组长。

◎著作集

百病自疗全书

上海图书馆存民国十八年（1929）上海康健报馆印本。

顾氏医经

马元仪临床学诠证

伤寒论讲义

春温伏暑合刊

湿温演绎

以上五种见新版《同里志》卷二十，未见收藏。

伤寒论脉学串解

伤寒论注释

历代名医伤寒医案选

翼庐医案

顾庭纲医案

以上五种见《苏州民国艺文志》，未见收藏。

附新中国成立后著作集：

中国百年百名中医临床家丛书：宋爱人（宋爱人著；宋立人编）

南京图书馆存 2002 年中国中医药出版社印本。

叶得露（1897—1962）字逢春，号垂虹。民国吴江同里人。上海美术专科学校首届毕业。曾在同川小学、吴江乡村师范、同里仁美中学、南濠弄小学、同里中心小学任教。系同里东溪小学创办人之一。擅花鸟画，喜书法。曾入同南社。

◎著作集

毛笔画教本

吴江图书馆存民国苏州小说林社印本。

百菊图

百花图

以上两种见吴国良《吴江书画印人辑录》，未见收藏。

范森甲（1897—?）字文光，民国时吴江松陵人。曾任吴江第一小学、爱德女校等校教员，与周麟书等同事。又任城区小学联合会委员、吴江红十字会第二收容所所员。又一度任吴江中学教员、国民党吴江县党部干事、农业银行职员等职。尝与人同办农场等实业。

◎**著作集**

日记

　　吴江图书馆存民国间稿本。

同里古吴郡范氏家乘不分卷续谱一卷（抄存并续）

　　吴江图书馆存民国抄本。

【编者注】《同里古吴郡范氏家乘》未录修者，范文光所作续稿并未完成，而题名《文正续谱》，其引言称"范氏之谱由文正公始"，而谱中范时勉小传有"族谱亦创自公"的记载。编者而此推测，吴郡范氏家乘由范仲淹起始修撰，而同里一支范氏家乘的修撰起自范时勉。

程瀚章（1897—?）字念劬。民国吴江人。早年入江苏省立医学专业学校，毕业后返乡开办医院。后停业至福建军医院任职。曾任北京国立高等女子师范学校生理学教授、商务印书馆医籍编辑。

◎**著作集**

新法卫生教科书

　　国家图书馆存民国十二年（1923）年上海商务印书馆印本。

新法卫生教授书

　　国家图书馆存民国十二年（1923）年上海商务印书馆印本。

公共卫生

　　国家图书馆存民国十三年（1924）年上海商务印书馆印本。

运动生理

　　苏州图书馆存民国十三年（1924）上海商务印书馆印本。

食品卫生

　　国家图书馆存民国十四年（1925）年上海商务印书馆印本。

肺脏诸病之治疗（刘雄编纂；程瀚章校）

　　国家图书馆存民国十六年（1927）年上海商务印书馆印本。

实用工业卫生学（稻叶良太郎等著；程瀚章译）

　　南京图书馆存民国十六年（1927）上海商务印书馆印本。

人身生活论（加力克著；丁锡龄译；程瀚章校）

　　南京图书馆才存民国十六年（1927）铅印本。

生理学原理（译）

南京图书馆存民国十八年（1929）上海商务印书馆印本。

生产与育婴（洪式闾等编；程瀚章校）

天津图书馆存民国十九年（1930）上海商务印书馆印本。

头痛（森繁吉著；苏仪贞译；程瀚章校订）

天津图书馆存民国十九年（1930）上海商务印书馆印本。

输血疗法（戚寿南等著；程瀚章等校）

天津图书馆存民国十九年（1930）上海商务印书馆印本。

学校卫生论

南京图书馆存民国二十年（1931）上海商务印书馆印本。

卫生习惯养成法（译）

国家图书馆存民国二十年（1931）上海商务印书馆印本。

通俗医书奔纳氏返老还童运动法

上海图书馆存民国二十一年（1932）上海商务印书馆印本。

西药浅说

苏州图书馆存民国二十二年（1933）上海商务印书馆印本。

实用助产学（译）

国家图书馆存民国二十二年（1933）上海商务印书馆印本。

病原学（顾寿白等编；程瀚章校）

山西省图书馆存民国二十二年（1933）上海商务印书馆印本。

近世小儿科学（斋滕秀雄著；程瀚章译）

吴江图书馆存民国二十二年（1933）上海商务印书馆印本。

饮料

国家图书馆存民国二十二年（1933）上海商务印书馆印本。

小学校卫生科教学法

苏州图书馆存民国二十二年（1933）上海商务印书馆印本。

食物

南京图书馆存民国二十二年（1933）上海商务印书馆印本

科学与人生（赫黎斯著；程瀚章译）

国家图书馆存民国二十二年（1933）上海商务印书馆印本。

复兴初级中学教科书卫生学一至三册

吴江图书馆存民国二十二年（1933）上海商务印书馆印本。

复兴卫生教科书　高小第二册

吴江图书馆存民国二十二年（1933）上海商务印书馆铅印本。

比较消化生理（筱田统著；程瀚章译）

苏州图书馆存民国二十二年（1933）上海商务印书馆铅印本。

卫生要义（与俞凤宾同著）

　　苏州图书馆存民国二十三年（1934）上海商务印书馆印本。

学校卫生行政

　　河南省图书馆存民国二十三年（1934）上海商务印书馆印本。

解剖学大意

　　南京图书馆存民国二十三年（1934）上海商务印书馆印本。

砂眼症

　　国家图书馆存民国二十四年（1935）上海商务印书馆印本。

新医药辞典（与庄畏仲同编）

　　国家图书馆存民国二十四年（1935）上海世界书局印本。

复兴初级中学教科书生理卫生学

　　国家图书馆存民国二十六年（1937）上海商务印书馆印本。

金祖谦（1899—?）字式如。民国吴江人。民国四年（1915）毕业于同川小学，后入苏州第一师范。民国十八年（1929）时任同里小学校长。

◎**著作集**

作文辞典：文言白话两部合璧（与杨镇华合编）

　　国家图书馆存民国二十四年（1935）上海世界书局印本。

张绳祖（1899—1952）字贡粟。民国吴江葫芦兜人。

葫芦兜中人诗稿

　　见《吴江叶氏诗录外编》卷七，未见收藏。

◎**零星诗文**　《吴江叶氏诗录外编》卷七有诗。

陆荣光（1899—1974）字再云。吴江坛丘人。民国十二年（1923）毕业于复旦大学会计系，留校任教二年后，供职国民政府交通部。曾任会计局副局长。民国二十五年（1936）创办"大谢乡绸业运销合作社"，抗日战争爆发后停业。抗战胜利后推动成立"吴江县织绸运销合作社联合社"。热心公益，曾建五孔石板太平桥，还曾任盛湖中学校董，支助建校。新中国成立后在香港经商直至病逝。

◎**著作集**

陆赓南先生讣告

　　国家图书馆存民国间铅印暨石印本。

许观曾（1899—1939）一名观。字盥孚，号半龙。民国吴江芦墟人，芦墟名士许雄生第三子，其母为吴江名医陈仲威长女陈文英。学文于金天羽，继学医于外祖父陈仲威。工诗，与南社隽流论文唱和，与章炳麟、吴昌硕等商兑旧学，又与冯明权、张梦痕、王个簃等人结山人雅集会。籍隶南社，同时入沧社、同南社、国学商兑会等。民国十一年（1922）赴上海拜于丁甘仁门下专研外科。民国十四年（1925）从上海中医专门学校毕业后，返乡设诊于芦墟司浜"师让小筑"。后应其师丁甘仁邀任广益中医院医务。民国十七年（1928）与秦伯未、王一仁等创办上海中国医学院，任上海国医公会执委。

◎著作集

疡科例案

疡科临床讲义

外科学讲义

生生琐语：疡科临床附翼

> 以上四种吴江图书馆存中国医学院油印本。

喉科学

> 《江苏艺文志》称存《中国医学院讲义》十三种本，今未见收藏。

中国方剂学概要

> 《江苏艺文志》称存《上海国学医学院讲义》七种本，今未见收藏。

内经研究之历程考略

> 上海图书馆存民国十七年（1928）上海中国医学院印本。

鸟瞰的中医

> 国家图书馆存民国十七年（1928）上海新中医社印本。

内科概要（一作《中国内科普通疗法》）

> 国家图书馆存民国十九年（1930）上海半龙医药书社印本。

中西医之比观

> 《江苏艺文志》著录民国十九年（1930）半龙医药书社印本，收藏不详。

药奁启秘（一作《外科制剂法》）

> 《江苏艺文志》著录民国二十年（1931）半龙医药书社印本及上海新中医社印本，收藏不详。

中国外科学大纲

> 《江苏艺文志》著录民国二十四年（1935）中华书局石印本，今未见收藏。

中医诊断学大纲

> 见2004年版《芦墟镇志》卷十，未见收藏。

内科处方法

> 见《苏州民国艺文志》，未见收藏。

蓬心和草一卷

> 吴江图书馆存民国十一年（1922）铅印本。

静观轩诗钞

　　吴江图书馆存民国二十二年（1933）印本。

两京纪游诗（与许豫同撰）

　　吴江图书馆存铅印本。

寿萱图题咏集

　　吴江图书馆存民国十四年（1925）印本。

◎零星诗文　《南社诗集》第五册有诗。《求是学社社刊》有诗。

金明远（1899—1957）字仲禹，别号疏柳逸史，又号东柳醉侯。民国吴江同里人，金天羽堂弟。民国二年（1913）毕业于吴江同川小学。民国十年（1921）复旦大学毕业。民国九年（1920）至民国十一年（1922）间任《复旦》编辑员。回乡后曾任同里区北辰镇镇长、吴江县参议员、江苏省议会秘书长。后任同里小学专科教员、同里小学校长、吴江中学教员、吴江中学二院（同里）校长。民国二十年（1931）任吴江县教育会组织干事。

◎**著作集**

疏柳山馆杂录

　　吴江图书馆存民国二至三年（1913—1914）抄本。

柳溪渔话二卷仲禹拙诗稿一卷

　　吴江图书馆存民国五年（1916）稿本。

疏柳馆笔录

　　吴江图书馆存民国五年（1916）抄本。

柳溪漫抄四卷

　　吴江图书馆存民国六年（1917）抄本。

东坡逸事补

　　吴江图书馆存民国七年（1918）吴江金氏印本。

吴江旧闻记

　　吴江图书馆存民国七年（1918）稿本。

春塘杂记四卷　曲水杂记一卷

　　吴江图书馆存民国九年（1920）抄本。

疏柳山馆书目

　　吴江图书馆存民国十一年（1922）抄本。

茂萱书塾吟草一卷　词草一卷

　　吴江图书馆存民国十八年（1929）抄本。

颐贞楼日记　艺花杂记

　　吴江图书馆存民国三十三年（1944）稿本。

金氏族谱（抄录）

  吴江图书馆存民国抄本。

严宝礼（1900—1960）字问聃，号保厘。吴江同里人。少年就学上海南洋公学，民国九年（1920）入两江路局总稽核室任职，善经营筹划，被举为路局"同仁会"负责人。三十年代初创办集美广告社，后扩充为交通广告公司，承办铁路沿线及上海市区路牌广告。抗日战争爆发后，严宝礼于民国二十七年（1938）通过英国人克明领取英国执照，联络好友创办《文汇报》，任总经理。他广聘爱国记者、编辑，宣传抗战，抨击敌伪，使《文汇报》一纸风行，备受欢迎。因敌伪当局向租界工部局施加压力，并斥巨资收买英籍发行人克明，《文汇报》创刊一年零四个月后被迫停刊。民国三十四年（1945）春，严宝礼遭日本宪兵逮捕，经营救出狱。九月，《文汇报》复刊，成为国民党统治区进步舆论重要阵地。国民党威逼收买不成，遂于民国三十六年（1947）五月封闭该报。严宝礼等将资金设备转移香港，民国三十七年（1948）在香港出版《文汇报》。1949年上海解放不久，《文汇报》即在上海复刊，严宝礼任总经理。后曾任上海市人代会代表及政协委员等职。1960年病逝上海。

  ◎著作集

文汇半月画刊（编辑）

  国家图书馆存民国三十五年（1946）上海文汇报馆印本。

徐蔚南（1900—1952）原名毓麟。笔名半梅、泽人。民国吴江盛泽人，与邵力子邻居。曾赴上海震旦学院求学，旋考取官费留学日本。回国后在绍兴浙江省立第五中学任教。民国十二年（1923）与其兄在家乡创办《新盛泽》报，与《新黎里》编者柳亚子订交，并协助其创建国民党吴江县党部。民国十三年（1924）由柳亚子推荐加入新南社。民国十四年（1925）到上海复旦大学实验中学任国文教员，并从事创作，由沈雁冰介绍加入文学研究会。一年后在复旦大学、大夏大学执教。民国十七年（1928）年起任世界书局编辑，主编《ABC丛书》。民国二十一年（1932）任上海通志馆编纂主任。民国二十四年（1935）应叶恭绰之邀，任上海博物馆董事、历史部主任。民国三十一年（1942）出走重庆，参加抗日。抗战胜利后回沪主持《民国日报》复刊，任《大晚报·上海通》主编，并任上海通志馆副馆长、上海大东书局编纂主任。新中国成立后任上海文献委员会副主任。

  ◎著作集

屠格涅夫散文诗集（屠格涅夫著；徐蔚南译）

  上海图书馆存民国十二年（1923）上海新文化书社印本。

莫泊桑小说集（莫泊桑著；徐蔚南译）

  南京图书馆存民国十三年（1924）上海新文化书社铅印本。

法国名家小说集（辑）

　　南京图书馆存民国十五年（1926）上海开明书店铅印本。

一生（莫泊桑著；徐蔚南译）

　　上海图书馆存民国十五年（1926）上海商务印书馆出版印本。

龙山梦痕（与王世颖同著）

　　吴江图书馆存民国十五年（1926）上海开明书店铅印本。

艺术世界周刊（编辑）

　　国家图书馆存民国十五至十六年（1926—1927）上海印本。

党化教育

　　上海图书馆存民国十六年（1927）上海世界书局出版印本。

生活艺术化之是非

　　南京图书馆存民国十六年（1927）上海世界书局铅印本。

三民主义教育

　　河南省图书馆存民国十八年（1929）上海世界书局印本。

文学的科学化

　　南京图书馆存民国十六年（1927）铅印本。

民间文学

　　国家图书馆存民国十六年（1927）上海世界书局印本。

小小的温情（译著）

　　国家图书馆存民国十七年（1928）上海新亚书店印本。

雅士

　　国家图书馆存民国十七年（1928）上海现代书局印本。

奔波

　　国家图书馆存民国十七年（1928）上海北新书局印本。

茂娜凡娜（梅特林克著；徐蔚南译）

　　南京图书馆存民国十七年（1928）上海开明书店铅印本。

都市的男女

　　上海图书馆存民国十八年（1929）上海真美善书店印本。

艺术家及其他

　　南京图书馆存民国十八年（1929）上海真美善书店铅印本。

ABC 丛书（主编）

　　吴江图书馆存民国十八年（1929）上海世界书局出版印本十种。

艺术哲学 ABC

　　上海图书馆存民国十八年（1929）上海 ABC 丛书社印本。

春之花

国家图书馆存民国十八年（1929）上海世界书局印本。

修养读本（特维那著；徐蔚南译）

河南省图书馆存民国二十一年（1932）上海世界书局印本。

白屋书信

国家图书馆存民国二十一年（1932）上海大夏书局印本。

印度童话集（译）

上海图书馆存民国二十二年（1933）上海世界书局印本。

水面落花

国家图书馆存民国二十二年（1933）上海黎明书局印本。

苏曼殊之生涯与作品（米泽秀夫撰；徐蔚南译）

国家图书馆存民国二十二年（1933）抄本。

孤零少年（马洛著；徐蔚南译）

国家图书馆存民国二十三年（1934）上海世界书局印本。

幽默大观

苏州图书馆存民国二十三年（1934）上海大众书局印本。

乍浦游简：寄云的信

南京图书馆存民国二十三年（1934）上海长江书社铅印本。

上海在太平天国时代

南京图书馆存民国二十四年（1935）上海通志馆铅印本。

上海棉布

南京图书馆存民国二十五年（1936）上海中华书局铅印本。

蔡柳二先生寿辰纪念集

国家图书馆存民国二十五年（1936）上海中华书局印本。

顾绣考

吴江图书馆存民国二十五年（1936）上海中华书局铅印本。

古今名文八百篇（辑）

国家图书馆存民国二十五年（1936）上海大众书局印本。

泽人堂汉画集藏目

上海图书馆存稿本。

历代石刻画家拓片目录

上海图书馆存稿本。

中国美术工艺

南京图书馆存民国二十九年（1940）昆明中华书局铅印本。

出版界（发行）

国家图书馆存民国三十二年至三十四年（1943—1945）印本。

老处女（莫泊桑著；徐蔚南译）

　　南京图书馆存民国三十三年（1944）重庆现代出版社铅印本。

圣诞礼物

　　南京图书馆存民国三十三年（1944）重庆百合书房铅印本。

从上海到重庆

　　国家图书馆存民国三十三年（1944）重庆独立出版社印本。

时代的智慧（法朗士著；徐蔚南译）

　　上海图书馆存民国三十三年（1944）重庆生生出版社印本。

美国大学生活（岩堂保著；徐蔚南等译）

　　南京图书馆存民国三十三年（1944）重庆万光书局铅印本。

两渔夫及项圈（莫泊桑著；徐蔚南译）

　　国家图书馆存民国三十三年（1944）重庆万光书局印本。

新婚之夜（莫泊桑著；徐蔚南译）

　　国家图书馆存民国三十三年（1944）重庆大华书局印本。

女优泰倚思（法朗士著；徐蔚南译）

　　南京图书馆存民国三十四年（1945）重庆正风出版社铅印本。

基度山恩仇记（大仲马著；徐蔚南译）

　　上海图书馆存民国三十五年（1946）南京独立出版社印本。

小主妇（主编）

　　南京图书馆存民国三十五年（1946）上海日新出版社印本。

圣洁的灵魂（主编）

　　上海图书馆存民国三十六年（1947）上海日新出版社印本。

家的召唤（主编）

　　上海图书馆存民国三十六年（1947）上海日新出版社印本。

前程（主编）

　　湖北省图书馆存民国三十六年（1947）上海日新出版社印本。

等待的心（主编）

　　国家图书馆存民国三十六年（1947）上海日新出版社印本。

血与泪（主编）

　　国家图书馆存民国三十六年（1947）上海日新出版社印本。

长春（主编）

　　国家图书馆存民国三十六年（1947）上海日新出版社印本。

童年的梦（主编）

　　国家图书馆存民国三十六年（1947）上海日新出版社印本。

新生（主编）

　　　　国家图书馆存民国三十六年（1947）上海日新出版社印本。

　　鸭绿江畔（主编）

　　　　国家图书馆存民国三十八年（1949）上海日新出版社印本。

　　剪画选胜

　　　　上海图书馆存民国三十八年（1949）上海华夏图书出版印铸公司印本。

　　没有太阳的地方

　　　　上海图书馆存民国三十八年（1949）上海日新出版社印本。

　　巴朗先生

　　　　上海图书馆存民国三十八年（1949）上海现代出版社印本。

　　重查

　　　　上海图书馆存民国三十八年（1949）上海现代出版社印本。

　　苏联短篇小说选集（辑译）

　　　　国家图书馆存民国三十八年（1949）上海商务印书馆印本。

　　荡（都德著；徐蔚南译）

　　　　南京图书馆存民国译者自刊本。

附新中国成立后著作集：

　　胡志明

　　　　国家图书馆存1950年上海商务印书馆印本。

　　远景的轮廓（尼可拉叶娃撰；徐蔚南译）

　　　　国家图书馆存1950年上海商务印书馆印本。

　　苏联短篇小说选续集（辑译）

　　　　国家图书馆存1950年上海商务印书馆印本。

　　梅斌夫（1900—1992）吴江人。民国十五年（1926）毕业于金陵大学化学系。后在上海交通大学等处工作，历任技术员、工程师、研究员等职。从事植物有效成分和抗生素研究有成效，曾化学合成大蒜素，首创有机素抗菌新型农药"401"、"402"。

　　◎著作集

　　新从中国麻黄中提出之三种有机物质

　　　　国家图书馆存民国二十三年（1934）北平中华医学杂志印本。

　　无机有机定性分析表解

　　　　国家图书馆存民国二十五年（1936）上海商务印书馆印本。

　　金兆麟（1900—1976）字鲁望。吴江盛泽人。民国初年师范毕业后学医吴叔侯门下。民国十三年（1924）投身革命，在国民二军胡景翼军部、苏皖宣抚使卢永祥使署任职。十四年（1925）与钱刚密谋驱逐奉系军阀苏督杨宇霆，事泄亡命粤垣，后调黄埔军校管理处任职。北伐军兴，奉命随钱刚赴沪密谋响应，钱刚被捕殉难，金兆麟间关赴赣。北伐军平定苏沪后金兆麟任国民党吴江县党部特别委员会委员兼组织部长，不久离乡赴沪任教于上海中法国立工学院、国立音乐专科学校、中法大学药学专科学校。新中国成立后行医家乡。

◎**著作集**

金绶甫府君陈太夫人行述

> 吴江图书馆存民国十二年（1923）印本。

毛兆荣（1900—1976）字啸岑（一作筱成）。吴江黎里人。江苏省第三师范肄业后任吴江县立高级小学教师、校长。民国十二年（1923）协助柳亚子创办《新黎里》报，次年加入国民党并协助柳亚子主持国民党吴江县党部工作。民国十四年（1925）任吴江县督学，翌年遭孙传芳通缉，潜往上海。"四·一二"政变后返回吴江，任教于苏州中学乡村师范科。民国二十一年（1932）再赴上海，先任教师，后入招商会会计室。抗战爆发后，参加中共领导的抗日救亡运动，赴香港、重庆从事情报工作，并进入金融界，与人合办保险公司，创办上海中级信用信托公司。新中国成立后任中国通商银行上海分行总经理、上海市人大代表、政协委员。1957年错定为右派。1976年病逝于安徽省马鞍山市。

◎**著作集**

江苏省苏州中学乡村师范部第三届毕业纪念刊

> 苏州图书馆存民国十九年（1930）印本。

◎**零星诗文** 吴江图书馆藏丁涛《醉红吟草》附诗。

柳公权（1900—1929）号英侬。民国吴江黎里人，柳亚子三妹，南社社员，凌光谦妻，张农弟子。

◎**著作集**

桃李诗钞

> 吴江图书馆存民国七年（1918）印本。

陈绵祥（1900—1985）字亨利，又字馨丽，号希虑。吴江同里人，陈去病女。能诗文，工书，南社、新南社社员。

◎**著作集**

吴江陈氏褒扬后录（与陈绵幹同辑）

> 吴江图书馆存民国二十年（1931）印本。

陈去病先生行略

> 吴江图书馆存民国二十四年（1935）印本。

秋梦斋焚余诗草

　　见张明观等《分湖诗钞续编》，未见收藏。

蔡真（1900—1938）民国吴江人。师从其舅父顾无咎。工篆刻，治印初宗秦汉，后师法吴昌硕、陈衡恪。曾治"貌似子房"印曰："余客海上，路人常有误认余为女子者，爰备斯印以解嘲，然子房功业盖世，何可以拟，斯所愧耳。"民国十八年（1929）出任黎东镇镇长，五年后辞职。因生活拮据，负债累累，最终服毒自尽以求解脱。

◎**著作集**

拊焦桐馆印集

　　吴江图书馆存民国十八年（1929）慎修书社铅印本。

张应春（1901—1927）字蓉城，别号秋石。民国吴江北厍人，张农之女。自小随父在黎里女校读书。民国八年（1919）考入上海两江女子体育师范专科学校，毕业后在厦门集美女师任教。民国十二年（1923）秋受聘松江景贤女中，民国十四年（1925）在黎里女校任教，翌年在柳亚子协助下创办《吴江妇女》杂志。曾任中国共产党江浙区委妇委委员，国民党江苏省党部执委兼妇女部长。民国十六年（1927）被捕于南京并遇害。民国十七年（1928）柳亚子求张应春遗骨未得，请人绘制《秣陵悲秋图》，并征题咏，在北厍建张应春衣冠冢，于右任题碑文"呜呼，秋石女士纪念之碑"。

◎**著作集**

辛酉日记

　　南京雨花台烈士陵园存民国十年（1921）稿本。

吴江妇女（主编）

　　吴江图书馆存民国十五年（1926）部分印本。

秋石遗文

　　中国革命博物馆藏柳亚子辑本《张秋石女士遗文》。

龚积芝（1901—1982）字厥民。吴江震泽人。民国九年（1920）至十二年（1923）留学日本盛岗高等农林学校。民国十七年（1928）至十九年（1930）再度赴日，留学于陆军士官学校。

◎**著作集**

生物学大意

　　上海图书馆存民国二十二年（1933）商务印书馆铅印本。

附新中国成立后著作集：

农业实用手册

上海图书馆存 1953 年出版印本。

种子浅说

上海图书馆存 1953 年中华书局出版印本。

沈有威（生卒年不详）字恕天。沈昌眉之子。民国吴江人。

著作集待考

◎**零星诗文** 《求是学社社刊》有诗文。

赵昌（1902—1948）字复初，别号眠云，别署心汉阁主。民国吴江平望人。同南社社员。抗战前迁居苏州，工书法，书似翁同龢。精篆刻，篆宗秦汉。工画，长于著述，喜收藏，与郑逸梅、范启博共效桃园三义，结成兰谱。曾任《游戏新报》、《清月新报》、《星光》、《星报》、《清闲月刊》主编。

◎**著作集**

清闲（主编）

苏州图书馆存民国十年（1921）部分印本。

梅瓣集

上海图书馆存民国十四年（1925）铅印本。

双云记

上海图书馆存民国十四年（1925）铅印本。

浣花嚼雪录

上海图书馆存民国十九年（1930）铅印本。

云片

上海图书馆存民国二十三年（1934）上海中孚书局铅印本。

心汉阁收藏书册

见吴国良《吴江书画印人辑录》，未见收藏。

沈次约（1902—1932）字剑霜（一字剑双），号秋魂。民国吴江黎里人。幼有神童之号，貌亦美秀有文。父死，家道中落，出而就馆。盛泽徐氏经商上海，聘课其子，设帐江宁路徐家，宾主相处有年。尝入南社。工诗、画，喜绘梅花，擅书，兼善篆刻。民国初与朱剑芒、朱霞、顾无咎、周云号称"黎村五子"。后以暴疾卒。

◎**著作集**

剑霜龛遗稿

见《南社丛刊》，未见收藏。

◎**零星诗文** 《南社诗集》第二册有诗。《消夏录》有诗文。

陆明桓（1902—1929）字简敬。民国吴江人。柳亚子甥。世居苏家港，迁芦墟镇。日从里中金天羽等名宿游，又时时出游，多交远近知名人士。民国十五年（1926）与沈昌眉、沈昌直等结"求是学社"。热心乡邦文献，尝收辑陆氏先人书成《松陵陆氏丛著》，并印行地方人士著作多种。尝欲重金购买邑中名人遗著编为《松陵先哲丛书》，每次出游均购书归，又发愿欲办私家图书馆，纵人阅览，赍志未就而卒。生前喜佛教，多行善事。

◎著作集

苏斋遗稿三卷

　　吴江图书馆存民国十九年（1930）铅印本。

子目：

　　文稿一卷

　　诗稿一卷

　　彼汾一曲楼词一卷

松陵陆氏丛著

　　吴江图书馆存民国十六年（1927）苏斋刻本。

子目：

　　陆日曔　辛夷花馆诗剩一卷　守瓶文剩一卷　花村词剩一卷

　　陆日章　西村词草二卷

　　陆日爱　梦逋草堂劫余稿九卷　补遗一卷　文剩一卷　古柏重青图题识一
　　　　　　卷　寿萱集一卷

　　陆亘昭　诵芬馆诗钞二卷

　　陆亘辉　少蒙诗存一卷

　　陆廷桢　思嗜斋诗剩一卷　文剩一卷　溉釜家书一卷

　　陆明桓　陆氏诗剩汇编一卷　文剩汇编一卷

求是学社社刊（编）

　　吴江图书馆存民国十七年（1928）苏州文新公司印第一集。

◎零星诗文　《求是学社社刊》有诗。

费振东（1902—1975）吴江松陵人，费孝通兄。早年就学于南洋公学，后加入中国国民党，从事革命活动，遭通缉流亡南洋。在苏门答腊棉兰等地从事文化教育和新闻工作。曾因支持国内抗日战争和民主运动，两次遭驱逐。民国三十七年（1948）赴香港，再赴北平，作为华侨民主人士代表，出席中国人民政治协商会议第一届全体会议。新中国成立后，先后任中央人民政府华侨事务委员会委员、文教宣传司司长、全国华侨联合会委员，中国民主同盟中央常委等职。1975年病逝北京。

◎著作集

荷属东印度概况（译）

南京图书馆存民国二十七年（1938）长沙商务印书馆铅印本。

附新中国成立后著作集：

英使访华录（译）

南京图书馆存 1963 年北京商务印书馆印本。

英国人眼中的大清王朝（译）

南京图书馆存 2002 年北京群言出版社印本。

柳绳祖（1902—1952）字准生，号公望。民国吴江芦墟人，柳亚子从弟。

◎**著作集**

晓风残月舫诗稿

见张明观等《分湖诗钞续编》，未见收藏。

◎**零星诗文** 《迷楼集》有诗。《求是学社社刊》有诗。

丁涛（1902—?）字友杲，别号醉红生。民国吴江人。长吟咏，年未弱冠即已誉满骚坛。与顾无咎、毛兆荣等唱和。

◎**著作集**

醉红吟草

吴江图书馆存民国八年至十四年（1919—1925）稿本。

陆常建（生卒年不详）去愁。民国吴江人。肄业无锡国文大学。

著作集待考

◎**零星诗文** 《求是学社社刊》有诗文。

陈绵幹（生卒年不详）陈去病之子。

◎**著作集**

吴江陈氏褒扬后录（与陈绵祥同辑）

吴江图书馆存民国二十年（1931）印本。

杨金麟（1904—?）字雪门，别署程门立雪室主。民国吴江人。喜为诗歌小说，民国十一年（1922）创余光社于江城之鲈乡亭。

◎**著作集**

江上春萍

吴江图书馆存民国十三年（1924）余光社印本。

徐穆如（1904—1996）初名徐观，又名洁宇。祖籍无锡，生于上海，晚年移居吴江。十五岁起师从吴昌硕，十九岁师从吴观岱研习山水。先后毕业于上海圣约翰大学、正风文学院。精诗、书、画、印，其美术、书法和金石作品为多家博物馆收藏。

新中国成立前著作集待考。

附新中国成立后著作集：

徐穆如书画集

　　上海图书馆存2007年上海文艺出版社印本。

吴野洲（1904—1997）字荻声，别署袖云散人，晚署驼重。吴江盛泽人。民国十二年（1923）从学于仲光勋，二十年代末先后在上海、江苏、浙江等地与徐北汀、徐小隐等人创办"红梨金石书画会"、"携李金石书画会"、"白马画社"，从事书画研究，并设馆授艺。三四十年代在上海画坛占有一席之地，民国元老于右任赞其为"国画大师"。曾任山东齐鲁书画研究院菏泽市分院名誉院长。

新中国成立前著作集待考。

附新中国成立后著作集：

吴野洲画集

　　国家图书馆存1999年上海书画出版社印本。

庞民标（1904—?）字准吾。民国时平望人。吴江中学第九届毕业，曾任平望第一小学教员。

◎**著作集**

庞宅安事略

　　吴江图书馆存民国十八年（1929）印本。

凌景埏（1904—1959）又名敬言。号玄黄，别号撷芬楼主人。吴江莘塔人，迁居平望。民国初就读于苏州东吴大学附属中学。曾与周介祉、吴晓基等刊行《平望旅外学生会会刊》，举办暑期义务学校数年。民国十三年（1924）入东吴大学主修教育学，兼修中国文学，毕业后留校任校长办公室秘书兼附中中文教员。民国十八年（1929）考入燕京大学研究院中文部，专攻词曲之学，并于次年获文学硕士学位。后在东吴大学、燕京大学任教。太平洋战争爆发后退隐吴门。抗战胜利后赴沪任圣约翰大学国文系副教授，旋归苏州，自民国三十五年（1946）至新中国成立后，历任东吴大学、江苏师范学院中文系教授兼主任、文学院院长、图书馆馆长。又曾任苏南区文学艺术联合会副主席，苏州市、苏南区人民代表。1956年入南京师范学院，移居南京。

◎**著作集**

老少年（主编）

　　苏州大学图书馆存民国十三年至二十六年（1924—1937）间印本。

撷芬室小诗

    国家图书馆存民国二十二年（1933）苏州文新印书馆铅印本。

渔阳先生年谱

    见民国三十年（1941）燕京大学国文学会《文学年报》，国家图书馆有藏。

鞠通先生年谱及其著述

    见民国二十九年（1940）燕京大学国文学会《文学年报》，国家图书馆有藏。

松陵书画录

虞山黄人词遗著（编）

    以上两种见《苏州民国艺文志》，未见收藏。

附新中国成立后著作集：

董解元西厢记（校注）

    南京图书馆存 1962 年北京人民文学出版社印本。

全清散曲（与谢伯阳同编）

    南京图书馆存 1985 年济南齐鲁书社印本。

诸宫调两种（与谢伯阳同校注）

    南京图书馆存 1988 年济南齐鲁书社印本。

丁趾祥（1904—?）又名寿麟。民国吴江盛泽人。民国十二年（1923）与浙江省王江泾镇人士共同创办《盛泾》报。民国二十二年（1933）参与发起吴江市政学会，研究推进地方自治和建设。民国二十六年（1937）参与创办江苏文艺协会吴江分会，编辑出版《吴江文艺》杂志，宣传岳飞、文天祥等民族英雄。抗日战争期间与叶季峰等在重庆创办华西建设公司，任襄理。此间还在中央训练团受训。抗日战争胜利后，任宪制国民大会代表、国民政府宪法实施委员会委员。民国三十五年（1946）出任吴江县参议会副议长，三十六年（1947）改任议长。喜昆曲，曾在苏州、盛泽等地客串角色。

◎**著作集**

吴江文艺

    吴江图书馆存民国二十六年（1937）印本。

叶钟英（生卒年不详）字山民。民国吴江人，叶振宗之子。

◎**著作集**

吴江叶氏诗录（叶振宗录；叶钟英补录）

    吴江图书馆存民国抄本。

吴江叶氏诗录外编

    吴江图书馆存民国抄本。

金善鉴（生卒年不详）民国吴江人，金维基长子。

◎著作集

金德孚先生追悼录

　　吴江图书馆存民国七年（1918）印本。

钱企益（生卒年不详）民国吴江人。民国十九年（1930）入复旦政治学系。

◎著作集

图表日本口语文法（徐卓呆序）

　　吴江图书馆存民国二十七年（1938）上海作者书店铅印本。

严一士（1905—1991）字如谔。吴江同里人，严鸿仪长子。民国初入金天羽所办同川小学，后毕业于上海交通大学电机工程学院。曾任青岛电报局局员。后任南京金陵大学教授、中央大学教授（兼）、南京工学院教授。晚年与同里金元宪、弟严赓雪、严秉淳等诗作往来甚密，为"江南诗画社"成员。

◎著作集

蛙吟集

　　存民国二十九年（1940）稿本，家属保存。

金陵唱和集（与严鸿仪同撰）

　　存抄本，家属保存。

任百川（1905—1971）吴江同里人。十四岁始随舅父金梅春学习中医，十九岁起又从名医凌小梅学医五年。通岐黄，专治内科热性病，善治脾胃病。

◎著作集

脾胃拾遗

凌氏秘方局录

　　以上两种见新版《同里志》卷二十，未见收藏。

李鉴澄（1905—2006）吴江松陵人。少年就读于吴江第一初等小学、县立高等小学、吴江中学。民国十四年（1925）考入厦门大学数学系，同时从天文学家余青松学天文学、天体物理学。毕业后留厦门大学物理系任教。民国十九年（1930），余青松任中央研究院天文研究所所长，主持创建紫金山天文台，李鉴澄被调协助筹建，同年加入中国天文学会，担负太阳活动观测、天文历算等工作。抗日战争期间参与建立昆明凤凰山天文台。抗战胜利后，曾任教育部科学仪器制造所副总工程师、研究室主任、南京工商商标局审查员。新中国成立后曾在中国科学院长春气机研究所、地磁地震台任研究员。1957年应北京天文馆第一任馆长之邀，任研究员和科学顾问，并主编《天文爱好者》杂志。被誉为中国天文界老前辈九老之一。

◎著作集

李鉴澄先生百岁华诞志庆集

国家图书馆存 2005 年中国水利水电出版社印本。

费青（1905—1957）字图南。吴江人。民国十八年（1929）毕业于东吴大学法律系。民国二十四年（1935）赴德国留学，归国后曾任教云南大学、西南联合大学、复旦大学，曾任东北大学法律系主任、教务长。新中国成立后历任北京大学教授、法律系主任，北京政法学院教授、副教务长。系中国民主同盟会盟员。

◎著作集

国际私法论

法理学概要

西方法律史

以上三种见《苏州民国艺文志》，未见收藏。

法律哲学现状（霍金著；费青译）

南京图书馆存民国二十六年（1937）上海会文堂新记书局印本。

从法律之外到法律之内

南京图书馆存民国三十五年（1946）上海生活书店印本。

社会贤达考

上海图书馆存民国三十六年（1947）自有文丛社铅印本。

附新中国成立后著作集：

关于犹太人问题（马克思著；费青译）

南京图书馆存 1954 年北京人民出版社印本。

黑格尔法律哲学批判导言（马克思著；费青译）

南京图书馆存 1955 年北京人民出版社印本。

费巩（1905—1945）原名福熊。字寒铁，一字祥仲，又字香曾。民国吴江同里人，费树蔚之子。民国十二年（1923）入复旦大学，同年娶袁世凯孙女袁慧泉为妻。民国十五年（1926）赴法国、英国留学。获硕士学位。二十年（1931）归国，先后在中国公学、复旦大学、浙江大学任教，民国二十九年（1940）任浙大训导长。费巩支持抗日救亡，反对国民党一党专政，民国三十四年（1945）遭国民党特务秘密绑架杀害。

英国文官考试制度

天津图书馆存民国二十年（1931）上海民智书局印本。

英国政治组织

南京图书馆存民国二十一年（1932）上海生活书店印本。

比较宪法

南京图书馆存民国二十三年（1934）上海世界法政学社印本。

瑞士政府

南京图书馆存民国二十三年（1934）上海世界书局印本。

世界各国政体

中国政治史

中国经济问题

政治经济学原理

以上四种见 1994 年版《吴江县志》，未见收藏。

蒯斯曛（1906—1987）原名世勋，笔名施君澄。吴江黎里人。中国共产党党员。民国十三年（1924）入复旦大学。在上海曾参加编纂《上海通志》，编校《鲁迅全集》，编辑《译文丛刊》。民国三十一年（1942）赴苏中抗日根据地，曾任《滨海报》《苏中报》编辑。民国三十三年（1944）调入部队，先后任新四军一师师部秘书、华中军区司令部秘书、第三野战军秘书处主任，后又任粟裕秘书。1954 年转业到上海，历任新文艺出版社副社长兼副总编辑、人民文学出版社上海分社社长兼总编辑、上海译文出版社总编辑、上海出版局顾问等职。精通数国语言，译著甚多。

◎著作集

悼亡集

国家图书馆存民国十五年（1926）印本。

凄咽

南京图书馆存民国十六年（1927）泰东图书局印本。

广告学 ABC

山西省图书馆存民国十七年（1928）上海 ABC 丛书社印本。

幻灭的春梦

南京图书馆存民国十八年（1929）上海东新书店印本。

银行学 ABC

山西省图书馆存民国二十六年（1937）上海世界书局印本。

新时代的曙光（淑雪兼珂著；蒯斯曛译）

上海图书馆存民国二十九年（1940）香港海燕书店印本。

三天（编剧）

见《百度百科》人物简历，未见收藏。

阿霞姑娘（屠格涅夫著；蒯斯曛译）

南京图书馆存民国二十二年（1933）上海黎明书局印本。

小小的逃亡者（史碧丽著；蒯斯曛译）

> 南京图书馆存民国二十二年（1933）上海世界书局印本。

尼赫鲁自传（译）

> 上海图书馆存民国三十七年（1948）青年书局协会印本。

附新中国成立后著作集：

呼唤的声音（巴甫连柯著；蒯斯曛译）

> 国家图书馆存 1953 年上海新文艺出版社印本。

金元宪（1906—1985）字立初，号赟庵。吴江同里人，金祖泽之子。幼承家学，后又师从堂兄金天羽、无锡钱基博。善诗能文，尤擅骈文，通贯经史，博涉百家。民国十八年（1929）毕业于上海复旦大学，历任之江、东吴、圣约翰等大学教授。二十世纪三十年代曾与章太炎、金天羽等组织苏州国学会，追随诸老，商讨史事文艺，诸老多所称誉。新中国成立后，一度应华东师范大学之聘，不久辞职。曾任苏州市政协委员。

◎**著作集**

金祖汉先生行述

> 吴江图书馆存民国三十一年（1942）印本。

安徽省通志·人物志列传

> 国家图书馆存民国间铅印本。

云南省通志·人物志列传

天倪子七卷

> 以上两种见《苏州民国艺文志》，未见收藏。

赟庵诗文集十四卷

> 见吴国良《吴江书画印人辑录》，未见收藏。

徐子为（1906—1958）号恒庐。吴江震泽人。少时曾从金天羽、章太炎学古文，年甫弱冠即擅擘窠大字，又工诗。成年后，经商外热心地方事业，民国二十二年（1933）协助创办吴江县私立震泽育英高中，任该校董事。二十四年（1935）联络湖州士绅，创办苏嘉湖汽车公司，任董事，开筑平（望）南（浔）公路。二十六年（1937）当选国民政府行宪国民代表大会江苏省代表。抗战期间往返四川、上海间，为抗日筹募公债，运送物资。抗战胜利后致力震泽育英中学复校，致力苏嘉湖公路复业，并任董事长，出任吴江县副议长。新中国成立后参与江浙多家工厂筹建、复业。1958 年在南京逝世。

◎**著作集**

今日的台湾（一名《台湾综览》）

南京图书馆存民国三十四年（1945）中国科学图书仪器公司印本。

松陵金石书画传

　　见《求是学社社刊》，未见收藏。

唐蕴玉（1906—1992）吴江人，定居上海。早年毕业于上海神州女子学校美术科西画专业。与朱屺瞻、潘玉良等创立艺苑绘画研究所。民国十六年（1927）与柳亚子夫妇相伴东渡日本，从石井柏亭等油画家求深造。民国十九年（1930）入法国巴黎美术学院专攻油画。归国后在上海多所美术学校执教西画。后移居美国。

◎著作集

油画和国画的辩证关系

　　见载"孔夫子旧书网"，称作于 20 世纪 30 年代，今未见收藏。

中国油画研究系列·唐蕴玉

　　南京图书馆存 2009 年上海人民美术出版社印本。

钱复（1906—2003）字太初。吴江同里人，钱祖宪长子，嗣伯父钱仲雷。民国十六年（1927）于复旦大学理工科肄业后专攻国文，师从金天羽。学养深厚，长期任苏州中学语文教师，曾参与编纂《汉语大词典》。长于书法、篆刻。曾任苏州市书法工作者协会理事长、苏州市政协委员等职。

◎著作集

钱仲雷先生行述

　　吴江图书馆存民国十二年（1923）印本。

表太孺人诔

　　吴江图书馆存民国十五年（1926）印本。

九成室印存

　　吴江图书馆存钤印本。

聊自娱斋主人自刊印

　　吴江图书馆存钤印本。

宋金元明诗合选（钱复抄本）

　　吴江图书馆存民国抄本。

作文

　　吴江图书馆存稿本。

附新中国成立后著作集：

苏州胜迹重修记（钱太初等撰）

　　吴江图书馆存 1989 年上海三联书店印本。

姑苏吟（钱太初等撰）

吴江图书馆存苏州政协联谊会印总十二、十八期。

现代书斋名印赏（钱太初等撰）

　　吴江图书馆存 1990 年苏州古吴轩出版社印本。

苏州文物古迹诗选（钱太初等撰）

　　吴江图书馆存 1991 年苏州古吴轩出版社印本。

东吴印社作品选（钱太初等作）

　　吴江图书馆存 1992 年苏州东吴印社印本。

传统文化研究第一辑（钱太初等撰）

　　吴江图书馆存 1992 年苏州古吴轩出版社印本。

沈德潜的生平和他的论诗宗旨

　　见钱复自撰书目，传统文学研究会出版，未见收藏。

钱太初先生诗词

　　见载《新浪博客·姑苏云鹤》，收藏不详。

后乐诗声

　　见新版《同里志》卷二十，未见收藏。

◎**零星诗文**　《国学论衡》、《文艺捃华》、《苏州文物》、《苏州杂志》等刊有诗文。

倪征燠（1906—2003）吴江黎里人。民国十七年（1928）毕业于上海东吴大学法学院。十八年（1929）获美国斯坦福大学法学博士学位。后任美国约翰·霍普金斯大学法学研究所研究员。归国后在东吴大学等校担任教授等职。民国三十六年（1947）至三十七年（1948）以远东国际军事法庭国际检察组成员、中国检察员首席顾问身份参与东京审判。新中国成立后，长期任外交部法律顾问。1984 年当选联合国国际法院法官，为新中国首位国际法院法官。

　　◎**著作集**

法律的进化

法律的假设性

　　以上两种见《中国大百科全书·法学》，未见收藏。

考察美英两国司法报告

　　南京图书馆存民国三十五年（1946）著者自刊本。

附新中国成立后著作集：

国际法中的司法管辖问题

　　南京图书馆存 1964 年世界知识出版社印本。

船舶碰撞事件中的法律问题

领海宽度问题的历史和现状

关于水域划界问题的实践

关于国际海底的法律制度

领海上空的法律地位

关于外层空间的国际法问题

关于国家管辖豁免的理论与实践

　　以上七种见《中国大百科全书·法学》，未见收藏。

倪征燠法学文集

　　南京图书馆存 2006 年法律出版社印本。

淡泊从容莅海牙

　　吴江图书馆存 1999 年法律出版社印本。

钱旭田（生卒年不详）字芸庄。民国吴江人。曾任吴江中学理化日文教员。

◎著作集

化学

　　吴江图书馆存民国油印本。

柳无忌（1907—2002）原名锡礽。吴江黎里人，柳亚子之子。南社社员。民国十六年（1927）于北京清华学校毕业后赴美留学，获耶鲁大学英国文学博士学位。民国二十一年（1932）归国，先后在南开大学、西南联合大学、中央大学任教。民国三十五年（1946）再度赴美，执教于劳伦斯大学、耶鲁大学。二十世纪六十年代初，在印第安纳大学创办东亚语文系，任系主任。

◎著作集

胜溪草堂诗稿

　　上海图书馆存民国吴江柳氏抄本。

胜溪草堂文稿

　　上海图书馆存民国吴江柳氏抄本。

苏曼殊年谱及其他（与柳亚子同编）

　　南京图书馆存民国十七年（1928）上海北新书局印本。

苏曼殊诗集（编）

　　南京图书馆存民国十六年（1927）印本。

曼殊逸著两种（编）

　　吴江图书馆存民国十六年（1927）上海北新书局铅印本。

少年歌德（编）

　　南京图书馆存民国二十二年（1933）北新书店印本。

人生与文学（主编之一）

　　国家图书馆存民国二十四年至二十六年（1935—1937）部分印本。

菩提珠

　　南京图书馆存民国二十年（1931）上海北新书局印本。

莎士比亚时代抒情诗

　　南京图书馆存民国三十一年（1942）重庆大时代书局印本。

阿尔麦耶的愚蠢（康拉德著；柳无忌译）

　　上海图书馆存民国三十二年（1943）重庆古今出版社印本。

世界文学（主编）

　　国家图书馆存民国三十二年（1943）重庆中华文化印书馆印本。

近代欧美短篇小说选（编）

　　国家图书馆存民国三十三年（1944）桂林开明书店印本。

世界短篇小说精华（编）

　　南京图书馆存民国三十四年（1945）重庆正风出版社印本。

印度文学

　　南京图书馆存民国三十四年（1945）重庆中国文化服务社印本。

西洋文学的研究

　　湖北省图书馆存民国三十五年（1946）上海大东书局印本。

英国文学史（莫逊等著；柳无忌等译）

　　上海图书馆存民国三十六年（1947）上海商务印书馆印本。

全唐诗精华（编）

　　南京图书馆存民国三十七年（1948）上海正风出版社印本。

曼殊大师纪念集

　　南京图书馆存民国三十二年（1943）重庆正风出版社印本。

附新中国成立后著作集：

葵晔集：历代诗词曲选集（与罗郁正同编）

　　国家图书馆存 1976 年伦敦印第安大学印本。

柳亚子年谱

　　吴江图书馆存 1983 年北京中国科学出版社印本。

柳亚子文集：南社纪略（编）

　　南京图书馆存 1983 年上海人民出版社印本。

柳无忌散文选：古稀话旧

　　南京图书馆存 1984 年中国友谊出版社印本。

二罗一柳忆朱湘（柳无忌等撰）

　　南京图书馆存 1985 年三联书店印本。

近代英国散文选（与范存忠同编）

　　南京图书馆存 1986 年江苏教育出版社印本。

从磨剑室到燕子龛

  上海图书馆存1985年时报出版公司印本。

柳亚子文集：苏曼殊研究（编）

  吴江图书馆存1987年上海人民出版社印本。

我们的父亲柳亚子（柳无忌等撰）

  吴江图书馆存1989年北京中国友谊出版公司印本。

苏曼殊传

  南京图书馆存1992年三联书店印本。

英国浪漫派诗选（与张镜潭同编）

  国家图书馆存1992年江苏教育出版社印本。

中国文学新论

  南京图书馆存1993年中国人民大学印本。

磨剑鸣筝集：南社二友柳亚子与苏曼殊诗选

  上海图书馆存1993年上海外语教育出版社印本。

柳亚子文集：南明史纲·史料

  国家图书馆存1994年上海人民出版社印本。

南社人物传（与殷安如同编）

  吴江图书馆存2002年北京社会科学文献出版社印本。

徐沄秋（1908—1976）原名福元，又名徐澄。生于苏州，吴江籍。民国十九年（1930）至二十六年（1937）求学于晏城中学，后在吴县县立中学任美术、国文教员，参与苏州"国学会"活动，为"文艺捃华"社员。民国二十五年（1936）起开设苏州画苑。日伪期间先后任苏州地方自治会秘书、江苏省立苏州图书馆馆长等职。新中国成立后开设苏斋书画店，曾任苏州市文管会委员、苏南文管会鉴定委员、南京博物院鉴定编目员等职。熟悉地方历史掌故，精于书画鉴定。

◎著作集

娄东太原王氏画系表

  苏州图书馆存民国三年（1914）苏州国学会印本。

外国地理志略

本国地理志略

中国近百年史

世界近代史略

卫生浅说

  以上五种南京图书馆存民国十九年（1930）民众常识丛书本。

私德浅说

国家图书馆存民国十九年（1930）中华书局印本。

公德浅说

上海图书馆存民国二十三年（1934）中华书局印本。

阳羡奇观

南京图书馆存民国二十四年（1935）苏州寿楣制版社印本。

卓观斋脞录

上海图书馆存民国二十八年（1939）苏州利苏印书社印本。

王烟客先生绘画年表

吴门画史

以上两种苏州图书馆存民国二十八年（1939）该馆印本。

余杭先生语录

上海图书馆存民国二十九年（1940）苏州图书馆印本。

俞曲园先生年谱

南京图书馆存民国二十九年（1940）苏州图书馆印本。

中国史略

外国史略

以上两种上海图书馆存民国三十七年（1948）上海中华书局印本。

附新中国成立后著作集：

无锡惠山彩塑（与吴山同编）

国家图书馆存 1963 年北京朝花美术出版社印本。

徐北汀（1908—1993）原名熹。字北汀，笔名渺荸、舒澄、石梅、淼翁。自幼习国画山水，民国十七年（1928）师从吴观岱。二十年（1931）在苏州、上海创设白马画社，以卖画课徒为业。二十三年（1934）定居北平，后应聘于北京大学文学院艺术研究会任国画导师。

◎著作集

深山读书图题咏集二卷

苏州图书馆存民国十九年（1930）印本。

附新中国成立后著作集：

山水画法

吴江图书馆存 1983 年北京人民美术出版社印本。

山水画构图

国家图书馆存 2005 年北京人民美术出版社印本。

孙云蔚（1908—?）一名孙华。吴江人。民国十七年（1928）毕业于苏州农校。

二十世纪三十年代初在日本国立园艺试验场、日本九州大学农学部学习。归国后曾在青岛、北京研究果树园艺，后任西北农学院、南昌大学农学院、广西大学农学院教授。曾任中国园艺学会常务理事，《中国园艺学报》、《中国果树》、《果树科学》等杂志编委。

◎著作集

最新西瓜百合栽培法

    南京图书馆存民国二十三年（1934）上海中华书局印本。

西洋菌栽培法

    南京图书馆存民国二十四年（1935）上海中华书局印本。

甘蓝栽培法

    吴江图书馆存民国二十五年（1936）上海中华书局印本。

实用果树栽培法

    南京图书馆存民国二十五年（1936）上海中华书局印本。

萝卜白菜栽培法

    南京图书馆存民国二十五年（1936）上海中华书局印本。

番茄草莓栽培法

    南京图书馆存民国二十五年（1936）上海中华书局印本。

最新葡萄栽培法

    上海图书馆存民国二十八年（1939）上海中华书局印本。

实用园艺学

    南京图书馆存民国二十八年（1939）著者自刊本。

果树繁殖法

    南京图书馆存民国二十八年（1939）三通书局印本。

北京之庭园树木

    南京图书馆存民国二十九年（1940）实业总署农事试验场印本。

华北之果树园艺

    南京图书馆存民国三十年（1941）伪实业总署园艺试验场印本。

华北桃之品种调查

    南京图书馆存民国三十年（1941）伪实业总署园艺试验场印本。

苹果栽培学

    国家图书馆存民国三十年（1941）重庆中正书局印本。

果树园艺通论

    上海图书馆存民国三十七年（1948）上海中华书局印本。

附新中国成立后著作集：

果树学总论

国家图书馆存 1949 年上海新农企业股份有限公司印本。

果树学各论

　　南京图书馆存 1951 年新农出版社印本。

果树栽培学总论

　　上海图书馆存 1958 年陕西人民出版社印本。

果树栽培学各论

　　南京图书馆存 1958 年陕西人民出版社印本。

西北的果树

　　南京图书馆存 1962 年科学出版社印本。

果树集论：果树的环境与营养（编译）

　　上海图书馆存 1964 年上海科学技术出版社印本。

果树栽培的生理和技术（与小林章同编）

　　南京图书馆存 1966 年农业出版社印本。

果园土壤管理（与王永蕙同编）

　　南京图书馆存 1982 年上海科学技术出版社印本。

中国果树史与果树资源（主编）

　　吴江图书馆存 1983 年上海科学技术出版社印本。

果树种类论（与曲泽洲同编）

　　南京图书馆存 1990 年农业出版社印本。

吴丰培（1909—1996）字玉年、庚年。吴江松陵人。吴燕绍之子。自幼习经史。民国十九年（1930）入北京大学国学研究所，师从朱希祖、孟森治明史，毕业后在北平研究院史学研究会任编辑，同时研究家藏旧档，开辟西藏史地研究。"七七"事变后，先后在辅仁大学、中国大学、北京大学、北京师范大学任教。新中国成立后调入中央民族学院研究部，1957 年改入图书馆。1988 年晋升为研究员。曾参与《中国历史地图集》、《中国地方志联合目录》的编纂，曾为《辞海》撰写西北地区古今民族词条。

◎著作集

明驭倭录校补十六卷

　　《百度百科》人物简介称著于民国二十四年（1935），未见收藏。

卫藏通志著作考

　　国家图书馆存民国二十五年（1936）国立北平研究院印本。

清代西藏史料丛刊　第一集（辑）

　　山西省图书馆存民国二十六年（1937）国立北平研究院印本。

清季筹藏奏牍（辑）

南京图书馆存民国二十七年（1938）国立北平研究院印本。

边疆丛书续编六种（校订并辑）

国家图书馆存民国三十二年（1943）—1950年铅印暨油印本。

子目：

北征日记

西行日记三卷

巴勒布纪略二十六卷附一卷

新疆回部志：乾隆　四卷补一卷

塔尔巴哈台事宜：乾隆　四卷

乌鲁木齐事宜：乾隆

清季达赖喇嘛出亡事迹考

国家图书馆存著者自刊油印本。

附新中国成立后著作集：

郭尔喀纪略补辑（辑）

《百度百科》人物简介称著于1977年，未见收藏。

（道光）喀喇沙尔事宜二卷（校订）

南京图书馆存1979年北京中央民族学院图书馆油印本。

平定金川方略（校订）

平定两金川方略（校订）

以上两种见《百度百科》人物简介。国家图书馆存同名书，但未说明与吴丰培关系。

丝绸之路资料汇钞（辑）

上海图书馆存1996年全国文献缩微复制中心影印本。

桂祥科多布奏稿（辑）

连魁科多布奏稿（辑）

以上两种见《百度百科》人物简介，未见收藏。

钦定理藩部则例（整理）

国家图书馆存1987年北京中国藏学出版社影印本。

打箭炉志略

南京图书馆存1979年北京中央民族学院图书馆影印本。

联豫驻藏奏稿（辑）

南京图书馆存1979年拉萨西藏人民出版社印本。

甘新游踪汇编（校订）

国家图书馆存1980年北京中央民族学院图书馆油印本。

哈密至准噶尔路程（校订）

　　国家图书馆存 1980 年北京中央民族学院图书馆油印本。

明代援朝史料四卷附一卷（编）

　　吴江图书馆存 1981 年北京中央民族学院影印本。

川藏游踪汇编（编）

　　吴江图书馆存 1985 年成都四川民族出版社印本。

豫师青海奏稿（编）

　　吴江图书馆存 1981 年西宁青海人民出版社印本。

宗教源流考·番僧源流考

　　南京图书馆存 1982 年拉萨西藏人民出版社印本。

乾嘉道三朝哈萨克史料（整理）

　　国家图书馆存 1982 年北京中央民族学院图书馆影印本。

塔尔巴哈台志略·乌什事宜（整理）

　　国家图书馆存 1982 年北京中央民族学院图书馆影印本。

西藏志（整理）

　　南京图书馆存 1982 年拉萨西藏人民出版社印本。

萨迎阿新疆奏稿（辑）

　　国家图书馆存 1982 年北京中央民族学院图书馆影印本。

奕山新疆奏稿（辑）

　　国家图书馆存 1982 年北京中央民族学院图书馆影印本。

新疆四赋（辑）

　　国家图书馆存 1982 年北京中央民族学院图书馆影印本。

布彦泰叶尔羌奏稿（辑）

　　国家图书馆存 1982 年北京中央民族学院图书馆影印本。

西招图略（校订）

　　国家图书馆存 1982 年拉萨西藏人民出版社印本。

四庭纪程（辑）

　　国家图书馆存 1982 年北京中央民族学院影印本。

叶尔羌守城纪略（辑）

　　国家图书馆存 1982 年北京中央民族学院图书馆影印本。

乌鲁木齐守城纪略（辑）

　　国家图书馆存 1982 年北京中央民族学院图书馆影印本。

藏乱始末见闻记（校订）

　　国家图书馆存 1983 年拉萨西藏人民出版社印本。

民元藏事电稿（校订）

　　国家图书馆存 1983 年拉萨西藏人民出版社印本。

《西陲今略》考

    国家图书馆存 1983 年兰州西北史地出版社印本。

顾颉刚先生和所著西北考察日记

    国家图书馆存 1983 年兰州西北史地出版社印本。

清代藏事辑要（增辑）

    南京图书馆存 1983 年拉萨西藏人民出版社印本。

清代藏事辑要续编

    国家图书馆存 1984 年拉萨西藏人民出版社印本。

赵尔丰川边奏牍

    吴江图书馆存 1984 年成都四川民族出版社印本。

松筠新疆奏稿（辑）

    国家图书馆存 1984 年北京中央民族学院影印本。

明代西域史料辑要二卷（辑）

    国家图书馆存 1985 年天津古籍出版社影印本。

科布多史料辑存四种四卷（辑）

    南京图书馆存 1986 年北京书目文献出版社印本。

刘襄勤公奏稿附传略（与刘锦棠同校订）

    南京图书馆存 1986 年北京书目文献出版社印本。

景纹驻藏奏稿（编）

    吴江图书馆存 1986 年成都四川民族出版社印本。

安南纪略三十卷卷首二卷（整理）

    南京图书馆存 1986 年北京书目文献出版社印本。

皇明肃皇外史四十六卷（整理）

    国家图书馆存 1987 年北京全国图书馆文献缩印复制中心影印本。

有泰驻藏日记六卷（整理）

    1988 年北京中国藏学出版社扫描油印民国间吴丰培抄本，国家图书馆有藏。

清代驻藏大臣传略（与曾国庆同辑）

    1988 年西藏人民出版社出版，旧书网有售，收藏不详。

藏学研究的历史进程

    见《百度百科》人物简介，未见收藏。

清末蒙古史地资料荟萃

    上海图书馆存 1990 年全国图书馆文献缩微复制中心影印本。

清朝驻藏大臣制度的建立与沿革（合著）

    南京图书馆存 1989 年北京中国藏学出版社印本。

明代宫廷杂录汇编（整理）

见《百度百科》人物简介，未见收藏。

抚远大将军允禵奏稿（整理）

1995 年北京中国藏学出版社据抄本影印，国家图书馆有藏。

四镇三关志十卷（整理）

国家图书馆存 1991 年北京全国文献缩微复制中心影印本。

清代藏事奏牍

国家图书馆存 1994 年北京中国藏学出版社印本。

清光绪朝布鲁克巴秘档（整理）

国家图书馆存 1995 年北京藏学出版社影印本。

西域同文志（校勘）

国家图书馆存 1995 年北京中国藏学出版社影印本。

西园闻见录（整理）

南京图书馆存 1996 年北京全国图书馆文献缩微复制中心影印本。

宋元资治通鉴（整理）

南京图书馆存 1996 年北京全国图书馆文献缩微复制中心影印本。

清代新疆稀见奏牍汇编（主编）

南京图书馆存 1997 年新疆人民出版社印本。

吴丰培边事题跋集

上海图书馆存 1998 年乌鲁木齐新疆人民出版社印本。

藏学研究论丛·吴丰培专辑

吴江图书馆存 1999 年拉萨西藏人民出版社印本。

沈维经（1909—?）吴江人。东吴大学肄业，民国十六年（1927）留学美国西北大学，获学士学位。

◎**著作集**

会计学原理

苏州图书馆存民国三十二年（1943）印本。

薛玄鹗（1910—?）字思明。民国吴江同里人。民国二十二年（1933）毕业于无锡国学专修学校，曾任丹阳正则女校和私立无锡中学教员。

◎**著作集**

周易序卦传释义

吴江图书馆存民国二十二年（1933）抄本。

艺科选文

吴江图书馆存民国二十三年（1934）油印本。

国文选读

国文常识指导

    以上两种吴江图书馆存民国二十四年（1935）油印本。

国学指导

    吴江图书馆存民国二十五年（1936）印本。

国学问答

    吴江图书馆存民国三十二年（1943）印本。

诗经述义

    吴江图书馆存民国油印本。

王惠廉（1910—？）民国吴江人。幼承艺术家教，少年进苏州美专就学，后在上海任职。

◎著作集

新奇时装百美图

    吴江图书馆存民国二十年（1931）上海新美术局社铅印本。

美术广告画（与王翰娱、王家燧同绘）

    吴江图书馆存民国十七年至二十年（1928—1931）上海新新美术社铅印本。

▲《新奇时装百美图》书影

刘汝醴（1910—1988）字百馀、百斋，号菊庵。吴江同里人。民国二十二年（1933）毕业于苏州美专，赴日本入东京川端美术学校研究西洋画与美术史论。民国二十九年（1940）任苏北鲁迅艺术学校教授。新中国成立后历任华东艺专教授，南京艺术学院教授、院长等职。

◎著作集

苏联艺术的发展（译述）

　　南京图书馆存民国三十八年（1949）大连友谊书店印本。

附新中国成立后著作集：

伟大的雕刻艺术：云岗（编）

　　上海图书馆存1954年四联出版社印本。

桃花坞木版年画（与罗卡子同编）

　　南京图书馆存1961年上海人民美术出版社印本。

竹内栖凤（编）

　　南京图书馆存1982年江苏人民出版社印本。

古代埃及艺术

　　南京图书馆存1985年上海人民出版社印本。

英国水彩画史（编著）

　　南京图书馆存1985年上海人民美术出版社印本。

艺术放谈

　　国家图书馆存1986年南京江苏美术出版社印本。

西方美术发展史

　　南京图书馆存1990年人民美术出版社印本。

宜兴紫砂文化史（与吴山同著）

　　上海图书馆存2000年西湖摄影艺术出版社印本。

欧洲美术史

艺术的社会意义（译）

　　以上两种见新版《同里志》卷二十，未见收藏。

费孝通（1910—2005）初名彝江。吴江松陵人。中国著名社会学家、人类学家、民族学家和社会活动家。曾先后就读于燕京大学社会学系、清华大学社会学系及人类学系研究院，毕业后赴英国留学，师从著名人类学家马林诺斯基。其博士论文《江村经济》被认为是人类学实地调查和理论工作发展中的一个里程碑。民国二十七年（1938）获伦敦大学哲学博士学位后回国，开始了其"志在富民"的人生追求，历经坎坷，矢志不移。先后在云南大学、中央民族学院、北京大学等高校从事教育研究工作，在中国社会科学院、中国社会学会等研究机构领衔承担中国社会学学科的重建工作。

始终坚持立足中国实际，从事社会调查，深入探讨中国乡镇企业与小城镇问题、边区与少数民族地区发展问题、城乡问题、区域发展问题等。历任国务院专家局副局长、民盟中央主席、全国政协副主席、全国人大常委会副委员长等职。

◎著作集

社会变迁（乌格朋著；费孝通、王同惠译）

　　民国二十四年（1935）上海商务印书馆出版。吴江图书馆存 1991 年北京商务印书馆印本。

江村经济

　　民国二十八年（1939）在英国出版英文版，书名《Peasant Life in China》吴江图书馆存 1986 年南京江苏人民出版社中文印本。

鸡足朝山记

　　上海图书馆存民国三十二年（1943）生活导报社印本。

禄村农田

　　南京图书馆存民国三十二年（1943）重庆商务印书馆印本。

人文类型（弗思著；费孝通译）

　　民国三十三年（1944）重庆商务印书馆出版。吴江图书馆存 1991 年北京商务印书馆印本。

文化论（马林诺斯基著；费孝通等译）

　　民国三十三年（1944）重庆商务印书馆出版。吴江图书馆存 2002 年北京华夏出版社印本。

初访美国

　　国家图书馆存民国三十四年（1945）重庆美国新闻处印本缩微品。

人情与邦交：旅美寄信

　　民国三十四年（1945）昆明自由论坛社出版，今收录于《费孝通文集》第三卷，未见单行本收藏。

人性与机器：中国手工业的前途

　　苏州图书馆存民国三十五年（1946）上海生活书店印本。

民主·宪法·人权：作之民

　　国家图书馆存民国三十五年（1946）上海生活书店印本。

内地的农村

　　上海图书馆存民国三十五年（1946）重庆生活书店印本。

美国人的性格

　　南京图书馆存民国三十六年（1947）重庆生活书店印本。

重访英伦

　　吴江图书馆存 1983 年长沙湖南人民出版社印本。

工党一年

　　南京图书馆存民国三十六年（1947）重庆生活书店印本。

生育制度

　　民国三十六年（1947）上海商务印书馆出版。吴江图书馆存1981年天津人民出版社印本。

科举与社会流动（与潘光旦同著）

　　民国三十六年（1947）载清华大学《社会科学》四卷一号，今未见单行本收藏。

乡土中国·乡土重建·重访江村

　　吴江图书馆存民国三十六年（1947）香港文学出版社印本。

皇权与绅权（与吴晗等合著）

　　南京图书馆存民国三十七年（1948）上海观察社印本。

乡土中国

　　民国三十七年（1948）上海观察社出版。吴江图书馆存1985年北京三联书店印本。

乡土重建

　　国家图书馆存民国三十七年（1948）上海观察社印本。

附新中国成立后著作集：

大学的改造

　　南京图书馆存1950年上海出版公司印本。

我这一年

　　上海图书馆存1950年北京三联书店印本。

兄弟民族在贵州

　　吴江图书馆存1951年北京三联书店印本。

话说呼伦贝尔草原

　　吴江图书馆存1956年北京通俗文艺出版社印本。

中国民族学当前的任务

　　南京图书馆存1957年民族出版社印本。

工业文明的社会问题（梅欧，E著；费孝通译）

　　国家图书馆存1964年北京商务印书馆印本。

访美掠影

　　吴江图书馆存1980年北京三联书店印本。

世界史纲：生物和人类的简明史（威尔斯著；费孝通等译）

　　南京图书馆存1982年人民出版社印本。

苏联主要民族手册（泽夫·卡茨主编；费孝通译）

上海图书馆存 1982 年北京人民出版社印本。

非洲的种族（塞利柯曼著；费孝通译）

南京图书馆存 1982 年北京商务印书馆印本。

杂写甲集

南京图书馆存 1982 年天津人民出版社印本。

三访江村

吴江图书馆存 1983 年北京新世界出版社印本。

杂写乙集

吴江图书馆存 1984 年天津人民出版社印本。

民族与社会

吴江图书馆存 1985 年天津人民出版社印本。

从事社会学五十年

吴江图书馆存 1985 年天津人民出版社印本。

社会学的探索

吴江图书馆存 1985 年天津人民出版社印本。

美国与美国人

吴江图书馆存 1985 年北京三联书店印本。

费孝通社会学文集

吴江图书馆存 1985 年天津人民出版社印本。

社会调查自白

吴江图书馆存 1985 年上海知识出版社印本。

小城镇四记

吴江图书馆存 1985 年北京新华出版社印本。

杂写丙集

吴江图书馆存 1985 年天津人民出版社印本。

小城镇建设探讨（与纂）

吴江图书馆存 1985 年北京人民日报出版社印本。

论小城镇及其他

吴江图书馆存 1985 年天津人民出版社印本。

江村五十年 =Fifty Years of a Chinese Village

国家图书馆存 1986 年印本，出版者不详。

SMALL TOWNS in CHINA：Functions，Problems & Prospects（与纂）

吴江图书馆存 1986 年北京新世界出版社印本。

民族史论文选 下册（费孝通等著）

南京图书馆存 1986 年北京中央民族学院出版社印本。

杂写丁集

    南京图书馆存 1986 年天津人民出版社印本。

边区开发与社会调查

    吴江图书馆存 1987 年天津人民出版社印本。

边区开发四题

    上海图书馆存 1987 年杭州浙江人民出版社印本。

沿海六行

    吴江图书馆存 1987 年南京江苏人民出版社印本。

费孝通选集

    吴江图书馆存 1988 年天津人民出版社印本。

山水·人物

    吴江图书馆存 1987 年南京江苏人民出版社印本。

费孝通民族研究文集

    吴江图书馆存 1988 年北京民族出版社印本。

花篮瑶社会组织（与王同惠合著）

    吴江图书馆存 1988 年南京江苏人民出版社印本。

乡镇经济比较模式（与罗涵先合著）

    南京图书馆存 1988 年重庆出版社印本。

地区发展战略与规划研究

    南京图书馆存 1988 年北京中国展望出版社印本。

费孝通学术精华录

    南京图书馆存 1988 年北京师范学院出版社印本。

费孝通外访杂写

    国家图书馆存 1988 年北京中国展望出版社印本。

城乡发展研究：城乡关系、小城镇、边区开发

    吴江图书馆存 1989 年长沙湖南人民出版社印本。

胡愈之印象记（费孝通等著）

    吴江图书馆存 1989 年北京中国友谊出版公司印本。

乡村社会学

    国家图书馆存 1989 年台北三民书局印本。

社会学在成长

    吴江图书馆存 1990 年天津人民出版社印本。

从沿海到边区的考察

    吴江图书馆存 1990 年上海人民出版社印本。

云南三村（与张之毅合著）

　　吴江图书馆存 1990 年天津人民出版社印本。

城乡和边区发展的思考

　　南京图书馆存 1990 年天津人民出版社印本。

旧燕归来

　　吴江图书馆存 1991 年南京江苏人民出版社印本。

农村振兴和小城镇问题：中日学者共同研究（朱通华主编；费孝通等著）

　　吴江图书馆存 1991 年南京江苏人民出版社印本。

中华民族研究新探索（主编）

　　南京图书馆存 1991 年中国社会科学出版社印本。

费孝通学术论著自选集

　　吴江图书馆存 1992 年北京师范学院出版社印本。

行行重行行

　　吴江图书馆存 1992 年银川宁夏人民出版社印本。

区域发展战略研究：总论（费孝通、钱伟长主编）

　　国家图书馆存 1992 年人民出版社印本。

逝者如斯

　　吴江图书馆存 1993 年苏州大学出版社印本。

人的研究在中国

　　国家图书馆存 1993 年天津人民出版社印本。

区域发展战略研究：黄河三角洲·东营篇（费孝通、钱伟长主编）

　　国家图书馆存 1993 年北京群言出版社印本。

芳草天涯：费孝通外访杂文选集

　　吴江图书馆存 1994 年苏州大学出版社印本。

乡土重建与乡镇发展

　　国家图书馆存 1994 年香港牛津大学出版社印本。

锦绣江南的现代化蓝图

　　吴江图书馆存 1994 年南京大学出版社印本。

区域发展战略研究：淄博篇（费孝通、钱伟长主编）

　　国家图书馆存 1994 年北京群言出版社印本。

言以助味

　　吴江图书馆存 1995 年苏州大学出版社印本。

区域发展战略研究：沧州篇（费孝通、钱伟长主编）

　　国家图书馆存 1995 年北京群言出版社印本。

爱我家乡

　　吴江图书馆存 1996 年北京群言出版社印本。

费孝通选集（海峡文艺版）

　　吴江图书馆存 1996 年福州海峡文艺出版社印本。

费孝通学术文化随笔

　　吴江图书馆存 1996 年北京中国青年出版社印本。

学术自述与反思

　　吴江图书馆存 1996 年北京三联书店印本。

行行重行行续集

　　吴江图书馆存 1997 年北京群言出版社印本。

走出江村

　　吴江图书馆存 1997 年北京人民日报出版社印本。

江村农民生活及其变迁

　　吴江图书馆存 1997 年敦煌文艺出版社印本。

从实求知录

　　吴江图书馆存 1998 年北京大学出版社印本。

甘肃土人的婚姻（许让著；费孝通、王同惠译）

　　吴江图书馆存 1998 年沈阳辽宁教育出版社印本。

往事重重

　　吴江图书馆存 1998 年沈阳辽宁教育出版社印本。

在人生的天平上

　　上海图书馆存 1998 年广州新世纪出版社印本。

费孝通文集十四卷

　　吴江图书馆存 1999 年北京群言出版社印本。

费孝通散文

　　吴江图书馆存 1999 年杭州浙江文艺出版社印本。

从小城镇到开发区

　　吴江图书馆存 1999 年南京江苏人民出版社印本。

芳草茵茵：田野笔记选录

　　吴江图书馆存 1999 年济南山东画报出版社印本。

青春作伴

　　南京图书馆存 1999 年北京华文出版社印本。

费孝通诗存

　　吴江图书馆存 1999 年北京群言出版社印本。

中华民族多元一体格局（主编）

　　南京图书馆存 1999 年北京中央民族学院出版社印本。

费孝通论小城镇建设

吴江图书馆存 2000 年北京群言出版社印本。

费孝通论西部开发与区域经济

吴江图书馆存 2000 年北京群言出版社印本。

费孝通域外随笔

吴江图书馆存 2000 年北京群言出版社印本。

费孝通文化随笔

吴江图书馆存 1996 年北京中国青年出版社印本。

费孝通人物随笔

吴江图书馆存 2000 年北京群言出版社印本。

费孝通人生漫笔

吴江图书馆存 2001 年北京同心出版社印本。

进入 21 世纪时的回顾与前瞻

人类学与二十一世纪

以上两种吴江图书馆存 2001 年北京大学社会学人类学研究所印本。

师承·补课·治学

吴江图书馆存 2002 年北京三联书店印本。

费孝通文集　第十五卷

吴江图书馆存 2001 年北京群言出版社印本。

费孝通译文集

吴江图书馆存 2002 年北京群言出版社印本。

社会变迁与现代化：国际学术研讨会论文集（主编）

上海图书馆存 2002 年上海大学出版社印本。

九二存稿

九二续稿

以上两种吴江图书馆存 2002 年北京大学社会学人类学研究所印本。

中国少数民族大辞典（主编）

上海图书馆存 2003 年南宁广西民族出版社印本。

中国文化与全球化（费孝通等著）

南京图书馆存 2003 年南京江苏教育出版社印本。

社会学初探

上海图书馆存 2003 年厦门鹭江出版社印本。

世纪老人的话：费孝通卷

上海图书馆存 2003 年沈阳辽宁教育出版社印本。

九二续存

九三存稿

九三续存（一）

九三续存（二）

文集补编

以上五种吴江图书馆存 2003 年北京大学社会学人类学研究所印本。

论人类学与文化自觉

吴江图书馆存 2004 年北京华夏出版社印本。

志在富民：中国乡村考察报告

国家图书馆存 2004 年上海人民出版社印本。

费孝通文集　第十六卷

吴江图书馆存 2004 年北京群言出版社出印本。

九四存稿

吴江图书馆存 2004 年北京大学社会学人类学研究所印本。

费孝通集

上海图书馆存 2005 年中国社会科学出版社印本。

费孝通论文化与文化自觉（中国民盟中央等编）

吴江图书馆存 2005 年北京群言出版社印本。

费孝通九十新语

吴江图书馆存 2005 年重庆出版社印本。

费孝通在 2003：世纪学人遗稿

吴江图书馆存 2005 年北京中国科学技术出版社印本。

费孝通民族研究文集新编

南京图书馆存 2006 年北京中央民族大学出版社印本。

中国绅士（费孝通著；惠海鸣译）

南京图书馆存 2006 年北京中国社会科学出版社印本。

六上瑶山

吴江图书馆存 2005 年北京中央民族大学出版社印本。

一代良师：大学小品丛书·费孝通卷

南京图书馆存 2007 年武汉长江文艺出版社印本。

费孝通游记

南京图书馆存 2007 年北京东方出版社印本。

费孝通自选集

吴江图书馆存 2008 年北京首都师范大学出版社印本。

推己及人

吴江图书馆存 2010 年北京大众文艺出版社印本。

中国士绅

　　　　吴江图书馆存 2009 年北京三联书店印本。

　　费孝通全集

　　　　吴江图书馆存 2009 年呼和浩特内蒙古人民出版社印本。

　　贵州苗族调查资料（费孝通等著）

　　　　国家图书馆存 2009 年贵州大学出版社印本。

　　补课札记：重温帕克社会学

　　　　吴江图书馆存 2000 年北京大学社会学人类学研究所印本。

　　重建社会学和人类学的经过的回顾和体会

　　　　吴江图书馆存 1999 年北京大学社会学人类学研究所印本。

赵仁镕（1911—1992）吴江人。民国二十四年（1935）毕业于南京金陵大学，后获美国明尼苏达大学硕士学位。回国后在华南大学农学院、福建协和大学和福建农学院历任讲师、副教授、教授等职。

　　生物统计之理论与实际

　　　　国家图书馆存民国三十七年（1948）上海新农企公司印本。

　　附新中国成立后著作集：

　　大田作物田间试验统计方法

　　　　吴江图书馆存 1978 年大连沈阳农学院印本。

　　田间试验产量结果直观分析法

　　　　吴江图书馆存 1979 沈阳辽宁人民出版社印本。

　　单因子试验结果显著性检验方法

　　　　见《百度百科》人物简介，未见收藏。

　　田间试验方法（与余松烈同编著）

　　　　吴江图书馆存 1979 年北京农业出版社印本。

陶祥霞（1911—?）吴江黎里人。沪江大学毕业，1949 年留学美国伊利诺州立大学，获化学硕士学位。

　　◎著作集

　　各科题解丁集

　　　　南京图书馆存民国十八年（1929）上海世界书局印本。

唐长孺（1911—1994）吴江人。民国二十一年（1932）毕业于上海大同大学文科。先后在光华大学、湖南蓝田国立师范学院、武汉大学任教。曾任武汉大学历史系主任、武汉大学中国三至九世纪研究所所长、国家文物局古文献研究室主任、中国科学院历史研究所研究员。早年研究中国辽、金、元史，民国三十三年（1944）起专治魏晋南北朝隋唐史。曾主编《中国大百科全书·历史卷》（隋唐五代部分）。

◎**著作集**

佛兰克林自传（译）

　　南京图书馆存民国二十九年（1940）上海启明书局印本。

新中国（葛蕾勃尔著；唐长孺译述）

　　南京图书馆存民国二十九年（1940）上海启明书局印本。

东风西风（赛珍珠著；唐长孺译）

　　上海图书馆存民国二十九年（1940）八月上海启明书局铅印本。

分家（赛珍珠著；唐长孺译）

　　上海图书馆存民国三十七年（1948）上海古今书店铅印本。

蒠儿乞破灭年次考证

　　上海图书馆存《齐鲁学报》第二册抽印本。

附新中国成立后著作集：

九品中正制度试释

　　国家图书馆存 1951 年武汉大学编译委员会印本。

魏晋户调制及其演变

　　国家图书馆存 1951 年武汉大学编译委员会印本。

魏晋南北朝史论丛

　　南京图书馆存 1955 年北京三联书店印本。

中国三至六世纪江南大土地所有制的发展

　　南京图书馆存 1957 年上海人民出版社印本。

唐书兵志笺正

　　国家图书馆存 1957 年科学出版社印本。

魏晋南北朝史论丛续编

　　国家图书馆存 1959 年北京三联书店印本。

魏晋南北朝史论拾遗

　　吴江图书馆存 1983 年北京中华书局印本。

汪篯隋唐史论稿（唐长孺等编）

　　国家图书馆存 1981 年北京中国社会科学出版社印本。

敦煌吐鲁番文书初探（初、二编）

　　吴江图书馆存 1983 年武汉大学出版社印本。

北凉承平七年（449）写经题记与西域道往江南的道路

　　国家图书馆存 1986 年乌鲁木齐新疆人民出版社印本。

中国古代史讲座　下册（唐长孺等著）

　　国家图书馆存 1987 年北京求实出版社印本。

中国大百科全书：中国历史：隋唐五代史（主编）

南京图书馆存 1988 年中国大百科全书出版社印本。

魏晋时期有关高昌的一些资料

国家图书馆存 1989 年兰州大学出版社印本。

山居存稿

吴江图书馆存 1989 年北京中华书局印本。

关于归义军节度的几种资料跋

国家图书馆存 1989 年兰州大学出版社印本。

魏晋南北朝隋唐史资料：唐长孺教授八十大寿纪念辑

吴江图书馆存 1991 年武汉大学出版社印本。

魏晋南北朝隋唐史三论：中国社会的形成和前期的变化

上海图书馆存 1993 年湖北武汉大学出版社印本。

吐鲁番出土文书（壹~肆）（主编）

上海图书馆存 1994 年北京文物出版社印本。

中国历史通览（与周一良等同编）

南京图书馆存 1994 年上海东方出版中心印本。

敦煌吐鲁番史料中有关伊、西、北庭节度使留后问题

国家图书馆存 1999 年兰州甘肃文化出版社印本。

关于武则天统治末年的浮逃户

国家图书馆存 1999 年兰州甘肃文化出版社印本。

白衣天子试释

国家图书馆存 1999 年兰州甘肃文化出版社印本。

唐长孺社会文化史论丛

国家图书馆存 2001 年武汉大学出版社印本。

唐长孺文存

南京图书馆存 2006 年上海古籍出版社印本。

大师讲史　中（与田余庆同著）

国家图书馆存 2007 年北京中共中央党校出版社印本。

沈同（1911—1993，一说 1992）字子异。吴江松陵人。吴江中学首届初中毕业生，后在苏州中学高中师范科肄业。民国二十二年（1933）毕业于清华大学生物系，后入美国康奈尔大学，获哲学博士学位。归国后在西南联大、清华大学、北京大学等校任教。长期致力生物学研究和教学。曾任《营养学报》、《生物学通报》、《中国科学》、《科学通报》等刊编委。

◎著作集

新时代的初等教育

南京图书馆存民国二十九年（1940）上海市初等教育研究会印本。

营养新论

南京图书馆存民国三十三年（1944）中国文化服务社铅印本。

附新中国成立后著作集：

核酸与蛋白质合成

国家图书馆存 1959 年高等教育出版社印本。

生物化学

南京图书馆存 1980 年北京人民教育出版社印本。

柳无非（1911—2004）吴江黎里人，柳亚子长女。少时在上海求学，民国十六年（1927）随父避难日本。民国十九年（1930）从上海大同大学毕业后赴美留学。新中国成立后参加中国民主促进会。曾任民进中央参议委员、全国政协委员。

◎著作集

菩提珠（与柳无忌等合著）

南京图书馆存民国二十年（1931）上海北新书局印本。

附新中国成立后著作集：

美帝侵略下的拉丁美洲（与陈麟瑞同译）

苏州图书馆存 1950 年北京世界知识社印本。

柳亚子诗词选（与柳无垢合编）

吴江图书馆存 1981 年北京人民文学出版社印本。

我们的父亲柳亚子（与柳无忌等合著）

苏州图书馆存 1989 年北京中国友谊公司出版社印本。

陈旭旦（1911—1994）字雅初。吴江同里人，后移居苏州。少承名师指授，时有神童之目。民国十四年（1925）入苏州桃坞中学，因疾归里，聘著名诗人高燮之子高圭为家庭教师，学习古诗文。后赴苏州拜金天羽为师。民国二十六年（1937）抗战爆发，避居浙江安吉三社村。民国二十七年（1938）上海创办光华大学，聘金天羽为师，即随师入沪，任私人助教。因编国文讲义受嘉许，在光华附中得教职。上海成"孤岛"后，应薛凤昌聘归同里任同文中学教师，其后一直任中学教师。"文革"受冲击，1967 年下放农场。三年后回钱圩中学。1985 年苏州大学钱仲联拟招其去苏大工作，以"路远体孱，未能应命"。工诗词古文，于哲学、佛学、史学、文字学以及星命、奇遁之学兼收并蓄。又精于书法，善画水墨兰。与钱太初、金立初号为"同里三初"。

◎著作集

节厂诗文草

吴江图书馆存稿本。

陈氏诗文稿

吴江图书馆存民国十四年至十五年（1925—1926）稿本。

奇遁活盘十八局

吴江图书馆存民国十八年（1929）手制本。

芬陀利室日记

吴江图书馆存稿本。

吉光片羽集

吴江图书馆存民国二十四年（1935）陈氏耻躬斋集订本。

居易先生书札

吴江图书馆存稿本。

念佛的基础

国家图书馆存民国三十三年（1944）苏州佛学图书馆印本。

附新中国成立后著作集：

节厂诗话

见新版《同里志》卷二十。存1967年油印本，收藏不详。

吴门杂咏·续吴门杂咏

吴江图书馆存1992年自刊印本。

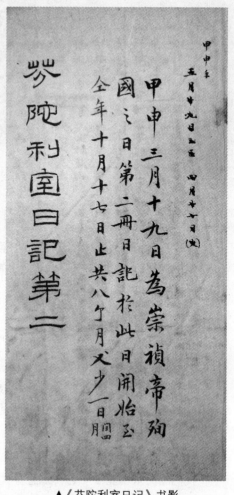

▲《芬陀利室日记》书影

马云翔（1911—2007）吴江同里人。民国十六年（1927）入省立第二中学。民国二十五年（1936）从上海中国医学院毕业后回吴江同里开业行医。新中国成立后曾任同里镇、吴江县人大代表。后调往江苏省中医院、中国人民解放军军事学院等处任主治医师、副主任医师、主任医师等职。1979年回吴江，先后任吴江人民医院医师、吴江卫生局顾问、吴江医学会副会长等职。

◎**著作集**

药物学：清热剂

吴江图书馆存民国稿本。

附新中国成立后著作集：

吴江县名中医临床经验选编集（马云翔等著）

吴江图书馆存1988年吴江政协医卫组印本。

马云翔医学学术经验选辑

国家图书馆存 2010 年南京江苏教育出版社印本。

集腋验方录

长寿保健知识讲座

以上两种见《百度百科》人物简介，未见收藏。

鲁思（1912—1984）原名陈鹤。字九皋。笔名鲁思、于思、李明明、辛克等。吴江芦墟人。早年就读于苏州省立二中。民国二十年（1931）入上海复旦大学政治法律系。其间受田汉"南国社"影响，用"鲁思"笔名在上海《民国日报》发表文章、短剧，同年加入左翼戏剧家联盟并成为夏衍领导的左翼影评小组成员。曾主编《民报》副刊《影谭》和《中美日报》副刊《艺林》。新中国成立后曾任教于上海戏剧学院，任上海电影专科学校电影文学系主任等职。

◎**著作集**

现代演剧（刊）（鲁思等编辑）

国家图书馆存民国二十三年至二十四年（1934—1935）期刊。

十字街头（改编）

苏州图书馆存民国三十三年（1944）上海世界书局印本。

狂欢之夜（编剧）

南京图书馆存民国三十一年（1942）永安歌林出版社印本。

蓝天使（编剧）

苏州图书馆存民国三十三年（1944）上海世界书局印本。

电影知识

南京图书馆存民国三十四年（1945）上海永祥印书馆印本。

爱恋（又名《母妻之间》）（编剧）

上海图书馆存民国三十六年（1947）上海世界书局印本。

戏剧电影问题

苏州图书馆存民国上海世界译著出版社印本。

附新中国成立后著作集：

影评忆旧

苏州图书馆存 1962 年北京中国电影出版社印本。

陈应谦（1912—2006）吴江人。民国二十年（1931）入上海东南医学院，获学士学位。毕业后任职于南京中央医院。民国二十六年（1937）曾入宋庆龄所建医疗防疫队。二十八年（1939）年至延安中国医科大学参建病理、药理实验室，参与中央首长医疗保健工作。后随中国医科大学进东北，培养医务干部，支援人民解放军。又参与反对美国细菌战，收集研究细菌战实物资料。曾赴宁夏培训高级医务人员。新中国成立后历任中国医科大学副校长、人民卫生出版社副社长兼总编、北京首都医学院院长等职。

◎著作集

诊断学

国家图书馆存民国三十五年（1946）中国医科大学印本。

药理学

国家图书馆存民国三十六年（1947）总卫生部编译处印本。

费以复（1913—1982）原名彝复。吴江人。早年从沈瀛学山水。民国二十年（1931）考入苏州美术专科学校西画系，专攻油画。毕业后进南京励志社美术股工作。1951年调上海行知艺术学校任教。1953年到中央美院华东分院任教，后任浙江美术学院油画系副主任、副教授。

◎著作集

油画小辑

绘画写生色彩学

以上两种见《百度百科》人物简介，未见收藏。

附新中国成立后著作集：

素描·色彩入门（与蔡亮合著）

吴江图书馆存1985年杭州浙江人民美术出版社印本。

柳无垢（1914—1963）字汪宜，笔名淑之、郑留芳等。吴江黎里人，柳亚子次女。民国十五年（1926）始入上海大同大学附中就读，其间曾随父流亡日本。民国二十一年（1932）考入清华大学社会学系，三年后赴美留学，攻读社会学。民国二十八年（1939）赴香港参加宋庆龄主持的保卫中国同盟。民国三十年（1941）任桂林中学英文教师。民国三十三年（1944）入美国情报局工作，将毛泽东的《论持久战》译成英文。民国三十七年（1948）担当宋庆龄和毛泽东、周恩来之间的信使，次年陪宋庆龄参加中国人民政治协商会议，并入新中国外交部工作。1963年病逝于北京。

◎著作集

菩提珠（与柳无忌等合著）

南京图书馆存民国二十年（1931）上海北新书局本。

大年夜（马尔兹著；柳无垢译）

上海图书馆存民国三十二年（1943）桂林远方书店印本。

铁蒂姨母（Cowar，N著；柳无垢译）

南京图书馆存民国三十二年（1943）桂林文化供应社印本。

天性的研究（Cowar，N 著；柳无垢译）

国家图书馆存民国三十二年（1943）桂林文化供应社印本。

实情如此（马尔兹著；柳无垢译）

国家图书馆存民国三十四年（1945）重庆山城出版社印本。

阿莱凯姆短篇集（译）

国家图书馆存民国三十三年（1944）广西耕耘出版社印本。

人类的喜剧（萨洛扬著；柳无垢译）

南京图书馆存民国三十三年（1944）重庆文光书店印本。

敌人（赛珍珠著；柳无垢译）

南京图书馆存民国三十三年（1944）桂林现代外国语文出版社印本。

裘儿（瓦尔夫著；柳无垢译）

南京图书馆存民国三十七年（1948）上海新识书店印本。

现代英语会语

国家图书馆存民国三十四年（1945）重庆开明书局印本。

祝福（鲁迅著；柳无垢英译）

吴江图书馆存民国三十六年（1947）世界英语编译社印本。

喀特雅最幸福的人（阿莱凯姆著；柳无垢译）

南京图书馆存民国三十八年（1949）上海耕耘出版社印本。

附新中国成立后著作集：

为组织人民的和平阵线而奋斗：美国共产党第十五次全国大会报告和发言（译）

国家图书馆存 1951 年北京世界知识出版社印本。

美国对台湾的侵略

国家图书馆存 1954 年北京世界知识出版社印本。

柳亚子诗词选（与柳无非同选辑）

吴江图书馆存 1981 年北京人民文学出版社印本。

我们的父亲柳亚子（与柳无忌等合撰）

苏州图书馆存 1989 年北京中国友谊公司出版社印本。

沈文倬（1917—2009）字凤笙。吴江芦墟人。先后师从沈昌直、金天羽、姚廷杰三先生受文史之学，最后从曹元弼专攻"三礼"之学。抗日期间迁居苏州，比邻曹师。抗战胜利后，顾颉刚注意其文，聘其为国立编译馆副编审。新中国成立后入上海图书馆，编纂《中国丛书综录》。1963 年奉调杭州大学，"文革"中一度为中文系图书管理员。1976 年返回科研岗位，1997 年聘为浙江大学古籍研究所教授、中国古典文献学博士生导师。被誉为"今世治礼经者之第一人"。

新中国成立前著作集待考。

附新中国成立后著作集：

苏舜钦集十六卷（校点）

　　南京图书馆存 1961 年北京中华书局印本。

王令集二十一卷（校点）

　　南京图书馆存 1980 年上海古籍出版社印本。

孟子正义（校点）

　　南京图书馆存 1987 年北京中华书局印本。

宗周礼乐文明考论

　　南京图书馆存 1999 年浙江大学出版社印本。

莂闇文存：宗周礼乐文明与中国文化考论

　　南京图书馆存 2006 年北京商务印书馆印本。

槐圩集

　　见《百度百科》人物简介，未见收藏。

钱景渊（1917—?）吴江人。毕业于交通大学公路管理系。曾留学美国，民国三十七年（1948）归国。

◎著作集

现代公路：公路和汽车的一般性杂志（编辑）

　　南京图书馆存民国三十七年至三十八年（1948—1949）上海现代公路出版社印本。

卢静（1917—?）原名福庠。笔名卢静、蜀青。吴江人。毕业于西南联大外文系。民国二十七年（1938）起在上海《文汇报·世纪风》等发表诗歌。新中国成立后曾任昆明一中教导主任，后任教于昆明师范学院外语系。1956 年加入中国作协昆明分会。

◎著作集

夜莺曲

　　南京图书馆存民国三十七年（1948）上海文化生活出版社印本。

刘建康（1917—?）吴江人。幼年就读于上海毓贤小学。毕业后随家迁居苏州。民国二十七年（1938）毕业于苏州东吴大学理学院生物系，获学士学位。民国二十八年（1939）在重庆国立中央研究院动植物研究所从事鱼类学研究。民国三十五年（1946）赴加拿大蒙特里尔麦基尔大学研究院动物系学习，获博士学位。民国三十六年（1947）至三十八年（1949）在美国从事组织培养和细胞显微操作研究及从事癌症的动物免疫试验。1949 年归国，从事生态学、湖泊学和鱼类学方面的研究。曾任中国科学院水生生物研究所研究员、副所长、所长、湖北省科技协会主席、省政协副主席、九三学社中央参议委员会常委等职，被选为中国科学院学部委员、院士。

◎著作集

战时中国之科学（李约瑟著；刘建康译）

      南京图书馆存民国三十六年（1947）上海中华书局印本。

附新中国成立后著作集：

鱼类年龄和生长的研究方法（丘古诺娃著；刘建康译）

      上海图书馆存 1956 年北京科学出版社印本。

中国淡水鱼类养殖学

      吴江图书馆存 1961 年北京科学出版社印本。

东湖生态学研究

      吴江图书馆存 1990 年北京科学出版社印本。

高级水生生物学（主编）

      上海图书馆存 1999 年北京科学出版社印本。

湖泊与水库富营养化防治的理论与实践（联合国环境规划署国际环境技术中心编；刘建康译）

      南京图书馆存 2003 年北京科学出版社印本。

刘建康生态学文集

      南京图书馆存 2007 年北京化学工业出版社印本。

袁自复（1918—1990）吴江同里人。高中肄业后从苏州名医顾福如学医。民国三十一年（1942）回同里开业。擅治热性病、内科杂症。后入吴江市第一人民医院，任中医内科主任医师。

◎著作集

通假字汇

      见新版《同里志》卷二十，未见收藏。

丁灏（生卒年不详）民国吴江人，吴江中学校长丁大镛之子。

◎著作集

丁志鹏府君哀启

      吴江图书馆存民国十九年（1930）印本。

钱今昔（1918— ）原名紧雪（一作景雪）。字洁之，笔名今昔。民国二十六年（1937）入上海暨南大学史地系。毕业后在华东师范大学等校历任讲师、副教授、教授等职。在能源地理领域有开拓性研究，提出多能互补、纵横网络的能源技术经济学理论，致力于自然、技术、经济三者和谐平衡理论的探索。为国家哲学社会科学特等奖获得者。曾任中国人文地理教学研究会副理事长，中国能源研究会华东区域委员会副主任兼国际合作部主任等职。

◎著作集

启示（刊）（编辑）

国家图书馆存民国三十五年至民国三十八年（1946—1949）上海金屋书店印本。

新哲学的地理观

南京图书馆存民国三十八年（1949）上海金屋书店印本。

上海风景线

报告文学十四篇，载《东南日报》，未见收藏。

附新中国成立后著作集：

解放了的西藏

南京图书馆存 1951 年上海劳动出版社印本。

苏联

南京图书馆存 1952 年上海春明出版社印本。

东南亚

南京图书馆存 1955 年上海新知识出版社印本。

社会主义生产力分布研究

南京图书馆存 1957 年武汉湖北人民出版社印本。

战后世界石油地理

南京图书馆存 1981 年天津人民出版社印本。

世界经济百科全书（与纂）

国家图书馆存 1987 年中国大百科全书出版社印本。

中国的能源

南京图书馆存 1988 年上海教育出版社印本。

南方地区农村能源问题及其缓解途径

吴江图书馆存 1989 年上海华东师范大学西欧北美地理研究所印本。

王统照先生怀思录

吴江图书馆存 1991 年北京中国文史出版社印本。

世界的石油

吴江图书馆存 1992 年南京江苏教育出版社印本。

西非石油经济

吴江图书馆存 1993 年上海华东师范大学出版社印本。

中国现代文学社团流派辞典

吴江图书馆存 1993 年上海书店印本。

中国旅游景观欣赏

吴江图书馆存 1993 年合肥黄山书社印本。

中国城市发展史（与宁越敏等合著）

国家图书馆存 1994 年合肥安徽科技出版社印本。

世界地名辞典（与纂）

未来石油资源开发及其对国际石油市场价格的影响

以上两种见《苏州民国艺文志》，未见收藏。

柳燨南（1919—?）民国吴江芦墟人。

◎**著作集**

柳泗臣先生家臣行述

吴江图书馆存民国十五年（1926）印本。

金宝炬（1921—1945）字同翰。民国吴江同里人，金天羽长孙。早岁秀发读书晓大义。祖父金天羽吴下主持中国国学会，四方魁儒才士日至其门，同翰周旋宾筵，进退揖让、吐辞应对宛若成人，因是得祖庭欢。丁丑（1937）以还，苏浙沦陷，侍祖父居沪上。乙酉（1945）春以疾卒，年二十五。

◎**著作集**

同翰遗诗一卷

附于《天放楼遗集》，吴江图书馆有藏。

顾关通（1923—1945）又名夏再生。民国吴江松陵吴模人。少年就读于苏州、上海。民国二十九年（1940）自上海返乡参加抗日青年工作团，在北厍、金家坝一带宣传抗日，编印《正义》刊物。民国三十三年（1944）入苏中解放区，翌年随粟裕部队南下，在杭嘉湖农村从事群众工作，遭日伪包围，牺牲于浙江菱湖。

◎**著作集**

正义（编辑）

见《苏州民国艺文志》，未见收藏。

五、未查明时代者

陈黄钟（生卒年不详）《垂虹识小录》及《吴江文献保存会书目》记载，生平信息不详。

◎著作集

梅花诗原唱一卷

见柳亚子等《吴江文献保存会书目》，未见收藏。

顾后焜（生卒年不详）《吴江文献保存会书目》记载，生平信息不详。

◎著作集

荆花仙馆诗草

见柳亚子等《吴江文献保存会书目》，未见收藏。

顾瑞庭（生卒年不详）《吴江文献保存会书目》记载，生平信息不详。

◎著作集

听渔图题咏一卷

见柳亚子等《吴江文献保存会书目》，未见收藏。

顾绍龄（生卒年不详）《吴江文献保存会书目》记载，生平信息不详。

◎著作集

顾氏族谱（合纂）

见柳亚子等《吴江文献保存会书目》，未见收藏。

顾绍业（生卒年不详）《吴江文献保存会书目》记载，生平信息不详。

◎著作集

顾氏族谱（合纂）

见柳亚子等《吴江文献保存会书目》，未见收藏。

顾永安（生卒年不详）《吴江文献保存会书目》记载，生平信息不详。

◎著作集

文雄堂双钩印存一卷

静庵遗诗一卷

以上两种见柳亚子等《吴江文献保存会书目》，未见收藏。

钮学乾（生卒年不详）《吴江文献保存会书目》记载，生平信息不详。

蘋邨诗词残稿一卷

张明观《柳亚子史料札记》称上海图书馆存吴江柳氏抄本。

潘文汉（生卒年不详）《吴江文献保存会书目》记载，生平信息不详。

◎著作集

疏香斋存稿一卷诗余一卷

见柳亚子等《吴江文献保存会书目》，未见收藏。

沈半干（生卒年不详）《吴江文献保存会书目》记载，生平信息不详。

◎著作集

咏史诗一卷

见柳亚子等《吴江文献保存会书目》，未见收藏。

郭尚先（生卒年不详）《吴江文献保存会书目》记载，生平信息不详。

◎著作集

屏山草堂诗集一卷

见柳亚子等《吴江文献保存会书目》，未见收藏。

迮维城（生卒年不详）《吴江文献保存会书目》记载，生平信息不详。

◎著作集

迮氏族谱甲编二卷　家乘乙编二卷

见柳亚子等《吴江文献保存会书目》，未见收藏。

周笠（生卒年不详）《吴江文献保存会书目》记载，生平信息不详。

◎著作集

闽南游草一卷

见柳亚子等《吴江文献保存会书目》，未见收藏。

吴霁（生卒年不详）《吴江文献保存会书目》记载，生平信息不详。

梅俊	39	钮仲玉	60	潘祚琛	455
梅伦	38			庞激	58
梅萧	37	**P**		庞秉道	93
梅士型	353	潘葆光	256	庞承颖	172
梅兆鹗	692	潘昶	327	庞福一	22
孟彬	283	潘柽章	203	庞国镐	762
明几	588	潘道谦	256	庞蕙	219
明溥	658	潘尔彪	136	庞景芳	281
缪昭质	212	潘尔夔	165	庞民标	780
莫旦	41	潘芳勋	558	庞朴	18
莫辕	30	潘鹤	385	庞汝砺	332
莫震	37	潘家顾	269	庞墅	369
N		潘凯	138	庞佑清	569
		潘烺	365	庞远	66
倪宝键	616	潘耒	242	平章	199
倪简在	556	潘镠	239	浦龙渊	199
倪若霈	361	潘陆	172	浦熙	466
倪若沾	365	潘眉	501		
倪师孟	301	潘其炳	278	**Q**	
倪廷烺	571	潘其灿	307	戚勋	193
倪慰农	739	潘谦	298	钱墀	497
倪征燠	787	潘融	124	钱崇威	698
倪宗基	263	潘如珪	22	钱大培	389
宁若生	145	潘士鉴	353	钱复	786
宁玉	17	潘世谦	453	钱刚	735
宁祖武	86	潘廷埙	345	钱焕	681
钮蕙卜	276	潘婉顺	217	钱蕙	399
钮家鲁	692	潘畹芳	244	钱家骏	648
钮景琦	240	潘纬	593	钱今昔	817
钮麟	22	潘文汉	823	钱金禾	380
钮明儒	157	潘锡祚	98	钱景渊	816
钮默	343	潘学博	302	钱静娟	690
钮綮	190	潘学诗	278	钱珂	390
钮素	344	潘一桂	119	钱可	145
钮琇	235	潘垲	185	钱麟	665
钮学乾	823	潘照	482	钱企益	782
钮肇顶	330	潘志伊	73	钱卿	52

别名、字号索引

馥田	徐曾泰	457	更生	姚舆	485	公跃	管渊	130
馥园	陆桂馨	287	更生居士	庄庆椿	599	公载	赵重道	72
			庚伯	沈墀	370	公之甘	蔡召棠	630
G			庚年	吴丰培	793	功伟	陈世锡	238
			庚若	迮云龙	310	攻玉	姚瑚	265
伽庵	赵琳	570	庚生	张乃藻	643	宫音	沈关关	188
陔六	徐可师	484	庚笙	沈维中	698	恭甫	杨庆安	659
改亭	计东	200	庚亭	沈宗德	419	恭李	钱之青	333
改吟	叶树枚	489	耕道	沈世潢	209	恭寿	徐履中	465
钙汀	王日升	426	耕若	迮云龙	310	恭斋	王顺阳	127
盖甫	吴汝谦	613	耕石	迮云龙	310	龚应鹏	龚希瞿	712
盖明	吴然	320	耕亭	李景昌	476	拱辰	凌宝枢	692
溉釜	陆廷桢	686	耕闲居士	孙锐	16	拱辰	仲枢	270
溉翁	叶树枚	489	耕心	徐涛	184	贡君	吴兆宣	254
干夫	陆大均	508	耕莘	张绍	533	贡南	钱士铉	183
干甫	陆廷桢	686	耕云	张澹	558	贡三	柳梦金	519
干玉	陆瑜	6	赓六	吕律	268	贡粟	张绳祖	767
甘伯	凌应霖	696	赓南	陆树棠	742	孤室	杨济震	743
甘林	袁棠	469	赓扬	吕英	434	古查	柳树芳	554
甘泉	李会辰	486	羹梅	沈兆奎	726	古槎	柳树芳	554
甘泉	许运昌	251	弓期	叶孚	164	古狂	朱剑芒	739
甘叔	金作霖	558	公安	吴钦明	198	古泉	凌雪柏	595
绀池	宗渭	699	公度	陈士伸	353	古山	杨观吉	428
幹庭	周文伯	386	公甫	杨庆安	659	古为	叶树人	125
幹之	张以智	462	公捍	沈自埏	162	古溪	仲炳	396
刚甫	郑庆筠	635	公谨	周应愿	92	古轩	黄士灿	487
高峰	原妙	17	公理	钱之青	333	古怡	潘纬	593
高拱	史栋	348	公亮	吴庸熙	279	古遗	陈忠爱	97
高陵	沈永令	155	公临	俞安期	87	古遗	陆大均	508
睪曾	王元文	398	公路	周璐	419	古余	吴舒帷	416
蛤庵	本圆	212	公启	任伯通	27	古愚	陈元堃	554
根华	张巨椿	484	公劭	王上寿	144	古愚	陆绳	440
亘虹	王树人	660	公望	柳绳祖	779	古愚	马贻良	335
亘天	施一潢	382	公卫	徐铣	252	谷芬	周孝均	417
艮甫	赵函	526	公侠	薛凤昌	712	谷卿	黄增禄	594
更梅	王树人	660	公言	陈赫	475	谷士	陈汝雨	402
更山	黄清麟	553	公远	薛穆	29	谷墅	陈汝雨	402
更生	潘柽章	203						

谷坛	赵申祈	197	光昭	王炯	395	海印	真辉	501
谷田	李王熊	595	广岑	史积琛	386	酣云	李世雄	288
谷亭	费洪畴	288	广东	陈矿	263	含凉	范烟桥	755
谷真	王祖琪	421	广平	吴宗汉	157	含青	王嘉谷	610
股臣	归士起	200	归樟	归令树	522	含英	张深仁	664
顾道善	顾道喜	108	圭庵	黄容	236	含斋	陆宝麟	635
顾后朗	顾日新	478	桂坡	陈尊源	394	含贞	席绍芬	356
顾沦	顾益清	614	桂生	费一桂	545	涵台	沈倬	79
顾梦乾	任梦乾	264	桂轩	柳乃椿	631	涵斋	陆宝麟	635
顾鸣杵	顾鸣柱	311	桂轩	史珩	38	寒柯	沈景修	661
顾鸣杼	顾鸣柱	311	桂轩居士	陈序	31	寒塘	吴雷发	293
顾启乾	任梦乾	264	桂岩	郭星榆	372	寒铁	费巩	783
顾汝龙	顾汝敬	391	桂旸	王尚仁	129	韩山	任昌诰	515
顾体伦	顾野王	4	桂宜	陈逢源	454	韩生宝	韩森宝	638
顾祖斗	顾砼	105	郭琫	郭麿	487	汉槎	吴兆骞	215
观邑	蔡真	776	郭骏	郭凤	505	汉臣	王谊	12
冠宸	吴云纪	643	郭纫兰	郭元灏	411	汉甫	沈金渠	504
冠南	钮肇顶	330	郭一桂	郭麿	487	汉广	陈大谟	368
冠千	周清霄	364	国华	任凤纶	421	汉阶	杜逸轩	340
冠群	陈阶英	434	国香	赵兰佩	510	汉三	施世杰	169
冠儒	王昌谷	510	国柱	袁栋	326	汉韦	计接	558
冠贤	陈宗群	582	果堂	沈彤	304	汉荀	周龙藻	273
冠雄	蔡真	776				汉泽	朱沾	64
冠翼	李大翰	406	**H**			汉章	黄灿	379
冠雍	蔡真	776				汉直	朱穆	225
冠云	汝先标	266	海琛	翁广平	468	翰伯	樊钟岳	524
冠云	沈彤	304	海村	翁广平	468	翰臣	柳慕曾	697
贯衡	邹枢	200	海帆	赵作舟	479	翰飞	沈凤鸣	325
贯云	沈彤	304	海峰	徐汝宁	414	翰思	唐维申	334
贯斋	殳丹生	182	海门	秦清锡	513	翰廷	翁桢	435
盟孚	许观曾	767	海容	丁日涵	352	翰宣	张士元	455
灌英	严树	393	海山	郑锐	482	翰选	张士元	455
光昌	叶祥熊	667	海珊	蒯兆烺	531	翰宰	陆宝麟	635
光弟	陈懋	507	海士	陈宿文	380	航仙	吴家驹	470
光甫	周灿	133	海曙	吴旦	153	浩庵	陈王道	72
光延	陆绶	440	海粟居士	郭元灏	411	浩亭	张大观	501
光榱	王曾垂	360	海霞	顾鸿生	567	灏亭	张大观	501
			海香	赵汝砺	479			

华亭船子	宗渭	699	诲之	汝世忠	58	即山	陆方涛	274
华阳	顾曾璘	91	晦夫	王昮	202	集参	仲步墀	407
化南	谢炎	8	晦复	钮明儒	157	集川	仲步墀	407
画奴	易眒娘	165	惠伯	唐寿萼	565	集凤	邱孙梧	511
话雨楼主人	陆恢	682	惠敷	金世泽	663	集虚道人	杨大伦	336
怀川	李我泉	664	惠南	徐继稚	374	集一	归士起	200
怀峰	曹岩	350	惠三	赵泽	158	集之	叶振声	612
怀蓼	赵广	126	惠叔	吴钟侨	387	戟甫	叶乃溱	647
怀庐	蔡寅	708	惠恕	张温	2	戟门	沈棨森	609
怀溪	范时勉	374	惠思	沈宪英	195	纪堃	严鸿仪	721
淮海	陈洪涛	760	惠斋居士	胡与可	13	纪云	黄大缙	528
槐轩	王朝栋	419	惠中	吴锦章	384	际华	仲锦昼	446
桓如	王汉荣	369	慧楼	杨复吉	429	际唐	朱霞灿	539
桓秦	叶继武	158	蕙绸	叶小纨	154	际天	蒯步蟾	484
寰西	程瀛章	758	蕙亩	周玉电	345	际虞	沈桂芳	395
浣桐	沈澍	245	蕙圃	叶春英	579	季安	黄尔康	656
涣吉	沈永群	231	蕙祺	邹淑芳	194	季道	陆行直	19
涣兮	叶乃溱	647	蕙孙	张晋昭	673	季芳	沈培玉	447
涣躔	宋千彰	590	蕙贞	沈菪纫	234	季和	王克谐	85
涣若	性炳	191	蕙珍	吴芝光	387	季衡	陆祖广	19
涣文	孙钜文	403	获庄	屠拱垣	479	季弘	陆祖广	19
涣文	张世炜	257	蠖村	吴锦驰	374	季侯	周宗建	106
涣文	周光纬	544				季华	徐韫奇	131
涣一	沈雄	194	**J**			季华	周祝	84
涣之	赵庚	132	机亭	周尔兴	129	季连	张涛	31
黄焯	黄象曦	670	缉堂	周元熙	333	季美	宋贞琬	499
黄谦吉	黄鸣谦	684	激圆	赵漪	186	季美	王家彦	98
黄肇元	黄有熊	466	吉甫	费延庆	658	季任	顾栋南	178
辉山	萧国宝	18	吉甫	冯慈祥	620	季若	叶绍颙	125
回庵	叶齐贤	414	吉甫	金沛霖	620	季生	张太龄	611
洄闻	沈澍	245	吉甫	朱泰增	591	季挎	龚希髯	712
洄溪老人	徐大椿	316	吉门	王与潜	613	季武	潘纬	593
汇亨	王锡泰	504	吉士	王汝佐	627	季鹰	张翰	3
汇茹	张其泰	547	吉修	金德辉	414	季友	顾谅	26
汇英	仲贻煐	324	汲楼	陈去病	708	季玉	沈琬	100
绘轩	李达康	630	汲民	沈景修	661	季斋	殳默	254
诲谷	沈英	383	汲修	金德辉	414	季子	吴兆骞	215

井同	沈丹梾	276	敬持	沈守义	304	静梅	叶祥封	658
景昶	潘昶	327	敬传	周栻	446	静山	秦秉仁	503
景成	盛文韶	15	敬聪	朱学熙	512	静山	郑寿彭	568
景程	吴琨	280	敬夫	施仁	424	静台	杜伟	65
景初	吴炳林	610	敬夫	周世清	371	静闲	吴士坤	420
景川	卜梦熊	77	敬孚	赵禴	63	静艻	赵筠	557
景纯	吴照	354	敬和	秦清锡	513	静香	赵筠	557
景东	蔡升	41	敬和	钟圻	407	静轩	吴荣	525
景冯	沈始树	267	敬怀	王顺阳	127	静轩	周南	437
景孚	汝鸣球	638	敬明	朱刿光	382	静宜	金筠	298
景和	周允中	399	敬默	曹大义	95	静因	金慧	654
景宏	叶舒璐	277	敬齐	沈永震	294	静御	黄始	183
景鸿	叶舒璐	277	敬时	程钦	500	静园	沈安	244
景候	周宪曾	620	敬士	杨庆麟	645	静远	陆德源	22
景华	盛逮	27	敬叔	周南宫	405	静斋	费兆蟾	452
景奎	仲锦奎	446	敬所	陈王道	72	静之	王锡祚	575
景刘	倪宗基	263	敬亭	潘谦	298	静之	吴山	50
景卿	陆云庆	86	敬锡	赵福	63	静洲	袁定海	308
景如	周星彩	513	敬延	赵祚	60	镜波	庄兆沄	520
景声	盛文韶	15	敬一	周南	437	镜涵	袁翰清	726
景文	叶茵	16	敬舆	沈德舆	146	镜泓	叶舒璐	277
景宣	朱容照	494	敬之	盛舆	21	镜湖	程鉴	337
景伊	杨浚	311	敬之	王曾翼	400	镜湖	秦清锡	513
景膺	周元楷	371	敬之	王懋华	441	镜湖	沈辛梾	215
景鱼	陈庭学	417	敬之	朱学熙	512	镜湖	周允中	399
景玉	申五常	97	靖莽	叶恒桢	408	镜湖内史	邱碧沄	462
景垣	陈宿文	380	靖斋	钮明儒	157	镜楼	宋贵	316
景云	周星彩	513	境墂	陈封	543	镜如	徐菱	578
景瞻	潘其灿	307	静庵	吴翷	141	镜吾	费赓墀	463
景昭	姚明	44	静庵	徐璇	381	镜吾	赵世美	82
景周	莫旦	41	静庵	叶恒桢	408	镜溪	顾大本	401
警仙	殷云鹗	654	静伯	崔深	53	絅庭	汤钟	394
警仙	周宝彝	620	静岑	庄康	467	絅斋	王尚文	301
警徐	沈永震	294	静常	郑念荣	354	岫庵	庞国镐	762
敬承	唐永龄	248	静夫	殷子山	167	纠生	邱庚藻	742
敬承	赵禧	62	静谷	赵新珍	463	九华山人	陈策	59
敬持	秦清锡	513	静帘	顾道喜	108	九临	张拱乾	158

龙阶	徐墀	455	陆俊	陆唐英	14	鸾坡	潘照	482
龙媒	沈辛楸	215	陆坤	陆日曛	576	纶青	苏弘遇	303
龙门	赵云衢	618	陆日埙	陆日曛	576	纶宣	汪鸣珂	412
龙山	史论	80	陆廷瓒	陆瓒	316	轮超	赵桂生	578
龙笙	费锡璋	520	陆无咎	陆瓒	316	轮香	周兆桂	629
龙石	杨澥	532	陆炎	陆琰	6	罗浮山人	皇甫钦	212
龙湾	史长	79	陆友恢	陆恢	682	洛奇	周积芹	697
龙章	王鳌	335	陆友奎	陆恢	682			
聋石	杨澥	532	辂南	潘祚琛	455	**M**		
隆生	徐周遇	168	菉村	陈沂咏	311	曼君	沈静莼	119
娄生	黄复	727	菉村	计默	251	曼仙	姚仪庄	599
娄生	蒯光焕	605	鹿床山人	俞南史	134	曼仙子	蔡文朴	608
露贞	李寅	249	鹿珊	施肇曾	693	漫田	袁栋	326
露桢	李寅	249	禄天	沈宪楸	203	漫恬	袁栋	326
卢福庠	卢静	816	路公	庄之义	412	芒溪逸客	沈翼苍	413
庐仙	周兆桂	629	闾峰	陈阶琪	416	盲叟	费善庆	686
舻船	周铮	538	吕璜	沈国琇	275	毛培征	毛莹	121
舻江	张士元	455	侣江	史丙奎	642	茂谷	任友兰	478
舻乡	莫旦	41	侣茳	史丙奎	642	茂宏	沈世潢	209
舻乡	吴梦熊	341	侣琴	金国宝	753	茂良	归臣谕	371
鲁庵	洪钜	466	侣生	陆亘柜	644	茂伦	顾有孝	186
鲁庵	孙昱	144	履安	王和行	428	茂如	仲宗濂	510
鲁庵	徐师曾	67	履成	张特桂	642	茂申	吴有涯	127
鲁伯	周岱	286	履德	吴邦基	435	茂叔	孙志儒	165
鲁祈	周景毗	274	履丰	叶齐贤	414	茂堂	周轶群	329
鲁青	俞岱	566	履吉	顾御	178	茂望	周轶群	329
鲁卿	徐庆清	588	履桥	费登墀	456	茂之	沈兆林	540
鲁如	仲宗泗	505	履绥	费延厘	659	楙谷	任友兰	478
鲁珊	吴坚	660	履祥	袁汝夔	639	懋成	金春渠	588
鲁望	金兆麟	774	履旋	吴鸣镛	506	懋功	洪钜	466
鲁望	陆龟蒙	6	履中	沈叔度	376	懋善	任敏	38
鲁望	姚岱	336	履庄	谢宗素	509	懋身	王树丰	684
鲁望	庄兆洙	497	律初	金黄钟	571	懋生	王树丰	684
鲁斋	陈希曾	557	律甫	金科	649	懋所	沈玩	100
鲁斋	顾曾唯	68	绿华	严蕊珠	430	懋堂	王宗导	391
陆古樟	陆培元	697	绿葭	仲培发	336	懋学	叶可成	68
陆惠	陆蕙	559	绿庄	沈蕙玉	209	懋英	顾鸿生	567

沈雏	沈焯	592	胜修	陆鋈	516	诗涛	赵鸿藻	436
沈楙德	沈懋德	553	胜言	宋恭敬	641	诗庭	吴鸣锵	480
沈培本	沈英	383	胜之	沈震	184	施君澄	蒯斯曛	784
沈钦临	沈钦霖	496	绳河	王家彦	98	石巢	李伯骧	531
沈人龙	沈永群	231	绳其	王祖武	464	石城	沈栋	221
沈石渠	沈金渠	504	绳之	吴铭训	124	石川	梅士型	353
沈天英	朱天麟	109	绳祖	张孝嗣	492	石帆	严照	645
沈维钟	沈维中	698	省庵	陈铉	249	石甫	顾文亨	112
沈宪	沈宪楙	203	省三	黄文鲁	514	石甫	周鹤立	459
沈扬	赵扬	298	省堂	陈兆清	523	石父	顾文亨	112
沈义父	沈义甫	15	省韦	史谟	88	石公	郁圮传	401
沈永	沈永震	294	省吾	陈希曾	557	石谷山人	杨瀚	532
沈永仁	沈永义	227	省斋	吴家骥	548	石华	费廷栋	683
沈咏梅	沈默林	281	省斋	郁吴邑	358	石华	孙寿保	518
沈志	沈永智	231	圣符	陈揆	312	石居	吴珵	43
慎庵	仲升吉	506	圣符	沈应瑞	143	石梅	徐北汀	791
慎初	实暹	343	圣谋	陈权	371	石桥	章复	217
慎夫	毛丕烈	392	圣谋	陆山斗	144	石卿	袁宸	556
慎修	吴祖修	228	圣木	潘柽章	203	石泉	史致充	594
慎余	陆昌言	399	圣勤	沈昌	195	石如	赵康	126
慎之	宋贵	316	圣儒	计哲	529	石生	柳墉	626
慎诸	宋贵	316	圣时	王伯起	10	石室	祖英	20
升斋	朱容照	494	圣野	叶襄	144	石落	周鹤立	459
升之	金钟秀	590	圣瑜	张锡佩	752	石溪	龚洪	79
升中	蔡双桂	384	圣旆	叶幾	163	石香	丁兆宽	470
生寅	毛锡演	222	盛偲	盛缌	31	石香	吕云孚	143
声庵	陈大烈	375	盛棣	盛逮	27	石香	朱麟振	514
声海	观树	202	盛斯	唐尧天	169	石厓	周叔度	396
声和	费辰龙	456	盛之	程汝松	643	石崖	赵楠	336
声雷	秦毓震	476	剩朽	显洁	474	石崖	仲承恩	507
声佩	费一鸣	314	师厚	谢景初	9	石娱	赵嵩	549
声期	叶世偶	163	师闵	沈闉	442	石云	黄阿麟	349
声宣	徐筠鹤	453	师同	谢景平	9	石斋	汝砺	49
声岩	黄徕松	231	师宰	谢景平	9	时安	柳兆薰	636
声远	沈振朝	147	师直	谢景温	9	时亨	皇甫涣	65
声仲	周应偶	97	师竹	计宠麟	451	时化	陆鲤	53
胜溪居士	柳树芳	554	师竹	汝文熙	674	时亮	王朝栋	419

笑山	沈超然	582	心畬	沈宝禾	572	星槎	黄灿	379
笑溪	文峰	525	心源	黄尚中	86	星槎	陆亘河	659
啸岑	毛兆荣	775	心源	唐桐封	335	星槎	张建谟	498
啸虎	周岐	717	心远	张渊	18	星躔	计灿	300
啸楼	蒯贞幹	718	心斋	任兆麟	448	星甫	沈梆	598
啸庐	秦丕烈	519	心庄	王之孚	551	星甫	吴云纪	643
啸阮	沈自籍	123	辛垞	李龄寿	655	星海	管窥豹	427
啸生	仲虎腾	672	辛甫	杨秉桂	527	星函	程鉴	337
敩愚	沈有光	92	辛克	鲁思	813	星阶	屈茂恒	651
协芳	任友兰	478	辛畬	沈宝禾	572	星联	仲锦奎	446
协铨	袁汝英	638	莘安	凌景坚	759	星庐	徐汝莘	436
协钟	赵钟杰	587	莘传	周志任	332	星期	叶燮	205
撷芳	钱珂	390	莘夫	陆廷聘	350	星桥	顾榆	598
撷芬楼主人	凌景埏	780	莘庐	凌泗	655	星桥	史中经	85
谢堂	金兰原	487	莘田	赵云球	512	星若	顾炳文	256
谢塘	金兰原	487	莘岩	顾而尹	94	星若	金麟	216
谢庭	沈培玉	447	莘野病农	凌宝树	691	星堂	沈焕	583
燮臣	李会恩	486	莘子	凌景坚	759	星砚	宋方吉	615
燮公	王晋谷	368	新垞	张建谟	498	星于	盛奎章	618
燮堂	周元理	345	新甫	钟鼎	596	星杖	顾青藜	423
心安	叶与仁	721	新盘	王铭	556	星洲	沈莹生	644
心蔡	陈策	59	新盘	赵鸣阳	108	惺甫	宋恭敬	641
心禅	吴之湄	418	新畬	沈宝禾	572	惺甫	吴云纪	643
心道人	叶与仁	721	新斋	计接	558	惺堂	吴元伟	306
心谷	费兰墀	496	新之	汤涤	41	惺元	夏宝全	594
心孩	屠拱垣	479	新之	张澹	558	惺斋	周霞	533
心涵	周本	331	薪传	周志任	332	行父	王秌	17
心汉阁主	赵昌	777	馨德	陆清桂	613	行惠	龚升	375
心梅	李陞	145	馨丽	陈绵祥	775	行健	沈翼苍	413
心泉	冯源	586	馨山	顾友桂	594	行健	孙本文	747
心如	叶承柏	490	信伯	王苹	11	行敏	汝讷	42
心闲	孙钜文	403	信甫	王锡纶	523	行玉山人	连朗	433
心香	吴德馨	461	信卿	陆居仁	22	行之	陈毓升	376
心香	赵景运	467	星标	徐璇	381	行之	冯汝翼	268
心一	黄汝德	341	星伯	柳大奎	651	行之	周用	51
心易	杨大伦	336	星灿	徐爆	413	醒庵	金寿祺	522
心有	吴文俊	330	星垞	李龄寿	655	醒庵	沈栾	370

雪湖	杨秋	137	巽学	丁敏	18	彦芗	张其泰	547
雪骥	汝钦龙	268	巽扬	孙铭彝	402	彦英	梅俊	39
雪筠	赵士光	397	巽斋	钱大培	389	彦章	金之俊	120
雪龛	秦时昌	322	巽之	袁顺	34	彦昭	吴家骐	294
雪邃	沈清衢	582	巽仲	莫辕	30	彦仲	陈士任	288
雪门	杨金麟	779				彦琛	赵玉成	146
雪圃	朱钟秀	364	**Y**			砚庵	孙之屏	273
雪桥	沈廷瑜	387				砚耕	薛凤昌	712
雪桥	盛世臣	73	鸭阑旧主	陆迺普	591	砚君	金祖泽	694
雪卿	钮素	344	崖楞	陈大绩	392	砚农	王之佐	550
雪卿	沈宗莲	676	雅初	陈旭旦	811	砚山	顾卓	256
雪泉	顾宗海	508	雅南	任昌诗	521	砚香	张其泰	547
雪生	程钦	500	雅生	周邦彬	203	砚贻	柳念曾	693
雪石	顾砇	105	雅宜	潘学诗	278	晏如	吴振鲸	154
雪苏	吴兆煌	584	雅奏	潘廷埁	345	掞之	周天藻	282
雪滩钓叟	顾有孝	186	亚东病毛	杨敦颐	689	雁黄	大涵	244
雪亭	陆日爱	623	亚峰	周穆	373	燕勒	吴晋锡	132
雪香	梅芬	321	亚卢	柳亚子	729	扬稽	吴镇	37
雪香	王家榛	494	烟农	陆亘柜	644	扬烈	赵大业	388
雪轩	陈克礼	35	延龄	凌鸿	677	扬武	费振烈	372
雪崖	陆瑶	213	延之	沈曰寿	607	扬之	陈大烈	375
雪岩	钱新	359	严而泰	严尔泰	373	阳谷	叶肇旸	441
雪庄	秦毓震	476	严忌	庄忌	2	阳稽	吴镇	37
血花	张锡佩	752	言箴	吴默	88	旸谷村蛮	王汉荣	369
询愚	顾言	684	研邻	张夆之	367	杨爱	柳是	160
恂卿	费廷琮	673	研农	范志治	353	杨庚	杨炳春	594
恂堂	顾兆曾	455	研山	顾后亨	404	杨珪	杨娃	15
恂娱	顾言	684	研石	翁逊	149	杨庆麐	杨秉桂	527
洵芳	沈菖生	635	研贻	张慰祖	703	杨锡骥	杨天骥	723
逊堂	盛际虞	522	琰之	潘如珪	22	仰峰	吴邦桢	67
逊堂	徐作梅	369	彦常	梅伦	38	仰山	金文渊	602
逊学	丁敏	18	彦醇	叶淦成	632	仰苏	张洵	537
逊雪	张锡圭	381	彦和	叶绍泰	127	仰亭	王士松	314
逊扬	沈炯	322	彦康	吴枭	128	仰颜	庄步墀	405
逊仲	莫辕	30	彦铭	谢常	30	养初	任士奇	105
巽甫	赵楚湘	539	彦卿	任廷昶	642	养复	沈俊	83
巽来	费洪学	283	彦清	华幼武	22	养和	汝颐	59
			彦群	袁陶牲	541			

养和	施源	727	垫通	计棠	662	一贯	顾曾唯	68
养谦	吴道	129	野航逸民	杨瀣	532	一夔	周大章	69
养吾	陈希恕	560	野水	卜舜年	113	一林	高宫桂	614
养吾	施源	727	野塘	陆鲤	53	一冕	金锐	540
养吾	张深仁	664	业依	吴祖命	214	一樵	吴步云	640
养拙	蒯步蟾	484	叶大椿	叶恒桢	408	一琴	赵泰	427
尧臣	皇甫钦	212	叶大鼎	叶丹桂	251	一清	任本泉	644
尧史	平章	199	叶锋	叶逢金	424	一孺	申五常	97
姚四夏	姚夏	265	叶光藻	叶乃溱	647	一士	沈吐玉	379
姚元燮	姚舆	485	叶恒椿	叶恒桢	408	一粟	周云	746
瑶岑	王元照	404	叶衡桢	叶恒桢	408	一恬	陈焕	467
瑶城	汤钟	394	叶弘遇	苏弘遇	303	一亭	史兆基	180
瑶冈	金芝原	443	叶湖钓叟	李我泉	664	一行道人	沈大荣	115
瑶光	仲棟	270	叶奎元	叶振宗	712	一斋	汝世忠	58
瑶华	李持玉	530	叶兰沄	叶沄	520	一斋	杨浚	311
瑶圃	汪鸣珂	412	叶麋生	叶熙恩	615	一之	顾曾贯	69
瑶圃	吴蕾生	483	叶其焕	叶祥焕	677	一支	沈永令	155
瑶圃	张樽	484	叶绍邛	叶绍颙	125	一指	沈永令	155
瑶浦	仲锦昼	446	叶绍容	叶绍颙	125	伊人	顾后亨	404
瑶期	叶小鸾	159	叶绍永	叶绍颙	125	伊逊	沈枫	428
瑶山	毛以燧	96	叶世倕	叶孚	164	衣闻	张绍	533
药岑	朱志广	312	叶世倌	叶燮	205	猗堂	袁兰	424
药帘	周道隆	369	叶世熊	叶祥熊	667	漪舫	宋志恒	564
药圃	张露	430	叶寿對	叶祥對	658	漪亭	李治运	354
药畦	金去疾	290	叶舒胤	叶舒颖	218	漪竹	陆俊	458
药亭	赵基	418	叶树萱	叶沄	520	仪吉	费凤锵	627
药耘	郑寿南	606	叶惟善	叶庆善	689	仪云	赵鸿	192
曜庚	吴在瑜	198	叶志祖	叶蓁	507	夷简	庞朴	18
曜升	吴家骥	548	邺仙	吴宗泌	157	宜琴	夏埔	598
曜庭	殷增	534	邺衣	吴祖命	214	宜秋	汪玉轸	464
耀坤	赵球	521	夜钟	吴雷发	293	宜堂	陈大治	577
耀南	杨寿煜	668	一庵	吴与湛	171	怡安	秦钟瑞	588
耀远	陈焕	471	一杯	张作梅	512	怡庵	秦钟瑞	588
也山老人	孙元	313	一斐	蒯文伟	751	怡静	沈自东	152
冶伯	徐晋镕	577	一峰	施天柱	363	怡孙	袁龙	639
冶民	蔡寅	708	一峰	吴家衔	564	怡亭	沈祖禹	299
冶亭	沈锡麒	385	一峰	周钦	262	怡杏	袁祥	44

许培基，叶瑞宝．江苏艺文志：苏州卷．—南京：江苏人民出版社，1996.

张耕田，陈巍．苏州民国艺文志．—扬州：广陵书社，2005.

吴江图书馆．纵览吴江．—南京：江苏电子音像出版社，2006.

王树人．松陵人物汇编．—清抄本．

袁景辂．国朝松陵诗征．—爱吟斋，清乾隆三十二年（1767）.

殷增．松陵诗征前编．—清嘉庆二十一年（1816）.

陆日爱．松陵诗征续编．—梦逋草堂，清咸丰七年（1857）.

凌淦．松陵文录．—清同治十三年（1874）.

柳兆薰．松陵文录姓氏考．—清刻本．

陈去病．松陵文集．—百尺楼，清宣统三年（1911）.

陈去病．吴江诗录．—百尺楼，民国十六年（1927）.

陈去病．笠泽词征．—百尺楼，民国二年（1913）.

赵兰佩．江震人物续志．—嘉郡：文蔚斋，清道光二十年（1840）.

赵兰佩．江震人物备考．—抄本．—清道光二十四年（1844）.

周之桢．垂虹诗剩．—吴江：费华萼堂，民国三年（1914）.

王鲲．盛湖诗萃．—清嘉庆二十一年（1816）.

王致望．盛湖诗萃续编．—清咸丰四年（1854）.

柳树芳．分湖遗诗．—清抄本．

柳树芳，沈刚中，叶绍袁．分湖三志．—扬州：广陵书社，2008.

徐达源．禊湖诗拾．—孚远堂，清．

汝仁龙，凌应霖．游庠录．—吴江：薛凤昌，民国十三年（1924）.

薛凤昌．游庠录姓氏韵编．—稿本．—民国二十五年（1936）.

叶振宗．吴江叶氏诗录．—民国抄本．

叶宗英．吴江叶氏诗录外编．—民国抄本．

赵作舟．赵氏诗存．—清嘉庆三年（1798）.

柳亚子．分湖诗钞．—南京：江苏人民出版社，2009.

张明观，倪明，吴根荣．分湖诗钞续编．—南京：江苏人民出版社，2009.

王鲲．松陵见闻录．—清道光七年（1827）.

金德辉等．金氏诗集．—清抄本．

金奉尧. 金氏族谱. —抄本. —吴江：金明远，民国.

任良辅等. 任氏宗谱. —清刻本.

周岐. 周氏家乘. —民国十六年（1927）.

任道镕等. 松陵赠言. —金粟山房，清光绪十六年（1890）.

钮东山. 祝耆集. —吴江：退密寄庐，民国十三年（1924）.

柳遂. 迷楼集. —上海：中华书局，民国十年（1921）.

顾无咎. 消夏录. —油印本. —民国四至六年（1915—1917）.

柳亚子. 南社诗集. —上海：华中印刷所，民国二十五年（1936）.

胡朴安. 南社文集. —上海：国学社，民国二十五年（1936）.

陆明桓. 求是学社社刊. —苏州：文新印刷公司，民国十七年（1928）.

佚名. 序文. —民国油印本.

吴江市地方志编纂委员会. 吴江县志. —南京：江苏科技出版社，1994.

李炳华等. 盛泽镇志. —南京：江苏古籍出版社，1991.

芦墟镇志编纂委员会. 芦墟镇志. —上海：上海社会科学出版社，2004.

黎里镇志编纂委员会. 黎里镇志. —南京：江苏教育出版社，1991.

平望镇志编纂办公室. 平望镇志. —南京：江苏科技出版社，1992.

震泽镇志编纂委员会. 震泽镇志. —徐州：中国矿业大学出版社，1999.

北厍镇地方志编纂委员会. 北厍镇志. —上海：文汇出版社，2003.

张明观. 柳亚子史料札记. —上海：上海人民出版社，2008.

郝丽霞. 吴江沈氏文学世家研究. —上海：复旦大学出版社，2009.

吴国良. 吴江书画印人辑录. —自印本. —吴江县文物管理委员会，1987.

江澄波. 古刻名抄经眼录. —南京：江苏人民出版社，1997.

震泽镇（政府），吴江市档案局. 震泽镇志续稿. —扬州：广陵书社，2009.